VOYAGE
DU
JEUNE ANACHARSIS
EN GRÈCE
DANS LE MILIEU DU QUATRIÈME SIÈCLE
AVANT L'ÈRE VULGAIRE

PAR BARTHÉLEMY

TOME PREMIER

PARIS
LIBRAIRIE HACHETTE ET Cie
79, BOULEVARD SAINT-GERMAIN, 79

VOYAGE
DU
JEUNE ANACHARSIS
EN GRÈCE

8° J
1993

COULOMMIERS
Imprimerie Paul Brodard.

VOYAGE
DU
JEUNE ANACHARSIS
EN GRÈCE
DANS LE MILIEU DU QUATRIÈME SIÈCLE
AVANT L'ÈRE VULGAIRE

PAR BARTHÉLEMY

TOME PREMIER

PARIS
LIBRAIRIE HACHETTE ET Cie
79, BOULEVARD SAINT-GERMAIN, 79

1893

MÉMOIRES
SUR LA VIE
ET SUR QUELQUES-UNS DES OUVRAGES
DE J. J. BARTHÉLEMY,
ÉCRITS PAR LUI-MÊME EN 1792 ET 1793.

PREMIER MÉMOIRE.

Dans cette inaction où me réduisent mes maux et le cours des événements, établi dans un séjour où l'image des plus grandes vertus suffirait pour adoucir l'impression des plus grandes peines[1], je vais décrire à la hâte et sans prétention les principales circonstances de ma vie.

Autrefois, les matériaux que je vais rassembler auraient pu servir au secrétaire perpétuel de l'Académie des inscriptions et belles-lettres, chargé de faire l'éloge historique de chacun des membres de ce corps : ils auraient pu servir à ces biographes, tels que le P. Niceron, qui, en travaillant à l'histoire des gens de lettres, recueillaient jusqu'aux moindres productions et aux actions les plus indifférentes : ils ne seraient pas inutiles à consulter pour ceux qui, dans les pays étrangers, s'occuperont des mêmes matières que j'ai traitées, parce qu'ils y trouveraient peut-être quelques renseignements utiles; je dis, dans les pays étrangers, car on peut regarder ce genre de littérature comme absolument perdu en France.

Des auteurs célèbres, tels que M. Huet, nous ont laissé le récit de leurs actions et de leurs écrits : ils avaient des titres pour en perpétuer le souvenir et intéresser la postérité. Pour moi, je n'ai d'autre motif que de consumer quelques-uns de ces instants qui se traînent aujourd'hui avec tant de pesanteur. Je laisserai ce radotage à mes neveux, à qui je regrette de ne pouvoir rien laisser de plus réel.

Ma famille est établie depuis longtemps à Aubagne, jolie petite ville située entre Marseille et Toulon. Joseph Barthélemy mon père, qui jouissait d'une fortune aisée, épousa Magdeleine Rastit, fille d'un négociant de Cassis, petit port voisin, où le commerce était alors assez florissant. Dans une visite que ma mère alla faire à ses parents, elle accoucha de moi le 20 janvier 1716. Je fus, bientôt après, transporté à Aubagne, où je passai mon enfance.

Je perdis, à l'âge de quatre ans, ma mère très-jeune encore. Ceux qui l'avaient connue me la dépeignaient comme une femme aimable,

---

1. Dans l'appartement que Mme de Stainville, duchesse de Choiseul, lui avait donné chez elle.

qui avait des talents et de l'esprit. Je n'eus pas le bonheur de profiter de ses exemples; mais j'eus plus d'une fois la douceur de la pleurer : mon père inconsolable me prenait chaque jour, soir et matin, par la main, pendant un séjour que nous fîmes à la campagne, et me menait dans un endroit solitaire; là il me faisait asseoir auprès de lui, fondait en larmes, et m'exhortait à pleurer la plus tendre des mères. Je pleurais et je soulageais sa douleur. Ces scènes attendrissantes, et pendant longtemps renouvelées, firent sur mon cœur une impression profonde, qui ne s'en est jamais effacée.

Ma mère avait laissé deux fils et deux filles. Jamais famille ne fut plus unie et plus attachée à ses devoirs. Mon père avait tellement obtenu l'estime de ses concitoyens, que le jour de sa mort fut un jour de deuil pour toute la ville; celle de mon frère produisit dans la suite le même effet; et quand j'ai vu cette succession de vertus passer à ses enfants, je n'ai pas eu la vanité de la naissance, mais j'en ai eu l'orgueil, et je me suis dit très-souvent que je n'aurais pas choisi d'autre famille, si ce choix avait été en ma disposition.

A l'âge de douze ans, mon père me plaça au collége de l'Oratoire à Marseille, où j'entrai en quatrième. J'y fis mes classes sous le P. Raynaud, qui depuis se distingua à Paris dans la chaire. Il s'était distingué auparavant par des prix de prose et de poésie, remportés à l'Académie de Marseille et à l'Académie française. Il avait beaucoup de goût, et se faisait un plaisir d'exercer le nôtre. Ses soins redoublèrent en rhétorique : il nous retenait souvent après la classe, au nombre de sept ou huit; il nous lisait nos meilleurs écrivains, nous faisait remarquer leurs beautés, soutenait notre intérêt en nous demandant notre avis; quelquefois même il nous proposait des sujets à traiter.

Un jour il nous demanda la description d'une tempête, en vers français : chacun de nous apporta la sienne, et le lendemain elles furent lues au petit comité; il parut content de la mienne. Un mois après il donna publiquement un exercice littéraire dans une grande salle du collége. J'étais trop timide pour y prendre un rôle; j'allai me placer dans un coin de la salle, où bientôt se réunit la meilleure compagnie de Marseille en hommes et en femmes. Tout à coup je vis tout le monde se lever; c'était à l'arrivée de M. de La Visclède, secrétaire perpétuel de l'Académie de Marseille, établie depuis quelques années : il jouissait d'une haute considération. Le P. Raynaud, son ami, alla au-devant de lui, et le fit placer au premier rang. J'avais alors quinze ans. Dans cette nombreuse compagnie se trouvaient les plus jolies femmes de la ville, très-bien parées; mais je ne voyais que M. de La Visclède, et mon cœur palpitait en le voyant.

Un moment après, le voilà qui se lève, ainsi que le P. Raynaud, qui, après avoir jeté les yeux de tous côtés, me découvre dans mon coin, et me fait signe d'approcher. Je baisse la tête, je me raccourcis, et veux me cacher derrière quelques-uns de mes camarades qui me trahissent. Enfin, le P. Raynaud m'ayant appelé à très-haute voix, je crus entendre mon arrêt de mort. Tous les regards étaient tournés vers moi; je fus obligé de traverser la salle dans toute sa longueur, sur des bancs étroits et très-rapprochés, tombant à chaque pas, à droite, à gauche, par-devant, par-derrière; accrochant robes, mantelets, coiffures, etc. Après une course longue et désastreuse, j'arrive enfin auprès de M. de La Visclède, qui, me prenant par la main, me présente à l'assemblée, et lui parle de la description d'une tempête que j'avais remise au P. Raynaud : de là l'éloge le plus pompeux de mes prétendus talents. J'en étais d'autant plus déconcerté, que, cette description, je l'avais prise presque tout entière dans l'Iliade de La Motte. Enfin M. de la Visclède se tut; et l'on jugera de mon état par ma réponse, que je prononçai d'une voix tremblante : « Monsieur.... monsieur.... j'ai l'honneur d'être.... votre très-humble et très-obéissant serviteur, Barthélemy. » Je me retirai tout honteux, et au désespoir d'avoir tant de génie.

M. de La Visclède, que j'eus occasion de connaître par la suite, jaloux du progrès des lettres, s'intéressait vivement aux jeunes gens qui montraient quelques dispositions; mais il était si bon et si facile, qu'il ne pouvait leur inspirer que de la présomption.

Je m'étais, de moi-même, destiné à l'état ecclésiastique, mais, comme l'évêque de Marseille, Belzunce, refusait d'y admettre ceux qui étudiaient à l'Oratoire, je fis mes cours de philosophie et de théologie chez les jésuites. Dans le premier de ces cours, le professeur voulant nous donner une idée du cube, après s'être bien tourmenté sans réussir, prit son bonnet à trois cornes, et nous dit : Voilà un cube. Dans le second, le professeur du matin, pendant trois ans entiers, et pendant deux heures tous les jours, écumait et gesticulait comme un énergumène, pour nous prouver que les cinq propositions étaient dans Jansénius.

Je m'étais heureusement fait un plan d'étude qui me rendait indifférent aux bêtises et aux fureurs de mes nouveaux régents. Avant de quitter l'Oratoire, j'avais prié un de mes camarades de me communiquer les cahiers de philosophie qu'on y dictait; c'était le système de Descartes, qui déplaisait fort aux jésuites; je transcrivais et étudiais en secret ces cahiers. Je m'appliquais en même temps aux langues anciennes, et surtout au grec, pour me faciliter l'étude de l'hébreu, dont je disposai les racines dans des vers techniques, plus mauvais encore que ceux des Racines grecques de Port-Royal. Je comparais ensuite le texte hébreu avec le samaritain, ainsi qu'avec les versions chaldéenne et syriaque. Je m'occupais de l'histoire de l'Église, et en particulier de celle des premiers siècles.

Ces travaux attirèrent l'attention du professeur chargé de nous donner, toutes les après-midi, des leçons sur la bible, les conciles, et les Pères. C'était un homme de mérite; son suffrage me flatta, et, pour le justifier, je conçus le projet d'une thèse que je voulais soutenir sous sa présidence, et qui devait embrasser les principales questions sur les livres de l'Écriture sainte, sur l'histoire et la discipline de l'Église. Elles étaient en grand nombre; chaque article devait être le résultat d'une foule de discussions, et demandait un examen approfondi. Dix vigoureux bénédictins n'auraient pas osé se charger de cette immense entreprise; mais j'étais jeune, ignorant, insatiable de travail.

Mon professeur craignit sans doute de me décourager, en m'avertissant que le plan était trop vaste ; je me précipitai dans le chaos, et m'y enfonçai si bien, que j'en tombai dangereusement malade. Dans l'état de langueur où je me trouvai pendant longtemps, je ne désirais le retour de mes forces que pour en abuser encore.

Dès qu'elles me furent rendues, j'entrai au séminaire de Marseille, dirigé par les lazaristes, où je trouvai encore un professeur de théologie qui était assez raisonnable, et tous les matins, à cinq heures, une méditation qui ne l'était pas toujours : elle était tirée d'un ouvrage composé par Beuvelet. Le lendemain de mon arrivée, on nous lut, lentement et par phrases détachées, le chapitre où ce Beuvelet compare l'Église à un vaisseau : le pape est le capitaine, les évêques sont les lieutenants ; venaient ensuite les prêtres, les diacres, etc. Il fallait réfléchir sérieusement pendant une demi-heure sur ce parallèle : sans attendre la fin du chapitre, je trouvai que dans ce vaisseau mystérieux je ne pouvais être qu'un mousse. Je le dis à mon voisin, qui le dit au sien ; et tout à coup le silence fut interrompu par un rire général, dont le supérieur voulut savoir la cause : il eut aussi le bon esprit d'en rire.

J'avais beaucoup de loisir au séminaire, j'étudiai la langue arabe, j'en recueillis toutes les racines dans l'immense dictionnaire de Golius, et je composai des vers techniques détestables que j'eus beaucoup de peine à retenir, et que j'oubliai bientôt après. Pour joindre la pratique à la théorie, j'avais fait connaissance avec un jeune Maronite, élevé à Rome au collège de la Propagande, et établi à Marseille auprès d'un de ses oncles qui faisait le commerce du Levant. Il venait tous les jours chez moi, et nous parlions arabe. Un jour il me dit que je rendrais un vrai service à plusieurs Maronites, Arméniens, et autres catholiques arabes, qui n'entendaient pas assez le français, si je voulais leur annoncer la parole de Dieu en leur langue. Il avait quelques sermons arabes, d'un jésuite prédicateur de la Propagande ; nous choisîmes le moins absurde de tous, je l'appris par cœur. Mes auditeurs, au nombre de quarante environ, dans une salle du séminaire, trouvèrent un accent étranger dans ma prononciation, mais furent d'ailleurs si contents qu'ils me demandèrent avec instance un second sermon. J'y consentis, et le lendemain quelques-uns d'entre eux vinrent me prier de les entendre à confesse ; mais je leur répondis que je n'entendais pas la langue des péchés arabes.

Ce n'était là qu'une scène de folie : en voici une qui peut servir de leçon contre le charlatanisme de l'érudition. Mon maître avait dressé, pour mon usage, quelques dialogues arabes, qui contenaient, par demandes et par réponses, des compliments, des questions, et différents sujets de conversation, par exemple : Bonjour, monsieur ; comment vous portez-vous ? — Fort bien, à vous servir. Il y a longtemps que je ne vous ai vu. — J'ai été à la campagne, etc.

Un jour, on vint m'avertir qu'on me demandait à la porte du séminaire. Je descends, et me vois entouré de dix ou douze des principaux négociants de Marseille. Ils amenaient avec eux une espèce de mendiant qui était venu les trouver à la Loge (à la Bourse) : il leur avait raconté qu'il était juif de naissance, qu'on l'avait élevé à la dignité de rabbin; mais que, pénétré des vérités de l'Évangile, il s'était fait chrétien; qu'il était instruit des langues orientales, et que, pour s'en convaincre, on pouvait le mettre aux prises avec quelque savant. Ces messieurs ajoutèrent avec politesse qu'ils n'avaient pas hésité à me l'amener. Je fus tellement effrayé, qu'il m'en prit la sueur froide. Je cherchais à leur prouver qu'on n'apprend pas ces langues pour les parler, lorsque cet homme commença tout à coup l'attaque avec une intrépidité qui me confondit d'abord. Je m'aperçus, heureusement, qu'il récitait en hébreu le premier psaume de David, que je savais par cœur. Je lui laissai dire le premier verset, et je ripostai par un de mes dialogues arabes. Nous continuâmes, lui par le deuxième verset du psaume, moi par la suite du dialogue. La conversation devint plus animée : nous parlions tous deux à la fois et avec la même rapidité. Je l'attendais à la fin du dernier verset : il se tut en effet; mais pour m'assurer l'honneur de la victoire, j'ajoutai encore une ou deux phrases, et je dis à ces messieurs que cet homme méritait, par ses connaissances et par ses malheurs, d'intéresser leur charité. Pour lui, il leur dit dans un mauvais baragouin qu'il avait voyagé en Espagne, en Portugal, en Allemagne, en Italie, en Turquie, et qu'il n'avait jamais vu un si habile homme que ce jeune abbé. J'avais alors vingt et un ans.

Cette aventure fit du bruit à Marseille; j'avais cependant cherché à prévenir l'éclat, car je l'avais racontée fidèlement à mes amis; mais on ne voulut pas me croire, et l'on s'en tint au merveilleux.

Je finis mon séminaire, et, quoique pénétré des sentiments de la religion, peut-être même parce que j'en étais pénétré, je n'eus pas la moindre idée d'entrer dans le ministère ecclésiastique. Mon évêque aurait pu tirer quelque parti de mon ardeur pour le travail, par l'un de ces petits bénéfices simples dont il pouvait disposer; mais il savait que j'avais lu saint Paul et les pères jansénistes de la primitive Église, tels que saint Augustin et saint Prosper : il savait aussi que je voyais rarement deux jésuites dont il était flanqué, et qui le faisaient penser et vouloir; d'un côté, le P. Fabre, qui savait à peine lire, mais qui savait le distraire par des contes plaisants; de l'autre, le P. Maire, qui le tenait en activité contre les évêques jansénistes, contre les parlements, contre les ennemis des jésuites, et par conséquent de l'Église. Il réunissait toutes les grandes charges : théologal de l'évêque, intendant et maître d'hôtel de la maison, premier grand vicaire et administrateur général du diocèse; son antichambre, toujours remplie de curés et de vicaires, ressemblait à celle d'un ministre d'État ou d'un lieutenant de police. Il était d'ailleurs sec, impérieux, très-insolent. et, avec une légère teinture de littérature, se croyait le plus habile homme du monde. Je le rencontrais quelquefois par hasard; un jour il se laissa pénétrer, et me dit que les académies perdraient la religion : ce mot ne m'est jamais sorti de la tête.

A l'abri du P. Maire et de tout événement désastreux, maître de mon temps et de mes actions, n'ayant que des désirs que je pouvais satisfaire, mes jours tranquilles coulaient dans des jouissances qui ne me laissaient aucun regret.

Je passais une partie de l'année à Aubagne, dans le sein d'une famille que j'adorais, dans une petite société de gens très-aimables, où nous faisions, soit à la ville, soit à la campagne, des lectures et des concerts. J'allais par intervalles à Marseille, revoir quelques membres de l'Académie avec lesquels j'avais des relations. De ce nombre était M. l'abbé Fournier, chanoine de Saint-Victor, aussi distingué par ses vertus que par ses connaissances dans l'histoire du moyen âge. Il avait fourni beaucoup de notes instructives à la *Gallia Christiana*, et au supplément que l'abbé Carpentier a donné du dictionnaire de Ducange. Tel était encore M. Cary, qui s'était appliqué avec succès à l'étude des monuments antiques : il avait un beau cabinet de médailles, et une précieuse collection de livres assortis à son goût ; entre autres ouvrages, nous lui devons l'Histoire, par médailles, des rois de Thrace et du Bosphore. Des connaissances en tout genre, dirigées par un esprit excellent et embellies par des mœurs douces, rendaient son commerce aussi agréable qu'instructif. Je l'aimais beaucoup ; et lorsque son souvenir me rappelle tant d'autres pertes encore plus sensibles, je ne vois dans la vie qu'une carrière partout couverte de ronces qui nous arrachent successivement nos vêtements et nous laissent à la fin nus et couverts de blessures.

Quelquefois, après avoir passé toute une journée à m'entretenir avec mon ami de divers sujets de littérature, j'allais passer la nuit chez les minimes, où le P. Sigaloux, correspondant de l'Académie des sciences, faisait des observations astronomiques, auxquelles il daignait m'associer : car, puisque je fais ici ma confession générale, je dois compter parmi les égarements de ma jeunesse le temps que j'ai perdu à l'étude des mathématiques et de l'astronomie en particulier. Je m'accuse aussi d'avoir fait, dans le même temps, beaucoup de vers détestables ; quoique je connusse les bons modèles ; et plusieurs dissertations de critique, quoique privé des livres nécessaires. Enfin, dans je ne sais quelle année, les religieuses d'Aubagne me proposèrent, vers la fin du carnaval, de leur prêcher les dominicales du carême ; j'y consentis. Je n'avais ni sermons, ni sermonnaire, ni même la Bibliothèque des Prédicateurs : je commençais un sermon chaque lundi, et je le prêchais le dimanche suivant. L'année d'après, même engagement, nouveaux sermons, aussi peu de précaution ; mais cette seconde tentative épuisa tellement mes forces que je ne pus l'achever.

Après avoir erré pendant longtemps d'un sujet à l'autre, je réfléchis sur ma situation : je n'avais point d'état ; je venais d'atteindre ma vingt-neuvième année ; la famille de mon frère augmentait, et je pouvais lui être un jour à charge.

Tout le monde me conseillait d'aller à Paris. Et qu'y pourrais-je faire, moi, aussi incapable d'intrigues que dénué d'ambition, sans talent décidé, sans connaissance approfondie ? J'étais comme un voyageur qui rapporte beaucoup de petites monnaies des pays qu'il a parcourus, mais pas une pièce d'or. Je ne sais quel motif triompha de ces puissantes raisons. Je partis, et passai par Aix, où j'allai voir M. de Bausset, chanoine de la cathédrale, né à Aubagne où sa famille était établie. Je le connaissais beaucoup ; il me dit que le premier évêché vacant lui étant destiné, il avait jeté les yeux sur moi pour en partager les travaux et les honneurs, en qualité d'official, de grand vicaire, etc., et que, dès qu'il serait nommé, il irait à Paris, d'où il me ramènerait. Il me demanda si cet arrangement me convenait. J'étais au comble de la joie ; je promis tout, bien persuadé que la fortune ne m'offrirait jamais un établissement plus agréable et plus avantageux : j'avais un état, et je le devais à un homme qui à un caractère très-aimable joignait toutes les vertus, et surtout une extrême bonté, la première de toutes.

Délivré d'un poids insupportable, j'arrivai à Paris au mois de juin 1744. J'avais beaucoup de lettres ; j'en présentai une à M. de Boze, garde des médailles du roi, de l'Académie française, et ancien secrétaire perpétuel de l'Académie des inscriptions et belles-lettres. Quoique naturellement froid, il me reçut avec beaucoup de politesse, et m'invita à ses dîners du mardi et du mercredi. Le mardi était destiné à plusieurs de ses confrères de l'Académie des belles-lettres ; le mercredi, à M. de Réaumur, et à quelques-uns de leurs amis. C'est là qu'outre M. de Réaumur, je connus M. le comte de Caylus, M. l'abbé Sallier, garde de la bibliothèque du roi ; les abbés Gédoyn, de La Bléterie, du Resnel ; MM. de Foncemagne, Duclos, L. Racine, fils du grand Racine, etc. Je ne puis exprimer l'émotion dont je fus saisi la première fois que je me trouvai avec eux. Leurs paroles, leurs gestes, rien ne m'échappait ; j'étais étonné de comprendre tout ce qu'ils disaient ; ils devaient l'être bien plus de mon embarras quand ils m'adressaient la parole.

Ce profond respect pour les gens de lettres, je le ressentais tellement dans ma jeunesse, que je retenais même les noms de ceux qui envoyaient des énigmes au *Mercure*. De là résultait pour moi un inconvénient considérable : j'admirais, et ne jugeais pas. Pendant très-longtemps je n'ai pas lu de livres sans m'avouer intérieurement que je serais incapable d'en faire autant. Dans mes dernières années, j'ai été plus hardi à l'égard des ouvrages relatifs à la critique et à l'antiquité ; j'avais par de longs travaux acquis des droits à ma confiance.

Quand je me fus un peu familiarisé avec quelques membres des académies, j'étendis mes liaisons. Je vis les singularités de Paris ; je fréquentais les bibliothèques publiques ; je pensais à M. l'abbé de Bausset ; je cherchais dans la gazette l'annonce de quelque siège vacant, mais je le voyais bientôt rempli par un autre que lui.

Au bout d'un an à peu près, M. de Boze, que je voyais assez souvent, et qui, sans dessein apparent, m'avait plus d'une fois interrogé sur mes projets, me parla des siens avec cette indifférence qu'il affectait pour les choses même qu'il désirait le plus. Le cabinet des médailles exigeait un travail auquel son âge ne lui permettait plus de se livrer. Il avait d'abord compté s'associer M. le baron de La Batie, très-savant antiquaire, de l'Académie des belles-lettres ; il venait de le perdre ; il hésitait sur le choix d'un associé ; « car, disait-il, ce dépôt ne peut être confié qu'à des mains pures, et demande autant de probité que de lumières. » Il me fit entrevoir la possibilité de cette association, et je lui témoignai la satisfaction que j'aurais de travailler sous lui. Comme je connaissais son extrême discrétion, ainsi que ses liaisons avec M. Bignon, bibliothécaire, et M. de Maurepas, ministre du département, je crus que cette affaire serait terminée dans huit jours; mais il était si lent et si circonspect qu'elle ne le fut que plusieurs mois après. Je fus touché de sa confiance ; je tâchai d'y répondre pendant les sept ans que je vécus avec lui dans la plus grande intimité ; et après sa mort je fournis à M. de Bougainville, qui fit son éloge historique en qualité de secrétaire perpétuel de l'Académie des belles-lettres, les traits les plus propres à honorer sa mémoire.

Ceux que j'ajoute ici ne la dépareront pas, et sont naturellement amenés par les rapports que j'eus avec lui. L'ordre et la propreté régnaient sur sa personne, dans ses meubles, dans un excellent cabinet de livres presque tous reliés en maroquin, et parfaitement nivelés sur leurs tablettes ; de beaux cartons renfermés dans de riches armoires contenaient ses papiers rangés par classes, copiés par un secrétaire qui avait une très-belle main, et qui ne devait pas se pardonner la moindre faute. Il mettait dans son air et dans ses paroles une dignité, un poids qui semblait relever ses moindres actions, et dans ses travaux une importance qui ne lui permit jamais de négliger les petites précautions qui peuvent assurer le succès.

J'en vais citer un exemple. En quittant le secrétariat de l'Académie, il continua de composer les médailles, inscriptions et devises demandées par des ministres, des villes, et des corps. Il avait pour ce genre de travail un talent distingué, et une patience qui l'était encore plus. S'agissait-il d'une médaille, après avoir longtemps médité son sujet et s'être arrêté à une idée, il la remettait à son secrétaire, qui lui en rapportait une copie figurée ; il la retravaillait, et, à chaque changement, nouvelle copie de la part du secrétaire. Son plan une fois arrêté, il appelait Bouchardon, dessinateur de l'Académie. Après une longue discussion sur la disposition des figures et sur tous les accessoires du type, l'artiste travaillait à une première ébauche, qui en nécessitait quelquefois une seconde. Enfin le dessin terminé était envoyé à sa destination, avec un mémoire qui développait l'esprit du monument ; et ce mémoire était accompagné d'une lettre, où l'œil le plus perçant n'aurait pu découvrir la moindre irrégularité dans les lettres, dans la ponctuation, et jusque dans les plis de l'enveloppe. Le projet de médaille, approuvé par le roi, était envoyé au graveur, et M. de Boze veillait encore à l'exécution.

Ici je me rappelle l'impatience douloureuse que me causaient tant de menus détails ; mais j'en éprouvai une plus forte encore lorsqu'après sa mort, la composition des médailles étant revenue à l'Académie, qui en avait toujours été jalouse, je vis les commissaires, nommés pour lui présenter le projet d'une médaille ou d'une inscription, se traîner avec lenteur au comité, se contenter d'une première idée, et se hâter de sortir; lorsque, le projet des commissaires étant présenté à l'Académie, je vis des séances entières perdues à discuter, disputer sans rien terminer; lorsque j'ai vu les artistes si peu surveillés que, sur la médaille qui représente la statue de Louis XV, le graveur, voyant que les lettres de l'inscription de la base devenaient trop petites pour être lues sans le secours d'une loupe, y grava les premières lettres qui lui vinrent dans l'esprit, de manière qu'il est impossible d'y rien comprendre.

Je me levais à cinq heures, et je travaillais; j'allais chez M. de Boze à neuf heures, j'y travaillais jusqu'à deux heures; et quand je n'y dînais pas, j'y retournais, et je reprenais mon travail jusqu'à sept à huit heures. Ce qui me coûta le plus, ce fut de m'assujettir à sa laborieuse exactitude. Quand je sortais de son cabinet à deux heures pour y revenir à quatre, je laissais sur le bureau plusieurs volumes ouverts, parce que je devais bientôt les consulter de nouveau; je m'aperçus, dès le premier jour, que M. de Boze les avait lui-même replacés sur les tablettes. Lorsque je lui présentais un aperçu de mon travail, j'avais beau l'avertir que je l'avais tracé à la hâte : comment pouvais-je échapper à la sévérité d'un censeur qui mettait les points sur les *i*, moi, qui souvent ne mettais pas les *i* sous les points? Il s'impatientait d'un mot déplacé, s'effarouchait d'une expression hardie. Tout cela se passait avec assez de douceur, quelquefois avec un peu d'humeur de sa part, avec une extrême docilité de la mienne; car je sentais, et je sens encore que sa critique m'était nécessaire.

Ses infirmités habituelles ne lui avaient pas permis d'achever l'arrangement des médailles du roi, transportées depuis peu de temps de Versailles à Paris. Je trouvais les médailles antiques dans leurs armoires; les modernes, ainsi que les monnaies et les jetons, étaient encore dans des caisses. Je les en tirai, et les plaçai, après les avoir vérifiées, sur les catalogues. Je tirai de leurs caisses les médailles du maréchal d'Étrées, acquises pour le roi quelques années auparavant, et formant trois suites : l'une, des médaillons des empereurs en bronze; la deuxième, des rois grecs; la troisième, des villes grecques. Il fallait les insérer dans celles du roi, par conséquent comparer et décrire avec soin les médailles que l'on conservait, et les faire inscrire dans un supplément avec des indications qui renvoyaient à l'ancien catalogue. Ces opérations, qui durèrent plusieurs années, se faisaient sous les yeux de M. de Boze, et je me pénétrais de son expérience.

J'observe ici que parmi les médaillons du maréchal d'Étrées, il s'en trouvait quelques-uns qui étaient douteux, et d'autres manifestement faux. Mais comme ils avaient été publiés, M. de Boze fut d'avis de les conserver, et même de les inscrire, parce que le garde devait être en état de les montrer à ceux qui voudraient les vérifier. Le même motif a laissé quelques médailles incertaines dans les autres suites. Si jamais on publie le cabinet, on aura soin de le purger de cette mauvaise compagnie.

Dans le même temps M. de Boze fit acquérir la belle suite des impériales de grand bronze, qui du cabinet de l'abbé de Rothelin avaient passé dans celui de M. de Beauveau : ce fut un nouveau travail.

Enfin, je fis un premier arrangement pour le cabinet des antiques, placé dans un galetas au-dessus de celui des médailles. C'était une énorme quantité de petites figures, de lampes, vases, agrafes, ustensiles; tout cela se trouvait entassé au milieu du plancher, et j'en décorai les tablettes et les murs.

J'avais à peine commencé cette suite d'opérations que je me vis sur le point de les abandonner. J'ai dit qu'avant de quitter la Provence, j'avais pris des engagements avec M. l'abbé de Bausset. Il avait été oublié dans plusieurs nominations; mais à la fin de 1745 on lui conféra l'évêché de Béziers. Il m'en instruisit par une lettre, et me rappela ma promesse; il me la rappela plus fortement encore lorsqu'il fut arrivé à Paris. Je crus que, dans cette circonstance, le seul moyen que je pusse employer pour me dispenser de la remplir était de le faire lui-même l'arbitre de mon sort. Il sentit, en effet, qu'entraîné par la passion impérieuse des lettres, il me serait impossible de me livrer avec succès et sans une extrême répugnance à des études d'un autre genre; et, ne voulant pas exiger de moi un sacrifice si pénible, il me rendit ma liberté et me conserva son amitié.

Libre de cet engagement, j'en contractai presque aussitôt avec transport un autre qui me liait irrévocablement à l'objet de ma passion. M. Burette, de l'Académie des belles-lettres, mourut au mois de mai 1747, et je fus nommé à la place qu'il laissait vacante. Je devais avoir dans la personne de M. Le Beau un concurrent très-redoutable, mais il voulut bien ne point se présenter en cette occasion; et une autre place ayant vaqué très-peu de temps après, il y fut élu tout d'une voix. Cependant j'avais sa démarche sur le cœur : M. de Bougainville, mon ami intime, secrétaire perpétuel de l'Académie, voulant, à cause de ses infirmités, se démettre de cette place, me proposa pour son successeur au ministre, qui voulut bien m'agréer; mais je refusai, et les engageai l'un et l'autre à me préférer M. Le Beau, qui, quelques années après, trouva le moyen de s'en venger. « Je vais quitter le secrétariat, me dit-il; je vous le devais, et je vous le rends. — Je le cède à un autre, lui répondis-je; mais je ne cède à personne le plaisir d'avouer qu'il est impossible de vous vaincre en bons procédés. »

Je continuais à travailler avec M. de Boze, lorsqu'en 1753, il fut attaqué d'une paralysie qui, quelques mois après, termina ses jours. L'opinion publique me désignait depuis longtemps pour lui succéder; personne n'imaginait que je dusse avoir de concurrent pour une place que j'avais en quelque sorte conquise par dix années de travail et d'assiduité; cependant, le lendemain de sa mort, un de mes confrères à l'Académie, dont je n'ai jamais voulu savoir le nom, eut le courage de la solliciter. Il s'adressa à M. le marquis d'Argenson, frère du ministre, qui, dans un premier mouvement d'indignation, m'en avertit et en prévint son frère. Comme on cherchait d'autres protections, mes amis s'alarmèrent. M. de Malesherbes, qui dirigeait alors la librairie, s'opposa le premier avec tout le zèle de l'amitié à l'injustice qu'on voulait me faire : il fut puissamment secondé, à la prière de M. de Bombarde et de M. le comte de Caylus, deux amis communs, par M. le marquis (depuis duc) de Gontaut, et M. le comte de Stainville (depuis duc de Choiseul), que je ne connaissais point encore. Leurs démarches réussirent si bien que M. le comte d'Argenson, dans son travail avec le roi, lui ayant annoncé la mort de M. de Boze, le roi le prévint, et me nomma de lui-même pour le remplacer. M. d'Argenson répondit que c'était précisément le sujet qu'il venait proposer à Sa Majesté; le ministre me l'apprit le lendemain, et me parut offensé de ce que nous avions douté de ses intentions; cependant il m'a toujours parfaitement traité.

L'année d'après, M. de Stainville fut destiné à l'ambassade de Rome. Je me rappelle avec un extrême plaisir cette date, parce qu'elle fut l'époque de ma fortune, et, ce qui vaut mieux encore, celle de mon bonheur. Je n'avais pas trouvé l'occasion de le remercier de l'intérêt qu'il m'avait témoigné sans me connaître; elle se présentait naturellement : il venait de choisir pour secrétaire d'ambassade M. Boyer, mon ami, qui me mena chez lui. L'accueil que j'en reçus m'inspira sur-le-champ de la confiance et de l'attachement. Il me demanda si un voyage en Italie ne conviendrait pas à l'objet de mes travaux; sur ma réponse, il se hâta d'en parler à M. d'Argenson, et deux jours après M. Boyer vint de sa part m'avertir que mon voyage était décidé. Je courus chez M. l'ambassadeur pour le remercier, et mon étonnement fut au comble, lorsqu'il me dit qu'il me mènerait avec lui, qu'à Rome je logerais chez lui, que j'aurais toujours une voiture à mes ordres, et qu'il me faciliterait les moyens de parcourir le reste de l'Italie. La philosophie ne m'avait pas encore éclairé sur la dignité de l'homme, et je me confondis en remercîments, comme si un protecteur ne devient pas le protégé de celui qui daigne accepter ses bienfaits.

Des affaires relatives au cabinet me forcèrent de différer mon départ, et m'empêchèrent d'accompagner M. l'ambassadeur : j'en fus dédommagé par l'amitié. M. le président de Cotte, directeur de la monnaie des médailles, avec qui j'étais fort lié, résolut de profiter de cette occasion pour satisfaire le désir qu'il avait depuis longtemps de voir l'Italie. J'en fus ravi; outre les lumières et tous les avantages que je retirai d'une si douce association, je n'aurais pu, sans son secours, me tirer des embarras d'un si long voyage. J'en prévins aussitôt M. l'ambassadeur, qui me chargea de l'inviter à loger chez lui. Nous partîmes au mois d'août 1755, et nous arrivâmes à Rome le 1ᵉʳ novembre.

M. de Stainville y avait déjà acquis la réputation qu'il obtint depuis dans toute l'Europe : il ne la devait pas à la magnificence qui brillait dans sa maison, et qui annonçait le ministre de la première puissance; il la devait uniquement à la supériorité de ses talents, à cette noblesse qui éclatait dans toutes ses actions, à cette magie qui lui soumettait tous les cœurs qu'il voulait s'attacher, et à cette fermeté qui tenait dans le respect ceux qu'il dédaignait d'asservir. Il avait séduit Benoît XIV par les charmes irrésistibles de son esprit, et les meilleures têtes du sacré collège par sa franchise dans les négociations. En obtenant la lettre encyclique qui ébranla fortement la constitution *Unigenitus*, il s'attira la haine des jésuites, qui ne lui pardonnèrent jamais de leur avoir ôté des mains cette branche de persécution.

Mme de Stainville, à peine âgée de dix-huit ans, jouissait de cette profonde vénération qu'on n'accorde communément qu'à un long exercice de vertus : tout en elle inspirait de l'intérêt, son âge, sa figure, la délicatesse de sa santé, la vivacité qui animait ses paroles et ses actions, le désir de plaire qu'il lui était facile de satisfaire, et dont elle rapportait le succès à un époux digne objet de sa tendresse et de son culte, cette extrême sensibilité qui la rendait heureuse ou malheureuse du bonheur ou du malheur des autres, enfin cette pureté d'âme qui ne lui permettait pas de soupçonner le mal. On était en même temps surpris de voir tant de lumières avec tant de simplicité. Elle réfléchissait dans un âge où l'on commence à peine à penser. Elle avait lu avec le même plaisir et la même utilité ceux de nos auteurs qui se sont le plus distingués par leur profondeur et leur élégance. Mon amour pour les lettres m'attira son indulgence, ainsi que celle de son époux : et dès ce moment je me dévouai à eux, sans prévoir les avantages d'un pareil dévouement.

Quelques jours après notre arrivée, M. l'ambassadeur voulut bien nous présenter à Benoît XIV, qu'il avait prévenu en notre faveur, et qui nous reçut avec bonté. Nous partîmes ensuite pour Naples, et pendant un mois nous fûmes occupés des singularités de cette ville et de ses environs. Nous allâmes voir les plus anciens monuments de l'architecture grecque, qui subsistent à environ trente lieues au delà de Naples, dans un endroit où l'on avait autrefois construit la ville de Pæstum. Les salles du palais de Portici, où l'on avait rassemblé les antiquités trouvées dans les ruines d'Herculanum et de Pompéia, nous attirèrent souvent. Nous vîmes avec la plus grande satisfaction cette suite immense de peintures, de statues, de bustes, de vases et d'ustensiles de différentes espèces, objets, la plupart distingués par leur beauté ou par les usages auxquels ils avaient été employés. Mais nous vîmes avec encore plus de douleur le honteux abandon où on laissait les quatre à cinq cents manuscrits découverts dans les souterrains d'Herculanum. Deux ou trois seulement avaient été déroulés, et expliqués par le savant Mazochi; ils ne contenaient malheureusement rien d'important, et l'on se découragea. Tout le monde m'assurait qu'on allait reprendre cette opération, mais cette espérance ne s'est point réalisée. Dans ces derniers temps, j'en parlai souvent à M. le marquis de Caraccioli, ambassadeur de Naples en France; je lui en écrivis ensuite quand il fut parvenu au ministère; il me répondit qu'il était décidé à suivre ce projet, et que, pour en hâter l'exécution, il était d'avis de partager, s'il était possible, ce travail entre différents corps, et d'envoyer successivement quelques-uns de ces manuscrits à notre Académie des belles-lettres, d'autres à la société royale de Londres, d'autres à l'université de Gottingue, etc. Un ou deux mois après, sa mort fut annoncée dans les papiers publics.

J'avais voulu présenter à mon retour aux savants qui s'occupent de la paléographie, le plus ancien échantillon de l'écriture employée dans les manuscrits grecs. Je m'adressai à M. Mazochi, qui m'opposa la défense expresse de rien communiquer. M. Paderno, garde du dépôt de Portici, me fit la même réponse; il me montra seulement une page d'un manuscrit qu'on avait coupé du haut en bas lors de la découverte; elle contenait vingt-huit lignes. Je les lus cinq à six fois, et, sous prétexte d'un besoin, je descendis dans la cour, et je les traçai sur un morceau de papier, en conservant le mieux que je pouvais la disposition et la forme des lettres. Je remontai, je comparai mentalement la copie avec l'original, et je trouvai le moyen de rectifier deux ou trois petites erreurs qui m'étaient échappées. Il était parlé dans ce fragment des persécutions qu'avaient éprouvées les philosophes, à l'exception d'Épicure. Je l'envoyai aussitôt à l'Académie des belles-lettres, en la priant de ne pas le publier de peur de compromettre Mazochi et Paderno.

Cependant M. le marquis d'Ossun, ambassadeur de France à Naples, m'avertit que le roi, instruit de ma mission, avait témoigné le désir de me voir. Ce prince était alors dans son superbe château de Caserte qu'il faisait achever. Je lui fus présenté pendant son dîner : il me parla avec plaisir des découvertes qui se faisaient dans ses États, parut regretter que le garde de ses médailles fût absent, parce que je ne pourrais les voir, ordonna qu'on me montrât de superbes colonnes de marbre récemment apportées à Caserte, et me fit inscrire parmi ceux à qui l'on devait successivement distribuer les volumes des antiquités d'Herculanum. Le soin de les expliquer était confié à monsignor Baïardi, prélat romain que le roi avait attiré dans ses États. Vaste et infatigable compilateur, respectable par les qualités du cœur, redoutable par sa mémoire à ceux qui entreprenaient de l'écouter ou de le lire, Baïardi avait cultivé toutes les espèces de littérature, et transporté dans sa tête un amas énorme, informe, de connaissances qui s'en échappaient avec confusion. Il préluda par le catalogue général des monuments conservés à Portici, en un volume in-folio; et comme les gravures qui devaient les représenter n'étaient pas encore prêtes, il obtint du roi la permission de placer à la tête du grand commentaire une préface destinée à nous instruire de l'époque, des suites, et de l'utilité des fouilles d'Herculanum; il en publia le commencement en sept volumes in-4° sans avoir entamé son sujet.

Je vais exposer sa méthode, pour guider ceux qui seraient tentés de l'imiter. L'interprète des monuments doit faire connaître leurs proportions; mais quelles mesures doit-il employer? de là une longue incursion sur les mesures des Assyriens, des Babyloniens, des Perses, des Grecs, des Romains. Les monuments furent tirés la plupart des ruines d'Herculanum; ce nom, le même que celui d'Héraclée, fut donné à plusieurs villes; il faut donc parler de toutes ces villes : incursion dans les champs de la géographie ancienne. Herculanum fut fondée par Hercule; mais on connaît plusieurs héros de ce nom, le Tyrien, l'Égyptien, le Grec, etc. Il faut donc les suivre dans leurs expéditions, et déterminer celui auquel notre Herculanum doit son origine : incursion dans les champs de la mythologie. On sent bien que de pareilles recherches auraient facilement conduit l'auteur jusqu'au douzième volume; malheureusement il fut prié de s'arrêter en si beau chemin, et quelque temps après il revint à Rome, où je l'allai voir. Je lui demandai s'il finirait sa préface; il me répondit qu'il l'avait suspendue, et que, pour se délasser, il s'occupait d'un abrégé de l'histoire universelle, qu'il renfermerait en douze volumes in-12, et dans lequel il préluderait par la solution d'un problème des plus importants pour l'astronomie et pour l'histoire : c'était de fixer le point du ciel où Dieu plaça le soleil en formant le monde; il venait de découvrir ce point, et il me le montra sur un globe céleste.

J'ai peut-être trop parlé de monsignor Baïardi; mais, comme je n'écris que pour moi, et tout au plus pour quelques amis, je veux terminer cet homme, et me raconter à moi-même la première visite que je lui fis à Naples. Je le trouvai dans une grande salle : un rhume violent le retenait sur un sofa dont l'aspect attestait les longs services; il était couvert de vêtements si antiques, qu'on les aurait pris pour les dépouilles de quelque ancien habitant d'Herculanum. Il travaillait dans ce moment avec son secrétaire. Je le priai de continuer, et m'assis au pied du sofa. Des moines de Calabre l'avaient consulté sur une hérésie qui commençait à se répandre autour d'eux. Ils venaient d'apprendre qu'un certain Copernic soutenait que la terre tournait autour du soleil. Que deviendra donc ce passage de l'Écriture qui déclare la terre immobile, et ce Josué qui arrête le soleil; et puis le témoignage de nos sens? D'ailleurs comment ne pas tomber, si nous sommes obligés pendant la nuit d'avoir la tête en bas? Le prélat répondait longuement et savamment à toutes ces questions, sauvait l'honneur des livres saints, exposait les lois de la gravitation, s'élevait contre l'imposture de nos sens, et finissait par conseiller aux moines de ne pas troubler les cendres de Copernic depuis si longtemps refroidies, et de dormir aussi tranquillement qu'ils l'avaient fait jusqu'alors.

Sa réponse finie, il me réitéra ses excuses, et je lui dis qu'étant envoyé en Italie par le roi de France, pour la recherche des médailles qui manquaient à son cabinet dont j'avais la garde, j'ajoutais à ce devoir celui d'y connaître les savants les plus distingués. Il ôta son bonnet, redoubla de politesse, toussa longtemps, et me demanda la permission de me présenter la signora Maria Laura, son ancienne amie, dont les vertus égalaient les lumières et les talents, qui savait le latin, le grec et l'hébreu, qui dessinait et peignait comme Apelle, jouait de la lyre comme Orphée, et brodait aussi bien que les filles de Minée. L'éloge durait encore quand la signora Maria Laura parut : elle pouvait avoir de soixante à soixante-cinq ans; lui, de soixante-cinq à soixante-dix.

Dans le courant de la conversation il m'assura qu'il descendait du chevalier Bayard, et qu'il était Français, non-seulement de naissance, mais encore d'inclination. Il se plaignit ensuite de la manière dont on conduisait les travaux d'Herculanum, de la négligence des ministres à l'égard des manuscrits, de la jalousie qu'excitait contre lui le traitement honorable qu'il recevait du roi. Je ne sais par quel hasard je citai M. le comte de Caylus; aussitôt il s'écrie : « Quoi! vous connaissez M. de Caylus? c'est mon bon ami. Écoutez, signora Laura : ce M. de Caylus est un des plus grands seigneurs de France, un des plus savants hommes du monde : c'est lui qui préside toutes les académies de Paris, qui protége tous les arts; il sait tout, il écrit sur tout; ses ouvrages font l'admiration de toute l'Europe. » Et tout de suite s'adressant à moi, il me dit en français : « Qu'a-t-il fait le Caylous? je n'ai jamais rien vou de loui. » Et sans attendre ma réponse, il sonna, et se fit apporter une grande boîte toute pleine de papiers; c'était le recueil de ses poésies latines. Il me proposa d'en entendre un morceau. « J'en serais ravi, lui dis-je; mais, monsignor, vous toussez beaucoup. » Il me répondit qu'il sacrifierait tout au plaisir de me procurer quelque amusement; et dans cette vue il choisit une pièce intitulée : *Description anatomique du cerveau*. Outre que la matière m'était assez étrangère, les Italiens prononcent le latin d'une manière si différente de la nôtre, que le charme de ses vers ne venait pas jusqu'à moi; Mme Laura, qui s'en aperçut, l'interrompit vers le centième vers, et lui ayant représenté qu'un si beau sujet devait être médité pour être bien senti, elle lui proposa de lire sa Fontaine de Trévi. « Madame a raison, me dit-il; vous venez de Rome, vous avez plus d'une fois admiré cette belle fontaine; j'y étais quand on la découvrit; l'*oestro poetico* s'empara de moi, et je le répandis à grands flots sur la pièce suivante. » J'eus beau lui dire : « Monsignor, vous toussez beaucoup; » il fallut l'écouter. Voici le plan de ce petit poëme :

Le poëte court à la nouvelle fontaine : il aperçoit de loin le beau Neptune qui frappe de son trident les rochers entassés sous ses pieds, et en fait jaillir des torrents impétueux. Il approche du bassin où ces eaux rassemblées lui présentent un spectacle ravissant, ce sont des naïades qui se jouent dans leur sein; lui-même se mêle à leurs jeux; un pouvoir inconnu, en le revêtant tout à coup d'une figure céleste, lui avait prodigué tous les attraits qui brillaient dans ses nouvelles compagnes. On conçoit aisément qu'une main capable de peindre les fibres imperceptibles du cerveau pouvait appliquer les plus riches couleurs à des beautés plus réelles : aussi n'avait-il rien épargné pour décrire avec une exactitude scrupuleuse les heureux changements qu'il avait éprouvés. Il s'arrêtait avec complaisance sur la légèreté des mouvements, la justesse des proportions. l'arrondissement des formes, et la douceur des traits.

Pendant qu'il me présentait ce tableau dégradé par une lecture rapide et une prononciation étrangère à mes oreilles, je comparais l'état de cette ancienne nymphe des eaux avec son état actuel : son menton recourbé et garni d'une barbe épaisse, ses joues pendantes et semée de taches jaunes, ses yeux profondément ensevelis dans leur orbite ses rides repliées en plusieurs manières sur son front, tout cela m frappa tellement, que la lecture finie, après quelques compliments, je dis à l'auteur : « Je ne puis pourtant pas dissimuler que depuis votre métamorphose vous êtes un peu changé. » Mme Laura en convint; il en rit, et croyant à cette mauvaise plaisanterie que je m'amusais beaucoup : « Encore un moment, me dit-il ; vous m'avez vu en néréide, je vais à présent me montrer en bacchante. » Et, tirant aussitôt de son inépuisable cassette un dithyrambe d'un volume effroyable, et rassemblant ses forces, il entonna le cantique sacré ; mais la chaleur avec laquelle il déclamait lui causa, dès les premiers vers, un redoublement de toux si violent, que Mme Laura alarmée joignit d'elle-même ses prières aux miennes pour l'engager à remettre à un autre jour la suite de sa lecture. Il y consentit, quoique à regret, et je me sauvai bien vite, et bien résolu à ne plus fatiguer sa poitrine.

Je me fais un plaisir de joindre ici les noms de plusieurs personnes de savoir ou de goût que j'eus occasion de connaître en Italie. Je voyais souvent à Naples le chanoine Mazochi, le comte de Gazole, le duc de Noïa, et le comte de Pianura. Il eût été difficile de réunir plus de piété, de modestie, et de connaissances qu'en avait le premier. Il travaillait alors sur des inscriptions trouvées à Héraclée. Cet ouvrage, monument d'une profonde érudition et d'un courage invincible, ne laisserait rien à désirer, s'il n'était hérissé d'un trop grand nombre de notes qui, quoique instructives, n'intéressent point, parce qu'elles sont inutiles. M. de Gazole faisait l'accueil le plus flatteur aux étrangers éclairés que les nouvelles découvertes attiraient à Naples. M. de Noïa avait, des seules médailles de la grande Grèce, formé une collection immense. M. de Pianura ne se bornait pas à cette seule suite ; son cabinet en offrait de toutes les espèces. Il avait eu la complaisance de m'en céder plusieurs ; et je le pressai d'y joindre celle de Cornelia Supera qu'il venait d'expliquer[1], et par laquelle il montrait que cette princesse était femme de l'empereur Émilien ; mais il n'osa pas s'en défaire sans l'agrément du roi. Je priai M. d'Ossun d'en parler au ministre Tanucci, qui répondit avec une importance despotique : « Si la médaille en question est double dans le cabinet de M. Pianura, il peut disposer de l'une ; si elle est unique, le roi ne veut pas qu'elle sorte de ses États. »

A Rome, j'eus des liaisons plus ou moins étroites avec le P. Paciaudi, théatin ; le P. Corsini, général des écoles pies ; les PP. Jacquier et Le Sueur, minimes ; le P. Boscowich, jésuite ; MM. Bottari et Assemanni, préfets de la bibliothèque du Vatican ; le marquis Lucatelli, garde de cette bibliothèque ; M. l'abbé Venuti, M. le chevalier Vettori, MM. les cardinaux Passionei, Albani, et Spinelli auquel je dédiai mon explication de la mosaïque de Palestrine.

A Florence, MM. Stosch et Gori ; à Pésaro, M. Passeri, M. Annibal Olivieri à qui, depuis mon retour en France, j'adressai une lettre sur quelques monuments phéniciens.

A la fin de janvier 1757, M. l'ambassadeur vint à Paris. Nommé, peu de temps après, à l'ambassade de Vienne, il m'écrivit pour m'engager à revenir avec Mme l'ambassadrice. A notre arrivée, il m'apprit l'ar-

---

[1]. « Lettera al reverendissimo Padre D. Gian Francesco Baldini, generale della congregazione de' clerici regolari di Somasca. Napoli, 1751. »

rangement qu'il avait fait pour moi avec mon nouveau ministre, M. de Saint-Florentin. Je devais les accompagner à Vienne; j'irais ensuite, aux dépens du roi, parcourir la Grèce et les îles de l'Archipel, et reviendrais par Marseille. Quelque attrait qu'eût pour moi ce projet, je fus obligé d'y renoncer, parce qu'après une si longue absence je ne pouvais pas laisser plus longtemps le cabinet des médailles fermé.

Ma vie a été tellement liée à celle de M. et de Mme de Choiseul, ils ont tellement influé sur les événements de la mienne, qu'il m'est impossible de parler de moi sans parler d'eux; qu'on ne s'étonne donc pas de les rencontrer sans cesse dans ces Mémoires.

A la fin de 1758, M. de Stainville, désormais duc de Choiseul, fut rappelé de Vienne, et fait ministre des affaires étrangères. Au premier moment que je le vis, il me dit que c'était à lui et à sa femme de s'occuper de ma fortune, à moi de les instruire de mes vues. Je ne m'attendais pas à tant de bontés; et, forcé de m'expliquer, je répondis qu'une pension de six mille livres sur un bénéfice, jointe au traitement de ma place de garde des médailles, me suffirait pour entretenir deux neveux que j'avais au collège, et un troisième que je comptais appeler incessamment. Je rougis aussitôt de mon indiscrétion; il en sourit, et me rassura.

Je proteste ici que c'est la seule grâce que j'aie jamais demandée à M. et à Mme de Choiseul : j'avoue en même temps que je n'avais pas besoin de sollicitation auprès d'eux; et si l'on voulait savoir d'où me vint cette fortune si considérable pour un homme de lettres, je répondrais : Au besoin pressant qu'ils avaient de contribuer au bonheur des autres, à cette sensibilité profonde qui ne leur permit jamais d'oublier les attentions qu'on avait pour eux, à ce caractère noble et généreux qui leur persuadait qu'en fait de sentiment, ce n'est rien faire que de ne pas faire tout ce qu'on peut. Cependant, comme de si nobles dispositions sont presque toujours dangereuses dans les dépositaires du pouvoir, lorsqu'ils n'ont pas soin de les surveiller, je dois avertir, d'après des exemples sans nombre, que M. et Mme de Choiseul n'auraient jamais consenti à faire la moindre injustice pour servir leurs amis. Je n'ai jamais pu m'acquitter de tout ce que je leur dois; l'unique ressource qui me reste aujourd'hui, c'est de perpétuer dans ma famille le souvenir de leurs bienfaits.

En 1759, M. de Choiseul ayant obtenu pour l'évêque d'Evreux, son frère, l'archevêché d'Alby, me fit accorder une pension de quatre mille livres sur ce bénéfice.

Il parut en 1760 une parodie sanglante d'une scène de Cinna, contre M. le duc d'Aumont et M. d'Argental. Les parents et les amis du premier soulevèrent toute la cour contre M. Marmontel, soupçonné d'être l'auteur de cette satire, parce qu'il avait eu l'indiscrétion de la lire dans un souper. On travailla en conséquence à lui faire ôter le privilége du *Mercure*, dont il avait singulièrement augmenté les souscriptions. Pour lui nuire plus sûrement, on représenta à Mme de Choiseul que le *Mercure* rendait, tous frais faits, vingt mille livres; qu'il n'exigeait qu'une légère surveillance de la part de l'auteur, parce que ce travail se faisait par des commis; et qu'en me procurant ce journal, elle serait désormais dispensée de solliciter en ma faveur l'évêque d'Orléans, qui s'était enfin déterminé à réserver exclusivement pour la noblesse les abbayes et les bénéfices de quelque valeur. Mme de Choiseul communiqua ce projet à Mme de Grammont, ainsi qu'à M. de Gontaut; et tous trois en parlèrent à Mme de Pompadour, en déclarant positivement qu'ils ne prétendaient influer en aucune manière sur le jugement de M. Marmontel. M. le duc de Choiseul ne voulut pas se mêler de cette affaire.

Je ne connaissais M. Marmontel que pour l'avoir vu deux ou trois fois chez Mme du Boccage; mais je me sentais une extrême répugnance à profiter des dépouilles d'un homme de mérite. Je m'en expliquai plus d'une fois avec Mme de Choiseul, soit de vive voix, soit par écrit; mais, persuadée par tous ceux qui la voyaient que M. Marmontel était coupable, et qu'il ne pouvait pas garder le *Mercure*, elle ne concevait pas les motifs de ma résistance. Je priai M. de Gontaut de les exposer à Mme de Pompadour, qui les approuva d'autant plus, qu'elle ne voulait pas perdre M. Marmontel.

Je me trouvais alors dans une situation bien pénible; j'étais attendri du vif intérêt que me témoignait publiquement Mme de Choiseul; et je risquais par un refus obstiné de condamner ses démarches, et de les faire regarder comme un despotisme de bienfaisance : d'un autre côté, si la cour était contre M. Marmontel, Paris était pour lui; tous les gens de lettres, par esprit de corps, juraient une haine éternelle à celui qui oserait prendre sa place.

Les esprits parurent se calmer pendant quelques jours, et je me croyais hors de danger, lorsque tout à coup M. d'Aumont produisit une lettre que M. Marmontel venait de lui écrire pour l'exhorter à laisser tomber cette affaire. Cette lettre fit un très-mauvais effet, et ranima les poursuites de M. d'Aumont et de ses partisans; alors il fut décidé qu'on me donnerait le privilége du *Mercure*, et qu'à mon refus il serait accordé à M. de La Place. Je fis alors une faute essentielle : je pensai que, s'il tombait entre les mains de ce dernier, il n'en sortirait plus; que si je l'acceptais, on me permettrait, après que les préventions seraient dissipées, de le rendre à M. Marmontel. J'écrivis à Mme de Choiseul, et lui exposai les raisons qui me déterminaient enfin à me charger de ce journal. Le privilége me fut expédié, et me dessilla les yeux; prévoyant le tissu de plaintes, de tracasseries, de dangers auxquels je m'étais exposé, je frémis de l'erreur de mes bonnes intentions. Heureusement, je reçus avec le privilége une lettre de M. de Choiseul qui calma un peu mes inquiétudes. Il vint le soir même à Paris; je le vis : il me conseilla d'aller tout de suite chez M. d'Aumont, de lui présenter le privilége du *Mercure*, de le prier instamment de le rendre à M. Marmontel, en lui représentant qu'il ne pouvait se venger d'une manière plus noble et plus digne de lui. Je volai chez M. d'Aumont, je le conjurai, je le pressai : j'avais tant d'intérêt à le persuader! mais je traitais avec un homme obstiné comme tous les petits esprits, implacable comme tous les cœurs ignobles : je crus un moment qu'il allait se rendre, il paraissait ébranlé ; mais il s'arrêta tout à coup, en me disant qu'il n'était pas le maître, et qu'il avait des ménagements à garder avec sa famille.

Je vins tristement rendre compte de ma mission à M. de Choiseul, qui me mena le jour même à Versailles. En arrivant il remit le privilége à M. de Saint-Florentin, et retint pour moi, sur ce journal, une pension de cinq mille livres, que je trouvai trop forte. M. de La Place eut le *Mercure*, dont les souscriptions diminuèrent bientôt au point que les pensionnaires en conçurent de vives alarmes. Pour ne les pas augmenter, je permis à M. Lutton, chargé de la recette et de la dépense, de prélever sur ma pension les gratifications accordées à des auteurs qui fournissaient des pièces au *Mercure*; enfin, quelques années après, je fus assez heureux pour pouvoir renoncer entièrement à cette pension. Je n'ai su que depuis, que la parodie était de M. de Curi, et que M. Marmontel avait mieux aimé sacrifier sa fortune que de trahir son ami.

Il vaqua successivement plusieurs places à l'Académie française : les philosophes se déclaraient, avec raison, pour M. Marmontel, le parti opposé réussissait toujours à l'écarter. Dans une occasion où ses espérances paraissaient mieux fondées, M. d'Argental, qui jouait un rôle si ridicule dans la parodie de Cinna, intrigua plus vivement auprès des académiciens qui avaient de l'amitié pour moi; ils me pressèrent de nouveau de me présenter, et de nouveau je rejetai cette proposition; j'obtins même de M. de Gontaut qu'il représenterait chez Mme de Pompadour, à ceux qui voulaient s'opposer à la réception de M. Marmontel, combien il était cruel, après avoir ruiné un homme de mérite, de le poursuivre avec tant d'acharnement.

Quelques philosophes ne me pardonnèrent jamais l'acceptation momentanée du privilége du *Mercure*, et encore moins la protection de M. et Mme de Choiseul.

J'ai vu dans un recueil de lettres manuscrites que M. d'Alembert écrivait de Berlin à Mlle l'Espinasse, combien cette prévention l'avait rendu injuste. On lui avait mandé, apparemment, que je comptais disputer à M. Marmontel une place vacante à l'Académie, ce qui était absolument faux; il répond qu'un seul Marmontel vaut mille Barthélemy. Je suis bien convaincu que M. Marmontel a plus de mérite que moi, mais je ne pense pas qu'il en ait mille fois plus, et le calcul du géomètre ne me parait pas juste.

Encore un mot sur l'Académie française. Après la réception de M. Marmontel, M. de Foncemagne et ses amis, qui étaient fort nombreux, entreprirent plus d'une fois de me mettre sur les rangs. Plusieurs raisons m'arrêtèrent : je n'avais que trop occupé le public pendant la malheureuse affaire du *Mercure*; je n'étais pas assez jaloux des honneurs littéraires, pour les acheter au prix des tracasseries d'une élection orageuse; j'avais trop de vanité pour désirer d'entrer dans un corps où l'opinion publique me placerait dans les derniers rangs. Deux puissances philosophiques, Duclos et d'Alembert, avaient déclaré la guerre à la cour, et surtout à M. de Choiseul, qui faisait beaucoup de cas de leurs talents, et très-peu de leurs principes : à chaque séance ils produisaient contre lui de nouveaux manifestes. Comment aurais-je pu essuyer tranquillement ces scènes de fureur, puisque ceux des académiciens qui n'avaient aucune liaison avec ce ministre en étaient indignés ? Cette guerre dura jusqu'au moment où l'élévation de Mme du Barry menaça la France de la faveur de M. d'Aiguillon. Duclos et d'Alembert protégeaient M. de La Chalotais, poursuivi par M. d'Aiguillon, et soutenu, disait-on, par M. de Choiseul. Dès ce moment tous les crimes de ce dernier disparurent ; on résolut de lui accorder la paix avec un traité d'alliance ; et on lui fit offrir, par le baron de Breteuil, la première place vacante à l'Académie, en le dispensant des visites d'usage. M. de Choiseul, qui n'avait jamais été instruit de leurs dispositions successivement hostiles et pacifiques, fut touché de cette attention ; et sans l'exil qui survint tout à coup, il aurait entendu son éloge dans cette salle qui avait si souvent retenti d'injures contre lui.

Je présume que leur amnistie se serait étendue sur moi ; car, vers ce temps-là, M. d'Alembert ayant témoigné sa surprise à M. Gatti, notre ami commun, de ce que je ne me présentais pas à l'Académie, ajouta, avec une sorte de dépit : « Après tout, je n'imagine pas que personne au monde ne fût flatté de se voir inscrit dans une liste où se trouvent les noms de Voltaire, de Buffon, et j'ose dire encore, celui de d'Alembert. »

Je dirai bientôt les motifs qui me déterminèrent dans la suite à me présenter. Je vais maintenant reprendre le cours de ma fortune, qui ne m'était précieuse que parce que je la devais à l'amitié, et qu'elle me faisait jouir du plaisir si vif de faire quelque bien. Un jour que Mme de Choiseul parlait à son mari de mon attachement pour eux, il répondit, en souriant, par ce vers de Corneille :

Je l'ai comblé de biens, je veux l'en accabler.

En 1765 la trésorerie de Saint-Martin de Tours vint à vaquer : c'était la seconde dignité du chapitre ; le roi en avait la nomination. M. et Mme de Choiseul la demandèrent pour moi. Je profitai de cette occasion pour remettre deux mille livres de ma pension sur *le Mercure*, dont mille livres furent données, à ma sollicitation, à M. Marin, et mille livres à M. de La Place, pour l'aider à payer les autres pensions supportées par ce journal.

M. le duc du Maine, étant colonel général des Suisses, avait créé pour M. de Malézieux qu'il aimait beaucoup, la charge de secrétaire général, à laquelle il attacha des droits qui lui appartenaient et dont il fit le sacrifice. M. de Choiseul avait déjà disposé une fois de cette place en faveur de M. Dubois, premier commis de la guerre, avec réserve d'une pension de six mille livres pour Mme de Saint-Chamant, petite-fille de M. de Malézieux. M. Dubois étant mort dans les derniers jours de janvier 1768, M. de Choiseul me donna la place ; et les gens de lettres, par droit de jalousie, jetèrent les hauts cris. Les deux principaux, Duclos et d'Alembert, se rendirent chez M. de Malesherbes, et lui en parlèrent avec aigreur, et même avec courroux :

ne réussit à les calmer un peu, qu'en leur représentant que cette place pourrait devenir, par cet exemple, le patrimoine des gens de lettres. Je ne puis trop répéter que les revenus du secrétaire général appartenant dans le principe au colonel général, il pouvait en disposer à sa fantaisie; j'ajoute en même temps que, quelques jours après ma nomination, j'abandonnai les trois mille livres qui me restaient sur *le Mercure;* que j'en fis passer mille à M. de Guigues, mille à M. de Chabanon, tous deux mes confrères à l'Académie, et mille à M. de La Place, auteur du *Mercure.* J'avoue qu'en cette occasion, d'Alembert et les autres philosophes mirent beaucoup plus de prix à ce sacrifice que je n'y en mettais moi-même.

En 1771, M. d'Aiguillon fit ôter les Suisses à M. de Choiseul, qui était à Chanteloup : j'y étais aussi. Il envoya sa démission, je voulus l'accompagner de la mienne. Il me conseilla d'aller à Paris, et de ne pas m'en dessaisir sans quelque indemnité. J'étais bien résolu, si la place de colonel général passait à quelque grand seigneur, de lui remettre sur-le-champ mon brevet, et de retourner tout de suite à Chanteloup; mais elle fut conférée à M. le comte d'Artois, et la démarche projetée me parut peu respectueuse. Le lendemain de mon arrivée je vis Mme de Brionne, qui m'honorait de ses bontés : M. le maréchal de Castries était chez elle, et partait pour Versailles; elle le pria d'agir pour me faire conserver ma place. Je les priai l'un et l'autre, avec une chaleur dont ils me parurent touchés, de me la faire ôter au plus tôt, parce qu'ayant pris un engagement avec M. de Choiseul, je ne pouvais en prendre un second avec qui que ce fût. Je me rendis aussitôt à Versailles; je présentai mon brevet à M. le comte d'Affry, chargé par M. le comte d'Artois du détail des régiments suisses. Il le refusa, et me montra en même temps une lettre de M. de Choiseul, qui le priait de veiller à mes intérêts. L'indignation que causait à la cour la nouvelle persécution que M. de Choiseul éprouvait de la part de MM. d'Aiguillon et de La Vauguyon s'était tournée en bienveillance pour moi; tout le monde murmurait et m'exhortait à soutenir mes droits. Le jeune comte d'Artois s'était plaint au roi de ce qu'on le forçait de commencer l'exercice de sa nouvelle charge par une injustice criante; et le roi lui avait répondu qu'on me ferait un traitement dont je serais satisfait. Cependant MM. de Montaynard, de La Vauguyon, et d'Aiguillon, pressaient M. d'Affry de mettre cette affaire sous les yeux du roi; je l'en pressais avec encore plus d'ardeur; il différait toujours. Dans l'intervalle, deux ou trois courtisans du second ou du troisième ordre me demandèrent en secret, s'ils pourraient, sans déplaire à M. et Mme de Choiseul, solliciter ma place. Un autre homme vint m'avertir que si je promettais de ne pas retourner à Chanteloup, on pourrait s'adoucir en ma faveur. Je ne voulus pas remonter au premier auteur de cet avis; mais celui qui me le donnait était attaché au duc d'Aiguillon. Enfin M. d'Affry, me voyant inébranlable dans ma résolution, termina cette affaire, et me fit réserver sur la place une pension de dix mille livres, que je n'avais pas demandée. Le lendemain je retournai à Chanteloup.

Depuis assez longtemps l'état de ma fortune me permettait de me procurer des aisances que je crus devoir me refuser. J'aurais pris une voiture, si je n'avais craint de rougir en rencontrant, à pied sur mon chemin, des gens de lettres qui valaient mieux que moi : je me contentai d'avoir deux chevaux de selle, afin de pouvoir prendre l'exercice du cheval, qui m'avait été ordonné par les médecins. J'acquis les plus belles et les meilleures éditions des livres nécessaires à mes travaux, et j'en fis relier un très-grand nombre en maroquin : c'est le seul luxe que j'aie jamais cru pouvoir me pardonner. J'élevai et j'établis le mieux qu'il me fut possible trois de mes neveux ; je soutins le reste de ma famille en Provence. Je ne refusai jamais les infortunés qui s'adressaient à moi ; mais je me reproche avec amertume de les avoir trop préférés à des parents dont les besoins ne m'étaient pas assez connus, par leur faute ou par la mienne.

Mon revenu, considérable sans doute pour un homme de lettres, même après que j'eus perdu la place de secrétaire général des Suisses, l'eût été beaucoup plus, si je ne l'avais borné moi-même par des cessions et par des refus. On a déjà vu que je m'étais démis de ma pension sur *le Mercure ;* j'avais pareillement cédé celle dont je jouissais en qualité de censeur. J'avais refusé deux fois la place honorable et utile de secrétaire perpétuel de l'Académie des belles-lettres. Après la mort de M. Hardion, garde des livres du cabinet du roi à Versailles, M. Bignon voulut bien m'offrir cette place, qui procurait de l'agrément et du revenu ; je l'engageai à en disposer en faveur d'un autre. M. Lenoir ayant donné, en 1789, sa démission de la place de bibliothécaire du roi, M. de Saint-Priest, alors ministre, eut la bonté de me la proposer. Séduit par l'espoir de fixer à l'avenir cette place dans la classe des gens de lettres, je fus tenté de l'accepter, quoique je sentisse combien le sacrifice de mon temps et de mes travaux littéraires me serait douloureux ; mais, ayant bientôt reconnu qu'on ne me l'offrait que parce qu'on me croyait nécessaire, dans les circonstances actuelles, pour l'assurer au président d'Ormesson qui en avait traité avec M. Lenoir, et qu'il s'agissait de faire mon adjoint ou mon survivancier ; dégoûté d'ailleurs par la difficulté que ma nomination mettait aux arrangements d'intérêt entre M. Lenoir et lui, arrangements auxquels je devais et voulais être étranger, et voyant s'évanouir l'espoir qui seul pouvait vaincre ma répugnance, je renonçai aux vues ambitieuses que j'avais eues pour les lettres, et non pour moi. La manière dont mon remercîment fut reçu, et la facilité avec laquelle l'affaire se termina aussitôt après, me persuadèrent que j'avais pris le bon parti, et que, si on avait trouvé d'abord très-nécessaire de me mettre en place, on trouvait alors très-utile de me laisser de côté.

Je ne dois pas omettre, dans le récit des événements de ma vie, mon admission à l'Académie française, dont je m'étais toujours tenu éloigné, ni les raisons qui me forcèrent, en quelque sorte, d'y solliciter une place, cette même année 1789. M. Beauzée venait de mourir : le succès du *Voyage d'Anacharsis* avait enflammé le zèle de quelques membres de cette compagnie avec lesquels j'étais lié depuis longtemps. Ils communiquèrent leurs sentiments de bienveillance pour moi à un grand nombre de leurs confrères, qui les engagèrent à me proposer la place que M. Beauzée laissait vacante. Je fus touché de la chaleur avec laquelle ils m'exprimèrent le vœu de l'Académie ; mais j'avais pris mon parti, et, malgré leurs instances, je tins ferme, en opposant mon âge, et surtout mon éloignement pour toute représentation publique et pour tout nouvel engagement. Je m'en croyais quitte, lorsque j'appris, quelques jours après, que l'Académie, dans une de ses séances, avait résolu de m'élire malgré ma résistance. Il était aisé de prévoir les suites de cette résolution : si, après l'élection, j'acceptais la place, on ne manquerait pas de dire que j'avais voulu me dispenser des visites d'usage, et obtenir une distinction à laquelle les plus grands hommes n'avaient pas prétendu ; si je refusais, j'outrageais un corps respectable, au moment même où il me comblait d'honneur. Je n'hésitai donc plus, je fis mes visites ; mon âge avait écarté les concurrents ; et, pour comble de bonheur, M. de Boufflers, qui m'avait toujours témoigné de l'amitié, fit, en qualité de directeur, les honneurs de la séance. On eut de l'indulgence pour mon discours ; on fut enchanté de l'esprit, des grâces, et des réflexions neuves et piquantes qui brillaient dans le sien, et une partie de l'intérêt qu'il excita rejaillit sur le choix de l'Académie.

Depuis cette époque, battu presque sans relâche par la tempête révolutionnaire, accablé sous le poids des ans et des infirmités, dépouillé de tout ce que je possédais, privé chaque jour de quelqu'un de mes amis les plus chers, tremblant sans cesse pour le petit nombre de ceux qui me restent, ma vie n'a plus été qu'un enchaînement de maux. Si la fortune m'avait traité jusqu'alors avec trop de bonté, elle s'en est bien vengée. Mais mon intention n'est pas de me plaindre : quand on souffre de l'oppression générale, on gémit, et on ne se plaint pas : qu'il soit seulement permis à mon âme oppressée par la douleur de donner ici quelques larmes à l'amitié.... Je dois dire néanmoins qu'au milieu de la tourmente, j'ai éprouvé une consolation bien inattendue, qui m'a fait croire pour un moment que j'étais tout à coup transporté dans un autre monde, et je ne pourrais sans ingratitude taire le nom de l'homme humain et généreux auquel j'en suis redevable.

Aussitôt après ma sortie des Madelonnettes, où j'avais été constitué prisonnier le 2 septembre de cette année 1793, sur la dénonciation de je ne sais quel commis, ainsi que les autres gardes de la bibliothèque, et mon neveu Courçay qui était mon adjoint au cabinet des médailles, j'appris que, malgré la fausseté reconnue de cette dénonciation, on allait nous remercier et nommer à nos places. Ce bruit me paraissait d'autant plus fondé qu'on ne me rendait point les clefs du cabinet, que le ministre de l'intérieur avait fait retirer au moment de notre arrestation, et qu'elles étaient confiées chaque jour, non à moi ou à mon neveu, mais au commis de ce dépôt, qui le tenait ouvert soir et matin au public. Je m'attendais donc à chaque instant à me voir enlever la dernière ressource qui me restât pour subsister, lorsque le 12 octobre au soir, je vis entrer chez moi le citoyen Paré, ministre de l'intérieur, qui me remit une lettre qu'il m'avait écrite lui-même, et qu'il me pria de lire.

Cette lettre contraste si fort avec nos mœurs actuelles, elle honore tellement le ministre qui a pu l'écrire dans ces temps malheureux, que je ne puis résister au désir de la transcrire ici, pour lui payer, autant qu'il est en moi, le tribut de ma reconnaissance.

« Le 21ᵉ jour du 1ᵉʳ mois, l'an II de la république une et indivisible.

« PARÉ, MINISTRE DE L'INTÉRIEUR,

« *A Barthélemy, garde de la Bibliothèque nationale.*

« En rentrant dans la Bibliothèque nationale, d'où quelques circonstances rigoureuses vous ont momentanément enlevé, dites comme Anacharsis, lorsqu'il contemplait avec saisissement la bibliothèque d'Euclide : *C'en est fait, je ne sors plus d'ici*. Non, citoyen, vous n'en sortirez plus, et je fonde ma certitude sur la justice d'un peuple qui se fera toujours une loi de récompenser l'auteur d'un ouvrage où sont rappelés avec tant de séduction les beaux jours de la Grèce, et ces mœurs républicaines qui produisaient tant de grands hommes et de grandes choses. Je confie à vos soins la Bibliothèque nationale ; je me flatte que vous accepterez ce dépôt honorable, et je me félicite de pouvoir vous l'offrir. En lisant pour la première fois le *Voyage d'Anacharsis*, j'admirais cette production où le génie sait donner à l'érudition tant de charmes ; mais j'étais loin de penser qu'un jour je serais l'organe dont un peuple équitable se servirait pour donner à son auteur un témoignage de son estime.

« Je ne vous dissimulerai pas que ce sanctuaire des connaissances humaines s'est peu ressenti jusqu'à présent de l'influence de la révolution ; que le peuple ignore encore que ce domaine est le sien, qu'il doit en jouir à toute heure, et qu'il doit n'y rencontrer que des *Callias*, également disposés à l'accueillir et à l'instruire fraternellement. Faites donc, citoyen, que ce monument si digne d'une grande nation nous rappelle enfin tous ces précieux avantages que l'esprit et les yeux trouvaient à recueillir dans les plus petites républiques de l'antiquité.

« PARÉ. »

Le ton plus qu'obligeant de cette lettre, la démarche du ministre, les grâces dont il accompagnait le bienfait, ses instances pour me déterminer à l'accepter, les témoignages d'intérêt dont il me comblait, tout était fait pour me toucher : je ne pouvais trouver de termes pour exprimer la reconnaissance dont j'étais pénétré ; mais le sentiment de mon impuissance pour remplir, dans l'état où je suis, les devoirs de la place de bibliothécaire, me donna la force de résister. Il eut la bonté de m'en marquer du regret, et ne consentit qu'avec peine à me laisser dans celle que j'occupais depuis si longtemps, et qui avait toujours suffi à mon ambition.

J'ai donné au commencement de ce Mémoire, une idée sommaire

de mes travaux au cabinet des médailles pendant les dernières années de mon prédécesseur : on verra dans le Mémoire suivant ce que j'ai fait par la suite, et ce que je me proposais de faire pour l'enrichir et pour le rendre de plus en plus utile.

SECOND MÉMOIRE.

CABINET DES MÉDAILLES.

Dès que j'eus la garde du cabinet des médailles, je m'occupai des moyens de le rendre aussi utile qu'il pouvait l'être.

1° Un pareil dépôt ne peut pas être public. Comme les médailles sont rangées sur des cartons, et que plusieurs personnes y portent les mains à la fois, il serait facile d'en enlever quelques-unes ou de substituer à des médailles précieuses des médailles fausses ou communes. Malgré cet inconvénient, je rendis le cabinet plus accessible, mais je ne fixai pas dans la semaine de jour où tout le monde pût venir le voir. Quand un particulier se présentait, ou seul, ou accompagné d'un ou deux amis, il était admis sur-le-champ. Si un savant, un artiste, un étranger demandait plusieurs séances, je ne les ai jamais refusées. A l'égard des compagnies, j'exigeais d'être averti d'avance, et je leur assignais des jours différents : par là j'écartais la foule et ne refusais personne. Malgré ces précautions, je fus souvent assailli de groupes très-nombreux; et je n'avais d'autre ressource, après m'en être délivré, que de vérifier les tablettes qui avaient passé sous leurs yeux.

2° Je me fis un devoir de donner par écrit tous les éclaircissements qu'on me demandait, soit de nos provinces, soit des pays étrangers. Ces réponses exigeaient quelquefois de longues discussions, quelquefois un travail mécanique encore plus long et plus ennuyeux; tel, par exemple, que de peser exactement une certaine quantité de médailles ou de monnaies. On trouvera dans un de mes cartons plusieurs états de ces pesées, et dans les Mémoires de l'Académie des inscriptions une dissertation de feu M. de La Nanze sur la livre romaine [1]. Je lui avais fourni le poids exact de toutes les médailles en or du haut empire. Ce travail me coûta au moins vingt jours, et c'était pour moi une très-grande dépense : je n'avais alors auprès de moi personne pour m'aider. Je dois observer que plusieurs de ces médailles ont été échangées depuis pour des pièces mieux conservées, et dont le poids diffère de quelques grains des premières.

3° Je m'étais flatté que je pourrais un jour publier, en tout ou en partie, le cabinet qui m'était confié, et qu'il fallait en conséquence le porter à un tel point de perfection qu'il en devînt plus utile, et qu'il soutînt ou plutôt qu'il surpassât la réputation dont il jouissait dans toute l'Europe. Je prévis dès lors toute l'étendue du travail que je m'imposais. Il faut, avant d'insérer une médaille dans une des suites, s'assurer de son authenticité, et des singularités qui la distinguent

---

[1]. Tome XXX, p. 359.

d'une médaille à peu près semblable, déjà existante dans la suite; il faut ensuite la faire décrire dans un supplément, avec les renvois au catalogue, avec l'époque de l'acquisition, et le nom de celui qui l'a cédée. Ces détails sont si insupportables lorsqu'ils se multiplient, qu'on doit savoir quelque gré au garde qui, peu content de conserver et de communiquer les richesses du cabinet, sacrifie au désir de les augmenter des travaux plus agréables pour lui et mieux connus du public.

Lorsque Louis XIV forma le cabinet, on rassembla les suites des médailles modernes en or et en argent, frappées dans toutes les parties de l'Europe. Après la mort de Colbert, on négligea ces suites; je résolus de reprendre celles en argent. Je commençai par la Suède et par le Danemark. J'envoyai à Stokholm et à Copenhague la note des médailles que nous avions de ces deux royaumes, et nos ambassadeurs nous firent passer toutes celles qui nous manquaient. Il en coûta vingt mille livres. M. d'Argenson, qui avait le département des lettres, jugea qu'il valait mieux s'attacher par préférence aux médailles antiques.

Vers la fin de l'année 1754 mourut à Marseille M. Cary, mon ami. Il laissait un cabinet de médailles digne d'attention. Sur les notices que m'en envoya son frère, je l'estimai dix-huit mille livres; il fut content du prix. J'en parlai à M. d'Argenson, qui me promit une ordonnance de pareille somme, mais en papier. L'héritier voulait de l'argent comptant : on ne pouvait pas en donner. Le ministre proposa vingt-deux mille livres, payables en différentes années. M. Cary y consentit, mais à condition que ces payements successifs seraient assurés. Cette négociation traîna. J'allais partir pour Rome, et je devais passer par Marseille. M. Cary m'écrivit enfin que si les dix-huit mille livres ne lui étaient pas comptées le jour de Saint-Louis de 1755, il livrerait les médailles au commissionnaire d'un étranger qui avait l'argent tout prêt. Je racontai mon embarras à un de mes amis, M. de Fontferrières, fermier général, qui, le plus obligeamment du monde, me donna un billet pour le directeur général des fermes à Marseille; il me fut payé sur-le-champ. Je remis les dix-huit mille livres à M. Cary, d'après l'approbation de M. d'Argenson que j'avais prévenu d'avance. J'empaquetai tout le cabinet, et je le fis passer, comme gage, à M. de Fontferrières. A mon retour, en 1757, il me le remit, et ne voulut jamais retirer aucun intérêt de ses avances. L'ordonnance, ainsi que l'avait proposé M. d'Argenson, avait été expédiée en 1755, pour vingt-deux mille livres; les quatre mille livres restantes furent déposées dans la caisse de la bibliothèque. M. d'Argenson n'était plus en place, et je ne pus obtenir pour M. de Fontferrières aucune marque de reconnaissance ou même de satisfaction.

Cette acquisition procura beaucoup de médailles précieuses dans toutes les suites du cabinet.

La suite des médailles en or fut singulièrement embellie, en 1762, par celle de M. de Clèves, qui pouvait disputer en beauté avec celle du cabinet national. Elle fut vendue cinquante mille livres : ce fut M. du Hodent, amateur éclairé, qui l'acheta. Avant de faire ses offres, il voulut être assuré que le cabinet en prendrait une partie. On me promit une ordonnance de vingt mille livres. M. du Hodent conclut le marché, et m'apporta sur-le-champ toute la suite. Avec ces quatorze mille livres, non-seulement j'acquis celles des médailles qui manquaient dans notre suite en or, mais j'en changeai beaucoup d'autres qui étaient mal conservées.

Parmi les premières, je ne dois pas oublier la médaille unique et célèbre d'Uranius Antoninus, qui, sous le règne d'Alexandre Sévère, fut élevé à l'empire par l'armée d'Orient, et qui perdit bientôt la couronne et la liberté. Telle est une autre médaille unique de Constance III, père de Valentinien III, associé à l'empire par Honorius III, son beau-père. Telle est aussi la médaille de l'impératrice Fausta, femme de Constantin le Grand; et celle de l'impératrice Licinia Eudoxia, femme de l'empereur Placide Valentinien; et plusieurs autres encore, qui servent à former la chaîne des princes et princesses qui ont occupé le trône de l'empire romain.

Le cabinet de M. de Clèves a fourni, de plus, quantités d'excellentes médailles pour la suite des anciennes républiques, et pour celle des anciens rois de la Grèce.

M. Pellerin, pendant très-longtemps premier commis de la marine, remplacé ensuite par son fils, avait formé le plus riche cabinet que jamais ait possédé aucun amateur. L'acquisition de plusieurs collections particulières en faisait le fonds; une correspondance de plus de quarante ans avec tous nos consuls du Levant l'avait enrichi d'une infinité de médailles grecques, précieuses et inconnues jusqu'alors; et l'explication qu'en avait donnée le possesseur, en plusieurs volumes in-4°, l'avait rendu extrêmement célèbre.

En 1776, MM. Pellerin proposèrent de réunir ce superbe cabinet à celui du roi. Les circonstances étaient favorables; M. de Maurepas, qui avait toujours protégé cette famille, était premier ministre; M. de Malesherbes, ministre et secrétaire d'État pour le département des lettres. Je présentai plusieurs mémoires, mais je n'influai point sur l'estimation. M. Pellerin, dont les volontés étaient absolues, demanda cent mille écus, à prendre ou à laisser. Le marché fut conclu à ce prix, et exécuté de la part de M. Pellerin avec des procédés si révoltants, que je fus plus d'une fois tenté d'y mettre des obstacles. Je ne pus pas obtenir, non-seulement la cession, mais même la communication des catalogues; il fallut se contenter de quelques notices générales, ainsi que d'un coup d'œil jeté sur les tablettes. Il est vrai que je connaissais parfaitement le cabinet, et que malgré l'impatience de M. Pellerin, j'eus le temps de vérifier les médailles qu'il avait fait graver.

Dans ce temps-là, je croyais que le cabinet avait été payé au-dessus de sa valeur; mais je me suis désabusé à mesure que j'en insérais les différentes suites dans celles dont j'avais la direction.

Après que le cabinet eut été transporté, M. Pellerin me fit présent d'un exemplaire de son ouvrage sur les médailles, en neuf volumes in-4°. Je l'avais déjà; mais ce nouvel exemplaire était chargé de notes manuscrites, la plupart contre moi : c'était un pot-de-vin d'un nouveau genre.

Quelques années après la mort de M. Pellerin, on vendit le cabinet de M. d'Ennery, dans lequel on distinguait surtout une nombreuse suite de médailles impériales en or, qu'il avait acquise de M. de Vaux, pour le prix de cinquante mille livres, et qu'il avait fort augmentée. On publia le catalogue de ce cabinet en un volume in-4°. Personne ne se présenta pour le prendre en entier. On le vendit en détail; la suite d'or fut divisée en lots de dix à douze médailles. Nous avions pris la note de celles qui nous manquaient, et nous fûmes assez heureux pour en acquérir un grand nombre. Comme ces médailles furent données presque au poids de l'or, nous eûmes pour environ douze mille livres ce qui valait vingt-cinq ou trente mille livres. M. de Breteuil, alors ministre et secrétaire d'État, se prêta volontiers à cet arrangement.

Outre les cabinets de Cary, de Clèves, Pellerin, et d'Ennery, des hasards fréquents et des correspondances suivies m'ont procuré, pendant l'espace de quarante ans, un très-grand nombre de médailles, ainsi qu'on le verra dans les suppléments et catalogues dressés par mes soins. J'étais jaloux surtout d'acquérir celles qui avaient été éclaircies dans des ouvrages particuliers, ou qui avaient occasionné des disputes parmi les savants. J'en pourrais citer plusieurs exemples; deux ou trois suffiront.

Les PP. Corsini et Proelich avaient publié un médaillon d'argent, où l'un avait lu *Minnisar*, et l'autre *Adinnigao*, que l'un prenait pour un roi parthe, et l'autre pour un roi arménien. J'avais vu ce médaillon à Florence chez le baron de Stosch, qui avait refusé de me le céder; après sa mort je l'obtins de son neveu.

J'avais vu au cabinet de M. le chevalier Vettori, à Rome, quatre médailles latines de   bronze, qui paraissaient relatives au christianisme. Elles avaient d'abord appartenu à l'antiquaire Sabbatini, qui les avait gravées sans les expliquer. L'une représente, d'un côté, une tête couverte d'une peau de lion, avec le nom d'Alexandre, au revers une ânesse avec son poulain, au-dessus une écrevisse, et autour le nom de Jésus-Christ. La deuxième, d'un côté, la même tête avec le nom d'Alexandre, mieux orthographié; même revers sans le nom de Jésus-Christ. Je renvoie pour les deux autres aux gravures données par Vettori[1]. Vettori rapportait ces médailles au règne d'Alexandre Sévère; le P. Paciaudi, à celui de Julien l'Apostat[2]. Avant eux, Montfaucon avait publié la première de ces médailles sur un dessin qu'il avait reçu d'Italie[3]. D'après la célébrité que ces trois antiquaires avaient donnée aux médailles dont il s'agit, je m'empressai de les acquérir après la mort de Vettori. Par cette acquisition, je n'ai pas cru devoir

---

1. De vetustate et forma monogrammatis sanctissimi nominis Jesu dissertatio. Romæ, 1747, in-4°, p. 60. Id. Epist. ad Paulum Mariam Paciaudi. Ibidem, 1747, in-4°, p. 15. Id. Dissert. apologet. de quibusdam Alexandri Severi numismatibus. Ibid in-4°, p. 6. — 2. Osservazioni di Paolo Maria Paciaudi, teatino, sopra alcune singolari e strane medaglie. Napoli, 1748, p. 40. — 3. Antiq. expliq. t. II, part. II, pl. CLXVIII.

répondre de leur authenticité, mais seulement mettre à portée de les consulter.

M. Henrion, de l'Académie des belles-lettres, avait autrefois publié une médaille de Trajan, en argent, surfrappée d'un coin samaritain [1]. Ce monument, d'autant plus précieux qu'il lève plusieurs incertitudes à l'égard des médailles samaritaines, était tombé entre les mains de M. l'abbé de Tersan, qui en avait découvert un autre du même genre. Il voulut bien, à ma prière, consentir à un échange, et je les déposai au cabinet.

Je comptais qu'avec une pareille attention, ce cabinet deviendrait un dépôt général, où l'on conserverait les médailles singulières qui tombent quelquefois entre les mains des particuliers, et qui disparaissent ensuite.

J'ai fait faire le relevé de toutes les richesses que j'ai acquises pour le cabinet; les médailles antiques montent à vingt mille, et elles égalent, tant pour la rareté que par la quantité, celles qui, depuis son établissement, l'avaient placé à la tête de tous les cabinets de l'Europe.

Je ne cite pas les médailles modernes : sans les négliger, je n'ai pas cru devoir m'en occuper avec le même soin.

Les médailles doubles que me procurait l'acquisition d'un cabinet facilitaient des échanges qu'on n'aurait pas pu effectuer avec de l'argent.

Si mes succès m'ont procuré des jouissances agréables, d'un autre côté l'insertion scrupuleuse et minutieuse m'a coûté bien des travaux. Je n'ai jamais proposé l'acquisition d'un cabinet, sans m'exposer au sacrifice d'un temps considérable. Je reconnais cependant avec plaisir que mon neveu Courçay, devenu mon adjoint en 1772. m'a infiniment soulagé, tant pour les acquisitions postérieures à cette époque, que pour les détails journaliers du cabinet, et je ne puis trop me louer de ses lumières et de son zèle.

J'ai toujours trouvé de grandes facilités pour enrichir le dépôt confié à mes soins, de la part des bibliothécaires et des ministres; et j'avais lieu de compter sur leur intérêt pour un point que je n'ai jamais perdu de vue, et qui devait terminer mes travaux : c'était la gravure et la publication du cabinet. Je comptais commencer par la suite des rois grecs, continuer par celle des villes grecques, et joindre un petit commentaire, fruit de l'expérience de soixante ans, et de l'examen de plus de quatre cent mille médailles. Comme mon âge ne me permettait pas d'achever cette entreprise, je sentis, il y a quelques années, la nécessité d'associer à mon neveu un autre coopérateur, qui, initié de bonne heure à la connaissance de ces monuments, se mettrait en état de contribuer à l'exécution de mon projet. Je jetai les yeux sur M. Barbié, qui avait déjà de très-grandes connaissances dans l'histoire et la géographie anciennes. Je le proposai à M. de Breteuil, qui voulut bien l'attacher au cabinet. Je lui représentai aussi qu'il était temps de communiquer aux savants de l'Europe le trésor que j'avais sous ma garde.

---

1. Mém. de l'Acad., t. III, p. 193.

Il reçut ma proposition avec ce zèle qu'il a toujours témoigné pour les lettres et pour les arts; mais différentes circonstances suspendirent les effets de sa bonne volonté. Ce fut d'abord le mauvais état des finances; ensuite l'assemblée des notables, les états généraux, etc. On a fait depuis passer M. Barbié à un autre département de la bibliothèque, sans daigner même m'en avertir.

TROISIÈME MÉMOIRE.
SUR ANACHARSIS.

Le hasard m'inspira l'idée du *Voyage d'Anacharsis*. J'étais en Italie en 1755 : moins attentif à l'état actuel des villes que je parcourais qu'à leur ancienne splendeur, je remontais naturellement au siècle où elles se disputaient la gloire de fixer dans leur sein les sciences et les arts; et je pensais que la relation d'un voyage entrepris dans ce pays vers le temps de Léon X, et prolongé pendant un certain nombre d'années, présenterait un des plus intéressants et des plus utiles spectacles pour l'histoire de l'esprit humain. On peut s'en convaincre par cette esquisse légère.

Un Français passe par les Alpes : il voit à Pavie Jérôme Cardan, qui a écrit sur presque tous les sujets, et dont les ouvrages contiennent dix volumes in-folio; à Parme, il voit le Corrège, peignant à fresque le dôme de la cathédrale; à Mantoue, le comte Balthazar Castillon, auteur de l'excellent ouvrage intitulé : le Courtisan, *il Cortigiano;* à Vérone, Fracastor, médecin, philosophe, astronome, mathématicien, littérateur, cosmographe, célèbre sous tous les rapports, mais surtout comme poëte : car la plupart des écrivains cherchaient alors à se distinguer dans tous les genres, et c'est ce qui doit arriver lorsque les lettres s'introduisent dans un pays. A Padoue, il assiste aux leçons de Philippe Dèce, professeur en droit, renommé par la supériorité de ses talents et de ses lumières. Cette ville était dans la dépendance de Venise. Louis XII, s'étant emparé du Milanais, voulut en illustrer la capitale en y établissant Dèce : il le fit demander à la république, qui le refusa longtemps; les négociations continuèrent, et l'on vit le moment où ces deux puissances allaient en venir aux mains pour la possession d'un jurisconsulte.

Notre voyageur voit à Venise Daniel Barbaro, héritier d'un nom très-heureux pour les lettres, et dont il a soutenu l'éclat par des commentaires sur la Rhétorique d'Aristote, par une traduction de Vitruve, par un traité sur *la Perspective*; Paul Manuce, qui exerça l'imprimerie et qui cultiva les lettres avec le même succès que son père Alde Manuce. Il trouve chez Paul toutes les éditions des anciens auteurs grecs et latins, nouvellement sorties des plus fameuses presses d'Italie, entre autres, celle de Cicéron en quatre volumes in-folio, publiée à Milan en 1499, et le Psautier en quatre langues, hébreu, grec, chaldéen, et arabe, imprimé à Gênes en 1516.

Il voit à Ferrare l'Arioste; à Bologne, six cents écoliers assidus aux leçons de jurisprudence que donnait le professeur Ricini, et de ce nombre Alciat, qui bientôt après en rassembla huit cents, et qui effaça la gloire de Barthole et d'Accurse; à Florence, Machiavel, les historiens Guichardin et Paul Jove, une université florissante, et cette maison de Médicis auparavant bornée aux opérations du commerce, alors souveraine et alliée à plusieurs maisons royales, qui montra de grandes vertus dans son premier état, de grands vices dans le second, et qui fut toujours célèbre, parce qu'elle s'intéressa toujours aux lettres et aux arts; à Sienne, Mathiole travaillant à son commentaire sur Dioscoride; à Rome, Michel-Ange élevant la coupole de Saint-Pierre, Raphaël peignant les galeries du Vatican; Sadolet et Bembe, depuis cardinaux, remplissant alors auprès de Léon X la place de secrétaires; le Trissin donnant la première représentation de sa *Sophonisbe*, première tragédie composée par un moderne; Béroald, bibliothécaire du Vatican, s'occupant à publier les Annales de Tacite, qu'on venait de découvrir en Westphalie, et que Léon X avait acquises pour la somme de cinq cents ducats d'or; le même pape proposant des places aux savants de toutes les nations qui viendraient résider dans ses Etats, et des récompenses distinguées à ceux qui lui apportaient des manuscrits inconnus.

A Naples, il trouve Talésio travaillant à reproduire le système de Parménide, et qui, suivant Bacon, fut le premier restaurateur de la philosophie : il trouve aussi ce Jordan Bruno, que la nature semblait avoir choisi pour son interprète, mais à qui, en lui donnant un très-beau génie, elle refusa le talent de se gouverner.

Jusqu'ici notre voyageur s'est borné à traverser rapidement l'Italie d'une extrémité à l'autre, marchant toujours entre des prodiges, je veux dire entre de grands monuments et de grands hommes, toujours saisi d'une admiration qui croissait à chaque instant. De semblables objets frapperont partout ses regards, lorsqu'il multipliera ses courses. De là quelle moisson de découvertes, et quelle source de réflexions sur l'origine des lumières qui ont éclairé l'Europe! Je me contente d'indiquer ces recherches; cependant mon sujet m'entraîne, et exige encore quelques développements.

Dans les ve et vi^e siècles de l'ère chrétienne, l'Italie fut subjuguée par les Hérules, les Goths, les Ostrogoths, et d'autres peuples jusqu'alors inconnus; dans le xve elle le fut, sous des auspices plus favorables, par le génie et par les talents. Ils y furent appelés, ou du moins accueillis par les maisons de Médicis, d'Est, d'Urbin, de Gonzague, par les plus petits souverains, par les diverses républiques. Partout de grands hommes, les uns nés dans le pays même, les autres attirés des pays étrangers, moins par un vil intérêt que par des distinctions flatteuses, d'autres appelés chez les nations voisines pour y propager les lumières, pour y veiller sur l'éducation de la jeunesse ou sur la santé des souverains. Partout s'organisaient des universités, des colléges, des imprimeries pour toutes sortes de langues et de sciences, des bibliothèques sans cesse enrichies des ouvrages qu'on y publiait, et des manuscrits nouvellement apportés des pays où l'ignorance avait conservé son empire. Les académies se multiplièrent tellement, qu'à Ferrare on en comptait dix à douze, à Bologne environ quatorze, à Sienne seize. Elles avaient pour objet les sciences, les belles-lettres, les langues, l'histoire, les arts. Dans deux de ces académies, dont l'une était spécialement dévouée à Platon, et l'autre à son disciple Aristote, étaient discutées les opinions de l'ancienne philosophie, et pressenties celles de la philosophie moderne. A Bologne, ainsi qu'à Venise, une de ces sociétés veillait sur l'imprimerie, sur la beauté du papier, la fonte des caractères, la correction des épreuves, et sur tout ce qui pouvait contribuer à la perfection des éditions nouvelles.

L'Italie était alors le pays où les lettres avaient fait et faisaient tous les jours le plus de progrès. Ces progrès étaient l'effet de l'émulation entre les divers gouvernements qui la partageaient, et de la nature du climat. Dans chaque État les capitales, et même des villes moins considérables, étaient extrêmement avides d'instruction et de gloire : elles offraient presque toutes, aux astronomes, des observatoires; aux anatomistes, des amphithéâtres; aux naturalistes, des jardins de plantes; à tous les gens de lettres, des collections de livres, de médailles, et de monuments antiques; à tous les genres de connaissances, des marques éclatantes de considération, de reconnaissance, et de respect.

Quant au climat, il n'est pas rare de trouver dans cette contrée des imaginations actives et fécondes, des esprits justes, profonds, propres à concevoir de grandes entreprises, capables de les méditer longtemps, et incapables de les abandonner quand ils les ont bien conçues. C'est à ces avantages et à ces qualités réunies que l'Italie dut cette masse de lumières et de talents qui, en quelques années, l'éleva fort au-dessus des autres contrées de l'Europe.

J'ai placé l'Arioste sous le pontificat de Léon X; j'aurais pu mettre parmi les contemporains de ce poëte, Pétrarque, quoiqu'il ait vécu environ cent cinquante ans avant lui, et le Tasse, qui naquit onze ans après : le premier, parce que ce ne fut que sous Léon X que ses poésies italiennes, oubliées dès leur naissance, furent goûtées, et obtinrent quantité d'éditions et de commentaires; le Tasse, parce qu'il s'était formé en grande partie sur l'Arioste. C'est ainsi qu'on donne le nom de Nil aux sources et aux embouchures de ce fleuve. Tous les genres de poésies furent alors cultivés, et laissèrent des modèles. Outre l'Arioste, on peut citer pour la poésie italienne, Bernard Tasse, père du célèbre Torquat, Hercule Bentivoglio, Annibal Caro, Berni; pour la poésie latine, Sannazar, Politien, Vida, Béroald; et parmi ceux qui, sans être décidément poètes, faisaient des vers, on peut compter Léon X, Machiavel, Michel-Ange, Benvenuto Cellini qui excella dans la sculpture, l'orfévrerie, et la gravure.

Les progrès de l'architecture dans ce siècle sont attestés, d'un côté, par les ouvrages de Serlio, de Vignole, et de Pallade, ainsi que par cette foule de commentaires qui parurent sur le traité de Vitruve; d'un autre côté, par les édifices publics et particuliers construits alors, et qui subsistent encore.

A l'égard de la peinture, j'ai fait mention de Michel-Ange de Raphaël, du Corrége; il faut leur joindre Jules Romain, le Titien, **André** del Sarde, qui vivaient dans le même temps, et cette quantité de génies formés par leurs leçons et par leurs ouvrages.

Tous les jours il paraissait de nouveaux écrits sur les systèmes de Platon, d'Aristote, et des anciens philosophes. Des critiques obstinés, Giraldus, Panvinius, Sigonius, travaillaient sur les antiquités romaines, et presque toutes les villes rassemblaient leurs annales.

Tandis que, pour connaître dans toute son étendue l'histoire de l'homme, quelques écrivains remontaient aux nations les plus anciennes, des voyageurs intrépides s'exposaient aux plus grands dangers pour découvrir les nations éloignées et inconnues dont on ne faisait que soupçonner l'existence. Les noms de Christophe Colomb, Génois, d'Améric Vespuce de Florence, de Sébastien Cabot de Venise, décorent cette dernière liste, bientôt grossie par les noms de plusieurs autres Italiens, dont les relations furent insérées peu de temps après dans la collection de Ramusio, leur compatriote.

La prise de Constantinople par les Turcs en 1453, et les libéralités de Léon X firent refluer en Italie quantité de Grecs, qui apportèrent avec eux tous les livres élémentaires relatifs aux mathématiques. On s'empressa d'étudier leur langue; leurs livres furent imprimés, traduits, expliqués, et le goût de la géométrie devint général. Plusieurs lui consacraient tous leurs moments; tels furent Commandin, Tartaglia : d'autres l'associent à leurs premiers travaux; tel fut Maurolico de Messine, qui publia différents ouvrages sur l'arithmétique, les mécaniques, l'astronomie, l'optique, la musique, l'histoire de Sicile, la grammaire, la vie de quelques saints, le martyrologe romain, sans négliger la poésie italienne. Tel fut aussi Augustin Nifo, professeur de philosophie à Rome, sous Léon X, qui écrivit sur l'astronomie, la médecine, la politique, la morale, la rhétorique et sur plusieurs autres sujets.

L'anatomie fut enrichie par les observations de Fallope de Modène, d'Aquapendenté son disciple, de Bolognini de Padoue, de Vigo de Gênes, etc.

Aldrovandi de Bologne, après avoir pendant quarante-huit ans professé la botanique et la philosophie dans l'Université de cette ville, laissa un cours d'histoire naturelle en dix-sept volumes in-folio.

Parmi cette immense quantité d'ouvrages qui parurent alors, je n'ai pas fait mention des écrits qui avaient spécialement pour objet la théologie ou la jurisprudence, parce qu'ils sont connus de ceux qui cultivent ces sciences, et qu'ils intéressent peu ceux à qui elles sont étrangères. A l'égard des autres classes, je n'ai cité que quelques exemples pris, pour ainsi dire, au hasard. Ils suffiront pour montrer les différents genres de littérature dont on aimait à s'occuper, et les différents moyens qu'on employait pour étendre et multiplier nos connaissances.

Les progrès des arts favorisaient le goût des spectacles et de la magnificence. L'étude de l'histoire et des monuments des Grecs et des Romains inspirait des idées de décence, d'ensemble et de perfection qu'on n'avait point eues jusqu'alors. Julien de Médicis, frère de Léon X, ayant été proclamé citoyen romain, cette proclamation fut accompagnée de jeux publics, et, sur un vaste théâtre construit exprès dans la place du Capitole, on représenta pendant deux jours une comédie de Plaute, dont la musique et l'appareil extraordinaire excitèrent l'admiration générale. Le pape, qui crut en cette occasion devoir convertir en un acte de bienfaisance ce qui n'était qu'un acte de justice, diminua quelques-uns des impôts; et le peuple, qui prit cet acte de justice pour un acte de bienfaisance, lui éleva une statue.

Un observateur qui verrait tout à coup la nature laisser échapper tant de secrets, la philosophie tant de vérités, l'industrie tant de nouvelles pratiques, dans le temps même qu'on ajoutait à l'ancien monde un monde nouveau, croirait assister à la naissance d'un nouveau genre humain; mais la surprise que lui causeraient toutes ces merveilles diminuerait aussitôt qu'il verrait le mérite et les talents luttant avec avantage contre les titres les plus respectés, les savants et les gens de lettres admis à la pourpre romaine, au conseil des rois, aux places les plus importantes du gouvernement, à tous les honneurs, à toutes les dignités.

Pour jeter un nouvel intérêt sur le voyage que je me proposais de décrire, il suffirait d'ajouter à cette émulation de gloire qui éclatait de toutes parts, toutes les idées nouvelles que faisait éclore cette étonnante révolution, et tous ces mouvements qui agitaient alors les nations de l'Europe, et tous ces rapports avec l'ancienne Rome, qui reviennent sans cesse à l'esprit; et tout ce que le présent annonçait pour l'avenir : car enfin le siècle de Léon X fut l'aurore de ceux qui le suivirent; et plusieurs génies qui ont brillé dans les XVIIe et XVIIIe siècles chez les différentes nations doivent une grande partie de leur gloire à ceux que l'Italie produisit dans les deux siècles précédents.

Ce sujet me présentait des tableaux si riches, si variés, et si instructifs, que j'eus d'abord l'ambition de le traiter; mais je m'aperçus ensuite qu'il exigerait de ma part un nouveau genre d'étude; et me rappelant qu'un voyage en Grèce, vers le temps de Philippe, père d'Alexandre, sans me détourner de mes travaux ordinaires, me fournirait le moyen de renfermer dans un espace circonscrit ce que l'histoire renferme de plus intéressant et une infinité de détails concernant les sciences, les arts, la religion, les mœurs, les usages, etc., dont l'histoire ne se charge point, je saisis cette idée; et, après l'avoir longtemps méditée, je commençai à l'exécuter en 1757, à mon retour d'Italie.

On ferait une bibliothèque nombreuse de tous les ouvrages publiés sur les Grecs. Gronovius en a rassemblé une petite partie dans son recueil en douze volumes in-folio. Là se trouvent, entre autres, les traités d'Ubbo Emmius, de Cragius, et de Meursius. Ce dernier a dépouillé tout ce que les anciens nous ont laissé à l'égard des Athéniens, et rangé tous ces passages en différents chapitres, relatifs à différents sujets. Quoiqu'il lui en soit échappé quelques-uns, qu'il se soit quelquefois trompé dans ses interprétations, qu'il ait souvent négligé de concilier ceux qui se contredisent, et qu'il ait rarement indiqué le livre ou le chapitre des additions dont il se servait, on ne peut trop admirer et louer ses immenses travaux.

J'ose avancer que les miens n'ont pas été moindres pour m'assurer de la vérité des faits. Voici mon procédé.

J'avais lu les anciens auteurs, je les relus la plume à la main, marquant sur des cartes tous les traits qui pouvaient éclairer la nature des gouvernements, les mœurs et les lois des peuples, les opinions des philosophes, etc. Avant de traiter une matière, je vérifiais mes extraits sur les originaux : je consultais ensuite les critiques modernes qui avaient travaillé sur le même sujet, soit dans toute son étendue, soit partiellement. S'ils rapportaient des passages qui se fussent dérobés à mes recherches et qui pussent me servir, j'avais soin de les recueillir après les avoir comparés aux originaux : quand leur explication différait de la mienne, je remontais de nouveau aux sources; enfin, s'ils me présentaient des idées heureuses, j'en profitais, et je me faisais un devoir de citer les auteurs.

Avec de grands avantages, mon plan m'offrait de grands inconvénients.

1° L'histoire grecque, dont il ne nous est parvenu qu'une partie des monuments présente des difficultés sans nombre, soit pour les faits, soit pour les opinions. L'écrivain qui n'a d'autre objet que de les discuter peut rapprocher et balancer l'autorité des témoins qu'il interroge; plus il hésite, plus il donne une idée avantageuse de ses lumières et de sa critique. Mais en plaçant Anacharsis sur la scène, je lui ôte presque toujours la ressource du doute : il ne doit parler qu'affirmativement, puisqu'il ne raconte que ce qu'il a vu ou ce qu'il tient de personnes instruites. Ce n'est pas tout encore : dans l'époque que j'ai choisie on avait tant écrit sur l'histoire et sur les sciences, que le voyageur ne devait pas se borner à nous apprendre ce qu'il devait présumer que nous savions déjà. Ces difficultés, toujours présentes à mes yeux, j'ai tâché, quand je n'ai pu les vaincre, de m'en débarrasser, tantôt par des aveux qui en affaiblissent le poids, tantôt par des sacrifices qui les écartent absolument.

Dans le chapitre Ier Anacharsis observe que ce ne fut qu'à son retour de Scythie qu'il mit en ordre la relation de son voyage, et il ajoute : « Peut-être serait-elle plus exacte si le vaisseau où j'avais fait embarquer mes livres n'avait pas péri dans le Pont-Euxin. » D'où il suit que dans la révision de son ouvrage, privé des mêmes secours que nous, il n'a pas pu étendre ou vérifier certains articles dont il n'avait conservé qu'un léger souvenir.

Dans le chapitre XX, il aurait voulu donner quelques détails sur les prix des denrées, et en conséquence sur celui des différentes propriétés des Athéniens; ne pouvant le faire, il dit qu'il avait pris une note exacte de la valeur des denrées, mais que l'ayant perdue, il se souvenait seulement que le blé valait ordinairement cinq drachmes le médimne, un bœuf de première qualité, environ quatre-vingts drachmes ou soixante-douze livres, etc.

Dans le XLVIe chapitre, il rapporte la loi de Lycurgue qui établissait l'égalité des fortunes entre les citoyens. Suivant le cours ordinaire des choses, une pareille loi ne peut subsister longtemps : par quelles précautions Lycurgue comptait-il en assurer la durée ? La question était assez importante, et faute de monuments nous ne sommes plus en état de la résoudre. Je fais dire à Anacharsis : « Pendant que j'étais à Sparte, l'ordre des fortunes avait été dérangé par l'éphore Épitadès, qui voulait se venger de son fils ; et comme je négligeai de m'instruire de leur ancien état, je ne pourrais développer les vues du législateur qu'en remontant à ses principes. » Ici viennent quelques réflexions que mon voyageur propose comme de simples conjectures.

Quand de pareilles modifications ne m'ont pas suffi, j'ai gardé le silence, tantôt sur des usages qui n'étaient attestés que par un écrivain trop postérieur au siècle où je suppose que vivait Anacharsis, tantôt sur des faits qui, malgré mes efforts, me laissaient encore des incertitudes. Ces sacrifices ont passé auprès de quelques personnes pour des omissions, et on m'a demandé pourquoi je ne m'étais pas expliqué sur certains objets ; pourquoi, par exemple, n'avoir pas fait mention de la prétendue loi des Crétois, qui permettait l'insurrection du peuple quand il se croyait opprimé. Montesquieu l'a citée d'après Aristote ; mais Montesquieu s'est trompé. Aristote parle en effet de cette insurrection, mais comme d'un abus qui n'était nullement autorisé par les lois. En général, il était important pour moi de tout discuter, et encore plus de ne pas toujours prononcer.

2° J'avais un autre inconvénient à redouter, le jugement d'une classe de littérateurs très-estimables, mais très-difficiles. Je ne pouvais transporter Anacharsis à Délos, à Tempé, au milieu des fêtes de la Grèce, sans le rendre sensible à la beauté de ces spectacles. Je ne pouvais employer le dialogue, si propre à éviter la monotonie du style, sans rapprocher mon voyage des grands hommes qui vivaient alors, et même de quelques personnages inconnus qui pouvaient lui donner des lumières. C'est ainsi que mon Scythe est instruit de la littérature grecque, par un Athénien nommé Euclide ; des différents systèmes sur les causes premières, par le grand prêtre de Cérès ; de l'institut de Pythagore, par un pythagoricien qu'il trouve à Samos, patrie de ce philosophe.

Pausanias a raconté fort au long les événements des trois guerres de Messénie. Elles sont si instructives qu'il ne m'était pas permis de les omettre, et si connues que pour les rendre plus intéressantes j'en ai renfermé les principales circonstances dans trois élégies. Je me suis cru d'autant plus autorisé à donner cette forme à mon récit, que Pausanias a pris presque tous ses matériaux dans les poëmes de Tyrtée et de Rhianus, qui avaient l'un et l'autre chanté ces guerres si célèbres. J'ai averti en même temps le lecteur de la liberté que je me suis donnée dans une des notes sur le XL° chapitre.

Or, parmi les littérateurs dont je parle, il en est qui, accoutumés à des discussions sèches et rigoureuses, ne devaient pas me pardonner d'avoir osé mêler dans mes récits des images qui leur donnent plus de mouvement. Ce que j'avais prévu est arrivé : plusieurs d'entre eux ont traité mon ouvrage de roman, et m'en ont presque fait un crime; d'autres, moins sévères, ont eu la bonne foi de distinguer le fond de la forme. Le fond leur a présenté une exactitude suffisamment attestée, à ce que je crois, par la multitude de citations qui accompagnent le récit. A l'égard de la forme, ils auraient dû sentir que les ornements dont j'ai tâché quelquefois d'embellir mon sujet étaient assez conformes à l'esprit des Grecs, et que des fictions sagement ménagées peuvent être aussi utiles à l'histoire qu'elles le sont à la vérité.

Je ne parle point de quelques critiques légères que j'ai trouvées dans des feuilles périodiques. L'un me reprochait de n'avoir pas éclairci l'origine des fables: il ignorait, sans doute, que de très-habiles critiques ont tenté vainement de la découvrir, et qu'il est à présumer qu'elle restera toujours inconnue. Un autre aurait désiré que j'eusse donné l'histoire circonstanciée des Athéniens pour les siècles antérieurs à celui de Solon; mais cette histoire n'existe pas dans les auteurs anciens, et j'ai dû me borner à recueillir le petit nombre de faits dont ils ont conservé le souvenir. Enfin un savant Anglais, dans un recueil de l'authenticité d'une inscription grecque que M. Fourmont avait apportée de son voyage du Levant, et que j'avais tâché d'expliquer, a cru devoir porter un jugement sur le Voyage d'Anacharsis: il le trouve agréable, mais très-superficiel.

Rien n'est plus embarrassant pour un auteur que ces accusations vagues qu'il est si facile d'avancer et si difficile de repousser, parce qu'elles n'ont pas un objet déterminé. Je me contenterai de dire que je n'ai traité aucun sujet sans l'avoir longtemps médité; sans avoir rapproché, au milieu des contradictions qu'il présentait, les témoignages des auteurs anciens, et les opinions des commentateurs et des critiques modernes; sans avoir donné, quand il l'a fallu, le résultat qui m'a paru le plus approchant de la vérité. J'ai caché mon travail pour le rendre plus utile; j'ai renoncé au mérite, si c'en est un, d'étaler dans le texte une grande érudition: quand certains points m'ont paru assez importants pour exiger des discussions, je les ai examinés dans des notes à la fin de chaque volume. Toutes ces notes m'ont paru nécessaires, et il y en a quelques-unes qui me semblent à l'abri du reproche d'être superficielles.

J'ai mieux aimé être exact, que de paraître profond; supprimer certains faits, que de ne les établir que sur des conjectures; me dispenser de remonter aux causes, toutes les fois que mes recherches, comme celles des plus habiles critiques, ne servaient qu'à les obscurcir; mettre le lecteur à portée de faire des réflexions, que d'en hasarder moi-même. J'ai souvent admiré les philosophes qui, d'après leurs lumières particulières, nous ont donné les observations sur le génie, le caractère, et la politique des Grecs et des Romains: il faut que chaque auteur suive son plan; il n'entrait pas dans le mien d'envoyer un voyageur chez les Grecs pour leur porter mes pensées, mais pour m'apporter les leurs, autant qu'il lui serait possible. Au reste, si je me suis trompé en quelques points, si mon ouvrage n'est pas sans défauts, je n'en rougirai point; on ne peut exiger de moi plus d'intelligence que ne m'en a donné la nature : je regrette seulement, après y avoir employé plus de trente ans, de ne l'avoir pas commencé dix ans plus tôt, et de n'avoir pu le finir dix ans plus tard.

Lorsqu'il fut achevé, j'hésitai longtemps sur sa destination. Je l'aurais laissé manuscrit si, vu le nombre des citations, des notes, et des tables, je ne me fusse convaincu que l'auteur seul pouvait en diriger l'impression. Elle fut terminée au mois de décembre 1788. Quelques amis me conseillaient de la tenir en réserve jusqu'à la fin des états généraux qu'on venait de convoquer, et qui agitaient déjà tous les esprits. Leurs raisons, au lieu de me persuader, m'engagèrent à publier l'ouvrage aussitôt. Je voulais qu'il se glissât en silence dans le monde : si, malgré la circonstance, il attirait quelque attention, j'en serais plus flatté ; si sa chute était prompte et rapide, je ménageais une excuse à mon amour-propre.

Le succès surpassa mon espérance : le public l'accueillit avec une extrême bonté ; les journaux français et étrangers en parlèrent avec éloge. Il en parut, entre autres, un extrait assez détaillé dans un journal anglais intitulé *Mounthly review, or litterary journal*, vol. 81. Les auteurs m'y traitent d'une manière qui leur donne des droits à ma reconnaissance ; mais ils finissent par une réflexion qui exige de ma part un éclaircissement. Il est possible, disent-ils, que le plan de cet ouvrage ait été conçu d'après celui des *Lettres athéniennes*.

Ces Lettres furent composées, dans les années 1739 et 1740, par une société d'amis qui achevaient leurs cours d'études dans l'Université de Cambridge. En 1741, ils les firent imprimer in-8°, et n'en tirèrent que douze exemplaires : dans une seconde édition faite en 1781, en un volume in-4°, ils en tirèrent un plus grand nombre. Ces deux éditions n'ont jamais servi qu'à l'usage de leurs auteurs ; c'est ce qui fait dire aux journalistes anglais qu'à proprement parler les *Lettres athéniennes* n'ont jamais paru ; mais comme ils ajoutent qu'on les avait communiquées à plusieurs personnes, on pourrait croire que le secret m'en avait été découvert ; et ce soupçon prendrait une nouvelle force, si l'on considérait que les deux ouvrages semblent être la suite l'un de l'autre.

Tous deux placent dans la Grèce, à deux époques voisines, un témoin occupé à recueillir tout ce qui lui paraît digne d'attention. Dans les *Lettres athéniennes*, Cléander, agent du roi de Perse, résidant à Athènes pendant la guerre du Péloponèse, entretient une correspondance suivie avec les ministres de ce prince, et avec différents particuliers. Il leur rend compte des événements de cette guerre, des mouvements qu'il se donne pour la perpétuer, et des divisions qui règnent parmi les peuples de la Grèce. Il décrit leurs forces de terre et de mer, discipline militaire, politique, gouvernement, lois, mœurs, fêtes, monuments, rien n'échappe au profond observateur. Il converse avec Phidias, Aspasie, Alcibiade, Socrate, Cléon, Thucydide ; il s'occupe de la philosophie des Grecs, tantôt avec Smerdis qui réside en Perse, et qui, dans ses réponses, lui parle de la philosophie des Mages, tantôt avec Orsame qui voyage en Égypte, et qui dans les siennes lui parle des lois et des antiquités de ce pays. Ainsi se trouvent heureusement rapprochés les principaux traits de l'histoire des Grecs, des Perses et des Égyptiens; et ces traits, puisés dans les auteurs anciens, donnent lieu à des parallèles aussi instructifs qu'intéressants. Une parfaite exécution répond à cette belle ordonnance.

Si j'avais eu ce modèle devant les yeux, ou je n'aurais pas commencé mon ouvrage, ou je ne l'aurais pas achevé : c'est ce que je protestai à un de mes amis résidant à Londres, M. Dutens, membre de la société royale, associé étranger de l'Académie des belles-lettres, connu par plusieurs bons ouvrages. Il communiqua ma lettre aux auteurs du *Mounthly review*, qui eurent la complaisance d'en insérer une partie dans un de leurs journaux (avril 1790, page 477).

Dans l'intervalle j'avais reçu d'Angleterre un superbe exemplaire in-4° des *Lettres athéniennes*, à la tête duquel je trouvai cette note écrite à la main :

« Milord Dover, de la famille de Yorke, saisit avec empressement l'occasion qui se présente d'offrir par le canal de M. Barthélemy, ministre plénipotentaire de Sa Majesté très-chrétienne à la cour de Londres, à M. l'abbé Barthélemy son oncle, l'hommage si justement dû au savant et élégant auteur du *Voyage du jeune Anacharsis en Grèce*, en lui faisant parvenir le volume ci-joint des *Lettres athéniennes*.

« L'origine de cette production est expliquée dans la seconde préface à la tête de l'ouvrage. Les lettres signées *P.* sont de Philippe Yorke, comte de Hardwicke, fils aîné du grand-chancelier de ce nom; celles signées *C.* sont de son frère, M. Charles Yorke qui est parvenu lui-même au poste important de grand chancelier, mais qui est mort trop tôt pour sa famille et pour sa patrie. Les autres lettres sont écrites ou par leurs parents, ou par leurs amis.

« En priant M. l'abbé Barthélemy d'agréer ce petit présent littéraire, on n'a pas la présomption de comparer cet ouvrage au charmant *Voyage d'Anacharsis*, mais uniquement de donner un témoignage d'estime à son illustre auteur, et de marquer combien on a été flatté de trouver qu'une idée qui a pris son origine ici, il y a cinquante ans, a été perfectionnée longtemps après avec tant d'élégance, sans aucune communication, par un auteur digne du sujet.

« Dover.

« Londres, 21 décembre 1789. »

En transcrivant la note si flatteuse de milord Dover, je cède à mon amour-propre; et je le sacrifie en désirant que l'on traduise en français les *Lettres athéniennes*.

Note des éditeurs. Depuis la mort de Barthélemy, les *Lettres athéniennes* ont été réimprimées et rendues publiques en Angleterre, sous ce titre : *Athenians Letters, or the epistolary Correspondance of an Agent of the King of Persia, residing at Athens during the Peloponesian War; a new Edition in two volumes, illustrated with Engravings, and a Map of antient Greece.* London, 1798. C'est dans cette nouvelle édition anglaise que nous avons trouvé la réponse suivante à la note de milord Dover.

« Milord,

« J'ai l'honneur de vous remercier du bel exemplaire des *Lettres athéniennes* que vous avez eu la bonté de m'envoyer, et surtout de la note trop flatteuse que vous avez daigné y tracer de votre main. J'entendis, l'été dernier, parler pour la première fois de cet ouvrage; et ce fut par M. Jenkinson. Je n'ai pu jusqu'à présent le parcourir qu'à la hâte. Si je l'avais connu plus tôt, ou je n'aurais pas commencé le mien, ou j'aurais tâché d'approcher de ce beau modèle. Pourquoi ne l'a-t-on pas communiqué au public? pourquoi n'a-t-il pas été traduit dans toutes les langues[1]? Je sacrifierais volontiers mes derniers jours au plaisir d'en enrichir notre littérature, si je connaissais mieux les finesses de la langue anglaise; mais je n'entreprendrais pas de l'achever, de peur qu'il ne m'arrivât la même chose qu'à ceux qui ont voulu continuer le Discours de Bossuet sur l'histoire universelle.

« Daignez agréer l'hommage de la reconnaissance et du respect avec lesquels, etc.

« BARTHÉLEMY[2].

« Paris, 1er janvier 1790. »

1. Un associé distingué de l'Institut, M. Villeterque, en a donné la traduction française. — 2. Barthélemy n'a laissé sur ses autres ouvrages que des notes incomplètes.

LISTE DES OUVRAGES
DE J. J. BARTHÉLEMY,

DANS L'ORDRE DES TEMPS OU ILS ONT ÉTÉ PUBLIÉS.

---

1. *Réflexions sur l'alphabet et sur la langue dont on se servait autrefois à Palmyre*, 1754.
2. *Mémoire dans lequel on prouve que les Chinois sont une colonie égyptienne*, 1758.
3. *La mosaïque de Palestine avec des explications*, 1760.
4. *Les Amours de Carite et de Polydore*, roman traduit du grec, 1760.
5. *Lettre sur les médailles trouvées à Vieille-Toulouse*, 1764.
6. *Lettre à M. le marquis Olivieri*, au sujet de quelques monuments phéniciens, 1766.
7. *Entretiens sur l'état de la musique grecque*, vers le IV siècle avant l'ère vulgaire, 1777.
8. *Voyage du jeune Anacharsis en Grèce*. Paris, Debure, 1788, 4 vol. in-4°, avec un atlas dressé par Barbier du Bocage.
   — Quatrième édition (1799), très-correcte, publiée par Sainte-Croix, chez Didot; 7 vol., trois formats, in-4°, in-8°, et in-12
   — Plusieurs éditions in-8°, in-12, et in-18.
   — Édition de Saintain, en 1817, 8 vol. in-32, illustrée.
   — Édition de Belin et Bossange, en 1821 (œuvres complètes), 4 vol. in-8°, avec atlas.
   — Édition de Lequien, en 1822, 7 vol. in-8°.
   — Traduction en Allemand, en Suédois, en hollandais, en Italien, en Espagnol, en Anglais.
9. *Discours de réception à l'Académie*, 1789.
10. *Traité de morale*. Cet ouvrage et les dix-huit opuscules suivants ont été publiés pour la première fois par Sainte-Croix, dans les œuvres diverses de Barthélemy en 1798.
11. *La Chantcloupée, ou la guerre des puces*, contre Mme la duchesse de Choiseul.
12. *Les ruines de Palmyre*.
13. *Les ruines de Balbec, ou Héliopolis*.
14. *Les Antiquités d'Herculanum*.
15. *Les Tables d'Héraclée*.
16. *Des Médailles de Marc-Antoine*.
17. *Rapport* fait à la commission temporaire des arts en janvier 1795, sur une édition complète des œuvres de Winckelmann.
18. *Recherches sur le partage du butin chez les peuples anciens*.

19. *Fragments d'un voyage littéraire en Italie.*
20. *Réflexions sur quelques peintures mexicaines.*
21. *Instruction pour M. Dombey, sur son voyage au Pérou.*
22. *Mémoire* lu à la commission des monuments établie par décret du 18 octobre 1792.
23. *Essai d'une nouvelle histoire romaine* (parodie).
24. *Fragment d'un traité de la science des médailles.*
25. *Instructions* pour M. Houel, sur son voyage de Naples et de Sicile.
26. *Mémoire sur le cabinet des médailles, pierres gravées et antiques.*
27. Un recueil de vingt lettres.
28. *Remarques concernant les droits des anciennes métropoles sur les colonies.*
29. *Dissertation sur une ancienne inscription grecque*, 1792. Cette dissertation est le dernier ouvrage publié par Barthélemy.
30. Divers mémoires insérés dans les tomes XXI, XXIII, XXIV, XXVI, XXVIII, XXX, XXXII, XXXIX et XLI du Recueil de l'Académie des inscriptions et belles-lettres.
31. *Voyages de l'abbé Barthélemy en Italie*, publié par Serieys, 1801.
32. *Mémoires sur la vie et sur quelques-uns des ouvrages de Barthélemy*, écrits par lui-même en 1792 et 1793, publiés en 1799.
33. Quelques morceaux d'archéologie insérés dans le *Recueil d'antiquités* du comte de Caylus, 1752 et années suivantes.
34. Diverses dissertations dans le *Journal des savants*, en 1760, 1761, 1763, 1790; entr'autres, deux lettres sur les médailles phéniciennes, 1760 et 1763, une lettre sur des médailles samaritaines, 1790.
35. Barthélemy a édité en 1752 l'histoire des rois de Thrace et de Bosphore Cimmérien, par Félix Cary, 1 vol. in-12.

On a publié en 1797 une brochure intitulée *Halycarnasse, Prienne, Scphos et le Mont-Félix*, opuscules posthumes de l'abbé Barthélemy. Ces opuscules ne sont pas de lui.

VOYAGE
DU JEUNE ANACHARSIS
EN GRÈCE.

AVERTISSEMENT DE L'AUTEUR.

Je suppose qu'un Scythe, nommé Anacharsis, vient en Grèce quelques années avant la naissance d'Alexandre, et que d'Athènes, son séjour ordinaire, il fait plusieurs voyages dans les provinces voisines, observant partout les mœurs et les usages des peuples, assistant à leurs fêtes, étudiant la nature de leurs gouvernements; quelquefois consacrant ses loisirs à des recherches sur les progrès de l'esprit humain, d'autres fois conversant avec les grands hommes qui florissaient alors, tels qu'Épaminondas, Phocion, Xénophon, Platon, Aristote, Démosthène, etc. Dès qu'il voit la Grèce asservie à Philippe, père d'Alexandre, il retourne en Scythie; il y met en ordre la suite de ses voyages; et, pour n'être pas forcé d'interrompre sa narration, il rend compte, dans une introduction, des faits mémorables qui s'étaient passés en Grèce avant qu'il eût quitté la Scythie.

L'époque que j'ai choisie, une des plus intéressantes que nous offre l'histoire des nations, peut être envisagée sous deux aspects. Du côté des lettres et des arts, elle lie le siècle de Périclès à celui d'Alexandre. Mon Scythe a fréquenté quantité d'Athéniens qui avaient vécu avec Sophocle, Euripide, Aristophane, Thucydide, Socrate, Zeuxis et Parrhasius. Je viens de citer quelques-uns des écrivains célèbres qu'il a connus; il a vu paraître les chefs-d'œuvre de Praxitèle, d'Euphranor et de Pamphile, ainsi que les premiers essais d'Apelle et de Protogène; et dans une des dernières années de son séjour en Grèce naquirent Épicure et Ménandre.

Sous le second aspect, cette époque n'est pas moins remarquable. Anacharsis fut témoin de la révolution qui changea la face de la Grèce, et qui, quelque temps après, détruisit l'empire des Perses. A son arrivée il trouva le jeune Philippe auprès d'Épaminondas; il le vit monter sur le trône de Macédoine, déployer pendant vingt-deux ans contre les Grecs toutes les ressources de son génie, et obliger enfin ces fiers républicains à se jeter entre ses bras.

J'ai composé un voyage plutôt qu'une histoire, parce que tout est action dans un voyage, et qu'on y permet des détails interdits à l'historien. Ces détails, quand ils ont rapport à des usages, ne sont souvent qu'indiqués dans les auteurs anciens; souvent ils ont partagé les critiques modernes. Je les ai tous discutés avant que d'en faire usage. J'en ai même, dans une révision, supprimé une grande partie; et peut-être n'ai-je pas poussé le sacrifice assez loin.

Je commençai cet ouvrage en 1757; je n'ai cessé d'y travailler depuis. Je ne l'aurais pas entrepris, si, moins ébloui de la beauté du sujet, j'avais plus consulté mes forces que mon courage.

Les tables que je place après cet avertissement, indiqueront l'ordre que j'ai suivi.

ORDRE CHRONOLOGIQUE
DU VOYAGE D'ANACHARSIS.

Avant Jésus-Christ.

Chap. I. Il part de Scythie.................... en avril de l'an 363.
Chap. VI. Après avoir fait quelque séjour à Byzance, à Lesbos et à Thèbes, il arrive à Athènes...13 mars....362.
Chap. IX. Il va à Corinthe et revient à Athènes. 1ᵉʳ avril même année.
Chap. XII et suiv. Il décrit la ville d'Athènes, et rend compte de ses recherches sur le gouvernement, les mœurs et la religion des Athéniens..même année.
Chap. XXII. Il part pour la Phocide.............avril....361.
Chap. XXIII et suiv. Il revient à Athènes; et, après avoir rapporté quelques événements qui s'étaient passés depuis l'an 361 jusqu'en 357, il traite de plusieurs matières relatives aux usages des Athéniens, à l'histoire des sciences, etc.
Chap. XXXIV et suiv. Il part pour la Béotie et pour les provinces septentrionales de la Grèce.................357.
Chap. XXXVII. Il passe l'hiver de 357 à 356 à Athènes, d'où il se rend aux provinces méridionales de la Grèce...................mars....356.
Chap. XXXVIII. Il assiste aux jeux Olympiques, juillet même année.
Chap. LIV et suiv. Il revient à Athènes, où il continue ses recherches.
Chap. LX. Il rapporte les événemens remarquables arrivés en Grèce et en Sicile depuis l'an 357 jusqu'à l'an 354.
Chap. LXI. Il part pour l'Égypte et pour la Perse.............354.
Pendant son absence, qui dure onze ans, il reçoit d'Athènes plusieurs lettres qui l'instruisent des mouvements de la Grèce, des entreprises de Philippe, et de plusieurs faits intéressants.
Chap. LXII. À son retour de Perse, il trouve à Mitylène Aristote, qui lui communique son traité des gouvernemenst. Anacharsis en fait un extrait..343.
Chap. LXIII et suiv. Il revient à Athènes, où il s'occupe de ses travaux ordinaires...............même année.
Chap. LXXII et suiv. Il entreprend un voyage sur les côtes de l'Asie Mineure et dans plusieurs îles de l'Archipel.........................342.

ORDRE CHRONOLOGIQUE. 45

Avant Jésus-Christ.

Chap. LXXVI. Il assiste aux fêtes de Délos..................341.
Chap. LXXX. Il revient à Athènes, et continue
   ses recherches..70ème année.
Chap. LXXXII. Après la bataille de Chéronée, il
   retourne en Scythie.......................................337.

DIVISION DE L'OUVRAGE.

INTRODUCTION,

Contenant un abrégé de l'Histoire grecque, depuis les temps les plus anciens jusqu'à la prise d'Athènes, en 404 avant J. C.

État sauvage de la Grèce. Arrivée des colonies orientales. Inachus et Phoronée.

PREMIÈRE PARTIE.

Cécrops. Argonautes. Hercule. Thésée. Première guerre de Thèbes. Seconde guerre de Thèbes, ou guerre des Épigones. Guerre de Troie. Retour des Héraclides. Réflexions sur les siècles héroïques. Établissement des Ioniens dans l'Asie Mineure. Homère.

SECONDE PARTIE.

Section première. — *Siècle de Solon.* — Dracon. Épiménide. Législation de Solon. Pisistrate. Réflexions sur la législation de Solon.

Section seconde. — *Siècle de Thémistocle et d'Aristide.* — Bataille de Marathon. Combat des Thermopyles. Combat de Salamine. Bataille de Platée. Réflexions sur le siècle de Thémistocle et d'Aristide.

Section troisième. — *Siècle de Périclès.* — Guerre du Péloponèse. Alcibiade. Guerre des Athéniens en Sicile. Prise d'Athènes. Réflexions sur le siècle de Périclès.

Chap. I. Départ de Scythie. La Chersonèse Taurique. Le Pont-Euxin. État de la Grèce, depuis la prise d'Athènes, l'an 404 avant J. C., jusqu'au moment du voyage. Le Bosphore de Thrace. Arrivée à Byzance.

Chap. II. Description de Byzance. Colonies grecques. Le détroit de l'Hellespont. Voyage de Byzance à Lesbos.

Chap. III. Description de Lesbos. Pittacus, Arion, Terpandre, Alcée, Sapho.

Chap. IV. Départ de Mitylène. Description de l'Eubée. Chalcis. Arrivée à Thèbes.

Chap. V. Séjour à Thèbes. Épaminondas. Philippe de Macédoine.

Chap. VI. Départ de Thèbes. Arrivée à Athènes. Habitants de l'Attique.

Chap. VII. Séance à l'Académie.

Chap. VIII. Lycée. Gymnase. Isocrate. Palestres. Funérailles des Athéniens.

Chap. IX. Voyage à Corinthe. Xénophon. Timoléon.
Chap. X. Levées, revues, exercices des troupes chez les Athéniens.
Chap. XI. Séance au Théâtre.
Chap. XII. Description d'Athènes
Chap. XIII. Bataille de Mantinée. Mort d'Épaminondas.
Chap. XIV. Du gouvernement actuel d'Athènes.
Chap. XV. Des magistrats d'Athènes.
Chap. XVI. Des tribunaux de justice à Athènes.
Chap. XVII. De l'Aréopage.
Chap. XVIII. Des accusations et des procédures parmi les Athéniens
Chap. XIX. Des délits et des peines.
Chap. XX. Mœurs et vie civile des Athéniens.
Chap. XXI. De la religion, des ministres sacrés, des principaux crimes contre la religion.
Chap. XXII. Voyage de la Phocide. Les jeux pythiques. Le temple et l'oracle de Delphes.
Chap. XXIII. Événements remarquables arrivés dans la Grèce (depuis l'an 361 jusqu'à l'an 357 avant J. C.). Mort d'Agésilas, roi de Lacédémone. Avénement de Philippe au trône de Macédoine. Guerre sociale.
Chap. XXIV. Des fêtes des Athéniens. Les Panathénées. Les Dionysiaques
Chap. XXV. Des maisons et des repas des Athéniens.
Chap. XXVI. De l'éducation des Athéniens.
Chap. XXVII. Entretiens sur la musique des Grecs.
Chap. XXVIII. Suite des mœurs des Athéniens.
Notes.
Chap. XXIX. Bibliothèque d'un Athénien. Classe de philosophie.
Chap. XXX. Suite du chapitre précédent. Discours du grand prêtre de Cérès sur les causes premières.
Chap. XXXI. Suite de la bibliothèque. L'astronomie et la géographie.
Chap. XXXII. Aristippe.
Chap. XXXIII. Démêlés entre Denys le jeune, roi de Syracuse, et Dion, son beau-frère. Voyage de Platon en Sicile.
Chap. XXXIV. Voyage de Béotie; l'antre de Trophonius; Hésiode, Pindare.
Chap. XXXV. Voyage de Thessalie. Amphictyons; magiciennes; rois de Phères; vallée de Tempé.
Chap. XXXVI. Voyage d'Épire, d'Acarnanie et d'Étolie. Oracle de Dodone. Saut de Leucade.
Chap. XXXVII. Voyage de Mégare, de Corinthe, de Sicyone, et de l'Achaïe.
Chap. XXXVIII. Voyage de l'Élide. Les jeux olympiques.
Chap. XXXIX. Suite du voyage de l'Élide. Xénophon à Scillonte.
Chap. XL. Voyage de Messénie.
Chap. XLI. Voyage de Laconie.
Chap. XLII. Des habitants de la Laconie
Chap. XLIII. Idées générales sur la législation de Lycurgue.

DIVISION DE L'OUVRAGE.

Chap. XLIV. Vie de Lycurgue.
Chap. XLV. Du gouvernement de Lacédémone.
Chap. XLVI. Des lois de Lacédémone.
Chap. XLVII. De l'éducation et du mariage des Spartiates.
Chap. XLVIII. Des mœurs et des usages des Spartiates.
Chap. XLIX. De la religion et des fêtes des Spartiates.
Chap. L. Du service militaire chez les Spartiates.
Chap. LI. Défense des lois de Lycurgue; causes de leur décadence.
Chap. LII. Voyage d'Arcadie.
Chap. LIII. Voyage d'Argolide.
Chap. LIV. La république de Platon.
Chap. LV. Du commerce des Athéniens.
Chap. LVI. Des impositions et des finances chez les Athéniens.
Chap. LVII. Suite de la bibliothèque d'un Athénien. La logique
Chap. LVIII. Suite de la bibliothèque d'un Athénien. La rhétorique.
Chap. LIX. Voyage de l'Attique. Agriculture. Mines de Sunium. Discours de Platon sur la formation du monde.
Chap. LX. Événements remarquables arrivés en Grèce et en Sicile (depuis l'an 357, jusqu'à l'an 354 avant J. C.). Expédition de Dion Jugement des généraux Timothée et Iphicrate. Fin de la guerre sociale. Commencement de la guerre sacrée.
Chap. LXI. Lettres sur les affaires générales de la Grèce, adressées à Anacharsis et à Philotas, pendant leur voyage en Égypte et en Perse.
Chap. LXII. De la nature des gouvernements suivant Aristote et d'astres philosophes.
Chap. LXIII. Denys, roi de Syracuse, à Corinthe. Exploits de Timoléon.
Notes.
Chap. LXIV. Suite de la bibliothèque. Physique. Histoire naturelle Génies.
Chap. LXV. Suite de la bibliothèque. L'histoire.
Chap. LXVI. Sur les noms propres usités parmi les Grecs.
Chap. LXVII. Socrate.
Chap. LXVIII. Fêtes et mystères d'Éleusis.
Chap. LXIX. Histoire du théâtre des Grecs
Chap. LXX. Représentation des pièces de théâtre à Athènes.
Chap. LXXI. Entretiens sur la nature et sur l'objet de la tragédie.
Chap. LXXII. Extrait d'un voyage sur les côtes de l'Asie et dans quelques-unes des îles voisines.
Chap. LXXIII. Suite du chapitre précédent; les îles de Rhodes, de Crète et de Cos. Hippocrate.
Chap. LXXIV. Description de Samos. Polycrate.
Chap. LXXV. Entretien d'Anacharsis et d'un Samien sur l'institut de Pythagore.
Chap. LXXVI. Délos et les Cyclades.
Chap. LXXVII. Suite du voyage de Délos. Cérémonies du mariage.
Chap. LXXVIII. Suite du voyage de Délos. Sur le bonheur.

DIVISION DE L'OUVRAGE.

Chap. LXXIX. Suite du voyage de Délos. Sur les opinions religieuses.
Chap. LXXX. Suite de la bibliothèque.
Chap. LXXXI. Suite de la bibliothèque. La morale.
Chap. LXXXII et dernier. Nouvelles entreprises de Philippe. Bataille de Chéronée. Portrait d'Alexandre.
Notes.
Avertissement sur les Tables.

TABLES.

I. Contenant les principales époques de l'histoire grecque, depuis la fondation du royaume d'Argos, jusqu'à la fin du règne d'Alexandre.
II. Mois attiques.
III. Tribunaux et magistrats d'Athènes.
IV. Colonies grecques.
V. Noms de ceux qui se sont distingués dans les lettres et dans les arts depuis l'arrivée de la colonie phénicienne en Grèce jusqu'à l'établissement de l'école d'Alexandrie.
VI. Les mêmes noms par ordre alphabétique.
VII. Rapport des mesures romaines avec les nôtres.
VIII. Rapport du pied romain avec le pied-de-roi.
IX. Rapport des pas romains avec nos toises.
X. Rapport des milles romains avec nos toises.
XI. Rapport du pied grec avec le pied-de-roi.
XII. Rapport des stades avec nos toises, ainsi qu'avec les milles romains.
XIII. Rapport des stades avec nos lieues de deux mille cinq cents toises.
XIV. Évaluation des monnaies d'Athènes.
XV. Rapport des poids grecs avec les nôtres.
Index des auteurs et des éditions cités dans l'ouvrage.
Table générale des matières.

INTRODUCTION
AU VOYAGE DE LA GRÈCE.

S'il faut s'en rapporter aux traditions anciennes, les premiers habitants de la Grèce n'avaient pour demeures que des antres profonds, et n'en sortaient que pour disputer aux animaux des aliments grossiers et quelquefois nuisibles [1]. Réunis dans la suite sous des chefs audacieux, ils augmentèrent leurs lumières, leurs besoins et leurs maux. Le sentiment de leur faiblesse les avait rendus malheureux; ils le devinrent par le sentiment de leurs forces. La guerre commença; de grandes passions s'allumèrent; les suites en furent effroyables. Il fallait des torrents de sang pour s'assurer la possession d'un pays. Les vainqueurs dévoraient les vaincus, la mort était sur toutes les têtes, et la vengeance dans tous les cœurs [2].

Mais, soit que l'homme se lasse enfin de sa férocité, soit que le climat de la Grèce adoucisse tôt ou tard le caractère de ceux qui l'habitent, plusieurs hordes de sauvages coururent au-devant des législateurs qui entreprirent de les policer. Ces législateurs étaient des Égyptiens qui venaient d'abord sur les côtes de l'Argolide. Ils y cherchaient un asile, ils y fondèrent un empire [3]; et ce fut sans doute un beau spectacle de voir des peuples agrestes et cruels s'approcher en tremblant de la colonie étrangère, en admirer les travaux paisibles, abattre leurs forêts aussi anciennes que le monde, découvrir sous leurs pas même une terre inconnue et la rendre fertile, se répandre avec leurs troupeaux dans la plaine, et parvenir enfin à couler dans l'innocence ces jours tranquilles et sereins qui font donner le nom d'âge d'or à ces siècles reculés.

Cette révolution commença sous Inachus [4], qui avait conduit la première colonie égyptienne [5]; elle continua sous Phoronée son fils [6]. Dans un court espace de temps, l'Argolide, l'Arcadie, et les régions voisines, changèrent de face [7].

Environ trois siècles après, Cécrops, Cadmus, et Danaüs [8], parurent, l'un dans l'Attique, l'autre dans la Béotie, et le troisième dans l'Argolide. Ils amenaient avec eux de nouvelles colonies d'Égyptiens et de Phéniciens. L'industrie et les arts franchirent les bornes du Pélopo-

---

1. Plat., in Prot., t. I, p. 322. Diod., lib. I, p. 8 et 21. Pausan., lib. VIII, cap. I, p. 599. Macrob., in somn. Scip., lib. II, cap. x. — 2. Euripid., in Sisyph. frag., p. 492. Mosch., ap. Stob. ecl. phys., lib. I, p. 18. Athen. lib. XIV, p. 660. Sext. Empir., adv. rhet., lib. II, p. 295. Cicer., de invent., lib. I, cap. II, t. I, p. 24; id., orat. pro Sext., cap. XLII, t. VI, p. 38. Horat., sat., lib. I, sat. III, v. 99. — 3. Cast., ap. Euseb. chron., lib. I, p. 11. Syncell., p. 64, 124. — 4. En 1970 avant J. C. — 5. Fréret, déf. de la chron., p. 275. — 6. Pausan., lib. II, cap. XV, p. 145. Clem. Alex., cohort. ad gent., p. 84. Tatian., orat. ad Græc., p. 131. — 7. Pausan., lib. VIII, cap. III, p. 601. — 8. Cécrops, en 1657 avant J. C.; Cadmus, en 1594; Danaüs, en 1586.

nèse, et leurs progrès ajoutèrent pour ainsi dire de nouveaux peuples au genre humain.

Cependant une partie des sauvages s'était retirée dans les montagnes, ou vers les régions septentrionales de la Grèce. Ils attaquèrent les sociétés naissantes, qui, opposant la valeur à la férocité, les forcèrent d'obéir à des lois, ou d'aller en d'autres climats jouir d'une funeste indépendance.

Le règne de Phoronée est la plus ancienne époque de l'histoire des Grecs[1]; celui de Cécrops, de l'histoire des Athéniens. Depuis ce dernier prince, jusqu'à la fin de la guerre du Péloponèse, il s'est écoulé environ 1250 ans. Je les partage en deux intervalles : l'un finit à la première des olympiades; l'autre, à la prise d'Athènes par les Lacédémoniens[2]. Je vais rapporter les principaux événements qui se sont passés dans l'un et dans l'autre : je m'attacherai surtout à ceux qui regardent les Athéniens; et j'avertis que, sous la première de ces périodes, les faits véritables, les traits fabuleux, également nécessaires à connaître pour l'intelligence de la religion, des usages et des monuments de la Grèce, seront confondus dans ma narration, comme ils le sont dans les traditions anciennes. Peut-être même que mon style se ressentira de la lecture des auteurs que j'ai consultés. Quand on est dans le pays des fictions, il est difficile de n'en pas emprunter quelquefois le langage.

PREMIÈRE PARTIE.

La colonie de Cécrops tirait son origine de la ville de Saïs en Égypte[3]. Elle avait quitté les bords fortunés du Nil pour se soustraire à la loi d'un vainqueur inexorable; et après une longue navigation elle était parvenue aux rivages de l'Attique, habités de tout temps par un peuple que les nations farouches de la Grèce avaient dédaigné d'asservir. Ses campagnes stériles n'offraient point de butin, et sa faiblesse ne pouvait inspirer de crainte[4]. Accoutumé aux douceurs de la paix, libre sans connaître le prix de la liberté, plutôt grossier que barbare, il devait s'unir sans effort à des étrangers que le malheur avait instruits. Bientôt les Égyptiens et les habitants de l'Attique ne formèrent qu'un seul peuple : mais les premiers prirent sur les seconds cet ascendant qu'on accorde tôt ou tard à la supériorité des lumières; et Cécrops, placé à la tête des uns et des autres, conçut le projet de faire le bonheur de la patrie qu'il venait d'adopter.

Les anciens habitants de cette contrée voyaient renaître tous les ans les fruits sauvages du chêne, et se reposaient sur la nature d'une reproduction qui assurait leur subsistance. Cécrops leur présenta une nourriture plus douce, et leur apprit à la perpétuer. Différentes

---

1. Plat., in Tim., t. III, p. 22. Clem. Alex., t. I, p. 380. Plin., lib. VII, cap. LVI, t. I, p. 413. — 2. Première olympiade, en 776 avant J. C.; prise d'Athènes, en 404. — 3. Plat., in Tim., t. III, p. 21. Theopomp., ap. Euseb. præp. evang., lib. X, cap. X, p. 491. Diod. lib. I, p. 24. — 4. Thucyd., lib. I, cap. II. Isocr., paneg., t. I, p. 130.

espèces de grains furent confiées à la terre[1] ; l'olivier fut transporté de l'Égypte dans l'Attique[2] ; des arbres, auparavant inconnus, étendirent sur de riches moissons leurs branches chargées de fruits. L'habitant de l'Attique, entraîné par l'exemple des Égyptiens experts dans l'agriculture, redoublait ses efforts, et s'endurcissait à la fatigue ; mais il n'était pas encore remué par des intérêts assez puissants pour adoucir ses peines et l'animer dans ses travaux.

Le mariage fut soumis à des lois[3], et ces règlements, sources d'un nouvel ordre de vertus et de plaisirs, firent connaître les avantages de la décence, les attraits de la pudeur, le désir de plaisir, le bonheur d'aimer, la nécessité d'aimer toujours. Le père entendit au fond de son cœur la voix secrète de la nature ; il l'entendit dans le cœur de son épouse et de ses enfants. Il se surprit versant des larmes que ne lui arrachait plus la douleur, et apprit à s'estimer en devenant sensible. Bientôt les familles se rapprochèrent par des alliances ou par des besoins mutuels ; des chaînes sans nombre embrassèrent tous les membres de la société. Les biens dont ils jouissaient ne leur furent plus personnels, et les maux qu'ils n'éprouvaient pas ne leur furent plus étrangers.

D'autres motifs facilitèrent la pratique des devoirs. Les premiers Grecs offraient leurs hommages à des dieux dont ils ignoraient les noms, et qui, trop éloignés des mortels, et réservant toute leur puissance pour régler la marche de l'univers, manifestaient à peine quelques-unes de leurs volontés dans le petit canton de Dodone en Épire[4]. Les colonies étrangères donnèrent à ces divinités les noms qu'elles avaient en Égypte, en Libye[5], en Phénicie, et leur attribuèrent à chacune un empire limité et des fonctions particulières. La ville d'Argos fut spécialement consacrée à Junon[6] ; celle d'Athènes, à Minerve[7] ; celle de Thèbes à Bacchus[8]. Par cette légère addition au culte religieux, les dieux parurent se rapprocher de la Grèce, et partager entre eux ses provinces. Le peuple les crut plus accessibles en les croyant moins puissants et moins occupés. Il les trouva partout autour de lui ; et, assuré de fixer désormais leurs regards, il conçut une plus haute idée de la nature de l'homme.

Cécrops multiplia les objets de la vénération publique. Il invoqua le souverain des dieux sous le titre de Très-Haut[9] : il éleva de toutes parts des temples et des autels ; mais il défendit d'y verser le sang des victimes, soit pour conserver les animaux destinés à l'agriculture, soit pour inspirer à ses sujets l'horreur d'une scène barbare qui s'étai' passée en Arcadie[10]. Un homme, un roi, le farouche Lycaon venait d'y sacrifier un enfant à ces dieux qu'on outrage toutes les fois qu'on

---

1. Schol. Tzetz., ad Hesiod. oper., v. 32. Cicer., de leg., lib. II, cap. XXV, t. III, p. 158. — 2. Syncell., p. 153. — 3. Justin., lib. II, cap. VI. Athen., lib. XIII, p. 555. Suid., in Προμηθ., Nonn. dionys., lib. XLI, v. 386. Schol. Aristoph., in Plut., v. 773. — 4. Herodot., lib. II, cap. LII. — 5. Id., ibid., cap. L. — 6. Hygin., fab. 143. Lact. ad Stat. theb., lib. I, v. 541 ; lib. IV, v. 589. — 7. Apollod. lib. III, p. 237. Syncell., p. 153. — 8. Herodot., ibid., c. IV. Frér., def. de la chron., p. 319. — 9. Meurs., de reg. Athen., lib. I, cap. IX. — 10. Pausan., lib. VIII, cap II, p. 600.

outrage la nature. L'hommage que leur offrit Cécrops était plus digne de leur bonté : c'étaient des épis ou des grains, prémices des moissons dont ils enrichissaient l'Attique, et des gâteaux, tribut de l'industrie que ses habitants commençaient à connaître.

Tous les règlements de Cécrops respiraient la sagesse et l'humanité; il e, i fit pour procurer à ses sujets une vie tranquille, et leur attirer des respects au delà même du trépas. Il voulut qu'on déposât leurs dépouilles mortelles dans le sein de la mère commune des hommes, et qu'on ensemençât aussitôt la terre qui les couvrait, afin que cette portion de terrain ne fût point enlevée au cultivateur[1]. Les parents, la tête ornée d'une couronne, donnaient un repas funèbre; et c'est là que, sans écouter la voix de la flatterie ou de l'amitié, on honorait la mémoire de l'homme vertueux, on flétrissait celle du méchant. Par ces pratiques touchantes, les peuples entrevirent que l'homme peu jaloux de conserver après sa mort une seconde vie dans l'estime publique doit du moins laisser une réputation dont ses enfants n'aient pas à rougir.

La même sagesse brillait dans l'établissement d'un tribunal qui paraît s'être formé vers les dernières années de ce prince, ou au commencement du règne de son successeur[2] : c'est celui de l'Aréopage, qui, depuis son origine, n'a jamais prononcé un jugement dont on ait pu se plaindre[3], et qui contribua le plus à donner aux Grecs les premières notions de la justice[4].

Si Cécrops avait été l'auteur de ces mémorables institutions, et de tant d'autres qu'il employa pour éclairer les Athéniens, il aurait été le premier des législateurs et le plus grand des mortels; mais elles étaient l'ouvrage de toute une nation attentive à les perfectionner pendant une longue suite de siècles. Il les avait apportées d'Égypte; et l'effet qu'elles produisirent fut si prompt, que l'Attique se trouva bientôt peuplée de vingt mille habitants[5], qui furent divisés en quatre tribus[6].

Des progrès si rapides attirèrent l'attention des peuples qui ne vivaient que de rapines. Des corsaires descendirent sur les côtes de l'Attique; des Béotiens en ravagèrent les frontières[7]; ils répandirent la terreur de tous côtés. Cécrops en profita pour persuader à ses sujets de rapprocher leurs demeures alors éparses dans la campagne, et de les garantir, par une enceinte, des insultes qu'ils venaient d'éprouver. Les fondements d'Athènes furent jetés sur la colline où l'on voit aujourd'hui la citadelle[8]. Onze autres villes s'élevèrent en différents endroits; et les habitants, saisis de frayeur, firent sans peine le sacrifice qui devait leur coûter le plus : ils renoncèrent à la liberté de la vie champêtre[9], et se renfermèrent dans des murs qu'ils auraient

1. Cicer., de leg., lib. II, cap. XXV, t. III, p. 158. — 2. Marm. oxon. epoch. III, p. 348. — 3. Demosth., in Aristocr., p. 735. — 4. Ælian., var. hist., lib. III, cap. XXXVIII. — 5. Philoch. ap. schol. Pind. olymp. od. IX, v. 68. — 6. Steph. in Ἄκτη, Poll., lib. VIII, cap. IX, sect. CIX. Eustath., in Dionys. v. 423. — 7. Philoch., ap. Strab. lib. IX, p. 397. — 8. Plin., lib. VII, cap. LVI, t. I, p. 413. Eustath., ibid. Etymol. magn. in Ἐκρωπ. — 9. Philoch. ap. Strab. ibid.

regardés comme le séjour de l'esclavage, s'il n'avait fallu les regarder comme l'asile de la faiblesse. A l'abri de leurs remparts, ils furent les premiers des Grecs à déposer, pendant la paix, ces armes meurtrières qu'auparavant ils ne quittaient jamais [1].

Cécrops mourut après un règne de cinquante ans [2]. Il avait épousé la fille d'un des principaux habitants de l'Attique [3]. Il en eut un fils dont il vit finir les jours, et trois filles à qui les Athéniens décernèrent depuis les honneurs divins [4]. Ils conservent encore son tombeau dans le temple de Minerve [5]; et son souvenir est gravé, en caractères ineffaçables, dans la constellation du verseau qu'ils lui ont consacrée [6].

Après Cécrops, régnèrent, pendant l'espace d'environ cinq cent soixante-cinq ans, dix-sept princes, dont Codrus fut le dernier.

Les regards de la postérité ne doivent point s'arrêter sur la plupart d'entre eux. Et qu'importe, en effet, que quelques-uns aient été dépouillés par leurs successeurs du rang qu'ils avaient usurpé, et que les noms des autres se soient par hasard sauvés de l'oubli? Cherchons, dans la suite de leurs règnes, les traits qui ont influé sur le caractère de la nation, ou qui devaient contribuer à son bonheur.

Sous les règnes de Cécrops et de Cranaüs son successeur, les habitants de l'Attique jouirent d'une paix assez constante. Accoutumés aux douceurs et à la servitude de la société, ils étudiaient leurs devoirs dans leurs besoins, et les mœurs se formaient d'après les exemples.

Leurs connaissances, accrues par des liaisons si intimes, s'augmentèrent encore par le commerce des nations voisines. Quelques années après Cécrops, les lumières de l'Orient pénétrèrent en Béotie. Cadmus, à la tête d'une colonie de Phéniciens, y porta le plus sublime de tous les arts, celui de retenir par de simples traits les sons fugitifs de la parole et les plus fines opérations de l'esprit [7]. Le secret de l'écriture, introduit en Attique, y fut destiné, quelque temps après, à conserver le souvenir des événements remarquables.

Nous ne pouvons fixer d'une manière précise le temps où les autres arts y furent connus; et nous n'avons à cet égard que des traditions à rapporter. Sous le règne d'Érichthonius, la colonie de Cécrops accoutuma les chevaux, déjà dociles au frein, à traîner péniblement un chariot [8], et profita du travail des abeilles, dont elle perpétua la race sur le mont Hymète [9]. Sous Pandion, elle fit de nouveaux progrès dans l'agriculture [10]; mais une longue sécheresse ayant détruit les espérances du laboureur, les moissons de l'Egypte suppléèrent aux besoins de la colonie [11], et l'on prit une légère teinture du commerce. Érecthée, son successeur, illustra son règne par des établisse-

---

1. Thucyd., lib. I, cap. vi. — 2. Suid., in Προμηθ. — 3. Apollod., lib. III, p. 239. — 4. Herodot., lib. VIII, cap. LIII. Pausan., lib. I, cap. xviii et xxvii. Etymol., magn. in Ἀρρεφ. — 5. Antioch., ap. Clem. Alex., t. I, p. 39. — 6. Hygin., poet. astron., lib. II, cap. xxix. — 7. Herodot., lib. V, cap. lviii. Lucan., lib. III. v. 220. Bochart., geogr. sacr., lib. I, cap. xx. — 8. Plin., lib. VII, cap. lvi, t. I. p. 416. Ælian., var. hist., lib. III, c. xxxviii. Aristid., in Minerv. orat., t. I, p. 22. Virg., georg., lib. III; v. 113. — 9. Columell., de re rustic., lib. IX, cap. II — 10. Meurs., de reg. Athen., lib. II, cap. II. — 11. Diod., lib. I, p. 25.

ments utiles [1], et les Athéniens lui consacrèrent un temple après sa mort [2].

Ces découvertes successives redoublaient l'activité du peuple, et, en lui procurant l'abondance, le préparaient à la corruption : car, dès qu'on eut compris qu'il est dans la vie des biens que l'art ajoute à ceux de la nature, les passions réveillées se portèrent vers cette nouvelle image du bonheur. L'imitation aveugle, ce mobile puissant de la plupart des actions des hommes, et qui d'abord n'avait excité qu'une émulation douce et bienfaisante, produisit bientôt l'amour des distinctions, le désir des préférences, la jalousie et la haine. Les principaux citoyens, faisant mouvoir à leur gré ces différents ressorts, remplirent la société de troubles, et portèrent leurs regards sur le trône. Amphictyon obligea Cranaüs d'en descendre; lui-même fut contraint de le céder à Érichthonius [3].

A mesure que le royaume d'Athènes prenait de nouvelles forces, on voyait ceux d'Argos, d'Arcadie, de Lacédémone, de Corinthe, de Sicyone, de Thèbes, de Thessalie et d'Épire s'accroître par degrés, et continuer leur révolution sur la scène du monde.

Cependant l'ancienne barbarie reparaissait, au mépris des lois et des mœurs; il s'élevait par intervalle des hommes robustes [4] qui se tenaient sur les chemins pour attaquer les passants, ou des princes dont la cruauté froide infligeait à des innocents des supplices lents et douloureux. Mais la nature, qui balance sans cesse le mal par le bien, fit naître, pour les détruire, des hommes plus robustes que les premiers, aussi puissants que les seconds, plus justes que les uns et les autres. Ils parcoururent la Grèce, ils la purgeaient du brigandage des rois et des particuliers : ils paraissaient au milieu des Grecs comme des mortels d'un ordre supérieur; et ce peuple enfant, aussi extrême dans sa reconnaissance que dans ses alarmes, répandait tant de gloire sur leurs moindres exploits, que l'honneur de le protéger était devenu l'ambition des âmes fortes.

Cette espèce d'héroïsme, inconnu aux siècles suivants, ignoré des autres nations, le plus propre néanmoins à concilier les intérêts de l'orgueil avec ceux de l'humanité, germait de toutes parts, et s'exerçait sur toutes sortes d'objets. Si un animal féroce, sorti du fond des bois, semait la terreur dans les campagnes, le héros de la contrée se faisait un devoir d'en triompher aux yeux d'un peuple qui regardait encore la force comme la première des qualités, et le courage comme la première des vertus. Les souverains eux-mêmes, flattés de joindre à leurs titres la prééminence du mérite le plus estimé dans leur siècle, s'engageaient dans des combats, qui, en manifestant leur bravoure, semblaient légitimer encore leur puissance. Mais bientôt ils aimèrent des dangers qu'ils se contentaient auparavant de ne pas craindre. Ils allèrent les mendier au loin, ou les firent naître

---

1. Diod., lib. I, p. 25. Meurs., de reg. Athen., lib. II, cap. VII. — 2. Herodot., lib. VIII, cap. LV. Cicer., de nat. deor., lib. III, cap. XIX, t. II, p. 503. Pausan., lib. I, cap. XXVI, p. 62. — 3. Pausan., ibid., cap. II, p. 7. — 4. Plut., in Thes., t. I, p. 3.

autour d'eux ; et comme les vertus exposées aux louanges se flétrissent aisément, leur bravoure, dégénérée en témérité, ne changea pas moins d'objet que de caractère. Le salut des peuples ne dirigeait plus leurs entreprises ; tout était sacrifié à des passions violentes, dont l'impunité redoublait la licence. La main qui venait de renverser un tyran de son trône dépouillait un prince juste des richesses qu'il avait reçues de ses pères, ou lui ravissait une épouse distinguée par sa beauté. La vie des anciens héros est souillée de ces taches honteuses.

Plusieurs d'entre eux, sous le nom d'Argonautes[1], formèrent le projet de se rendre dans un climat lointain pour s'emparer des trésors d'Æëtès, roi de Colchos[2]. Il leur fallut traverser des mers inconnues, et braver sans cesse de nouveaux dangers ; mais ils s'étaient déjà séparément signalés par tant d'exploits qu'en se réunissant ils se crurent invincibles, et le furent en effet. Parmi ces héros, on vit Jason, qui séduisit et enleva Médée, fille d'Æëtès, mais qui perdit pendant son absence le trône de Thessalie, où sa naissance l'appelait ; Castor et Pollux, fils de Tyndare, roi de Sparte, célèbres par leur valeur, plus célèbres par une union qui leur a mérité des autels ; Pélée, roi de Phthiotie, qui passerait pour un grand homme, si son fils Achille n'avait pas été plus grand que lui ; le poëte Orphée, qui partageait des travaux qu'il adoucissait par ses chants ; Hercule enfin, le plus illustre des mortels, et le premier des demi-dieux[3].

Toute la terre est pleine du bruit de son nom et des monuments de sa gloire. Il descendait des rois d'Argos : on dit qu'il était fils de Jupiter et d'Alcmène, épouse d'Amphitryon ; qu'il fit tomber sous ses coups et le lion de Némée[4], et le taureau de Crète, et le sanglier d'Érymanthe, et l'hydre de Lerne, et des monstres plus féroces encore : un Busiris, roi d'Égypte, qui trempait lâchement ses mains dans le sang des étrangers ; un Anthée de Libye, qui ne les dévouait à la mort qu'après les avoir vaincus à la lutte ; et les géants de Sicile, et les centaures de Thessalie, et tous les brigands de la terre, dont il avait fixé les limites à l'occident[5], comme Bacchus les avait fixées à l'orient. On ajoute qu'il ouvrit les montagnes pour rapprocher les nations, qu'il creusa des détroits pour confondre les mers, qu'il triompha des enfers, et qu'il fit triompher les dieux dans les combats qu'ils livrèrent aux géants.

Son histoire est un tissu de prodiges, ou plutôt c'est l'histoire de tous ceux qui ont porté le même nom et subi les mêmes travaux que lui[6]. On a exagéré leurs exploits : en les réunissant sur un seul homme, et en lui attribuant toutes les grandes entreprises dont on ignorait les auteurs, on l'a couvert d'un éclat qui semble rejaillir sur l'espèce humaine ; car l'Hercule qu'on adore est un fantôme de grandeur élevé entre le ciel et la terre, comme pour en combler l'inter-

---

1. Vers l'an 1360 avant J. C. — 2. Homer., odyss., lib. XII, v. 70. Schol., ibid. Herodot., lib. IV, cap. CXLV. Diod., lib. IV, p. 245. Apollod., lib. I, p. 53. Apollon. argon., etc. — 3. Diod., ibid., p. 223. Apollon., ibid., lib. I, v. 494. — 4. Apollod., lib. II, p. 109, etc. — 5. Plat. in Phæd., t. I, p. 109. — 6. Diod., lib. III, p. 208. Cicer., de nat. deor., lib. III, cap. XVI, t. II, p. 500. Tacit., annal., lib. II, cap. LX.

valle. Le véritable Hercule ne différait des autres hommes que par sa force, et ne ressemblait aux dieux des Grecs que par ses faiblesses : les biens et les maux qu'il fit dans ses expéditions fréquentes lui attirèrent pendant sa vie une célébrité qui valut à la Grèce un nouveau défenseur en la personne de Thésée.

Ce prince était fils d'Égée, roi d'Athènes, et d'Éthra, fille du sage Pitthée qui gouvernait Thrézène : il était élevé dans cette ville, où le bruit des actions d'Hercule l'agitait sans cesse : il en écoutait le récit avec une ardeur d'autant plus inquiète que les liens du sang l'unissaient à ce héros; et son âme impatiente frémissait autour des barrières qui la tenaient renfermée : car il s'ouvrait un vaste champ à ses espérances. Les brigands commençaient à reparaître; les monstres sortaient de leurs forêts; Hercule était en Lydie.

Pour contenter ce courage bouillant, Éthra découvre à son fils le secret de sa naissance ; elle le conduit vers un rocher énorme, et lui ordonne de le soulever¹ : il y trouve une épée et d'autres signes auxquels son père devait le reconnaître un jour. Muni de ce dépôt, il prend la route d'Athènes. En vain sa mère et son aïeul le pressent de monter sur un vaisseau ; les conseils prudents l'offensent, ainsi que les conseils timides : il préfère le chemin du péril et de la gloire, et bientôt il se trouve en présence de Sinnis³. Cet homme cruel attachait les vaincus à des branches d'arbres qu'il courbait avec effort, et qui se relevaient chargées des membres sanglants de ces malheureux. Plus loin Scirron occupait un sentier étroit sur une montagne, d'où il précipitait les passants dans la mer. Plus loin encore, Procruste les étendait sur un lit dont la longueur devait être la juste mesure de leur corps, qu'il réduisait ou prolongeait par d'affreux tourments⁴. Thésée attaque ces brigands, et les fait périr par les supplices qu'ils avaient inventés.

Après des combats et des succès multipliés, il arrive à la cour de son père, violemment agitée par des dissensions qui menaçaient le souverain. Les Pallantides, famille puissante d'Athènes⁵, voyaient à regret le sceptre entre les mains d'un vieillard qui, suivant eux, n'avait ni le droit ni la force de le porter : ils laissaient éclater, avec leur mépris, l'espoir de sa mort prochaine, et le désir de partager sa dépouille. La présence de Thésée déconcerte leurs projets ; et dans la crainte qu'Égée, en adoptant cet étranger, ne trouve un vengeur et un héritier légitime, ils le remplissent de toutes les défiances dont une âme faible est susceptible : mais, sur le point d'immoler son fils, Égée le reconnaît, et le fait reconnaître à son peuple. Les Pallantides se révoltent : Thésée les dissipe⁶, et vole soudain aux champs de Marathon, qu'un taureau furieux ravageait depuis quelques années⁷ ; il l'attaque, le saisit, et l'expose, chargé de chaînes, aux yeux des Athéniens, non moins étonnés de la victoire qu'effrayés du combat.

1. Plut., in Thes., t. I, p. 3. — 2. Id., ibid. Pausan. lib. I, cap. xxvii. — 3. Plut., ibid., p. 4. Diod., lib. IV, p. 262. Apollod., lib. III, p. 255. — 4. Plut., in Thes., t. I, p. 5. Diod., lib. IV, p. 262, etc. — 5. Plut., ibid. — 6. Id., ibid. p. 6. Pausan., lib. I, cap. xxviii, p. 70. — 7. Diod., ibid. Plut., ibid.

Un autre trait épuisa bientôt leur admiration. Minos, roi de Crète, les accusait d'avoir fait périr son fils Androgée, et les avait contraints, par la force des armes, à lui livrer, à des intervalles, marqués[1], un certain nombre de jeunes garçons et de jeunes filles[2]. Le sort devait les choisir; l'esclavage ou la mort, devenir leur partage. C'était pour la troisième fois qu'on venait arracher à de malheureux parents les gages de leur tendresse. Athènes était en pleurs; mais Thésée la rassure : il se propose de l'affranchir de ce tribut odieux; et, pour remplir un si noble projet, il se met lui-même au nombre des victimes, et s'embarque pour la Crète.

Les Athéniens disent qu'en arrivant dans cette île, leurs enfants étaient renfermés dans un labyrinthe, et bientôt après dévorés par le Minotaure, monstre moitié homme, moitié taureau, issu des amours infâmes de Pasiphaé, reine de Crète[3] : ils ajoutent que Thésée, ayant tué le Minotaure, ramena les jeunes Athéniens, et fut accompagné, à son retour, par Ariadne, fille de Minos, qui l'avait aidé à sortir du labyrinthe, et qu'il abandonna sur les rives de Naxos. Les Crétois disent au contraire que les otages athéniens étaient destinés aux vainqueurs dans les jeux célébrés en l'honneur d'Androgée; que Thésée, ayant obtenu la permission d'entrer en lice, vainquit Taurus, général des troupes de Minos, et que ce prince fut assez généreux pour rendre justice à sa valeur et pardonner aux Athéniens.

Le témoignage des Crétois est plus conforme au caractère d'un prince renommé pour sa justice et sa sagesse : celui des Athéniens n'est peut-être que l'effet de leur haine éternelle pour les vainqueurs qui les ont humiliés[4]; mais de ces deux opinions il résulte également, que Thésée délivra sa nation d'une servitude honteuse, et qu'en exposant ses jours il acheva de mériter le trône qui restait vacant par la mort d'Égée.

A peine y fut-il assis qu'il voulut mettre des bornes à son autorité, et donner au gouvernement une forme plus stable et plus régulière[5]. Les douze villes de l'Attique, fondées par Cécrops, étaient devenues autant de républiques, qui toutes avaient des magistrats particuliers, et des chefs presque indépendants[6] : leurs intérêts se croisaient sans cesse, et produisaient entre elles des guerres fréquentes. Si des périls pressants les obligeaient quelquefois de recourir à la protection du souverain, le calme qui succédait à l'orage réveillait bientôt les anciennes jalousies : l'autorité royale, flottant entre le despotisme et l'avilissement, inspirait la terreur ou le mépris; et le peuple, par le vice d'une constitution dont la nature n'était exactement connue ni du prince ni des sujets, n'avait aucun moyen pour se défendre contre l'extrême servitude, ou contre l'extrême liberté.

---

1. Tous les ans, suivant Apollodore (lib. III, p. 253); tous les sept ans, suivant Diodore (lib. IV, p. 263); tous les neuf ans, suivant Plutarque (in Thes., t. I, p. 6). — 2. Diod., lib. IV, p. 264. Plut., in Thes., t. I, p. 6. — 3. Isocr., Hel. encom., t. II, p. 127. Plut., ibid. Apollod., lib. III, p. 253; et alii. — 4. Plut., in Thes., t. I, p. 7. — 5. Demosth., in Neær., p. 873. Isocr., Helen. encom., t. II, p. 130. Plut., ibid., p. 10. — 6. Thucyd., lib. II, cap. xv.

Thésée forma son plan; et, supérieur même aux petits obstacles, il se chargea des détails de l'exécution, parcourut les divers cantons de l'Attique, et chercha partout à s'insinuer dans les esprits. Le peuple reçut avec ardeur un projet qui semblait le ramener à sa liberté primitive; mais les plus riches, consternés de perdre la portion d'autorité qu'ils avaient usurpée, et de voir s'établir une espèce d'égalité entre tous les citoyens, murmuraient d'une innovation qui diminuait la prérogative royale : cependant ils n'osèrent s'opposer ouvertement aux volontés d'un prince qui tâchait d'obtenir par la persuasion ce qu'il pouvait exiger par la force, et donnèrent un consentement contre lequel ils se promirent de protester dans des circonstances plus favorables.

Alors il fut réglé qu'Athènes deviendrait la métropole et le centre de l'empire; que les sénats des villes seraient abolis; que la puissance législative résiderait dans l'assemblée générale de la nation, distribuée en trois classes, celle des notables, celle des agriculteurs, et celle des artisans, que les principaux magistrats, choisis dans la première, seraient chargés du dépôt des choses saintes, et de l'interprétation des lois; que les différents ordres de citoyens se balanceraient mutuellement, parce que le premier aurait pour lui l'éclat des dignités; le second, l'importance des services; le troisième, la supériorité du nombre[1] : il fut réglé enfin que Thésée, placé à la tête de la république, serait le défenseur des lois qu'elle promulguerait, et le général des troupes destinées à la défendre.

Par ces dispositions, le gouvernement d'Athènes devint essentiellement démocratique[2]; et, comme il se trouvait assorti au génie des Athéniens, il s'est soutenu dans cet état, malgré les altérations qu'il éprouva du temps de Pisistrate[3]. Thésée institua une fête solennelle, dont les cérémonies rappellent encore aujourd'hui la réunion des différents peuples de l'Attique[4]; il fit construire des tribunaux pour les magistrats; il agrandit la capitale, et l'embellit autant que l'imperfection des arts pouvait le permettre. Les étrangers, invités à s'y rendre, y accoururent de toutes parts, et furent confondus avec les anciens habitants[5]; il ajouta le territoire de Mégare à l'empire; il plaça sur l'isthme de Corinthe une colonne qui séparait l'Attique du Péloponèse[6], et renouvela, près de ce monument, les jeux isthmiques, à l'imitation de ceux d'Olympie qu'Hercule venait d'établir.

Tout semblait alors favoriser ses vœux. Il commandait à des peuples libres[7]; que sa modération et ses bienfaits retenaient dans la dépendance. Il dictait des lois de paix et d'humanité aux peuples voisins[8], et jouissait d'avance de cette vénération profonde que les siècles attachent par degrés à la mémoire des grands hommes.

Cependant il ne le fut pas assez lui-même pour achever l'ouvrage de

---

1. Plut., in Thes., t. I, p. 11. — 2. Demosth., in Neær., p. 873. Eurip., in suppl., v. 404. — 3. Pausan., lib. I, cap. III, p. 9. — 4. Thucyd., lib. II, cap. XV. Plut., ibid. Steph., in Ἄθ... — 5. Plut., in Thes., t. I, p. 11. Thucyd., lib. I, cap. II. Schol., ibid. — 6. Plut., ibid. Strab., lib. IX, p. 392. — 7. Isocr., Helen. encom., t. II, p. 131. — 8. Pausan., lib. I, cap. XXXIX, p. 94. Plut., ibid., p. 14.

sa gloire. Il se lassa des hommages paisibles qu'il recevait, et des vertus faciles qui en étaient la source. Deux circonstances fomentèrent encore ce dégoût. Son âme, qui veillait sans cesse sur les démarches d'Hercule[1], était importunée des nouveaux exploits dont ce prince marquait son retour dans la Grèce. D'un autre côté, soit pour éprouver le courage de Thésée, soit pour l'arracher au repos, Pirithoüs, fils d'Ixion, et roi d'une partie de la Thessalie, conçut un projet conforme au génie des anciens héros. Il vint enlever dans les champs de Marathon les troupeaux du roi d'Athènes[2]; et quand Thésée se présenta pour venger cet affront, Pirithoüs parut saisi d'une admiration secrète; et, lui tendant la main en signe de paix : « Soyez mon juge, lui dit-il : quelle satisfaction exigez-vous? — Celle, répond Thésée, de vous unir à moi par la confraternité des armes. » A ces mots ils se jurent une alliance indissoluble[3], et méditent ensemble de grandes entreprises.

Hercule, Thésée, Pirithoüs, amis et rivaux généreux, déchaînés tous trois dans la carrière, ne respirant que les dangers et la victoire, faisant pâlir le crime et trembler l'innocence, fixaient alors les regards de la Grèce entière. Tantôt à la suite du premier, tantôt suivi du troisième, quelquefois se mêlant dans la foule des héros, Thésée était appelé à toutes les expéditions éclatantes. Il triompha, dit-on, des Amazones, et sur les bords du Thermodon en Asie, et dans les plaines de l'Attique[4]; il parut à la chasse de cet énorme sanglier de Calydon, contre lequel Méléagre, fils du roi de cette ville, rassembla les princes les plus courageux de son temps[5]; il se signala contre les centaures de Thessalie, ces hommes audacieux qui, s'étant exercés les premiers à combattre à cheval, avaient plus de moyens pour donner la mort et pour l'éviter[6].

Au milieu de tant d'actions glorieuses, mais inutiles au bonheur de son peuple, il résolut, avec Pirithoüs, d'enlever la princesse de Sparte et celle d'Épire, distinguées toutes deux par une beauté qui les rendit célèbres et malheureuses[7]. L'une était cette Hélène dont les charmes firent depuis couler tant de sang et de pleurs; l'autre était Proserpine, fille d'Aidonée, roi des Molosses en Épire.

Ils trouvèrent Hélène exécutant une danse dans le temple de Diane; et, l'ayant arrachée du milieu de ses compagnes, ils se dérobèrent, par la fuite, au châtiment qui les menaçait à Lacédémone, et qui les attendait en Épire : car Aidonée, instruit de leurs desseins, livra Pirithoüs à des dogues affreux qui le dévorèrent, et précipita Thésée dans les horreurs d'une prison dont il ne fut délivré que par les soins officieux d'Hercule.

De retour dans ses États, il trouva sa famille couverte d'opprobres, et la ville déchirée par des factions. La reine, cette Phèdre dont le nom retentit souvent sur le théâtre d'Athènes, avait conçu pour Hippo-

---

1. Diod., lib. IV, p. 262. Isocr., ibid., p. 125. — 2. Plut., in Thes., t. I, p. 14. — 3. Sophocl., Œdip. colon., v. 1664. Pausan., lib. X, cap. XXIX, p. 870. — 4. Isocr., in Panath., t. II, p. 281. Plut., ibid., p. 12. Pausan., lib. I, cap. II et XLI. — 5. Plut., in Thes., t. I, p. 13. — 6. Isocr., Helen. encom., t II, p. 126. Herodot., ap. Plut., ibid. — 7. Diod., lib. IV, p. 265.

lyte, qu'il avait eu d'Antiope, reine des Amazones, un amour qu'elle condamnait, dont le jeune prince avait horreur, et qui causa bientôt la perte de l'un et de l'autre. Dans le même temps les Pallantides, à la tête des principaux citoyens, cherchaient à s'emparer du pouvoir souverain, qu'ils d'accusaient d'avoir affaibli : le peuple avait perdu, dans l'exercice de l'autorité, l'amour de l'ordre et le sentiment de la reconnaissance. Il venait d'être aigri par la présence et par les plaintes de Castor et de Pollux, frères d'Hélène, qui, avant de la retirer des mains auxquelles Thésée l'avait confiée, avaient ravagé l'Attique [1], et excité des murmures contre un roi qui sacrifiait tout à ses passions, et abandonnait le soin de son empire pour aller au loin tenter des aventures ignominieuses, et en expier la honte dans les fers.

Thésée chercha vainement à dissiper de si funestes impressions. On lui faisait un crime de son absence, de ses exploits, de ses malheurs; et quand il voulut employer la force, il apprit que rien n'est si faible qu'un souverain avili aux yeux de ses sujets.

Dans cette extrémité, ayant prononcé des imprécations contre les Athéniens, il se réfugia auprès du roi Lycomède, dans l'île de Scyros [2] il y périt quelque temps après [3], ou par les suites d'un accident, ou par la trahison de Lycomède [4], attentif à ménager l'amitié de Mnesthée, successeur de Thésée.

Ses actions et l'impression qu'elles firent sur les esprits, pendant sa jeunesse, au commencement de son règne et à la fin de ses jours, nous l'offrent successivement sous l'image d'un héros, d'un roi, d'un aventurier; et, suivant ces rapports différents, il mérita l'admiration, l'amour, et le mépris des Athéniens.

Ils ont depuis oublié ses égarements, et rougi de leur révolte [5]. Cimon, fils de Miltiade, transporta, par ordre de l'oracle, ses ossements dans les murs d'Athènes [6]. On construisit, sur son tombeau, un temple embelli par les arts, et devenu l'asile des malheureux [7]. Divers monuments le retracent à nos yeux, ou rappellent le souvenir de son règne. C'est un des génies qui président aux jours de chaque mois [8], un des héros qui sont honorés par des fêtes et par des sacrifices [9]. Athènes, enfin, le regarde comme le premier auteur de sa puissance, et se nomme avec orgueil la ville de Thésée.

La colère des dieux, qui l'avait banni de ses États, s'appesantissait depuis longtemps sur le royaume de Thèbes. Cadmus chassé du trône qu'il avait élevé, Polydore déchiré par des bacchantes, Labdacus enlevé par une mort prématurée, et ne laissant qu'un fils au berceau, et entouré d'ennemis : tel avait été, depuis son origine, le sort de la famille royale, lorsque Laïus, fils et successeur de Labdacus, après avoir perdu et recouvré deux fois la couronne, épousa Épicaste ou Jocaste,

1. Herodot., lib. IX, cap. LXXIII. — 2. Plut., in Thes., t. I, p. 16. Heracl., De polit. Athen. — 3. Vers l'an 1305 avant J.-C. — 4. Pausan., lib. I, p. 41. — 5. Diod., lib. IV, p. 265. — 6. Pausan. ibid. Plut. in Thes., t. I, p. 37; in Cimon, p. 483. — 7. Diod. ibid. Plut. ibid. Suid. et Hesych. in Θησ. Schol. Aristoph. in Plut., v. 627. — 8. Plut. ibid. Schol. Aristoph. ibid. — 9. Plut. ibid.; in Cimon., ibid.

fille de Ménœcée[1]. C'est à cet hymen qu'étaient réservées les plus affreuses calamités. « L'enfant qui en naîtra, disait un oracle, sera le meurtrier de son père, et l'époux de sa mère. » Ce fils naquit, et les auteurs de ses jours le condamnèrent à devenir la proie des bêtes féroces. Ses cris, ou le hasard, le firent découvrir dans un endroit solitaire. Il fut présenté à la reine de Corinthe, qui l'éleva dans sa cour sous le nom d'Œdipe, et comme son fils adoptif[2].

Au sortir de l'enfance, instruit des dangers qu'il avait courus, il consulta les dieux; et leurs ministres ayant confirmé, par leur réponse, l'oracle qui avait précédé sa naissance[3], il fut entraîné dans le malheur qu'il voulait éviter. Résolu de ne plus retourner à Corinthe, qu'il regardait comme sa patrie, il prit le chemin de la Phocide, et rencontra dans un sentier un vieillard qui lui prescrivit avec hauteur de laisser le passage libre, et voulut l'y contraindre par la force. C'était Laïus : Œdipe se précipita sur lui, et le fit périr sous ses coups[4].

Après ce funeste accident, le royaume de Thèbes et la main de Jocaste furent promis à celui qui délivrerait les Thébains des maux dont ils étaient affligés. Sphinge, fille naturelle de Laïus, s'étant associée à des brigands, ravageait la plaine, arrêtait les voyageurs par des questions captieuses, et les égarait dans les détours du mont Phinée, pour les livrer à ses perfides compagnons. Œdipe démêla ses pièges, dissipa les complices de ses crimes; et, en recueillant le fruit de sa victoire, il remplit l'oracle dans toute son étendue.

L'inceste triomphait sur la terre; mais le ciel se hâta d'en arrêter le cours[5]. Des lumières odieuses vinrent effrayer les deux époux. Jocaste termina ses infortunes par une mort violente. Œdipe, à ce que rapportent quelques auteurs, s'arracha les yeux[6], et mourut dans l'Attique; où Thésée lui avait accordé un asile. Mais, suivant d'autres traditions[7], il fut condamné à supporter la lumière du jour, pour voir encore des lieux témoins de ses forfaits; et la vie pour la donner à des enfants plus coupables et aussi malheureux que lui. C'étaient Étéocle, Polynice, Antigone et Ismène, qu'il eut d'Eurigaée, sa seconde femme[8].

Les deux princes ne furent pas plus tôt en âge de régner, qu'ils reléguèrent Œdipe au fond de son palais, et convinrent ensemble de tenir, chacun à son tour, les rênes du gouvernement pendant une année entière[9]. Étéocle monta le premier sur ce trône sous lequel l'abîme restait toujours ouvert, et refusa d'en descendre. Polynice se rendit auprès d'Adraste, roi d'Argos, qui lui donna sa fille en mariage, et lui promit de puissants secours[10].

Telle fut l'occasion de la première expédition où les Grecs montrèrent

---

1. Diod., lib. IV, p. 266. Pausan., lib. IX, cap. v, p. 721. Eurip., in Phœniss., v. 10. — 2. Eurip., ibid., v. 30. Apollod., lib. III, p. 181. — 3. Apollod., ibid., p. 183. — 4. Euripid., in Phœniss., v. 40. Diod., lib. IV, p. 266. — 5. Homer., Odyss., lib. II, v. 273. — 6. Sophocl., in Œdip., colon. Apollod., lib. III, p. 185. — 7. Mém. de l'Acad. des bell. lettr., t. V, hist., p. 146. Banier, Mythol., t. III, p. 367. — 8. Pausan., lib. I, cap. XXVIII, p. 69; id., lib. IX, cap. v, p. 722. Apollod., lib. III, p. 185. — 9. Diod., lib. IV, p. 267. Eurip. in Phœniss., v. 64. Apollod., ibid. — 10. Diod., ibid.

quelques connaissances de l'art militaire[1]. Jusqu'alors on avait vu des troupes sans soldats inonder tout à coup un pays voisin, et se retirer après des hostilités et des cruautés passagères[2]. Dans la guerre de Thèbes, on vit des projets concertés avec prudence, et suivis avec fermeté; des peuples différents, renfermés dans un même camp, et soumis à la même autorité, opposant un courage égal aux rigueurs des saisons, aux lenteurs d'un siége, et aux dangers des combats journaliers.

Adraste partagea le commandement de l'armée avec Polynice, qu'il voulait établir sur le trône de Thèbes; le brave Tydée, fils d'Œnée, roi d'Étolie; l'impétueux Capanée; le divin Amphiaraüs; Hippomédon, et Parthénopée. A la suite de ces guerriers, tous distingués par leur naissance et par leur valeur[3], parurent, dans un ordre inférieur de mérite et de dignités, les principaux habitants de la Messénie, de l'Arcadie, et de l'Argolide[4].

L'armée, s'étant mise en marche, entra dans la forêt de Némée, où ses généraux instituèrent des jeux qu'on célèbre encore aujourd'hui avec la plus grande solennité[5]. Après avoir passé l'isthme de Corinthe, elle se rendit en Béotie, et força les troupes d'Étéocle à se renfermer dans les murs de Thèbes[6].

Les Grecs ne connaissaient pas encore l'art de s'emparer d'une place défendue par une forte garnison. Tous les efforts des assiégeants se dirigeaient vers les portes; toute l'espérance des assiégés consistait dans leurs fréquentes sorties. Les actions qu'elles occasionnaient avaient déjà fait périr beaucoup de monde de part et d'autre; déjà le vaillant Capanée venait d'être précipité du haut d'une échelle qu'il avait appliquée contre le mur[7], lorsque Étéocle et Polynice résolurent de terminer entre eux leurs différends[8]. Le jour pris, le lieu fixé, les peuples en pleurs, les armées en silence, les deux princes fondirent l'un sur l'autre; et, après s'être percés de coups, ils rendirent les derniers soupirs sans pouvoir assouvir leur rage. On les porta sur le même bûcher; et, dans la vue d'exprimer, par une image effrayante, les sentiments qui les avaient animés pendant leur vie, on supposa que la flamme, pénétrée de leur haine s'était divisée pour ne pas confondre leurs cendres.

Créon, frère de Jocaste, fut chargé, pendant la minorité de Laodamas, fils d'Étéocle, de continuer une guerre qui devenait de jour en jour plus funeste aux assiégeants, et qui finit par une vigoureuse sortie que firent les Thébains. Le combat fut très-meurtrier; Tydée et la plupart des généraux argiens y périrent. Adraste, contraint de lever le siége, ne put honorer par des funérailles ceux qui étaient restés sur le champ de bataille[9]; il fallut que Thésée interposât son autorité pour

---

1. En 1329 avant J. C. — 2. Pausan., lib. IX, cap. IX, p. 728. — 3. Diod. lib. IV, p. 267. Apollod., lib. III, p. 187. Æschyl, in Sept. cont. Theb., Eurip., in Phœniss. — 4. Pausan., lib. II, c. XX, p. 156. — 5. Apollod., ibid., p. 189. Arg. in Nem. Pind., p. 319. — 6. Pausan., lib. IX, cap. IX, p. 729. — 7. Diod. ibid., p. 268. — 8. Apollod., lib. III, p. 193. — 9. Diod., lib. IV, p. 268. Apollod. ibid., p. 195.

obliger Créon à se soumettre au droit des gens qui commençait à s'introduire[1].

La victoire des Thébains ne fit que suspendre leur perte. Les chefs des Argiens avaient laissé des fils dignes de les venger. Dès que les temps furent arrivés[2], ces jeunes princes connus sous le nom d'ÉPIGONES, c'est-à-dire, SUCCESSEURS, et parmi lesquels on voyait Diomède, fils de Tydée, et Sthénélus, fils de Capanée, entrèrent, à la tête d'une armée formidable, sur les terres de leurs ennemis.

On en vint bientôt aux mains; et les Thébains, ayant perdu la bataille, abandonnèrent la ville, qui fut livrée au pillage[3]. Thersander, fils et successeur de Polynice, fut tué quelques années après, en allant au siége de Troie. Après sa mort, deux princes de la même famille régnèrent à Thèbes; mais le second fut tout à coup saisi d'une noire frénésie; et les Thébains, persuadés que les Furies s'attacheraient au sang d'Œdipe tant qu'il en resterait une goutte sur la terre, mirent une autre famille sur le trône. Ils choisirent, trois générations après, le gouvernement républicain, qui subsiste encore parmi eux[4].

Le repos dont jouit la Grèce après la seconde guerre de Thèbes ne pouvait être durable. Les chefs de cette expédition revenaient couverts de gloire; les soldats, chargés de butin. Les uns et les autres se montraient avec cette fierté que donne la victoire; et racontant à leurs enfants, à leurs amis empressés autour d'eux, la suite de leurs travaux et de leurs exploits, ils ébranlaient puissamment les imaginations, et allumaient dans tous les cœurs la soif ardente des combats. Un événement subit développa ces impressions funestes.

Sur la côte de l'Asie, à l'opposite de la Grèce, vivait paisiblement un prince qui ne comptait que des souverains pour aïeux, et qui se trouvait à la tête d'une nombreuse famille, presque toute composée de jeunes héros : Priam régnait à Troie; et son royaume, autant par l'opulence et par le courage des peuples soumis à ses lois que par ses liaisons avec les rois d'Assyrie[5], répandait en ce canton de l'Asie le même éclat que le royaume de Mycènes dans la Grèce.

La maison d'Argos, établie en cette dernière ville, reconnaissait pour chef Agamemnon, fils d'Atrée. Il avait joint à ses États ceux de Corinthe, de Sicyone, et de plusieurs villes voisines[6]. Sa puissance, augmentée de celle de Ménélas son frère, qui venait d'épouser Hélène, héritière du royaume de Sparte, lui donnait une grande influence sur cette partie de la Grèce, qui, de Pélops son aïeul, a pris le nom de Péloponèse.

Tantale, son bisaïeul, régna d'abord en Lydie; et, contre les droits les plus sacrés, retint dans les fers un prince troyen nommé Ganymède. Plus récemment encore, Hercule, issu des rois d'Argos, avait détruit la ville de Troie, fait mourir Laomédon, et enlevé Hésione sa fille.

---

1. Isocr., in Panath., t. II, p. 269. Pausan., lib. I, cap. XXXVIII, p. 94. Plut. in Thes., t. I, p. 14. — 2. En 1319 avant J. C. — 3. Pausan., lib. IX, c. V, p. 722. Apollod., lib. III, cap. XXXVIII, p. 197. Diod., lib. IV, p. 269. — 4. Pausan., ibid., p. 723. — 5. Plat., De leg., lib. III, t. II, p. 685. — 6. Strab., lib. VIII, p. 372.

Le souvenir de ces outrages, restés impunis, entretenait dans les maisons de Priam et d'Agamemnon une haine héréditaire et implacable, aigrie de jour en jour par la rivalité de puissance, la plus terrible des passions meurtrières. Pâris, fils de Priam, fut destiné à faire éclore ces semences de division.

Pâris vint en Grèce, et se rendit à la cour de Ménélas, où la beauté d'Hélène fixait tous les regards. Aux avantages de la figure, le prince troyen réunissait le désir de plaire[1], et l'heureux concours des talents agréables. Ces qualités, animées par l'espoir du succès, firent une telle impression sur la reine de Sparte, qu'elle abandonna tout pour le suivre. Les Atrides voulurent en vain obtenir par la douceur une satisfaction proportionnée à l'offense; Priam ne vit dans son fils que le réparateur des torts que sa maison et l'Asie entière avaient éprouvés de la part des Grecs[2], et rejeta les voies de conciliation qu'on lui proposait.

A cette étrange nouvelle, ces cris tumultueux et sanguinaires, ces bruits avant-coureurs des combats et de la mort, éclatent et se répandent de toutes parts. Les nations de la Grèce s'agitent comme une forêt battue par la tempête. Les rois dont le pouvoir est renfermé dans une seule ville, ceux dont l'autorité s'étend sur plusieurs peuples, possédés également de l'esprit d'héroïsme, s'assemblent à Mycènes. Ils jurent de reconnaître Agamemnon pour chef de l'entreprise, de venger Ménélas, de réduire Ilium en cendres. Si des princes refusent d'abord d'entrer dans la confédération, ils sont bientôt entraînés par l'éloquence persuasive du vieux Nestor, roi de Pylos; par les discours insidieux d'Ulysse, roi d'Ithaque; par l'exemple d'Ajax, de Salamine, de Diomède, d'Argos; d'Idoménée, de Crète; d'Achille, fils de Pélée, qui régnait dans un canton de la Thessalie, et d'une foule de jeunes guerriers, ivres d'avance des succès qu'ils se promettent.

Après de longs préparatifs, l'armée, forte d'environ cent mille hommes[3], se rassembla au port d'Aulide; et près de douze cents voiles la transportèrent sur les rives de la Troade.

La ville de Troie, défendue par des remparts et des tours, était encore protégée par une armée nombreuse[4], que commandait Hector, fils de Priam; il avait sous lui quantité de princes alliés qui avaient joint leurs troupes à celles des Troyens[5]. Assemblées sur le rivage, elles présentaient un front redoutable à l'armée des Grecs, qui, après les avoir repoussées, se renfermèrent dans un camp, avec la plus grande partie de leurs vaisseaux.

Les deux armées essayèrent de nouveau leurs forces; et le succès douteux de plusieurs combats fit entrevoir que le siége traînerait en longueur.

Avec de frêles bâtiments et de faibles lumières sur l'art de la navigation, les Grecs n'avaient pu établir une communication suivie entre

---

1. Homer., Iliad., lib. III, v. 39. — 2. Herodot., lib. I, cap. 1. — 3. Homer. Iliad., lib. II, v. 494, etc. Thucyd., lib. I, cap. X. — 4. Homer., ibid., lib. VIII v. 562. — 5. Id., ibid., lib. II, v. 876; lib. X, v. 434.

la Grèce et l'Asie. Les subsistances commencèrent à manquer. Une partie de la flotte fut chargée de ravager ou d'ensemencer les îles et les côtes voisines, tandis que divers partis, dispersés dans la campagne, enlevaient les récoltes et les troupeaux. Un autre motif rendait ces détachements indispensables. La ville n'était point investie; et comme les troupes de Priam la mettaient à l'abri d'un coup de main, on résolut d'attaquer les alliés de ce prince, soit pour profiter de leurs dépouilles, soit pour le priver de leurs secours. Achille portait de tous côtés le fer et la flamme[1] : après s'être débordé comme un torrent destructeur, il revenait avec un butin immense qu'on distribuait à l'armée, avec des esclaves sans nombre que les généraux partageaient entre eux.

Troie était située au pied du mont Ida, à quelque distance de la mer; les tentes et les vaisseaux des Grecs occupaient le rivage; l'espace du milieu était le théâtre de la bravoure et de la férocité. Les Troyens et les Grecs, armés de piques, de massues, d'épées, de flèches, et de javelots; couverts de casques, de cuirasses, de cuissarts, et de boucliers, les rangs pressés, les généraux à leur tête, s'avançaient les uns contre les autres; les premiers, avec de grands cris; les seconds, dans un silence plus effrayant : aussitôt les chefs devenus soldats, plus jaloux de donner de grands exemples que de sages conseils, se précipitaient dans le danger, et laissaient presque toujours au hasard le soin d'un succès qu'ils ne savaient ni préparer ni suivre; les troupes se heurtaient et se brisaient avec confusion, comme les flots que le vent pousse et repousse dans le détroit de l'Eubée. La nuit séparait les combattants; la ville ou les retranchements servaient d'asile aux vaincus; la victoire coûtait du sang, et ne produisait rien.

Les jours suivants, la flamme du bûcher dévorait ceux que la mort avait moissonnés : on honorait leur mémoire par des larmes et par des jeux funèbres. La trêve expirait, et l'on en venait encore aux mains.

Souvent, au plus fort de la mêlée, un guerrier élevait sa voix, et défiait au combat un guerrier du parti contraire. Les troupes, en silence, les voyaient tantôt se lancer des traits ou d'énormes quartiers de pierre; tantôt se joindre l'épée à la main, et presque toujours s'insulter mutuellement, pour aigrir leur fureur. La haine du vainqueur survivait à son triomphe : s'il ne pouvait outrager le corps de son ennemi et le priver de la sépulture, il tâchait du moins de le dépouiller de ses armes. Mais, dans l'instant, les troupes s'avançaient de part et d'autre, soit pour lui ravir sa proie, soit pour la lui assurer; et l'action devenait générale.

Elle le devenait aussi, lorsqu'une des armées avait trop à craindre pour les jours de son guerrier, ou lorsque lui-même cherchait à les prolonger par la fuite. Les circonstances pouvaient justifier ce dernier parti : l'insulte et le mépris flétrissaient à jamais celui qui fuyait sans combattre, parce qu'il faut, dans tous les temps, savoir affronter la mort pour mériter de vivre. On réservait l'indulgence pour celui qui ne

[1]. Homer. Iliad., lib. IX, v. 328.

se dérobait à la supériorité de son adversaire qu'après l'avoir éprouvée; car, la valeur de ces temps-là consistant moins dans le courage d'esprit que dans le sentiment de ses forces, ce n'était pas une honte de fuir lorsqu'on ne cédait qu'à la nécessité; mais c'était une gloire d'atteindre l'ennemi dans sa retraite, et de joindre à la force qui préparait la victoire, la légèreté qui servait à la décider.

Les associations d'armes et de sentiments entre deux guerriers ne furent jamais si communes que pendant la guerre de Troie. Achille et Patrocle, Ajax et Teucer, Diomède et Sthénélus, Idoménée et Mérion, tant d'autres héros dignes de suivre leurs traces, combattaient souvent l'un près de l'autre; et se jetant dans la mêlée, ils partageaient entre eux les périls et la gloire : d'autres fois, montés sur un même char, l'un guidait les coursiers, tandis que l'autre écartait la mort et la renvoyait à l'ennemi. La perte d'un guerrier exigeait une prompte satisfaction de la part de son compagnon d'armes : le sang versé demandait du sang.

Cette idée, fortement imprimée dans les esprits, endurcissait les Grecs et les Troyens contre les maux sans nombre qu'ils éprouvaient. Les premiers avaient été plus d'une fois sur le point de prendre la ville; plus d'une fois les seconds avaient forcé le camp, malgré les palissades, les fossés, les murs qui la défendaient. On voyait les armées se détruire et les guerriers disparaître : Hector, Sarpédon, Ajax, Achille lui-même, avait mordu la poussière. A l'aspect de ces revers, les Troyens soupiraient après le renvoi d'Hélène; les Grecs, après leur patrie : mais les uns et les autres étaient bientôt retenus par la honte, et par la malheureuse facilité qu'ont les hommes de s'accoutumer à tout, excepté au repos et au bonheur.

Toute la terre avait les yeux fixés sur les campagnes de Troie, sur ces lieux où la gloire appelait à grands cris les princes qui n'avaient pas été du commencement de l'expédition. Impatients de se signaler dans cette carrière ouverte aux nations, ils venaient successivement joindre leurs troupes à celles de leurs alliés, et périssaient quelquefois dans un premier combat.

Enfin, après dix ans de résistance et de travaux, après avoir perdu l'élite de sa jeunesse et de ses héros, la ville tomba sous les efforts des Grecs; et sa chute fit un si grand bruit dans la Grèce, qu'elle sert encore de principale époque aux annales des nations[1]. Ses murs, ses maisons, ses temples, réduits en poudre; Priam expirant au pied des autels; ses fils égorgés autour de lui; Hécube son épouse, Cassandre sa fille, Andromaque veuve d'Hector, plusieurs autres princesses, chargées de fers, et traînées comme des esclaves, à travers le sang qui ruisselait dans les rues, au milieu d'un peuple entier dévoré par la flamme, ou détruit par le fer vengeur : tel fut le dénoûment de cette fatale guerre. Les Grecs assouvirent leur fureur; mais ce plaisir cruel fut le terme de leur prospérité et le commencement de leurs désastres.

[1] L'an 1282 avant J. C.

Leur retour fut marqué par les plus sinistres revers[1]. Mnesthée, roi d'Athènes, finit ses jours dans l'île de Mélos[2]; Ajax, roi des Locriens, périt avec sa flotte[3]; Ulysse, plus malheureux, eut souvent à craindre le même sort pendant les dix ans entiers qu'il erra sur les flots; d'autres, encore plus à plaindre, furent reçus dans leur famille comme des étrangers revêtus de titres qu'une longue absence avait fait oublier, qu'un retour imprévu rendait odieux. Au lieu des transports que devait exciter leur présence, ils n'entendirent autour d'eux que les cris révoltants de l'ambition, de l'adultère, et du plus sordide intérêt. Trahis par leurs parents et leurs amis, la plupart allèrent, sous la conduite d'Idoménée, de Philoctète, de Diomède, et de Teucer, en chercher de nouveaux en des pays inconnus.

La maison d'Argos se couvrit de forfaits, et déchira ses entrailles de ses propres mains : Agamemnon trouva son trône et son lit profanés par un indigne usurpateur; il mourut assassiné par Clytemnestre son épouse, qui, quelque temps après, fut massacrée par Oreste son fils.

Ces horreurs, multipliées alors dans presque tous les cantons de la Grèce, retracées encore aujourd'hui sur le théâtre d'Athènes, devraient instruire les rois et les peuples, et leur faire redouter jusqu'à la victoire même. Celle des Grecs leur fut aussi funeste qu'aux Troyens : affaiblis par leurs efforts et par leurs succès, ils ne purent plus résister à leurs divisions, et s'accoutumèrent à cette funeste idée que la guerre était aussi nécessaire aux États que la paix. Dans l'espace de quelques générations, on vit tomber et s'éteindre la plupart des maisons souveraines qui avaient détruit celle de Priam; et quatre-vingts ans après la ruine de Troie[4], une partie du Péloponèse passa entre les mains des Héraclides, ou descendants d'Hercule.

La révolution produite par le retour de ces princes fut éclatante, et fondée sur les plus spécieux prétextes[5]. Parmi les familles qui, dans les plus anciens temps, possédèrent l'empire d'Argos et de Mycènes, les plus distinguées furent celle de Danaüs et celle de Pélops. Du premier de ces princes étaient issus Prœtus, Acrisius, Persée, Hercule; du second, Atrée, Agamemnon, Oreste et ses fils.

Hercule, asservi, tant qu'il vécut, aux volontés d'Eurysthée, que des circonstances particulières avaient revêtu du pouvoir suprême, ne put faire valoir ses droits; mais il les transmit à ses fils, qui furent ensuite bannis du Péloponèse. Ils tentèrent plus d'une fois d'y rentrer[6]; leurs efforts étaient toujours réprimés par la maison de Pélops, qui, après la mort d'Eurysthée, avait usurpé la couronne : leurs titres furent des crimes tant qu'elle put leur opposer la force : dès qu'elle cessa d'être si redoutable, on vit se réveiller, en faveur des Héraclides, l'attachement des peuples pour leurs anciens maîtres, et la jalousie des puissances voisines contre la maison de Pélops. Celle d'Her-

---

1. Plat., De leg., lib. III, t. II, p. 682. — 2. Euseb., Chron. can., p. 128. — 3. Homer., Odyss., lib. IV, v. 499. — 4. Thucyd., lib. I, cap. XII. — 5. En 1202 avant J. C. — 6. Herodot., lib. IX, cap. XXVI. Diod., lib. IV, p. 261.

cule avait alors à sa tête trois frères, Témène, Cresphonte et Aristodème, qui, s'étant associés avec les Doriens[1], entrèrent avec eux dans le Péloponèse, où la plupart des villes furent obligées de les reconnaître pour leurs souverains[2].

Les descendants d'Agamemnon, forcés dans Argos, et ceux de Nestor, dans la Messénie, se réfugièrent, les premiers en Thrace, les seconds en Attique. Argos échut en partage à Témène, et la Messénie à Cresphonte. Eurysthène et Proclès, fils d'Aristodème mort au commencement de l'expédition, régnèrent à Lacédémone[3].

Peu de temps après, les vainqueurs attaquèrent Codrus, roi d'Athènes, qui avait donné un asile à leurs ennemis. Ce prince ayant appris que l'oracle promettait la victoire à celle des deux armées qui perdrait son général dans la bataille, s'exposa volontairement à la mort; et ce sacrifice enflamma tellement ses troupes, qu'elles mirent les Héraclides en fuite[4].

C'est là que finissent les siècles nommés héroïques, et qu'il faut se placer pour en saisir l'esprit, et pour entrer dans des détails que le cours rapide des événements permettait à peine d'indiquer.

On ne voyait anciennement que des monarchies dans la Grèce[5]; on n'y voit presque partout aujourd'hui que des républiques. Les premiers rois ne possédaient qu'une ville ou qu'un canton[6]; quelques-uns étendirent leur puissance aux dépens de leurs voisins, et se formèrent de grands États; leurs successeurs voulurent augmenter leur autorité au préjudice de leurs sujets, et la perdirent.

S'il n'était pas venu dans la Grèce d'autres colonies que celle de Cécrops, les Athéniens, plus éclairés et par conséquent plus puissants que les autres sauvages, les auraient assujettis par degrés; et la Grèce n'eût formé qu'un grand royaume, qui subsisterait aujourd'hui comme ceux d'Égypte et de Perse. Mais les diverses peuplades venues de l'orient la divisèrent en plusieurs États; et les Grecs adoptèrent partout le gouvernement monarchique, parce que ceux qui les policèrent n'en connaissaient pas d'autres; parce qu'il est plus aisé de suivre les volontés d'un seul homme que celles de plusieurs chefs; et que l'idée d'obéir et de commander tout à la fois, d'être en même temps sujet et souverain, suppose trop de lumières et de combinaisons pour être aperçue dans l'enfance des peuples.

Les rois exerçaient les fonctions de pontife, de général, et de juge[7]; leur puissance, qu'ils transmettaient à leurs descendants[8], était très-étendue, et néanmoins tempérée par un conseil dont ils prenaient les avis, et dont ils communiquaient les décisions à l'assemblée générale de la nation[9].

---

1. Strab., lib. IX, p. 393. — 2. Pausan., lib. II, cap. XIII, p. 140. — 3. Isocr., in Archid., t. II, p. 18. Tacit., Annal., lib. IV, cap. XLIII. Pausan., ibid., cap. XVIII, p. 151; id., lib. III, cap. I, p. 205. Vell. Paterc., lib. I, cap. II. — 4. Meurs., De reg. Athen., lib. III, cap. XI. — 5. Plat., De leg., lib. III, t. II, p. 680. Aristot., De rep., lib. I, cap. II, t. II, p. 297. Cicer., De leg., lib. III, t. III, p. 161. — 6. Thucyd., lib. I, cap. XIII. Homer., Iliad., lib. II, v. 495, etc. — 7. Aristot., De rep., lib. III, cap. XIV, t. II, p. 357. — 8. Thucyd., lib. I, cap. XIII. — 9. Aristot., De mor., lib. III, cap. V, t. II, p. 32. Dionys. Halic., Antiq. rom., lib. II, t. I, p. 261.

Quelquefois, après une longue guerre, les deux prétendants au trône, ou les deux guerriers qu'ils avaient choisis, se présentaient les armes à la main ; et le droit de gouverner les hommes dépendait de la force ou de l'adresse du vainqueur.

Pour soutenir l'éclat du rang, le souverain, outre les tributs imposés sur le peuple [1], possédait un domaine qu'il avait reçu de ses ancêtres, qu'il augmentait par ses conquêtes, et quelquefois par la générosité de ses amis. Thésée, banni d'Athènes, eut pour unique ressource les biens que son père lui avait laissés dans l'île de Scyros [2]. Les Étoliens, pressés par un ennemi puissant, promirent à Méléagre, fils d'Œnée leur roi, un terrain considérable, s'il voulait combattre à leur tête [3]. La multiplicité des exemples ne permet pas de citer les princes qui durent une partie de leurs trésors à la victoire ou à la reconnaissance : mais ce qu'on doit remarquer, c'est qu'ils se glorifiaient des présents qu'ils avaient obtenus, parce que les présents étant regardés comme le prix d'un bienfait ou le symbole de l'amitié, il était honorable de les recevoir, et honteux de ne pas les mériter.

Rien ne donnait plus d'éclat au rang suprême et d'essor au courage que l'esprit d'héroïsme ; rien ne s'assortissait plus aux mœurs de la nation, qui étaient presque partout les mêmes. Le caractère des hommes était alors composé d'un petit nombre de traits simples, mais expressifs et fortement prononcés ; l'art n'avait point encore ajouté ses couleurs à l'ouvrage de la nature. Ainsi les particuliers devaient différer entre eux, et les peuples se ressembler.

Les corps, naturellement robustes, le devenaient encore plus par l'éducation ; les âmes, sans souplesse et sans apprêt, étaient actives, entreprenantes, aimant ou haïssant à l'excès, toujours entraînées par les sens, toujours prêtes à s'échapper : la nature, moins contrainte dans ceux qui étaient revêtus du pouvoir, se développait chez eux avec plus d'énergie que chez le peuple : ils repoussaient une offense par l'outrage ou par la force ; et, plus faibles dans la douleur que dans les revers, si c'est pourtant une faiblesse de paraître sensible, ils pleuraient sur un affront dont ils ne pouvaient se venger : doux et faciles dès qu'on les prévenait par des égards, impétueux et terribles quand on y manquait, ils passaient de la plus grande violence aux plus grands remords, et réparaient leur faute avec la même simplicité qu'ils en faisaient l'aveu [4]. Enfin, comme les vices et les vertus étaient sans voile et sans détour, les princes et les héros étaient ouvertement avides de gain, de gloire, de préférence et de plaisirs.

Ces cœurs mâles et altiers ne pouvaient éprouver des émotions languissantes. Deux grands sentiments les agitaient à la fois, l'amour et l'amitié ; avec cette différence que l'amour était pour eux une flamme dévorante et passagère ; l'amitié, une chaleur vive et con-

---

1. Homer., Iliad, lib. IX, vers 156. Schol., ibid. Odyss., lib. XIII, v. 15. — 2. Plut., in Thes., t. I, p. 16. — 3. Homer., Iliad., lib. IX, v. 573. — 4. Homer., Iliad.. lib. IV, v. 360 ; id., lib. XXIII, passim ; id., Odyss., lib. VIII, v. 402.

tinue. L'amitié produisait des actions regardées aujourd'hui comme des prodiges, autrefois comme des devoirs. Oreste et Pylade, voulant mourir l'un pour l'autre, ne faisaient que ce qu'avaient fait avant eux d'autres héros. L'amour, violent dans ses transports, cruel dans sa jalousie, avait souvent des suites funestes : sur des cœurs plus sensibles que tendres, la beauté avait plus d'empire que les qualités qui l'embellissent. Elle faisait l'ornement de ces fêtes superbes que donnaient les princes lorsqu'ils contractaient une alliance : là se rassemblaient avec les rois et les guerriers, des princesses dont la présence et la jalousie étaient une source de divisions et de malheurs.

Aux noces d'un roi de Larisse, de jeunes Thessaliens, connus sous le nom de Centaures, insultèrent les compagnes de la jeune reine, et périrent sous les coups de Thésée, et de plusieurs héros qui, dans cette occasion, prirent la défense d'un sexe qu'ils avaient outragé plus d'une fois [1].

Les noces de Thétis et de Pélée furent troublées par les prétentions de quelques princesses qui, déguisées, suivant l'usage, sous les noms de Junon, de Minerve, et des autres déesses, aspiraient toutes au prix de la beauté [2].

Un autre genre de spectacle réunissait les princes et les héros : ils accouraient aux funérailles d'un souverain, et déployaient leur magnificence et leur adresse dans les jeux qu'on célébrait pour honorer sa mémoire. On donnait des jeux sur un tombeau, parce que la douleur n'avait pas besoin de bienséance. Cette délicatesse qui rejette toute consolation est dans le sentiment un excès ou une perfection qu'on ne connaissait pas encore; mais ce qu'on savait, c'était de verser des larmes sincères, de les suspendre quand la nature l'ordonnait [3], et d'en verser encore quand le cœur se ressouvenait de ses pertes. « Je m'enferme quelquefois dans mon palais, dit Ménélas dans Homère [4], pour pleurer ceux de mes amis qui ont péri sous les murs de Troie. » Dix ans s'étaient écoulés depuis leur mort.

Les héros étaient injustes et religieux en même temps. Lorsque, par l'effet du hasard, d'une haine personnelle ou d'une défense légitime, ils avaient donné la mort à quelqu'un, ils frémissaient du sang qu'ils venaient de faire couler; et quittant leur trône ou leur patrie, ils allaient au loin mendier le secours de l'expiation. Après les sacrifices qu'elle exige, on répandait sur la main coupable l'eau destinée à la purifier [5]; et dès ce moment ils rentraient dans la société, et se préparaient à de nouveaux combats.

Le peuple, frappé de cette cérémonie, ne l'était pas moins de l'extérieur menaçant que ces héros ne quittaient jamais : les uns jetaient sur leurs épaules la dépouille des tigres et des lions dont ils avaient

---

1. Diod., lib. IV, p. 272. — Ovid., Metam., lib. XII, v. 210. Homer., Odyss., lib. XXI, vers 295. — 2. Mesir., Comment. sur les épitr. d'Ovide, t. I, p. 220. Banier, Mythol., t. III, p. 182. — 3. Homer., Iliad., lib. XIX, v. 229; lib. XXIV, v. 48. — 4. Id., Odyss., lib. IV, v. 100. — 5. Ovid., Fast., lib. II, v. 37. Schol. Soph. in Ajac., v. 664.

triomphé[1]; les autres paraissaient avec de lourdes massues, ou des armes de différentes espèces, enlevées aux brigands dont ils avaient délivré la Grèce[2].

C'est dans cet appareil qu'ils se présentaient pour jouir des droits de l'hospitalité : droits circonscrits aujourd'hui entre certaines familles, alors communs à toutes[3]. A la voix d'un étranger toutes les portes s'ouvraient, tous les soins étaient prodigués; et, pour rendre à l'humanité le plus beau des hommages, on ne s'informait de son état et de sa naissance qu'après avoir prévenu ses besoins[4]. Ce n'était pas à leurs législateurs que les Grecs étaient redevables de cette institution sublime; ils la devaient à la nature, dont les lumières vives et profondes remplissaient le cœur de l'homme, et n'y sont pas encore éteintes, puisque notre premier mouvement est un mouvement d'estime et de confiance pour nos semblables, et que la défiance serait regardée comme un vice énorme, si l'expérience de tant de perfidies n'en avait presque fait une vertu.

Toutefois, dans les siècles où brillaient de si beaux exemples d'humanité, on vit éclore des crimes atroces et inouïs. Quelques-uns de ces forfaits ont existé, sans doute; ils étaient les fruits de l'ambition et de la vengeance, passions effrénées qui, suivant la différence des conditions et des temps, emploient, pour venir à leurs fins, tantôt des manœuvres sourdes, et tantôt la force ouverte. Les autres ne durent leur origine qu'à la poésie, qui, dans ses tableaux, altère les faits de l'histoire comme ceux de la nature. Les poëtes, maîtres de nos cœurs, esclaves de leur imagination, remettent sur la scène les principaux personnages de l'antiquité, et, sur quelques traits échappés aux outrages du temps, établissent des caractères qu'ils varient ou contrastent suivant leurs besoins[5]; et, les chargeant quelquefois de couleurs effrayantes, ils transforment les faiblesses en crimes, et les crimes en forfaits. Nous détestons cette Médée que Jason emmena de la Colchide, et dont la vie ne fut, dit-on, qu'un tissu d'horreurs. Peut-être n'eut-elle d'autre magie que ses charmes, d'autre crime que son amour[6]; et peut-être aussi la plupart de ces princes dont la mémoire est aujourd'hui couverte d'opprobres n'étaient pas plus coupables que Médée.

Ce n'était pas la barbarie qui régnait le plus dans ces siècles reculés; c'était une certaine violence de caractère, qui souvent, à force d'agir à découvert, se trahissait elle-même. On pouvait du moins se prémunir contre une haine qui s'annonçait par la colère, et contre des passions qui avertissaient de leurs projets : mais comment se garantir aujourd'hui de ces cruautés réfléchies, de ces haines froides, et assez patientes pour attendre le moment de la vengeance? Le siècle vérita-

---

1. Plut., in Thes., t. I, p. 4. Numism. veter. — 2. Plut., ibid. — 3. Homer., Iliad., lib. VI, v. 15; id., Odyss., lib. III, v. 34; lib. V, v. 208; lib. VIII, v. 544. — 4. Id., Iliad., lib. VI, v. 173; id., Odyss., lib. I, v. 124; lib. III, v. 70. — 5. Plat., in Min., t. II, p. 320. — 6. Diod., lib. IV, p. 249. Parmenisc., ap. Schol. Eurip. in Med., v. 9 et 273. Ælian., Var. hist., lib. V, c. XXI. Banier, Mythol., liv. III, chap. v, t. III, p. 259.

blement barbare n'est pas celui où il y a le plus d'impétuosité dans les désirs, mais celui où l'on trouve le plus de fausseté dans les sentiments.

Ni le rang, ni le sexe, ne dispensaient des soins domestiques, qui cessent d'être vils dès qu'ils sont communs à tous les états. On les associait quelquefois avec des talents agréables, tels que la musique et la danse; et plus souvent encore avec des plaisirs tumultueux, tels que la chasse et les exercices qui entretiennent la force du corps, ou la développent.

Les lois étaient en petit nombre, et fort simples, parce qu'il fallait moins statuer sur l'injustice que sur l'insulte, et plutôt réprimer les passions dans leur fougue que poursuivre les vices dans leurs détours.

Les grandes vérités de la morale, d'abord découvertes par cet instinct admirable qui porte l'homme au bien, furent bientôt confirmées à ses yeux par l'utilité qu'il retirait de leur pratique. Alors on proposa pour motif et pour récompense à la vertu, moins la satisfaction de l'âme que la faveur des dieux, l'estime du public, et les regards de la postérité [1]. La raison ne se repliait pas encore sur elle-même pour sonder la nature des devoirs et les soumettre à ces analyses qui servent, tantôt à les confirmer, tantôt à les détruire. On savait seulement que, dans toutes les circonstances de la vie, il est avantageux de rendre à chacun ce qui lui appartient, et, d'après cette réponse du cœur, les âmes honnêtes s'abandonnaient à la vertu, sans s'apercevoir des sacrifices qu'elle exige.

Deux sortes de connaissances éclairaient les hommes, la tradition dont les poëtes étaient les interprètes, et l'expérience que les vieillards avaient acquise. La tradition conservait quelques traces de l'histoire des dieux et de celle des hommes. De là les égards qu'on avait pour les poëtes, chargés de rappeler ces faits intéressants dans les festins, et dans les occasions d'éclat, de les orner des charmes de la musique, et de les embellir par des fictions qui flattaient la vanité des peuples et des rois [2].

L'expérience des vieillards suppléait à l'expérience lente des siècles [3] et, réduisant les exemples en principes, elle faisait connaître les effets des passions, et les moyens de les réprimer. De là naissait pour la vieillesse cette estime qui lui assignait les premiers rangs dans les assemblées de la nation, et qui accordait à peine aux jeunes gens la permission de l'interroger [4].

L'extrême vivacité des passions donnait un prix infini à la prudence, et le besoin d'être instruit au talent de la parole.

De toutes les qualités de l'esprit, l'imagination fut cultivée la première, parce que c'est celle qui se manifeste le plus tôt dans l'enfance des hommes et des peuples, et que, chez les Grecs en particulier, le

---

1. Homer., Iliad., lib. II, v. 119; id., Odyss., lib. II, v. 64. — 2. Id., Odyss., lib. I, v. 152 et 338. — 3. Id., Iliad., lib. I, v. 259; lib. III, v. 108; lib. IX, v. 60. — 4. Id., ibid., lib. XXIII, v. 587; id., Odyss., lib. III, v. 24.

climat qu'ils habitaient, et les liaisons qu'ils contractèrent avec les Orientaux, contribuèrent à la développer.

En Égypte, où le soleil est toujours ardent, où les vents, les accroissements du Nil, et les autres phénomènes, sont assujettis à un ordre constant, où la stabilité et l'uniformité de la nature semblent prouver son éternité, l'imagination agrandissait tout; et, s'élançant de tous côtés dans l'infini, elle remplissait le peuple d'étonnement et de respect.

Dans la Grèce, où le ciel, quelquefois troublé par des orages, étincelle presque toujours d'une lumière pure, où la diversité des aspects et des saisons offre sans cesse des contrastes frappants, où, à chaque pas, à chaque instant, la nature paraît en action, parce qu'elle diffère toujours d'elle-même, l'imagination plus riche et plus active qu'en Égypte embellissait tout, et répandait une chaleur aussi douce que féconde dans les opérations de l'esprit.

Ainsi les Grecs, sortis de leurs forêts, ne virent plus les objets sous un voile effrayant et sombre; ainsi les Égytiens transportés en Grèce adoucirent peu à peu les traits sévères et fiers de leurs tableaux : les uns et les autres ne faisant plus qu'un même peuple se formèrent un langage qui brillait d'expressions figurées; ils revêtirent leurs anciennes opinions de couleurs qui en altéraient la simplicité, mais qui les rendaient plus séduisantes; et comme les êtres qui avaient du mouvement leur parurent pleins de vie, et qu'ils rapportaient à autant de causes particulières les phénomènes dont ils ne connaissaient pas la liaison, l'univers fut à leurs yeux une superbe décoration, dont les ressorts se mouvaient au gré d'un nombre infini d'agents invisibles.

Alors se forma cette philosophie ou plutôt cette religion qui subsiste encore parmi le peuple : mélange confus de vérités et de mensonges, de traditions respectables et de fictions riantes; système qui flatte les sens, et révolte l'esprit; qui respire le plaisir en préconisant la vertu, et dont il faut tracer une légère esquisse, parce qu'il porte l'empreinte du siècle qui l'a vu naître.

Quelle puissance a tiré l'univers du chaos? L'être infini, la lumière pure, la source de la vie [1] : donnons-lui le plus beau de ses titres, c'est l'amour même, cet amour dont la présence rétablit partout l'harmonie [2], et à qui les hommes et les dieux rapportent leur origine [3].

Ces êtres intelligents se disputèrent l'empire du monde; mais, terrassés dans ces combats terribles, les hommes furent pour toujours soumis à leurs vainqueurs.

La race des immortels s'est multipliée, ainsi que celle des hommes. Saturne, issu du commerce du Ciel et de le Terre, eut trois fils qui se sont partagé le domaine de l'univers : Jupiter règne dans le ciel, Neptune sur la mer, Pluton dans les enfers, et tous trois sur la terre [4] tous trois sont environnés d'une foule de divinités chargées d'exécuter leurs ordres.

Jupiter est le plus puissant des dieux, car il lance la foudre; sa cour

---

1. Orph. ap. Bruck., Hist. philos., t. I, p. 390. — 2. Hesiod., Theog., v. 120 — 3. Aristoph., in Av., v. 700. — 4. Homer., Iliad., lib. XV, v. 193.

est la plus brillante de toutes, c'est le séjour de la lumière éternelle; et ce doit être celui du bonheur, puisque tous les biens de la terre viennent du ciel.

On implore les divinités des mers et des enfers en certains lieux et en certaines circonstances; les dieux célestes, partout et dans tous les moments de la vie; ils surpassent les autres en pouvoir, puisqu'ils sont au-dessus de nos têtes, tandis que les autres sont à nos côtés ou sous nos pieds.

Les dieux distribuent aux hommes la vie, la santé, les richesses, la sagesse, et la valeur [1]. Nous les accusons d'être les auteurs de nos maux [2]; ils nous reprochent d'être malheureux par notre faute [3]. Pluton est odieux aux mortels [4], parce qu'il est inflexible. Les autres dieux se laissent toucher par nos prières, et surtout par nos sacrifices, dont l'odeur est pour eux un parfum délicieux [5].

S'ils ont des sens comme nous, ils doivent avoir les mêmes passions. La beauté fait sur leur cœur l'impression qu'elle fait sur le nôtre. On les a vus souvent chercher sur la terre des plaisirs devenus plus vifs par l'oubli de la grandeur et l'ombre du mystère.

Les Grecs, par ce bizarre assortiment d'idées, n'avaient pas voulu dégrader la Divinité. Accoutumés à juger d'après eux-mêmes de tous les êtres vivants, ils prêtaient leurs faiblesses aux dieux, et leurs sentiments aux animaux, sans prétendre abaisser les premiers, ni élever les seconds.

Quand ils voulurent se former une idée du bonheur du ciel, et des soins qu'on y prenait du gouvernement de l'univers, ils jetèrent leurs regards autour d'eux, et dirent :

« Sur la terre, un peuple est heureux lorsqu'il passe ses jours dans les fêtes; un souverain, lorsqu'il rassemble à sa table les princes et les princesses qui règnent dans les contrées voisines; lorsque de jeunes esclaves, parfumées d'essences, y versent le vin à pleines coupes, et que des chantres habiles y marient leurs voix au son de la lyre [6]: ainsi, dans les repas fréquents qui réunissent les habitants du ciel, la jeunesse et la beauté, sous les traits d'Hébé, distribuent le nectar et l'ambroisie; les chants d'Apollon et des Muses font retentir les voûtes de l'Olympe, et la joie brille dans tous les yeux.

« Quelquefois Jupiter assemble les immortels auprès de son trône : il agite avec eux les intérêts de la terre, de la même manière qu'un souverain discute, avec les grands de son royaume, les intérêts de ses États. Les dieux proposent des avis différents, et pendant qu'ils les soutiennent avec chaleur, Jupiter prononce, et tout rentre dans le silence.

« Les dieux, revêtus de son autorité, impriment le mouvement à l'univers, et sont les auteurs des phénomènes qui nous étonnent:

---

1. Homer., Iliad., lib. II, v. 197; lib. VII, v. 288; lib. XIII, v. 730. — 2. Id., ibid., lib. III, v. 164; lib. VI, v. 349. — 3. Id., Odyss., lib. I, v. 33. — 4. Id., Iliad., lib. IX, v. 158. — 5. Id., ibid., lib. IV, v. 48; lib. XXIV, v. 425. — 6. Id., Odyss., lib. I, v. 152; lib. IX, v. 5. Aristot., De rep., lib. VIII, cap. III t. II, p. 451.

« Tous les matins une jeune déesse ouvre les portes de l'Orient, et répand la fraîcheur dans les airs, les fleurs dans la campagne, les rubis sur la route du soleil. A cette annonce la terre se réveille, et s'apprête à recevoir le dieu qui lui donne tous les jours une nouvelle vie : il paraît, il se montre avec la magnificence qui convient au souverain des cieux ; son char, conduit par les Heures, vole, et s'enfonce dans l'espace immense qu'il remplit de flammes et de lumière. Dès qu'il parvient au palais de la souveraine des mers, la Nuit, qui marche éternellement sur ses traces, étend ses voiles sombres, et attache des feux sans nombre à la voûte céleste. Alors s'élève un autre char dont la clarté douce et consolante porte les cœurs sensibles à la rêverie ; une déesse le conduit : elle vient en silence recevoir les tendres hommages d'Endymion. Cet arc qui brille de si riches couleurs, et qui se courbe d'un point de l'horizon à l'autre, ce sont les traces lumineuses du passage d'Iris, qui porte à la terre les ordres de Junon. Ces vents agréables, ces tempêtes horribles, ce sont des génies qui tantôt se jouent dans les airs, tantôt luttent les uns contre les autres pour soulever les flots. Au pied de ce coteau est une grotte, asile de la fraîcheur et de la paix ; c'est là qu'une nymphe bienfaisante verse, de son urne intarissable, le ruisseau qui fertilise la plaine voisine ; c'est de là qu'elle écoute les vœux de la jeune beauté qui vient contempler ses attraits dans l'onde fugitive. Entrez dans ce bois sombre ; ce n'est ni le silence ni la solitude qui occupe votre esprit : vous êtes dans la demeure des dryades et des sylvains ; et le secret effroi que vous éprouvez est l'effet de la majesté divine.

« De quelque côté que nous tournions nos pas, nous sommes en présence des dieux ; nous les trouvons au dehors, au dedans de nous ; ils se sont partagé l'empire des âmes, et dirigent nos penchants : les uns président à la guerre ou aux arts de la paix ; les autres nous inspirent l'amour de la sagesse ou celui des plaisirs ; tous chérissent la justice, et protégent la vertu : trente mille divinités, dispersées au milieu de nous, veillent continuellement sur nos pensées et sur nos actions[1]. Quand nous faisons le bien, le ciel augmente nos jours et notre bonheur ; il nous punit quand nous faisons le mal[2]. A la voix du crime, Némésis et les noires Furies sortent en mugissant du fond des enfers ; elles se glissent dans le cœur du coupable, et le tourmentent jour et nuit par des cris funèbres et perçants. Ces cris sont les remords[3]. Si le scélérat néglige, avant sa mort, de les apaiser par les cérémonies saintes, les Furies, attachées à son âme comme à leur proie, la traînent dans les gouffres du Tartare : » car les anciens Grecs étaient généralement persuadés que l'âme est immortelle.

Et telle était l'idée que, d'après les Égyptiens, ils se faisaient de cette substance si peu connue : l'âme spirituelle, c'est-à-dire l'esprit ou l'entendement, est enveloppée d'une âme sensitive, qui n'est autre chose qu'une matière lumineuse et subtile, image fidèle de notre corps,

---

1. Hesiod., Oper., v. 250. — 2. Homer., Odyss., lib. XIII, v. 214. — 3. Cicer., De leg., lib. I, cap. xiv, t. III, p. 127.

sur lequel elle s'est moulée, et dont elle conserve à jamais la ressemblance et les dimensions. Ces deux âmes sont étroitement unies pendant que nous vivons; la mort les sépare[1]; et tandis que l'âme spirituelle monte dans les cieux, l'autre âme s'envole, sous la conduite de Mercure, aux extrémités de la terre, où sont les enfers, le trône de Pluton, et le tribunal de Minos. Abandonnée de tout l'univers, et n'ayant pour elle que ses actions, l'âme comparaît devant ce tribunal redoutable, elle entend son arrêt, et se rend dans les champs Élysées, ou dans le Tartare.

Les Grecs, qui n'avaient fondé le bonheur des dieux que sur les plaisirs des sens, ne purent imaginer d'autres avantages pour les champs Élysées qu'un climat délicieux, et une tranquillité profonde, mais uniforme : faibles avantages qui n'empêchaient pas les âmes vertueuses de soupirer après la lumière du jour, et de regretter leurs passions et leurs plaisirs.

Le Tartare est le séjour des pleurs et du désespoir : les coupables y sont livrés à des tourments épouvantables; des vautours cruels leur déchirent les entrailles; des roues brûlantes les entraînent autour de leur axe. C'est là que Tantale expire à tout moment de faim et de soif, au milieu d'une onde pure, et sous des arbres chargés de fruits; que les filles de Danaüs sont condamnées à remplir un tonneau d'où l'eau s'échappe à l'instant; et Sisyphe, à fixer sur le haut d'une montagne un rocher qu'il soulève avec effort, et qui, sur le point de parvenir au terme, retombe aussitôt de lui-même. Des besoins insupportables, et toujours aigris par la présence des objets propres à les satisfaire; des travaux toujours les mêmes, et éternellement infructueux; quels supplices ! L'imagination qui les inventa avait épuisé tous les raffinements de la barbarie pour préparer des châtiments au crime, tandis qu'elle n'accordait pour récompense à la vertu qu'une félicité imparfaite, et empoisonnée par des regrets. Serait-ce qu'on eût jugé plus utile de conduire les hommes par la crainte des peines que par l'attrait du plaisir; ou plutôt, qu'il est plus aisé de multiplier les images du malheur que celles du bonheur ?

Ce système informe de religion enseignait un petit nombre de dogmes essentiels au repos des sociétés, l'existence des dieux, l'immortalité de l'âme, des récompenses pour la vertu, des châtiments pour le crime; il prescrivait des pratiques qui pouvaient contribuer au maintien de ces vérités, les fêtes et les mystères; il présentait à la politique des moyens puissants pour mettre à profit l'ignorance et la crédulité du peuple, les oracles, l'art des augures et des devins; il laissait enfin à chacun la liberté de choisir parmi les traditions anciennes, et de charger sans cesse de nouveaux détails l'histoire et la généalogie des dieux; de sorte que l'imagination, ayant la liberté de créer des faits, et d'altérer par des prodiges ceux qui étaient déjà connus, répandait sans cesse dans ses tableaux l'intérêt du merveilleux; cet intérêt si

---

1. Homer., Odyss., lib. XI, v. 217, Note de Mme Dacier sur les livres X et XI de l'Odyssée.

froid aux yeux de la raison, mais si plein de charmes pour les enfants, et pour les nations qui commencent à naître. Les récits d'un voyageur au milieu de ses hôtes, d'un père de famille au milieu de ses enfants, d'un chantre admis aux amusements des rois, s'intriguaient ou se dénouaient par l'intervention des dieux ; et le système de la religion devenait insensiblement un système de fictions et de poésie.

Dans le même temps, les fausses idées qu'on avait sur la physique enrichissaient la langue d'une foule d'images. L'habitude de confondre le mouvement avec la vie, et la vie avec le sentiment, la facilité de rapprocher certains rapports que les objets ont entre eux, faisaient que les êtres les plus insensibles prenaient dans le discours une âme ou des propriétés qui leur étaient étrangères : l'épée était altérée du sang de l'ennemi ; le trait qui vole, impatient de le répandre ; on donnait des ailes à tout ce qui fendait les airs, à la foudre, aux vents, aux flèches, au son de la voix ; l'Aurore avait des doigts de rose ; le Soleil, des tresses d'or ; Thétis, des pieds d'argent. Ces sortes de métaphores furent admirées, surtout dans leur nouveauté ; et la langue devint poétique, comme toutes les langues le sont dans leur origine.

Tels étaient à peu près les progrès de l'esprit chez les Grecs, lorsque Codrus sacrifia ses jours pour le salut de sa patrie[1]. Les Athéniens, frappés de ce trait de grandeur, abolirent le titre de roi ; ils dirent que Codrus l'avait élevé si haut, qu'il serait désormais impossible d'y atteindre : en conséquence ils reconnurent Jupiter pour leur souverain[2] ; et ayant placé Médon, fils de Codrus, à côté du trône, ils le nommèrent archonte, ou chef perpétuel[3], en l'obligeant néanmoins de rendre compte de son administration au peuple[4].

Les frères de ce prince s'étaient opposés à son élection[5] ; mais, quand ils la virent confirmée par l'oracle, plutôt que d'entretenir dans leur patrie un principe de divisions intestines, ils allèrent au loin chercher une meilleure destinée.

L'Attique et les pays qui l'entourent étaient alors surchargés d'habitants : les conquêtes des Héraclides avaient fait refluer dans cette partie de la Grèce la nation entière des Ioniens, qui occupaient auparavant douze villes dans le Péloponèse[6]. Ces étrangers, onéreux aux lieux qui leur servaient d'asile, et trop voisins des lieux qu'ils avaient quittés, soupiraient après un changement qui leur fît oublier leurs infortunes. Les fils de Codrus leur indiquèrent au delà des mers les riches campagnes qui terminent l'Asie, à l'opposite de l'Europe, et dont une partie était déjà occupée par ces Éoliens que les Héraclides avaient chassés autrefois du Péloponèse[7]. Sur les confins de l'Éolide était un pays fertile, situé dans un climat admirable, et habité par des barbares que les Grecs commençaient à mépriser. Les fils de Codrus s'étant proposé d'en faire la conquête, ils furent suivis d'un grand

---

1. Meurs., De reg. Athen., lib. III, cap. XI. — 2. Schol. Aristoph., in Nub. v. 2. — 3. En 1092 avant J. C. — 4. Pausan., lib. IV, cap. v, p. 292. — 5. Id. lib. VII, cap. II, p. 523. Ælian., Var. hist., lib. VIII, cap. v. Vell. Paterc., lib. I cap. II. — 6. Herodot., lib. I, cap. CXLV. Strab., lib. VIII, p. 383. — 7. Herodot. lib. I, cap. CXLIX. Strab., lib. XIII, p. 582.

nombre d'hommes de tout âge et de tout pays[1] : les barbares ne firent qu'une faible résistance ; la colonie se trouva bientôt en possession d'autant de villes qu'elle en avait dans le Péloponèse ; et ces villes, parmi lesquelles on distinguait Milet et Éphèse, composèrent, par leur union, le corps ionique[2].

Médon transmit à ses descendants la dignité d'archonte : mais comme elle donnait de l'ombrage aux Athéniens, ils en bornèrent dans la suite l'exercice à l'espace de dix ans[3] ; et leurs alarmes croissant avec leurs précautions, ils la partagèrent enfin entre neuf magistrats annuels[4], qui portent encore le titre d'archontes[5].

Ce sont là tous les mouvements que nous présente l'histoire d'Athènes, depuis la mort de Codrus jusqu'à la première olympiade, pendant l'espace de trois cent seize ans. Ces siècles furent, suivant les apparences, des siècles de bonheur : car les désastres des peuples se conservent pour toujours dans leurs traditions. On ne peut trop insister sur une réflexion si affligeante pour l'humanité. Dans ce long intervalle de paix dont jouit l'Attique, elle produisit sans doute des cœurs nobles et généreux qui se dévouèrent au bien de la patrie ; des hommes sages dont les lumières entretenaient l'harmonie dans tous les ordres de l'État : ils sont oubliés, parce qu'ils n'eurent que des vertus. S'ils avaient fait couler des torrents de larmes et de sang, leurs noms auraient triomphé du temps, et, au défaut des historiens, les monuments qu'on leur aurait consacrés élèveraient encore leurs voix au milieu des places publiques. Faut-il donc écraser les hommes pour mériter des autels !

Pendant que le calme régnait dans l'Attique, les autres États n'éprouvaient que des secousses légères et momentanées ; les siècles s'écoulaient dans le silence, ou plutôt ils furent remplis par trois des plus grands hommes qui aient jamais existé, Homère, Lycurgue et Aristomène. C'est à Lacédémone et en Messénie qu'on apprend à connaître les deux derniers ; c'est dans tous les temps et dans tous les lieux qu'on peut s'occuper du génie d'Homère.

Homère florissait environ quatre siècles après la guerre de Troie[6]. De son temps la poésie était fort cultivée parmi les Grecs : la source des fictions, qui font son essence ou sa parure, devenait de jour en jour plus abondante ; la langue brillait d'images, et se prêtait d'autant plus aux besoins du poète, qu'elle était plus irrégulière[7]. Deux événements remarquables, la guerre de Thèbes et celle de Troie, exerçaient les talents : de toutes parts, des chantres, la lyre à la main, annonçaient aux Grecs les exploits de leurs anciens guerriers.

On avait déjà vu paraître Orphée, Linus, Musée, et quantité d'autres poètes[8] dont les ouvrages sont perdus, et qui n'en sont peut-être que plus célèbres ; déjà venait d'entrer dans la carrière cet Hésiode qui

---

1. Pausan., lib. VII, cap. II, p. 524. — 2. Herodot., ibid., cap. CXLII. Strab., lib. XIV, p. 633. Ælian., Var. hist., lib. VIII, cap. v. — 3. L'an 752 avant J. C. — 4. L'an 684 avant J. C. — 5. Meurs., De archont., lib. I, cap. I, etc. Corsin., Fast. att. dissert. I. — 6. Vers l'an 900 avant J. C. — 7. Voy. la note I à la fin du volume. — 8. Fabric., Bibl. græc., t.

fut, dit-on, le rival d'Homère, et qui, dans un style plein de douceur et d'harmonie[1], décrivit les généalogies des dieux, les travaux de la campagne, et d'autres objets qu'il sut rendre intéressants.

Homère trouva donc un art qui, depuis quelque temps, était sorti de l'enfance, et dont l'émulation hâtait sans cesse les progrès : il le prit dans son développement, et le porta si loin, qu'il paraît en être le créateur.

Il chanta, dit-on, la guerre de Thèbes[2]; il composa plusieurs ouvrages qui l'auraient égalé aux premiers poëtes de son temps, mais l'Iliade et l'Odyssée le mettent au-dessus de tous les poëtes qui ont écrit avant et après lui.

Dans le premier de ces poëmes il a décrit quelques circonstances de la guerre de Troie; et dans le second, le retour d'Ulysse dans ses États.

Il s'était passé, pendant le siège de Troie, un événement qui avait fixé l'attention d'Homère. Achille, insulté par Agamemnon, se retira dans son camp : son absence affaiblit l'armée des Grecs, et ranima le courage des Troyens, qui sortirent de leurs murailles, et livrèrent plusieurs combats, où ils furent presque toujours vainqueurs : ils portaient déjà la flamme sur les vaisseaux ennemis, lorsque Patrocle parut revêtu des armes d'Achille. Hector l'attaque, et lui fait mordre la poussière : Achille, que n'avaient pu fléchir les prières des chefs de l'armée, revole au combat, venge la mort de Patrocle par celle du général des Troyens, ordonne les funérailles de son ami, et livre pour une rançon au malheureux Priam le corps de son fils Hector.

Ces faits, arrivés dans l'espace d'un très-petit nombre de jours[3], étaient une suite de la colère d'Achille contre Agamemnon, et formaient, dans le cours du siège, un épisode qu'on pouvait en détacher aisément, et qu'Homère choisit pour le sujet de l'Iliade : en le traitant, il s'assujettit à l'ordre historique; mais, pour donner plus d'éclat à son sujet, il supposa, suivant le système reçu de son temps, que depuis le commencement de la guerre les dieux s'étaient partagés entre les Grecs et les Troyens; et pour le rendre plus intéressant, il mit les personnes en action : artifice, peut-être inconnu jusqu'à lui, qui a donné naissance au genre dramatique[4], et qu'Homère employa dans l'Odyssée avec le même succès.

On trouve plus d'art et de savoir dans ce dernier poëme. Dix ans s'étaient écoulés depuis qu'Ulysse avait quitté les rivages d'Ilium. D'injustes ravisseurs dissipaient ses biens; ils voulaient contraindre son épouse désolée à contracter un second hymen, et à faire un choix qu'elle ne pouvait plus différer. C'est à ce moment que s'ouvre la scène de l'Odyssée. Télémaque, fils d'Ulysse, va, dans le continent de la Grèce, interroger Nestor et Ménélas sur le sort de son père. Pendant

---

1. Dionys. Halic.., De compos. verb., sect. XXIII, t. V, p. 173; id., De vet. script. cens., t. V, p. 419. Quintil., Instit. orat., lib. X, cap. I, p. 629. — 2. Hérodot., lib. IV, cap. XXXII. Pausan., lib. IX, cap. IX, p. 729. — 3. Du poëme épique, par Bossu, liv. II, p. 269. — 4. Plat. in Theæt., t. I, p. 152; id., De rep. lib. X, t. II, p. 598 et 607. Aristot., De poet., cap. IV, t. II, p. 655.

qu'il est à Lacédémone, Ulysse part de l'île de Calypso, et, après une navigation pénible, il est jeté par la tempête dans l'île des Phéaciens, voisine d'Ithaque. Dans un temps où le commerce n'avait pas encore rapproché les peuples, on s'assemblait autour d'un étranger pour entendre le récit de ses aventures. Ulysse, pressé de satisfaire une cour où l'ignorance et le goût du merveilleux régnaient à l'excès, lui raconte les prodiges qu'il a vus, l'attendrit par la peinture des maux qu'il a soufferts, et en obtient du secours pour retourner dans ses États : il arrive ; il se fait reconnaître à son fils, et prend avec lui des mesures efficaces pour se venger de leurs ennemis communs.

L'action de l'Odyssée ne dure que quarante jours[1]; mais, à la faveur du plan qu'il a choisi, Homère a trouvé le secret de décrire toutes les circonstances du retour d'Ulysse, de rappeler plusieurs détails de la guerre de Troie, et de déployer les connaissances qu'il avait lui-même acquises dans ses voyages. Il paraît avoir composé cet ouvrage dans un âge avancé : on croit le reconnaître à la multiplicité des récits, ainsi qu'au caractère paisible des personnages, et à une certaine chaleur douce, comme celle du soleil à son couchant[2].

Quoique Homère se soit proposé surtout de plaire à son siècle, il résulte clairement de l'Iliade, que les peuples sont toujours la victime de la division des chefs; et de l'Odyssée, que la prudence, jointe au courage, triomphe tôt ou tard des plus grands obstacles.

L'Iliade et l'Odyssée étaient à peine connues dans la Grèce, lorsque Lycurgue parut en Ionie[3] : le génie du poëte parla aussitôt au génie du législateur. Lycurgue découvrit des leçons de sagesse où le commun des hommes ne voyait que des fictions agréables[4] : il copia les deux poëmes, et en enrichit sa patrie. De là ils passèrent chez tous les Grecs : on vit des acteurs, connus sous le nom de rhapsodes[5], en détacher des fragments, et parcourir la Grèce, ravie de les entendre. Les uns chantaient la valeur de Diomède; les autres, les adieux d'Andromaque; d'autres, la mort de Patrocle, celle d'Hector, etc.[6].

La réputation d'Homère semblait s'accroître par la répartition des rôles; mais le tissu de ses poëmes se détruisait insensiblement; et, comme leurs parties trop séparées risquaient de ne pouvoir plus se réunir à leur tout, Solon défendit à plusieurs rhapsodes, lorsqu'ils seraient rassemblés, de prendre au hasard, dans les écrits d'Homère, des faits isolés, et leur prescrivit de suivre, dans leurs récits, l'ordre qu'avait observé l'auteur, de manière que l'un reprendrait où l'autre aurait fini[7].

Ce règlement prévenait un danger, et en laissait subsister un autre encore plus pressant. Les poëmes d'Homère, livrés à l'enthousiasme et à l'ignorance de ceux qui les chantaient ou les interprétaient publiquement, s'altéraient tous les jours dans leur bouche : ils y faisaient des pertes considérables, et se chargeaient de vers étrangers à l'auteur.

---

1. Mem. de l'Acad. des bell. lettr., t. II, p. 389. — 2. Longin., De subl., cap. IX. — 3. Allat., De patr. Homer., cap. V. — 4. Plut., in Lyc., t. I, p. 41. — 5. Schol. Pind. in Nem., od. II, v. 1. — 6. Ælian., Var. hist., lib. XIII, cap. XIV. Allat. ibid. — 7. Diog. Laert., in Solon., lib. I, § 57.

Pisistrate et Hipparque son fils[1], entreprirent de rétablir le texte dans sa pureté : ils consultèrent des grammairiens habiles ; ils promirent des récompenses à ceux qui rapporteraient des fragments authentiques de l'Iliade et de l'Odyssée ; et, après un travail long et pénible, ils exposèrent ces deux magnifiques tableaux aux yeux des Grecs, également étonnés de la beauté des plans et de la richesse des détails. Hipparque ordonna, de plus, que les vers d'Homère seraient chantés à la fête des Panathénées, dans l'ordre fixé par la loi de Solon[2].

La postérité, qui ne peut mesurer la gloire des rois et des héros sur leurs actions, croit entendre de loin le bruit qu'ils ont fait dans le monde, et l'annonce avec plus d'éclat aux siècles suivants : mais la réputation d'un auteur dont les écrits subsistent est, à chaque génération, à chaque moment, comparée avec les titres qui l'ont établie ; et sa gloire doit être le résultat des jugements successifs que les âges prononcent en sa faveur. Celle d'Homère s'est d'autant plus accrue qu'on a mieux connu ses ouvrages, et qu'on s'est trouvé plus en état de les apprécier. Les Grecs n'ont jamais été aussi instruits qu'ils le sont aujourd'hui : jamais leur admiration pour lui ne fut si profonde : son nom est dans toutes les bouches, et son portrait devant tous les yeux : plusieurs villes se disputent l'honneur de lui avoir donné le jour[3] ; d'autres lui ont consacré des temples[4] ; les Argiens, qui l'invoquent dans leurs cérémonies saintes, envoient tous les ans, dans l'île de Chio, offrir un sacrifice en son honneur[5]. Ses vers retentissent dans toute la Grèce, et font l'ornement de ses brillantes fêtes. C'est là que la jeunesse trouve ses premières instructions[6] ; qu'Eschyle, Sophocle[8], Archiloque, Hérodote, Démosthène[9], Platon[10], et les meilleurs auteurs, ont puisé la plus grande partie des beautés qu'ils ont semées dans leurs écrits ; que le sculpteur Phidias[11] et le peintre Euphranor[12] ont appris à représenter dignement le maître des dieux.

Quel est donc cet homme qui donne des leçons de politique aux législateurs, qui apprend aux philosophes et aux historiens l'art d'écrire, aux poètes et aux orateurs l'art d'émouvoir ; qui fait germer tous les talents[13], et dont la supériorité est tellement reconnue, qu'on n'est pas plus jaloux de lui que du soleil qui nous éclaire ?

Je sais qu'Homère doit intéresser spécialement sa nation. Les principales maisons de la Grèce croient découvrir dans ses ouvrages les titres de leur origine, et les différents États, l'époque de leur grandeur.

---

1. Cicer., De orat., lib. III, cap. xxxiv, t. I, p. 312. Pausan., lib. VII, cap. xxvi, p. 594. Meurs., in Pisist., cap. ix et xii. Allat., De patr. Homer., cap. v. — 2. Plat., in Hippurch., t. II, p. 228. Ælian., Var. hist., lib. VIII, cap. ii. Not. Periz., ibid. Lycurg., in Leocr., p 161. — 3. Aul. Gell., lib. III, cap. xi. Strab., lib. XIV, p. 645. Pausan., lib. X, cap. xxiv. — 4. Strab., ibid., p. 646. — 5. Certam. Homer. et Hesiod. — 6. Eustath., in Iliad., lib. I, p. 145 ; id., in lib. II, p. 263. — 7. Athen., lib. VIII, cap. viii, p. 347. — 8. Valken., Diat. in Eurip. Hippol., p. 92. — 9. Longin., De subl., cap. xiii. Dionys. Halic., epist. ad Pomp., t. VI, p. 772. — 10. Panæt. ap. Cicer., Tuscul., lib. I, cap. xxxii, t. II, p. 260. — 11. Strab., lib. VIII, p. 354. Plut., in Æmil., t. I, p. 270. Val. Max., lib. III, cap. vii, extern., n° 4. — 12. Eustath., ibid., lib. I, p. 145. — 13. Dionys. Halic., De compos. verb., t. V, cap. xvi, p. 97 ; id., ibid., cap. xxiv, p. 187. Quintil., Instit., lib. X, cap. 1, p. 628.

Souvent même son témoignage a suffi pour fixer les anciennes limites de deux peuples voisins[1]. Mais ce mérite, qui pouvait lui être commun avec quantité d'auteurs oubliés aujourd'hui, ne saurait produire l'enthousiasme qu'excitent ses poëmes; et il fallait bien d'autres ressorts pour obtenir, parmi les Grecs, l'empire de l'esprit.

Je ne suis qu'un Scythe, et l'harmonie des vers d'Homère, cette harmonie qui transporte les Grecs, échappe souvent à mes organes trop grossiers; mais je ne suis plus maître de mon admiration, quand je le vois s'élever et planer, pour ainsi dire, sur l'univers; lançant de toutes parts ses regards embrasés; recueillant les feux et les couleurs dont les objets étincellent à sa vue; assistant au conseil des dieux; sondant les replis du cœur humain; et bientôt riche de ses découvertes, ivre des beautés de la nature, et ne pouvant plus supporter l'ardeur qui le dévore, la répandre avec profusion dans ses tableaux et dans ses expressions; mettre aux prises le ciel avec la terre, et les passions avec elles-mêmes; nous éblouir par ces traits de lumière qui n'appartiennent qu'au génie; nous entraîner par ces saillies de sentiment qui sont le vrai sublime, et toujours laisser dans notre âme une impression profonde qui semble l'étendre et l'agrandir. Car ce qui distingue surtout Homère, c'est de tout animer[2], et de nous pénétrer sans cesse des mouvements qui l'agitent; c'est de tout subordonner à la passion principale; de la suivre dans ses fougues, dans ses écarts, dans ses inconséquences; de la porter jusqu'aux nues, et de la faire tomber, quand il le faut, par la force du sentiment et de la vertu, comme la flamme de l'Etna que le vent repousse au fond de l'abîme; c'est d'avoir saisi de grands caractères; d'avoir différencié la puissance, la bravoure, et les autres qualités de ses personnages, non par des descriptions froides et fastidieuses, mais par des coups de pinceau rapides et vigoureux, ou par des fictions neuves et semées presque au hasard dans ses ouvrages.

Je monte avec lui dans les cieux; je reconnais Vénus tout entière à cette ceinture d'où s'échappent sans cesse les feux de l'amour, les désirs impatients, les grâces séduisantes, et les charmes inexprimables du langage et des yeux[3]; je reconnais Pallas et ses fureurs à cette égide où sont suspendues la terreur, la discorde, la violence, et la tête épouvantable de l'horrible Gorgone[4]: Jupiter et Neptune sont les plus puissants des dieux; mais il faut à Neptune un trident pour secouer la terre[5]; à Jupiter un clin d'œil pour ébranler l'Olympe[6]. Je descends sur la terre: Achille, Ajax, et Diomède sont les plus redoutables des Grecs; mais Diomède se retire à l'aspect de l'armée troyenne[7]; Ajax ne cède qu'après l'avoir repoussée plusieurs fois[8]; Achille se montre, et elle disparaît[9].

Ces différences ne sont pas rapprochées dans les livres sacrés des Grecs; car c'est ainsi qu'on peut nommer l'Iliade et l'Odyssée. Le poëte avait

1. Eustath., in Homer., t. II, p. 263. — 2. Aristot., De rhetor., lib. III, cap. XI, t. II, p. 595. — 3. Homer., Iliad., lib. XIV, v. 215. — 4. Id., ibid., lib. V, v. 738. — 5. Id., odyss., lib. IV, v. 505. — 6. Id., Iliad., lib. I, v. 530. — 7. Id., ibid., lib. V, v. 605. — 8. Id., ibid., lib. XI, v. 565. — 9. Id., ibid., liv. XVIII, v. 228

posé solidement ses modèles : il en détachait au besoin les nuances qui servaient à les distinguer, et les avait présentes à l'esprit, lors même qu'il donnait à ses caractères des variations momentanées ; parce qu'en effet l'art seul prête aux caractères une constante unité, et que la nature n'en produit point qui ne se démente jamais dans les différentes circonstances de la vie.

Platon ne trouvait point assez de dignité dans la douleur d'Achille, ni dans celle de Priam, lorsque le premier se roule dans la poussière après la mort de Patrocle, lorsque le second hasarde une démarche humiliante pour obtenir le corps de son fils[1]. Mais, quelle étrange dignité que celle qui étouffe le sentiment ! Pour moi, je loue Homère d'avoir, comme la nature, placé la faiblesse à côté de la force, et l'abîme à côté de l'élévation ; je le loue encore plus de m'avoir montré le meilleur des pères dans le plus puissant des rois, et le plus tendre des amis dans le plus fougueux des héros.

J'ai vu blâmer les discours outrageants que le poëte fait tenir à ses héros, soit dans leurs assemblées, soit au milieu des combats : alors j'ai jeté les yeux sur les enfants qui tiennent de plus près à la nature que nous, sur le peuple qui est toujours enfant, sur les sauvages qui sont toujours peuple ; et j'ai observé que chez eux tous, avant que de s'exprimer par des effets, la colère s'annonce par l'ostentation, par l'insolence et l'outrage.

J'ai vu reprocher à Homère d'avoir peint dans leur simplicité les mœurs des temps qui l'avaient précédé : j'ai ri de la critique, et j'ai gardé le silence.

Mais, quand on lui fait un crime d'avoir dégradé les dieux, je me contente de rapporter la réponse que me fit un jour un Athénien éclairé. Homère, me disait-il, suivant le système poétique de son temps[2], avait prêté nos faiblesses aux dieux. Aristophane les a depuis joués sur notre théâtre[3], et nos pères ont applaudi à cette licence : les plus anciens théologiens ont dit que les hommes et les dieux avaient une commune origine[4] ; et Pindare, presque de nos jours, a tenu le même langage[5]. On n'a donc jamais pensé que ces dieux pussent remplir l'idée que nous avons de la divinité : et en effet, la vraie philosophie admet au-dessus d'eux un être suprême qui leur a confié sa puissance. Les gens instruits l'adorent en secret ; les autres adressent leurs vœux, et quelquefois leurs plaintes, à ceux qui le représentent ; et la plupart des poëtes sont comme les sujets du roi de Perse, qui se prosternent devant le souverain, et se déchaînent contre ses ministres.

Que ceux qui peuvent résister aux beautés d'Homère s'appesantissent sur ses défauts. Car pourquoi le dissimuler ? il se repose souvent, et quelquefois il sommeille ; mais son repos est comme celui de l'aigle, qui, après avoir parcouru dans les airs ses vastes domaines, tombe,

---

1. Plat., De rep., lib. III, t. II, p. 388. — 2. Aristot., De poet., cap. XXV, t. II, p. 673. — 3. Aristoph., in Nub., v. 617 ; id., in Plut., v. 1120 ; in Ran., etc.— 4. Hesiod., Theogon., v. 126, etc. Aristoph., in Av., v. 700. — 5. Pind., in Nem., v. VI, v. 1. Schol., ibid.

accablé de fatigue, sur une haute montagne; et son sommeil ressemble à celui de Jupiter, qui, suivant Homère lui-même, se réveille en lançant le tonnerre[1].

Quand on voudra juger Homère, non par discussion, mais par sentiment, non sur des règles souvent arbitraires, mais d'après les lois immuables de la nature, on se convaincra, sans doute, qu'il mérite le rang que les Grecs lui ont assigné, et qu'il fut le principal ornement des siècles dont je viens d'abréger l'histoire.

SECONDE PARTIE.

Ce n'est qu'environ cent cinquante ans après la première Olympiade que commence, à proprement parler, l'histoire des Athéniens: aussi ne renferme-t-elle que trois cents ans, si on la conduit jusqu'à nos jours; qu'environ deux cents, si on la termine à la prise d'Athènes. On y voit, en des intervalles assez marqués, les commencements, les progrès, et la décadence de leur empire. Qu'il me soit permis de désigner ces intervalles par des caractères particuliers. Je nommerai le premier, le siècle de Solon ou des lois; le second, le siècle de Thémistocle et d'Aristide; c'est celui de la gloire: le troisième, le siècle de Périclès; c'est celui du luxe et des arts.

Section I. — *Siècle de Solon*[2]. — La forme de gouvernement établie par Thésée avait éprouvé des altérations sensibles: le peuple avait encore le droit de s'assembler, mais le pouvoir souverain était entre les mains des riches[3]: la république était dirigée par neuf archontes ou magistrats annuels[4], qui ne jouissaient pas assez longtemps de l'autorité pour en abuser, et qui n'en avaient pas assez pour maintenir la tranquillité de l'État.

Les habitants de l'Attique se trouvaient partagés en trois factions, qui avaient chacune à leur tête une des plus anciennes familles d'Athènes. Toutes trois divisées d'intérêt par la diversité de leur caractère et de leur position, ne pouvaient s'accorder sur le choix d'un gouvernement. Les plus pauvres et les plus indépendants, relégués sur les montagnes voisines, tenaient pour la démocratie; les plus riches, distribués dans la plaine, pour l'oligarchie; ceux des côtes appliqués à la marine et au commerce, pour un gouvernement mixte, qui assurât leurs possessions sans nuire à la liberté publique[5].

A cette cause de division se joignait dans chaque parti la haine invétérée des pauvres contre les riches: les citoyens obscurs, accablés de dettes, n'avaient d'autre ressource que de vendre leur liberté ou celle de leurs enfants à des créanciers impitoyables; et la plupart abandonnaient une terre qui n'offrait aux uns que des travaux infructueux,

---

1. Homer., Iliad., lib. XV, v. 377. — 2. Depuis l'an 630 jusqu'à l'an 490 avant J. C. — 3. Aristot., De rep., lib. II, cap. XII, t. II, p. 336. — 4. Thucyd., lib. I, cap. CXXVI. — 5. Hérodot., lib. I, cap. LIX. Plut., in Solon., t. I, p. 85.

aux autres qu'un éternel esclavage, et le sacrifice des sentiments de la nature [1].

Un très-petit nombre de lois, presque aussi anciennes que l'empire, et connues pour la plupart sous le nom de lois royales [2], ne suffisaient pas, depuis que les connaissances ayant augmenté, de nouvelles sources d'industrie, de besoins et de vices, s'étaient répandues dans la société. La licence restait sans punition, ou ne recevait que des peines arbitraires : la vie et la fortune des particuliers étaient confiées à des magistrats qui, n'ayant aucune règle fixe, n'étaient que trop disposés à écouter leurs préventions ou leurs intérêts.

Dans cette confusion, qui menaçait l'État d'une ruine prochaine, Dracon fut choisi pour embrasser la législation dans son ensemble, et l'étendre jusqu'aux plus petits détails. Les particularités de sa vie privée nous sont peu connues; mais il a laissé la réputation d'un homme de bien, plein de lumières, et sincèrement attaché à sa patrie [3]. D'autres traits pourraient embellir son éloge, et ne sont pas nécessaires à sa mémoire. Ainsi que les législateurs qui l'ont précédé et suivi, il fit un code de lois et de morale : il prit le citoyen au moment de sa naissance, prescrivit la manière dont on devait le nourrir et l'élever [4]; le suivit dans les différentes époques de la vie; et, liant ces vues particulières à l'objet principal, il se flatta de pouvoir former des hommes libres et des citoyens vertueux : mais il ne fit que des mécontents; et ses règlements excitèrent tant de murmures, qu'il fut obligé de se retirer dans l'île d'Égine, où il mourut bientôt après.

Il avait mis dans ses lois l'empreinte de son caractère : elles sont aussi sévères [5] que ses mœurs l'avaient toujours été. La mort est le châtiment dont il punit l'oisiveté, et le seul qu'il destine aux crimes les plus légers, ainsi qu'aux forfaits les plus atroces : il disait qu'il n'en connaissait pas de plus doux pour les premiers, qu'il n'en connaissait pas d'autres pour les seconds [6]. Il semble que son âme, forte et vertueuse à l'excès, n'était capable d'aucune indulgence pour des vices dont elle était révoltée, ni pour des faiblesses dont elle triomphait sans peine. Peut-être aussi pensa-t-il que, dans la carrière du crime, les premiers pas conduisent infailliblement aux plus grands précipices.

Comme il n'avait pas touché à la forme du gouvernement [7], les divisions intestines augmentèrent de jour en jour. Un des principaux citoyens, nommé Cylon, forma le projet de s'emparer de l'autorité : on l'assiégea dans la citadelle; il s'y défendit longtemps; et se voyant à la fin sans vivres et sans espérance de secours, il évita par la fuite le supplice qu'on lui destinait. Ceux qui l'avaient suivi se réfugièrent dans le temple de Minerve : on les tira de cet asile en leur promettant la vie, et on les massacra aussitôt [8]. Quelques-uns même

1. Plut., ibid. — 2. Xenoph., Œcon., p. 856. Meurs., in Them. Attic., cap. XXXVI. — 3. Aul. Gell., lib. XI, cap. XVIII. Suid., in Δραϰ. — 4. Æschin., in Timarch., p. 261. — 5. Aristot., De rep., lib. II, cap. XII, t. II, p. 337; id., De rhetor., lib. II, cap. XXIII, t. II, p. 1579. — 6. Plut., in Solon., p. 87. — 7. Aristot., De aep., lib. II, cap. XII, t. II, p. 337. — 8. L'an 612 avant J. C.

de ces infortunés furent égorgés sur les autels des redoutables Euménides[1].

Des cris d'indignation s'élevèrent de toutes parts. On détestait la perfidie des vainqueurs; on frémissait de leur impiété : toute la ville était dans l'attente des maux que méditait la vengeance céleste. Au milieu de la consternation générale, on apprit que la ville de Nisée et l'île de Salamine étaient tombées sous les armes des Mégariens.

A cette triste nouvelle succéda bientôt une maladie épidémique. Les imaginations déjà ébranlées étaient soudainement saisies de terreurs paniques, et livrées à l'illusion de mille spectres effrayants. Les devins, les oracles consultés déclarèrent que la ville, souillée par la profanation des lieux saints, devait être purifiée par les cérémonies de l'expiation.

On fit venir de Crète[2] Épiménide, regardé de son temps comme un homme qui avait un commerce avec les dieux, et qui lisait dans l'avenir; de notre temps, comme un homme éclairé, fanatique, capable de séduire par ses talents, d'en imposer par la sévérité de ses mœurs; habile surtout à expliquer les songes et les présages les plus obscurs[3]; à prévoir les événements futurs dans les causes qui devaient les produire[4]. Les Crétois ont dit que, jeune encore, il fut saisi, dans une caverne, d'un sommeil profond qui dura quarante ans, suivant les uns[5], beaucoup plus suivant d'autres[6] : ils ajoutent qu'à son réveil, étonné des changements qui s'offraient à lui, rejeté de la maison paternelle comme un imposteur, ce ne fut qu'après les indices les plus frappants qu'il parvint à se faire reconnaître. Il résulte seulement de ce récit, qu'Épiménide passa les premières années de sa jeunesse dans des lieux solitaires, livré à l'étude de la nature, formant son imagination à l'enthousiasme[7] par les jeûnes, le silence et la méditation, et n'ayant d'autre ambition que de connaître les volontés des dieux pour dominer sur celles des hommes. Le succès surpassa son attente : il parvint à une telle réputation de sagesse et de sainteté, que, dans les calamités publiques[8], les peuples mendiaient auprès de lui le bonheur d'être purifiés, suivant les rites que ses mains, disait-on, rendaient plus agréables à la divinité.

Athènes le reçut avec les transports de l'espérance et de la crainte[9]. Il ordonna de construire de nouveaux temples et de nouveaux autels, d'immoler des victimes qu'il avait choisies, d'accompagner ces sacrifices de certains cantiques[10]. Comme, en parlant, il paraissait agité d'une fureur divine[11], tout était entraîné par son éloquence impétueuse. Il profita de son ascendant pour faire des changements dans les cérémonies religieuses; et l'on peut, à cet égard, le regarder comme un

---

1. Thucyd., lib. I, cap. CXXVI. Plut., in Solon., p. 84. — 2. Plat., De leg., lib. I, t. II, p. 642. — 3. Aristot., De rhetor., lib. III, cap. XVII, t. II, p. 605. — 4. Plut., in Solon., p. 84. Diog. Laert., in Epim., lib. I, § 114. — 5. Pausan., lib. I, cap. XIV, p. 35. — 6. Plut., t. II, p. 784. Diog. Laert., ibid., § 109. — 7. Plut., in Solon., p. 84. Cicer., De divin., lib. I, cap. XVIII, t. III, p. 16. — 8. Pausan., ibid. — 9. Vers l'an 597 avant J. C. Voy. la note II à la fin du volume. — 10. Strab., lib. X, p. 479. — 11. Cicer., De divin., lib. I, cap. XVIII, t. III, p. 16.

des législateurs d'Athènes : il rendit ces cérémonies moins dispendieuses [1]; il abolit l'usage barbare où les femmes étaient de se meurtrir le visage en accompagnant les morts au tombeau ; et, par une foule de règlements utiles, il tâcha de ramener les Athéniens à des principes d'union et d'équité.

La confiance qu'il avait inspirée, et le temps qu'il fallut pour exécuter ses ordres calmèrent insensiblement les esprits : les fantômes disparurent ; Épiménide partit, couvert de gloire, honoré des regrets d'un peuple entier : il refusa des présents considérables, et ne demanda pour lui qu'un rameau de l'olivier consacré à Minerve, et pour Cnosse sa patrie, que l'amitié des Athéniens [2].

Peu de temps après son départ, les factions se réveillèrent avec une nouvelle fureur ; et leurs excès furent portés si loin, qu'on se vit bientôt réduit à cette extrémité où il ne reste d'autre alternative à un État, que de périr ou de s'abandonner au génie d'un seul homme.

Solon fut, d'une voix unanime, élevé à la dignité de premier magistrat, de législateur, et d'arbitre souverain [3]. On le pressa de monter sur le trône ; mais, comme il ne vit pas s'il lui serait aisé d'en descendre, il résista aux reproches de ses amis, et aux instances des chefs des factions et de la plus saine partie des citoyens [4].

Solon descendait des anciens rois d'Athènes [5]. Il s'appliqua dès sa jeunesse au commerce, soit pour réparer le tort que les libéralités de son père avaient fait à la fortune de sa maison, soit pour s'instruire des mœurs et des lois des nations. Après avoir acquis dans cette profession assez de bien pour se mettre à l'abri du besoin, ainsi que des offres généreuses de ses amis, il ne voyagea plus que pour augmenter ses connaissances [6].

Le dépôt des lumières était alors entre les mains de quelques hommes vertueux, connus sous le nom de sages, et distribués en différents cantons de la Grèce. Leur unique étude avait pour objet l'homme, ce qu'il est, ce qu'il doit être, comment il faut l'instruire et le gouverner.

Ils recueillaient le petit nombre de vérités de la morale et de la politique, et les renfermaient dans des maximes assez claires pour être saisies au premier aspect, assez précises pour être ou pour paraître profondes. Chacun d'eux en choisissait une de préférence, qui était comme sa devise et la règle de sa conduite : « Rien de trop, disait l'un. Connaissez-vous vous-même, disait un autre [7]. » Cette précision que les Spartiates ont conservée dans leur style, se trouvait dans les réponses que faisaient autrefois les sages aux questions fréquentes des rois et des particuliers. Liés d'une amitié qui ne fut jamais altérée par leur célébrité, ils se réunissaient quelquefois dans un même lieu pour se communiquer leurs lumières, et s'occuper des intérêts de l'humanité [8].

1. Plut., in Solon., t. I, p. 84. — 2. Plat., De leg., lib. I, t. II, p. 642. Plut., ibid. Diog. Laert., lib. I, § 3. — 3. Vers l'an 594 avant J. C. — 4. Plut., in Solon., t. I, p. 85. — 5. Id., ibid., p. 78. — 6. Id., ibid., p. 79. — 7. Plat., in Protag., t. I, p. 343. — 8. Plut., in Solon., t. I, p. 80. Diog. Laert., in Thal., lib. I, § 40.

Dans ces assemblées augustes paraissaient Thalès de Milet, qui, dans ce temps-là, jetait les fondements d'une philosophie plus générale, et peut-être moins utile; Pittacus de Mytilène, Bias de Priène, Cléobule de Lindus, Myson de Chen, Chilon de Lacédémone, et Solon d'Athènes, le plus illustre de tous [1]. Les liens du sang et le souvenir des lieux qui m'ont vu naître, ne me permettent pas d'oublier Anacharsis, que le bruit de leur réputation attira du fond de la Scythie, et que la Grèce, quoique jalouse du mérite des étrangers, place quelquefois au nombre des sages dont elle s'honore [2].

Aux connaissances que Solon puisa dans leur commerce, il joignait des talents distingués : il avait reçu en naissant celui de la poésie, et le cultiva jusqu'à son extrême vieillesse, mais toujours sans effort et sans prétention. Ses premiers essais ne furent que des ouvrages d'agrément. On trouve, dans ses autres écrits, des hymnes en l'honneur des dieux, différents traits propres à justifier sa législation, des avis ou des reproches adressés aux Athéniens [3]; presque partout une morale pure, et des beautés qui décèlent le génie. Dans les derniers temps de sa vie, instruit des traditions des Égyptiens, il avait entrepris de décrire, dans un poëme, les révolutions arrivées sur notre globe, et les guerres des Athéniens contre les habitants de l'île Atlantique, située au delà des colonnes d'Hercule, et depuis engloutie dans les flots [4]. Si, libre de tout autre soin, il eût, dans un âge moins avancé, traité ce sujet si propre à donner l'essor à son imagination, il eût peut-être partagé la gloire d'Homère et d'Hésiode [5].

On peut lui reprocher de n'avoir pas été assez ennemi des richesses, quoiqu'il ne fût pas jaloux d'en acquérir; d'avoir quelquefois hasardé, sur la volupté, des maximes peu dignes d'un philosophe [6]; et de n'avoir pas montré dans sa conduite cette austérité de mœurs si digne d'un homme qui réforme une nation. Il semble que son caractère doux et facile ne le destinait qu'à mener une vie paisible dans le sein des arts et des plaisirs honnêtes.

Il faut avouer néanmoins qu'en certaines occasions il ne manqua ni de vigueur, ni de constance. Ce fut lui qui engagea les Athéniens à reprendre l'île de Salamine, malgré la défense rigoureuse qu'ils avaient faite à leurs orateurs d'en proposer la conquête [7]; et ce qui parut surtout caractériser un courage supérieur, ce fut le premier acte d'autorité qu'il exerça lorsqu'il fut à la tête de la république.

Les pauvres, résolus de tout entreprendre pour sortir de l'oppression, demandaient à grands cris un nouveau partage des terres, précédé de l'abolition des dettes. Les riches s'opposaient, avec la même chaleur, à des prétentions qui les auraient confondus avec la multitude, et qui, suivant eux, ne pouvaient manquer de bouleverser l'État. Dans cette extrémité, Solon abolit les dettes des particuliers, annula tous les actes qui engageaient la liberté du citoyen, et refusa la répartition des

---

1. Plut., in Thal., lib. I, § 40. Plat., ibid. Plut., ibid. — 2. Hermip., ap. Diog. Laert., lib. I, § 41. — 3. Plut., in Solon., t. I, p. 80. Diog. Laert., in Solon., § 47. — 4. Plat., in Crit., t. III, p. 113. — 5. Id., in Tim., t. III, p. 24. — 6. Plut., in Solon., t. I, p. 79. — 7. Id., ibid., p. 82.

terres [1]. Les riches et les pauvres crurent avoir tout perdu, parce qu'ils n'avaient pas tout obtenu : mais, quand les premiers se virent paisibles possesseurs des biens qu'ils avaient reçus de leurs pères, ou qu'ils avaient acquis eux-mêmes; quand les seconds, délivrés pour toujours de la crainte de l'esclavage, virent leurs faibles héritages affranchis de toute servitude; enfin, quand on vit l'industrie renaître, la confiance se rétablir, et revenir tant de citoyens malheureux que la dureté de leurs créanciers avait éloignés de leur patrie, alors les murmures furent remplacés par des sentiments de reconnaissance; et le peuple, frappé de la sagesse de son législateur, ajouta de nouveaux pouvoirs à ceux dont il l'avait déjà revêtu.

Solon en profita pour revoir les lois de Dracon, dont les Athéniens demandaient l'abolition. Celles qui regardent l'homicide furent conservées en entier [2]. On les suit encore dans les tribunaux, où le nom de Dracon n'est prononcé qu'avec la vénération que l'on doit aux bienfaiteurs des hommes [3].

Enhardi par le succès, Solon acheva l'ouvrage de sa législation. Il y règle d'abord la forme du gouvernement; il expose ensuite les lois qui doivent assurer la tranquillité du citoyen. Dans la première partie, il eut pour principe d'établir la seule égalité qui, dans une république, doit subsister entre les divers ordres de l'État [4]; dans la seconde, il fut dirigé par cet autre principe, que le meilleur gouvernement est celui où se trouve une sage distribution des peines et des récompenses [5].

Solon, préférant le gouvernement populaire à tout autre, s'occupa d'abord de trois objets essentiels : de l'assemblée de la nation, du choix des magistrats, et des tribunaux de justice.

Il fut réglé que la puissance suprême résiderait dans des assemblées où tous les citoyens auraient droit d'assister [6], et qu'on y statuerait sur la paix, sur la guerre, sur les alliances, sur les lois, sur les impositions, sur tous les grands intérêts de l'État [7].

Mais que deviendront ces intérêts entre les mains d'une multitude légère, ignorante, qui oublie ce qu'elle doit vouloir pendant qu'on délibère, et ce qu'elle a voulu après qu'on a délibéré [8]? Pour la diriger dans ses jugements, Solon établit un sénat composé de quatre cents personnes, tirées des quatre tribus qui comprenaient alors tous les citoyens de l'Attique [9]. Ces quatre cents personnes furent comme les députés et les représentants de la nation. Il fut statué qu'on leur proposerait d'abord les affaires sur lesquelles le peuple aurait à prononcer; et qu'après les avoir examinées et discutées à loisir, ils les rapporteraient eux-mêmes à l'assemblée générale; et de là cette loi fondamentale : « Toute décision du peuple sera précédée par un décret du sénat [10]. »

Puisque tous les citoyens ont le droit d'assister à l'assemblée, ils

---

1. Plut., in Solon., t. I, p. 87. — 2. Id., ibid. — 3. Demosth., in Timocr. p. 805. Æschin., in Timarch., p. 261. — 4. Solon. ap. Plut., in Solon., t. I, p. 88 — 5. Cicer., epist. xv ad Brutum, t. IX, p. 115. — 6. Plut., ibid. — 7. Aristot. De rhet. ad Alex., cap. III, t. II, p. 612. — 8. Demosth., De fals. leg., p. 314. — 9. Plut., ibid. — 10. Demosth., in Leptin., p. 541; id., in Androt., p. 699. Liban. n Androt., p. 696. Plut. in Solon., p. 88. Harpocr., in Προϐ.

doivent avoir celui de donner leurs suffrages : mais il serait à craindre qu'après le rapport du sénat, des gens sans expérience ne s'emparassent tout à coup de la tribune, et n'entraînassent la multitude. Il fallait donc préparer les premières impressions qu'elle recevrait : il fut réglé que les premiers opinants seraient âgés de plus de cinquante ans [1].

Dans certaines républiques, il s'élevait des hommes qui se dévouaient au ministère de la parole; et l'expérience avait appris que leurs voix avaient souvent plus de pouvoir dans les assemblées publiques que celle des lois [2]. Il était nécessaire de se mettre à couvert de leur éloquence. On crut que leur probité suffirait pour répondre de l'usage de leurs talents : il fut ordonné que nul orateur ne pourrait se mêler des affaires publiques, sans avoir subi un examen qui roulerait sur sa conduite; et l'on permit à tout citoyen de poursuivre en justice l'orateur qui aurait trouvé le secret de dérober l'irrégularité de ses mœurs à la sévérité de cet examen [3].

Après avoir pourvu à la manière dont la puissance suprême doit annoncer ses volontés, il fallait choisir les magistrats destinés à les exécuter. En qui réside le pouvoir de conférer les magistratures ? à quelles personnes, comment, pour combien de temps, avec quelles restrictions doit-on les conférer ? Sur tous ces points, les règlements de Solon paraissent conformes à l'esprit d'une sage démocratie.

Les magistratures, dans ce gouvernement, ont des fonctions si importantes, qu'elles ne peuvent émaner que du souverain. Si la multitude n'avait, autant qu'il est en elle, le droit d'en disposer et de veiller à la manière dont elles sont exercées, elle serait esclave, et deviendrait par conséquent ennemie de l'État [4]. Ce fut à l'assemblée générale que Solon laissa le pouvoir de choisir les magistrats et celui de se faire rendre compte de leur administration [5].

Dans la plupart des démocraties de la Grèce, tous les citoyens, même les plus pauvres, peuvent aspirer aux magistratures [6]. Solon jugea plus convenable de laisser ce dépôt entre les mains des riches, qui en avaient joui jusqu'alors [7]. Il distribua les citoyens de l'Attique en quatre classes. On était inscrit dans la première, dans la seconde, dans la troisième, suivant qu'on percevait de son héritage, cinq cents, trois cents, deux cents mesures de blé ou d'huile. Les autres citoyens, la plupart pauvres et ignorants, furent compris dans la quatrième, et éloignés des emplois [8]. S'ils avaient eu l'espérance d'y parvenir, ils les auraient moins respectés; s'ils y étaient parvenus en effet, qu'aurait-on pu en attendre [9] ?

Il est essentiel à la démocratie, que les magistratures ne soient accordées que pour un temps, et que celles du moins qui ne demandent

---

1. Æschin., in Timarch., p. 264. — 2. Plut., in Conv., t. II, p. 154. — 3. Æschin. in Timarch., p. 264. Harpocr. et Suid., in Ῥήτωρ Γραφ. — 4. |Aristot., De rep., lib. II, cap. XII, t. II, p. 336. — 5. Id., ibid., lib. III, cap. XI, p. 350; lib. VI, cap. IV, p. 416. — 6. Id., ibid., lib. V, cap. VIII, p. 399; lib. VI, cap. II, p. 414. — 7. Id., ibid., lib. II, cap. XII, p. 336. — 8. Plut., in Solon., t. I, p. 88. — 9. Aristot., ibid., lib. III, cap. XI, p. 350.

pas un certain degré de lumières, soient données par la voie du sort[1]. Solon ordonna qu'on les conférerait tous les ans, que les principales seraient électives, comme elles l'avaient toujours été[2], et que les autres seraient tirées au sort[3].

Enfin, les neuf principaux magistrats, présidant, en qualité d'Archontes, à des tribunaux où se portaient les causes des particuliers, il était à craindre que leur pouvoir ne leur donnât trop d'influence sur la multitude. Solon voulut qu'on pût appeler de leurs sentences au jugement des cours supérieures[4].

Il restait à remplir ces cours de justice. Nous avons vu que la dernière et la plus nombreuse classe des citoyens ne pouvait participer aux magistratures. Une telle exclusion, toujours avilissante dans un État populaire, eût été infiniment dangereuse[5], si les citoyens qui l'éprouvaient n'avaient pas reçu quelque dédommagement, et s'ils avaient vu le dépôt de leurs intérêts et de leurs droits entre les mains des gens riches. Solon ordonna que tous, sans distinction, se présenteraient pour remplir les places des juges, et que le sort déciderait entre eux[6].

Ces règlements nécessaires pour établir une sorte d'équilibre entre les différentes classes de citoyens, il fallait, pour les rendre durables, en confier la conservation à un corps dont les places fussent à vie, qui n'eût aucune part à l'administration, et qui pût imprimer dans les esprits une haute opinion de sa sagesse. Athènes avait dans l'Aréopage un tribunal qui s'attirait la confiance et l'amour des peuples, par ses lumières et par son intégrité[7]. Solon l'ayant chargé de veiller au maintien des lois et des mœurs, l'établit comme une puissance supérieure qui devait ramener sans cesse le peuple aux principes de la constitution, et les particuliers aux règles de la bienséance et du devoir. Pour lui concilier plus de respect et l'instruire à fond des intérêts de la république, il voulut que les archontes, en sortant de place, fussent, après un sévère examen, inscrits au nombre des sénateurs.

Ainsi, le sénat de l'Aréopage et celui des Quatre-Cents devenaient deux contre-poids assez puissants pour garantir la république des orages qui menacent les États[8] : le premier, en réprimant, par sa censure générale, les entreprises des riches; le second, en arrêtant, par ses décrets et par sa présence, les excès de la multitude.

De nouvelles lois vinrent à l'appui de ces dispositions. La constitution pouvait être attaquée ou par les factions générales qui depuis si longtemps agitaient les différents ordres de l'État, ou par l'ambition et les intrigues de quelques particuliers.

Pour prévenir ces dangers, Solon décerna des peines contre les citoyens qui, dans un temps de troubles, ne se déclareraient pas ouvertement pour un des partis[9]. Son objet, dans ce règlement admi-

---

1. Aristot., in Solon., lib. VI, cap. II, p. 414. — 2. Id., ibid., lib. II, cap. XII, — 3. Æschin., in Timarch., p. 63. — 4. Plut., in Solon., p. 88. — 5. Aristot., De rep., lib. III, cap. XI, t. II, p. 350. — 6. Id., ibid., lib. II, cap. XII, p. 336. Demosth., in Aristog., p. 830. — 7. Meurs., Ærop., cap. IV. — 8. Plut., in Solon. t. I, p. 88. — 9. Id., ibid., p. 89. Aul. Gell., lib. II, cap. XII.

rable, était de tirer les gens de bien d'une inaction funeste, de les jeter au milieu des factieux, et de sauver la république par le courage et l'ascendant de la vertu.

Une seconde loi condamne à la mort le citoyen convaincu d'avoir voulu s'emparer de l'autorité souveraine[1].

Enfin, dans le cas où un autre gouvernement s'élèverait sur les ruines du gouvernement populaire, il ne voit qu'un moyen pour réveiller la nation; c'est d'obliger les magistrats à se démettre de leurs emplois; et de là ce décret foudroyant : « Il sera permis à chaque citoyen d'arracher la vie, non-seulement à un tyran et à ses complices, mais encore au magistrat qui continuera ses fonctions après la destruction de la démocratie[2]. »

Telle est en abrégé la république de Solon. Je vais parcourir ses lois civiles et criminelles avec la même rapidité.

J'ai déjà dit que celles de Dracon sur l'homicide furent conservées sans le moindre changement. Solon abolit les autres, ou plutôt se contenta d'en adoucir la rigueur[3], de les refondre avec les siennes, et de les assortir au caractère des Athéniens. Dans toutes il s'est proposé le bien général de la république plutôt que celui des particuliers[4]. Ainsi, suivant ses principes, conformes à ceux des philosophes les plus éclairés, le citoyen doit être considéré, 1° dans sa personne, comme faisant partie de l'État[5]; 2° dans la plupart des obligations qu'il contracte, comme appartenant à une famille qui appartient elle-même à l'État[6]; 3° dans sa conduite, comme membre d'une société dont les mœurs constituent la force d'un État.

1° Sous le premier de ces aspects, un citoyen peut demander une réparation authentique de l'outrage qu'il a reçu dans sa personne. Mais, s'il est extrêmement pauvre, comment pourra-t-il déposer la somme qu'on exige d'avance de l'accusateur? Il en est dispensé par les lois[7]. Mais, s'il est né dans une condition obscure, qui le garantira des attentats d'un homme riche et puissant? Tous les partisans de la démocratie, tous ceux que la probité, l'intérêt, la jalousie et la vengeance, rendent ennemis de l'agresseur; tous sont autorisés par cette loi excellente : Si quelqu'un insulte un enfant, une femme, un homme libre ou esclave, qu'il soit permis à tout Athénien de l'attaquer en justice[8]. De cette manière l'accusation deviendra publique, et l'offense faite au moindre citoyen sera punie comme un crime contre l'État; et cela est fondé sur ce principe : « La force est le partage de quelques-uns, et la loi le soutien de tous[9]. » Cela est encore fondé sur cette maxime de Solon : « Il n'y aurait point d'injustices dans une ville, si tous les citoyens en étaient aussi révoltés que ceux qui les éprouvent[10]. »

La liberté du citoyen est si précieuse, que les lois seules peuvent en

---

1. Plut., in Solon., t. I, p. 110. — 2. Andoc., de myster., p. 13. — 3. Lys. ap. Diog. Laert., in Solon., § 55. — 4. Demosth., in Androt., p. 703. — 5. Aristot., de rep., lib. VIII, cap. I, p. 450. — 6. Plat., de leg., lib. XI, p. 923. — 7. Isocr., in Loch., t. II, p. 547. — 8. Demosth., in Mid., p. 610. Isocr., ibid., p. 548. Plut., in Solon., p. 88. — 9. Demost., in Mid., p. 610. — 10. Plut., in Solon., t. I, p. 88. Stob., serm. XLI, p. 247 et 268.

suspendre l'exercice, que lui-même ne peut l'engager ni pour dettes ni sous quelque prétexte que ce soit[1], et qu'il n'a pas le droit de disposer de celle de ses fils. Le législateur lui permet de vendre sa fille ou sa sœur, mais seulement dans le cas où, chargé de leur conduite[2], il aurait été témoin de leur déshonneur[3].

Lorsqu'un Athénien attente à ses jours, il est coupable envers l'État, qu'il prive d'un citoyen[4]. On enterre séparément sa main[5]; et cette circonstance est une flétrissure. Mais, s'il attente à la vie de son père, quel sera le châtiment prescrit par les lois? Elles gardent le silence sur ce forfait. Pour en inspirer plus d'horreur, Solon a supposé qu'il n'était pas dans l'ordre des choses possibles[6].

Un citoyen n'aurait qu'une liberté imparfaite, si son honneur pouvait être impunément attaqué. De là les peines prononcées contre les calomniateurs, et la permission de les poursuivre en justice[7]; de là encore la défense de flétrir la mémoire d'un homme qui n'est plus[8]. Outre qu'il est d'une sage politique de ne pas éterniser les haines entre les familles, il n'est pas juste qu'on soit exposé, après sa mort, à des insultes qu'on aurait repoussées pendant sa vie.

Un citoyen n'est pas le maître de son honneur, puisqu'il ne l'est pas de sa vie. De là ces lois qui, dans diverses circonstances, privent celui qui se déshonore des privilèges qui appartiennent au citoyen.

Dans les autres pays, les citoyens des dernières classes sont tellement effrayés de l'obscurité de leur état, du crédit de leurs adversaires, de la longueur des procédures, et des dangers qu'elles entraînent qu'il leur est souvent plus avantageux de supporter l'oppression que de chercher à s'en garantir. Les lois de Solon offrent plusieurs moyens de se défendre contre la violence ou l'injustice. S'agit-il, par exemple, d'un vol[9], vous pouvez vous-même traîner le coupable devant les onze magistrats préposés à la garde des prisons; ils le mettront aux fers, et le traduiront ensuite au tribunal, qui vous condamnera à une amende si le crime n'est pas prouvé. N'êtes-vous pas assez fort pour saisir le coupable, adressez-vous aux archontes, qui le feront traîner en prison par leurs licteurs. Voulez-vous une autre voie, accusez-le publiquement. Craignez-vous de succomber dans cette accusation et de payer l'amende de mille drachmes, dénoncez-le au tribunal des arbitres; la cause deviendra civile, et vous n'aurez rien à risquer. C'est ainsi que Solon a multiplié les forces de chaque particulier, et qu'il n'est presque point de vexations dont il ne soit facile de triompher.

La plupart des crimes qui attaquent la sûreté du citoyen peuvent être poursuivis par une accusation privée ou publique. Dans le premier cas, l'offensé ne se regarde que comme un simple particulier, et ne demande qu'une réparation proportionnée aux délits particuliers;

---

1. Plut., in Solon., t. I, p. 86. — 2. Id., ibid., p. 91. — 3. Voy. la note III à la fin du volume. — 4. Aristot., De mor., lib. V, cap. XV, t. II, p. 73. — 5. Æschin., in Ctesiph., p. 467. Pet., in Leg. attic., p. 522. — 6. Cicer., in Rosc., cap. XXV, t. IV, p. 72. Diog. Laert., in Solon., § 59. — 7. Pet., in Leg. attic. p. 535. — 8. Plut., in Solon., p. 89. — 9. Demosth., in Androt., p. 703.

dans le second, il se présente en qualité de citoyen, et le crime devient plus grave. Solon a facilité les accusations publiques, parce qu'elles sont plus nécessaires dans une démocratie que partout ailleurs [1]. Sans ce frein redoutable, la liberté générale serait sans cesse menacée par la liberté de chaque particulier.

2° Voyons à présent quels sont les devoirs du citoyen dans la plupart des obligations qu'il contracte.

Dans une république sagement réglée, il ne faut pas que le nombre des habitants soit trop grand ni trop petit [2]. L'expérience a fait voir que le nombre des hommes en état de porter les armes ne doit être ici ni fort au-dessus ni fort au-dessous de vingt mille [3].

Pour conserver la proportion requise, Solon, entre autres moyens, ne permet de naturaliser les étrangers que sous des conditions difficiles à remplir [4]. Pour éviter, d'un autre côté, l'extinction des familles, il veut que leurs chefs, après leur mort, soient représentés par des enfants légitimes ou adoptifs; et dans le cas où un particulier meurt sans postérité, il ordonne qu'on substitue juridiquement au citoyen décédé un de ses héritiers naturels, qui prendra son nom, et perpétuera sa famille [5].

Le magistrat chargé d'empêcher que les maisons ne restent désertes, c'est-à-dire sans chefs, doit étendre ses soins et la protection des lois sur les orphelins, sur les femmes qui déclarent leur grossesse après la mort de leurs époux, sur les filles qui, n'ayant point de frères, sont en droit de recueillir la succession de leurs pères [6].

Un citoyen adopte-t-il un enfant, ce dernier pourra quelque jour retourner dans la maison de ses pères; mais il doit laisser dans celle qui l'avait adopté un fils qui remplisse les vues de la première adoption; et ce fils, à son tour, pourra quitter cette maison, après y avoir laissé un fils naturel ou adoptif qui le remplace [7].

Ces précautions ne suffisaient pas. Le fil des générations peut s'interrompre par des divisions et des haines survenues entre les deux époux. Le divorce sera permis, mais à des conditions qui en restreindront l'usage [8]. Si c'est le mari qui demande la séparation, il s'expose à rendre la dot à sa femme, ou du moins à lui payer une pension alimentaire fixée par la loi [9]; si c'est la femme, il faut qu'elle comparaisse elle-même devant les juges, et qu'elle leur présente sa requête [10].

Il est essentiel, dans la démocratie, non-seulement que les familles soient conservées, mais que les biens ne soient pas entre les mains d'un petit nombre de particuliers [11]. Quand ils sont répartis dans une certaine proportion, le peuple, possesseur de quelques légères portions de terrain, en est plus occupé que des dissensions de la place pu-

---

1. Machiavel, Discors. sopra la prima decad. di Liv., lib. I, cap. vii et viii. — 2. Plat., De rep., lib. IV, t. II, p. 423. Aristot., De rep., lib. VII, cap. iv, p. 430. — 3. Plat., in Crit., t. III, p. 112. Demosth., in Aristog., p. 836. Plut., in Pericl., t. I, p. 172. Philoch. ap. Schol. Pind., Olymp. ix, v. 67. Schol. Aristoph., in Vesp., v. 716. — 4. Plut., in Solon, p. 91. — 5. Demosth., in Leoch., p. 1047. — 6. Id., in Macart., p. 1040. — 7. Id., in Leoch., p. 1045. — 8. Pet., in Leg. attic., p. 459. — 9. Demosth., in Neær, p. 869. — 10. Andocid., in Alcib., p. 30. Plut., in Alcib., t. I, p. 195. — 11. Aristot., De rep., lib. IV, cap. xi, t. II, p. 375.

blique. De là les défenses faites par quelques législateurs de vendre ses possessions hors le cas d'une extrême nécessité [1], ou de les engager pour se procurer des ressources contre le besoin [2]. La violation de ce principe a suffi quelquefois pour détruire la constitution [3].

Solon ne s'en est point écarté : il prescrit des bornes aux acquisitions qu'un particulier peut faire [4]; il enlève une partie de ses droits au citoyen qui a follement consumé l'héritage de ses pères [5].

Un Athénien qui a des enfants ne peut disposer de ses biens qu'en leur faveur : s'il n'en a point, et qu'il meure sans testament, la succession va de droit à ceux à qui le sang l'unissait de plus près [6] : s'il laisse une fille unique héritière de son bien, c'est au plus prochain parent de l'épouser [7]; mais il doit la demander en justice, afin que, dans la suite, personne ne puisse lui en disputer la possession. Les droits du plus proche parent sont tellement reconnus, que si l'une de ses parentes, légitimement unie avec un Athénien, venait à recueillir la succession de son père mort sans enfants mâles, il serait en droit de faire casser ce mariage, et de la forcer à l'épouser [8].

Mais si cet époux n'est pas en état d'avoir des enfants, il transgressera la loi qui veille au maintien des familles; il abusera de la loi qui conserve les biens des familles. Pour le punir de cette double infraction, Solon permet à la femme de se livrer au plus proche parent de l'époux [9].

C'est dans la même vue qu'une orpheline, fille unique, ou aînée de ses sœurs, peut, si elle n'a pas de bien, forcer son plus proche parent à l'épouser, ou à lui constituer une dot; s'il s'y refuse, l'archonte peut l'y contraindre, sous peine de payer lui-même mille drachmes [10]. C'est encore par une suite de ces principes, que d'un côté l'héritier naturel ne peut pas être tuteur, et le tuteur ne peut pas épouser la mère de ses pupilles [11]; que, d'un autre côté, un frère peut épouser sa sœur consanguine, et non sa sœur utérine [12]. En effet, il serait à craindre qu'un tuteur intéressé, qu'une mère dénaturée, ne détournassent à leur profit le bien des pupilles; il serait à craindre qu'un frère, en s'unissant avec sa sœur utérine, n'accumulât sur sa tête, et l'hérédité de son père, et celle du premier mari de sa mère [13].

Tous les règlements de Solon sur les successions, sur les testaments, sur les donations, sont dirigés par le même esprit. Cependant nous devons nous arrêter sur celui par lequel il permet au citoyen qui meurt sans enfants de disposer de son bien à sa volonté. Des philosophes se sont élevés et s'élèveront peut-être encore contre une loi qui paraît si contraire aux principes du législateur [14] : d'autres le

1. Aristot., De rep., lib. II, cap. VII, p. 323. — 2. Id., ibid., lib. VI, cap. IV, p. 417. — 3. Id., ibid., lib. V, cap. III, p. 388. — 4. Id., ibid., lib. II, cap. VII, p. 323. — 5. Diog. Laert., in Solon., § 55. — 6. Demosth., in Macart., p. 1035. — 7. Pet., in Leg. attic., p. 441. — 8. Id., ibid., p. 444. Herald. Animad. in Salmas., lib. III, cap. XV. — 9. Plut., in Solon., p. 89. — 10. Neuf cents livres. Demosth., in Macart., p. 1036. — 11. Diog. Laert., in Solon., § 56. — 12. Corn. Nep., in Præf.; id., in Cim. Plut., in Themist., p. 128; in Cim., p. 480. Pet., in Leg. attic., p. 440. — 13. Esprit des lois, liv. V, chap. V. — 14. Plat., De leg., lib. XI, p. 922. Esprit des lois, liv. V, chap. V.

justifient, et par les restrictions qu'il mit à la loi, et par l'objet qu'il s'était proposé. Il exige en effet que le testateur ne soit accablé ni par la vieillesse ni par la maladie, qu'il n'ait point cédé aux séductions d'une épouse, qu'il ne soit point détenu dans les fers, que son esprit n'ait donné aucune marque d'aliénation [1]. Quelle apparence que dans cet état il choisisse un héritier dans une autre famille, s'il n'a pas à se plaindre de la sienne ? Ce fut donc pour exciter les soins et les attentions parmi les parents [2] que Solon accorda aux citoyens un pouvoir qu'ils n'avaient pas eu jusqu'alors, qu'ils reçurent avec applaudissement [3], et dont il n'est pas naturel d'abuser. Il faut ajouter qu'un Athénien qui appelle un étranger à sa succession est en même temps obligé de l'adopter [4].

Les Égyptiens ont une loi par laquelle chaque particulier doit rendre compte de sa fortune et de ses ressources [5]. Cette loi est encore plus utile dans une démocratie, où le peuple ne doit ni être désœuvré, ni gagner sa vie par des moyens illicites [6] : elle est encore plus nécessaire dans un pays où la stérilité du sol ne peut être compensée que par le travail et par l'industrie [7].

De là les règlements par lesquels Solon assigne l'infamie à l'oisiveté [8]; ordonne à l'Aréopage de rechercher de quelle manière les particuliers pourvoient à leur subsistance; leur permet à tous d'exercer des arts mécaniques, et prive celui qui a négligé de donner un métier à son fils des secours qu'il doit en attendre dans sa vieillesse [9].

3° Il ne reste plus qu'à citer quelques-unes des dispositions plus particulièrement relatives aux mœurs.

Solon, à l'exemple de Dracon, a publié quantité de lois sur les devoirs des citoyens, et en particulier sur l'éducation de la jeunesse [10]. Il y prévoit tout, il y règle tout, et l'âge précis où les enfants doivent recevoir des leçons publiques, et les qualités des maîtres chargés de les instruire, et celles des précepteurs destinés à les accompagner, et l'heure où les écoles doivent s'ouvrir et se fermer. Comme il faut que ces lieux ne respirent que l'innocence : « Qu'on punisse de mort, ajoute-t-il, tout homme qui, sans nécessité, oserait s'introduire dans le sanctuaire où les enfants sont rassemblés, et qu'une des cours de justice veille à l'observation des règlements [11]. »

Au sortir de l'enfance, ils passeront dans le gymnase. Là se perpétueront des lois destinées à conserver la pureté de leurs mœurs, à les préserver de la contagion de l'exemple, et des dangers de la séduction.

Dans les divers périodes de leur vie, de nouvelles passions se succéderont rapidement dans leurs cœurs. Le législateur a multiplié les menaces et les peines; il assigne des récompenses aux vertus et le déshonneur aux vices [12].

1. Demosth., in Steph., 2, p. 984. — 2. Id., in Lept., p. 556. — 3. Plut., in Solon., p. 90. — 4. Pet., in Leg. attic., p. 479. — 5. Herodot., lib. II, cap. 177. Diod., lib. I, p. 70. — 6. Aristot., De rep., lib. VI, cap. IV. Esprit des lois, liv V, chap. VI. — 7. Plut., in Solon., p. 90. — 8. Diog. Laert., in Solon., § 55. Poll., lib. VIII, cap. VI, § 42. Demosth., in Eubul., p. 387. — 9. Plut. ibid. — 10. Æschin., in Timarch., p. 261. — 11. Id., ibid. — 12. Demosth., in Leptin., p. 564.

Ainsi les enfants de ceux qui mourront les armes à la main seront élevés aux dépens du public[1]; ainsi des couronnes seront solennellement décernées à ceux qui auront rendu des services à l'État.

D'un autre côté, le citoyen devenu fameux par la dépravation de ses mœurs, de quelque État qu'il soit, quelque talent qu'il possède, sera exclu des sacerdoces, des magistratures, du sénat, de l'assemblée générale : il ne pourra ni parler en public, ni se charger d'une ambassade, ni siéger dans les tribunaux de justice; et s'il exerce quelqu'une de ces fonctions, il sera poursuivi criminellement, et subira les peines rigoureuses prescrites par la loi[2].

La lâcheté, sous quelque forme qu'elle se produise, soit qu'elle refuse le service militaire, soit qu'elle le trahisse par une action indigne, ne peut être excusée par le rang du coupable, ni sous aucun autre prétexte : elle sera punie, non-seulement par le mépris général, mais par une accusation publique, qui apprendra au citoyen à redouter encore plus la honte infligée par la loi, que le fer de l'ennemi[3].

C'est par les lois que toute espèce de recherches et de délicatesse est interdite aux hommes[4]; que les femmes, qui ont tant d'influence sur les mœurs, sont contenues dans les bornes de la modestie[5]; qu'un fils est obligé de nourrir dans leur vieillesse ceux dont il a reçu le jour[6]. Mais les enfants qui sont nés d'une courtisane sont dispensés de cette obligation à l'égard de leur père : car, après tout, ils ne lui sont redevables que de l'opprobre de leur naissance[7].

Pour soutenir les mœurs, il faut des exemples, et ces exemples doivent émaner de ceux qui sont à la tête du gouvernement. Plus ils tombent de haut, plus ils font une impression profonde. La corruption des derniers citoyens est facilement réprimée, et ne s'étend que dans l'obscurité; car la corruption ne remonte jamais d'une classe à l'autre : mais, quand elle ose s'emparer des lieux où réside le pouvoir, elle se précipite de là avec plus de force que les lois elles-mêmes : aussi n'a-t-on pas craint d'avancer que les mœurs d'une nation dépendent uniquement de celle du souverain[8].

Solon était persuadé qu'il ne faut pas moins de décence et de sainteté pour l'administration d'une démocratie que pour le ministère des autels. De là ces examens, ces serments, ces comptes rendus qu'il exige de ceux qui sont ou qui ont été revêtus de quelque pouvoir; de là sa maxime, que la justice doit s'exercer avec lenteur sur les fautes des particuliers, à l'instant même sur celles de gens en place[9]; de là cette loi terrible par laquelle on condamne à la mort l'archonte qui, après avoir perdu sa raison dans les plaisirs de la table, ose paraître en public avec les marques de sa dignité[10].

Enfin, si l'on considère que la censure des mœurs fut confiée à un

---

1. Diog. Laert., in Solon., § 55. — 2. Æschin., in Timarch., p. 263. — 3. Id., in Ctesiph., p. 456. — 4. Athen., lib. XV, p. 687. — 5. Plut., in Solon., p. 90. — 6. Diog. Laert., in Solon., § 55. — 7. Plut., ibid. — 8. Isocr. ad Nicocl., t. I, p. 168. — 9. Demosth., in Aristog., p. 845. — 10. Diog. Laert., in Solon., § 57. Pet., in Leg. attic., p. 240.

tribunal dont la conduite austère était la plus forte des censures, on concevra sans peine que Solon regardait les mœurs comme le plus ferme appui de sa législation.

Tel fut le système général de Solon. Ses lois civiles et criminelles ont toujours été regardées comme des oracles par les Athéniens, comme des modèles par les autres peuples. Plusieurs États de la Grèce se sont fait un devoir de les adopter[1]; et du fond de l'Italie, les Romains, fatigués de leurs divisions, les ont appelées à leur secours[2]. Comme les circonstances peuvent obliger un État à modifier quelques-unes de ses lois, je parlerai ailleurs des précautions que prit Solon pour introduire les changements nécessaires, pour éviter les changements dangereux.

La forme de gouvernement qu'il établit diffère essentiellement de celle que l'on suit à présent. Faut-il attribuer ce prodigieux changement à des vices inhérents à la constitution même? doit-on le rapporter à des événements qu'il était impossible de prévoir? J'oserai, d'après des lumières puisées dans le commerce de plusieurs Athéniens éclairés, hasarder quelques réflexions sur un sujet si important: mais cette légère discussion doit être précédée par l'histoire des révolutions arrivées dans l'État, depuis Solon jusqu'à l'invasion des Perses.

Les lois de Solon ne devaient conserver leur force que pendant un siècle. Il avait fixé ce terme pour ne pas révolter les Athéniens par la perspective d'un joug éternel. Après que les sénateurs, les archontes, le peuple, se furent par serment engagés à les maintenir, on les inscrivit sur les diverses faces de plusieurs rouleaux de bois, que l'on plaça d'abord dans la citadelle. Ils s'élevaient du sol jusqu'au toit de l'édifice qui les renfermait[3]; et, tournant au moindre effort sur eux-mêmes, ils présentaient successivement le code entier des lois aux yeux des spectateurs. On les a depuis transportés dans le Prytanée et dans d'autres lieux, où il est permis et facile aux particuliers de consulter ces titres précieux de leur liberté[4].

Quand on les eut médités à loisir, Solon fut assiégé d'une foule d'importuns qui l'accablaient de questions, de conseils, de louanges, ou de reproches. Les uns le pressaient de s'expliquer sur quelques lois susceptibles, suivant eux, de différentes interprétations; les autres lui présentaient des articles qu'il fallait ajouter, modifier ou supprimer. Solon, ayant épuisé les voies de la douceur et de la patience, comprit que le temps seul pouvait consolider son ouvrage: il partit, après avoir demandé la permission de s'absenter pendant dix ans[5], et engagé les Athéniens, par un serment solennel, à ne point toucher à ses lois jusqu'à son retour[6].

En Égypte, il fréquenta ces prêtres qui croient avoir entre leurs mains les annales du monde; et comme un jour il étalait à leurs yeux

---

1. Demosth., in Timarch., p. 805. — 2. Tit. Liv., lib. III, cap. XXXI. Mém. de l'Acad., t. XII, p. 42. — 3. Etym. mag., in Ἄξων. — 4. Plut., in Solon., p. 92. Aul. Gell., lib. II, cap. XII. Poll., lib. VIII, cap. X, n. 128. Meurs., Lect. attic., lib. I, cap. XXII. Pet., in præf. Leg. attic. — 5. Plut., ibid. — 6. Herodot., lib. I, cap. XXIX.

les anciennes traditions de la Grèce : « Solon ! Solon ! dit gravement un de ces prêtres, vous autres Grecs, vous êtes bien jeunes : le temps n'a pas encore blanchi vos connaissances[1]. » En Crète, il eut l'honneur d'instruire dans l'art de régner le souverain d'un petit canton, et de donner son nom à une ville dont il procura le bonheur[2].

A son retour, il trouva les Athéniens près de retomber dans l'anarchie[3]. Les trois partis qui depuis si longtemps déchiraient la république semblaient n'avoir suspendu leur haine pendant sa législation que pour l'exhaler avec plus de force pendant son absence : ils ne se réunissaient que dans un point ; c'était à désirer un changement dans la constitution, sans autre motif qu'une inquiétude secrète, sans autre objet que des espérances incertaines.

Solon, accueilli avec les honneurs les plus distingués, voulut profiter de ces dispositions favorables pour calmer des dissensions trop souvent renaissantes : il se crut d'abord puissamment secondé par Pisistrate, qui se trouvait à la tête de la faction du peuple, et qui, jaloux en apparence de maintenir l'égalité parmi les citoyens, s'élevait hautement contre les innovations capables de la détruire ; mais il ne tarda pas à s'apercevoir que ce profond politique cachait sous une feinte modération une ambition démesurée.

Jamais homme ne réunit plus de qualités pour captiver les esprits : une naissance illustre[4], des richesses considérables, une valeur brillante et souvent éprouvée[5], une figure imposante[6], une éloquence persuasive[7], à laquelle le son de la voix prêtait de nouveaux charmes[8], un esprit enrichi des agréments que la nature donne, et des connaissances que procure l'étude[9]. Jamais homme d'ailleurs ne fut plus maître de ses passions, et ne sut mieux faire valoir les vertus qu'il possédait en effet, et celles dont il n'avait que les apparences[10]. Ses succès ont prouvé que, dans les projets d'une exécution lente, rien ne donne plus de supériorité que la douceur et la flexibilité du caractère.

Avec de si grands avantages, Pisistrate, accessible aux moindres citoyens, leur prodiguait les consolations et les secours qui tarissent la source des maux, ou qui en corrigent l'amertume[11]. Solon, attentif à ses démarches, pénétra ses intentions ; mais, tandis qu'il s'occupait du soin d'en prévenir les suites, Pisistrate parut dans la place publique, couvert de blessures qu'il s'était adroitement ménagées, implorant la protection de ce peuple qu'il avait si souvent protégé lui-même[12]. On convoque l'assemblée : il accuse le sénat et les chefs des autres factions d'avoir attenté à ses jours ; et montrant ses plaies encore sanglantes, « Voilà, s'écrie-t-il, le prix de mon amour pour la démocratie, et du zèle avec lequel j'ai défendu vos droits[13]. »

---

1. Plat., in Crit., t. III, p. 22. — 2. Plut., in Solon., p. 93. — 3. Id., ibid., p. 94. — 4. Herodot., lib. V, cap. 65. — 5. Id., lib. I, cap. LIX. — 6. Athen., lib. XII, cap. VIII, p. 533. — 7. Plut., in Solon., p. 95. Cicer., in Brut., cap. VII, t. I, p. 342. — 8. Plut., in Pericl., p. 155. — 9. Cicer., De orat., lib. III, cap. XXXIV, t. I, p. 312. — 10. Plut., in Solon., p. 95. — 11. Id., ibid. — 12. Herodot., lib. I, cap. LIX. Aristot., De rhet., lib. I, cap. II, t. II, p. 548. Diod., lib. XIII, p. 215. Diog. Laer., in Solon., etc. — 13. Justin., lib. II, cap. VIII. Polyæn. Strat., lib. I, p. II.

A ces mots, des cris menaçants éclatent de toutes parts : les principaux citoyens étonnés gardent le silence, ou prennent la fuite. Solon, indigné de leur lâcheté et de l'aveuglement du peuple, tâche vainement de ranimer le courage des uns, de dissiper l'illusion des autres [1]; sa voix, que les années ont affaiblie, est facilement étouffée par les clameurs qu'excitent la pitié, la fureur, et la crainte. L'assemblée se termine par accorder à Pisistrate un corps redoutable de satellites chargés d'accompagner ses pas, et de veiller à sa conservation. Dès ce moment tous ses projets furent remplis : il employa bientôt ses forces à s'emparer de la citadelle [2]; et après avoir désarmé la multitude, il se revêtit de l'autorité suprême [3].

Solon ne survécut pas longtemps à l'asservissement de sa patrie. Il s'était opposé, autant qu'il l'avait pu, aux nouvelles entreprises de Pisistrate. On l'avait vu, les armes à la main, se rendre à la place publique, et chercher à soulever le peuple [4]; mais son exemple et ses discours ne faisaient plus aucune impression : ses amis seuls, effrayés de son courage, lui représentaient que le tyran avait résolu sa perte : «Et après tout, ajoutaient-ils, qui peut vous inspirer une telle fermeté ? — Ma vieillesse, » répondit-il [5].

Pisistrate était bien éloigné de souiller son triomphe par un semblable forfait. Pénétré de la plus haute considération pour Solon, il sentait que le suffrage de ce législateur pouvait seul justifier, en quelque manière, sa puissance : il le prévint par des marques distinguées de déférence et de respect; il lui demanda des conseils; et Solon, cédant à la séduction en croyant céder à la nécessité, ne tarda pas à lui en donner [6]; il se flattait sans doute d'engager Pisistrate à maintenir les lois, et à donner moins d'atteinte à la constitution établie.

Trente-trois années s'écoulèrent depuis la révolution jusqu'à la mort de Pisistrate [7]; mais il ne fut à la tête des affaires que pendant dix-sept ans [8]. Accablé par le crédit de ses adversaires, deux fois obligé de quitter l'Attique, deux fois il reprit son autorité [9]; et il eut la consolation, avant que de mourir, de l'affermir dans sa famille.

Tant qu'il fut à la tête de l'administration, ses jours, consacrés à l'utilité publique, furent marqués ou par de nouveaux bienfaits, ou par de nouvelles vertus.

Ses lois, en bannissant l'oisiveté, encouragèrent l'agriculture et l'industrie : il distribua dans la campagne cette foule de citoyens obscurs que la chaleur des factions avait fixés dans la capitale [10]; il ranima la valeur des troupes, en assignant aux soldats invalides une subsistance assurée pour le reste de leurs jours [11]. Aux champs, dans la place publique, dans ses jardins ouverts à tout le monde [12], il paraissait

---

1. Plut., in Solon., p. 96. — 2. Id., ibid. Polyæn., ibid. — 3. L'an 560 avant J. C. — 4. Plut., in Solon., p. 96. Diog. Laert., in Solon., § 49. Val. Max., lib. V, cap. III, n. 3. — 5. Plut., ibid. Cicer., De senect., cap. XX, t. III, p. 317. — 6. Plut., ibid. — 7. L'an 528 avant J.C. — 8. Aristot., De rep., lib. V, cap. XII, t. II, p. 411. Justin., lib. II, cap. VIII. — 9. Herodot., lib. I, cap. LXIV. Aristot., De rep., lib. V, cap. XII, t. II, p. 411. — 10. Dion. Chrysost., orat. VII, p. 120; orat. XXV, p. 281. Hesych. et Suid. in Κατων. — 11. Plut., in Solon., p. 96. — 12. Theopomp. ap. Athen., lib. XII, cap. VIII, p. 533.

comme un père au milieu de ses enfants, toujours prêt à écouter les plaintes des malheureux, faisant des remises aux uns, des avances aux autres, des offres à tous [1].

En même temps, dans la vue de concilier son goût pour la magnificence avec la nécessité d'occuper un peuple indocile et désœuvré [2]; il embellissait la ville par des temples, des gymnases, des fontaines [3]; et comme il ne craignait pas les progrès des lumières, il publiait une nouvelle édition des ouvrages d'Homère, et formait, pour l'usage des Athéniens, une bibliothèque composée des meilleurs livres que l'on connaissait alors.

Ajoutons ici quelques traits qui manifestent plus particulièrement l'élévation de son âme. Jamais il n'eut la faiblesse de se venger des insultes qu'il pouvait facilement punir. Sa fille assistait à une cérémonie religieuse : un jeune homme qui l'aimait éperdument, courut l'embrasser, et quelque temps après entreprit de l'enlever. Pisistrate répondit à sa famille, qui l'exhortait à la vengeance : « Si nous haïssons ceux qui nous aiment, que ferons-nous à ceux qui nous haïssent ? » Et, sans différer davantage, il choisit ce jeune homme pour l'époux de sa fille [4].

Des gens ivres insultèrent publiquement sa femme : le lendemain ils vinrent, fondant en larmes, solliciter un pardon qu'ils n'osaient espérer. « Vous vous trompez, leur dit Pisistrate; ma femme ne sortit point hier de toute la journée [5]. »

Enfin, quelques-uns de ses amis, résolus de se soustraire à son obéissance, se retirèrent dans une place forte. Il les suivit aussitôt, avec des esclaves qui portaient son bagage; et comme ces conjurés lui demandèrent quel était son dessein : « Il faut, leur dit-il, que vous me persuadiez de rester avec vous, ou que je vous persuade de revenir avec moi [6]. »

Ces actes de modération et de clémence, multipliés pendant sa vie, et rehaussés encore par l'éclat de son administration, adoucissaient insensiblement l'humeur intraitable des Athéniens, et faisaient que plusieurs d'entre eux préféraient une servitude si douce à leur ancienne et tumultueuse liberté [7].

Cependant, il faut l'avouer : quoique dans une monarchie Pisistrate eût été le modèle du meilleur des rois, dans la république d'Athènes on fut, en général, plus frappé du vice de son usurpation que des avantages qui en résultaient pour l'État.

Après sa mort, Hippias et Hipparque ses fils lui succédèrent : avec moins de talents, ils gouvernèrent avec la même sagesse [8]. Hipparque, en particulier, aimait les lettres. Anacréon et Simonide, attirés auprès de lui, en reçurent l'accueil qui devait le plus les flatter : il combla d'honneurs le premier, et de présents le second. Il doit partager avec

---

1. Ælian., Var. hist., lib. IX, cap. XXV. — 2. Aristot., ibid., cap. XI, t. II, p. 407. — 3. Meurs., in Pisist., cap. IX. — 4. Plut., Apophth., t. II, p. 189. Polyæn., Strat., lib. V, cap. XIV. Val. Max., lib. V, cap. I. — 5. Plut., ibid. — 6. Id., ibid., t. II, p. 189. — 7. Herodot., lib. I, cap. LXII. — 8. Thucyd., lib. VI, cap. LIV.

son père la gloire d'avoir étendu la réputation d'Homère[1]. On peut lui reprocher, ainsi qu'à son frère, de s'être trop livré aux plaisirs, et d'en avoir inspiré le goût aux Athéniens[2]. Heureux néanmoins si, au milieu de ces excès, il n'eût pas commis une injustice dont il fut la première victime !

Deux jeunes Athéniens, Harmodius et Aristogiton, liés entre eux de l'amitié la plus tendre, ayant essuyé de la part de ce prince un affront qu'il était impossible d'oublier, conjurèrent sa perte et celle de son frère[3]. Quelques-uns de leurs amis entrèrent dans ce complot, et l'exécution en fut remise à la solennité des Panathénées : ils espéraient que cette foule d'Athéniens qui, pendant les cérémonies de cette fête, avait la permission de porter les armes, seconderait leurs efforts, ou du moins les garantirait de la fureur des gardes qui entouraient les fils de Pisistrate.

Dans cette vue, après avoir couvert leurs poignards de branches de myrte, ils se rendent aux lieux où les princes mettaient en ordre une procession qu'ils devaient conduire au temple de Minerve. Ils arrivent ; ils voient un des conjurés s'entretenir familièrement avec Hippias : ils se croient trahis ; et, résolus de vendre chèrement leur vie, ils s'écartent un moment, trouvent Hipparque, et lui plongent le poignard dans le cœur[4]. Harmodius tombe aussitôt sous les coups redoublés des satellites du prince. Aristogiton, arrêté presque au même instant, fut présenté à la question ; mais loin de nommer ses complices, il accusa les plus fidèles partisans d'Hippias, qui, sur-le-champ, les fit traîner au supplice. « As-tu d'autres scélérats à dénoncer ? » s'écrie le tyran transporté de fureur. « Il ne reste plus que toi, répond l'Athénien : je meurs, et j'emporte en mourant la satisfaction de t'avoir privé de tes meilleurs amis[5]. »

Dès lors Hippias ne se signala plus que par des injustices[6] ; mais le joug qu'il appesantissait sur les Athéniens fut brisé trois ans après[7]. Clisthène, chef des Alcméonides, maison puissante d'Athènes, de tout temps ennemie des Pisistratides, rassembla tous les mécontents auprès de lui ; et ayant obtenu le secours des Lacédémoniens, par le moyen de la Pythie de Delphes qu'il avait mise dans ses intérêts[8], il marcha contre Hippias, et le força d'abdiquer la tyrannie. Ce prince, après avoir erré quelque temps avec sa famille, se rendit auprès de Darius, roi de Perse, et périt enfin à la bataille de Marathon[9].

Les Athéniens n'eurent pas plus tôt recouvré leur liberté, qu'ils rendirent les plus grands honneurs à la mémoire d'Harmodius et d'Aristogiton. On leur éleva des statues dans la place publique[10] : il fut réglé que leurs noms seraient célébrés à perpétuité dans la fête des Pana-

1. Plat., in Hipparch., t. II, p. 228. — 2. Athen., lib. XII, cap. VIII, p. 532. — 3. Thucyd., lib. VI, cap. LVI. Plat., in Hipparch., t. II, p. 229. Aristot., De rep., lib. V, cap. X, t. II, p. 406 ; et alii. — 4. L'an 514 avant J. C. — 5. Polyæn., Strat. lib. I, cap. XXII. Senec., De ira, lib. II, cap. XXIII. Justin., lib. II, cap. IX. 6. Thucyd., lib. VI, cap. LIX. Aristot., Œcon., lib. II, t. II, p. 502. Pausan., lib. I, p. XXIII, p. 53. — 7. L'an 510 avant J. C. — 8. Herodot., lib. V, cap. LXII et LXVI. — 9. Id., lib. VI, cap. CVII. Thucyd., ibid. — 10. Aristot., De rhet., lib. I, cap. IX, t. II, p. 533. Demosth., in Mid., p. 630. Plin., lib. XXXIV. cap. VIII, p. 654.

thénées[1], et ne seraient, sous aucun prétexte, donnés à des esclaves[2]. Les poètes éternisèrent leur gloire par des pièces de poésie[3] que l'on chante encore dans les repas[4], et l'on accorda pour toujours à leurs descendants des priviléges très-étendus[5].

Clisthène, qui avait si fort contribué à l'expulsion des Pisistratides, eut encore à lutter, pendant quelques années, contre une faction puissante[6]; mais, ayant enfin obtenu dans l'État le crédit que méritaient ces talents, il raffermit la constitution que Solon avait établie, et que les Pisistratides ne songèrent jamais à détruire.

Jamais, en effet, ces princes ne prirent le titre de roi, quoiqu'ils se crussent issus des anciens souverains d'Athènes[7]. Si Pisistrate préleva le dixième du produit des terres[8], cette unique imposition que ses fils réduisirent au vingtième, ils parurent tous trois l'exiger, moins encore pour leur entretien que pour les besoins de l'État[9]. Ils maintinrent les lois de Solon, autant par leur exemple que par leur autorité. Pisistrate accusé d'un meurtre vint, comme le moindre citoyen, se justifier devant l'aréopage[10]. Enfin, ils conservèrent les parties essentielles de l'ancienne constitution[11], le sénat, les assemblées du peuple, et les magistratures, dont ils eurent soin de se revêtir eux-mêmes[12] et d'étendre les prérogatives. C'était donc comme premiers magistrats, comme chefs perpétuels d'un État démocratique, qu'ils agissaient, et qu'ils avaient tant d'influence sur les délibérations publiques. Le pouvoir le plus absolu s'exerça sous des formes légales en apparence; et le peuple asservi eut toujours devant les yeux l'image de la liberté. Aussi le vit-on, après l'expulsion des Pisistratides, sans opposition et sans efforts, rentrer dans ses droits, plutôt suspendus que détruits. Les changements que Clisthène fit alors au gouvernement ne le ramenèrent pas tout à fait à ses premiers principes, comme je le montrerai bientôt.

Le récit des faits m'a conduit au temps où les Athéniens signalèrent leur valeur contre les Perses. Avant que de les décrire, je dois exposer les réflexions que j'ai promises sur le système politique de Solon.

Il ne fallait pas attendre de Solon une législation semblable à celle de Lycurgue. Ils se trouvaient l'un et l'autre dans des circonstances trop différentes.

Les Lacédémoniens occupaient un pays qui produisait tout ce qui était nécessaire à leurs besoins[13]. Il suffisait au législateur de les y tenir renfermés, pour empêcher que des vices étrangers ne corrompissent l'esprit et la pureté de ses institutions. Athènes, située auprès de

---

1. Demosth., De fals. leg., p. 344. Philostr., in Vit. Apollod., lib. VII, cap. IV, p. 283. — 2. Aul. Gell., lib. IX, cap. II. — 3. Voy. la note IV à la fin du volume. — 4. Aristoph., in Vesp., v. 1220; id. in Acharn., v. 977. Schol., ibid. Athen., lib. XV, cap. XIV, p. 692. — 5. Isæus, De hered. Dicæog., p. 55. Demosth., in Leptin., p. 565. Dinarch., in Demosth., p. 186. — 6. Herodot., lib. V, c. LXVI. — 7. Diog. Laert., in Solon., § 53. Reinecc., Hist. Jul., t. I, p. 465. — 8. Diog. Laert., ibid. Suid., in Σεάκιλ. — 9. Thucyd., lib. VI, cap. LIV. — 10. Aristot., De rep., lib. V, cap. XII, p. 411. Plut., in Solon., p. 95. — 11. Herodot., lib. I, cap. LIX. — 12. Thucyd., ibid. — 13. Plut., in Solon., t. I, p. 90.

la mer, entourée d'un terrain ingrat, était forcée d'échanger continuellement ses denrées, son industrie, ses idées, et ses mœurs, contre celles de toutes les nations.

La réforme de Lycurgue précéda celle de Solon d'environ deux siècles et demi. Les Spartiates, bornés dans leurs arts, dans leurs connaissances, dans leurs passions même, étaient moins avancés dans le bien et dans le mal que ne le furent les Athéniens du temps de Solon. Ces derniers, après avoir éprouvé toutes les espèces de gouvernements, s'étaient dégoûtés de la servitude et de la liberté, sans pouvoir se passer de l'une et de l'autre. Industrieux, éclairés, vains et difficiles à conduire; tous, jusqu'aux moindres particuliers, s'étaient familiarisés avec l'intrigue, l'ambition, et toutes les grandes passions qui s'élèvent dans les fréquentes secousses d'un État : ils avaient déjà les vices qu'on trouve dans les nations formées; ils avaient de plus cette activité inquiète et cette légèreté d'esprit qu'on ne trouve chez aucune autre nation.

La maison de Lycurgue occupait depuis longtemps le trône de Lacédémone : les deux rois qui le partageaient alors ne jouissaient d'aucune considération; Lycurgue était, aux yeux des Spartiates, le premier et le plus grand personnage de l'État[1]. Comme il pouvait compter sur son crédit et sur celui de ses amis, il fut moins arrêté par ces considérations qui refroidissent le génie et rétrécissent les vues d'un législateur. Solon, simple particulier, revêtu d'une autorité passagère, qu'il fallait employer avec sagesse pour l'employer avec fruit; entouré de factions puissantes qu'il devait ménager pour conserver leur confiance; averti, par l'exemple récent de Dracon, que les voies de sévérité ne convenaient point aux Athéniens, ne pouvait hasarder de grandes innovations sans en occasionner de plus grandes encore, et sans replonger l'État dans des malheurs peut-être irréparables.

Je ne parle point des qualités personnelles des deux législateurs. Rien ne ressemble moins au génie de Lycurgue que les talents de Solon, ni à l'âme vigoureuse du premier que le caractère de douceur et de circonspection du second. Ils n'eurent de commun que d'avoir travaillé avec la même ardeur, mais par des voies différentes, au bonheur des peuples. Mis à la place l'un de l'autre, Solon n'aurait pas fait de si grandes choses que Lycurgue : on peut douter que Lycurgue en eût fait de plus belles que Solon.

Ce dernier sentit le poids dont il s'était chargé; et lorsque, interrogé s'il avait donné aux Athéniens les meilleures de toutes les lois, il répondit : « Les meilleures qu'ils pouvaient supporter[2], » il peignit d'un seul trait le caractère indisciplinable des Athéniens, et la funeste contrainte où il s'était trouvé.

Solon fut obligé de préférer le gouvernement populaire, parce que le peuple, qui se souvenait d'en avoir joui pendant plusieurs siècles, ne pouvait plus supporter la tyrannie des riches[3]; parce qu'une nation

1. Plut., in Solon., t. I, p. 87. — 2. Id., ibid., p. 86. — 3. Aristot., De rep., lib. II. cap. XII, t. II, p. 336.

qui se destine à la marine penche toujours fortement vers la démocratie [1].

En choisissant cette forme de gouvernement, il la tempéra de manière qu'on croyait y retrouver l'oligarchie, dans le corps des aéropagites ; l'aristocratie, dans la manière d'élire les magistrats ; la pure démocratie, dans la liberté accordée aux moindres citoyens de siéger dans les tribunaux de justice [2].

Cette constitution, qui tenait des gouvernements mixtes, s'est détruite par l'excès du pouvoir dans le peuple, comme celle des Perses par l'excès du pouvoir dans le prince [3].

On reproche à Solon d'avoir hâté cette corruption par la loi qui attribue indistinctement à tous les citoyens le soin de rendre la justice, et de les avoir appelés à cette importante fonction par la voie du sort [4]. On ne s'aperçut pas d'abord des effets que pouvait produire une pareille prérogative [5] : mais, dans la suite, on fut obligé de ménager ou d'implorer la protection du peuple, qui, remplissant les tribunaux, était le maître d'interpréter les lois, et de disposer à son gré de la vie et de la fortune des citoyens.

En traçant le tableau du système de Solon, j'ai rapporté les motifs qui l'engagèrent à porter la loi dont on se plaint. J'ajoute 1° qu'elle est non-seulement adoptée, mais encore très-utile dans les démocraties les mieux organisées [6] ; 2° que Solon ne dut jamais présumer que le peuple abandonnerait ses travaux pour le stérile plaisir de juger les différends des particuliers. Si depuis il s'est emparé des tribunaux, si son autorité s'en est accrue, il faut en accuser Périclès, qui, en assignant un droit de présence aux juges [7] fournissait aux pauvres citoyens un moyen plus facile de subsister.

Ce n'est point dans les lois de Solon qu'il faut chercher le germe des vices qui ont défiguré son ouvrage ; c'est dans une suite d'innovations qui, pour la plupart, n'étaient point nécessaires, et qu'il était aussi impossible de prévoir, qu'il le serait aujourd'hui de les justifier.

Après l'expulsion des Pisistratides, Clisthène, pour se concilier le peuple, partagea en dix tribus les quatre qui, depuis Cécrops, comprenaient les habitants de l'Attique [8] ; et tous les ans on tira de chacune cinquante sénateurs : ce qui porta le nombre de ces magistrats à cinq cents.

Ces tribus, comme autant de petites républiques, avaient chacune leurs présidents, leurs officiers de police, leurs tribunaux, leurs assemblées, et leurs intérêts. Les multiplier et leur donner plus d'activité, c'était engager tous les citoyens, sans distinction, à se mêler des affaires publiques ; c'était favoriser le peuple, qui, outre le droit de nommer ses officiers, avait la plus grande influence dans chaque tribu.

---

1. Aristot., De rep., lib. VI, cap. VII, p. 420. — 2. Id., ibid., lib. II, cap. XII, p. 336. — 3. Plat., De leg., lib. III, p. 693 et 699. — 4. Aristot., De rep., lib. II, cap. XII, t. II, p. 336. — 5. Plut., in Solon., p. 88. — 6. Aristot., ibid., lib. VI, cap. IV, t. II, p. 416. — 7. Id., De rep., lib. II, cap. XII, p. 336. — 8. Herodot., lib. V, cap. LXVI et LXIX. Aristot., ibid., lib. VI, cap. IV, p. 418. Plut., in Pericl., p. 153.

Il arriva, de plus, que les diverses compagnies chargées du recouvrement et de l'emploi des finances, furent composées de dix officiers nommés par les dix tribus, ce qui, présentant de nouveaux objets à l'ambition du peuple, servit encore à l'introduire dans les différentes parties de l'administration.

Mais c'est principalement aux victoires que les Athéniens remportèrent sur les Perses qu'on doit attribuer la ruine de l'ancienne constitution[1]. Après la bataille de Platée, on ordonna que les citoyens des dernières classes, exclus par Solon des principales magistratures, auraient désormais le droit d'y parvenir. Le sage Aristide, qui présenta ce décret[2], donna le plus funeste des exemples à ceux qui lui succédèrent dans le commandement. Il leur fallut d'abord flatter la multitude, et ensuite ramper devant elle.

Auparavant elle dédaignait de venir aux assemblées générales; mais, dès que le gouvernement eut accordé une gratification de trois oboles à chaque assistant[3], elle s'y rendit en foule, en éloigna les riches par sa présence autant que par ses fureurs, et substitua insolemment ses caprices aux lois.

Périclès, le plus dangereux de ses courtisans, la dégoûta du travail, et d'un reste de vertu, par des libéralités qui épuisaient le trésor public, et qui, entre autres avantages, lui facilitaient l'entrée des spectacles[4]; et comme s'il eût conjuré la ruine des mœurs pour accélérer celle de la constitution, il réduisit l'aréopage au silence, en le dépouillant de presque tous ses privilèges[5].

Alors disparurent ou restèrent sans effet ces précautions si sagement imaginées par Solon, pour soustraire les grands intérêts de l'État aux inconséquences d'une populace ignorante et forcenée. Qu'on se rappelle que le sénat devait préparer les affaires, avant que de les exposer à l'assemblée nationale; qu'elles devaient être discutées par des orateurs d'une probité reconnue; que les premiers suffrages devaient être donnés par des vieillards qu'éclairait l'expérience. Ces freins, si capables d'arrêter l'impétuosité du peuple, il les brisa tous[6]; il ne voulut plus obéir qu'à des chefs qui l'égarèrent[7], et recula si loin les bornes de son autorité, que, cessant de les apercevoir lui-même, il crut qu'elles avaient cessé d'exister.

Certaines magistratures qu'une élection libre n'accordait autrefois qu'à des hommes intègres, sont maintenant conférées, par la voie du sort, à toute espèce de citoyen[8]: souvent même, sans recourir à cette voie ni à celle de l'élection, des particuliers, à force d'argent et d'intrigues, trouvent le moyen d'obtenir les emplois, et de se glisser jusque dans l'ordre des sénateurs[9]. Enfin le peuple prononce en dernier ressort sur plusieurs délits dont la connaissance lui est réservée par des décrets postérieurs à Solon[10], ou qu'il évoque lui-même à son tribunal

---

1. Aristot., De rep., lib. II, cap. XII, p. 336. — 2. Plut., in Aristid., p. 332. — 3. Pet., in Leg. attic., p. 205. — 4. Plut., in Per., p. 156. — 5. Id., ibid., p. 155. — 6. Æschin., in Ctesiph., p. 427. — 7. Aristot., De rep., lib. II, cap. XII, t. II, p. 336. — 8. Isocr., Areop., t. I, p. 321. — 9. Æschin., in Timarch., p. 276; in Cetsiph., p. 437. — 10. Xenoph., Hist. græc., lib. I, p. 450.

au mépris du cours ordinaire de la justice [1]. Par là se trouvent confondus les pouvoirs qui avaient été si sagement distribués; et la puissance législative, exécutant ses propres lois, fait sentir ou craindre à tout moment le poids terrible de l'oppression.

Ces vices destructeurs ne se seraient pas glissés dans la constitution, si elle n'avait pas eu des obstacles insurmontables à vaincre; mais, dès l'origine même, l'usurpation des Pisistratides en arrêta les progrès; et, bientôt après, les victoires sur les Perses en corrompirent les principes. Pour qu'elle pût se défendre contre de pareils événements, il aurait fallu qu'une longue paix, qu'une entière liberté, lui eussent permis d'agir puissamment sur les mœurs des Athéniens. Sans cela tous les dons du génie, réunis dans un législateur, ne pouvaient empêcher Pisistrate d'être le plus séducteur des hommes, et les Athéniens le peuple le plus facile à séduire : ils ne pouvaient pas faire que les brillants succès des journées de Marathon, de Salamine et de Platée ne remplissent d'une folle présomption le peuple de la terre qui en était le plus susceptible.

Par les effets que produisirent les institutions de Solon, on peut juger de ceux qu'elles auraient produits en des circonstances plus heureuses. Contraintes sous la domination des Pisistratides, elles opéraient lentement sur les esprits, soit par les avantages d'une éducation qui était alors commune, et qui ne l'est plus aujourd'hui [2]; soit par l'influence des formes républicaines, qui entretenaient sans cesse l'illusion et l'espérance de la liberté. A peine eut-on banni ces princes, que la démocratie se rétablit d'elle-même, et que les Athéniens déployèrent un caractère qu'on ne leur avait pas soupçonné jusqu'alors. Depuis cette époque jusqu'à celle de leur corruption, il ne s'est écoulé qu'environ un demi-siècle; mais, dans ce temps heureux, on respectait encore les lois et les vertus : les plus sages n'en parlent aujourd'hui qu'avec des éloges accompagnés de regrets, et ne trouvent d'autre remède aux maux de l'État que de rétablir le gouvernement de Solon [3].

Section II. — *Siècle de Thémistocle et d'Aristide* [4]. — C'est avec peine que je me détermine à décrire des combats : il devrait suffire de savoir que les guerres commencent par l'ambition des princes, et finissent par le malheur des peuples : mais l'exemple d'une nation qui préfère la mort à la servitude est trop grand et trop instructif pour être passé sous silence.

Cyrus venait d'élever la puissance des Perses sur les débris des empires de Babylone et de Lydie; il avait reçu l'hommage de l'Arabie, de l'Égypte, et des peuples les plus éloignés [5]; Cambyse son fils, celui de la Cyrénaïque et de plusieurs nations de l'Afrique [6].

Après la mort de ce dernier, des seigneurs persans, au nombre de

---

1. Aristot., De rep., lib. IV, cap. IV, p. 369. — 2. Id., ibid., lib. VIII, cap. I t. II, p. 449. — 3. Isocr., Areop., t. I, p. 319. Æschin., in Ctesiph., p. 427. — 4. Depuis l'an 490 jusque vers l'an 444 avant J. C. — 5. Xenoph., Cyrop., lib. I, v. 2; lib. VIII, p. 230. — 6. Herodot., lib. III, cap. VII, XIII, etc.

sept, ayant fait tomber sous leurs coups un mage qui avait usurpé l trône, s'assemblèrent pour régler la destinée de tant de vastes États[1]. Othanès proposa de leur rendre la liberté, et d'établir partout la démocratie; Mégabyse releva les avantages de l'aristocratie; Darius, fils d'Hystaspe, opina pour la constitution qui jusqu'alors, avait fait le bonheur et la gloire des Perses : son avis prévalut; et le sort, auquel on avait confié le choix du souverain, s'étant, par ses artifices, déclaré en sa faveur, il se vit paisible possesseur du plus puissant empire du monde, et prit, à l'exemple des anciens monarques des Assyriens, le titre de grand roi, et celui de roi des rois[2].

Dans ce rang élevé, il sut respecter les lois, discerner le mérite, recevoir des conseils, et se faire des amis. Zopyre, fils de Mégabyse, fut celui qu'il aima le plus tendrement. Un jour quelqu'un osa proposer cette question à Darius, qui tenait une grenade dans sa main : « Quel est le bien que vous voudriez multiplier autant de fois que ce fruit contient de grains ? — Zopyre, » répondit le roi sans hésiter[3]. Cette réponse jeta Zopyre dans un de ces égarements de zèle qui ne peuvent être justifiés que par le sentiment qui les produit[4].

Depuis dix-neuf mois, Darius assiégeait Babylone qui s'était révoltée[5] : il était sur le point de renoncer à son entreprise, lorsque Zopyre parut en sa présence, sans nez, sans oreilles, toutes les parties du corps mutilées et couvertes de blessures. « Et quelle main barbare vous a réduit en cet état? » s'écrie le roi en courant à lui. « C'est moi-même, répondit Zopyre. Je vais à Babylone, où l'on connaît assez mon nom et le rang que je tiens dans votre cour : je vous accuserai d'avoir puni, par la plus indigne des cruautés, le conseil que je vous avais donné de vous retirer. On me confiera un corps de troupes; vous en exposerez quelques-unes des vôtres, et vous me faciliterez des succès qui m'attireront de plus en plus la confiance de l'ennemi : je parviendrai à me rendre maître des portes, et Babylone est à vous. » Darius fut pénétré de douleur et d'admiration. Le projet de Zopyre réussit. Son ami l'accabla de caresses et de bienfaits; mais il disait souvent : « J'eusse donné cent Babylones pour épargner à Zopyre un traitement si barbare[6]. »

De cette sensibilité si touchante dans un particulier, si précieuse dans un souverain, résultaient cette clémence que les vaincus éprouvèrent souvent de la part de ce prince, et cette reconnaissance avec laquelle il récompensait en roi les services qu'il avait reçus comme particulier[7]. De là naissait encore cette modération qu'il laissait éclater dans les actes les plus rigoureux de son autorité. Auparavant, les revenus de la couronne ne consistaient que dans les offrandes volontaires des peuples; offrandes que Cyrus recevait avec la tendresse d'un père, que Cambyse exigeait avec la hauteur d'un maître[8], et que,

---

1. Herodot., lib. III, cap. LXXX. — 2. L'an 521 avant J. C. — 3. Plut., Apophth., t. II, p. 173. — 4. Suivant Hérodote (lib. IV, cap. CXLIII) ce ne fut pas Zopyre que Darius nomma; ce fut Mégabyse, père de ce jeune Perse. — 5. Herodot., lib. III, cap. CLI. — 6. Plut., Apophth., t. II, p. 173. — 7. Herodot., lib. III cap. CXL. — 8. Id., ibid., cap. LXXXIX.

dans la suite, le souverain aurait pu multiplier au gré de ses caprices. Darius divisa son royaume en vingt gouvernements ou satrapies, et soumit à l'examen de ceux qu'il avait placés à leur tête le rôle des contributions qu'il se proposait de retirer de chaque province. Tous se récrièrent sur la modicité de l'imposition; mais le roi, se défiant de leurs suffrages eut l'attention de la réduire à la moitié [1].

Des lois sages réglèrent les différentes parties de l'administration [2] : elles entretinrent parmi les Perses l'harmonie et la paix qui soutiennent un État; et les particuliers trouvèrent dans la conservation de leurs droits et de leurs possessions la seule égalité dont ils peuvent jouir dans une monarchie.

Darius illustra son règne par des établissements utiles, et le ternit par des conquêtes. Né avec des talents militaires, adoré de ses troupes [3], bouillonnant de courage dans une action, mais tranquille et de sang-froid dans le danger [4], il soumit presque autant de nations que Cyrus lui-même [5].

Ses forces, ses victoires, et cette flatterie qui serpente autour des trônes, lui persuadèrent qu'un mot de sa part devait forcer l'hommage des nations; et comme il était aussi capable d'exécuter de grands projets que de les former, il pouvait les suspendre, mais il ne les abandonnait jamais.

Ayant à parler des ressources immenses qu'il avait pour ajouter la Grèce à ses conquêtes, j'ai dû rappeler quelques traits de son caractère : car un souverain est encore plus redoutable par ses qualités personnelles que par sa puissance.

La sienne n'avait presque point de bornes. Son empire, dont l'étendue en certains endroits est d'environ vingt-un mille cent soixante-quatre stades [6] de l'est à l'ouest, et d'environ sept mille neuf cent trente-six [7] du midi au nord, peut contenir en superficie cent quinze millions six cent dix-huit mille stades carrés [8]; tandis que la surface de la Grèce, n'étant au plus que d'un million trois cent soixante-six mille stades carrés [9], n'est que la cent quinzième partie de celle de la Perse. Il renferme quantité de provinces situées sous le plus heureux climat, fertilisées par de grandes rivières, embellies par des villes florissantes, riches par la nature du sol [10], par l'industrie des habitants, par l'activité du commerce, et par une population que favorisent à la fois la religion, les lois, et les récompenses accordées à la fécondité.

Les impositions en argent [11] se montaient à un peu plus de quatorze mille cinq cent soixante talents euboïques [12]. On ne les destinait point aux dépenses courantes [13] : réduites en lingots [14], on les réservait pour

1. Plut., Apophth., t. II, p. 172. — 2. Plat., De leg., lib. III, t. II, p. 695 Diod., lib. I, p. 85. — 3. Plat., ibid. — 4. Plut., ibid. — 5. Id., ibid. — 6. Huit cents de nos lieues, de deux mille cinq cents toises chacune. — 7. Trois cents lieues. — 8. Cent soixante-cinq mille deux cents lieues carrées. — 9. Mille neuf cent cinquante-deux lieues carrées. [Note manuscrite de M. d'Anville.] — 10. Xenoph., De exped. Cyr., lib. III, p. 296. Arrian., Hist. indic., p. 359. — 11. Herodot., lib. III, cap. XCV. — 12. Environ quatre-vingt-dix millions de notre monnaie. — 13. Voy. la note V à la fin du volume. — 14. Herodot., ibid., cap. XCVI.

les dépenses extraordinaires. Les provinces étaient chargées de l'entretien de la maison du roi, et de la subsistance des armées [1] : les unes fournissaient du blé [2], les autres des chevaux [3] ; l'Arménie seule envoyait tous les ans vingt mille poulains [4]. On tirait des autres satrapies, des troupeaux, de la laine, de l'ébène, des dents d'éléphants, et différentes sortes de productions [5].

Des troupes réparties dans les provinces les retenaient dans l'obéissance, ou les garantissaient d'une invasion [6]. Une autre armée, composée des meilleurs soldats, veillait à la conservation du prince : l'on y distinguait surtout dix mille hommes qu'on nomme les Immortels, parce que le nombre doit en être toujours complet [7] ; aucun autre corps n'oserait leur disputer l'honneur du rang ni le prix de la valeur.

Cyrus avait introduit dans les armées une discipline [8] que ses premiers successeurs eurent soin d'entretenir. Tous les ans, le souverain ordonnait une revue générale ; il s'instruisait par lui-même de l'état des troupes qu'il avait auprès de lui : des inspecteurs éclairés et fidèles allaient au loin exercer les mêmes fonctions ; les officiers qui remplissaient leurs devoirs obtenaient des récompenses, les autres perdaient leurs places [9].

La nation particulière des Perses, la première de l'Orient depuis qu'elle avait produit Cyrus, regardait la valeur comme la plus éminente des qualités [10], et l'estimait en conséquence dans ses ennemis [11].

Braver les rigueurs des saisons, fournir des courses longues et pénibles, lancer des traits, passer les torrents à la nage, étaient chez elle des jeux de l'enfance [12] ; on y joignait, dans un âge plus avancé, la chasse et les autres exercices qui entretiennent les forces du corps [13] : on paraissait pendant la paix avec une partie des armes que l'on porte à la guerre [14] ; et pour ne pas perdre l'habitude de monter à cheval, on n'allait presque jamais à pied [15]. Ces mœurs étaient devenues insensiblement celles de tout l'empire.

La cavalerie est la principale force des armées persanes. Dans sa fuite même, elle lance des flèches, qui arrêtent la furie du vainqueur [16]. Le cavalier et le cheval sont également couverts de fer et d'airain [17] : la Médie fournit des chevaux renommés pour leur taille, leur vigueur, et leur légèreté [18].

A l'âge de vingt ans on est obligé de donner son nom à la milice ; on cesse de servir à cinquante [19]. Au premier ordre du souverain, tous ceux qui sont destinés à faire la campagne doivent, dans un terme

1. Herodot., lib. I, cap. CXCII. — 2. Id., lib. III, cap. XCI. — 3. Id., ibid. cap. XC. — 4. Strab., lib. XI, p. 530. — 5. Herodot., ibid., cap. XCVII. Strab. lib. XV, p. 735. — 6. Herodot., ibid., cap. XC et XCI. Xenoph., Cyrop., lib. VIII, p. 230. — 7. Herodot., lib. VII, cap. LXXXIII. Diod., lib. II, p. 7. Hesych. et Suid., in Ἀθαν. — 8. Xenoph., Cyrop., lib. VIII, p. 225. — 9. Id., Œcon., p. 828. — 10. Herodot., lib. I, cap. CXXXVI. — 11. Id., lib. VII, cap. CLXXXI. — 12. Id., ibid. Strab., lib. XV, p. 733. — 13. Xenoph., Cyrop., lib. I, p. 5. — 14. Joseph., Antiq., lib. XVIII, t. I, p. 874. Marcell., lib. XXIII, p. 383. — 15. Xenoph., Cyrop., lib. IV, p. 102 ; lib. VIII, p. 241. — 16. Id., De exped. Cyr., lib. III, p. 306. Plut., in Crass., t. I, p. 558. — 17. Brisson, De reg. Pers., lib. III, cap. XXXIII, etc. — 18. Herodot., lib. III, cap. CVI ; lib. VII, cap. XL. Arrian, lib. II, cap. XI, p. 77. Brisson., ibid., cap. XXIX. — 19. Strab., lib. XV, p. 734.

prescrit, se trouver au rendez-vous. Les lois, à cet égard, sont d'une sévérité effrayante. Des pères malheureux ont quelquefois demandé, pour prix de leurs services, de garder auprès d'eux des enfants, appui de leur vieillesse. Ils seront dispensés de m'accompagner, répondait le prince, et il les faisait mettre à mort [1].

Les rois de l'Orient ne marchent jamais pour une expédition, sans traîner à leur suite une immense quantité de combattants : ils croient qu'il est de leur dignité de se montrer, dans ces occasions, avec tout l'appareil de la puissance; ils croient que c'est le nombre des soldats qui décide de la victoire, et qu'en réunissant auprès de leur personne la plus grande partie de leurs forces, ils préviendront les troubles qui pourraient s'élever pendant leur absence. Mais, si ces armées n'entraînent pas tout avec elles, par la soudaine terreur qu'elles inspirent, ou par la première impulsion qu'elles donnent, elles sont bientôt forcées de se retirer, soit par le défaut de subsistances, soit par le découragement des troupes. Aussi voit-on souvent les guerres de l'Asie se terminer dans une campagne, et le destin d'un empire dépendre du succès d'une bataille.

Les rois de Perse jouissent d'une autorité absolue, et cimentée par le respect des peuples accoutumés à les vénérer comme les images vivantes de la divinité [2]. Leur naissance est un jour de fête [3]. A leur mort, pour annoncer qu'on a perdu le principe de la lumière et des lois, on a soin d'éteindre le feu sacré, et de fermer les tribunaux de justice [4]. Pendant leur règne, les particuliers n'offrent point de sacrifices sans adresser des vœux au ciel pour le souverain ainsi que pour la nation. Tous, sans excepter les princes tributaires, les gouverneurs des provinces, et les grands qui résident à la Porte [5], se disent les esclaves du roi : expression qui marque aujourd'hui une extrême servitude, mais qui, du temps de Cyrus et de Darius, n'était qu'un témoignage de sentiment et de zèle.

Jusqu'au règne du dernier de ces princes, les Perses n'avaient point eu d'intérêt à démêler avec les peuples du continent de la Grèce. On savait à peine, à la cour de Suze, qu'il existait une Lacédémone et une Athènes [6], lorsque Darius résolut d'asservir ces régions éloignées. Atossa, fille de Cyrus, qu'il venait d'épouser, lui en donna la première idée : elle la reçut d'un médecin grec, nommé Démocède qui l'avait guérie d'une maladie dangereuse. Démocède, ne pouvant se procurer la liberté par d'autres voies, forma le projet d'une invasion dans la Grèce : il le fit goûter à la reine; il se flatta d'obtenir une commission, qui lui faciliterait le moyen de revoir Crotone sa patrie.

Adossa profita d'un moment où Darius lui exprimait sa tendresse. « Il est temps, lui dit-elle, de signaler votre avénement à la couronne

---

1. Herodot., lib. IV, cap. LXXXIV; lib. VII, cap. XXXIX. Senec., De ira, lib. III, cap. XVI et XVII. — 2. Plut., in Themist., p. 125. — 3. Plat., in Alcib., I, t. II, p. 121. — 4. Diod., lib. XVII, p. 580. Stob., serm. XLII, p. 294. Brisson., De reg. Pers., p. 54. — 5. Par ce mot on désignait en Perse la cour du roi ou celle des gouverneurs de province. (Xénoph., Cyrop., lib. VIII, p. 201, 203, etc. Plut., in Pelop., t. I, p. 294; id., in Lysand., p. 436.) — 6. Herodot., lib. I, cap. CLIII; lib. V, cap. LXXIII et CV.

par une entreprise qui vous attire l'estime de vos sujets [1]. Il faut aux Perses un conquérant pour souverain. Détournez leur courage sur quelque nation, si vous ne voulez pas qu'ils le dirigent contre vous. » Darius ayant répondu qu'il se proposait de déclarer la guerre aux Scythes : « Ils seront à vous, ces Scythes, répliqua la reine, dès que vous le voudrez. Je désire que vous portiez vos armes contre la Grèce, et que vous m'ameniez, pour les attacher à mon service, des femmes de Lacédémone, d'Argos, de Corinthe et d'Athènes. » Dès cet instant, Darius suspendit son projet contre les Scythes, et fit partir Démocède avec cinq Perses chargés de lui rendre un compte exact des lieux dont il méditait la conquête.

Démocède ne fut pas plus tôt sorti des États de Darius, qu'il s'enfuit en Italie. Les Perses qu'il devait conduire essuyèrent bien des infortunes; lorsqu'ils furent de retour à Suze, la reine s'était refroidie sur le désir d'avoir des esclaves grecques à son service, et Darius s'occupait de soins plus importants.

Ce prince, ayant remis sous son obéissance la ville de Babylone, résolut de marcher contre les nations scythiques [2] qui campent avec leurs troupeaux entre l'Ister [3] et le Tanaïs [4], le long des côtes du Pont-Euxin.

Il vint, à la tête de sept cent mille soldats [5], offrir la servitude à des peuples qui, pour ruiner son armée, n'eurent qu'à l'attirer dans des pays incultes et déserts. Darius s'obstinait à suivre leurs traces : il parcourait en vainqueur des solitudes profondes. « Et pourquoi fuis-tu ma présence, manda-t-il un jour au roi des Scythes? Si tu peux me résister, arrête, et songe à combattre; si tu ne l'oses pas, reconnais ton maître. » Le roi des Scythes répondit : « Je ne fuis ni ne crains personne. Notre usage est d'errer tranquillement dans nos vastes domaines, pendant la guerre ainsi que pendant la paix : nous ne connaissons d'autre bien que la liberté, d'autres maîtres que les dieux. Si tu veux éprouver notre valeur, suis-nous, et viens insulter les tombeaux de nos pères [6]. »

Cependant l'armée s'affaiblissait par les maladies, par le défaut de subsistance, et par la difficulté des marches. Il fallut se résoudre à regagner le pont que Darius avait laissé sur l'Ister : il en avait confié la garde aux Grecs de l'Ionie, en leur permettant de se retirer chez eux, s'ils ne le voyaient pas revenir avant deux mois [7]. Ce terme expiré, des corps de Scythes parurent plus d'une fois sur les bords du fleuve [8] : ils voulurent d'abord par des prières, ensuite par des menaces, engager les officiers de la flotte à la ramener dans l'Ionie. Miltiade l'Athénien appuya fortement cet avis; mais Histiée de Milet ayant représenté [9] aux autres chefs, qu'établis par Darius gouverneurs des différentes villes de l'Ionie, ils seraient réduits à l'état de simples particuliers s'ils laissaient périr le roi, on promit aux Scythes de rompre le pont,

---

1. Herodot., lib. III, cap. CXXXIV. — 2. L'an 508 avant J. C. — 3. Le Danube. — 4. Le Don. — 5. Justin., lib. II, cap. V. — 6. Herodot., lib. IV, cap. CXXVII. — 7. Id., ibid., cap. XCVIII. — 8. Id., ibid., cap. CXXXIII. — 9. Id., ibid. Nep., in Miltiad., cap. III.

et on prit le parti de rester. Cette résolution sauva Darius et son armée.

La honte de l'expédition de Scythie fut bientôt effacée par une conquête importante. Il se fit reconnaître par les peuples qui habitent auprès de l'Indus; et ce fleuve fixa les limites de son empire à l'orient [1].

Il se terminait à l'occident par une suite de colonies grecques établies sur les bords de la mer Égée. Là se trouvent Éphèse, Milet, Smyrne, et plusieurs autres villes, florissantes réunies en différentes confédérations : elles sont séparées du continent de la Grèce par la mer et quantité d'îles, dont les unes obéissaient aux Athéniens, dont les autres étaient indépendantes. Les villes grecques de l'Asie aspiraient à secouer le joug des Perses. Les habitants des îles et de la Grèce proprement dite craignaient le voisinage d'une puissance qui menaçait les nations d'une servitude générale.

Ces alarmes redoublèrent lorsqu'on vit Darius, à son retour de Scythie, laisser dans la Thrace une armée de quatre-vingt mille hommes, qui soumit ce royaume [2], obligea le roi de Macédoine de faire hommage de sa couronne à Darius [3], et s'empara des îles de Lemnos et d'Imbros [4].

Elles augmentèrent encore lorsqu'on vit les Perses faire une tentative sur l'île de Naxos, et menacer l'île d'Eubée, si voisine de l'Attique [5]; lorsque les villes de l'Ionie, résolues de recouvrer leur ancienne liberté, chassèrent leurs gouverneurs [6], brûlèrent la ville de Sardes, capitale de l'ancien royaume de Lydie [7], et entraînèrent les peuples de Carie et de Chypre dans la ligue qu'elles formèrent contre Darius [8]. Cette révolte [9] fut en effet le principe des guerres qui pensèrent détruire toutes les puissances de la Grèce, et qui, cent cinquante ans après, renversèrent l'empire des Perses.

Les Lacédémoniens prirent le parti de ne point accéder à la ligue, les Athéniens, sans se déclarer ouvertement, celui de la favoriser. Le roi de Perse ne dissimulait plus le désir qu'il avait de reculer vers la Grèce les frontières de son empire. Les Athéniens devaient à la plupart des villes qui venaient de se soustraire à son obéissance les secours que les métropoles doivent à leurs colonies; ils se plaignaient depuis longtemps de la protection que les Perses accordaient à Hippias, fils de Pisistrate, qui les avait opprimés, et qu'ils avaient banni. Artapherne, frère de Darius, et satrape de Lydie, leur avait déclaré que l'unique moyen de pourvoir à leur sûreté, était de rappeler Hippias [10]; et l'on savait que ce dernier, depuis son arrivée à la cour de Suze, entretenait dans l'esprit de Darius les préventions qu'on ne cessait de lui inspirer contre les peuples de la Grèce, et contre les Athéniens en particulier [11]. Animés par ces motifs, les Athéniens envoyèrent en Ionie des troupes qui contribuèrent à la prise de Sardes. Les Érétriens de l'Eubée suivirent leur exemple.

1. Herodot., lib. IV, cap. XLIV. — 2. Id., lib. V, cap. II. — 3. Id., ibid., cap. XVIII. — 4. Id., ibid., cap. XXVI. — 5. Id., ibid., cap. XXXI. — 6. Id., ibid., cap. XXXVII. — 7. Id., ibid., cap. CII. — 8. Id., ibid., cap. CIII. — 9. Vers l'an 504 avant J. C. — 10. Herodot., lib. V, cap. XCVI. — 11. Id., ibid.

Le principal auteur du soulèvement de l'Ionie fut cet Histiée de Milet, qui, lors de l'expédition de Scythie, s'était obstiné à garder le pont de l'Ister. Darius n'oublia jamais ce service important, et s'en souvint encore après l'avoir récompensé. Mais Histiée, exilé à la cour de Suze, impatient de revoir sa patrie, excita sous main les troubles de l'Ionie, et s'en servit pour obtenir la permission de revenir dans cette province, où bientôt il fut pris les armes à la main. Les généraux se hâtèrent de le faire mourir, parce qu'ils connaissaient la générosité de leur maître. En effet, ce prince, moins touché de sa trahison que des obligations qu'il lui avait, honora sa mémoire par des funérailles, et par les reproches qu'il fit à ses généraux [1].

Vers le même temps, des vaisseaux phéniciens s'étant rendus maîtres d'une galère athénienne, y trouvèrent Métiochus, fils de ce Miltiade qui avait conseillé de rompre le pont de l'Ister, et de livrer Darius à la fureur des Scythes : ils l'envoyèrent au roi, qui le reçut avec distinction, et l'engagea par ses bienfaits, à s'établir en Perse [2].

Ce n'est pas que Darius fût insensible à la révolte des Ioniens, et à la conduite des Athéniens. En apprenant l'incendie de Sardes, il jura de tirer une vengeance éclatante de ces derniers, et chargea un de ses officiers de lui rappeler tous les jours l'outrage qu'il en avait reçu [3] ; mais il fallait auparavant terminer la guerre que les premiers lui avaient suscitée. Elle dura quelques années, et lui procura de grands avantages. L'Ionie rentra sous son obéissance : plusieurs îles de la mer Égée et toutes les villes de l'Hellespont furent rangées sous ses lois [4].

Alors Mardonius son gendre partit à la tête d'une puissante armée, acheva de pacifier l'Ionie, se rendit en Macédoine; et là, soit qu'il prévînt les ordres de Darius, soit qu'il se bornât à les suivre, il fit embarquer ses troupes. Son prétexte était de punir les Athéniens et les Érétriens; son véritable objet, de rendre la Grèce tributaire [5] : mais une violente tempête ayant écrasé une partie de ses vaisseaux et de ses soldats contre les rochers du mont Athos, il reprit le chemin de la Macédoine, et bientôt après celui de Suze.

Ce désastre n'était pas capable de détourner l'orage qui menaçait la Grèce. Darius, avant que d'en venir à une rupture ouverte, envoya partout des hérauts pour demander en son nom la terre et l'eau [6] : c'est la formule que les Perses emploient pour exiger l'hommage des nations. La plupart des îles et des peuples du continent le rendirent sans hésiter : les Athéniens et les Lacédémoniens, non-seulement le refusèrent, mais, par une violation manifeste du droit des gens, ils jetèrent dans une fosse profonde les ambassadeurs du roi [7]. Les premiers poussèrent leur indignation encore plus loin : ils condamnèrent à mort l'interprète qui avait souillé la langue grecque en expliquant les ordres d'un barbare [8].

A cette nouvelle, Darius mit à la tête de ses troupes un Mède,

1. Herodot., lib. VI, cap. xxx. — 2. Id., ibid., cap. XLI. — 3. Id., lib. V, cap. cv. — 4. Id., lib. VI, cap. xxxi et xxxiii. — 5. Id., ibid., cap. XLIV. — 6. Id., ibid., cap. XLVIII. — 7. Id., lib. VII, cap. xxxii. — 8. Plut., in Themist., p. 114. Aristid., Panath. orat., t. I, p. 211.

nommé Datis, qui avait plus d'expérience que Mardonius : il lui ordonna de détruire les villes d'Athènes et d'Érétrie, et de lui en amener les habitants chargés de chaînes [1].

L'armée s'assembla aussitôt dans une plaine de Cilicie. Six cents vaisseaux la transportèrent dans l'île d'Eubée. La ville d'Érétrie, après s'être vigoureusement défendue pendant six jours, fut prise par la trahison de quelques citoyens qui avaient du crédit sur le peuple [2]. Les temples furent rasés, les habitants mis aux fers; et la flotte, ayant sur-le-champ abordé sur les côtes de l'Attique, mit à terre auprès du bourg de Marathon, éloigné d'Athènes d'environ cent quarante stades [3], cent mille hommes d'infanterie et dix mille de cavalerie [4] : ils campèrent dans une plaine bordée à l'est par la mer, entourée de montagnes de tous les autres côtés, ayant environ deux cents stades de circonférence [5].

Cependant Athènes était dans la consternation et dans l'effroi [6]. Elle avait imploré le secours des autres peuples de la Grèce. Les uns s'étaient soumis à Darius; les autres tremblaient au seul nom des Mèdes ou des Perses [7] : les Lacédémoniens seuls promirent des troupes; mais divers obstacles ne leur permettaient pas de les joindre sur-le-champ à celles d'Athènes [8].

Cette ville restait donc abandonnée à ses propres forces. Et comment, avec quelques soldats levés à la hâte, oserait-elle résister à une puissance qui, dans l'espace d'un demi-siècle, avait renversé les plus grands empires du monde? Quand même, par la perte de ses plus illustres citoyens, de ses plus braves guerriers, elle aspirerait à l'honneur de disputer pendant quelque temps la victoire, ne verrait-on pas sortir, des côtes de l'Asie et du fond de la Perse, des armées plus redoutables que la première? Les Grecs ont irrité Darius; et, en ajoutant l'outrage à l'offense, ils ne lui ont laissé que le choix de la vengeance, du déshonneur, ou du pardon. L'hommage qu'il demande entraîne-t-il une servitude humiliante? Les colonies grecques, établies dans ses États, n'ont-elles pas conservé leurs lois, leur culte, leurs possessions? Après leur révolte, ne les a-t-il pas forcées, par les plus sages dispositions, à s'unir entre elles, à être heureuses malgré elles? et Mardonius lui-même n'a-t-il pas dernièrement établi la démocratie dans les villes de l'Ionie [9]?

Ces réflexions, qui engagèrent la plupart des peuples de la Grèce à se déclarer pour les Perses, étaient balancées, dans l'esprit des Athéniens, par des craintes qui n'étaient pas moins fondées. Le général de Darius leur présentait d'une main les fers dont il devait les enchaîner [10]; de l'autre, cet Hippias dont les sollicitations et les intrigues avaient enfin amené les Perses dans les champs de Marathon [11]. Il fallait donc

---

1. Herodot., liv. VI, cap. xciv. — 2. Id., ibid., cap. ci. — 3. Près de six lieues. — 4. Nep., in Milt., cap. v. — 5. Environ sept lieues et demie. — 6. Plat., De leg., lib. III, t. II, p. 698. — 7. Herodot., ibid., cap. cxii. — 8. Id., ibid., cap. cvi. Plat., ibid. Plut., De malign. Herodot., t. II, p. 861. — 9. Id., lib. VI, cap. xlii et xliii. — 10. Plat., De leg., lib. III, t. II, p. 698. — 11. Herodot., ibid., cap. cii.

subir l'affreux malheur d'être traînés aux pieds de Darius comme de vils esclaves, ou le malheur plus effroyable encore de gémir de nouveau sous les cruautés d'un tyran qui ne respirait que la vengeance. Dans cette alternative, ils délibérèrent à peine, et résolurent de périr les armes à la main.

Heureusement il parut alors trois hommes destinés à donner un nouvel essor aux sentiments de la nation. C'était Miltiade, Aristide, et Thémistocle. Leur caractère se développera de lui-même dans le récit de leurs actions. Miltiade avait fait longtemps la guerre en Thrace, et s'était acquis une réputation brillante. Aristide et Thémistocle, plus jeunes que lui, avaient laissé éclater, depuis leur enfance, une rivalité qui eût perdu l'État[1], si, dans les occasions essentielles, ils ne l'eussent sacrifiée au bien public. Il ne faut qu'un trait pour peindre Aristide : il fut le plus juste et le plus vertueux des Athéniens. Il en faudrait plusieurs pour exprimer les talents, les ressources, et les vues de Thémistocle : il aima sa patrie; mais il aima la gloire encore plus que sa patrie.

L'exemple et les discours de ces trois illustres citoyens achevèrent d'enflammer les esprits. On fit des levées. Les dix tribus fournirent chacune mille hommes de pied, avec un général à leur tête. Il fallut enrôler des esclaves pour compléter ce nombre[2]. Dès que ces troupes furent rassemblées, elles sortirent de la ville, et descendirent dans la plaine de Marathon, où ceux de Platée en Béotie leur envoyèrent un renfort de mille hommes de pied[3].

A peine furent-elles en présence de l'ennemi, que Miltiade proposa de l'attaquer[4]. Aristide et quelques-uns des chefs appuyèrent vivement cette proposition : les autres, effrayés de l'extrême disproportion des armées, voulaient qu'on attendît le secours des Lacédémoniens. Les avis étant partagés, il restait à prendre celui du polémarque ou chef de la milice : on le consulte dans ces occasions pour ôter l'égalité des suffrages. Miltiade s'adresse à lui; et, avec l'ardeur d'une âme fortement pénétrée : « Athènes, lui dit-il, est sur le point d'éprouver la plus grande des vicissitudes. Elle va devenir la première puissance de la Grèce, ou le théâtre des fureurs d'Hippias; c'est de vous seul, Callimaque, qu'elle attend sa destinée. Si nous laissons refroidir l'ardeur des troupes, elles se courberont honteusement sous le joug des Perses; si nous les menons au combat, nous aurons pour nous les dieux et la victoire. Un mot de votre bouche va précipiter votre patrie dans la servitude ou lui conserver sa liberté. »

Callimaque donna son suffrage, et la bataille fut résolue. Pour en assurer le succès, Aristide et les autres généraux, à son exemple, cédèrent à Miltiade l'honneur du commandement qu'ils avaient chacun à leur tour : mais, pour les mettre eux-mêmes à l'abri des événements, il attendit le jour qui le plaçait de droit à la tête de l'armée[5].

Dès qu'il parut, Miltiade rangea ses troupes au pied d'une montagne,

---

1. Plut., in Aristid., p. 319. — 2. Pausan., lib. I, p. 79. — 3. Herodot., lib. VI, cap. cviii. Justin., lib. II, cap. ix. — 4. Herodot., ibid., cap. cix. Plut., in Aristid., p. 321. — 5. Herodot., lib. VI, cap. cx. Plut. in Aristid., p 321.

dans un lieu parsemé d'arbres qui devaient arrêter la cavalerie persane. Les Platéens furent placés à l'aile gauche; Callimaque commandait la droite; Aristide et Thémistocle étaient au corps de bataille[1], et Miltiade partout. Un intervalle de huit stades[2] séparait l'armée grecque de celle des Perses[3].

Au premier signal, les Grecs franchirent, en courant, cet espace. Les Perses, étonnés d'un genre d'attaque si nouveau pour les deux nations, restèrent un moment immobiles; mais bientôt ils opposèrent à la fureur impétueuse des ennemis une fureur plus tranquille et non moins redoutable. Après quelques heures d'un combat opiniâtre, les deux ailes de l'armée grecque commencent à fixer la victoire. La droite disperse les ennemis dans la plaine; la gauche les replie dans un marais qui offre l'aspect d'une prairie, et dans lequel ils s'engagent et restent ensevelis[4]. Toutes deux volent au secours d'Aristide et de Thémistocle, près de succomber sous les meilleures troupes que Datis avait placées dans son corps de bataille. Dès ce moment la déroute devient générale. Les Perses, repoussés de tous côtés, ne trouvent d'asile que dans leur flotte, qui s'était rapprochée du rivage. Le vainqueur les poursuit le fer et la flamme à la main : il prend, brûle, ou coule à fond plusieurs de leurs vaisseaux; les autres se sauvent à force de rames[5].

L'armée persane perdit environ six mille quatre cents hommes; celle des Athéniens, cent quatre-vingt-douze héros[6] : car il n'y en eut pas un qui, dans cette occasion, ne méritât ce titre. Miltiade y fut blessé, Hippias y périt, ainsi que Stésilée et Callimaque, deux des généraux des Athéniens[7].

Le combat finissait à peine, un soldat, excédé de fatigue, forme le projet de porter la première nouvelle d'un si grand succès aux magistrats d'Athènes, et, sans quitter ses armes, il court, vole, arrive, annonce la victoire, et tombe mort à leurs pieds[8].

Cependant cette victoire eût été funeste aux Grecs sans l'activité de Miltiade. Datis, en se retirant, conçut l'espoir de surprendre Athènes, qu'il croyait sans défense; et déjà sa flotte doublait le cap de Sunium. Miltiade n'en fut pas plus tôt instruit qu'il se mit en marche, arriva le même jour sous les murs de la ville, déconcerta par sa présence les projets de l'ennemi, et l'obligea de se retirer sur les côtes de l'Asie[9].

La bataille se donna[10] le 6 de boédromion, dans la troisième année de la soixante-douzième olympiade[11]. Le lendemain arrivèrent deux mille Spartiates. Ils avaient fait en trois jours et trois nuits[12] douze cents stades de chemin[13]. Quoique instruits de la fuite des Perses, ils continuèrent leur route jusqu'à Marathon, et ne craignirent point d'af-

---

1. Herodot., lib. VI, cap. cx. Nep., in Milt., cap. v. — 2. Environ sept cent soixante toises. — 3. Herodot., ibid., cap. cxii. — 4. Pausan., lib. I, cap. xxxii, p. 80. — 5. Herodot., lib. VI, cap. cxv. Justin., lib. II, cap. ix. — 6. Herodot., ibid., cap. cxvii. — 7. Id., ibid., cap. cxiv. — 8. Plut., De glor. Athen., t. II, p. 347. — 9. Herodot., lib. VI, cap. cxvi. — 10. Corsin., Fast. attic., t. III, p. 149. — 11. Le 29 septembre de l'an 490 avant J. C. — 12. Isocr., Paneg. t. I, p. 163. Plat., De leg., lib. III, t. II, p. 698. — 13. Environ quarante-six lieues et demie.

fronter l'aspect des lieux où une nation rivale s'était signalée par de si grands exploits : ils y virent les tentes des Perses encore dressées, la plaine jonchée de morts, et couverte de riches dépouilles ; ils y trouvèrent Aristide qui veillait, avec sa tribu, à la conservation des prisonniers et du butin, et ne se retirèrent qu'après avoir donné de justes éloges aux vainqueurs[1].

Les Athéniens n'oublièrent rien pour éterniser le souvenir de ceux qui étaient morts dans le combat. On leur fit des funérailles honorables : leurs noms furent gravés sur des demi-colonnes élevées dans la plaine de Marathon. Ces monuments, sans en excepter ceux des généraux Callimaque et Stésilée, sont d'une extrême simplicité[2]. Tout auprès on plaça un trophée chargé des armes des Perses[3]. Un habile artiste peignit les détails de la bataille dans un des portiques les plus fréquentés de la ville : il y représenta Miltiade à la tête des généraux, et au moment qu'il exhortait les troupes au combat[4].

Darius n'apprit qu'avec indignation la défaite de son armée. On tremblait sur le sort des Érétriens que Datis amenait à ses pieds. Cependant, dès qu'il les vit, la pitié étouffa dans son cœur tous les autres sentiments[5] : il leur distribua des terres à quelque distance de Suze ; et, pour se venger des Grecs d'une manière plus noble et plus digne de lui, il ordonna de nouvelles levées et fit des préparatifs immenses.

Les Athéniens ne tardèrent pas eux-mêmes à le venger. Ils avaient élevé Miltiade si haut, qu'ils commencèrent à le craindre. La jalousie représentait que, pendant qu'il commandait en Thrace, il avait exercé tous les droits de la souveraineté[6] ; qu'étant redouté des nations étrangères, et adoré du peuple d'Athènes, il était temps de veiller sur ses vertus, ainsi que sur sa gloire. Le mauvais succès d'une expédition qu'il entreprit contre l'île de Paros fournit un nouveau prétexte à la haine de ses ennemis. On l'accusa de s'être laissé corrompre par l'argent des Perses ; et, malgré les sollicitations et les cris des citoyens les plus honnêtes, il fut condamné à être jeté dans la fosse où l'on fait périr les malfaiteurs[7]. Le magistrat s'étant opposé à l'exécution de cet infâme décret, la peine fut commuée en une amende de cinquante talents[8] ; et comme il n'était pas en état de la payer, on vit le vainqueur de Darius expirer dans les fers des blessures qu'il avait reçues au service de l'État[9].

Ces terribles exemples d'injustice et d'ingratitude de la part d'un souverain ou d'une nation ne découragent ni l'ambition ni la vertu. Ce sont des écueils dans la carrière des honneurs, comme il y en a au milieu de la mer. Thémistocle et Aristide prenaient sur les Athéniens la supériorité que l'un méritait par la diversité de ses talents, l'autre

1. Herodot., lib. VI, cap. cxx. Plut., in Aristid., t. I, p. 321 ; id., De malign. Hérodot., t. II, p. 861. — 2. Pausan., lib. I, cap. xxxii, p. 79. — 3. Id., ibid. Aristoph., in Vesp., v. 709. — 4. Nep., in Milt., cap. vi. — 5. Herodot., lib. VI, cap. cxix. — 6. Nep., ibid., cap. viii. — 7. Plat. in Gorg., t. II, p. 516. — 8. Deux cent soixante-dix mille livres. — 9. Herodot., lib. VI, cap. cxxxvi. Nep., in Milt., cap. vii.

par l'uniformité d'une conduite entièrement consacrée au bien public. Le premier, tourmenté jour et nuit par le souvenir des trophées de Miltiade[1], flattait sans cesse par de nouveaux décrets l'orgueil d'un peuple enivré de sa victoire; le second ne s'occupait qu'à maintenir les lois et les mœurs qui l'avaient préparée : tous deux, opposés dans leurs principes et dans leurs projets, remplissaient tellement la place publique de leurs divisions, qu'un jour Aristide, après avoir, contre toute raison, remporté un avantage sur son adversaire, ne put s'empêcher de dire que c'en était fait de la république, si on ne le jetait, lui et Thémistocle, dans une fosse profonde[2].

A la fin les talents et l'intrigue triomphèrent de la vertu. Comme Aristide se portait pour arbitre dans les différends des particuliers, la réputation de son équité faisait déserter les tribunaux de justice. La faction de Thémistocle l'accusa de s'établir une royauté d'autant plus redoutable qu'elle était fondée sur l'amour du peuple, et conclut à la peine de l'exil. Les tribus étaient assemblées, et devaient donner leurs suffrages par écrit. Aristide assistait au jugement. Un citoyen obscur, assis à ses côtés, le pria d'inscrire le nom de l'accusé sur une petite coquille qu'il lui présenta. « Vous a-t-il fait quelque tort ? répondit Aristide. — Non, dit cet inconnu ; mais je suis ennuyé de l'entendre partout nommer le Juste. » Aristide écrivit son nom, fut condamné, et sortit de la ville en formant des vœux pour sa patrie[3].

Son exil suivit de près la mort de Darius. Ce prince menaçait à la fois et la Grèce, qui avait refusé de subir le joug des Perses, et l'Égypte qui venait de le secouer[4]. Son fils Xerxès fut l'héritier de son trône[5], sans l'être d'aucune de ses grandes qualités. Élevé dans une haute opinion de sa puissance, juste et bienfaisant par saillies, injuste et cruel par faiblesse, presque toujours incapable de supporter les succès et les revers, on ne distingua constamment dans son caractère qu'une extrême violence[6] et une excessive pusillanimité.

Après avoir puni les Égyptiens de leur révolte, et follement aggravé le poids de leurs chaînes[7], il eût peut-être joui tranquillement de sa vengeance, sans un de ces lâches courtisans qui sacrifient sans remords des milliers d'hommes à leurs intérêts. Mardonius, à qui l'honneur d'avoir épousé la sœur de son maître[8] inspirait les plus hautes prétentions, voulait commander les armées, laver la honte dont il s'était couvert dans sa première expédition, assujettir la Grèce pour en obtenir le gouvernement et y exercer ses rapines. Il persuada facilement à Xerxès de réunir ce pays et l'Europe entière à l'empire des Perses[9]. La guerre fut résolue, et toute l'Asie fut ébranlée.

Aux préparatifs énormes qu'avait faits Darius, on ajouta des préparatifs encore plus effrayants. Quatre années[10] furent employées à lever des troupes, à établir des magasins sur la route, à transporter sur les

---

1. Plut., in Themist., t. I, p. 113. — 2. Id., in Aristid., t. I, p. 320. — 3. Id., ibid., p. 322. Nep., in Aristid., cap. I. — 4. Herodot., lib. VII, cap. I. — 5. L'an 485 avant J. C. — 6. Plat., De leg., lib. III, t. II, p. 698. — 7. Herodot., ibid., cap. VII. — 8. Id., lib. VI, cap. XLIII. — 9. Id., lib. VII, cap. V. — lib. II, p. 1. — 10. Herodot., lib. VII, cap. XX.

bords de la mer des provisions de guerre et de bouche, à construire dans tous les ports des galères et des vaisseaux de charge.

Le roi partit enfin de Suze, persuadé qu'il allait reculer les frontières de son empire jusqu'aux lieux où le soleil finit sa carrière [1]. Dès qu'il fut à Sardes en Lydie, il envoya des hérauts dans toute la Grèce, excepté chez les Lacédémoniens et chez les Athéniens. Ils devaient recevoir l'hommage des îles et des nations du continent : plusieurs d'entre elles se soumirent aux Perses [2].

Au printemps de la quatrième année de la soixante-quatorzième olympiade [3], Xerxès se rendit sur les bords de l'Hellespont avec la plus nombreuse armée qui ait jamais dévasté la terre [4] : il y voulut contempler à loisir le spectacle de sa puissance; et, d'un trône élevé, il vit la mer couverte de ses vaisseaux, et la campagne de ses troupes [5].

Dans cet endroit, la côte de l'Asie n'est séparée de celle de l'Europe que par un bras de mer de sept stades de largeur [7]. Deux ponts de bateaux, affermis sur leurs ancres, rapprochent les rivages opposés. Des Égyptiens et des Phéniciens avaient d'abord été chargés de les construire. Une tempête violente ayant détruit leur ouvrage, Xerxès fit couper la tête aux ouvriers; et, voulant traiter la mer en esclave révoltée, ordonna de la frapper à grands coups de fouet, de la marquer d'un fer chaud, et de jeter dans son sein une paire de chaînes [6]. Et cependant ce prince était suivi de plusieurs millions d'hommes?

Ses troupes employèrent sept jours et sept nuits à passer le détroit [8]; ses bagages, un mois entier [10]. De là, prenant sa route par la Thrace, et côtoyant la mer [11], il arriva dans la plaine de Doriscus, arrosée par l'Hèbre, propre non-seulement à procurer du repos et des rafraîchissements aux soldats, mais encore à faciliter la revue et le dénombrement de l'armée.

Elle était forte de dix-sept cent mille hommes de pied, et de quatre-vingt mille chevaux [12] : vingt mille Arabes et Libyens conduisaient les chameaux et les chariots. Xerxès, monté sur un char, en parcourut tous les rangs; il passa ensuite sur sa flotte qui s'était approchée du rivage, et qui était composée de douze cent sept galères à trois rangs de rames [13]. Chacune pouvait contenir deux cents hommes, et toutes ensemble deux cent quarante-un mille quatre cents hommes. Elles étaient accompagnées de trois mille vaisseaux de charge, dans lesquels on présume qu'il y avait deux cent quarante mille hommes.

Telles étaient les forces qu'il avait amenées de l'Asie : elles furent bientôt augmentées de trois cent mille combattants tirés de la Thrace, de la Macédoine, de la Pæonie, et de plusieurs autres régions européennes soumises à Xerxès. Les îles voisines fournirent de plus cent

---

1. Herodot., lib. VII, cap. VIII. — 2. Id., ibid., cap. XXXII. Diod., lib. XI, p. 2. — 3. Au printemps de l'année 480 avant J. C. — 4. Herodot., ibid., cap. XI. — 5. Id., ibid., cap. XLIV. — 6. Id., ibid., cap. XXXIV. Æschyl., in Pers., v. 747. — 7. Voy. la note VI à la fin du volume. — 8. Herodot., lib. VII, cap. XXXV. — 9. Id., ibid., cap. LVI. — 10. Id., lib. VIII, cap. LI. — 11. Id., lib. VII, cap. LIX. — 12. Id., ibid., cap. LX et LXXXVII. — 13. Id., ibid., cap. C et CLXXXIV. Isocr., Paneg., t. I, p. 168.

vingt galères, sur lesquelles étaient vingt-quatre mille hommes[1]. Si l'on joint à cette multitude immense un nombre presque égal de gens nécessaires ou inutiles qui marchaient à la suite de l'armée, on trouvera que cinq millions d'hommes[2] avaient été arrachés à leur patrie, et allaient détruire des nations entières, pour satisfaire l'ambition d'un particulier nommé Mardonius.

Après la revue de l'armée et de la flotte, Xerxès fit venir le roi Démarate, qui, exilé de Lacédémone quelques années auparavant, avait trouvé un asile à la cour de Suze.

« Pensez-vous, lui dit-il, que les Grecs osent me résister[3] ? » Démarate ayant obtenu la permission de lui dire la vérité : « Les Grecs, répondit-il, sont à craindre, parce qu'ils sont pauvres et vertueux. Sans faire l'éloge des autres, je ne vous parlerai que des Lacédémoniens. L'idée de l'esclavage les révoltera. Quand toute la Grèce se soumettrait à vos armes, ils n'en seraient que plus ardents à défendre leur liberté. Ne vous informez pas du nombre de leurs troupes : ne fussent-ils que mille, fussent-ils moins encore, ils se présenteront au combat. »

Le roi se mit à rire ; et, après avoir comparé ses forces à celles des Lacédémoniens : « Ne voyez-vous pas, ajouta-t-il, que la plupart de mes soldats prendraient la fuite, s'ils n'étaient retenus par les menaces et les coups ? Comme une pareille crainte ne saurait agir sur ces Spartiates, qu'on nous peint si libres et si indépendants, il est visible qu'ils n'affronteront point gratuitement une mort certaine. Et qui pourrait les y contraindre ? — La loi, répliqua Démarate ; cette loi qui a plus de pouvoir sur eux que vous n'en avez sur vos sujets ; cette loi qui leur dit : « Voilà vos ennemis ; il ne s'agit pas de les compter ; il faut les « vaincre, ou périr[4]. »

Les rires de Xerxès redoublèrent à ces mots : il donna ses ordres, et l'armée partit divisée en trois corps. L'un suivait les rivages de la mer ; les deux autres marchaient à certaines distances dans l'intérieur des terres[5]. Les mesures qu'on avait prises leur procuraient des moyens de subsistance assurés. Les trois mille vaisseaux chargés de vivres longeaient la côte, et réglaient leurs mouvements sur ceux de l'armée. Auparavant, les Égyptiens et les Phéniciens avaient approvisionné plusieurs places maritimes de la Thrace et de la Macédoine[6]. Enfin, à chaque station, les Perses étaient nourris et défrayés par les habitants des pays voisins, qui, prévenus depuis longtemps de leur arrivée, s'étaient préparés à les recevoir[7].

Tandis que l'armée continuait sa route vers la Thessalie, ravageant les campagnes, consumant dans un jour les récoltes de plusieurs années, entraînant au combat les nations qu'elle avait réduites à l'indigence, la flotte de Xerxès traversait le mont Athos au lieu de le doubler. Ce mont se prolonge dans une presqu'île qui n'est attachée au conti-

---

1. Hérodot., lib. VII, cap. CLXXXV. — 2. Isocr., Panath., t. II, p. 205. — 3. Herodot., ibid., cap. CI. — 4. Id., ibid., cap. CIV. — 5. Id., ibid., cap. CXXI. — 6. Id., ibid., cap. XXV. — 7. Id., ibid., cap. CXVIII et CXIX.

nent que par un isthme de douze stades de large [1]. La flotte des Perses avait éprouvé, quelques années auparavant, combien ce parage est dangereux [2]. On aurait pu cette fois-ci la transporter, à force de bras, par dessus l'isthme : mais Xerxès avait ordonné de le percer, et quantité d'ouvriers furent pendant longtemps occupés à creuser un canal où deux galères pouvaient passer de front [3]. Xerxès le vit, et crut qu'après avoir jeté un pont sur la mer, et s'être ouvert un chemin à travers les montagnes, rien ne résisterait plus à sa puissance.

La Grèce touchait alors au dénoûment des craintes qui l'avaient agitée pendant plusieurs années. Depuis la bataille de Marathon, les nouvelles qui venaient de l'Asie n'annonçaient de la part du grand roi que des projets de vengeance [4], et des préparatifs, suspendus par la mort de Darius, repris avec plus de vigueur par son fils Xerxès.

Pendant que ce dernier en était le plus occupé, on avait vu tout à coup à Suze deux Spartiates qui furent admis à l'audience du roi, mais qui refusèrent constamment de se prosterner devant lui, comme faisaient les Orientaux. « Roi des Mèdes, lui dirent-ils, les Lacédémoniens mirent à mort, il y a quelques années, les ambassadeurs de Darius. Ils doivent une satisfaction à la Perse, nous venons vous offrir nos têtes. » Ces deux Spartiates, nommés Sperthias et Bulis, apprenant que les dieux, irrités du meurtre des ambassadeurs perses, rejetaient les sacrifices des Lacédémoniens, s'étaient dévoués d'eux-mêmes pour le salut de leur patrie [5]. Xerxès, étonné de leur fermeté, ne les étonna pas moins par sa réponse : « Allez dire à Lacédémone, que si elle est capable de violer le droit des gens, je ne le suis pas de suivre son exemple, et que je n'expierai point, en vous ôtant la vie, le crime dont elle s'est souillée. »

Quelque temps après, Xerxès étant à Sardes, on découvrit trois espions athéniens qui s'étaient glissés dans l'armée des Perses. Le roi, loin de les condamner au supplice, leur permit de prendre à loisir un état exact de ses forces : il se flattait qu'à leur retour les Grecs ne tarderaient pas à se ranger sous son obéissance [6]. Mais leur récit ne servit qu'à confirmer les Lacédémoniens et les Athéniens dans la résolution qu'ils avaient prise de former une ligue générale des peuples de la Grèce. Ils assemblèrent une diète à l'isthme de Corinthe ; leurs députés couraient de ville en ville, et tâchaient de répandre l'ardeur dont ils étaient animés. La Pythie de Delphes, sans cesse interrogée, sans cesse entourée de présents, cherchant à concilier l'honneur de son ministère avec les vues intéressées des prêtres, avec les vues secrètes de ceux qui la consultaient, tantôt exhortait les peuples à rester dans l'inaction, tantôt augmentait leurs alarmes par les malheurs qu'elle annonçait, et leur incertitude par l'impénétrabilité de ses réponses.

On pressa les Argiens d'entrer dans la confédération [7]. Six mille de leurs soldats, parmi lesquels se trouvait l'élite de leur jeunesse, ve-

---

1. Environ une demi-lieue. — 2. Herodot., lib. VI, cap. XLIV. — 3. Id., lib. VII, cap. XXIII et XXIV. — 4. Plat., De leg., lib. III, t. II, p. 698. — 5. Herodot., ibid., cap. CXXXVI. Plut., Lacon. apophth., t. II, p. 235. — 6. Herodot., ibid., cap. CXLVI. — 7. Id., ibid., cap. CXLV.

naient de périr dans une expédition que Cléomène, roi de Lacédémone, avait faite en Argolide[1]. Épuisés par cette perte, ils avaient obtenu un oracle qui leur défendait de prendre les armes : ils demandèrent ensuite de commander une partie de l'armée des Grecs; et, s'étant plaints d'un refus auquel ils s'attendaient, ils restèrent tranquilles[2], et finirent par entretenir des intelligences secrètes avec Xerxès[3].

On avait fondé de plus justes espérances sur le secours de Gélon, roi de Syracuse. Ce prince, par ses victoires et par ses talents, venait de soumettre plusieurs colonies grecques, qui devaient naturellement courir à la défense de leur métropole. Les députés de Lacédémone et d'Athènes admis en sa présence, le spartiate Syagrus porta la parole; et, après avoir dit un mot des forces et des projets de Xerxès, il se contenta de représenter à Gélon que la ruine de la Grèce entraînerait celle de la Sicile[4].

Le roi répondit avec émotion que dans ses guerres contre les Carthaginois, et dans d'autres occasions, il avait imploré l'assistance des puissances alliées, sans l'obtenir; que le danger seul les forçait maintenant à recourir à lui; qu'oubliant néanmoins ces justes sujets de plainte, il était prêt à fournir deux cents galères, vingt mille hommes pesamment armés, quatre mille cavaliers, deux mille archers, et autant de frondeurs. « Je m'engage de plus, ajouta-t-il, à procurer les vivres nécessaires à toute l'armée pendant le temps de la guerre; mais j'exige une condition, c'est d'être nommé généralissime des troupes de terre et de mer. »

« Oh! combien gémirait l'ombre d'Agamemnon, reprit vivement Syagrus, si elle apprenait que les Lacédémoniens ont été dépouillés par Gélon et par les Syracusains de l'honneur de commander les armées! Non, jamais Sparte ne vous cédera cette prérogative. Si vous voulez secourir la Grèce, c'est de nous que vous prendrez l'ordre; si vous prétendez le donner, gardez vos soldats. — Syagrus, répondit tranquillement le roi, je me souviens que les liens de l'hospitalité nous unissent; souvenez-vous, de votre côté, que les paroles outrageantes ne servent qu'à aigrir les esprits. La fierté de votre réponse ne me fera pas sortir des bornes de la modération; et quoique, par ma puissance, j'aie plus de droit que vous au commandement général, je vous propose de le partager. Choisissez, ou celui de l'armée de terre, ou celui de la flotte : je prendrai l'autre.

« Ce n'est pas un général, reprit aussitôt l'ambassadeur athénien, ce sont des troupes que les Grecs demandent. J'ai gardé le silence sur vos premières prétentions : c'était à Syagrus de les détruire; mais je déclare que si les Lacédémoniens cèdent une partie du commandement, elle nous est dévolue de droit[5]. »

A ces mots, Gélon congédia les ambassadeurs, et ne tarda pas à faire partir pour Delphes un nommé Cadmus, avec ordre d'attendre dans ce lieu l'événement du combat; de se retirer si les Grecs étaient vain-

---

1. Herodot., lib. VII, cap. CXLVIII. — 2. Id., ibid. Plat., De leg., lib. III, t. II, p. 692. Diod., lib. XI, p. 3. — 3. Herodot., lib. IX, cap. XII. — 4 Id., lib. VII, cap. CLVII. — 5. Id. ibid., cap. CLXI.

queurs; et, s'ils étaient vaincus, d'offrir à Xerxès l'hommage de sa couronne, accompagné de riches présents[1].

La plupart des négociations qu'entamèrent les villes confédérées n'eurent pas un succès plus heureux. Les habitants de Crète consultèrent l'oracle, qui leur ordonna de ne pas se mêler des affaires de la Grèce[2]. Ceux de Corcyre armèrent soixante galères, leur enjoignirent de rester paisiblement sur les côtes méridionales du Péloponèse, et de se déclarer ensuite pour les vainqueurs[3].

Enfin les Thessaliens, que le crédit de plusieurs de leurs chefs avait jusqu'alors engagés dans le parti des Mèdes, signifièrent à la diète qu'ils étaient prêts à garder le passage du mont Olympe, qui conduit de la Macédoine inférieure en Thessalie, si les autres Grecs voulaient seconder leurs efforts[4]. On fit aussitôt partir dix mille hommes, sous la conduite d'Événète de Lacédémone, et de Thémistocle d'Athènes : ils arrivèrent sur les bords du Pénée, et campèrent avec la cavalerie thessalienne à l'entrée de la vallée de Tempé; mais, quelques jours après, ayant appris que l'armée persane pouvait pénétrer en Thessalie par un chemin plus facile, et les députés d'Alexandre, roi de Macédoine, les ayant avertis du danger de leur position, ils se retirèrent vers l'isthme de Corinthe, et les Thessaliens résolurent de faire leur accommodement avec les Perses.

Il ne restait donc plus, pour la défense de la Grèce, qu'un petit nombre de peuples et de villes. Thémistocle était l'âme de leurs conseils, et relevait leurs espérances; employant tour à tour la persuasion et l'adresse, la prudence et l'activité; entraînant tous les esprits, moins par la force de son éloquence que par celle de son caractère; toujours entraîné lui-même par un génie que l'art n'avait point cultivé, et que la nature avait destiné à gouverner les hommes et les événements : espèce d'instinct dont les inspirations subites lui dévoilaient dans l'avenir et dans le présent ce qu'il devait espérer ou craindre[5].

Depuis quelques années, il prévoyait que la bataille de Marathon n'était que le prélude des guerres dont les Grecs étaient menacés; qu'ils n'avaient jamais été plus en danger que depuis leur victoire; que, pour leur conserver la supériorité qu'ils avaient acquise, il fallait abandonner les voies qui l'avaient procurée; qu'ils seraient toujours maîtres du continent, s'ils pouvaient l'être de la mer; qu'enfin viendrait un temps où leur salut dépendrait de celui d'Athènes, et celui d'Athènes du nombre de ses vaisseaux.

D'après ces réflexions, aussi neuves qu'importantes, il avait entrepris de changer les idées des Athéniens, et de tourner leurs vues du côté de la marine. Deux circonstances le mirent en état d'exécuter son plan. Les Athéniens faisaient la guerre aux habitants de l'île d'Égine; ils devaient se partager des sommes considérables qui provenaient de

---

1. Herodot., lib. VII, cap. CLXIII. — 2. Id., ibid., cap. CLXIX. — 3. Id., ibid., cap. CLXVIII. Diod., lib. XI, p. 13. — 4. Herodot., ibid., cap. CLXXII. — 5. Thucyd., lib. I, cap. CXXXVIII. Plut., in Themist., t. I, p. 112. Nep., in Themist., cap. I, etc.

leurs mines d'argent. Il leur persuada de renoncer à cette distribution, et de construire deux cents galères, soit pour attaquer actuellement les Éginètes, soit pour se défendre un jour contre les Perses[1] : elles étaient dans les ports de l'Attique lors de l'invasion de Xerxès.

Pendant que ce prince continuait sa marche, il fut résolu, dans la diète de l'isthme, qu'un corps de troupes, sous la conduite de Léonidas, roi de Sparte, s'emparerait du passage des Thermopyles, situé entre la Thessalie et la Locride[2]; que l'armée navale des Grecs attendrait celle des Perses aux parages voisins, dans un détroit formé par les côtes de la Thessalie et par celles de l'Eubée.

Les Athéniens, qui devaient armer cent vingt-sept galères, prétendaient avoir plus de droit au commandement de la flotte que les Lacédémoniens qui n'en fournissaient que dix[3]. Mais, voyant que les alliés menaçaient de se retirer s'ils n'obéissaient pas à un Spartiate, ils se désistèrent de leur prétention. Eurybiade fut élu général; il eut sous lui Thémistocle et les chefs des autres nations[4].

Les deux cent quatre-vingts vaisseaux[5] qui devaient composer la flotte se réunirent sur la côte septentrionale de l'Eubée, auprès d'un endroit nommé Artémisium.

Léonidas, en apprenant le choix de la diète, prévit sa destinée, et s'y soumit avec cette grandeur d'âme qui caractérisait alors sa nation : il ne prit, pour l'accompagner, que trois cents Spartiates qui l'égalaient en courage, et dont il connaissait les sentiments[6]. Les éphores lui ayant représenté qu'un si petit nombre de soldats ne pouvait lui suffire : « Ils sont bien peu, répondit-il, pour arrêter l'ennemi; mais ils ne sont que trop pour l'objet qu'ils se proposent. — Et quel est donc cet objet? demandèrent les Éphores. — Notre devoir, répliqua-t-il, est de défendre le passage; notre résolution, d'y périr. Trois cents victimes suffisent à l'honneur de Sparte. Elle serait perdue sans ressource, si elle me confiait tous ses guerriers; car je ne présume pas qu'un seul d'entre eux osât prendre la fuite[7]. »

Quelques jours après, on vit à Lacédémone un spectacle qu'on ne peut se rappeler sans émotion. Les compagnons de Léonidas honorèrent d'avance son trépas et le leur par un combat funèbre, auquel leurs pères et leurs mères assistèrent[8]. Cette cérémonie achevée, ils sortirent de la ville, suivis de leurs parents et de leurs amis, dont ils reçurent les adieux éternels; et ce fut là que la femme de Léonidas lui ayant demandé ses dernières volontés : « Je vous souhaite, lui dit-il, un époux digne de vous, et des enfants qui lui ressemblent[9]. »

Léonidas pressait sa marche : il voulait, par son exemple, retenir dans le devoir plusieurs villes prêtes à se déclarer pour les Perses[10] : il passa par les terres des Thébains, dont la foi était suspecte, et qui lui

---

1. Herodot., lib. VII, cap. CXLIV. Thucyd., lib. I, cap. XIV. Plut., in Themist., t. I, p. 113. — 2. Id., ibid., cap. CLXXV. Diod., lib. XI, p. 4. — 3. Herodot., lib. VIII, cap. I. Isocr., Panath., t. II, p. 206. — 4. Plut., in Themist., p. 115 — 5. Herodot., ibid. — 6. Id., lib. VII, cap. CCV. — 7. Diod., lib. XI, p. 4. Plut., Lacon. apophth., t. II, p. 225. — 8. Plut., De malign. Herodot., p. 866 — 9. Id., ibid., et Lacon. apophth., p. 225. — 10. Herodot., lib. VII, cap. CCVI.

donnèrent néanmoins quatre cents hommes avec lesquels il alla se camper aux Thermopyles [1].

Bientôt arrivèrent successivement mille soldats de Tégée et de Mantinée, cent vingt d'Orchomène, mille des autres villes de l'Arcadie, quatre cents de Corinthe, deux cents de Phlionte, quatre-vingts de Mycène, sept cents de Thespie, mille de la Phocide. La petite nation des Locriens se rendit au camp avec toutes ses forces [2].

Ce détachement, qui montait à sept mille hommes environ [3], devait être suivi de l'armée des Grecs. Les Lacédémoniens étaient retenus chez eux par une fête; les autres alliés se préparaient à la solennité des jeux olympiques : les uns et les autres croyaient que Xerxès était encore loin des Thermopyles [4].

Ce pas est l'unique voie par laquelle une armée puisse pénétrer de la Thessalie dans la Locride, la Phocide, la Béotie, l'Attique, et les régions voisines [5]. Il faut en donner ici une description succincte.

En partant de la Phocide pour se rendre en Thessalie, on passe par le petit pays des Locriens, et l'on arrive au bourg d'Apénus, situé sur la mer [6]. Comme il est à la tête du détroit, on l'a fortifié dans ces derniers temps [7].

Le chemin n'offre d'abord que la largeur nécessaire pour le passage d'un chariot [8] : il se prolonge ensuite entre des marais que forment les eaux de la mer [9], et des rochers presque inaccessibles qui terminent la chaîne des montagnes connues sous le nom d'Œta [10].

A peine est-on sorti d'Apénus, que l'on trouve à gauche une pierre consacrée à Hercule Mélampyge; et c'est là qu'aboutit un sentier qui conduit au haut de la montagne [11]. J'en parlerai bientôt.

Plus loin, on traverse un courant d'eaux chaudes qui ont fait donner à cet endroit le nom de Thermopyles [12].

Tout auprès est le bourg d'Anthéla : on distingue, dans la plaine qui l'entoure, une petite colline [13] et un temple de Cérès, où les Amphictyons tiennent tous les ans une de leurs assemblées.

Au sortir de la plaine, on trouve un chemin, ou plutôt une chaussée qui n'a que sept à huit pieds de large. Ce point est à remarquer. Les Phocéens y construisirent autrefois un mur, pour se garantir des incursions des Thessaliens [14].

Après avoir passé le Phœnix, dont les eaux finissent par se mêler avec celles de l'Asopus, qui sort d'une vallée voisine, on rencontre un dernier défilé, dont la largeur est d'un demi-plèthre [15].

La voie s'élargit ensuite jusqu'à la Trachinie, qui tire son nom de la ville de Trachis [16], et qui est habitée par les Maliens [17]. Ce pays présente

---

1. Herodot., lib. VII, cap. ccv. Diod., lib. XI, p. 5. — 2. Herodot., ibid., cap. ccii. — 3. Voy. la note VII, à la fin du volume. — 4. Herodot., ibid., cap. ccvi. — 5. T. Liv., lib. XXXVI, cap. xv. — 6. Herodot., ibid., cap. clxxvi. — 7. Æschin., De fals. legat., p. 416. — 8. Herodot., ibid. — 9. Id., ibid. Pausan., lib. VII, cap. xv, p. 558. — 10. Strab., lib. IX, p. 428. T. Liv., lib. XXXVI, cap. xv. — 11. Herodot., ibid., cap. ccxvi. — 12. Id., ibid., cap. clxxvi. Strab., T. Liv., etc. — 13. Herodot., ibid., cap. ccxxv. — 14. Id., ibid., cap. clxxvi. — 15. Sept à huit toises. — 16. Herodot., ibid., cap. cxcix. — 17. Thucid., lib. III, cap. xcii. Palmer., exercit. in optim. aut., p. 176.

de grandes plaines arrosées par le Sperchius et par d'autres rivières. A l'est de Trachis est maintenant la ville d'Héraclée, qui n'existait pas du temps de Xerxès [1].

Tout le détroit, depuis le défilé qui est en avant d'Alpénus, jusqu'à celui qui est au delà du Phœnix, peut avoir quarante-huit stades de long [2]. Sa largeur varie presque à chaque pas; mais partout on a, d'un côté, des montagnes escarpées, et de l'autre, la mer ou des marais impénétrables [3] : le chemin est souvent détruit par des torrents ou par des eaux stagnantes [4].

Léonidas plaça son armée auprès d'Anthéla [5], rétablit le mur des Phocéens, et jeta en avant quelques troupes pour en défendre les approches. Mais il ne suffisait pas de garder le passage qui est au pied de la montagne : il existait, sur la montagne même, un sentier qui commençait à la plaine de Trachis, et qui, après différents détours, aboutissait auprès du bourg d'Alpénus. Léonidas en confia la défense aux mille Phocéens qu'il avait avec lui, et qui allèrent se placer sur les hauteurs du mont Œta [6].

Ces dispositions étaient à peine achevées, que l'on vit l'armée de Xerxès se répandre dans la Trachinie, et couvrir la plaine d'un nombre infini de tentes [7]. A cet aspect, les Grecs délibérèrent sur le parti qu'ils avaient à prendre. La plupart des chefs proposaient de se retirer à l'isthme; mais Léonidas ayant rejeté cet avis, on se contenta de faire partir des courriers pour presser les secours des villes alliées [8].

Alors parut un cavalier perse, envoyé par Xerxès pour reconnaître les ennemis. Le poste avancé des Grecs, était, ce jour-là, composé des Spartiates : les uns s'exerçaient à la lutte; les autres peignaient leur chevelure, car leur premier soin, dans ces sortes de dangers, est de parer leurs têtes. Le cavalier eut le loisir d'en approcher, de les compter, de se retirer, sans qu'on daignât prendre garde à lui. Comme le mur lui dérobait la vue du reste de l'armée, il ne rendit compte que des trois cents hommes qu'il avait vus à l'entrée du défilé [9].

Le roi, étonné de la tranquillité des Lacédémoniens, attendit quelques jours pour leur laisser le temps de la réflexion [10]. Le cinquième, il écrivit à Léonidas : « Si tu veux te soumettre, je te donnerai l'empire de la Grèce. » Léonidas répondit : « J'aime mieux mourir pour ma patrie que de l'asservir. » Une seconde lettre du roi ne contenait que ces mots : « Rends-moi tes armes. » Léonidas écrivit au-dessous : « Viens les prendre [11]. »

Xerxès, outré de colère, fait marcher les Mèdes et les Cissiens [12], avec ordre de prendre ces hommes en vie, et de les lui amener sur-le-champ. Quelques soldats courent à Léonidas, et lui disent : « Les Perses sont près de nous. » Il répond froidement : « Dites plutôt que nous

---

1. Thucid., lib. III, cap. xcii. — 2. Environ deux lieues. — 3. Pausan., lib. X p. 849. — 4. Strab., lib. IX, p. 428. — 5. Pausan., lib. VII, p. 558. T. Liv. lib. XXXVI, cap. xv. — 6. Herodot., lib. VII, cap. CLXXV et CCXVII. — 7. Id. ibid., cap. CCI. — 8. Id., ibid., cap. CCVII. — 9. Id., ibid., cap. CCVIII. — 10. Id., ibid., cap. CCX. — 11. Plut., Lacon. apophth., p. 225. — 12. Herodot., ibid.

sommes près d'eux[1]. » Aussitôt il sort du retranchement avec l'élite de ses troupes, et il donne le signal du combat. Les Mèdes s'avancent en fureur : leurs premiers rangs tombent, percés de coups; ceux qui les remplacent éprouvent le même sort. Les Grecs, pressés les uns contre les autres, et couverts de grands boucliers, présentent un front hérissé de longues piques. De nouvelles troupes se succèdent vainement pour les rompre. Après plusieurs attaques infructueuses, la terreur s'empare des Mèdes; ils fuient, et sont relevés par le corps des dix mille Immortels que commandait Hydarnès[2]. L'action devint alors plus meurtrière. La valeur était peut-être égale de part et d'autre; mais les Grecs avaient pour eux l'avantage des lieux et la supériorité des armes. Les piques des Perses étaient trop courtes, et leurs boucliers trop petits[3]; ils perdirent beaucoup de monde; et Xerxès, témoin de leur fuite, s'élança, dit-on, plus d'une fois de son trône, et craignit pour son armée.

Le lendemain le combat recommença, mais avec si peu de succès de la part des Perses, que Xerxès désespérait de forcer le passage. L'inquiétude et la honte agitaient son âme orgueilleuse et pusillanime, lorsqu'un habitant de ces cantons, nommé Épialtès, vint lui découvrir le sentier fatal par lequel on pouvait tourner les Grecs. Xerxès, transporté de joie, détacha aussitôt Hydarnès avec le corps des Immortels[4]. Épialtès leur sert de guide : ils partent au commencement de la nuit; ils pénètrent le bois de chênes dont les flancs de ces montagnes sont couverts, et parviennent vers les lieux où Léonidas avait placé un détachement de son armée.

Hydarnès le prit pour un corps de Spartiates; mais, rassuré par Épialtès qui reconnut les Phocéens, il se préparait au combat, lorsqu'il vit ces derniers, après une légère défense, se réfugier sur les hauteurs voisines. Les Perses continuèrent leur route.

Pendant la nuit, Léonidas avait été instruit de leur projet par des transfuges échappés du camp de Xerxès; et le lendemain matin il le fut de leurs succès par des sentinelles accourues du haut de la montagne. À cette terrible nouvelle, les chefs des Grecs s'assemblèrent. Comme les uns étaient d'avis de s'éloigner des Thermopyles, les autres d'y rester, Léonidas les conjura de se réserver pour des temps plus heureux, et déclara que, quant à lui et à ses compagnons, il ne leur était pas permis de quitter un poste que Sparte leur avait confié[5]. Les Thespiens protestèrent qu'ils n'abandonneraient point les Spartiates; les quatre cents Thébains, soit de gré, soit de force, prirent le même parti[6]; le reste de l'armée eut le temps de sortir du défilé.

Cependant Léonidas se disposait à la plus hardie des entreprises. « Ce n'est point ici, dit-il à ses compagnons, que nous devons combattre : il faut marcher à la tente de Xerxès, l'immoler ou périr au milieu de son camp. » Ses soldats ne répondirent que par un cri de

1. Plut. Lacon. apophth. p. 225. — 2. Diod., lib. XI, p. 7. — 3. Herodot. lib. VII, cap. ccxi. — 4. Id., ibid., cap. ccxv; Diod., ibid. Strab., lib. I, p. 10. — 5. Herodot. ibid., cap. ccxx. Justin., lib. II, cap. xi. — 6. Herodot., ibid. cap. ccxxii. Plut., De malig. Herodot., t. II, p. 865.

joie. Il leur fait prendre un repas frugal, en ajoutant : « Nous en prendrons bientôt un autre chez Pluton. » Toutes ses paroles laissaient une impression profonde dans les esprits. Près d'attaquer l'ennemi, il est ému sur le sort de deux Spartiates qui lui étaient unis par le sang et par l'amitié; il donne au premier une lettre, au second une commission secrète pour les magistrats de Lacédémone. « Nous ne sommes pas ici, lui disent-ils, pour porter des ordres, mais pour combattre; » et, sans attendre sa réponse, ils vont se placer dans les rangs qu'on leur avait assignés [1].

Au milieu de la nuit, les Grecs, Léonidas à leur tête, sortent du défilé, avancent à pas redoublés dans la plaine, renversent les postes avancés, et pénètrent dans la tente de Xerxès, qui avait déjà pris la fuite : ils entrent dans les tentes voisines, se répandent dans le camp, et se rassasient de carnage. La terreur qu'ils inspirent se reproduit à chaque pas, à chaque instant, avec des circonstances plus effrayantes. Des bruits sourds, des cris affreux, annoncent que les troupes d'Hydarnès sont détruites; que toute l'armée le sera bientôt par les forces réunies de la Grèce. Les plus courageux des Perses, ne pouvant entendre la voix de leurs généraux, ne sachant où porter leurs pas, où diriger leurs coups, se jetaient au hasard dans la mêlée, et périssaient par les mains les uns des autres, lorsque les premiers rayons du soleil offrirent à leurs yeux le petit nombre des vainqueurs. Ils se forment aussitôt, et attaquent les Grecs de toutes parts. Léonidas tombe sous une grêle de traits. L'honneur d'enlever son corps engage un combat terrible entre ses compagnons et les troupes les plus aguerries de l'armée persane. Deux frères de Xerxès, quantité de Perses, plusieurs Spartiates, y perdirent la vie. A la fin les Grecs, quoique épuisés et affaiblis par leurs pertes, enlèvent leur général, repoussent quatre fois l'ennemi dans leur retraite; et, après avoir gagné le défilé, franchissent le retranchement, et vont se placer sur la petite colline qui est auprès d'Anthéla : ils s'y défendirent encore quelques moments, et contre les troupes qui les suivaient, et contre celles qu'Hydarnès amenait de l'autre côté du détroit [2].

Pardonnez, ombres généreuses, à la faiblesse de mes expressions. Je vous offrais un plus digne hommage, lorsque je visitais cette colline où vous rendîtes les derniers soupirs; lorsque, appuyé sur un de vos tombeaux, j'arrosais de mes larmes les lieux teints de votre sang. Après tout, que pourrait ajouter l'éloquence à ce sacrifice si grand et si extraordinaire? Votre mémoire subsistera plus longtemps que l'empire des Perses, auquel vous avez résisté; et, jusqu'à la fin des siècles, votre exemple produira, dans les cœurs qui chérissent leur patrie, le recueillement ou l'enthousiasme de l'admiration.

Avant que l'action fût terminée, quelques Thébains, à ce qu'on prétend, se rendirent aux Perses [3]. Les Thespiens partagèrent les exploits

---

1. Diod., lib. XI, p. 8. Plut., De malign. Herodot., t. II, p. 866; id., Lacon. apophth., t. II, p. 225. Justin., lib. II, cap. xi. — 2. Herodot., lib. VII, cap. ccxxv, — 3. Id., ibid. cap. ccxxxiii.

et là destinée des Spartiates; et cependant la gloire des Spartiates a presque éclipsé celle des Thespiens. Parmi les causes qui ont influé sur l'opinion publique, on doit observer que la résolution de périr aux Thermopyles fut dans les premiers un projet conçu, arrêté, et suivi avec autant de sang-froid que de constance; au lieu que dans les seconds ce ne fut qu'une saillie de bravoure et de vertu, excitée par l'exemple. Les Thespiens ne s'élevèrent au-dessus des autres hommes que parce que les Spartiates s'étaient élevés au-dessus d'eux-mêmes.

Lacédémone s'enorgueillit de la perte de ses guerriers. Tout ce qui les concerne inspire de l'intérêt. Pendant qu'ils étaient aux Thermopyles, un Trachinien, voulant leur donner une haute idée de l'armée de Xerxès, leur disait que le nombre de leurs traits suffirait pour obscurcir le soleil. Tant mieux, répondit le Spartiate Diénécès; nous combattrons à l'ombre[1]. Un autre, envoyé par Léonidas à Lacédémone, était détenu au bourg d'Alpénus par une fluxion sur les yeux. On vint lui dire que le détachement d'Hydarnès était descendu de la montagne, et pénétrait dans le défilé: il prend aussitôt ses armes, ordonne à son esclave de le conduire à l'ennemi, l'attaque au hasard, et reçoit la mort qu'il en attendait[2].

Deux autres également absents par ordre du général furent soupçonnés, à leur retour, de n'avoir pas fait tous leurs efforts pour se trouver au combat. Ce doute les couvrit d'infamie. L'un s'arracha la vie; l'autre n'eut d'autre ressource que de la perdre quelque temps après à la bataille de Platée[3].

Le dévouement de Léonidas et de ses compagnons produisit plus d'effet que la victoire la plus brillante: il apprit aux Grecs le secret de leurs forces, aux Perses celui de leur faiblesse[4]. Xerxès, effrayé d'avoir une si grande quantité d'hommes et si peu de soldats, ne le fut pas moins d'apprendre que la Grèce renfermait dans son sein une multitude de défenseurs aussi intrépides que les Thespiens, et huit mille Spartiates semblables à ceux qui venaient de périr[5]. D'un autre côté, l'étonnement dont ces derniers remplirent les Grecs se changea bientôt en un désir violent de les imiter. L'ambition de la gloire, l'amour de la patrie, toutes les vertus furent portées au plus haut degré, et les âmes à une élévation jusqu'alors inconnue. C'est là le temps des grandes choses; et ce n'est pas celui qu'il faut choisir pour donner des fers à des peuples animés de si nobles sentiments.

Pendant que Xerxès était aux Thermopyles, son armée navale, après avoir essuyé, sur les côtes de la Magnésie, une tempête qui fit périr quatre cents galères et quantité de vaisseaux de charge[6], avait continué sa route, et mouillait auprès de la ville d'Aphètes, en présence et seulement à quatre-vingts stades de celle des Grecs[7], chargée de défendre le passage qui est entre l'Eubée et la terre ferme. Ici, quoique avec quelques différences dans le succès, se renouvelèrent, dans l'at-

---

1. Herodot., lib. VII, cap. ccxxvi. — 2. Id., ibid., cap. ccxxix. — 3. Id., ibid., cap. ccxxxi et ccxxxii. — 4. Diod., lib. XI, p. 10. — 5. Herodot., ibid., cap. ccx et ccxxxiv. — 6. Id., ibid., cap. cxc. — 7. Id., lib. VIII, cap. viii.

taque et dans la défense, plusieurs des circonstances qui précédèrent et accompagnèrent le combat des Thermopyles[1].

Les Grecs, à l'approche de la flotte ennemie, résolurent d'abandonner le détroit; mais Thémistocle les y retint[2]. Deux cents vaisseaux perses tournèrent l'île d'Eubée, et allaient envelopper les Grecs, lorsqu'une nouvelle tempête les brisa contre des écueils[3]. Pendant trois jours il se donna plusieurs combats où les Grecs eurent presque toujours l'avantage. Ils apprirent enfin que le pas des Thermopyles était forcé; et, dès ce moment, ils se retirèrent à l'île de Salamine[4].

Dans cette retraite, Thémistocle parcourut les rivages où des sources d'eau pouvaient attirer l'équipage des vaisseaux ennemis : il y laissa des inscriptions adressées aux Ioniens qui étaient dans l'armée de Xerxès : il leur rappelait qu'ils descendaient de ces Grecs contre lesquels ils portaient actuellement les armes. Son projet était de les engager à quitter le parti de ce prince, ou du moins de les lui rendre suspects[5].

Cependant l'armée des Grecs s'était placée à l'isthme de Corinthe, et ne songeait plus qu'à disputer l'entrée du Péloponèse[6]. Ce projet déconcertait les vues des Athéniens, qui jusqu'alors s'étaient flattés que la Béotie, et non l'Attique, serait le théâtre de la guerre. Abandonnés de leurs alliés, ils se seraient peut-être abandonnés eux-mêmes : mais Thémistocle, qui prévoyait tout sans rien craindre, comme il prévoyait tout sans rien hasarder, avait pris de si justes mesures, que cet événement même ne servit qu'à justifier le système de défense qu'il avait conçu dès le commencement de la guerre médique.

En public, en particulier, il représentait aux Athéniens qu'il était temps de quitter des lieux que la colère céleste livrait à la fureur des Perses; que la flotte leur offrait un asile assuré; qu'ils trouveraient une nouvelle patrie partout où ils pourraient conserver leur liberté : il appuyait ces discours par des oracles qu'il avait obtenus de la Pythie, et, lorsque le peuple fut assemblé, un incident ménagé par Thémistocle acheva de le déterminer. Des prêtres annoncèrent que le serpent sacré que l'on nourrissait dans le temple de Minerve venait de disparaître[7]. La déesse abandonne ce séjour, s'écrièrent-ils; que tardons-nous à la suivre? Aussitôt le peuple confirma ce décret proposé par Thémistocle : « Que la ville serait mise sous la protection de Minerve; que tous les habitants en état de porter les armes passeraient sur les vaisseaux; que chaque particulier pourvoirait à la sûreté de sa femme, de ses enfants, et de ses esclaves[8]. » Le peuple était si animé, qu'au sortir de l'assemblée il lapida Cyrcilus, qui avait osé proposer de se soumettre aux Perses, et fit subir le même supplice à la femme de cet orateur[9].

L'exécution de ce décret offrit un spectacle attendrissant. Les habi-

1. Diod., lib. XI, p. 11. — 2. Herodot., lib. VIII, cap. IV et V. Diod., ibid. — 3. Herodot., ibid., cap. VII et XIII. — 4. Id., ibid., cap. XXI. — 5. Id., ibid., cap. XXII. Justin., lib. II, cap. XII. Plut. in Themist., p. 116. — 6. Herodot., ibid., cap. XL. Isocr., Paneg., t. I, p. 166. — 7. Herodot., ibid., cap. XLI. Plut. in Themist., p. 116. — 8. Plut., ibid. — 9. Demosth., De cor., p. 507.

tants de l'Attique, obligés de quitter leurs foyers, leurs campagnes, les temples de leurs dieux, les tombeaux de leurs pères, faisaient retentir les plaines de cris lugubres. Les vieillards que leurs infirmités ne permettaient pas de transporter ne pouvaient s'arracher des bras de leur famille désolée; les hommes en état de servir la république recevaient, sur les rivages de la mer, les adieux et les pleurs de leurs femmes, de leurs enfants, et de ceux dont ils avaient reçu le jour[1]: ils les faisaient embarquer à la hâte sur des vaisseaux qui devaient les conduire à Égine, à Trézène, à Salamine[2], et ils se rendaient tout de suite sur la flotte, portant en eux-mêmes le poids d'une douleur qui n'attendait que le moment de la vengeance.

Xerxès se disposait alors à sortir des Thermopyles : la fuite de l'armée navale des Grecs lui avait rendu tout son orgueil ; il espérait de trouver chez eux la terreur et le découragement que le moindre revers excitait dans son âme. Dans ces circonstances, quelques transfuges d'Arcadie se rendirent à son armée, et furent amenés en sa présence. On leur demanda ce que faisaient les peuples du Péloponèse. « Ils célèbrent les jeux olympiques, répondirent-ils, et sont occupés à distribuer des couronnes aux vainqueurs. » Un des chefs de l'armée s'étant écrié aussitôt : On nous mène donc contre des hommes qui ne combattent que pour la gloire ? Xerxès lui reprocha sa lâcheté; et, regardant la sécurité des Grecs comme une insulte, il précipita son départ[3].

Il entra dans la Phocide. Les habitants résolurent de tout sacrifier plutôt que de trahir la cause commune : les uns se réfugièrent sur le mont Parnasse; les autres, chez une nation voisine : leurs campagnes furent ravagées, et leurs villes détruites par le fer et par la flamme. La Béotie se soumit, à l'exception de Platée et de Thespies, qui furent ruinées de fond en comble[4].

Après avoir dévasté l'Attique, Xerxès entra dans Athènes : il y trouva quelques malheureux vieillards qui attendaient la mort, et un petit nombre de citoyens qui, sur la foi de quelques oracles mal interprétés, avaient résolu de défendre la citadelle. Ils repoussèrent, pendant plusieurs jours, les attaques redoublées des assiégeants; mais, à la fin, les uns se précipitèrent du haut des murs, les autres furent massacrés dans les lieux saints où ils avaient vainement cherché un asile. La ville fut livrée au pillage, et consumée par la flamme[5].

L'armée navale des Perses mouillait dans la rade de Phalère[6], à vingt stades d'Athènes[7]; celle des Grecs, sur les côtes de Salamine. Cette île, placée en face d'Éleusis, forme une assez grande baie où l'on pénètre par deux détroits : l'un à l'est, du côté de l'Attique; l'autre à l'ouest, du côté de Mégare. Le premier, à l'entrée duquel est la petite île de Psyttalie, peut avoir en certains endroits sept à huit stades de large[8], beaucoup plus en d'autres; le second est plus étroit.

---

1. Plut., in Themist., p. 117. — 2. Herodot., lib. VIII, cap. XLI. Pausan., lib. II, p. 185. — 3. Herodot., ibid., cap. XXVI. — 4. Id., ibid., cap. L. — 5. Id., ibid., cap. LIII. Pausan., lib. X, cap. XXXV, p. 887. — 6. Herodot., ibid., cap. LXVII. Pausan., lib. VIII, cap. X, p. 619. — 7. Une petite lieue. — 8. Sept à huit cents toises.

L'incendie d'Athènes fit une si vive impression sur l'armée navale des Grecs, que la plupart résolurent de se rapprocher de l'isthme de Corinthe, où les troupes de terre s'étaient retranchées. Le départ fut fixé au lendemain[1].

Pendant la nuit[2], Thémistocle se rendit auprès d'Eurybiade, généralissime de la flotte[3] : il lui représenta vivement que si, dans la consternation qui s'était emparée des soldats, il les conduisait dans des lieux propres à favoriser leur désertion, son autorité ne pouvant plus les retenir dans les vaisseaux, il se trouverait bientôt sans armée, et la Grèce sans défense.

Eurybiade, frappé de cette réflexion, appela les généraux au conseil. Tous se soulèvent contre la proposition de Thémistocle; tous, irrités de son obstination, en viennent à des propos offensants, à des menaces outrageantes. Il repoussait avec fureur ces attaques indécentes et tumultueuses, lorsqu'il vit le général lacédémonien venir à lui la canne levée. Il l'arrête, et lui dit sans s'émouvoir : « Frappe, mais écoute[4]. » Ce trait de grandeur étonne le Spartiate, fait régner le silence, et Thémistocle reprenant sa supériorité, mais évitant de jeter le moindre soupçon sur la fidélité des chefs et des troupes, peint vivement les avantages du poste qu'ils occupaient, les dangers de celui qu'ils veulent prendre. « Ici, dit-il, resserrés dans un détroit, nous opposerons un front égal à celui de l'ennemi. Plus loin, la flotte innombrable des Perses, ayant assez d'espace pour se déployer, nous enveloppera de toutes parts. En combattant à Salamine, nous conserverons cette île où nous avons déposé nos femmes et nos enfants; nous conserverons l'île d'Égine, et la ville de Mégare, dont les habitants sont entrés dans la confédération : si nous nous retirons à l'isthme, nous perdrons ces places importantes, et vous aurez à vous reprocher, Eurybiade, d'avoir attiré l'ennemi sur les côtes du Péloponèse[5]. »

A ces mots, Adimante, chef des Corinthiens, partisan déclaré de l'avis contraire, a de nouveau recours à l'insulte. « Est-ce à un homme, dit-il, qui n'a ni feu ni lieu, qu'il convient de donner des lois à la Grèce? Que Thémistocle réserve ses conseils pour le temps où il pourra se flatter d'avoir une patrie. — Eh quoi! s'écrie Thémistocle, on oserait en présence des Grecs, nous faire un crime d'avoir abandonné un vain amas de pierres pour éviter l'esclavage! Malheureux Adimante! Athènes est détruite, mais les Athéniens existent; ils ont une patrie mille fois plus florissante que la vôtre. Ce sont ces deux cents vaisseaux qui leur appartiennent, et que je commande : je les offre encore; mais ils resteront en ces lieux. Si on refuse leur secours, tel Grec qui m'écoute apprendra bientôt que les Athéniens possèdent une ville plus opulente et des campagnes plus fertiles que celles qu'ils ont perdues[6]. » Et s'adressant tout de suite à Eurybiade : « C'est à vous maintenant de choisir entre l'honneur d'avoir sauvé la Grèce, et la

---

1. Hérodot., lib. VIII, cap. LVI. — 2. La nuit du 18 au 19 octobre de l'an 480 avant J. C. — 3. Herodot., ibid., cap. LVII. — 4. Plut., in Themist., p. 117. — 5. Herodot., lib. VIII, cap. LXI. Diod., lib. II, p. 13. — 6. Herodot., ibid., Plut., in Themist., p. 117.

honte d'avoir causé sa ruine. Je vous déclare seulement qu'après votre départ, nous embarquerons nos femmes et nos enfants, et que nous irons en Italie fonder une puissance qui nous fut annoncée autrefois par les oracles. Quand vous aurez perdu des alliés tels que les Athéniens, vous vous souviendrez peut-être des discours de Thémistocle [1]. »

La fermeté du général Athénien en imposa tellement, qu'Eurybiade ordonna que l'armée ne quitterait point les rivages de Salamine.

Le mêmes intérêts s'agitaient en même temps sur les deux flottes. Xerxès avait convoqué, sur un de ses vaisseaux, les chefs des divisions particulières dont son armée navale était composée. C'étaient les rois de Sidon, de Tyr, de Cilicie, de Chypre, et quantité d'autres petits souverains ou despotes, dépendants et tributaires de la Perse. Dans cette assemblée auguste parut aussi Artémise, reine d'Halicarnasse et de quelques îles voisines : princesse qu'aucun des autres généraux ne surpassait en courage et n'égalait en prudence [2]; qui avait suivi Xerxès sans y être forcée, et lui disait la vérité sans lui déplaire. On mit en délibération si l'on attaquerait de nouveau la flotte des Grecs. Mardonius se leva pour recueillir les suffrages.

Le roi de Sidon, et la plupart de ceux qui opinèrent avec lui, instruits des intentions du grand roi, se déclarèrent pour la bataille. Mais Artémise dit à Mardonius : « Rapportez en propres termes à Xerxès ce que je vais vous dire : Seigneur, après ce qui s'est passé au dernier combat naval, on ne me soupçonnera point de faiblesse et de lâcheté. Mon zèle m'oblige aujourd'hui à vous donner un conseil salutaire. Ne hasardez pas une bataille dont les suites seraient inutiles ou funestes à votre gloire. Le principal objet de votre expédition n'est-il pas rempli ? Vous êtes maître d'Athènes : vous le serez bientôt du reste de la Grèce. En tenant votre flotte dans l'inaction, celle de vos ennemis, qui n'a de subsistances que pour quelques jours, se dissipera d'elle-même. Voulez-vous hâter ce moment ? envoyez vos vaisseaux sur les côtes du Péloponèse; conduisez vos troupes de terre vers l'isthme de Corinthe, et vous verrez celles des Grecs courir au secours de leur patrie. Je crains une bataille parce que, loin de procurer ces avantages, elle exposerait vos deux armées; je la crains, parce que je connais la supériorité de la marine des Grecs. Vous êtes, seigneur, le meilleur des maîtres; mais vous avez de fort mauvais serviteurs. Et quelle confiance, après tout, pourrait vous inspirer cette foule d'Égyptiens, de Cypriotes, de Ciliciens, et de Pamphyliens, qui remplissent la plus grande partie de vos vaisseaux [3] ? »

Mardonius, ayant achevé de prendre les voix, en fit son rapport à Xerxès, qui, après avoir comblé d'éloges la reine d'Halicarnasse, tâcha de concilier l'avis de cette princesse avec celui du plus grand nombre. Sa flotte eut ordre de s'avancer vers l'île de Salamine, et son armée de marcher vers l'isthme de Corinthe [4].

Cette marche produisit l'effet qu'Artémise avait prévu. La plupart

---

1. Herodot., lib. VIII, cap. LXII. — 2. Id., ibid., cap. CI. — 3. Id, ibid., cap. LXVIII. — 4. Id., ibid., cap. LXIX et LXXI.

des généraux de la flotte grecque s'écrièrent qu'il était temps d'aller au secours du Péloponèse. L'opposition des Éginètes, des Mégariens, et des Athéniens fit traîner la délibération en longueur; mais à la fin Thémistocle, s'apercevant que l'avis contraire prévalait dans le conseil[1], fit un dernier effort pour en prévenir les suites.

Un homme alla, pendant la nuit[2], annoncer de sa part aux chefs de la flotte ennemie qu'une partie des Grecs, le général des Athéniens à leur tête, étaient disposés à se déclarer pour le roi; que les autres, saisis d'épouvante, méditaient une prompte retraite; qu'affaiblis par leurs divisions, s'ils se voyaient tout à coup entourés de l'armée persane, ils seraient forcés de rendre leurs armes, ou de les tourner contre eux-mêmes[3].

Aussitôt les Perses s'avancèrent à la faveur des ténèbres; et, après avoir bloqué les issues par où les Grecs auraient pu s'échapper[4], ils mirent quatre cents hommes[5] dans l'île de Psyttalie, placée entre le continent et la pointe orientale de Salamine. Le combat devait se donner en cet endroit[6].

Dans ce moment Aristide, que Thémistocle avait quelque temps auparavant, rendu aux vœux des Athéniens[7], passait de l'île d'Égine à l'armée des Grecs : il s'aperçut du mouvement des Perses; et, dès qu'il fut à Salamine, il se rendit au lieu où les chefs étaient assemblés, fit appeler Thémistocle, et lui dit : « Il est temps de renoncer à nos vaines et puériles dissensions. Un seul intérêt doit nous animer aujourd'hui, celui de sauver la Grèce : vous, en donnant des ordres; moi, en les exécutant. Dites aux Grecs qu'il n'est plus question de délibérer, et que l'ennemi vient de se rendre maître des passages qui pouvaient favoriser leur fuite. » Thémistocle, touché du procédé d'Aristide, lui découvrit le stratagème qu'il avait employé pour attirer les Perses, et le pria d'entrer au conseil[8]. Le récit d'Aristide, confirmé par d'autres témoins qui arrivaient successivement, rompit l'assemblée, et les Grecs se préparèrent au combat.

Par les nouveaux renforts que les deux flottes avaient reçus, celle des Perses montait à douze cent sept vaisseaux; celle des Grecs, à trois cent quatre-vingts[9]. A la pointe du jour, Thémistocle fit embarquer ses soldats. La flotte des Grecs se forma dans le détroit de l'est : les Athéniens étaient à la droite[10], et se trouvaient opposés aux Phéniciens; leur gauche, composée des Lacédémoniens, des Éginètes et des Mégariens, avait en tête les Ioniens[11].

Xerxès, voulant animer son armée par sa présence, vint se placer sur une hauteur voisine, entouré de secrétaires qui devaient décrire toutes les circonstances du combat[12]. Dès qu'il parut, les deux ailes

1. Licurg., in Leocr., p. 156. — 2. Dans la nuit du 19 au 20 octobre de l'an 480 avant J. C. — 3. Herodot., lib. VIII, cap. LXXV. Diod., lib. XI, p. 14. Plut., in Themist., p. 118. Nep. in Themist., cap. IV. — 4. Æschyl., in Pers., v. 366. Diod., ibid. — 5. Pausan., lib. I, cap. XXXVI, p. 88. — 6. Herodot., ibid., cap. LXXVI. — 7. Plut., ibid., p. 117. — 8. Id., ibid., p. 118; id., in Aristid., p. 323. — 9. Herodot., lib. VII, cap. CLXXXIV; lib. VIII, cap. LXVI et LXXXII. — 10. Id., lib. VIII, cap. LXXXIII. Diod., lib. XI, p. 15. — 11. Herodot., ibid., cap. LXXXV. — 12. Id., ibid., cap. LXIX et XC. Plut., in Themist, p. 118.

des Perses se mirent en mouvement, et s'avancèrent jusqu'au delà de l'île de Psyttalie. Elles conservèrent leurs rangs tant qu'elles purent s'étendre; mais elles étaient forcées de les rompre, à mesure qu'elles approchaient de l'île et du continent[1]. Outre ce désavantage, elles avaient à lutter contre le vent qui leur était contraire[2], contre la pesanteur de leurs vaisseaux qui se prêtaient difficilement à la manœuvre, et qui, loin de se soutenir mutuellement, s'embarrassaient, et s'entre-heurtaient sans cesse.

Le sort de la bataille dépendait de ce qui se ferait à l'aile droite des Grecs, à l'aile gauche des Perses : c'était là que se trouvait l'élite des deux armées. Les Phéniciens et les Athéniens se poussaient et se repoussaient dans le défilé. Ariabignès, un des frères de Xerxès, conduisait les premiers au combat, comme s'il les eût menés à la victoire. Thémistocle était présent à tous les lieux, à tous les dangers. Pendant qu'il ranimait ou modérait l'ardeur des siens, Ariabignès s'avançait, et faisait déjà pleuvoir sur lui, comme du haut d'un rempart, une grêle de flèches et de traits. Dans l'instant même, une galère athénienne fondit avec impétuosité sur l'amiral phénicien; et le jeune prince, indigné, s'étant élancé sur cette galère, fut aussitôt percé de coups[3].

La mort du général répandit la consternation parmi les Phéniciens; et la multiplicité des chefs y mit une confusion qui accéléra leur perte: leurs gros vaisseaux portés sur les rochers des côtes voisines, brisés les uns contre les autres, entr'ouverts dans leurs flancs par les éperons des galères athéniennes, couvraient la mer de leurs débris; les secours mêmes qu'on leur envoyait ne servaient qu'à augmenter le désordre[4]. Vainement les Cypriotes et les autres nations de l'Orient voulurent rétablir le combat : après une assez longue résistance, ils se dispersèrent, à l'exemple des Phéniciens[5].

Peu content de cet avantage, Thémistocle mena son aile victorieuse au secours des Lacédémoniens et des autres alliés, qui se défendaient contre les Ioniens. Comme ces derniers avaient lu, sur les rivages de l'Eubée, les inscriptions où Thémistocle les exhortait à quitter le parti des Perses, on prétend que quelques-uns d'entre eux se réunirent aux Grecs pendant la bataille, ou ne furent attentifs qu'à les épargner. Il est certain pourtant que la plupart combattirent avec beaucoup de valeur, et ne songèrent à la retraite que lorsqu'ils eurent sur les bras toute l'armée des Grecs. Ce fut alors qu'Artémise, entourée d'ennemis, et sur le point de tomber au pouvoir d'un Athénien qui la suivait de près, n'hésita point à couler à fond un vaisseau de l'armée persane. L'Athénien, convaincu, par cette manœuvre, que la reine avait quitté le parti des Perses, cessa de la poursuivre; et Xerxès, persuadé que le vaisseau submergé faisait partie de la flotte grecque, ne put s'empêcher de dire que, dans cette journée, les hommes s'étaient conduits comme des femmes, et les femmes comme des hommes[6].

1. Diod., lib. XI, p. 15. — 2. Plut., in Themist., p. 119. — 3. Id., ibid. Hérodot., lib. VIII, cap. LXXXIX. — 4. Æschyl., in Pers., v. 413. Herodot., ibid. cap. LXXX. — 5. Diod., lib. XI, p. 15. — 6. Herodot., ibid., cap. LXXXVIII.

L'armée des Perses se retira au port de Phalère[1]. Deux cents de leurs vaisseaux avaient péri; quantité d'autres étaient pris : les Grecs n'avaient perdu que quarante galères[2]. Le combat fut donné le 20 de boédromion, la première année de la soixante-quinzième olympiade[3].

On a conservé le souvenir des peuples et des particuliers qui s'y distinguèrent le plus. Parmi les premiers, ce furent les Éginètes et les Athéniens; parmi les seconds, Polycrite d'Égine, et deux Athéniens, Eumène et Aminias[4].

Tant que dura le combat, Xerxès fut agité par la joie, la crainte et le désespoir; tour à tour prodiguant des promesses, et dictant des ordres sanguinaires; faisant enregistrer par ses secrétaires les noms de ceux qui se signalaient dans l'action; faisant exécuter par ses esclaves les officiers qui venaient auprès de lui justifier leur conduite[5]. Quand il ne fut plus soutenu par l'espérance ou par la fureur, il tomba dans un abattement profond; et, quoiqu'il eût encore assez de forces pour soumettre l'univers, il vit sa flotte prête à se révolter, et les Grecs prêts à brûler le pont de bateaux qu'il avait sur l'Hellespont. La fuite la plus prompte aurait pu le délivrer de ses vaines terreurs[6]; mais un reste de décence ou de fierté ne lui permettant pas d'exposer tant de faiblesse aux yeux de ses ennemis et de ses courtisans, il ordonna de faire les préparatifs d'une nouvelle attaque, et de joindre par une chaussée l'île de Salamine au continent.

Il envoya ensuite un courrier à Suze, comme il en avait dépêché un après la prise d'Athènes. A l'arrivée du premier, les habitants de cette grande ville coururent aux temples, et brûlèrent des parfums dans les rues jonchées de branches de myrte : à l'arrivée du second, ils déchirèrent leurs habits; et tout retentit de cris, de gémissements, d'expressions d'intérêt pour le roi, d'imprécations contre Mardonius, le premier auteur de cette guerre[7].

Les Perses et les Grecs s'attendaient à une nouvelle bataille; mais Mardonius ne se rassurait pas sur les ordres que Xerxès avait donnés : il lisait dans l'âme de ce prince, et n'y voyait que les sentiments les plus vils, joints à des projets de vengeance, dont il serait lui-même la victime. « Seigneur, lui dit-il en s'approchant, daignez rappeler votre courage. Vous n'aviez pas fondé votre espérance sur votre flotte, mais sur cette armée redoutable que vous m'avez confiée. Les Grecs ne sont pas plus en état de vous résister qu'auparavant; rien ne peut les dérober à la punition que méritent leurs anciennes offenses, et le stérile avantage qu'ils viennent de remporter. Si nous prenions le parti de la retraite, nous serions à jamais l'objet de leur dérision, et vous feriez rejaillir sur vos fidèles Perses l'opprobre dont viennent de se couvrir les Phéniciens, les Égyptiens et les autres peuples qui combattaient sur vos vaisseaux. Je conçois un autre moyen de sauver leur gloire et la vôtre; c'est de ramener le plus grand nombre de vos

---

1. Herodot., lib. VIII, cap. xci et xciii. — 2. Diod., lib. XI, p. 16. — 3. Le 20 octobre de l'an 480 avant J. C. (Dodwell., in Annal. Thucyd., p. 49.) — 4. Herodot., ibid., cap. xciii. — 5. Diod., ibid. — 6. Herodot., ibid., cap. xcvii. — 7. Id., ibid., cap. xcix.

troupes en Perse, et de me laisser trois cent mille hommes, avec lesquels je réduirai toute la Grèce en servitude[1]. »

Xerxès, intérieurement pénétré de joie, assembla son conseil, y fit entrer Artémise, et voulut qu'elle s'expliquât sur le projet de Mardonius. La reine, sans doute dégoûtée de servir un tel prince, et persuadée qu'il est des occasions où délibérer c'est avoir pris son parti, lui conseilla de retourner au plus tôt dans ses États. Je dois rapporter une partie de sa réponse, pour faire connaître le langage de la cour de Suze. « Laissez à Mardonius le soin d'achever votre ouvrage. S'il réussit, vous en aurez toute la gloire; s'il périt ou s'il est défait, votre empire n'en sera point ébranlé, et la Perse ne regardera pas comme un grand malheur la perte d'une bataille, dès que vous aurez mis votre personne en sûreté[2]. »

Xerxès ne différa plus. Sa flotte eut ordre de se rendre incessamment à l'Hellespont et de veiller à la conservation du pont de bateaux[3]: celle des Grecs la poursuivit jusqu'à l'île d'Andros. Thémistocle et les Athéniens voulaient l'atteindre, et brûler ensuite le pont; mais Eurybiade ayant fortement représenté que, loin d'enfermer les Perses dans la Grèce, il faudrait, s'il était possible, leur procurer de nouvelles issues pour en sortir, l'armée des alliés s'arrêta, et se rendit bientôt au port de Pagase, où elle passa l'hiver.

Thémistocle fit tenir alors un avis secret à Xerxès : les uns disent que, voulant, en cas de disgrâce, se ménager un asile auprès de ce prince, il se félicitait d'avoir détourné les Grecs du projet qu'ils avaient eu de brûler le pont[4]. Suivant d'autres, il prévenait le roi que, s'il ne hâtait son départ, les Grecs lui fermeraient le chemin de l'Asie[5]. Quoi qu'il en soit, quelques jours après le combat de Salamine, le roi prit le chemin de la Thessalie, où Mardonius mit en quartier d'hiver, trois cent mille hommes qu'il avait choisis dans toute l'armée[6]. De là, continuant sa route, il arriva sur les bords de l'Hellespont, avec un petit nombre de troupes[7]; le reste, faute de vivres, avait péri par les maladies, ou s'était dispersé dans la Macédoine et dans la Thrace. Pour comble d'infortune, le pont ne subsistait plus, la tempête l'avait détruit. Le roi se jeta dans un bateau, passa la mer en fugitif[8], environ six mois après l'avoir traversée en conquérant[9], et se rendit en Phrygie, pour y bâtir des palais superbes qu'il eut l'attention de fortifier[10].

Après la bataille, le premier soin des vainqueurs fut d'envoyer à Delphes les prémices des dépouilles, qu'ils se partagèrent; ensuite les généraux allèrent à l'isthme de Corinthe; et, suivant un usage respectable par son ancienneté, plus respectable encore par l'émulation qu'il inspire, ils s'assemblèrent auprès de l'autel de Neptune pour décerner des couronnes à ceux d'entre eux qui avaient le plus contribué

---

1. Herodot., lib. VIII, cap. c. Justin., lib. II, cap. XIII. — 2. Herodot., ibid., cap. CII. — 3. Id., ibid., cap. CVII. — 4. Id., ibid., cap. CX. — 5. Plut., in Themist., p. 120. Nep., in Themist., cap. V. Diod., lib. XI, p. 16. — 6. Herodot., ibid., cap. CXIII. — 7. Id., ibid., cap. CXV. — 8. Le 4 décembre de l'an 480 avant J. C. (Dodwell, in Annal. Thucyd., p. 50.) — 9. Herodot., ibid., cap. LI et CXV. — 10. Xenoph., Exped. Cyr., lib. I. p. 246.

à la victoire. Le jugement ne fut pas prononcé; chacun des chefs s'était adjugé le premier prix, en même temps que la plupart avaient accordé le second à Thémistocle.

Quoiqu'on ne pût en conséquence lui disputer le premier dans l'opinion publique, il voulut en obtenir un effectif de la part des Spartiates : ils le reçurent à Lacédémone avec cette haute considération qu'ils méritaient eux-mêmes, et l'associèrent aux honneurs qu'ils décernaient à Eurybiade. Une couronne d'olivier, fut la récompense de l'un et de l'autre. A son départ on le combla de nouveaux éloges; on lui fit présent du plus beau char qu'on put trouver à Lacédémone; et, par une distinction aussi nouvelle qu'éclatante, trois cents jeunes cavaliers tirés des premières familles de Sparte, eurent ordre de l'accompagner jusqu'aux frontières de Laconie [1].

Cependant Mardonius se préparait à terminer une guerre si honteuse pour la Perse : il ajoutait de nouvelles troupes à celles que Xerxès lui avait laissées, sans s'apercevoir que c'était les affaiblir que de les augmenter; il sollicitait tour à tour les oracles de la Grèce [2]; il envoyait des défis aux peuples alliés, et leur proposait pour champ de bataille les plaines de la Béotie ou celles de la Thessalie : enfin il résolut de détacher les Athéniens de la ligue, et fit partir pour Athènes Alexandre roi de Macédoine, qui leur était uni par les liens de l'hospitalité [3].

Ce prince, admis à l'assemblée du peuple, en même temps que les ambassadeurs de Lacédémone chargés de rompre cette négociation, parla de cette manière : « Voici ce que dit Mardonius : J'ai reçu un ordre du roi conçu en ces termes : J'oublie les offenses des Athéniens; Mardonius, exécutez mes volontés; rendez à ce peuple ses terres; donnez-lui-en d'autres, s'il en désire; conservez-lui ses lois, et rétablissez les temples que j'ai brûlés. J'ai cru devoir vous instruire des intentions de mon maître; et j'ajoute : C'est une folie de votre part de vouloir résister aux Perses; c'en est une plus grande de prétendre leur résister longtemps. Quand même, contre toute espérance, vous remporteriez la victoire, une autre armée vous l'arracherait bientôt des mains. Ne courez donc point à votre perte, et qu'un traité de paix, dicté par la bonne foi, mette à couvert votre honneur et votre liberté. » Alexandre, après avoir rapporté ces paroles, tâcha de convaincre les Athéniens qu'ils n'étaient pas en état de lutter contre la puissance des Perses, et les conjura de préférer l'amitié de Xerxès à tout autre intérêt [4].

« N'écoutez pas les perfides conseils d'Alexandre, s'écrièrent alors les députés de Lacédémone. C'est un tyran qui sert un autre tyran : il a, par un indigne artifice, altéré les instructions de Mardonius. Les offres qu'il vous fait de sa part sont trop séduisantes pour n'être pas suspectes. Vous ne pouvez les accepter sans fouler aux pieds les lois de la justice et de l'honneur. N'est-ce pas vous qui avez allumé cette guerre? et faudra-t-il que ces Athéniens, qui, dans tous les temps, ont

---

1. Herodot., lib. VIII, cap. CXXXIV. — 2. Id., ibid., cap. CXXXIII. — 3. Id., ibid., cap. CXXXVI. — 4. Id., ibid., cap. CXL.

été les plus zélés défenseurs de la liberté, soient les premiers auteurs de notre servitude? Lacédémone, qui vous fait ces représentations par notre bouche, est touchée du funeste état où vous réduisent vos maisons détruites et vos campagnes ravagées : elle vous propose en son nom, et au nom de ses alliés, de garder en dépôt, pendant le reste de la guerre, vos femmes, vos enfants et vos esclaves[1]. »

Les Athéniens mirent l'affaire en délibération; et, suivant l'avis d'Aristide, il fut résolu de répondre au roi de Macédoine, qu'il aurait pu se dispenser de les avertir que leurs forces étaient inférieures à celles de l'ennemi; qu'ils n'en étaient pas moins disposés à opposer la plus vigoureuse résistance à ces barbares; qu'ils lui conseillaient, s'il avait à l'avenir de pareilles lâchetés à leur proposer, de ne pas paraître en leur présence, et de ne pas les exposer à violer en sa personne les droits de l'hospitalité et de l'amitié[2].

Il fut décidé que l'on répondrait aux Lacédémoniens, que si Sparte avait mieux connu les Athéniens, elle ne les aurait pas crus capables d'une trahison, ni tâché de les retenir dans son alliance par des vues d'intérêt; qu'ils pourvoiraient comme ils pourraient aux besoins de leurs familles, et qu'ils remerciaient les alliés de leurs offres généreuses; qu'ils étaient attachés à la ligue par des liens sacrés et indissolubles; que l'unique grâce qu'ils demandaient aux alliés, c'était de leur envoyer au plus tôt du secours, parce qu'il était temps de marcher en Béotie, et d'empêcher les Perses de pénétrer une seconde fois dans l'Attique[3].

Les ambassadeurs étant rentrés, Aristide fit lire les décrets en leur présence; et soudain élevant la voix : « Députés lacédémoniens, dit-il, apprenez à Sparte que tout l'or qui circule sur la terre, ou qui est encore caché dans ses entrailles, n'est rien à nos yeux, au prix de notre liberté... Et vous, Alexandre, en s'adressant à ce prince, et lui montrant le soleil, dites à Mardonius que, tant que cet astre suivra la route qui lui est prescrite, les Athéniens poursuivront sur le roi de Perse la vengeance qu'exigent leurs campagnes désolées et leurs temples réduits en cendres[4]. » Pour rendre cet engagement encore plus solennel, il fit sur-le-champ passer un décret par lequel tous les prêtres dévouaient aux dieux infernaux tous ceux qui auraient des intelligences avec les Perses, et qui se détacheraient de la confédération des Grecs.

Mardonius, instruit de la résolution des Athéniens, fit marcher aussitôt ses troupes en Béotie, et de là fondit sur l'Attique, dont les habitants s'étaient une seconde fois réfugiés dans l'île de Salamine[5]. Il fut si flatté de s'être emparé d'un pays désert, que, par des signaux placés de distance en distance, soit dans les îles, soit dans le continent, il en avertit Xerxès, qui était encore à Sardes en Lydie[6]. Il en voulut profiter aussi pour entamer une nouvelle négociation avec les Athéniens; mais il reçut la même réponse; et Lucidas, un des sénateurs,

1. Herodot., lib. VIII, cap. CXLII. — 2. Id., ibid., cap. CXLIII. Lycurg., in Leocr., p. 156. — 3. Herodot., ibid., cap. CXLIV. — 4. Id., ibid., cap. CXLIII. Plut., in Aristid., p. 324. — 5. Diod., lib. XI, p. 23. — 6. Herodot., lib. IX, cap. III.

qui avait proposé d'écouter les offres du général persan, fut lapidé avec ses enfants et sa femme [1].

Cependant les alliés, au lieu d'envoyer une armée dans l'Attique, comme ils en étaient convenus, se fortifiaient à l'isthme de Corinthe, et ne paraissaient attentifs qu'à la défense du Péloponèse [2]. Les Athéniens, alarmés de ce projet, envoyèrent des ambassadeurs à Lacédémone, où l'on célébrait des fêtes qui devaient durer plusieurs jours : ils firent entendre leurs plaintes. On différait de jour en jour d'y répondre. Offensés enfin d'une inaction et d'un silence qui ne les mettaient que trop en droit de soupçonner une perfidie, ils se présentèrent pour la dernière fois aux éphores, et leur déclarèrent qu'Athènes, trahie par les Lacédémoniens et abandonnée des autres alliés, était résolue de tourner ses armes contre eux, en faisant sa paix avec les Perses.

Les éphores répondirent que la nuit précédente ils avaient fait partir, sous la conduite de Pausanias, tuteur du jeune roi Plistarque, cinq mille Spartiates, et trente-cinq mille esclaves ou ilotes armés à la légère [3]. Ces troupes, bientôt augmentées de cinq mille Lacédémoniens, s'étant jointes avec celles des villes confédérées, partirent d'Éleusis, et se rendirent en Béotie, où Mardonius venait de ramener son armée [4].

Il avait sagement évité de combattre dans l'Attique. Comme ce pays est entrecoupé de hauteurs et de défilés, il n'aurait pu ni développer sa cavalerie dans le combat, ni assurer sa retraite dans un revers. La Béotie, au contraire, offrait de grandes plaines, un pays fertile, quantité de villes prêtes à recueillir les débris de son armée ; car, à l'exception de ceux de Platée et de Thespies, tous les peuples de ces cantons s'étaient déclarés pour les Perses.

Mardonius établit son camp dans la plaine de Thèbes le long du fleuve Asopus, dont il occupait la rive gauche, jusqu'aux frontières du pays des Platéens. Pour renfermer ses bagages et pour se ménager un asile, il faisait entourer d'un fossé profond, ainsi que de murailles et de tours construites en bois [5], un espace de dix stades en tous sens [6].

Les Grecs étaient en face, au pied et sur le penchant du mont Cithéron. Aristide commandait les Athéniens ; Pausanias, toute l'armée [7]. Ce fut là que les généraux dressèrent la formule d'un serment que les soldats se hâtèrent de prononcer. Le voici : « Je ne préférerai point la vie à la liberté ; je n'abandonnerai mes chefs ni pendant leur vie ni après leur mort ; je donnerai les honneurs de la sépulture à ceux des alliés qui périront dans la bataille : après la victoire, je ne renverserai aucune des villes qui auront combattu pour la Grèce, et je décimerai toutes celles qui se seront jointes à l'ennemi : loin de rétablir les temples qu'il a brûlés ou détruits, je veux que leurs ruines subsistent,

---

1. Herodot., lib. IX, cap. v. — 2. Id., ibid., cap. vi. — 3. Id., ibid., cap. xi — 4. Id., ibid., cap. xix. — 5. Id., ibid., cap. xv. Plut., in Aristid., p. 325. — 6. Environ neuf cent quarante-cinq toises. — 7. Les deux armées se trouvèrent en présence le 10 septembre de l'an 479 avant J. C. (Dodwell., in Annal. Thucyd., p. 52.)

pour rappeler sans cesse à nos neveux la fureur impie des barbares[1]. »

Une anecdote, rapportée par un auteur presque contemporain, nous met en état de juger de l'idée que la plupart des Perses avaient de leur général. Mardonius soupait chez un particulier de Thèbes, avec cinquante de ses officiers généraux, autant de Thébains, et Thersandre, un des principaux citoyens d'Orchomène. A la fin du repas, la confiance se trouvant établie entre les convives des deux nations, un Perse placé auprès de Thersandre lui dit : « Cette table, garant de notre foi, ces libations que nous avons faites, en l'honneur des dieux, m'inspirent un secret intérêt pour vous. Il est temps de songer à votre sûreté. Vous voyez ces Perses qui se livrent à leurs transports; vous avez vu cette armée que nous avons laissée sur les bords du fleuve : hélas! vous n'en verrez bientôt que les faibles restes. » Il pleurait en disant ces mots. Thersandre, surpris, lui demanda s'il avait communiqué ses craintes à Mardonius, ou à ceux qu'il honorait de sa confiance. « Mon cher hôte, répondit l'étranger, l'homme ne peut éviter sa destinée. Quantité de Perses ont prévu, comme moi, celle dont ils sont menacés; et nous nous laissons tous ensemble entraîner par la fatalité. Le plus grand malheur des hommes, c'est que les plus sages d'entre eux sont toujours ceux qui ont le moins de crédit[2]. » L'auteur que j'ai cité tenait ce fait de Thersandre lui-même.

Mardonius, voyant que les Grecs s'obstinaient à garder leurs hauteurs, envoya contre eux toute sa cavalerie, commandée par Masistius, qui jouissait de la plus haute faveur auprès de Xerxès, et de la plus grande considération à l'armée. Les Perses, après avoir insulté les Grecs par des reproches de lâcheté, tombèrent sur les Mégariens qui campaient dans un terrain plus uni, et qui, avec le secours de trois cents Athéniens, firent une assez longue résistance. La mort de Masistius les sauva d'une défaite entière, et termina le combat. Cette perte fut un sujet de deuil pour l'armée persane, un sujet de triomphe pour les Grecs, qui virent passer dans tous leurs rangs le corps de Masistius qu'ils avaient enlevé à l'ennemi[3].

Malgré cet avantage, la difficulté de se procurer de l'eau en présence d'un ennemi qui écartait à force de traits tous ceux qui voulaient s'approcher du fleuve, les obligea de changer de position; ils défilèrent le long du mont Cithéron, et entrèrent dans le pays des Platéens.

Les Lacédémoniens s'établirent auprès d'une source abondante qu'on nomme Gargaphie, et qui devait suffire aux besoins de l'armée; les autres alliés furent placés la plupart sur des collines qui sont au pied de la montagne, quelques-uns dans la plaine, tout en face de l'Asopus.

Pendant cette distribution de postes, il s'éleva une dispute assez vive entre les Athéniens et les Tégéates, qui prétendaient également

---

1. Lycurg., in Leocr. p. 159. Diod., lib. XI, p. 23. — 2. Herodot., lib. IX, cap. XVI. — 3. Id., ibid., cap. XXII, etc. Diod., lib. XI, p. 24. Plut. in Aristid., p. 32.

commander l'aile gauche : les uns et les autres rapportaient leurs titres et les exploits de leurs ancêtres. Aristide termina ce différend. « Nous ne sommes pas ici, dit-il, pour contester avec nos alliés, mais pour combattre nos ennemis. Nous déclarons que ce n'est pas le poste qui donne ou qui ôte la valeur. C'est à vous, Lacédémoniens, que nous nous en rapportons. Quelque rang que vous nous assigniez, nous l'élèverons si haut, qu'il deviendra peut-être le plus honorable de tous. » Les Lacédémoniens opinèrent par acclamation en faveur des Athéniens [1].

Un danger plus imminent mit la prudence d'Aristide à une plus rude épreuve : il apprit que quelques officiers de ses troupes, appartenants aux premières familles d'Athènes, méditaient une trahison en faveur des Perses, et que la conjuration faisait tous les jours des progrès. Loin de la rendre plus redoutable par des recherches qui l'auraient instruite de ses forces, il se contenta de faire arrêter huit des complices. Les deux plus coupables prennent la fuite. Il dit aux autres, en leur montrant les ennemis : « C'est leur sang qui peut seul expier votre faute [2]. »

Mardonius n'eut pas plus tôt appris que les Grecs s'étaient retirés dans le territoire de Platée, que, faisant remonter son armée le long du fleuve, il la plaça une seconde fois en présence de l'ennemi. Elle était composée de trois cent mille hommes tirés des nations de l'Asie, et d'environ cinquante mille Béotiens, Thessaliens, et autres Grecs auxiliaires [3]. Celle des confédérés était forte d'environ cent dix mille hommes, dont soixante-neuf mille cinq cents n'étaient armés qu'à la légère [4]. On y voyait dix mille Spartiates et Lacédémoniens, huit mille Athéniens, cinq mille Corinthiens, trois mille Mégariens, et différents petits corps fournis par plusieurs autres peuples ou villes de la Grèce [5]. Il en venait tous les jours de nouveaux. Les Mantinéens et les Éléens n'arrivèrent qu'après la bataille.

Les armées étaient en présence depuis huit jours, lorsqu'un détachement de la cavalerie persane, ayant passé l'Asopus pendant la nuit, s'empara d'un convoi qui venait du Péloponèse, et qui descendait du Cithéron. Les Perses se rendirent maîtres de ce passage [6], et les Grecs ne reçurent plus de provisions [7].

Les deux jours suivants, le camp de ces derniers fut souvent insulté par la cavalerie ennemie. Les deux armées n'osaient passer le fleuve : de part et d'autre, le devin, soit de lui-même, soit par des impressions étrangères, promettait la victoire à son parti, s'il se tenait sur la défense [8].

Le onzième jour, Mardonius assembla son conseil [9]. Artabaze, un des premiers officiers de l'armée, proposa de se retirer sous les murs de Thèbes, de ne pas risquer une bataille, mais de corrompre, à force

---

1. Herodot., lib. IX, cap. XXVI. Plut., in Aristid., p. 326. — 2. Id., ibid. — 3. Herodot., ibid., cap. XXXII. — 4. Id., ibid., cap. XXX. — 5. Id., ibid., cap. XXVIII. — 6. Le 17 septembre de l'an 479 avant J. C. (Dodwell., in Annal. Thucyd., d. 52.) — 7. Herodot., ibid., cap. XXXIX. — 8. Id., ibid., cap. XXXVI et XXXVII. — 9. Le 20 septembre. (Dodwell., in Annal. Thucyd., p. 52.)

d'argent, les principaux citoyens des villes alliées. Cet avis, qui fut embrassé des Thébains, eût insensiblement détaché de la confédération la plupart des peuples dont elle était composée. D'ailleurs, l'armée grecque, qui manquait de vivres, aurait été contrainte dans quelques jours, de se disperser, ou de combattre dans une plaine; ce qu'elle avait évité jusqu'alors. Mardonius rejeta cette proposition avec mépris.

La nuit suivante[1], un cavalier échappé du camp des Perses, s'étant avancé du côté des Athéniens, fit annoncer à leur général qu'il avait un secret important à lui révéler; et dès qu'Aristide fut arrivé, cet inconnu lui dit : « Mardonius fatigue inutilement les dieux pour avoir des auspices favorables. Leur silence a retardé jusqu'ici le combat; mais les devins ne font plus que de vains efforts pour le retenir. Il vous attaquera demain à la pointe du jour. J'espère qu'après votre victoire vous vous souviendrez que j'ai risqué ma vie pour vous garantir d'une surprise : je suis Alexandre, roi de Macédoine. » Ayant achevé ces mots, il reprit à toute bride le chemin du camp[2].

Aristide se rendit aussitôt au quartier des Lacédémoniens. On y concerta les mesures les plus sages pour repousser l'ennemi : et Pausanias ouvrit un avis qu'Aristide n'osait proposer lui-même : c'était d'opposer les Athéniens aux Perses, et les Lacédémoniens aux Grecs auxiliaires de Xerxès. Par là, disait-il, nous aurons les uns et les autres à combattre des troupes qui ont déjà éprouvé notre valeur. Cette résolution prise, les Athéniens, dès la pointe du jour, passèrent à l'aile droite, et les Lacédémoniens à la gauche. Mardonius, pénétrant leurs desseins, fit passer aussitôt les Perses à sa droite, et ne prit le parti de les ramener à leur ancien poste que lorsqu'il vit les ennemis rétablir leur premier ordre de bataille[3].

Ce général ne regardait les mouvements des Lacédémoniens que comme un aveu de leur lâcheté. Dans l'ivresse de son orgueil, il leur reprochait leur réputation, et leur faisait des défis insultants. Un héraut, envoyé de sa part à Pausanias, lui proposa de terminer le différend de la Perse et de la Grèce par un combat entre un certain nombre de Spartiates et de Persans. Comme il ne reçut aucune réponse, il fit marcher toute sa cavalerie. Elle inquiéta l'armée des Grecs pendant tout le reste du jour, et parvint même à combler la fontaine de Gargaphie[4].

Privés de cette unique ressource, les Grecs résolurent de transporter leur camp un peu plus loin, et dans une île formée par deux branches de l'Asopus, dont l'une s'appelle Péroé[5]; de là ils devaient envoyer au passage du mont Cithéron la moitié de leurs troupes pour en chasser les Perses qui interceptaient les convois.

Le camp fut levé pendant la nuit[6], avec la confusion qu'on devait

---

1. La nuit du 20 au 21 septembre. — 2. Plut., in Aristid., p. 327. — 3. Herodot., lib. IX, cap. XLVI. Plut., ibid., p. 328. — 4. Herodot., ibid., cap. XLIX. Pausan., lib. IX, cap. IV, p. 718. — 5. Herodot., ibid., cap. LI. Pausan., ibid. — 6. La nuit du 21 au 22 septembre.

attendre de tant de nations indépendantes, refroidies par leur inaction, alarmées ensuite de leurs fréquentes retraites, ainsi que de la disette des vivres. Quelques-unes se rendirent dans l'endroit désigné ; d'autres, égarées par leurs guides, ou par une terreur panique, se réfugièrent auprès de la ville de Platée [1].

Le départ des Lacédémoniens et des Athéniens fut retardé jusqu'au lever de l'aurore. Ces derniers prirent le chemin de la plaine ; les Lacédémoniens, suivis de trois mille Tégéates, défilèrent au pied du Cithéron. Parvenus au temple de Cérès, éloigné de dix stades, tant de leur première position que de la ville de Platée [2], ils s'arrêtèrent pour attendre un de leurs corps qui avait longtemps refusé d'abandonner son poste ; et ce fut là que les atteignit la cavalerie persane, détachée par Mardonius pour suspendre leur marche. « Les voilà, s'écriait alors ce général au milieu de ses officiers, les voilà ces Lacédémoniens intrépides, qui, disait-on, ne se retirent jamais en présence de l'ennemi ! nation vile, qui ne se distingue des autres Grecs que par un excès de lâcheté, et qui va bientôt subir la juste peine qu'elle mérite [3]. »

Il se met ensuite à la tête de la nation guerrière des Perses et de ses meilleures troupes ; il passe le fleuve, et s'avance à grands pas dans la plaine. Les autres peuples de l'Orient le suivent en tumulte, en poussant des cris : dans le même instant son aile droite, composée de Grecs auxiliaires, attaque les Athéniens, et les empêche de donner du secours aux Lacédémoniens.

Pausanias ayant rangé ses troupes dans un terrain en pente et inégal, auprès d'un petit ruisseau et de l'enceinte consacrée à Cérès [4], les laissa longtemps exposées aux traits et aux flèches, sans qu'elles osassent se défendre. Les entrailles des victimes n'annonçaient que des événements sinistres. Cette malheureuse superstition fit périr quantité de leurs soldats, qui regrettèrent moins la vie qu'une mort inutile à la Grèce. A la fin les Tégéates, ne pouvant plus contenir l'ardeur qui les animait, se mirent en mouvement, et furent bientôt soutenus par les Spartiates, qui venaient d'obtenir ou de se ménager des auspices favorables [5].

A leur approche, les Perses jettent leurs arcs, serrent leurs rangs, se couvrent de leurs boucliers, et forment une masse dont la pesanteur et l'impulsion arrêtent et repoussent la fureur de l'ennemi. En vain leurs boucliers, construits d'une matière fragile, volent en éclats ; ils brisent les lances dont on veut les percer, et suppléent par un courage féroce au défaut de leurs armes [6]. Mardonius, à la tête de mille soldats d'élite, balança longtemps la victoire ; mais bientôt il tombe atteint d'un coup mortel. Ceux qui l'entourent veulent venger sa mort, et sont immolés autour de lui. Dès ce moment, les Perses sont ébranlés, renversés, réduits à prendre la fuite. La cavalerie persane arrête

---

1. Herodot., lib. IX, cap. LII. — 2. Id., ibid., cap. LVII. — 3. Id., ibid., cap. LVIII. — 4. Id., ibid., cap. LVII et LXV. Plut., in Aristid., p. 325. Diod. lib. XI, p. 24. — 5. Herodot., ibid., cap. LXII. — 6. Plut., ibid. p. 329.

pendant quelque temps le vainqueur ; mais ne l'empêcha pas d'arriver au pied du retranchement que les Perses avaient élevé auprès de l'Asopus et qui reçut les débris de leur armée[1].

Les Athéniens avaient obtenu le même succès à l'aile gauche : ils avaient éprouvé une résistance très-forte de la part des Béotiens, très-faible de la part des autres alliés de Xerxès, blessés sans doute des hauteurs de Mardonius, et de son obstination à donner la bataille dans un lieu si désavantageux. Les Béotiens, dans leur fuite, entraînèrent toute la droite des Perses[2].

Aristide, loin de les poursuivre, vint aussitôt rejoindre les Lacédémoniens, qui, peu versés encore dans l'art de conduire les sièges, attaquaient vainement l'enceinte où les Perses étaient renfermés. L'arrivée des Athéniens et des autres troupes confédérées n'épouvanta point les assiégés : ils repoussaient avec fureur tous ceux qui se présentaient à l'assaut ; mais à la fin, les Athéniens ayant forcé le retranchement et détruit une partie du mur, les Grecs se précipitèrent dans le camp, et les Perses se laissèrent égorger comme des victimes[3].

Dès le commencement de la bataille, Artabaze, qui avait à ses ordres un corps de quarante mille hommes, mais qui depuis longtemps était secrètement aigri du choix que Xerxès avait fait de Mardonius pour commander l'armée, s'était avancé, plutôt pour être spectateur du combat, que pour en assurer le succès : dès qu'il vit plier le corps de Mardonius, il enjoignit à ses troupes de le suivre ; il prit, en fuyant, le chemin de la Phocide, traversa la mer à Byzance[4], et se rendit en Asie, où on lui fit peut-être un mérite d'avoir sauvé une partie de l'armée. Tout le reste, à l'exception d'environ trois mille hommes, périt dans le retranchement ou dans la bataille.

Les nations qui se distinguèrent dans cette journée, furent d'un côté les Perses et les Saces ; de l'autre, les Lacédémoniens, les Athéniens, et ceux de Tégée. Les vainqueurs donnèrent des éloges à la valeur de Mardonius, à celle de l'Athénien Sophanès, à celle de quatre Spartiates, à la tête desquels on doit placer Aristodème, qui voulut en cette occasion effacer la honte de n'avoir pas péri au pas des Thermopyles. Les Lacédémoniens ne rendirent aucun honneur à sa cendre : ils disaient que, résolu de mourir plutôt que de vaincre, il avait abandonné son rang pendant le combat, et montré un courage de désespoir et non de vertu[5].

Cependant les Lacédémoniens et les Athéniens aspiraient également au prix de la valeur : les premiers, parce qu'ils avaient battu les meilleures troupes de Mardonius ; les seconds, parce qu'ils les avaient forcées dans leurs retranchements : les uns et les autres soutenaient leurs prétentions avec une hauteur qui ne leur permettait plus d'y renoncer. Les esprits s'aigrissaient, les deux camps retentissaient de menaces, et l'on en serait venu aux mains sans la prudence d'Aristide,

---

1. Herodot., lib. IV, cap. LXX. — 2. Id., ibid., cap. LXVII. — 3. Id., ibid., cap. LXXI. Diod., ... , p. 25. — 4. Herodot., ibid., cap. LXVI et LXXXIX. — 5 Id., ibid., cap. LXXI.

qui fit consentir les Athéniens à s'en rapporter au jugement des alliés. Alors Théogiton de Mégare proposa aux deux nations rivales de renoncer au prix, et de l'adjuger à quelque autre peuple. Cléocrite de Corinthe nomma les Platéens, tous les suffrages se réunirent en leur faveur [1].

La terre était couverte des riches dépouilles des Perses; l'or et l'argent brillaient dans leurs tentes. Pausanias fit garder le butin par les ilotes [2] : on en réserva la dixième partie pour le temple de Delphes; une grande partie encore pour des monuments en l'honneur des dieux. Les vainqueurs se partagèrent le reste, et portèrent chez eux le premier germe de la corruption [3].

Tous les genres d'honneur furent accordés à ceux qui étaient morts les armes à la main. Chaque nation éleva un tombeau à ses guerriers [4]; et, dans une assemblée de généraux, Aristide fit passer ce décret : « Que tous les ans les peuples de la Grèce enverraient des députés à Platée, pour y renouveler, par des sacrifices augustes, la mémoire de ceux qui avaient perdu la vie dans le combat; que de cinq en cinq ans, on y célébrerait des jeux solennels, qui seraient nommés les fêtes de la Liberté; et que les Platéens, n'ayant désormais d'autres soins que de faire des vœux pour le salut de la Grèce, seraient regardés comme une nation inviolable et consacrée à la Divinité [5]. »

Onze jours après la bataille [6], les vainqueurs marchèrent à Thèbes, et demandèrent aux habitants de leur livrer ceux des citoyens qui les avaient engagés à se soumettre aux Mèdes. Sur le refus des Thébains la ville fut assiégée : elle courait risque d'être détruite, si l'un des principaux coupables n'eût été d'avis de se remettre, avec ceux de sa faction, entre les mains des alliés. Ils se flattaient de pouvoir racheter leur vie par le sacrifice des sommes qu'ils avaient reçues de Mardonius; Mais Pausanias, insensible à leurs offres, les fit condamner au dernier supplice [7].

La bataille de Platée fut donnée le 3 du mois boédromion [8], dans la seconde année de la soixante-quinzième olympiade [9]. Le même jour la flotte des Grecs, commandée par Leutychidas, roi de Lacédémone, et par Xanthippe l'Athénien, remporta une victoire signalée sur les Perses [10], auprès du promontoire de Mycale en Ionie : les peuples de ce canton, qui l'avaient appelée à leur secours, s'engagèrent, après le combat, dans la confédération générale [11].

Telle fut la fin de la guerre de Xerxès, plus connue sous le nom de guerre médique : elle avait duré deux ans [12]; et jamais peut-être, dans un si court intervalle de temps, il ne s'est passé de si grandes choses;

---

1. Plut., in Aristid., p. 321. — 2. Herodot., lib. IX, cap. LXXX. — 3. Justin., lib. II, cap. XIV. — 4. Herodot., ibid., cap. LXXXV. Thucyd., lib. III, cap. LVIII. — 5. Plut., in Aristid., p. 331. — 6. Le 3 octobre de l'an 479. — 7. Herodot., ibid., cap. LXXXVIII. Diod., lib. XI, p. 26. — 8. Plut., De glor. Athen., t. II, p. 349; id., in Camill., t. I, p. 138. (Dans la Vie d'Aristide, p. 330, il dit que ce fut le 4.) — 9. Le 22 septembre de l'an 479 avant J. C. (Dodwell, in Annal. Thucyd., p. 52.) — 10. Herodot., ibid., cap., XC. — 11. Id., ibid., cap. CVI. — 12. Diod., ibid., p. 29.

et jamais aussi de tels événements n'ont opéré de si rapides révolutions dans les idées, dans les intérêts, et dans les gouvernements des peuples. Ils produisirent sur les Lacédémoniens et sur les Athéniens des effets différents, suivant la diversité de leurs caractères et de leurs institutions. Les premiers ne cherchèrent qu'à se reposer de leurs succès, et laissèrent à peine échapper quelques traits de jalousie contre les Athéniens. Ces derniers se livrèrent tout à coup à l'ambition la plus effrénée, et se proposèrent à la fois de dépouiller les Lacédémoniens de la prééminence qu'ils avaient dans la Grèce, et de protéger contre les Perses les Ioniens, qui venaient de recouvrer leur liberté.

Les peuples respiraient enfin : les Athéniens se rétablissaient au milieu des débris de leur ville infortunée; ils en relevaient les murailles, malgré les plaintes des alliés, qui commençaient à redouter la gloire de ce peuple, malgré les représentations des Lacédémoniens, dont l'avis était de démanteler les places de la Grèce situées hors du Péloponèse, afin que, dans une nouvelle invasion, elles ne servissent pas de retraite aux Perses [1]. Thémistocle avait su détourner adroitement l'orage qui, dans cette occasion, menaçait les Athéniens. Il les avait engagés de plus à former au Pirée un port entouré d'une enceinte redoutable [2], à construire tous les ans un certain nombre de galères, à promettre des immunités aux étrangers et surtout aux ouvriers qui viendraient s'établir dans leur ville [3].

Dans le même temps, les alliés se préparaient à délivrer les villes grecques où les Perses avaient laissé des garnisons. Une flotte nombreuse, sous les ordres de Pausanias et d'Aristide, obligea l'ennemi d'abandonner l'île de Chypre et la ville de Byzance, située sur l'Hellespont [4]. Ces succès achevèrent de perdre Pausanias, désormais incapable de soutenir le poids de sa gloire.

Ce n'était plus ce Spartiate rigide qui, dans les champs de Platée, insultait au faste et à la servitude des Mèdes [5], c'était un satrape entièrement subjugué par les mœurs des peuples vaincus, et sans cesse entouré de satellites étrangers qui le rendaient inaccessible [6]. Les alliés, qui n'en obtenaient que des réponses dures et humiliantes, que des ordres impérieux et sanguinaires, se révoltèrent enfin contre une tyrannie devenue encore plus odieuse par la conduite d'Aristide. Ce dernier employait, pour se concilier les esprits, les armes les plus fortes, la douceur et la justice. Aussi vit-on les peuples confédérés proposer aux Athéniens de combattre sous leurs ordres [7].

Les Lacédémoniens, instruits de cette défection, rappelèrent aussitôt Pausanias, accusé de vexations envers les alliés, soupçonné d'intelligences avec les Perses. On eut alors des preuves de ses vexations, et on lui ôta le commandement de l'armée [8]; on en eut, quelque temps

---

1. Thucyd., lib. I, cap. xc. Plut., in Themist., p. 121. Diod., lib. XI, p. 31. — 2. Plut., ibid. Nep., in Themist., cap. vi. — 3. Diod., ibid., p. 33. — 4. Thucyd., ibid., cap. xciv. Diod., ibid., p. 34. — 5. Herodot., lib. IX, cap. lxxxii. — 6. Thucyd., ibid., cap. cxxx. Nep., in Pausan., cap. iii. — 7. Thucyd., ibid. cap. xcv. Diod., ibid. Plut., in Aristid., p. 333. Nep., in Aristid., cap. ii. — 8. Thucyd., lib. I, cap. cxxxi.

après, de sa trahison, et on lui ôta la vie [1]. Quelque éclatante que fût cette punition, elle ne ramena point les alliés : ils refusèrent d'obéir au Spartiate Dorcis, qui remplaça Pausanias [2]; et ce général s'étant retiré, les Lacédémoniens délibérèrent sur le parti qu'ils devaient prendre.

Le droit qu'ils avaient de commander les armées combinées des Grecs était fondé sur les titres les plus respectables. Tous les peuples de la Grèce, sans en excepter les Athéniens, l'avaient reconnu jusqu'alors [3]. Sparte en avait fait usage, non pour augmenter ses domaines, mais pour détruire partout la tyrannie [4]. La sagesse de ses lois la rendait souvent l'arbitre des peuples de la Grèce, et l'équité de ses décisions en avait rangé plusieurs au nombre de ses alliés. Et quel moment encore choisissait-on pour la dépouiller de sa prérogative? celui où, sous la conduite de ses généraux, les Grecs avaient remporté les plus brillantes victoires.

Ces raisons, discutées parmi les Spartiates, les remplissaient d'indignation et de fureur. On menaçait les alliés; on méditait une invasion dans l'Attique, lorsqu'un sénateur, nommé Hétæmaridas, osa représenter aux guerriers dont il était entouré que leurs généraux, après les plus glorieux succès, ne rapportaient dans leur patrie que des germes de corruption; que l'exemple de Pausanias devait les faire trembler sur le choix de ses successeurs, et qu'il était avantageux à la république de céder aux Athéniens l'empire de la mer, et le soin de continuer la guerre contre les Perses [5].

Ce discours surprit, et calma soudain les esprits. On vit la nation la plus valeureuse de l'univers préférer ses vertus à sa vengeance, et déposer sa jalousie à la voix de la raison. Le génie de Lycurgue dominait encore à Sparte. Jamais peut-être elle ne montra plus de courage et de grandeur.

Les Athéniens, qui, loin de s'attendre à ce sacrifice, s'étaient préparés à l'obtenir par la voie des armes, admirèrent une modération qu'ils étaient incapables d'imiter; et tandis qu'une nation rivale se dépouillait d'une partie de sa puissance, ils n'en étaient que plus empressés à se faire assurer par les alliés le droit honorable de commander les armées navales de la Grèce [6].

Ce nouveau système de confédération devait être justifié par de nouvelles entreprises, et fit éclore de nouveaux projets. On commença par régler les contributions nécessaires pour continuer la guerre contre les Perses. Toutes les nations mirent leurs intérêts entre les mains d'Aristide : il parcourut le continent et les îles, s'instruisit du produit des terres, et fit voir dans ses opérations tant d'intelligence et d'équité, que les contribuables mêmes le regardèrent comme leur bienfaiteur [7]. Dès qu'elles furent terminées, on résolut d'attaquer les Perses.

---

1. Thucyd., lib. I, cap. ccxxxiv. Diod., lib. XI, p. 35. — 2. Thucyd., ibid. cap. xcv. — 3. Herodot., lib. VIII, cap. ii et iii. Nep., in Aristid., cap. ii. — 4. Thucyd., ibid., cap. xviii. Plut., in Lycurg., t. I, p. 58. — 5. Thucyd., ibid., cap. lxxv et xcv. Diod., ibid., p. 38. — 6. Plut., in Aristid., p. 333. — 7. Id., ibid.

Les Lacédémoniens ne participèrent point à cette délibération : ils ne respiraient alors que la paix ; les Athéniens, que la guerre. Cette opposition de vues avait éclaté plus d'une fois. Après la bataille de Mycale, ceux du Péloponèse, ayant les Lacédémoniens à leur tête, voulaient transporter les peuples de l'Ionie dans le continent de la Grèce, et leur donner les places maritimes que possédaient les nations qui s'étaient alliées aux Perses. Par ces transmigrations, la Grèce eût été délivrée du soin de protéger les Ioniens, et l'on éloignait une rupture certaine entre l'Asie et l'Europe. Mais les Athéniens rejetèrent cet avis, sous prétexte que le sort de leurs colonies ne devait pas dépendre des alliés[1]. Il fallait du moins imprimer une sorte de flétrissure sur les peuples grecs qui avaient joint leurs troupes à celles de Xerxès, ou qui étaient restés dans l'inaction. Les Lacédémoniens proposèrent de les exclure de l'assemblée des amphictyons : mais Thémistocle, qui voulait ménager à sa patrie l'alliance des Argiens, des Thébains, et des Thessaliens, représenta qu'en écartant de cette assemblée les nations coupables, deux ou trois villes puissantes y disposeraient à leur gré de tous les suffrages ; il fit tomber la proposition des Lacédémoniens, et s'attira leur haine[2].

Il avait mérité celle des alliés par les exactions et les violences qu'il exerçait dans les îles de la mer Égée. Une foule de particuliers se plaignaient de ses injustices ; d'autres, des richesses qu'il avait acquises ; tous, du désir extrême qu'il avait de dominer. L'envie, qui recueillait les moindres de ses actions et de ses paroles, goûtait le cruel plaisir de répandre des nuages sur sa gloire. Lui-même la voyait se flétrir de jour en jour ; et, pour en soutenir l'éclat, il s'abaissait à fatiguer le peuple du récit de ses exploits, sans s'apercevoir qu'il est aussi dangereux qu'inutile de rappeler des services oubliés. Il fit construire auprès de sa maison un temple consacré A DIANE AUTEUR DES BONS CONSEILS. Cette inscription, monument de ceux qu'il avait donnés aux Athéniens pendant la guerre médique, parut un reproche, et par conséquent un outrage fait à la nation. Ses ennemis prévalurent : il fut banni[3], et se retira dans le Péloponèse ; mais bientôt accusé d'entretenir une correspondance criminelle avec Artaxerxès, successeur de Xerxès, il fut poursuivi de ville en ville[4], et contraint de se réfugier chez les Perses. Ils honorèrent dans leur vainqueur suppliant des talents qui les avaient humiliés, mais qui n'étaient plus à craindre. Il mourut plusieurs années après[5].

Les Athéniens s'aperçurent à peine de cette perte ; ils possédaient Aristide, et Cimon, fils de Miltiade. Cimon réunissait à la valeur de son père la prudence de Thémistocle, et presque toutes les vertus d'Aristide, dont il avait étudié les exemples et écouté les leçons[6]. On lui confia le commandement de la flotte grecque : il fit voile vers la Thrace, s'empara d'une ville où les Perses avaient une garnison, dé-

---

1. Hérodot., lib. IX, cap. CVI. — 2. Plut., in Themist., p. 122. — 3. Vers l'an 471 avant J. C. — 4. Thucyd., lib. I, cap. CXXXV. Diod., lib. XI, p. 42. Plut., ibid., p. 122 et 123. — 5. Vers l'an 449 avant J. C. — 6. Plut., in Cim., p. 481.

truisit les pirates qui infestaient les mers voisines, et porta la terreur dans quelques îles qui s'étaient séparées de la ligue [1].

Bientôt il sort du Pirée avec deux cents galères, auxquelles les alliés en joignent cent autres : il oblige par sa présence, ou par ses armes, les villes de Carie et de Lycie à se déclarer contre les Perses; et, ayant rencontré à la hauteur de l'île de Chypre la flotte de ces derniers, composée de deux cents vaisseaux [2], il en coule à fond une partie, et s'empare du reste. Le soir même il arrive sur les côtes de Pamphylie, où les Perses avaient rassemblé une forte armée; il débarque ses troupes, attaque l'ennemi, le disperse, et revient avec un nombre prodigieux de prisonniers, et quantité de riches dépouilles destinées à l'embellissement d'Athènes [3].

La conquête de la presqu'île de Thrace suivit de près cette double victoire [4]; et d'autres avantages remportés pendant plusieurs années accrurent successivement la gloire des Athéniens, et la confiance qu'ils avaient en leurs forces.

Celles de leurs alliés s'affaiblissaient dans la même proportion. Épuisés par une guerre qui, de jour en jour, leur devenait plus étrangère, la plupart refusaient d'envoyer leur contingent de troupes et de vaisseaux. Les Athéniens employèrent d'abord, pour les y contraindre, les menaces et la violence : mais Cimon, par des vues plus profondes, leur proposa de garder leurs soldats et leurs matelots, d'augmenter leurs contributions en argent, et d'envoyer leurs galères qu'il ferait monter par des Athéniens [5]. Par cette politique adroite, il les priva de leur marine; et les ayant plongés dans un funeste repos, il donna tant de supériorité à sa patrie qu'elle cessa d'avoir des égards pour les alliés. Aristide et Cimon en retinrent quelques-uns par des attentions suivies. Athènes, par ses hauteurs, força les autres à se séparer de son alliance, et les punit de leur défection en les asservissant.

C'est ainsi qu'elle s'empara des îles de Scyros et de Naxos [6]; et que l'île de Thasos, après un long siège, fut obligée d'abattre les murs de sa capitale, et de livrer aux vainqueurs ses vaisseaux, ses mines d'or, et le pays qu'elle possédait dans le continent [7].

Ces infractions étaient manifestement contraires au traité qu'Aristide avait fait avec les alliés, et dont les plus horribles serments devaient garantir l'exécution : mais Aristide lui-même exhorta les Athéniens à détourner sur lui les peines que méritait leur parjure [8]. Il semble que l'ambition commençait à corrompre la vertu même.

Athènes était alors dans un état de guerre continuel; et cette guerre avait deux objets : l'un, qu'on publiait à haute voix, consistait à maintenir la liberté des villes de l'Ionie; l'autre, qu'on craignait d'avouer, consistait à la ravir aux peuples de la Grèce.

Les Lacédémoniens, réveillés enfin par les plaintes des alliés,

---

1. Plut., in Cim., p. 483. Thucyd., lib. I, cap. XCVIII. — 2. Id., ibid., cap. C. — 3. Diod., lib. XI, p. 47. — 4. Plut., ibid., p. 487. — 5. Thucyd., ibid., cap. XCIX. Plut., ibid., p. 485. — 6. Thucyd., ibid., cap. XCVIII. Plut., ibid., p. 483. — 7. Thucyd., ibid., cap. CI. Diod., lib. XI, p. 53. Plut., ibid., p. 487. — 8. Plut., in Aristid., p. 334.

avaient résolu, pendant le siège de Thasos, de faire une diversion dans l'Attique [1]; mais, dans le moment de l'exécution, d'affreux tremblements de terre détruisent Sparte, et font périr sous ses ruines un nombre considérable d'habitants. Les esclaves se révoltent; quelques villes de la Laconie suivent leur exemple, et les Lacédémoniens sont contraints d'implorer le secours de ce peuple dont ils voulaient arrêter les progrès [2]. Un de ses orateurs lui conseillait de laisser périr la seule province qu'il eût à redouter dans la Grèce; mais Cimon, convaincu que la rivalité de Sparte était plus avantageuse aux Athéniens que leurs conquêtes mêmes, sut leur inspirer des sentiments plus généreux [3]. Ils joignirent, à diverses reprises, leurs troupes à celles des Lacédémoniens; et ce service important qui devait unir les deux nations fit naître entre elles une haine qui produisit des guerres funestes [4]. Les Lacédémoniens crurent s'apercevoir que les généraux d'Athènes entretenaient des intelligences avec les révoltés : ils les prièrent de se retirer sous des prétextes plausibles; mais les Athéniens, irrités d'un pareil soupçon, rompirent le traité qui les liait aux Lacédémoniens depuis le commencement de la guerre médique, et se hâtèrent d'en conclure un autre avec ceux d'Argos, depuis longtemps ennemis des Lacédémoniens [5].

Sur ces entrefaites Iranus, fils de Psammétique, ayant fait soulever l'Égypte contre Artaxerxès, roi de Perse [6], sollicita la protection des Athéniens [7]. Le désir d'affaiblir les Perses, et de se ménager l'alliance des Égyptiens, détermina la république encore plus que les offres d'Iranus. Cimon conduisit en Égypte la flotte des alliés, composée de deux cents vaisseaux [8] : elle remonta le Nil, et se joignit à celle des Égyptiens, qui défirent les Perses et s'emparèrent de Memphis, à l'exception d'un quartier de la ville où s'étaient réfugiés les débris de l'armée persane. La révolte des Égyptiens ne fut étouffée que six ans après : la valeur seule des Athéniens et des autres Grecs en prolongea la durée. Après la perte d'une bataille, ils se défendirent pendant seize mois dans une île formée par deux bras du Nil, et la plupart périrent les armes à la main. Il faut observer qu'Artaxerxès, pour obliger les troupes à quitter l'Égypte, avait vainement tenté d'engager, à force de présents, les Lacédémoniens à faire une irruption dans l'Attique [9].

Tandis que les Athéniens combattaient au loin pour donner un roi à l'Égypte, ils attaquaient en Europe ceux de Corinthe et d'Épidaure; ils triomphaient des Béotiens et des Sicyoniens; ils dispersaient la flotte du Péloponèse, forçaient les habitants d'Égine à livrer leurs vaisseaux, à payer un tribut, à démolir leurs murailles [10]; ils envoyaient des troupes en Thessalie pour rétablir Oreste sur le trône de ses pères [11].

1. Thucyd., lib. I, cap. ci. — 2. Vers l'an 464 avant J. C. — 3. Plut., in Cim., p. 489. — 4. Diod., lib. XI, p. 49. — 5. Thucyd., ibid., cap. cii. Diod., ibid., p. 48. Pausan., lib. IV, cap. xxiv, p. 339. — 6. Thucyd., ibid., cap. civ. Diod., ibid., p. 54. — 7. Vers l'an 462 avant J. C. — 8. Thucyd., ibid., cap. cx. Plut., in Cim., p. 490. — 9. Thucyd., ibid., cap. cix. Diod., ibid., p. 56. — 10. Thucyd., ibid., cap. cv et cviii. Diod., ibid., p. 59 et 63. — 11. Thucyd., ibid., cap. cxi.

ils remuaient sans cesse les peuples de la Grèce par des intrigues sourdes, ou par des entreprises audacieuses, donnant des secours aux uns, forçant les autres à leur en fournir, réunissant à leur domaine les pays qui étaient à leur bienséance, formant des établissements dans les pays où le commerce les attirait, toujours les armes à la main, toujours entraînés à de nouvelles expéditions par une succession rapide de revers et de succès.

Des colonies composées quelquefois de dix mille hommes [1] allaient au loin cultiver les terres des vaincus [2] : elles auraient, ainsi que la multiplicité des guerres, dépeuplé l'Attique ; mais les étrangers abordaient en foule dans ce petit pays, attirés par le décret de Thémistocle qui leur accordait un asile, et encore plus par le désir de partager la gloire et le fruit de tant de conquêtes.

Des généraux habiles et entreprenants ne secondaient que trop l'ambition effrénée de la république. Tels étaient Myronidès, qui, dans une seule campagne, s'empara de la Phocide, et de presque toute la Béotie [3]; Tolmidès, qui, vers le même temps, ravagea les côtes du Péloponèse [4]; Périclès, qui commençait à jeter les fondements de sa gloire, et profitait des fréquentes absences de Cimon pour se rendre maître de l'esprit du peuple.

Les Athéniens ne faisaient pas alors directement la guerre à Lacédémone ; mais ils exerçaient fréquemment des hostilités contre elle et contre ses alliés. Un jour, ils voulurent, de concert avec les Argiens, s'opposer au retour d'un corps de troupes lacédémoniennes, que des intérêts particuliers avaient attiré du Péloponèse en Béotie. La bataille se donna auprès de la ville de Tanagra [5]. Les Athéniens furent battus ; les Lacédémoniens continuèrent tranquillement leur marche [6]. Les premiers craignirent alors une rupture ouverte. Dans ces occasions, la république rougissait de ses injustices, et ceux qui la gouvernaient déposaient leur rivalité. Tous les yeux se tournèrent vers Cimon, qu'ils avaient exilé quelques années auparavant. Périclès, qui l'avait fait bannir, se chargea de proposer le décret qui ordonnait son rappel [7].

Ce grand homme, honoré de l'estime des Spartiates, et assuré de la confiance des Athéniens employa tous ses soins pour les ramener à des vues pacifiques [8], et les engagea du moins à signer une trêve de cinq ans [9]. Mais comme les Athéniens ne pouvaient plus supporter le repos, il se hâta de les mener en Chypre ; il y remporta de si grands avantages sur les Perses, qu'il contraignit Artaxerxès à demander la paix en suppliant [10]. Les conditions en furent humiliantes pour le grand roi : lui-même n'en eût pas dicté d'autres à une peuplade de brigands qui aurait infesté les frontières de son royaume. Il reconnut l'indépendance des villes grecques en Ionie : on stipula que ses vaisseaux de guerre ne pourraient entrer dans les mers de la Grèce, ni ses troupes

---

1. Diod., lib. XI, p. 54. — 2. Id., ibid., p. 67. Plut., in Pericl., p. 163. — 3. Diod., ibid., p. 63. Thucyd., lib. I, cap. CVIII. — 4. Diod., ibid., p. 64. Thucyd., ibid. — 5. Vers l'an 456 avant J. C. — 6. Thucyd., ibid. — 7. Plut., in Cim., p. 490. — 8. Thucyd., ibid., cap. CXII. Plut., ibid., p. 490. — 9. L'an 450 avant J. C. — 10. L'an 449 avant J. C.

de terre approcher des côtes, qu'à une distance de trois jours de marche. Les Athéniens, de leur côté, jurèrent de respecter les États d'Artaxerxès[1].

Telles furent les lois qu'une ville de la Grèce imposait au plus grand empire du monde. Trente ans auparavant, la résolution qu'elle prit de résister à cette puissance fut regardée comme un coup de désespoir, et le succès comme un prodige. Cimon ne jouit pas longtemps de sa gloire : il finit ses jours en Chypre. Sa mort fut le terme des prospérités des Athéniens : elle le serait de cette partie de leur histoire, si je n'avais à recueillir quelques traits qui servent à caractériser le siècle où il a vécu.

Lorsque les Perses parurent dans la Grèce, deux sortes de crainte engagèrent les Athéniens à leur opposer une vigoureuse résistance : la crainte de l'esclavage, qui, dans une nation libre, a toujours produit plus de vertus que les principes de l'institution ; et la crainte de l'opinion publique, qui, chez toutes les nations, supplée souvent aux vertus. La première agissait d'autant plus sur les Athéniens, qu'ils commençaient à jouir de cette liberté qui leur avait coûté deux siècles de dissensions ; ils devaient la seconde à leur éducation et à une longue habitude. Il régnait alors dans les âmes cette pudeur[2] qui rougit de la licence, ainsi que de la lâcheté, qui fait que chaque citoyen se renferme dans les bornes de son état ou de ses talents, qui fait aussi que la loi devient un frein pour l'homme puissant, la pratique des devoirs une ressource pour l'homme faible, et l'estime de ses semblables un besoin pour tous.

On fuyait les emplois, parce qu'on en était digne[3] ; on n'osait aspirer aux distinctions, parce que la considération publique suffisait pour payer les services rendus à l'État. Jamais on n'a fait de si grandes choses que dans ce siècle ; jamais on a été plus éloigné de penser que la gloire dût en rejaillir sur quelques citoyens. On éleva des statues en l'honneur de Solon, d'Harmodius et d'Aristogiton ; mais ce ne fut qu'après leur mort. Aristide et Thémistocle sauvèrent la république, qui ne leur décerna pas même une couronne de laurier[4]. Miltiade, après la bataille de Marathon, sollicita cet honneur dans l'assemblée du peuple ; un homme se leva, et lui dit : « Miltiade, quand vous repousserez tout seul les barbares, vous aurez tout seul une couronne[5]. » Peu de temps après, des troupes athéniennes, sous la conduite de Cimon, remportèrent de grands avantages dans la Thrace ; à leur retour, elles demandèrent une récompense : dans les inscriptions qui furent gravées, on fit l'éloge des troupes, et l'on ne cita personne en particulier[6].

Comme chaque citoyen pouvait être utile, et n'était pas à chaque instant humilié par des préférences injustes, ils savaient tous qu'ils pourraient acquérir une considération personnelle ; et comme les

---

1. Diod., lib. XII, p. 74. — 2. Plat., De leg., lib. III, p. 699. — 3. Isocr., Areop., t. I, p. 323. — 4. Æschin., in Ctesiph., p. 457. — 5. Plut., in Cim., p. 483. — 6. Æschin., ibid., p. 458; Plut., ibid., p. 482.

mœurs étaient simples et pures, ils avaient en général cette indépendance et cette dignité qu'on ne perd que par la multiplicité des besoins et des intérêts.

Je ne citerai point à l'avantage de ce siècle l'hommage éclatant que les Athéniens rendirent à la probité d'Aristide : ce fut à la représentation d'une pièce d'Eschyle. L'acteur ayant dit qu'Amphiaraüs était les moins jaloux de paraître homme de bien que de l'être en effet, tous les yeux se tournèrent rapidement vers Aristide[1]. Une nation corrompue pourrait faire une pareille application ; mais les Athéniens eurent toujours plus de déférence pour les avis d'Aristide que pour ceux de Thémistocle, et c'est ce qu'on ne verrait pas dans une nation corrompue.

Après leurs succès contre les Perses, l'orgueil que donne la victoire[2] se joignit dans leurs cœurs aux vertus qui l'avaient procurée ; et cet orgueil était d'autant plus légitime, que jamais on ne combattit pour une cause plus juste et plus importante.

Lorsqu'une nation pauvre et vertueuse parvient tout à coup à une certaine élévation, il arrive de deux choses l'une : ou que, pour conserver sa constitution, elle renonce à toute idée d'agrandissement ; et alors elle jouit en paix de sa propre estime, et du respect des autres peuples ; c'est ce qui arriva aux Lacédémoniens : ou qu'elle veut, à quelque prix que ce soit, accroître sa puissance ; et alors elle devient injuste et oppressive ; c'est ce qu'éprouvèrent les Athéniens.

Thémistocle les égara dans la route où il les conduisit. Les autres chefs, loin de modérer leur ardeur, ne parurent attentifs qu'à l'enflammer.

Lors de la seconde invasion des Perses, Miltiade proposa de les combattre en rase campagne[3] : ce projet était digne du vainqueur de Marathon. Celui de Thémistocle fut plus hardi peut-être : il osa conseiller aux Athéniens de confier leur destinée au hasard d'une bataille navale. De puissantes raisons s'élevaient contre ce plan de défense : les Athéniens savaient à peine alors gouverner leurs faibles navires ; ils n'étaient point exercés aux combats de mer ; on ne pouvait pas prévoir que Xerxès attaquerait les Grecs dans un détroit ; enfin Thémistocle devait-il se flatter, comme il l'assurait, qu'à tout événement il s'ouvrirait un passage à travers la flotte ennemie, et transporterait le peuple d'Athènes dans un pays éloigné ? Quoi qu'il en soit, le succès justifia ses vues.

Mais si l'établissement de la marine fut le salut d'Athènes, elle devint bientôt l'instrument de son ambition et de sa perte[4]. Thémistocle, qui voulait rendre sa nation la plus puissante de la Grèce, pour en être le premier citoyen, fit creuser un nouveau port, construire un plus grand nombre de galères, descendre sur ses flottes les soldats, les ouvriers, les laboureurs, et cette multitude d'étrangers qu'il avait attirés de tous côtés. Après avoir conseillé d'épargner les peuples du continent qui s'étaient unis à Xerxès, il attaqua sans ménagement les îles

---

1. Plut., in Aristid., p. 320. — 2. Aristoph., in Equit., v. 779. — 3. Stesimbr., ap. Plut., in Themist., p. 113. — 4. Isocr., De pac., t. I, p. 393.

qui avaient été forcées de céder aux Perses[1] : il ravissait leurs trésors; et, de retour dans sa patrie, il en achetait des partisans qu'il retenait et révoltait par son faste. Cimon et les autres généraux, enrichis par la même voie, étalèrent une magnificence inconnue jusqu'alors ; ils n'avaient plus d'autre objet, à l'exemple de Thémistocle, que de concourir à l'agrandissement de la république. Cette idée dominait dans tous les esprits.

Le peuple, enorgueilli de voir ses généraux mettre à ses pieds les dépouilles et les soumissions volontaires ou forcées des villes réunies à son domaine, se répandait avec impétuosité sur toutes les mers, et paraissait sur tous les rivages; il multipliait des conquêtes qui altéraient insensiblement le caractère de la valeur nationale. En effet, ces braves soldats, qui avaient affronté la mort dans les champs de Marathon et de Platée, servilement employés aux opérations de la manœuvre, ne s'exerçaient, le plus souvent, qu'à tenter des descentes avec précaution, qu'à surprendre des villes sans défense, qu'à ravager des terres abandonnées : espèce de guerre qui apprend à calculer ses forces, à n'approcher de l'ennemi qu'en tremblant, à prendre la fuite sans en rougir[2].

Les mœurs reçurent l'atteinte funeste que le commerce des étrangers, la rivalité de puissance ou de crédit, l'esprit des conquêtes, et l'espoir du gain, portent à un gouvernement fondé sur la vertu. Cette foule de citoyens obscurs qui servaient sur les flottes, et auxquels la république devait des égards, puisqu'elle leur devait sa gloire, contractèrent dans leurs courses les vices des pirates; et, devenant tous les jours plus entreprenants, ils dominèrent dans la place publique, et firent passer l'autorité entre les mains du peuple : ce qui arrive presque toujours dans un état où la marine est florissante[3]. Deux ou trois traits montrent avec quelle rapidité les principes de droiture et d'équité s'affaiblirent dans la nation.

Après la bataille de Platée, Thémistocle annonça publiquement qu'il avait formé un projet important, et dont le succès ne pouvait être assuré que par le secret le plus impénétrable. Le peuple répondit : « Qu'Aristide en soit le dépositaire; nous nous en rapportons à lui. » Thémistocle tira ce dernier à l'écart, et lui dit : « La flotte de nos alliés séjourne sans défiance dans le port de Pagase ; je propose de la brûler, et nous sommes les maîtres de la Grèce. » — « Athéniens, dit alors Aristide, rien de si utile que le projet de Thémistocle; mais rien de si injuste. » Nous n'en voulons point, s'écria tout d'une voix l'assemblée[4].

Quelques années après, les Samiens proposèrent aux Athéniens de violer un article du traité qu'on avait fait avec les alliés. Le peuple demanda l'avis d'Aristide. « Celui des Samiens est injuste, répondit-il, mais il est utile. » Le peuple approuva le projet des Samiens[5].

Enfin, après un court intervalle de temps, et sous Périclès, les

---

1. Plut., in Themist., t. I, p. 122. — 2. Plat., De leg., lib. IV, t. II, p. 706. — 3. Aristot., De rep., lib. V, cap. III, p. 389 et 390. Plut., ibid., p. 121. — 4. Id. ibid., p. 122; id., in Aristid., p. 332. — 5. Id., ibid., p. 334.

Athéniens, dans plus d'une occasion, eurent l'insolence d'avouer qu'ils ne connaissaient plus d'autre droit des gens que la force[1].

SECTION III. *Siècle de Périclès*.[2]. — Périclès s'aperçut de bonne heure que sa naissance et ses richesses lui donnaient des droits, et le rendaient suspect. Un autre motif augmentait ses alarmes. Des vieillards qui avaient connu Pisistrate, croyaient le trouver dans le jeune Périclès; c'étaient, avec les mêmes traits, le même son de voix, et le même talent de la parole[3]. Il fallait se faire pardonner cette ressemblance, et les avantages dont elle était accompagnée. Périclès consacra ses premières années à l'étude de la philosophie, sans se mêler des affaires publiques, et ne paraissant ambitionner d'autre distinction que celle de la valeur[4].

Après la mort d'Aristide et l'exil de Thémistocle, Cimon prit les rênes du gouvernement; mais souvent occupé d'expéditions lointaines, il laissait la confiance des Athéniens flotter entre plusieurs concurrents incapables de la fixer. On vit alors Périclès se retirer de la société, renoncer aux plaisirs, attirer l'attention de la multitude par une démarche lente, un maintien décent, un extérieur modeste, et des mœurs irréprochables[5]. Il parut enfin à la tribune, et ses premiers essais étonnèrent les Athéniens. Il devait à la nature d'être le plus éloquent des hommes, et au travail, d'être le premier des orateurs de la Grèce[6].

Les maîtres célèbres qui avaient élevé son enfance, continuant à l'éclairer de leurs conseils, remontaient avec lui aux principes de la morale et de la politique : son génie s'appropriait leurs connaissances[7], et de là cette profondeur, cette plénitude de lumières, cette force de style qu'il savait adoucir au besoin, ces grâces qu'il ne négligeait point, qu'il n'affecta jamais; tant d'autres qualités qui le mirent en état de persuader ceux qu'il ne pouvait convaincre, et d'entraîner ceux mêmes qu'il ne pouvait ni convaincre ni persuader.

On trouvait dans ses discours une majesté imposante, sous laquelle les esprits restaient accablés : c'était le fruit de ses conversations avec le philosophe Anaxagore, qui, en lui développant le principe des êtres et les phénomènes de la nature, semblait avoir agrandi son âme naturellement élevée[8].

On n'était pas moins frappé de la dextérité avec laquelle il pressait ses adversaires, et se dérobait à leurs poursuites : il la devait au philosophe Zénon d'Élée, qui l'avait plus d'une fois conduit dans les détours d'une dialectique captieuse, pour lui en découvrir les issues secrètes[9]. Aussi l'un des plus grands antagonistes de Périclès disait souvent : « Quand je l'ai terrassé, et que je le tiens sous moi, il s'écrie qu'il n'est point vaincu, et le persuade à tout le monde[10]. »

---

1. Thucyd., lib. V, cap. LXXXIX, etc. — 2. Depuis l'an 444 jusqu'à l'an 404 avant J. C. — 3. Plut., in Pericl., p. 155. — 4. Id., ibid. — 5. Id., ibid., p. 154 et 155. — 6. Cicer., De clar. orat., cap. XI, t. I, p. 345. Diod., lib. XII, p. 96. — 7. Plut., ibid., p. 156. — 8. Id., ibid. — 9. Id., ibid., p. 154. — 10. Id., ibid., p. 156; Id. Præc. ger. reip., t. II, p. 802.

Périclès connaissait trop bien sa nation pour ne pas fonder ses espérances sur le talent de la parole, et l'excellence de ce talent, pour n'être pas le premier à le respecter. Avant que de paraître en public, il s'avertissait en secret qu'il allait parler à des hommes libres, à des Grecs, à des Athéniens[1].

Cependant il s'éloignait le plus qu'il pouvait de la tribune, parce que, toujours ardent à suivre avec lenteur le projet de son élévation, il craignait d'effacer par de nouveaux succès l'impression des premiers, et de porter trop tôt l'admiration du peuple à ce point d'où elle ne peut que descendre. On jugea qu'un orateur qui dédaignait les applaudissements dont il était assuré, méritait la confiance qu'il ne cherchait pas; et que les affaires dont il faisait le rapport devaient être bien importantes, puisqu'elles le forçaient à rompre le silence[2].

On conçut une haute idée du pouvoir qu'il avait sur son âme, lorsqu'un jour que l'assemblée se prolongea jusqu'à la nuit, on vit un simple particulier ne cesser de l'interrompre et de l'outrager, le suivre avec des injures jusque dans sa maison, et Périclès ordonner froidement à un de ses esclaves de prendre un flambeau, et de conduire cet homme chez lui[3].

Quand on vit enfin que partout il montrait non-seulement le talent, mais encore la vertu propre à la circonstance; dans son intérieur, la modestie et la frugalité des temps anciens; dans les emplois de l'administration, un désintéressement et une probité inaltérables; dans le commandement des armées, l'attention à ne rien donner au hasard, et à risquer plutôt sa réputation que le salut de l'État[4]; on pensa qu'une âme qui savait mépriser les louanges et l'insulte, les richesses, les superfluités, et la gloire elle-même, devait avoir pour le bien public cette chaleur dévorante qui étouffe les autres passions, ou qui du moins les réunit dans un sentiment unique.

Ce fut surtout cette illusion qui éleva Périclès; et il sut l'entretenir pendant près de quarante ans[5], dans une nation éclairée, jalouse de son autorité, et qui se lassait aussi facilement de son admiration que de son obéissance.

Il partagea d'abord sa faveur avant que de l'obtenir tout entière. Cimon était à la tête des nobles et des riches; Périclès se déclara pour la multitude, qu'il méprisait, et qui lui donna un parti considérable. Cimon, par des voies légitimes, avait acquis dans ses expéditions une fortune immense; il l'employait à décorer la ville, et à soulager les malheureux. Périclès, par la force de son ascendant, disposa du trésor public des Athéniens et de celui des alliés, remplit Athènes de chefs-d'œuvre de l'art, assigna des pensions aux citoyens pauvres, leur distribua une partie des terres conquises, multiplia les fêtes, accorda un droit de présence aux juges, à ceux qui assisteraient aux spectacles, et à l'assemblée générale[6]. Le peuple, ne voyant que la

---

1. Plut., Apophth., t. II, p. 186. — 2. Id., in Pericl., p. 155. — 3. Id., ibid., p. 154. — 4. Id., ibid., p. 161, 162, etc. — 5. Id., ibid., p. 164. — 6. Aristot., De rep., lib. II, cap. XII, t. II, p. 336. Plut., ibid., p. 156 et 157.

main qui donnait, fermait les yeux sur la source où elle puisait. Il s'unissait de plus en plus avec Périclès, qui, pour se l'attacher plus fortement encore, le rendit complice de ses injustices, et se servit de lui pour frapper ces grands coups qui augmentent le crédit en le manifestant. Il fit bannir Cimon, faussement accusé d'entretenir des liaisons suspectes avec les Lacédémoniens [1]; et, sous de frivoles prétextes, détruisit l'autorité de l'aréopage, qui s'opposait avec vigueur à la licence des mœurs et des innovations [2].

Après la mort de Cimon, Thucydide, son beau-frère, tâcha de ranimer le parti chancelant des principaux citoyens. Il n'avait pas les talents militaires de Périclès; mais, aussi habile que lui à manier les esprits, il maintint pendant quelque temps l'équilibre, et finit par éprouver les rigueurs de l'ostracisme ou de l'exil [3].

Dès ce moment Périclès changea de système : il avait subjugué le parti des riches en flattant la multitude; il subjugua la multitude en réprimant ses caprices, tantôt par une opposition invincible, tantôt par la sagesse de ses conseils, ou par les charmes de son éloquence [4]. Tout s'opérait par ses volontés; tout se faisait, en apparence, suivant les règles établies; et la liberté, rassurée par le maintien des formes républicaines, expirait, sans qu'on s'en aperçût, sous le poids du génie.

Plus la puissance de Périclès augmentait, moins il prodiguait son crédit et sa présence. Renfermé dans un petit cercle de parents et d'amis, il veillait, du fond de sa retraite, sur toutes les parties du gouvernement, tandis qu'on ne le croyait occupé qu'à pacifier ou bouleverser la Grèce. Les Athéniens, dociles au mouvement qui les entraînait, en respectaient l'auteur, parce qu'ils le voyaient rarement implorer leur suffrages; et, aussi excessifs dans leurs expressions que dans leurs sentiments, ils ne représentaient Périclès que sous les traits du plus puissant des dieux. Faisait-il entendre sa voix dans les occasions essentielles, on disait que Jupiter lui avait confié les éclairs et la foudre [5]. N'agissait-il dans les autres que par le ministère de ses créatures, on se rappelait que le souverain des cieux laissait à des génies subalternes les détails du gouvernement de l'univers.

Périclès étendit, par des victoires éclatantes, les domaines de la république; mais quand il vit la puissance des Athéniens à une certaine élévation, il crut que ce serait une honte de la laisser s'affaiblir, et un malheur de l'augmenter encore. Cette vue dirigea toutes ses opérations; et le triomphe de sa politique fut d'avoir, pendant si longtemps, retenu les Athéniens dans l'inaction, leurs alliés dans la dépendance, et ceux de Lacédémone dans le respect.

Les Athéniens, pénétrés du sentiment de leurs forces, de ce sentiment qui, dans les rangs élevés, produit la hauteur et l'orgueil, dans la multitude, l'insolence et la férocité, ne se bornaient plus à dominer

---

1. Plut., in Cim., p. 489. — 2. Id., in Pericl., p. 157. — 3. Id., ibid., p. 158 et 161. — 4. Id., ibid., p. 161. — 5. Aristoph., in Acharn., v. 529. Plut., ibid., p. 156. Cicer., Orat., cap. IX, t. I, p. 426.

sur la Grèce; ils méditaient la conquête de l'Égypte, de Carthage, de la Sicile, et de l'Étrurie. Périclès leur laissait exhaler ces vastes projets, et n'en était que plus attentif aux démarches des alliés d'Athènes [1].

La république brisait successivement les liens de l'égalité, qui avaient formé leur confédération : elle appesantissait sur eux un joug plus humiliant que celui des barbares, parce qu'en effet on s'accoutume plus aisément à la violence qu'à l'injustice. Entre autres sujets de plainte, les alliés reprochèrent aux Athéniens d'avoir employé à l'embellissement de leur ville les sommes d'argent qu'ils accordaient tous les ans pour faire la guerre aux Perses. Périclès répondit que les flottes de la république mettaient ses alliés à l'abri des insultes des barbares, et qu'elle n'avait point d'autre engagement à remplir [2]. A cette réponse, l'Eubée, Samos, et Byzance, se soulevèrent; mais, bientôt après, l'Eubée rentra sous l'obéissance des Athéniens [3]; Byzance leur apporta le tribut ordinaire [4]; Samos, après une vigoureuse résistance, les indemnisa des frais de la guerre, livra ses vaisseaux, démolit ses murailles, et donna des otages [5].

La ligue du Péloponèse vit, dans cet exemple de vigueur, une nouvelle preuve du despotisme que les Athéniens exerçaient sur leurs alliés, et qu'ils feraient un jour éprouver à leurs ennemis. Depuis longtemps alarmée de leurs progrès rapides, nullement rassurée par les traités qu'elle avait faits avec eux, et qu'on avait confirmés par une trêve de trente ans [6], elle aurait plus d'une fois arrêté le cours de leurs victoires, si elle avait pu vaincre l'extrême répugnance des Lacédémoniens pour toute espèce de guerre.

Telle était la disposition des esprits parmi les nations de la Grèce. Périclès était odieux aux unes, redoutable à toutes. Son règne, car c'est le nom qu'on peut donner à son administration [7], n'avait point été ébranlé par les cris de l'envie, et encore moins par les satires ou les plaisanteries qu'on se permettait contre lui sur le théâtre ou dans la société. Mais à cette espèce de vengeance qui console le peuple de sa faiblesse, succédèrent à la fin des murmures sourds, et mêlés d'une inquiétude sombre, qui présageaient une révolution prochaine. Ses ennemis, n'osant l'attaquer directement, essayèrent leurs armes contre ceux qui avaient mérité sa protection ou son amitié.

Phidias, chargé de la direction des superbes monuments qui décorent Athènes, fut dénoncé pour avoir soustrait une partie de l'or dont il devait enrichir la statue de Minerve : il se justifia, et ne périt pas moins dans les fers. Anaxagore, le plus religieux peut-être des philosophes, fut traduit en justice pour crime d'impiété, et obligé de prendre la fuite. L'épouse, la tendre amie de Périclès, la célèbre Aspasie, accusée d'avoir outragé la religion par ses discours, et les

---

1. Isocr., De pac., t. I, p. 402. Plut., in Pericl., p. 164. — 2. Plut., ibid., p. 158. — 3. Thucyd., lib. I, cap. CXIV. Diod., lib. XII, p. 75. — 4. Thucyd., ibid., cap. CXVII. — 5. Id., ibid. Plut., ibid., p. 167. — 6. Thucyd., ibid., cap. CXV. L'an 445 avant J. C. (Dodwell, in Annal. Thucyd., p. CIV.) — 7. Thucyd., lib. II, cap. LXV. Plut., ibid., p. 156.

mœurs par sa conduite, plaida sa cause elle-même ; et les larmes de son époux la dérobèrent à peine à la sévérité des juges[1].

Ces attaques n'étaient que le prélude de celles qu'il aurait essuyées, lorsqu'un événement imprévu releva ses espérances et raffermit son autorité.

Corcyre faisait depuis quelques années[2] la guerre à Corinthe, dont elle tire son origine. Suivant le droit public de la Grèce, une puissance étrangère ne doit point se mêler des différends élevés entre une métropole et sa colonie : mais il était de l'intérêt des Athéniens de s'attacher un peuple dont la marine était florissante, et qui pouvait, par sa position, favoriser le passage de leurs flottes en Sicile et en Italie. Ils le reçurent dans leur alliance, et lui envoyèrent des secours. Les Corinthiens publièrent que les Athéniens avaient rompu la trêve.

Potidée, autre colonie des Corinthiens, avait embrassé le parti des Athéniens. Ces derniers, soupçonnant sa fidélité, lui ordonnèrent, non-seulement de leur donner des otages, mais encore de démolir ses murailles, et de chasser les magistrats que, suivant l'usage, elle recevait tous les ans de sa métropole. Potidée se joignit à la ligue du Péloponèse, et les Athéniens l'assiégèrent[3].

Quelque temps auparavant, les Athéniens avaient, sous quelques légers prétextes, interdit l'entrée de leurs ports et de leurs marchés à ceux de Mégare, alliés de Lacédémone[4]. D'autres villes gémissaient sur la perte de leurs lois et de leur liberté.

Corinthe, qui voulait susciter une guerre générale, épousa leurs querelles, et sut les engager à demander une satisfaction éclatante aux Lacédémoniens, chefs de la ligue du Péloponèse[5]. Les députés de ces différentes villes arrivent à Lacédémone : on les assemble : ils exposent leurs griefs avec autant d'aigreur que de véhémence ; ils disent ce qu'ils ont souffert, ce qu'ils ont à craindre, tout ce que prescrit une juste vengeance, tout ce qu'inspire la jalousie et la haine. Quand les esprits sont disposés à recevoir de plus fortes impressions, un des ambassadeurs de Corinthe prend la parole[6], et reproche aux Lacédémoniens cette bonne foi qui ne leur permet pas de soupçonner la mauvaise foi des autres ; cette modération dont on leur fait un mérite, et qui les rend si indifférents aux intérêts des puissances voisines. « Combien de fois vous avons-nous avertis des projets des Athéniens ; et qu'est-il nécessaire de vous les rappeler encore ? Corcyre, dont la marine pouvait, dans l'occasion, si bien seconder nos efforts, est entrée dans leur alliance ; Potidée, cette place qui assurait nos possessions dans la Thrace, va tomber entre leurs mains. Nous n'accusons que vous de nos pertes ; vous qui, après la guerre des Mèdes, avez permis à nos ennemis de fortifier leur ville, et d'étendre leurs conquêtes ; vous qui êtes les protecteurs de la liberté, et qui, par votre silence, favorisez l'esclavage ; vous qui délibérez

---

1. Diod., lib. XII, p. xcv. Plut., in Pericl., p. 169. Philoch., ap. schol. Aristoph., in pac., v. 604. — 2. Thucyd., lib. I, cap. xxv, etc. — 3. Id., ibid., cap. LVI. — 4. Id., ibid., cap. LXVII. Diod., ibid., p. xcvi. — 5. Thucyd., ibid. — 6. Id., ibid., cap. LXVIII.

BARTHÉLEMY. — L.

quand il faut agir, et qui ne songez à votre défense que quand l'ennemi tombe sur vous avec toutes ses forces. Nous nous en souvenons encore : les Mèdes, sortis du fond de l'Asie, avaient traversé la Grèce et pénétré jusqu'au Péloponèse, que vous étiez tranquilles dans vos foyers. Ce n'est pas contre une nation éloignée que vous aurez à combattre, mais contre un peuple qui est à votre porte ; contre ces Athéniens dont vous n'avez jamais connu, dont vous ne connaissez pas encore les ressources et le caractère. Esprits ardents à former des projets, habiles à les varier dans les occasions ; si prompts à les exécuter que posséder et désirer est pour eux la même chose ; si présomptueux, qu'ils se croient dépouillés des conquêtes qu'ils n'ont pu faire ; si avides, qu'ils ne se bornent jamais à celles qu'ils ont faites : nation courageuse et turbulente, dont l'audace s'accroît par le danger, et l'espérance par le malheur ; qui regarde l'oisiveté comme un tourment, et que les dieux irrités ont jetée sur la terre pour n'être jamais en repos, et n'y laisser jamais les autres.

« Qu'opposez-vous à tant d'avantages ? des projets au-dessous de vos forces, la méfiance dans les résolutions les plus sages, la lenteur dans les opérations, le découragement aux moindres revers, la crainte d'étendre vos domaines, la négligence à les conserver. Tout, jusqu'à vos principes, est aussi nuisible au repos de la Grèce qu'à votre sûreté. N'attaquer personne, se mettre en état de n'être jamais attaqué ; ces moyens ne vous paraissent pas toujours suffisants pour assurer le bonheur d'un peuple : vous voulez qu'on ne repousse l'insulte que lorsqu'il n'en résulte absolument aucun préjudice pour la patrie. Maxime funeste, et qui, adoptée des nations voisines, vous garantirait à peine de leurs invasions.

« O Lacédémoniens ! votre conduite se ressent trop de la simplicité des premiers siècles. Autre temps, autres mœurs, autre système. L'immobilité des principes ne conviendrait qu'à une ville qui jouirait d'une paix éternelle ; mais, dès que, par ses rapports avec les autres nations, ses intérêts deviennent plus compliqués, il lui faut une politique plus raffinée. Abjurez donc, à l'exemple des Athéniens, cette droiture qui ne sait pas se prêter aux événements ; sortez de cette indolence qui vous tient renfermés dans l'enceinte de vos murs ; faites une irruption dans l'Attique ; ne forcez pas des alliés, des amis fidèles, à se précipiter entre les bras de vos ennemis ; et, placés à la tête des nations du Péloponèse, montrez-vous dignes de l'empire que nos pères déférèrent à vos vertus. »

Des députés athéniens, que d'autres affaires avaient amenés à Lacédémone, demandèrent à parler, non pour répondre aux accusations qu'ils venaient d'entendre, les Lacédémoniens n'étaient pas leurs juges ; ils voulaient seulement engager l'assemblée à suspendre une décision qui pouvait avoir des suites cruelles[1].

Ils rappelèrent avec complaisance les batailles de Marathon et de Salamine. C'étaient les Athéniens qui les avaient gagnées, qui avaient

---

1. Thucyd., lib. I, cap. LXXII.

chassé les barbares, qui avaient sauvé la Grèce. Un peuple capable de si grandes choses méritait sans doute des égards. L'envie lui fait un crime aujourd'hui de l'autorité qu'il exerce sur une partie des nations grecques; mais c'est Lacédémone qui la lui a cédée : il la conserve, parce qu'il ne pourrait l'abandonner sans danger : cependant il préfère en l'exerçant la douceur à la sévérité; et s'il est obligé d'employer quelquefois la rigueur, c'est que le plus faible ne peut être retenu dans la dépendance que par la force. « Que Lacédémone cesse d'écouter les plaintes injustes des alliés d'Athènes, et la jalouse fureur de ses propres alliés; qu'avant de prendre un parti, elle réfléchisse sur l'importance des intérêts qu'on va discuter, sur l'incertitude des événements auxquels on va se soumettre. Loin cette ivresse qui ne permet aux peuples d'écouter la voix de la raison que lorsqu'ils sont parvenus aux combles de leurs maux; qui fait que toute guerre finit par où elle devrait commencer! Il en est temps encore; nous pouvons terminer nos différends à l'amiable, ainsi que le prescrivent les traités : mais si, au mépris de vos serments, vous rompez la trêve, nous prendrons à témoin les dieux vengeurs du parjure, et nous nous préparerons à la plus vigoureuse défense. »

Ce discours fini, les ambassadeurs sortirent de l'assemblée; et le roi Archidamus, qui joignait une longue expérience à une profonde sagesse, s'apercevant, à l'agitation des esprits, que la guerre était inévitable, voulut du moins en retarder le moment.

« Peuple de Lacédémone, dit-il[1], j'ai été témoin de beaucoup de guerres ainsi que plusieurs d'entre vous, et je n'en suis que plus porté à craindre celle que vous allez entreprendre. Sans préparatifs et sans ressources, vous voulez attaquer une nation exercée dans la marine, redoutable par le nombre de ses soldats et de ses vaisseaux, riche de productions de son sol et des tributs de ses alliés. Qui peut vous inspirer cette confiance? Est-ce votre flotte? mais quel temps ne faudra-t-il pas pour la rétablir! Est-ce l'état de vos finances? mais nous n'avons point de trésor public[2], et les particuliers sont pauvres. Est-ce l'espérance de détacher les alliés d'Athènes[3]? mais, comme la plupart sont des insulaires, il faudrait être maître de la mer pour exciter et entretenir leur défection. Est-ce le projet de ravager les plaines de l'Attique, et de terminer cette grande querelle dans une campagne? eh! pensez-vous que la perte d'une moisson, si facile à réparer dans un pays où le commerce est florissant, engagera les Athéniens à vous demander la paix? Ah! que je crains plutôt que nous ne laissions cette guerre à nos enfants comme un malheureux héritage! Les hostilités des villes et des particuliers sont passagères; mais quand la guerre s'allume entre deux puissants États, il est aussi difficile d'en prévoir les suites que d'en sortir avec honneur.

« Je ne suis pas d'avis de laisser nos alliés dans l'oppression; je dis seulement qu'avant de prendre les armes nous devons envoyer des

---

1. Thucyd., lib. I, cap. LXXIX. — 2. Plut., Apophth. lacon., t. II, p. 217. — 3. Thucyd., ibid.

ambassadeurs aux Athéniens, et entamer une négociation. Ils viennent de nous proposer cette voie, et ce serait une injustice de la refuser. Dans l'intervalle, nous nous adressons aux nations de la Grèce, et, puisque la nécessité l'exige, aux barbares eux-mêmes, pour avoir des secours en argent et en vaisseaux : si les Athéniens rejettent nos plaintes, nous les réitérerons après deux ou trois ans de préparatifs; et peut-être les trouverons-nous alors plus dociles.

« La lenteur qu'on nous attribue a toujours fait notre sûreté : jamais les éloges ni les reproches ne nous ont portés à des entreprises téméraires. Nous ne sommes pas assez habiles pour rabaisser, par des discours éloquents, la puissance de nos ennemis; mais nous savons que, pour nous mettre à portée de les vaincre, il faut les estimer, juger de leur conduite par la nôtre, nous prémunir contre leur prudence ainsi que contre leur valeur, et moins compter sur leurs fautes que sur la sagesse de nos précautions. Nous croyons qu'un homme ne diffère pas d'un autre homme; mais que le plus redoutable est celui qui, dans les occasions critiques, se conduit avec le plus de prudence et de lumières.

« Ne nous départons jamais des maximes que nous avons reçues de nos pères, et qui ont conservé cet état. Délibérez à loisir; qu'un instant ne décide pas de vos biens, de votre gloire, du sang de tant de citoyens, de la destinée de tant de peuples : laissez entrevoir la guerre, et ne la déclarez pas; faites vos préparatifs comme si vous n'attendiez rien de vos négociations; et pensez que ces mesures sont les plus utiles à votre patrie, et les plus propres à intimider les Athéniens. »

Les réflexions d'Archidamus auraient peut-être arrêté les Lacédémoniens, si, pour en détourner l'effet, Sthénélaïdas, un des éphores, ne se fût écrié sur-le-champ[1] :

« Je ne comprends rien à l'éloquence verbeuse des Athéniens : ils ne tarissent pas sur leur éloge, et ne disent pas un mot pour leur défense. Plus leur conduite fut irréprochable dans la guerre des Mèdes, plus elle est honteuse aujourd'hui; et je les déclare doublement punissables, puisqu'ils étaient vertueux, et qu'ils ont cessé de l'être. Pour nous, toujours les mêmes, nous ne trahirons point nos alliés, et nous les défendrons avec la même ardeur qu'on les attaque. Au reste, il ne s'agit pas ici de discours et de discussions; ce n'est point par des paroles que nos alliés ont été outragés. La vengeance la plus prompte, voilà ce qui convient à la dignité de Sparte. Et qu'on ne dise pas que nous devons délibérer après avoir reçu une insulte : c'était aux autres à délibérer longtemps avant que de nous insulter. Opinez donc pour la guerre, ô Lacédémoniens! et pour mettre enfin des bornes aux injustices et à l'ambition des Athéniens, marchons, avec la protection des dieux, contre ces oppresseurs de la liberté. »

Il dit, et sur-le-champ appela le peuple aux suffrages. Plusieurs des assistants furent de l'avis du roi : le plus grand nombre décida que les

[1]. Thucyd., lib. I. cap. LXXXVI.

Athéniens avaient rompu la trêve; et il fut résolu de convoquer une diète générale pour prendre une dernière résolution.

Tous les députés étant arrivés, on mit de nouveau l'affaire en délibération, et la guerre fut décidée à la pluralité des voix [1]. Cependant, comme rien n'était prêt encore, on chargea les Lacédémoniens d'envoyer des députés aux Athéniens, et de leur déférer les plaintes de la ligue du Péloponèse.

La première ambassade n'eut pour objet que d'obtenir l'éloignement de Périclès, ou de le rendre odieux à la multitude [2]. Les ambassadeurs prétextèrent des raisons étrangères aux différends dont il s'agissait, et qui ne firent aucune impression sur les Athéniens.

De nouveaux députés offrirent de continuer la trêve : ils proposèrent quelques conditions, et se bornèrent enfin à demander la révocation du décret qui interdisait le commerce de l'Attique aux habitants de Mégare [3]. Périclès répondit que les lois ne leur permettaient pas d'ôter le tableau sur lequel on avait inscrit ce décret. « Si vous ne le pouvez ôter, dit un des ambassadeurs, tournez-le seulement; vos lois ne vous le défendent pas [4]. »

Enfin, dans une troisième ambassade, les députés se contentèrent de dire : « Les Lacédémoniens désirent la paix, et ne la font dépendre que d'un seul point. Permettez aux villes de la Grèce de se gouverner suivant leurs lois [5]. » Cette dernière proposition fut discutée, ainsi que les précédentes, dans l'assemblée du peuple. Comme les avis étaient partagés. Périclès se hâta de monter à la tribune. Il représenta que, suivant les traités, les différends élevés entre les villes contractantes devaient être discutés par des voies pacifiques, et qu'en attendant chacune devait jouir de ce qu'elle possédait. « Au mépris de cette décision formelle, dit Périclès, les Lacédémoniens nous signifient impérieusement leurs volontés; et, ne nous laissant que le choix de la guerre ou de la soumission, ils nous ordonnent de renoncer aux avantages que nous avons remportés sur leurs alliés. Ne publient-ils pas que la paix dépend uniquement du décret porté contre Mégare? et plusieurs d'entre vous ne s'écrient-ils pas qu'un si faible sujet ne doit pas nous engager à prendre les armes? Athéniens, de telles offres ne sont qu'un piége grossier; il faut les rejeter, jusqu'à ce qu'on traite avec nous d'égal à égal. Toute nation qui prétend dicter des lois à une nation rivale lui propose des fers. Si vous cédiez sur un seul point, on croirait vous avoir fait trembler; et, dès ce moment, on vous imposerait des conditions plus humiliantes [6].

« Et que pouvez-vous craindre, aujourd'hui, de cette foule de nations qui diffèrent autant d'origine que de principes? Quelle lenteur dans la convocation de leurs diètes! quelle confusion dans la discussion de leurs intérêts! Elles s'occupent un moment du bien général; le

---

1. Thucyd., lib. I, cap. cxxv. — 2. Id., ibid., cap. cxxvi. — 3. Id., ibid., cap. cxxix. — 4. Plut., in Pericl., p. 168. — 5. Thucyd., ibid. — 6. Id., ibid., cap. cxl.

reste du temps, de leurs avantages particuliers. Celles-ci ne songent qu'à leur vengeance; celles-là, qu'à leur sûreté; et presque toutes, se reposant les unes sur les autres du soin de leur conservation, courent, sans s'en apercevoir, à leur perte commune¹. »

Périclès montrait ensuite que les alliés du Péloponèse n'étant pas en état de faire plusieurs campagnes, le meilleur moyen de les réduire était de les lasser, et d'opposer une guerre de mer à une guerre de terre. « Ils feront des invasions dans l'Attique; nos flottes ravageront leurs côtes : ils ne pourront réparer leurs pertes, tandis que nous aurons des campagnes à cultiver, soit dans les îles, soit dans le continent. L'empire de la mer donne tant de supériorité, que si vous étiez dans une île, aucune puissance n'oserait vous attaquer. Ne considérez plus Athènes que comme une place forte, et séparée, en quelque façon, de la terre; remplissez de soldats les murs qui la défendent et les vaisseaux qui sont dans ses ports. Que le territoire qui l'entoure vous soit étranger, et devienne sous vos yeux la proie de l'ennemi. Ne cédez point à l'ardeur insensée d'opposer votre valeur à la supériorité du nombre. Une victoire attirerait bientôt sur vos bras de plus grandes armées : une défaite porterait à la révolte ces alliés que nous ne contenons que par la force. Ce n'est pas sur la perte de vos biens qu'il faudrait pleurer; c'est sur celle des soldats que vous exposeriez dans une bataille. Ah ! si je pouvais vous persuader, vous porteriez à l'instant même le fer et la flamme dans nos campagnes, et dans les maisons dont elles sont couvertes; et les Lacédémoniens apprendraient à ne plus les regarder comme les gages de notre servitude².

« J'aurais d'autres garants de la victoire à vous présenter, si j'étais assuré que, dans la crainte d'ajouter de nouveaux dangers à ceux de la guerre, vous ne chercherez point à combattre pour conquérir; car j'appréhende plus vos fautes que les projets de l'ennemi.

« Il faut maintenant répondre aux députés, 1° que les Mégariens pourront commercer dans l'Attique, si les Lacédémoniens ne nous interdisent plus, ainsi qu'à nos alliés, l'entrée de leur ville; 2° que les Athéniens rendront aux peuples qu'ils ont soumis la liberté dont ils jouissaient auparavant, si les Lacédémoniens en usent de même à l'égard des villes de leur dépendance; 3° que la ligue d'Athènes offre encore à celle du Péloponèse de terminer à l'amiable les différends qui les divisent actuellement³. »

Après cette réponse, les ambassadeurs de Lacédémone se retirèrent; et de part et d'autre on s'occupa des préparatifs de la guerre la plus longue et la plus funeste qui ait jamais désolé la Grèce⁴. Elle dura vingt-sept ans⁵. Elle eut pour principe l'ambition des Athéniens, et la juste crainte qu'ils inspirèrent aux Lacédémoniens et à leurs alliés. Les ennemis de Périclès l'accusèrent de l'avoir suscitée. Ce qui paraît certain, c'est qu'elle fut utile au rétablissement de son autorité.

1. Thucyd., lib. I, cap. CXLI. — 2. Id., ibid., cap. CXLIII. — 3. Id., ibid., cap. CXLIV. — 4. Au printemps de l'an 431 avant J. C. — 5. Thucyd., lib. V, cap. XXVI.

Les Lacédémoniens avaient pour eux les Béotiens, les Phocéens, les Locriens, ceux de Mégare, d'Ambracie, de Leucade, d'Anactorium, et tout le Péloponèse, excepté les Argiens, qui observèrent la neutralité [1].

Du côté des Athéniens étaient les villes grecques situées sur les côtes de l'Asie, celles de la Thrace et de l'Hellespont, presque toute l'Acarnanie, quelques autres petits peuples, et tous les insulaires, excepté ceux de Mélos et de Théra. Outre ces secours, ils pouvaient eux-mêmes fournir à la ligue treize milles soldats pesamment armés, douze cents hommes de cheval, seize cents archers à pied, et trois cents galères. Seize mille hommes choisis parmi les citoyens trop jeunes ou trop vieux, et parmi les étrangers établis dans Athènes, furent chargés de défendre les murs de la ville et les forteresses de l'Attique [2].

Six mille talents [3] étaient déposés dans la citadelle. On pouvait, en cas de besoin, s'en ménager plus de cinq cents encore [4], par la fonte des vases sacrés, et par d'autres ressources que Périclès faisait envisager au peuple.

Telles étaient les forces des Athéniens lorsque Archidamus, roi de Lacédémone, s'étant arrêté à l'isthme de Corinthe, reçut de chaque ville confédérée du Péloponèse les deux tiers des habitants en état de porter les armes [5], et s'avança lentement vers l'Attique, à la tête de soixante mille hommes [6]. Il voulut renouer la négociation; et, dans cette vue, il envoya un ambassadeur aux Athéniens, qui refusèrent de l'entendre, et le firent sortir à l'instant même des terres de la république [7]. Alors Archidamus, ayant continué sa marche, se répandit, au temps de la moisson, dans les plaines de l'Attique. Les malheureux habitants s'en étaient retirés à son approche [8] : ils avaient transporté leurs effets à Athènes, où la plupart n'avaient trouvé d'autre asile que les temples, les tombeaux, les tours des remparts, les cabanes les plus obscures, les lieux les plus déserts. Au regret d'avoir quitté leurs anciennes et paisibles demeures, se joignait la douleur de voir au loin leurs maisons consumées par les flammes, et leurs récoltes abandonnées au fer de l'ennemi [9].

Les Athéniens, contraints de supporter des outrages qu'aggravait le souvenir de tant de glorieux exploits, se consumaient en cris d'indignation et de fureur contre Périclès, qui tenait leur valeur enchaînée [10]. Pour lui, n'opposant que le silence aux prières et aux menaces, il faisait partir une flotte de cent voiles pour le Péloponèse [11], et réprimait les clameurs publiques par la seule force de son caractère.

Archidamus, ne trouvant plus de subsistances dans l'Attique, ramena ses troupes, chargées de butin, dans le Péloponèse : elles se

---

1. Thucyd., lib. II, cap. IX. Diod., lib. XII, p. 99. — 2. Thucyd., ibid., cap. XIII. Diod., ibid., p. 97. — 3. Trente-deux millions quatre cent mille livres. — 4. Deux millions sept cent mille livres. — 5. Thucyd., ibid., cap. X. — 6. Plut., in Pericl., t. I, p. 170. — 7. Thucyd., ibid., cap. XII. — 8. Id., ibid., cap. XIV. — 9. Thucyd., ibid., cap. XVII et XXI. — 10. Id., ibid., cap. XXII. — 11. Id., ibid., cap. XXVI. Plut., in Pericl., p. 170.

retirèrent chez elles, et ne reparurent plus pendant le reste de l'année. Après leur retraite, Périclès envoya contre les Locriens une escadre qui obtint quelques avantages [1]. La grande flotte, après avoir porté la désolation sur les côtes du Péloponèse, prit à son retour l'île d'Égine [2]; et bientôt après, les Athéniens marchèrent en corps de nation contre ceux de Mégare, dont ils ravagèrent le territoire [3]. L'hiver suivant, ils honorèrent par des funérailles publiques ceux qui avaient péri les armes à la main, et Périclès releva leur gloire dans un discours éloquent. Les Corinthiens armèrent quarante galères, firent une descente en Acarnanie, et se retirèrent avec perte [4]. Ainsi se termina la première campagne.

Celles qui la suivirent n'offrent de même qu'une continuité d'actions particulières, de courses rapides, d'entreprises qui semblent étrangères à l'objet qu'on se proposait de part et d'autre. Comment des peuples si guerriers et si voisins, animés par une ancienne jalousie et des haines récentes, ne songeaient-ils qu'à se surprendre, à s'éviter, à partager leurs forces, et, par une foule de diversions sans éclat ou sans danger, à multiplier et prolonger les malheurs de la guerre? C'est parce que cette guerre ne devait pas se conduire sur le même plan que les autres.

La ligue du Péloponèse était si supérieure en troupes de terre, que les Athéniens ne pouvaient risquer une action générale, sans s'exposer à une perte certaine. Mais les peuples qui formaient cette ligue ignoraient l'art d'attaquer les places: ils venaient d'échouer devant une petite forteresse de l'Attique [5]; et ils ne s'emparèrent ensuite de la ville de Platée en Béotie, défendue par une faible garnison, qu'après un blocus qui dura près de deux ans, et qui força les habitants à se rendre faute de vivres [6]. Comment se seraient-ils flattés de prendre d'assaut ou de réduire à la famine une ville telle qu'Athènes, qui pouvait être défendue par trente mille hommes, et qui, maîtresse de la mer, en tirait aisément les subsistances dont elle avait besoin?

Ainsi les ennemis n'avaient d'autre parti à prendre que de venir détruire les moissons de l'Attique, et c'est ce qu'ils pratiquèrent dans les premières années; mais ces incursions devaient être passagères, parce qu'étant très-pauvres et uniquement occupés des travaux de la campagne, ils ne pouvaient rester longtemps les armes à la main, et dans un pays éloigné [7]. Dans la suite ils résolurent d'augmenter le nombre de leurs vaisseaux; mais il leur fallut bien des années pour apprendre à manœuvrer et acquérir cette expérience que cinquante ans d'exercice avaient à peine procurée aux Athéniens [8]. L'habileté de ces derniers était si reconnue au commencement de la guerre, que leurs moindres escadres ne craignaient pas d'attaquer les plus grandes flottes du Péloponèse [9].

1. Thucyd., lib. II, cap. XXVI. — 2. Id., ibid., cap. XXVII. — 3. Id., ibid., cap. XXXI. — 4. Id., ibid., cap. XXXIII et XXXIV. — 5. Id., ibid., cap. XIX. — 6. Id., ibid., cap. LXXVIII; lib. III, cap. XX. Diod., lib. XII, p. 102 et 109. — 7. Thucyd., lib. I, cap. CXLI. — 8. Id., ibid., cap. CXLII. — 9. Id., lib. II, cap. LXXXVIII.

Dans la septième année de la guerre[1], les Lacédémoniens, pour sauver quatre cent vingt de leurs soldats[2] que les Athéniens tenaient assiégés dans une île, demandèrent la paix, et livrèrent environ soixante galères, qu'on devait leur rendre si les prisonniers n'étaient pas délivrés. Ils ne le furent point; et les Athéniens ayant gardé les vaisseaux[3], la marine du Péloponèse fut détruite. Divers incidents en retardèrent le rétablissement jusqu'à la vingtième année de la guerre, que le roi de Perse s'obligea, par des promesses et par des traités, de pourvoir à son entretien[4]. Alors la ligue de Lacédémone couvrit la mer de ses vaisseaux[5]. Les deux nations rivales s'attaquèrent plus directement; et, après une alternative de succès et de revers, la puissance de l'une succomba sous celle de l'autre.

De leur côté, les Athéniens n'étaient pas plus en état, par le nombre de leurs vaisseaux, de donner la loi à la Grèce, que leurs ennemis ne l'étaient par le nombre de leurs troupes. S'ils paraissaient avec leurs flottes dans les lieux où ceux du Péloponèse avaient des possessions, leurs efforts se bornaient à dévaster un canton, à s'emparer d'une ville sans défense, à lever des contributions sans oser pénétrer dans les terres. Fallait-il assiéger une place forte dans un pays éloigné; quoiqu'ils eussent plus de ressources que les Lacédémoniens, la lenteur des opérations épuisait leurs finances et le petit nombre de troupes qu'ils pouvaient employer. La prise de Potidée leur coûta beaucoup de soldats, deux ans et demi de travaux, et deux mille talents[6].

Ainsi, par l'extrême diversité des forces et leur extrême disproportion, la guerre devait traîner en longueur. C'est ce qu'avaient prévu les deux plus habiles politiques de la Grèce, Archidamus et Périclès[7]; avec cette différence, que le premier en concluait que les Lacédémoniens devaient la craindre, et le second, que les Athéniens devaient la désirer.

Il était aisé de prévoir aussi que l'incendie éclaterait, s'éteindrait, se rallumerait par intervalles, chez tous les peuples. Comme des intérêts contraires séparaient des villes voisines; que les unes, au moindre prétexte, se détachaient de leur confédération; que les autres restaient abandonnées à des factions que fomentaient sans cesse Athènes et Lacédémone, il arriva que la guerre se fit de nation à nation dans une même province, de ville à ville dans une même nation, de parti à parti dans une même ville.

Thucydide, Xénophon, et d'autres auteurs célèbres, ont décrit les malheurs que causèrent ces longues et funestes dissensions. Sans les suivre dans des détails qui n'intéressent aujourd'hui que les peuples de la Grèce, je rapporterai quelques-uns des événements qui regardent plus particulièrement les Athéniens.

Au commencement de la seconde année, les ennemis revinrent

---

1. Vers l'an 424 avant J. C. — 2. Thucyd., lib. IV, cap. VIII. — 3. Id., ibid., cap. XVI et XXIII. — 4. Id., lib. VIII, cap. V, XVIII, XXXVI, XLV, etc. — 5. Id., ibid., cap. III. — 6. Dix millions huit cent mille livres. — 7. Thucyd., lib. I, cap. LXIV; lib. II, cap. LXX. (Dodwell., in Annal. Thucyd., p. 114.) Diod., lib. XII, p. 102. Thucyd., lib. I, cap. LXXXI et CXLI.

dans l'Attique, et la peste se déclara dans Athènes[1]. Jamais ce fléau terrible ne ravagea tant de climats. Sorti de l'Éthiopie, il avait parcouru l'Égypte, la Libye, une partie de la Perse, l'île de Lemnos, et d'autres lieux encore. Un vaisseau marchand l'introduisit sans doute au Pirée, où il se manifesta d'abord; de là il se répandit avec fureur dans la ville, et surtout dans ces demeures obscures et malsaines où les habitants de la campagne se trouvaient entassés.

Le mal attaquait successivement toutes les parties du corps[2]: les symptômes en étaient effrayants, les progrès rapides, les suites presque toujours mortelles. Dès les premières atteintes, l'âme perdait ses forces, le corps semblait en acquérir de nouvelles; et c'était un cruel supplice de résister à la maladie sans pouvoir résister à la douleur. Les insomnies, les terreurs, des sanglots continuels, des convulsions violentes n'étaient pas les seuls tourments réservés aux malades: une chaleur insupportable les dévorait intérieurement. Couverts d'ulcères et de taches livides, les yeux enflammés, la poitrine oppressée, les entrailles déchirées, exhalant une odeur fétide de leur bouche souillée d'un sang impur, on les voyait se traîner dans les rues pour respirer plus librement, et, ne pouvant éteindre la soif brûlante dont ils étaient consumés, se précipiter dans les rivières couvertes de glaçons.

La plupart périssaient au septième ou au neuvième jour. S'ils prolongeaient leur vie au delà de ces termes, ce n'était que pour éprouver une mort plus douloureuse et plus lente.

Ceux qui ne succombaient pas à la maladie n'en étaient presque jamais atteints une seconde fois[3]. Faible consolation! car ils n'offraient plus aux yeux que les restes infortunés d'eux-mêmes. Les uns avaient perdu l'usage de plusieurs de leurs membres; les autres ne conservaient aucune idée du passé: heureux sans doute d'ignorer leur état! mais ils ne pouvaient reconnaître leurs amis[4].

Le même traitement produisait des effets tour à tour salutaires et nuisibles: la maladie semblait braver les règles et l'expérience. Comme elle infectait aussi plusieurs provinces de la Perse, le roi Artaxerxès résolut d'appeler à leur secours le célèbre Hippocrate, qui était alors dans l'île de Cos[5]. Il fit vainement briller à ses yeux l'éclat de l'or et des dignités; le grand homme répondit au grand roi, qu'il n'avait ni besoins ni désirs, et qu'il se devait aux Grecs plutôt qu'à leurs ennemis[6]. Il vint en effet offrir ses services aux Athéniens, qui le reçurent avec d'autant plus de reconnaissance que la plupart de leurs médecins étaient morts victimes de leur zèle. Il épuisa les ressources de son art, et exposa plusieurs fois sa vie. S'il n'obtint pas tout le succès que méritaient de si beaux sacrifices et de si grands talents, il donna du moins des consolations et des espérances. On dit que, pour purifier l'air, il fit allumer des feux dans les rues d'Athènes[7]; d'autres préten-

---

1. Thucyd., lib. II, cap. XLVII. — 2. Id., ibid., cap. XLIX. Plut., in Pericl., p. 171. Diod., p. 101. Lucret., lib. VI. — 3. Thucyd., ibid., cap. LI. — 4. Id., ibid., cap. XLIX. — 5. Suid., in Ἱπποκρ. — 6. Plut., in Cat., t. I, p. 356. Galen., Quod opt. med., t. I. — 7. Ap. Hippocr., t. II, p. 970.

dent que ce moyen fut utilement employé par un médecin d'Agrigente, nommé Acron [1].

On vit, dans les commencements, de grands exemples de piété filiale, d'amitié généreuse; mais, comme ils furent presque toujours funestes à leurs auteurs, ils ne se renouvelèrent que rarement dans la suite. Alors les liens les plus respectables furent brisés; les yeux, près de se fermer, ne virent de toutes parts qu'une solitude profonde [2], et la mort ne fit plus couler de larmes.

Cet endurcissement produisit une licence effrénée. La perte de tant de gens de bien, confondus dans un même tombeau avec les scélérats, le renversement de tant de fortunes devenues tout à coup le partage ou la proie des citoyens les plus obscurs, frappèrent vivement ceux qui n'avaient d'autre principe que la crainte: persuadés que les dieux ne prenaient plus d'intérêt à la vertu, et que la vengeance des lois ne serait pas aussi prompte que la mort dont ils étaient menacés, ils crurent que la fragilité des choses humaines leur indiquait l'usage qu'ils en devaient faire, et que, n'ayant plus que des moments à vivre, ils devaient du moins les passer dans le sein des plaisirs [3].

Au bout de deux ans la peste parut se calmer. Pendant ce repos, on s'aperçut plus d'une fois que le germe de la contagion n'était pas détruit: il se développa dix-huit mois après; et, dans le cours d'une année entière, il ramena les mêmes scènes de deuil et d'horreur [4]. Sous l'une ou sous l'autre époque il périt un très-grand nombre de citoyens, parmi lesquels il faut compter près de cinq mille hommes en état de porter les armes.

La perte la plus irréparable fut celle de Périclès, qui, dans la troisième année de la guerre [5], mourut des suites de la maladie [6]. Quelque temps auparavant, les Athéniens, aigris par l'excès de leurs maux, l'avaient dépouillé de son autorité, et condamné à une amende: ils venaient de reconnaître leur injustice, et Périclès la leur avait pardonnée [7], quoique dégoûté du commandement par la légèreté du peuple, et par la perte de sa famille et de la plupart de ses amis que la peste avait enlevés. Près de rendre le dernier soupir, et ne donnant plus aucun signe de vie, les principaux d'Athènes, assemblés autour de son lit, soulageaient leur douleur en racontant ses victoires et le nombre de ses trophées. « Ces exploits, leur dit-il en se soulevant avec effort, sont l'ouvrage de la fortune, et me sont communs avec d'autres généraux. Le seul éloge que je mérite est de n'avoir fait prendre le deuil à aucun citoyen [8]. »

Si, conformément au plan de Périclès, les Athéniens avaient continué une guerre offensive du côté de la mer, défensive du côté de la terre [9]; si, renonçant à toute idée de conquête, ils n'avaient pas risqué le salut de l'État par des entreprises téméraires, ils auraient tôt

---

1. Plut., De Isid. et Osir., t. II, p. 383. — 2. Thucyd., lib. II, cap. LI. — 3. Id.; ibid., cap. LIII. — 4. Id., lib. III, cap. LXXXVII. — 5. L'an 429 avant J. C. vers l'automne. — 6. Thucyd., lib. II, cap. LXV. Plut. in Pericl., p. 172. — 7. Id., ibid., p. 173. — 8. Id., ibid., p. 173. — 9. Thucyd., ibid.

ou tard triomphé de leurs ennemis, parce qu'ils leur faisaient en détail plus de mal qu'ils n'en recevaient; parce que la ligue dont ils étaient les chefs leur était presque entièrement subordonnée; tandis que celle du Péloponèse, composée de nations indépendantes, pouvait à tout moment se dissoudre: mais Périclès mourut, et fut remplacé par Cléon.

C'était un homme sans naissance, sans véritable talent, mais vain, audacieux, emporté [1], et par là même agréable à la multitude. Il se l'était attachée par ses largesses; il la retenait en lui inspirant une grande idée de la puissance d'Athènes, un souverain mépris pour celle de Lacédémone [2]. Ce fut lui qui rassembla un jour ses amis, et leur déclara qu'étant sur le point d'administrer les affaires publiques, il renonçait à des liaisons qui l'engageraient peut-être à commettre quelque injustice [3]. Il n'en fut pas moins le plus avide et le plus injuste des hommes.

Les citoyens honnêtes lui opposèrent Nicias, un des premiers et des plus riches particuliers d'Athènes, qui avait commandé les armées, et remporté plusieurs avantages. Il intéressa la multitude par des fêtes et par des libéralités [4]; mais, comme il se méfiait de lui-même et des événements [5], et que ses succès n'avaient servi qu'à le rendre plus timide, il obtint de la considération, et jamais la supériorité du crédit. La raison parlait froidement par sa bouche, tandis que le peuple avait besoin de fortes émotions, et que Cléon les excitait par ses déclamations, par ses cris et ses gestes forcenés [6].

Il réussit par hasard dans une entreprise que Nicias avait refusé d'exécuter: dès ce moment les Athéniens, qui s'étaient moqués de leur choix, se livrèrent à ses conseils avec plus de confiance. Ils rejetèrent les propositions de paix que faisaient les ennemis [7], et le mirent à la tête des troupes qu'ils envoyaient en Thrace pour arrêter les progrès de Brasidas, le plus habile général de Lacédémone. Il s'y attira le mépris des deux armées, et, s'étant approché de l'ennemi sans précaution, il se laissa surprendre, fut des premiers à prendre la fuite, et perdit la vie [8].

Après sa mort, Nicias ne trouvant plus d'obstacle à la paix, entama des négociations, bientôt suivies d'une alliance offensive et défensive [9], qui devait pendant cinquante ans unir étroitement les Athéniens et les Lacédémoniens [10]. Les conditions du traité les remettaient au même point où ils se trouvaient au commencement de la guerre. Il s'était cependant écoulé plus de dix ans depuis cette époque, et les deux nations s'étaient inutilement affaiblies.

Elles se flattaient de goûter enfin les douceurs du repos; mais leur alliance occasionna de nouvelles ligues et de nouvelles divisions. Plusieurs des alliés de Lacédémone se plaignirent de n'avoir pas été com-

---

1. Thucyd., lib. III, cap. xxxvi. Plut., in Nic., t. I, p. 524. — 2. Thucyd., lib. IV, cap. xxviii. — 3. Plut., An seni, etc., t. II, p. 806. — 4. Id., in Nic., p. 524. — 5. Thucyd., lib. V, cap. xvi. — 6. Plut., ibid., t. I, p. 528. — 7. Schol. Aristoph., in pac., v. 647 et 664. — 8. Thucyd., ibid., cap. x. — 9. L'an 421 avant J. C. — 10. Thucyd., ibid., cap. xvii et xviii, etc.

pris dans le traité; et s'étant unis avec les Argiens, qui jusqu'alors étaient restés neutres, ils se déclarèrent contre les Lacédémoniens. D'un autre côté, les Athéniens et les Lacédémoniens s'accusaient réciproquement de n'avoir pas rempli les articles du traité : de là les mésintelligences et les hostilités. Ce ne fut cependant qu'au bout de six ans et dix mois[1] qu'ils en vinrent à une rupture ouverte[2], rupture dont le prétexte fut très-frivole, et qu'on aurait facilement prévenue si la guerre n'avait pas été nécessaire à l'élévation d'Alcibiade.

Des historiens ont flétri la mémoire de cet Athénien; d'autres l'ont relevée par des éloges, sans qu'on puisse les accuser d'injustice ou de partialité[3]. Il semble que la nature avait essayé de réunir en lui tout ce qu'elle peut produire de plus fort en vices et en vertus[4]. Nous le considérerons ici par rapport à l'État dont il accéléra la ruine; et plus bas, dans ses relations avec la société qu'il acheva de corrompre.

Une origine illustre, des richesses considérables, la figure la plus distinguée, les grâces les plus séduisantes, un esprit facile et étendu, l'honneur enfin d'appartenir à Périclès; tels furent les avantages qui éblouirent d'abord les Athéniens, et dont il fut ébloui le premier[5].

Dans un âge où l'on n'a besoin que d'indulgence et de conseils, il eut une cour et des flatteurs : il étonna ses maîtres par sa docilité, et les Athéniens par la licence de sa conduite. Socrate, qui prévit de bonne heure que ce jeune homme serait le plus dangereux des citoyens d'Athènes, s'il n'en devenait le plus utile, rechercha son amitié, l'obtint à force de soins, et ne la perdit jamais[6] : il entreprit de modérer cette vanité qui ne pouvait souffrir dans le monde ni de supérieur ni d'égal; et tel était, dans ces occasions, le pouvoir de la raison ou de la vertu, que le disciple pleurait sur ses erreurs, et se laissait humilier sans se plaindre[7].

Quand il entra dans la carrière des honneurs, il voulut devoir ses succès, moins à l'éclat de sa magnificence et de ses libéralités qu'aux attraits de son éloquence[8] : il parut à la tribune. Un léger défaut de prononciation prêtait à ses paroles les grâces naïves de l'enfance[9]; et, quoiqu'il hésitât quelquefois pour trouver le mot propre, il fut regardé comme un des plus grands orateurs d'Athènes[10]. Il avait déjà donné des preuves de sa valeur; et, d'après ses premières campagnes, on augura qu'il serait un jour le plus habile général de la Grèce. Je ne parlerai point de sa douceur, de son affabilité, ni de tant d'autres qualités qui concoururent à le rendre le plus aimable des hommes.

Il ne fallait pas chercher dans son cœur l'élévation que produit la vertu, mais on y trouvait la hardiesse[11] que donne l'instinct de la supériorité. Aucun obstacle, aucun malheur, ne pouvait ni le sur-

1. L'an 414 avant J. C. — 2. Thucyd., lib. V, cap. xxv. — 3. Nep., in Alcib., cap. xi. — 4. Id., ibid., cap. i. — 5. Plat., in Alcib., I, t. II, p. 104. Nep., in Alcib., cap. i. Diod., lib. XII, p. 130. Plut., in Alcib., etc. — 6. Plat., ibid., p. 103; id., in conv., t. III, p. 215, etc. — 7. Plut., in Alcib., t. I, p. 193 et 194. — 8. Id., ibid., p. 195. — 9. Id., ibid., p. 192. Aristoph., in Vesp., v. 44. — 10. Demosth., in Mid., p. 626. Plut., ibid., p. 196. Diod., ibid. — 11. Id., liv. XIII, p. 191.

prendre ni le décourager. Il semblait persuadé que lorsque les âmes d'un certain ordre ne font pas tout ce qu'elles veulent, c'est qu'elles n'osent pas tout ce qu'elles peuvent. Forcé par les circonstances de servir les ennemis de sa patrie, il lui fut aussi facile de gagner leur confiance par son ascendant, que de les gouverner par la sagesse de ses conseils. Il eut cela de particulier qu'il fit toujours triompher le parti qu'il favorisait, et que ses nombreux exploits ne furent jamais ternis par aucun revers[1].

Dans les négociations, il employait tantôt les lumières de son esprit, qui étaient aussi vives que profondes; tantôt des ruses et des perfidies, que des raisons d'État ne peuvent jamais autoriser[2]; d'autres fois, la facilité d'un caractère que le besoin de dominer ou le désir de plaire pliait sans efforts aux conjonctures. Chez tous les peuples, il s'attira les regards et maîtrisa l'opinion publique. Les Spartiates furent étonnés de sa frugalité; les Thraces, de son intempérance; les Béotiens, de son amour pour les exercices les plus violents; les Ioniens, de son goût pour la paresse et la volupté; les satrapes de l'Asie, d'un luxe qu'ils ne pouvaient égaler[3]. Il se fût montré le plus vertueux des hommes, s'il n'avait jamais eu l'exemple du vice; mais le vice l'entraînait sans l'asservir. Il semble que la profanation des lois et la corruption des mœurs n'étaient à ses yeux qu'une suite de victoires remportées sur les mœurs et sur les lois. On pourrait dire encore que ses défauts n'étaient que des écarts de sa vanité. Les traits de légèreté, de frivolité, d'imprudence, échappés à sa jeunesse ou à son oisiveté, disparaissaient dans les occasions qui demandaient de la réflexion et de la constance; alors il joignait la prudence à l'activité[4], et les plaisirs ne lui dérobaient aucun des instants qu'il devait à sa gloire ou à ses intérêts.

Sa vanité aurait tôt ou tard dégénéré en ambition; car il était impossible qu'un homme si supérieur aux autres, et si dévoré de l'envie de dominer, n'eût pas fini par exiger l'obéissance, après avoir épuisé l'admiration. Aussi fut-il toute sa vie suspect aux principaux citoyens, dont les uns redoutaient ses talents, les autres ses excès[5], et tour à tour adoré, craint, et haï du peuple qui ne pouvait se passer de lui[6]; et comme les sentiments dont il était l'objet devenaient des passions violentes, ce fut avec des convulsions de joie ou de fureur que les Athéniens l'élevèrent aux honneurs, le condamnèrent à mort, le rappelèrent, et le proscrivirent une seconde fois.

Un jour qu'il avait, du haut de la tribune, enlevé les suffrages du public, et qu'il revenait chez lui escorté de toute l'assemblée, Timon, surnommé le Misanthrope, le rencontra, et, lui serrant la main : « Courage, mon fils, lui dit-il; continue de t'agrandir, et je te devrai la perte des Athéniens[7]. »

Dans un autre moment d'ivresse, le petit peuple proposait de rétablir

---

1. Plut., in Coriol., t. I, p. 233. Nep., in Alcib., cap. vi. — 2. Thucyd., lib. V, cap. XLV; lib. VIII, cap. LXXXII. Plut., in Alcib., p. 198. — 3. Id., ibid., p. 203. Nep., in Alcib., cap. XI. — 4. Plut., ibid., p. 211. Nep., ibid., cap. I. — 5. Thucyd., lib. VI, cap. XV. Plut., ibid., p. 198. — 6. Aristoph., in Ran., v. 1479. — 7. Justin., lib. V, cap. IV. — Plut., ibid., p. 199.

la royauté en sa faveur[1]; mais comme il ne se serait pas contenté de n'être qu'un roi, ce n'était pas la petite souveraineté d'Athènes qui lui convenait, c'était un vaste empire qui le mît en état d'en conquérir d'autres.

Né dans une république, il devait l'élever au-dessus d'elle-même avant que de la mettre à ses pieds. C'est là, sans doute, le secret des brillantes entreprises dans lesquelles il entraîna les Athéniens. Avec eurs soldats, il aurait soumis des peuples; et les Athéniens se seraient trouvés asservis sans s'en apercevoir.

Sa première disgrâce, en l'arrêtant presque au commencement de sa carrière, n'a laissé voir qu'une vérité : c'est que son génie et ses projets furent trop vastes pour le bonheur de sa patrie. On a dit que la Grèce ne pouvait porter deux Alcibiades[2]; on doit ajouter qu'Athènes en eut un de trop. Ce fut lui qui fit résoudre la guerre contre la Sicile.

Depuis quelque temps les Athéniens méditaient la conquête de cette île riche et puissante. Leur ambition, réprimée par Périclès, fut puissamment secondée par Alcibiade. Toutes les nuits, des songes flatteurs retraçaient à son esprit la gloire immense dont il allait se couronner : la Sicile ne devait être que le théâtre de ses premiers exploits. Il s'emparait de l'Afrique, de l'Italie, du Péloponèse. Tous les jours il entretenait de ses grands desseins cette jeunesse bouillante qui s'attachait à ses pas, et dont il gouvernait les volontés[3].

Sur ces entrefaites, la ville d'Égeste en Sicile, qui se disait opprimée par ceux de Sélinonte et de Syracuse, implora l'assistance des Athéniens dont elle était alliée; elle offrait de les indemniser de leurs frais, et leur représentait que s'ils n'arrêtaient les progrès des Syracusains, ce peuple ne tarderait pas à joindre ses troupes à celles des Lacédémoniens. La république envoya des députés en Sicile : ils firent à leur retour un rapport infidèle de l'état des choses. L'expédition fut résolue; et l'on nomma pour généraux Alcibiade, Nicias, et Lamachus. On se flattait tellement du succès, que le sénat régla d'avance le sort des différents peuples de la Sicile.

Cependant les citoyens éclairés étaient d'autant plus effrayés, qu'on n'avait alors qu'une faible idée de la grandeur, des forces, et des richesses de cette île[4]. Malgré la loi qui défend de revenir sur une décision de tous les ordres de l'État, Nicias remontrait à l'assemblée que, la république n'ayant pu terminer encore les différends suscités entre elle et les Lacédémoniens, la paix actuelle n'était qu'une suspension d'armes; que ses véritables ennemis étaient dans le Péloponèse; qu'ils n'attendaient que le départ de l'armée pour fondre sur l'Attique; que les démêlés des villes de Sicile n'avaient rien de commun avec les Athéniens; que le comble de l'extravagance était de sacrifier le salut de l'État à la vanité ou à l'intérêt d'un jeune homme, jaloux d'étaler sa magnificence aux yeux de l'armée; que de tels citoyens n'étaient faits

1. Plut., in Alcib., p. 210. — 2. Archestr. ap. Plut., in Alcib., p. 199. — 3. Plut., ibid — 4. Thucyd., lib. VI, cap. 1.

que pour ruiner l'État, en se ruinant eux-mêmes; et qu'il leur convenait aussi peu de délibérer sur de si hautes entreprises, que de les exécuter[1].

« Je vois avec frayeur, ajouta Nicias, cette nombreuse jeunesse qui l'entoure, et dont il dirige les suffrages. Respectables vieillards, je sollicite les vôtres au nom de la patrie. Et vous, magistrats, appelez de nouveau le peuple aux opinions; et si les lois vous le défendent, songez que la première des lois est de sauver l'État. »

Alcibiade, prenant la parole, représenta que les Athéniens, en protégeant les nations opprimées, étaient parvenus à ce haut point de gloire et de grandeur[2], qu'il ne leur était plus permis de se livrer à un repos trop capable d'énerver le courage des troupes; qu'ils seraient un jour assujettis, si dès à présent ils n'assujettissaient les autres; que plusieurs villes de Sicile n'étaient peuplées que de barbares ou d'étrangers insensibles à l'honneur de leur patrie, et toujours prêts à changer de maîtres; que d'autres, fatiguées de leurs divisions, attendaient l'arrivée de la flotte pour se rendre aux Athéniens, que la conquête de cette île leur faciliterait celle de la Grèce entière, qu'au moindre revers ils trouveraient un asile dans leurs vaisseaux; que le seul éclat de cette expédition étonnerait les Lacédémoniens; et que si ce peuple hasardait une irruption dans l'Attique, elle ne réussirait pas mieux que les précédentes.

Quant aux reproches qui le regardaient personnellement, il répondait que sa magnificence n'avait servi, jusqu'à ce jour, qu'à donner aux peuples de la Grèce une haute idée de la puissance des Athéniens, et qu'à lui procurer assez d'autorité à lui-même, pour détacher des nations entières de la ligue du Péloponèse. « Au surplus, disait-il, destiné à partager avec Nicias le commandement de l'armée, si ma jeunesse et mes folies vous donnent quelques alarmes, vous vous rassurerez sur le bonheur qui a toujours couronné ses entreprises[3] »

Cette réponse enflamma les Athéniens d'une nouvelle ardeur. Leur premier projet n'avait été que d'envoyer soixante galères en Sicile. Nicias, pour les en détourner par une voie indirecte, représenta qu'outre la flotte il fallait une armée de terre, et leur mit devant les yeux le tableau effrayant des préparatifs, des dépenses, et du nombre des troupes qu'exigeait une telle expédition. Alors une voix s'éleva du milieu de l'assemblée : « Nicias, il ne s'agit plus de tous ces détours; expliquez-vous nettement sur le nombre des soldats et des vaisseaux dont vous avez besoin[4]. » Nicias ayant répondu qu'il en conférerait avec les autres généraux, l'assemblée leur donna plein pouvoir de disposer de toutes les forces de la république.

Elles étaient prêtes[5], lorsque Alcibiade fut dénoncé pour avoir, avec quelques compagnons de ses débauches, mutilé pendant la nuit les statues de Mercure placées dans les différents quartiers de la ville, et

1. Thucyd., lib. VI, cap. VIII. — 2. Id., ibid., cap. XVIII. — 3. Id., ibid., cap. XVII. — 4. Id., ibid., cap. XXV. — 5. Id., ibid., cap. XXVII. Plut., in Alcib. p. 200. Nep., in Alcib., cap. III.

représenté, à l'issue d'un souper, les cérémonies des redoutables mystères d'Éleusis. Le peuple, capable de lui tout pardonner en toute autre occasion, ne respirait que la fureur et la vengeance. Alcibiade, d'abord effrayé du soulèvement des esprits, bientôt rassuré par les dispositions favorables de l'armée et de la flotte, se présente à l'assemblée; il détruit les soupçons élevés contre lui, et demande la mort s'il est coupable, une satisfaction éclatante s'il ne l'est pas. Ses ennemis font différer le jugement jusqu'après son retour, et l'obligent de partir chargé d'une accusation qui tient le glaive suspendu sur sa tête.

Le rendez-vous général, tant pour les Athéniens que pour leurs alliés, était à Corcyre[1]. C'est de là que la flotte partit, composée d'environ trois cents voiles, et se rendit à Rhégium, à l'extrémité de l'Italie[2]. Elle portait cinq mille cent hommes pesamment armés, parmi lesquels se trouvait l'élite des soldats athéniens. On y avait joint quatre cent quatre-vingts archers, sept cents frondeurs, quelques autres troupes légères, et un petit nombre de cavaliers.

Les généraux n'avaient pas exigé de plus grandes forces : Nicias ne songeait point à se rendre maître de la Sicile; Alcibiade croyait que, pour la soumettre, il suffirait d'y semer la division. L'un et l'autre manifestèrent leurs vues dans le premier conseil qu'ils tinrent avant que de commencer la campagne. Leurs instructions leur prescrivaient, en général, de régler les affaires de Sicile de la manière la plus avantageuse aux intérêts de la république : elles leur ordonnaient, en particulier, de protéger les Égestains contre ceux de Sélinonte, et, si les circonstances le permettaient, d'engager les Syracusains à rendre aux Léontains les possessions dont ils les avaient privés[3].

Nicias s'en tenait à la lettre de ce décret, et voulait, après l'avoir exécuté, ramener la flotte au Pirée[4]. Alcibiade soutenait que de si grands efforts de la part des Athéniens, devant être signalés par de grandes entreprises, il fallait envoyer des députés aux principales villes de la Sicile, les soulever contre les Syracusains, en tirer des vivres et des troupes; et, d'après l'effet de ces diverses négociations, se déterminer pour le siège de Sélinonte ou pour celui de Syracuse. Lamachus, le troisième des généraux, proposait de marcher à l'instant contre cette dernière ville, et de profiter de l'étonnement où l'avait jetée l'arrivée des Athéniens[5]. Le port de Mégare, voisin de Syracuse, contiendrait leur flotte, et la victoire opérerait une révolution dans la Sicile.

Le succès aurait peut-être justifié l'avis de Lamachus. Les Syracusains n'avaient pris aucune précaution contre l'orage qui les menaçait; ils avaient eu de la peine à se persuader que les Athéniens fussent assez insensés pour méditer la conquête d'une ville telle que Syracuse. Ils devraient s'estimer heureux, s'écriait un de leurs ora-

---

1. Thucyd., lib. VI, cap. XLII, XLIII, etc. — 2. L'an 415 avant J. C. — 3. Thucyd., ibid., cap. VIII. — 4. Id., ibid., cap. XLVII. — 5. Id., ibid., cap. XLIX.

teurs, de ce que nous n'avons jamais songé à les ranger sous nos lois[1].

Ce projet n'ayant pas été goûté des deux autres généraux, Lamachus se décida pour l'avis d'Alcibiade. Pendant que ce dernier prenait Catane par surprise, que Naxos lui ouvrait ses portes, que ses intrigues allaient forcer celles de Messine[2], et que ses espérances commençaient à se réaliser[3], on faisait partir du Pirée la galère qui devait le ramener à Athènes. Ses ennemis avaient prévalu, et le sommaient de comparaître pour répondre à l'accusation dont ils avaient jusqu'alors suspendu la poursuite. On n'osa pas l'arrêter, parce qu'on craignit le soulèvement des soldats, et la désertion des troupes alliées qui, la plupart n'étaient venues en Sicile qu'à sa prière[4]. Il avait d'abord formé le dessein d'aller confondre ses accusateurs; mais quand il fut à Thurium, ayant réfléchi sur les injustices des Athéniens, il trompa la vigilance de ses guides, et se retira dans la Péloponèse.[5]

Sa retraite répandit le découragement dans l'armée. Nicias, qui ne craignait rien quand il fallait exécuter, et tout quand il fallait entreprendre, laissait s'éteindre dans le repos, ou dans des conquêtes faciles, l'ardeur qu'Alcibiade avait excitée dans le cœur des soldats. Cependant il vit le moment où le plus brillant succès allait justifier une entreprise dont il avait toujours redouté les suites : il s'était enfin déterminé à mettre le siége devant Syracuse, et l'avait conduit avec tant d'intelligence que les habitants étaient disposés à se rendre. Déjà plusieurs peuples de Sicile et d'Italie se déclaraient en sa faveur, lorsqu'un général lacédémonien, nommé Gylippe, entra dans la place assiégée, avec quelques troupes qu'il avait amenées du Péloponèse, ou ramassées en Sicile. Nicias aurait pu l'empêcher d'aborder dans cette île : il négligea cette précaution[6]; et cette faute irréparable fut la source de tous ses malheurs. Gylippe releva le courage des Syracusains, battit les Athéniens, et les tint renfermés dans leurs retranchements.

Athènes fit partir, sous les ordres de Démosthène et d'Eurymédon, une nouvelle flotte composée d'environ soixante-treize galères, et une seconde armée, forte de cinq mille hommes pesamment armés, et de quelques troupes légères[7]. Démosthène ayant perdu deux mille hommes à l'attaque d'un poste important, et considérant que bientôt la mer ne serait plus navigable, et que les troupes dépérissaient par les maladies, proposa d'abandonner l'entreprise, ou de transporter l'armée en des lieux plus sains[8]. Sur le point de mettre à la voile, Nicias, effrayé d'une éclipse de lune qui sema la terreur dans le camp, consulta les devins, qui lui ordonnèrent d'attendre encore vingt-sept jours[9].

Avant qu'ils fussent écoulés, les Athéniens, vaincus par terre et par mer, ne pouvant rester sous les murs de Syracuse, faute de vivres, ni

---

1. Thucyd., lib. VI, cap. XXXVI. — 2. Id., ibid., cap. LI. Plut., in Alcib., p. 202. — 3. Nep. in Alcib., cap. IV. — 4. Thucyd., ibid., cap. LXI. Plut., ibid., p. 200. — 5. Id., ibid., p. 202. — 6. Thucyd., ibid., cap. 104. — 7. Id., lib. VII, cap. XLII. — 8. Id., ibid., cap. XLVII et XLIX. Justin., lib. IV, cap. V. — 9. Thucyd., ibid., cap. L.

sortir du port dont les Syracusains avaient fermé l'issue, prirent enfin le parti d'abandonner leurs camps, leurs malades, leurs vaisseaux, et de se retirer par terre dans quelque ville de Sicile : ils partirent au nombre de quarante mille hommes[1], y compris non-seulement les troupes que leur avaient fournies les peuples de Sicile et d'Italie, mais encore les chiourmes des galères, les ouvriers, et les esclaves.

Cependant ceux de Syracuse occupent les défilés des montagnes et les passages des rivières ; ils détruisent les ponts, s'emparent des hauteurs, et répandent dans la plaine divers détachements de cavalerie et de troupes légères.

Les Athéniens, harcelés, arrêtés à chaque pas, sont sans cesse exposés aux traits d'un ennemi qu'ils trouvent partout, et qu'ils ne peuvent atteindre nulle part : ils étaient soutenus par l'exemple de leurs généraux, et par les exhortations de Nicias, qui, malgré l'épuisement où l'avait réduit une longue maladie, montrait un courage supérieur au danger. Pendant huit jours entiers, ils eurent à lutter contre des obstacles toujours renaissants : mais Démosthène, qui commandait l'arrière-garde composée de six mille hommes, s'étant égaré dans sa marche, fut poussé dans un lieu resserré ; et, après des prodiges de valeur, il se rendit, à condition qu'on accorderait la vie à ses soldats, et qu'on leur épargnerait l'horreur de la prison[2].

Nicias, n'ayant pu réussir dans une négociation qu'il avait entamée, conduisit le reste de l'armée jusqu'au fleuve Asinarus[3]. Parvenus en cet endroit, la plupart des soldats, tourmentés par une soif dévorante, s'élancent confusément dans le fleuve ; les autres y sont précipités par l'ennemi : ceux qui veulent se sauver à la nage trouvent de l'autre côté des bords escarpés, et garnis de gens de traits, qui en font un massacre horrible. Huit mille hommes périrent dans cette attaque[4] ; et Nicias adressant la parole à Gylippe : « Disposez de moi, lui dit-il, comme vous le jugerez à propos ; mais sauvez du moins ces malheureux soldats. » Gylippe fit aussitôt cesser le carnage.

Les Syracusains rentrèrent dans Syracuse, suivis de sept mille prisonniers[5] qui furent jetés dans les carrières : ils y souffrirent, pendant plusieurs mois, des maux inexprimables ; beaucoup d'entre eux y périrent ; d'autres furent vendus comme esclaves. Un plus grand nombre de prisonniers était devenu la proie des officiers et des soldats : tous finirent leurs jours dans les fers, à l'exception de quelques Athéniens qui durent leur liberté aux pièces d'Euripide, que l'on connaissait alors à peine en Sicile, et dont ils récitaient les plus beaux endroits à leurs maîtres[6]. Nicias et Démosthène furent mis à mort, malgré les efforts que fit Gylippe pour leur sauver la vie[7].

Athènes, accablée d'un revers si inattendu, envisageait de plus grands malheurs encore. Ses alliés étaient près de secouer son joug ; les autres peuples conjuraient sa perte[8] ; ceux du Péloponèse s'étaient

1. Thucyd., lib. VII, cap. LXXV. — 2. Id., ibid., cap. LXXXII. — 3. Id., ibid. cap. LXXXIV. — 4. Diod., lib. XIII, p. 148. — 5. Thucyd., ibid., cap. LXXXVII. — 6. Plut., in Nic., t. I, p. 542. — 7. Thucyd., ibid., cap. LXXXVI. — 8. Id. lib. VIII, cap. II.

déjà crus autorisés par son exemple à rompre la trêve[1]. On apercevait, dans leurs opérations mieux combinées, l'esprit de vengeance et le génie supérieur qui les dirigeaient. Alcibiade jouissait à Lacédémone du crédit qu'il obtenait partout. Ce fut par ses conseils que les Lacédémoniens prirent la résolution d'envoyer du secours aux Syracusains, de recommencer leurs incursions dans l'Attique, et de fortifier, à cent vingt stades d'Athènes, le poste de Décélie, qui tenait cette ville bloquée du côté de la terre[2].

Il fallait, pour anéantir sa puissance, favoriser la révolte de ses alliés et détruire sa marine. Alcibiade se rend sur les côtes de l'Asie mineure. Chio, Milet, d'autres villes florissantes, se déclarent en faveur des Lacédémoniens[3]; il captive, par ses agréments, Tissapherne, gouverneur de Sardes[4]; et le roi de Perse s'engage à payer la flotte du Péloponèse[5].

Cette seconde guerre, conduite avec plus de régularité que la première, eût été bientôt terminée, si Alcibiade, poursuivi par Agis, roi de Lacédémone, dont il avait séduit l'épouse, et par les autres chefs de la ligue, à qui sa gloire faisait ombrage, n'eût enfin compris qu'après s'être vengé de sa patrie il ne lui restait plus qu'à la garantir d'une perte certaine[6]. Dans cette vue, il suspendit les efforts de Tissapherne et les secours de la Perse, sous prétexte qu'il était de l'intérêt du grand roi de laisser les peuples de la Grèce s'affaiblir mutuellement[7].

Les Athéniens ayant, bientôt après, révoqué le décret de son bannissement, il se met à leur tête, soumet les places de l'Hellespont[8], force un des gouverneurs du roi de Perse à signer un traité avantageux aux Athéniens[9], et Lacédémone à leur demander la paix[10]. Cette demande fut rejetée, parce que, se croyant désormais invincibles sous la conduite d'Alcibiade, ils avaient passé rapidement de la consternation la plus profonde à la plus insolente présomption. A la haine dont ils étaient animés contre ce général avaient succédé aussi vite la reconnaissance la plus outrée, l'amour le plus effréné.

Quand il revint dans sa patrie, son arrivée, son séjour, le soin qu'il prit de justifier sa conduite, furent une suite de triomphes pour lui, et de fêtes pour la multitude[11]. Quand, aux acclamations de toute la ville, on le vit sortir du Pirée avec une flotte de cent vaisseaux, on ne douta plus que la célérité de ses exploits ne forçât bientôt les peuples du Péloponèse à subir la loi du vainqueur : on attendait à tout moment l'arrivée du courrier chargé d'annoncer la destruction de l'armée ennemie, et la conquête de l'Ionie[12].

Au milieu de ces espérances flatteuses, on apprit que quinze galères athéniennes étaient tombées au pouvoir des Lacédémoniens. Le combat

1. Thucyd., lib. VII, cap. XIX. — 2. Id., lib. VI, cap. XCI. Nep., in Alcib., cap. IV. — 3. Thucyd., lib. VIII, cap. XII et XVII. — 4. Plut., in Alcib., p. 204. — 5. Thucyd., ibid., cap. V. Justin., lib. V, cap. II. — 6. Plut., ibid. — 7. Justin., ibid., cap. II. — 8. Plut., ibid., p. 206. — 9. Id., ibid., p. 208. — 10. Diod. lib. XIII, p. 177. — 11. Nep., ibid., cap. VI. Plut., ibid., p. 209. Justin., ibid., cap. IV. — 12. Plut., ibid., p. 211.

s'était donné pendant l'absence et au mépris des ordres précis d'Alcibiade, que la nécessité de lever des contributions pour la subsistance des troupes avait obligé de passer en Ionie. A la première nouvelle de cet échec, il revint sur ses pas, et alla présenter la bataille au vainqueur qui n'osa pas l'accepter[1]. Il avait réparé l'honneur d'Athènes : la perte était légère; mais elle suffisait à la jalousie de ses ennemis. Ils aigrirent le peuple, qui le dépouilla du commandement général des armées, avec le même empressement qu'il l'en avait revêtu.

La guerre continua encore pendant quelques années; elle se fit toujours par mer, et finit par la bataille d'Ægos-Potamos, que ceux du Péloponèse gagnèrent dans le détroit de l'Hellespont. Le Spartiate Lysander qui les commandait[2] surprit la flotte des Athéniens, composée de cent quatre-vingts voiles, s'en rendit maître, et fit trois mille prisonniers[3].

Alcibiade, qui depuis sa retraite s'était établi dans la contrée voisine, avait averti les généraux athéniens du danger de leur position, et du peu de discipline qui régnait parmi les soldats et les matelots. Ils méprisèrent les conseils d'un homme tombé dans la disgrâce[4].

La perte de la bataille entraîna celle d'Athènes, qui, après un siége de quelques mois, se rendit faute de vivres[5]. Plusieurs des puissances alliées proposèrent de la détruire. Lacédémone, écoutant plus sa gloire que son intérêt, refusa de mettre aux fers une nation qui avait rendu de si grands services à la Grèce[6]; mais elle condamna les Athéniens, non-seulement à démolir les fortifications du Pirée, ainsi que la longue muraille qui joint le port à la ville, mais encore à livrer leurs galères à l'exception de douze; à rappeler leurs bannis; à retirer leurs garnisons des villes dont ils s'étaient emparés; à faire une ligue offensive et défensive avec les Lacédémoniens; à les suivre par terre et par mer, dès qu'ils en auraient reçu l'ordre[7].

Les murailles furent abattues au son des instruments, comme si la Grèce avait recouvré sa liberté[8]; et, quelques mois après, le vainqueur permit au peuple d'élire trente magistrats qui devaient établir une autre forme de gouvernement, et qui finirent par usurper l'autorité[9][10].

Ils sévirent d'abord contre quantité de délateurs odieux aux gens de bien, ensuite contre leurs ennemis particuliers, bientôt après contre ceux dont ils voulaient envahir les richesses. Des troupes lacédémoniennes qu'ils avaient obtenues de Lysander, trois mille citoyens qu'ils étaient associés pour affermir leur puissance[11], protégeaient ouvertement leurs injustices. La nation désarmée tomba tout à coup dans une extrême servitude : l'exil, les fers, la mort, étaient le partage de ceux qui se déclaraient contre la tyrannie, ou qui semblaient la condamner

---

1. Plut., in Alcib., p. 211. Xenoph., Hist. græc., lib. I, p. 442. — 2. Xenoph., lib. II, p. 455 et 457. Plut., in Lys., t. I, p. 440. — 3. L'an 405 avant J. C. — 4. Xenoph., ibid., p. 456. Plut., in Alcib., t. I, p. 212. Nep., in Alcib., cap. VIII. — 5. Vers la fin d'avril de l'an 404 avant J. C. — 6. Xenoph., ibid., p. 460. Isocr., De pac., t. I, p. 399. Andoc., De pac., p. 26. — 7. Xenoph., ibid. Diod., lib. III, p. 226. — 8. Xenoph., ibid. Plut., in Lys., p. 441. — 9. Lys., in Eratosth., p. 192. Xenoph., ibid., p. 461. Diod., lib. XIV, p. 236. — 10. Vers l'été de l'an 404 avant J. C. — 11. Lys., ibid., p. 227. Xenoph., ibid., p. 463.

par leur silence. Elle ne subsista que pendant huit mois[1]; et dans ce court espace de temps plus de quinze cents citoyens furent indignement massacrés, et privés des honneurs funèbres[2]; la plupart abandonnèrent une ville où les victimes et les témoins de l'oppression n'osaient faire entendre une plainte; car il fallait que la douleur fût muette, et que la pitié parût indifférente.

Socrate fut le seul qui ne se laissa point ébranler par l'iniquité des temps; il osa consoler les malheureux, et résister aux ordres des tyrans[3]. Mais ce n'était point sa vertu qui les alarmait : ils redoutaient, à plus juste titre, le génie d'Alcibiade dont ils épiaient les démarches.

Il était alors dans une bourgade de Phrygie, dans le gouvernement de Pharnabaze, dont il avait reçu des marques de distinction et d'amitié. Instruit des levées que le jeune Cyrus faisait dans l'Asie Mineure, il en avait conclu que ce prince méditait une expédition contre Artaxerxès son frère : il comptait, en conséquence, se rendre auprès du roi de Perse, l'avertir du danger qui le menaçait, et en obtenir des secours pour délivrer sa patrie : mais tout à coup des assassins, envoyés par le satrape, entourent sa maison, et, n'ayant pas la hardiesse de l'attaquer, y mettent le feu. Alcibiade s'élance, l'épée à la main, à travers les flammes, écarte les barbares, et tombe sous une grêle de traits[4] : il était alors âgé de quarante ans. Sa mort est une tache pour Lacédémone, s'il est vrai que les magistrats, partageant les craintes des tyrans d'Athènes, aient engagé Pharnabaze à commettre ce lâche attentat. Mais d'autres prétendent qu'il s'y porta de lui-même, et pour des intérêts particuliers[5].

La gloire de sauver Athènes était réservée à Thrasybule. Ce généreux citoyen, placé, par son mérite, à la tête de ceux qui avaient pris la fuite, et sourd aux propositions que lui firent les tyrans de l'associer à leur puissance, s'empara du Pirée, et appela le peuple à la liberté[6]. Quelques-uns des tyrans périrent les armes à la main; d'autres furent condamnés à perdre la vie. Une amnistie générale rapprocha les deux partis; et ramena la tranquillité dans Athènes[7].

Quelques années après, elle secoua le joug de Lacédémone, rétablit la démocratie, et accepta le traité de paix que le Spartiate Antalcidas conclut avec Artaxerxès[8]. Par ce traité, que les circonstances rendaient nécessaire, les colonies grecques de l'Asie Mineure et quelques îles voisines furent abandonnées à la Perse : les autres peuples de la Grèce recouvrèrent leurs lois et leur indépendance[9]; mais ils sont restés dans un état de faiblesse dont il ne se relèveront peut-être jamais. Ainsi furent terminés les différends qui avaient occasionné la guerre des Mèdes et celle du Péloponèse.

1. Corsin., Fast. att., t. III, p. 264. — 2. Isocr. Areopag., t. I, p. 345. Demosth., in Timocr., p. 782. Æschin., in Ctesiph., p. 466. — 3. Xenoph., Mémor., p. 716. Diod., lib. XIV, p. 237. Senec., De tranquill. anim., cap. III. — 4. Plut., in Alcib., t. I, p. 212 et 213. Nep., in Alcib., cap. X. — 5. Ephor., ap. Diod., ibid., p. 242. — 6. Xenoph., Hist. græc., lib. II, p. 472. — 7. Id., ibid., p. 479. — 8. L'an 387 avant J. C. — 9. Xenoph., ibid., lib. V, p. 549. Isocr., De pac., t. I, p. 368. Plut., in Ages., p. 608. Diod., lib. XIV, p. 319.

L'essai historique que je viens de donner finit à la prise d'Athènes. Dans la relation de mon voyage, je rapporterai les principaux événements qui se sont passés depuis cette époque jusqu'à mon départ de Scythie : je vais maintenant hasarder quelques remarques sur le siècle de Périclès.

Au commencement de la guerre du Péloponèse, les Athéniens durent être extrêmement surpris de se trouver si différents de leurs pères. Tout ce que, pour la conservation des mœurs, les siècles précédents avaient accumulé de lois, d'institutions, de maximes, et d'exemples, quelques années avaient suffi pour en détruire l'autorité. Jamais il ne fut prouvé, d'une manière plus terrible, que les grands succès sont aussi dangereux pour les vainqueurs que pour les vaincus.

J'ai indiqué plus haut les funestes effets que produisirent sur les Athéniens leurs conquêtes, et l'état florissant de leur marine et de leur commerce. On les vit tout à coup étendre les domaines de la république, et transporter dans son sein les dépouilles des nations alliées et soumises : de là les progrès successifs d'un luxe ruineux, et le désir insatiable des fêtes et des spectacles. Comme le gouvernement s'abandonnait au délire d'un orgueil qui se croyait tout permis, parce qu'il pouvait tout oser, les particuliers, à son exemple, secouaient toutes les espèces de contrainte qu'imposent la nature et la société.

Bientôt le mérite n'obtint que l'estime ; la considération fut réservée pour le crédit : toutes les passions se dirigèrent vers l'intérêt personnel, et toutes les sources de corruption se répandirent avec profusion dans l'État. L'amour, qui auparavant se couvrait des voiles de l'hymen et de la pudeur, brûla ouvertement de feux illégitimes. Les courtisanes se multiplièrent dans l'Attique et dans toute la Grèce[1]. Il en vint de l'Ionie, de ce beau climat où l'art de la volupté a pris naissance. Les unes s'attachaient plusieurs adorateurs qu'elles aimaient sans rivalité, d'autres, se bornant à une seule conquête[2], parvinrent, par une apparence de régularité, à s'attirer des égards et des éloges de la part de ce public facile, qui leur faisait un mérite d'être fidèles à leurs engagements.

Périclès, témoin de l'abus, n'essaya point de le corriger. Plus il était sévère dans ses mœurs, plus il songeait à corrompre celles des Athéniens, qu'il amollissait par une succession rapide de fêtes et de jeux[3].

La célèbre Aspasie, née à Milet en Ionie, seconda les vues de Périclès, dont elle fut successivement la maîtresse et l'épouse. Elle eut sur lui un tel ascendant, qu'on l'accusa d'avoir plus d'une fois suscité la guerre pour venger ses injures personnelles[4]. Elle osa former une société de courtisanes, dont les attraits et les faveurs devaient attacher les jeunes Athéniens[5] aux intérêts de leur fondatrice. Quelques années

---

1. Athen., lib. XIII, p. 569. — 2. Terent., in Heautontim., act. II, scen. III. — 3. Plut., in Pericl., t. I, p. 158. — 4. Aristoph., in Acharn., act. II, scen. V, v. 527. Plut., ibid., p. 165 et 168. — 5. Id., ibid., p. 165.

auparavant toute la ville se fût soulevée à la seule idée d'un pareil projet : lors de son exécution, il excita quelques murmures. Les poëtes comiques se déchaînèrent contre Aspasie [1]; mais elle n'en rassembla pas moins dans sa maison la meilleure compagnie d'Athènes.

Périclès autorisa la licence, Aspasie l'étendit, Alcibiade la rendit aimable : sa vie fut tachée de toutes les dissolutions ; mais elles étaient accompagnées de tant de qualités brillantes, et si souvent mêlées d'actions honnêtes, que la censure publique ne savait où se fixer [2]. D'ailleurs, comment résister à l'attrait d'un poison que les Grâces elles-mêmes semblaient distribuer ? Comment condamner un homme à qui il ne manquait rien pour plaire, et qui ne manquait à rien pour séduire ; qui était le premier à se condamner ; qui réparait les moindres offenses par des attentions si touchantes, et semblait moins commettre des fautes que les laisser échapper ? Aussi s'accoutuma-t-on à les placer au rang de ces jeux ou de ces écarts qui disparaissent avec la fougue de l'âge [3]; et comme l'indulgence pour le vice est une conspiration contre la vertu, il arriva qu'à l'exception d'un petit nombre de citoyens attachés aux anciennes maximes [4], la nation entraînée par les charmes d'Alcibiade, fut complice de ses égarements, et qu'à force de les excuser, elle finit par en prendre la défense.

Les jeunes Athéniens arrêtaient leurs yeux sur ce dangereux modèle ; et n'en pouvant imiter les beautés, ils croyaient en approcher en copiant et surtout en chargeant ses défauts. Ils devinrent frivoles, parce qu'il était léger; insolents, parce qu'il était hardi; indépendants des lois, parce qu'il l'était des mœurs. Quelques-uns moins riches que lui, aussi prodigues, étalèrent un faste qui les couvrit de ridicule [5], et qui ruina leurs familles : ils transmirent ces désordres à leurs descendants, et l'influence d'Alcibiade subsista longtemps après sa mort.

Un citoyen judicieux observe [6] que la guerre modifie les mœurs d'un peuple et les aigrit à proportion des maux qu'il éprouve. Celle du Péloponèse fut si longue, les Athéniens essuyèrent tant de revers que leur caractère en fut sensiblement altéré. Leur vengeance n'était pas satisfaite, si elle ne surpassait l'offense. Plus d'une fois ils lancèrent des décrets de mort contre les insulaires qui abandonnaient leur alliance [7]; plus d'une fois leurs généraux firent souffrir des tourments horribles aux prisonniers qui tombaient entre leurs mains [8]. Ils ne se souvenaient donc plus alors d'une ancienne institution, suivant laquelle les Grecs célébraient par des chants d'allégresse les victoires remportées sur les barbares, par des pleurs et des lamentations les avantages obtenus sur les autres Grecs [9].

L'auteur que j'ai cité observe encore, que dans le cours de cette fatale guerre il se fit un tel renversement dans les idées et dans les principes, que les mots les plus connus changèrent d'acception ; qu'on donna le nom de duperie à la bonne foi, d'adresse à la duplicité, de

---

1. Cratin. Eupol., ap. Plut., p. 165. — 2. Plut., in Alcib., p. 199. — 3. Id., ibid. — 4. Id., ibid., p. 198. — 5. Aristoph., in Nub., scen. I. — 6. Thucyd., lib. III, cap. LXXXII. — 7. Id., ibid., cap. XXXVI. — 8. Xenoph., Hist. græc., lib. II, p. 457. Plut., in Pericl., t. I, p. 166. — 9. Isocr., Paneg., t. I, p. 205.

faiblesse et de pusillanimité à la prudence et à la modération, tandis que les traits d'audace et de violence passaient pour les saillies d'une âme forte, et d'un zèle ardent pour la cause commune [1]. Une telle confusion dans le langage est peut-être un des plus effrayants symptômes de la dépravation d'un peuple. Dans d'autres temps, on porte des atteintes à la vertu : cependant c'est reconnaître encore son autorité que de lui assigner des limites ; mais quand on va jusqu'à la dépouiller de son nom, elle n'a plus de droits au trône : le vice s'en empare, et s'y tient paisiblement assis.

Ces guerres si meurtrières que les Grecs eurent à soutenir éteignirent un grand nombre de familles, accoutumées depuis plusieurs siècles à confondre leur gloire avec celle de la patrie [2]. Les étrangers et les hommes nouveaux qui les remplacèrent firent tout à coup pencher du côté du peuple la balance du pouvoir [3]. L'exemple suivant montrera jusqu'à quel excès il porta son insolence. Vers la fin de la guerre du Péloponèse, on vit un joueur de lyre, autrefois esclave, depuis citoyen par ses intrigues, et adoré de la multitude pour ses libéralités, se présenter à l'assemblée générale avec une hache à la main, et menacer impunément le premier qui opinerait pour la paix [4]. Quelques années après, Athènes fut prise par les Lacédémoniens, et ne tarda pas à succomber sous les armes du roi de Macédoine.

Telle devait être la destinée d'un État fondé sur les mœurs. Des philosophes qui remontent aux causes des grands événements, ont dit que chaque siècle porte en quelque manière dans son sein le siècle qui va le suivre. Cette métaphore hardie couvre une vérité importante, et confirmée par l'histoire d'Athènes. Le siècle des lois et des vertus prépara celui de la valeur et de la gloire : ce dernier produisit celui des conquêtes et du luxe, qui a fini par la destruction de la république.

Détournons à présent nos regards de ces scènes affligeantes, pour les porter sur des objets plus agréables et plus intéressants. Vers le temps de la guerre du Péloponèse, la nature redoubla ses efforts, et fit soudain éclore une foule de génies dans tous les genres. Athènes en produisit plusieurs : elle en vit un plus grand nombre venir chez elle briguer l'honneur de ses suffrages.

Sans parler d'un Gorgias, d'un Parménide, d'un Protagoras, et de tant d'autres sophistes éloquents qui, en semant leurs doutes dans la société, y multipliaient les idées ; Sophocle, Euripide, Aristophane, brillaient sur la scène, entourés de rivaux qui partageaient leur gloire ; l'astronome Méton calculait les mouvements des cieux, et fixait les limites de l'année ; les orateurs Antiphon, Andocide, Lysias se distinguaient dans les différents genres de l'éloquence ; Thucydide, encore frappé des applaudissements qu'avait reçus Hérodote lorsqu'il lut son histoire aux Athéniens, se préparait à en mériter de semblables ; Socrate transmettait une doctrine sublime à des disciples dont plusieurs ont fondé des écoles ; d'habiles généraux faisaient triompher les armes

---

1. Thucyd., lib. III, cap. LXXXII. — 2. Isocr., De pac., t. I, p. 404. — 3. Aristot., De rep., lib. V, cap. III, t. II, p. 389. — 4. Æschin., De fals. leg., p. 407.

de la république; les plus superbes édifices s'élevaient sur les dessins des plus savants architectes; les pinceaux de Polygnote, des Parrhasius et de Zeuxis, les ciseaux de Phidias et d'Alcamène, décoraient à l'envi les temples, les portiques et les places publiques. Tous ces grands hommes, tous ceux qui florissaient dans d'autres cantons de la Grèce, se reproduisaient dans des élèves dignes de les remplacer; et il était aisé de voir que le siècle le plus corrompu serait bientôt le plus éclairé des siècles.

Ainsi, pendant que les différents peuples de cette contrée étaient menacés de perdre l'empire des mers et de la terre, une classe paisible de citoyens travaillait à lui assurer pour jamais l'empire de l'esprit. Ils construisaient, en l'honneur de leur nation, un temple dont les fondements avaient été posés dans le siècle antérieur, et qui devait résister à l'effort des siècles suivants. Les sciences s'annonçaient tous les jours par de nouvelles lumières, et les arts par de nouveaux progrès: la poésie n'augmentait pas son éclat; mais, en le conservant, elle l'employait, par préférence, à orner la tragédie et la comédie, portées tout à coup à leur perfection: l'histoire, assujettie aux lois de la critique, rejetait le merveilleux, discutait les faits[1], et devenait une leçon puissante que le passé donnait à l'avenir. A mesure que l'édifice s'élevait, on voyait au loin des champs à défricher, d'autres qui attendaient une meilleure culture. Les règles de la logique et de la rhétorique, les abstractions de la métaphysique, les maximes de la morale, furent développées dans des ouvrages qui réunissaient à la régularité des plans la justesse des idées et l'élégance du style.

La Grèce dut en partie ces avantages à l'influence de la philosophie, qui sortit de l'obscurité après les victoires remportées sur les Perses. Zénon y parut, et les Athéniens s'exercèrent aux subtilités de l'école d'Élée. Anaxagore leur apporta les lumières de celle de Thalès; et quelques-uns furent persuadés que les éclipses, les monstres, et les divers écarts de la nature, ne devaient plus être mis au rang des prodiges; mais ils étaient obligés de se le dire en confidence[2]; car le peuple, accoutumé à regarder certains phénomènes comme des avertissements du ciel, sévissait contre les philosophes qui voulaient lui ôter des mains cette branche de superstition. Persécutés, bannis, ils apprirent que la vérité, pour être admise parmi les hommes, ne doit pas se présenter à visage découvert, mais se glisser furtivement à la suite de l'erreur.

Les arts, ne trouvant point de préjugés populaires à combattre, prirent tout à coup leur essor. Le temple de Jupiter, commencé sous Pisistrate, celui de Thésée, construit sous Cimon, offraient aux architectes des modèles à suivre; mais les tableaux et les statues qui existaient ne présentaient aux peintres et aux sculpteurs que des essais à perfectionner.

Quelques années avant la guerre du Péloponèse, Panénus, frère de

---

1. Thucyd., lib. I, cap. XX et XXI. — 2. Plut., in Pericl., t. I, p. 154; id., in Nic., p. 538.

Phidias, peignit dans un portique d'Athènes la bataille de Marathon; et la surprise des spectateurs fut extrême, lorsqu'ils crurent reconnaître dans ces tableaux les chefs des deux armées [1]. Il surpassa ceux qui l'avaient devancé, et fut presque dans l'instant même effacé par Polygnote de Thasos, Apollodore d'Athènes, Zeuxis d'Héraclée et Parrhasius d'Éphèse.

Polygnote fut le premier qui varia les mouvements du visage, et s'écarta de la manière sèche et servile de ses prédécesseurs [2]; le premier encore qui embellit les figures de femmes, et les revêtit de robes brillantes et légères. Ses personnages portent l'empreinte de la beauté morale dont l'idée était profondément gravée dans son âme [3]. On ne doit pas le blâmer de n'avoir pas assez diversifié le ton de sa couleur [4] : c'était le défaut de l'art, qui ne faisait pour ainsi dire que de naître.

Apollodore eut pour cette partie les ressources qui manquèrent à Polygnote : il fit un heureux mélange des ombres et des lumières. Zeuxis aussitôt perfectionna cette découverte; et Apollodore, voulant constater sa gloire, releva celle de son rival; il dit dans une pièce de poésie qu'il publia : « J'avais trouvé, pour la distribution des ombres, des secrets inconnus jusqu'à nous; on me les a ravis. L'art est entre les mains de Zeuxis [5]. »

Ce dernier étudiait la nature [6] avec le même soin qu'il terminait ses ouvrages [7]; ils étincèlent de beautés. Dans son tableau de Pénélope, il semble avoir peint les mœurs et le caractère de cette princesse [8]; mais, en général, il a moins réussi dans cette partie que Polygnote [9].

Zeuxis accéléra les progrès de l'art par la beauté de son coloris; Parrhasius son émule, par la pureté du trait et la correction du dessin [10]. Il posséda la science des proportions; celles qu'il donna aux dieux et aux héros parurent si convenables que les artistes n'hésitèrent pas à les adopter, et lui décernèrent le nom de législateur [11]. D'autres titres durent exciter leur admiration : il fit voir, pour la première fois, des airs de têtes très-piquants, des bouches embellies par les grâces, et des cheveux traités avec légèreté [12].

A ces deux artistes succédèrent Timanthe, dont les ouvrages, faisant plus entendre qu'ils n'expriment, décèlent le grand artiste, et encore plus l'homme d'esprit [13]; Pamphile, qui s'acquit tant d'autorité par son mérite, qu'il fit établir dans plusieurs villes de la Grèce des écoles de dessin, interdites aux esclaves [14]; Euphranor, qui, toujours égal à lui-même, se distingua dans toutes les parties de la peinture [15]. J'ai connu

---

1. Plin., lib. XXXV, cap. VIII, t. II, p. 690. Pausan., lib. V, cap. XI, p. 402. — 2. Plin., ibid., cap. IX, p. 691. Mém. de l'Acad. des bell. lett., t. XXXV, p. 194 et 271. — 3. Aristot., de rep., lib. VIII, cap. V, t. II, p. 455; id., De poet., cap. II, t. II, p. 653. — 4. Quintil., lib. XII, cap. X, p. 743. — 5. Plut., de glor. Athen., t. II, p. 346. Plin., ibid. Mém. de l'Acad. des bell. lettr., t. XXV, p. 195. — 6. Cicer., De invent., lib. II, cap. I, t. I, p. 75. Dionys. Halic., Vet. script. cens., cap. I, t. V, p. 417. Plin., ibid. — 7. Plut., in Pericl., t. I, p. 159. — 8. Plin., ibid. — 9. Aristot., De poet., cap. VI, t. II, p. 657. — 10. Quintil., ibid., p. 744. Plin., ibid. — 11. Quintil., ibid. — 12. Plin., ibid. Mém. de l'Acad., t. XIX, p. 266; t. XXV, p. 163. — 13. Plin., ibid., p. 694. — 14. Id., ibid. — 15. Id., ibid., cap. XI, p. 703.

quelques-uns de ces artistes; et j'ai appris depuis qu'un élève que j'avais vu chez Pamphile, et qui se nomme Apelles, les avait tous surpassés.

Les succès de la sculpture ne furent pas moins surprenants que ceux de la peinture. Il suffit pour le prouver, de citer en particulier les noms de Phidias, de Polyclète, d'Alcamène, de Scopas, de Praxitèle. Le premier vivait du temps de Périclès : j'ai eu des liaisons avec le dernier. Ainsi, dans l'espace de moins d'un siècle, cet art est parvenu à un tel degré d'excellence, que les anciens auraient maintenant à rougir de leurs productions et de leur célébrité [1].

Si, à ces diverses générations de talents, nous ajoutons celles qui les précédèrent, en remontant depuis Périclès jusqu'à Thalès, le plus ancien des philosophes de la Grèce, nous trouverons que l'esprit humain a plus acquis dans l'espace d'environ deux cents ans, que dans la longue suite des siècles antérieurs. Quelle main puissante lui imprima tout à coup et lui a conservé jusqu'à nos jours un mouvement si fécond et si rapide?

Je pense que de temps en temps, peut-être même à chaque génération, la nature répand sur la terre un certain nombre de talents qui restent ensevelis lorsque rien ne contribue à les développer, et qui s'éveillent comme d'un profond sommeil lorsque l'un d'entre eux ouvre par hasard une nouvelle carrière. Ceux qui s'y précipitent les premiers se partagent pour ainsi dire les provinces de ce nouvel empire : leurs successeurs ont le mérite de les cultiver, et de leur donner des lois : mais il est un terme aux lumières de l'esprit humain, comme il en est un aux entreprises des conquérants et des voyageurs. Les grandes découvertes immortalisent ceux qui les ont faites et ceux qui les ont perfectionnées; dans la suite, les hommes de génie n'ayant plus les mêmes ressources, n'ont plus les mêmes succès, et sont presque relégués dans la classe des hommes ordinaires.

A cette cause générale, il faut en joindre plusieurs particulières. Au commencement de la grande révolution dont je parle, le philosophe Phérécyde de Scyros, les historiens Cadmus et Hécatée de Milet, introduisirent dans leurs écrits l'usage de la prose [2] plus propre que celui de la poésie au commerce des idées. Vers le même temps, Thalès, Pythagore et d'autres Grecs, rapportèrent d'Égypte, et de quelques régions orientales, des connaissances qu'ils transmirent à leurs disciples. Pendant qu'elles germaient en silence dans les écoles établies en Sicile, en Italie et sur les côtes de l'Asie, tout concourait au développement des arts.

Ceux qui dépendent de l'imagination, sont spécialement destinés, parmi les Grecs, à l'embellissement des fêtes et des temples; ils le sont encore à célébrer les exploits des nations, et les noms des vainqueurs aux jeux solennels de la Grèce. Dispensateurs de la gloire qu'ils partagent, ils trouvèrent dans les années qui suivirent la guerre des Perses plus d'occasions de s'exercer qu'auparavant.

---

1. Plat., in Hipp. maj., t. III, p. 282. — 2. Plin., lib. V, cap. xxix, t I, p. 278; lib. VII, p. 417. Strab., lib. I, p. 18. Suid., in Φερεκύδ.

La Grèce, après avoir joui pendant quelque temps d'une prospérité qui augmenta sa puissance [1], fut livrée à des dissensions qui donnèrent une activité surprenante à tous les esprits. On vit à la fois se multiplier dans son sein les guerres et les victoires, les richesses et le faste, les artistes et les monuments. Les fêtes devinrent plus brillantes, les spectacles plus communs; les temples se couvrirent de peintures; les environs de Delphes et d'Olympie, de statues. Au moindre succès, la piété, ou plutôt la vanité nationale, payait un tribut à l'industrie, excitée d'ailleurs par une institution qui tournait à l'avantage des arts. Fallait-il décorer une place, un édifice public, plusieurs artistes traitaient le même sujet : ils exposaient leurs ouvrages ou leurs plans, et la préférence était accordée à celui qui réunissait en plus grand nombre les suffrages du public [2]. Des concours plus solennels en faveur de la peinture et de la musique furent établis à Delphes, à Corinthe, à Athènes, et en d'autres lieux. Les villes de la Grèce, qui n'avaient connu que la rivalité des armes, connurent celle des talents : la plupart prirent une nouvelle face, à l'exemple d'Athènes qui les surpassa toutes en magnificence.

Périclès, voulant occuper un peuple [3] redoutable à ses chefs dans les loisirs de la paix, résolut de consacrer à l'embellissement de la ville une grande partie des contributions que fournissaient les alliés pour soutenir la guerre contre les Perses, et qu'on avait tenues jusqu'alors en réserve dans la citadelle. Il représenta qu'en faisant circuler ces richesses, elles procureraient à la nation l'abondance dans le moment, et une gloire immortelle pour l'avenir [4]. Aussitôt les manufactures, les ateliers, les places publiques, se remplirent d'une infinité d'ouvriers et de manœuvres, dont les travaux étaient dirigés par des artistes intelligents, d'après les dessins de Phidias. Ces ouvrages, qu'une grande puissance n'aurait osé entreprendre, et dont l'exécution semblait exiger un long espace de temps, furent achevés par une petite république dans l'espace de quelques années, sous l'administration d'un seul homme, sans qu'une si étonnante diligence nuisît à leur élégance ou à leur solidité. Ils coûtèrent environ trois mille talents [5].

Pendant qu'on y travaillait, les ennemis de Périclès lui reprochèrent de dissiper les finances de l'Etat. « Pensez-vous, dit-il un jour à l'assemblée générale, que la dépense soit trop forte? » Beaucoup trop, répondit-on. « Eh bien! reprit-il, elle roulera tout entière sur mon compte, et j'inscrirai mon nom sur ces monuments. — Non, non, s'écria le peuple : qu'ils soient construits aux dépens du trésor, et n'épargnez rien pour les achever [6]. »

Le goût des arts commençait à s'introduire parmi un petit nombre de citoyens; celui des tableaux et des statues, chez les gens riches. La multitude juge de la force d'un État par la magnificence qu'il étale

---

1. Diod., lib. XII, p. 72. — 2. Plin., lib. XXXVI, cap. v, t. II, p. 725. — 3. Plut., in Pericl., t. I, p. 158. — 4. Id., ibid., p. 159. — 5. Thucyd., lib. II, cap. XIII. Voy. la note VIII à la fin du volume. — 6. Plut., ibid., p. 160.

De là cette considération pour les artistes qui se distinguaient par d'heureuses hardiesses. On en vit qui travaillèrent gratuitement pour la république, et on leur décerna des honneurs [1]; d'autres qui s'enrichirent, soit en formant des élèves [2], soit en exigeant un tribut de ceux qui venaient dans leur atelier admirer les chefs-d'œuvre sortis de leurs mains [3]. Quelques-uns, enorgueillis de l'approbation générale, trouvèrent une récompense plus flatteuse encore dans le sentiment de leur supériorité, et dans l'hommage qu'ils rendaient eux-mêmes à leurs propres talents : ils ne rougissaient pas de mettre sur leurs tableaux : « Il sera plus aisé de le censurer que de l'imiter [4]. » Zeuxis parvint à une si grande opulence, que sur la fin de ses jours il faisait présent de ses tableaux, sous prétexte que personne n'était en état de les payer [5]. Parrhasius avait une telle opinion de lui-même, qu'il se donnait une origine céleste [6]. A l'ivresse de leur orgueil se joignait celle de l'admiration publique.

Quoique les lettres aient été cultivées de meilleure heure et avec autant de succès que les arts, on peut avancer qu'à l'exception de la poésie elles ont reçu moins d'encouragement parmi les Grecs. Ils ont montré de l'estime pour l'éloquence et pour l'histoire, parce que la première est nécessaire à la discussion de leurs intérêts, et la seconde à leur vanité; mais les autres branches de la littérature doivent leur accroissement plutôt à la vigueur du sol qu'à la protection du gouvernement. On trouve en plusieurs villes des écoles d'athlètes entretenues aux dépens du public, nulle part des établissements durables pour les exercices de l'esprit. Ce n'est que depuis quelque temps que l'étude de l'arithmétique et de la géométrie fait partie de l'éducation, et que l'on commence à n'être plus effarouché des notions de la physique.

Sous Périclès, les recherches philosophiques furent sévèrement proscrites par les Athéniens [7]; et tandis que les devins étaient quelquefois entretenus avec quelque distinction dans le Prytanée [8], les philosophes osaient à peine confier leurs dogmes à des disciples fidèles. Ils n'étaient pas mieux accueillis chez les autres peuples. Partout, objets de haine et de mépris, ils n'échappaient aux fureurs du fanatisme qu'en tenant la vérité captive; et à celles de l'envie, que par une pauvreté volontaire ou forcée. Plus tolérés aujourd'hui, ils sont encore surveillés de si près, qu'à la moindre licence la philosophie éprouverait les mêmes outrages qu'autrefois.

On peut conclure de ces réflexions, 1° que les Grecs ont toujours plus honoré les talents qui servent à leurs plaisirs que ceux qui contribuent à leur instruction; 2° que les causes physiques ont plus influé que les morales sur le progrès des lettres; les morales, plus que les physiques, sur celui des arts; 3° que les Athéniens ne sont pas fondés à s'attribuer l'origine ou du moins la perfection des arts et des

---

1. Plin., lib. XXXV, cap. IX, p. 691. Suid. et Harpocr., in Πολύγ. — 2. Plin., ibid., p. 694. — 3. Ælian., Var. hist., lib. IV, cap. XII. — 4. Plin., ibid., p. 691. Plut., De glor. Athen., t. II, p. 346. — 5. Plin., ibid. — 6. Id., ibid., p. 694. — 7. Plut., in Pericl., t. I, p. 169. — 8. Schol. Aristoph., in Nub., v. 338.

sciences[1]. Vainement se flattent-ils d'ouvrir aux nations les routes brillantes de l'immortalité[2]; la nature ne paraît pas les avoir distingués des autres Grecs dans la distribution de ses faveurs. Ils ont créé le genre dramatique; ils ont eu de célèbres orateurs, deux ou trois historiens, un très-petit nombre de peintres, de sculpteurs et d'architectes habiles : mais, dans presque tous les genres, le reste de la Grèce peut leur opposer une foule de noms illustres. Je ne sais même si le climat de l'Attique est aussi favorable aux productions de l'esprit que ceux de l'Ionie et de la Sicile.

Athènes est moins le berceau que le séjour des talents. Ses richesses la mettent en état de les employer, et ses lumières de les apprécier : l'éclat de ses fêtes, la douceur de ses lois, le nombre et le caractère facile de ses habitants, suffiraient pour fixer dans son enceinte des hommes avides de gloire, et auxquels il faut un théâtre, des rivaux et des juges.

Périclès se les attachait par la supériorité de son crédit : Aspasie, par les charmes de sa conversation; l'un et l'autre, par une estime éclairée. On ne pouvait comparer Aspasie qu'à elle-même. Les Grecs furent encore moins étonnés de sa beauté que de son éloquence, que de la profondeur et des agréments de son esprit. Socrate, Alcibiade, les gens de lettres et les artistes les plus renommés, les Athéniens et les Athéniennes les plus aimables, s'assemblaient auprès de cette femme singulière, qui parlait à tous leur langue, et qui s'attirait les regards de tous.

Cette société fut le modèle de celles qui se sont formées depuis. L'amour des lettres, des arts, et des plaisirs, qui rapproche les hommes et confond les états, fit sentir le mérite du choix dans les expressions et dans les manières. Ceux qui avaient reçu de la nature le don de plaire voulurent plaire en effet; et le désir ajouta de nouvelles grâces au talent. Bientôt on distingua le ton de la bonne compagnie. Comme il est fondé en partie sur des convenances arbitraires, et qu'il suppose de la finesse et de la tranquillité dans l'esprit, il fut longtemps à s'épurer et ne put jamais pénétrer dans toutes les conditions. Enfin la politesse, qui ne fut d'abord que l'expression de l'estime, le devint insensiblement de la dissimulation. On eut soin de prodiguer aux autres des attentions pour en obtenir de plus fortes, et de respecter leur amour-propre, pour n'être pas inquiété dans le sien.

---

1. Isocr., Paneg., t. I, p. 138. Plut., Bello ne an pace, etc., t. II, p. 345. —
2. Athen., Deipnos., lib. VI, cap. XIII, p. 250.

CHAP. I. — *Départ de Scythie. La Chersonèse taurique*[1]. *Le Pont-Euxin*[2]. *État de la Grèce, depuis la prise d'Athènes, l'an 404 avant Jésus-Christ, jusqu'au moment du Voyage. Le Bosphore de Thrace. Arrivée à Byzance*[3].

Anacharsis, Scythe de nation, fils de Toxaris, est l'auteur de cet ouvrage, qu'il adresse à ses amis. Il commence par leur exposer les motifs qui l'engagèrent à voyager.

Vous savez que je descends du sage Anacharsis, si célèbre parmi les Grecs, et si indignement traité chez les Scythes. L'histoire de sa vie et de sa mort m'inspira, dès ma plus tendre enfance, de l'estime pour la nation qui avait honoré ses vertus, et de l'éloignement pour celle qui les avait méconnues.

Ce dégoût fut augmenté par l'arrivée d'un esclave grec dont je fis l'acquisition. Il était d'une des principales familles de Thèbes en Béotie. Environ trente-six ans[4] auparavant, il avait suivi le jeune Cyrus dans l'expédition que ce prince entreprit contre son frère Artaxerxès, roi de Perse. Fait prisonnier dans un de ces combats que les Grecs furent obligés de livrer en se retirant, il changea souvent de maître, traîna ses fers chez différentes nations, et parvint aux lieux que j'habitais.

Plus je le connus, plus je sentis l'ascendant que les peuples éclairés ont sur les autres peuples. Timagène, c'était le nom du Thébain, m'attirait et m'humiliait par les charmes de sa conversation, et par la supériorité de ses lumières. L'histoire des Grecs, leurs mœurs, leur gouvernement, leurs sciences, leurs arts, leurs fêtes, leurs spectacles, étaient le sujet intarissable de nos entretiens. Je l'interrogeais, je l'écoutais avec transport : je venais d'entrer dans ma dix-huitième année; mon imagination ajoutait les plus vives couleurs à ses riches tableaux. Je n'avais vu jusqu'alors que des tentes, des troupeaux, et des déserts. Incapable désormais de supporter la vie errante que j'avais menée, et l'ignorance profonde à laquelle j'étais condamné, je résolus d'abandonner un climat où la nature se prêtait à peine aux besoins de l'homme, et une nation qui ne me paraissait avoir d'autres vertus que de ne pas connaître tous les vices.

J'ai passé les plus belles années de ma vie en Grèce, en Égypte, et en Perse; mais c'est dans le premier de ces pays que j'ai fait le plus long séjour. J'ai joui des derniers moments de sa gloire, et je ne l'ai quitté qu'après avoir vu sa liberté expirer dans la plaine de Chéronée. Pendant que je parcourais ses provinces, j'avais soin de recueillir tout ce qui méritait quelque attention. C'est d'après ce journal qu'à mon retour en Scythie j'ai mis en ordre la relation de mon voyage. Peut-être serait-elle plus exacte si le vaisseau sur lequel j'avais fait embarquer mes livres n'avait pas péri dans le Pont-Euxin.

Vous que j'eus l'avantage de connaître dans mon voyage de Perse,

1. La Crimée. — 2. La mer Noire. — 3. Constantinople. — 4. L'an 400 avant J. C.

Arsame, Phédime, illustres époux, combien de fois vos noms ont été sur le point de se mêler à mes récits ! De quel éclat ils brillaient à ma vue lorsque j'avais à peindre quelque grande qualité du cœur et de l'esprit, lorsque j'avais à parler de bienfait et de reconnaissance ! Vous avez des droits sur cet ouvrage. Je le composai en partie dans ce beau séjour dont vous faisiez le plus bel ornement ; je l'ai achevé loin de la Grèce, et toujours sous vos yeux : car le souvenir des moments passés auprès de vous ne s'efface jamais. Il fera le bonheur du reste de mes jours ; et tout ce que je désire après ma mort, c'est que, sur la pierre qui couvrira ma cendre, on grave profondément ces mots : IL OBTINT LES BONTÉS D'ARSAME ET DE PHÉDIME.

Vers la fin de la première année de la 104ᵉ olympiade [1], je partis avec Timagène, à qui je venais de rendre la liberté. Après avoir traversé de vastes solitudes, nous arrivâmes sur les bords du Tanaïs [2], près de l'endroit où il se jette dans une espèce de mer connue sous le nom de Lac ou de Palus Méotide. Là, nous étant embarqués, nous nous rendîmes à la ville de Panticapée, située sur une hauteur [3], vers l'entrée du détroit qu'on nomme le Bosphore cimmérien, et qui joint le lac au Pont-Euxin.

Cette ville, où les Grecs établirent autrefois une colonie [4], est devenue la capitale d'un petit empire qui s'étend sur la côte orientale de la Chersonèse taurique. Leucon y régnait depuis environ trente ans [5]. C'était un prince magnifique et généreux [6], qui plus d'une fois avait dissipé des conjurations et remporté des victoires par son courage et son habileté [7]. Nous ne le vîmes point : il était à la tête de son armée. Quelque temps auparavant, ceux d'Héraclée en Bithynie s'étaient présentés avec une puissante flotte, pour tenter une descente dans ses États. Leucon, s'apercevant que ses troupes s'opposaient faiblement au projet de l'ennemi, plaça derrière elles un corps de Scythes, avec ordre de les charger si elles avaient la lâcheté de reculer [8].

On citait de lui un mot dont je frissonne encore. Ses favoris, par de fausses accusations, avaient écarté plusieurs de ses amis, et s'étaient emparés de leurs biens. Il s'en aperçut enfin ; et l'un d'eux ayant hasardé une nouvelle délation : « Malheureux, lui dit-il, je te ferais mourir, si des scélérats tels que toi n'étaient nécessaires aux despotes [9]. »

La Chersonèse taurique produit du blé en abondance : la terre, à peine effleurée par le soc de la charrue, y rend trente pour un [10]. Les Grecs y font un si grand commerce, que le roi s'était vu forcé d'ouvrir à Théodosie [11], autre ville du Bosphore, un port capable de contenir cent vaisseaux [12]. Les marchands athéniens abordaient en foule, soit dans cette place, soit à Panticapée. Ils n'y payaient aucun droit, ni

---

1. Au mois d'avril de l'an 363 avant J. C. — 2. Le Don. — 3. Strab., lib. VII, p. 309. — 4. Id., ibid., p. 310. Plin., lib. IV, cap. XII, t. I, p. 218. — 5. Diod., lib. XVI, p. 432. — 6. Chrysip., ap. Plut., De stoicor. repugn., t. II, p. 1043. — 7. Polyæn., Strateg., lib. VI, cap. IX. — 8. Id., ibid. — 9. Athen., lib. VI, cap. XVI, p. 257. — 10. Strab., ibid., p. 311. — 11. Aujourd'hui Caffa. — 12. Demost., in Leptin., p. 546. Strab., ibid., p. 309.

d'entrée, ni de sortie; et la république, par reconnaissance, avait mis ce prince et ses enfants au nombre de ses citoyens¹, ².

Nous trouvâmes un vaisseau de Lesbos près de mettre à la voile. Cléomède, qui le commandait, consentit à nous prendre sur son bord. En attendant le jour du départ, j'allais, je venais; je ne pouvais me rassasier de revoir la citadelle, l'arsenal, le port, les vaisseaux, leurs agrès, leurs manœuvres; j'entrais au hasard dans les maisons des particuliers, dans les manufactures, dans les moindres boutiques; je sortais de la ville, et mes yeux restaient fixés sur des vergers couverts de fruits, sur des campagnes enrichies de moissons. Mes sensations étaient vives, mes récits animés. Je ne pouvais me plaindre de n'avoir pas de témoins de mon bonheur; j'en parlais à tout le monde. Tout ce qui me frappait, je courais l'annoncer à Timagène, comme une découverte pour lui, ainsi que pour moi : je lui demandais si le Lac Méotide n'était pas la plus grande des mers, si Panticapée n'était pas la plus belle ville de l'univers.

Dans le cours de mes voyages, et surtout au commencement, j'éprouvais de pareilles émotions toutes les fois que la nature ou l'industrie m'offrait des objets nouveaux; et lorsqu'ils étaient faits pour élever l'âme, mon admiration avait besoin de se soulager par des larmes que je ne pouvais retenir, ou par des excès de joie que Timagène ne pouvait modérer. Dans la suite ma surprise, en s'affaiblissant, a fait évanouir les plaisirs dont elle était la source; et j'ai vu avec peine que nous perdons du côté des sensations ce que nous gagnons du côté de l'expérience.

Je ne décrirai point les mouvements dont je fus agité, lorsqu'à la sortie du Bosphore cimmérien, la mer qu'on nomme Pont-Euxin se développa insensiblement à mes regards. C'est un immense bassin, presque partout entouré de montagnes plus ou moins éloignées du rivage, et dans lequel près de quarante fleuves versent les eaux d'une partie de l'Asie et de l'Europe³. Sa longueur, dit-on⁴, est de onze mille cent stades⁵; sa plus grande largeur, de trois mille trois cents⁶. Sur ses bords habitent des nations qui diffèrent entre elles d'origine, de mœurs, et de langage⁷. On y trouve par intervalles, et principalement sur les côtes méridionales, des villes grecques fondées par ceux de Milet, et Mégare d'Athènes, la plupart construites dans des lieux fertiles et propres au commerce. A l'est est la Colchide, célèbre par le voyage des Argonautes, que les fables ont embelli, et qui fit mieux connaître aux Grecs ces pays éloignés.

Les fleuves qui se jettent dans le Pont le couvrent de glaçons dans les grands froids⁸, adoucissent l'amertume de ses eaux, y portent une énorme quantité de limon et de substances végétales qui attirent et

---

1. Demosth., in Leptin., p. 545. — 2. Voy. la note IX à la fin du volume. — 3. Strab., lib. VII, p. 298. — 4. Herodot., lib. IV, cap. LXXXV. — 5. Environ quatre cent dix-neuf lieues et demie. — 6. Environ cent vingt-quatre lieues trois quarts. — 7. Amm. Marcell., lib. XXII, cap. VIII. — 8. Herodot., ap Macrob., lib. VII, cap. XII. Mém. de l'Acad. des bell. lettr., t. XXXII, p. 640.

engraissent les poissons¹. Les thons, les turbots, et presque toutes les espèces, y vont déposer leur frai, et s'y multiplient d'autant plus que cette mer ne nourrit point de poissons voraces et destructeurs². Elle est souvent enveloppée de vapeurs sombres, et agitée par des tempêtes violentes³. On choisit, pour y voyager, la saison où les naufrages sont moins fréquents⁴. Elle n'est pas profonde⁵, excepté vers sa partie orientale, où la nature a creusé des abîmes dont la sonde ne peut trouver le fond⁶.

Pendant que Cléomède nous instruisait de ces détails, il traçait sur ses tablettes le circuit du Pont-Euxin. Quand il l'eut terminé : — Vous avez, lui dis-je, figuré, sans vous en apercevoir, l'arc dont nous nous servons en Scythie; telle est précisément sa forme⁷. Mais je ne vois point d'issue à cette mer. — Elle ne communique aux autres, répondit-il, que par un canal à peu près semblable à celui d'où nous venons de sortir.

Au lieu de nous y rendre en droiture, Cléomède, craignant de s'éloigner des côtes, dirigea sa route vers l'ouest, ensuite vers le sud. Nous nous entretenions, en les suivant, des nations qui les habitent; nous vîmes quelquefois les troupeaux s'approcher du rivage de la mer, parce qu'elle leur présente une boisson aussi agréable que salutaire⁸. On nous dit qu'en hiver, quand la mer est prise⁹, les pêcheurs de ces cantons dressent leurs tentes sur sa surface, et jettent leurs lignes à travers des ouvertures pratiquées dans la glace¹⁰. On nous montra de loin l'embouchure du Borysthène¹¹, celle de l'Iste¹², et de quelques autres fleuves. Nous passions souvent la nuit à terre, et quelquefois à l'ancre¹³.

Un jour Cléomède nous dit qu'il avait lu autrefois l'histoire de l'expédition du jeune Cyrus. — La Grèce s'est donc occupée de nos malheurs, dit Timagène : ils sont moins amers pour ceux qui ont eu la fatalité d'y survivre. Et quelle est la main qui en traça le tableau ? — Ce fut, répondit Cléomède, l'un des généraux qui ramenèrent les Grecs dans leur patrie, Xénophon d'Athènes. — Hélas ! reprit Timagène, depuis environ trente-sept ans que le sort me sépara de lui, voici la première nouvelle que j'ai de son retour. Ah ! qu'il m'eût été doux de le revoir, après une si longue absence ! mais je crains bien que la mort....

— Rassurez-vous, dit Cléomède; il vit encore. — Que les dieux soient bénis ! reprit Timagène. Il vit, il recevra les embrassements d'un soldat, d'un ami dont il sauva plus d'une fois les jours. Sans doute que les Athéniens l'ont comblé d'honneurs ? — Ils l'ont exilé, répondit Cléo-

---

1. Aristot., Hist. anim., lib. VIII, cap. XIX, t. I, p. 913. Voy. de Chard., t. 1, p. 107. — 2. Aristot., ibid., lib. VI, cap. XVII, t. I, p. 874. Strab., lib. VII, p. 320. Plin., lib. IX, cap. XV, t. I, p. 507. Amm. Marcell., lib. XXII, cap. VIII, p. 318. — 3. Mém. de l'Acad. des bell. lettr., t. XXXII, p. 639. Voy. de Chard., t. I, p. 92. — 4. Voy. de Tournef., t. II, lettr. XVI. — 5. Strab., lib. I, p. 50. — 6. Aristot., Meteor., lib. I, cap. XIII, t. I, p. 545 et 546. — 7. Strab., lib. II, p. 125. Dionys., Perieg., v. 157. Schol., ibid. — 8. Arrian., Peripl. ap. Geogr. min., t. I, p. 8. — 9. Voy. de Tournef., ibid., p. 130. — 10. Aristot., ibid., cap. XII, t. I, p. 543. — 11. Aujourd'hui le Dniéper. — 12. Le Danube. — 13. Demosth., in Polycl., p. 1087.

mède, parce qu'il paraissait trop attaché aux Lacédémoniens[1]. — Mais du moins dans sa retraite, il attire les regards de toute la Grèce? — Non; ils sont tous fixés sur Épaminondas de Thèbes. — Épaminondas! Son âge? le nom de son père? — Il a près de cinquante ans; il est le fils de Polymnis, et frère de Caphisias[2]. — C'est lui, reprit Timagène avec émotion, c'est lui-même! Je l'ai connu dès son enfance. Ses traits sont encore présents à mes yeux : les liens du sang nous unirent de bonne heure. Je n'avais que quelques années de plus que lui : il fut élevé dans l'amour de la pauvreté, dans l'amour de la vertu. Jamais des progrès plus rapides dans les exercices du corps, dans ceux de l'esprit. Ses maîtres ne suffisaient pas au besoin qu'il avait de s'instruire. Je m'en souviens : nous ne pouvions l'arracher de la compagnie d'un pythagoricien triste et sévère, nommé Lysis[3]. Épaminondas n'avait que douze à treize ans quand je me rendis à l'armée de Cyrus : il laissait quelquefois échapper les traits d'un grand caractère. On prévoyait l'ascendant qu'il aurait un jour sur les autres hommes[4]. — Excusez mon importunité : comment a-t-il rempli de si belles espérances? Cléomède répondit : — Il a élevé sa nation, et par ses exploits elle est devenue la première puissance de la Grèce. — O Thèbes! s'écria Timagène, ô ma patrie! heureux séjour de mon enfance! plus heureux Épaminondas!... Un saisissement involontaire l'empêcha d'achever. Je m'écriai à mon tour : Oh! que l'on mérite d'être aimé, quand on est si sensible! Et me jetant à son cou : Mon cher Timagène, lui dis-je, puisque vous prenez tant d'intérêt aux lieux où le hasard vous a fait naître, quels doivent être vos sentiments pour les amis que vous choisissez vous-même! Il me répondit, en me serrant la main : Je vous ai souvent parlé de cet amour inaltérable que les Grecs conservent pour leur patrie. Vous aviez de la peine à le concevoir : vous voyez à mes pleurs s'il est profond et sincère. Il pleurait en effet.

Après quelques moments de silence, il demanda comment s'était opérée une révolution si glorieuse aux Thébains. Vous n'attendez pas de moi, dit Cléomède, le détail circonstancié de tout ce qui s'est passé depuis votre départ. Je m'attacherai aux principaux événements; ils suffiront pour vous instruire de l'état actuel de la Grèce.

Vous avez su que par la prise d'Athènes[5] toutes nos républiques se trouvèrent, en quelque manière, asservies aux Lacédémoniens; que les unes furent forcées de solliciter leur alliance, et les autres de l'accepter. Les qualités brillantes et les exploits éclatants d'Agésislas, roi de Lacédémone, semblaient les menacer d'un long esclavage. Appelé en Asie au secours des Ioniens, qui, s'étant déclarés pour le jeune Cyrus, avaient à redouter la vengeance d'Artaxerxès, il battit plusieurs fois les généraux de ce prince; et ses vues s'étendant avec ses succès, il roulait déjà dans sa tête le projet de porter ses armes en Perse, et d'attaquer le grand roi jusque sur son trône[6].

1. Diog. Laert., in Xenoph., lib. II, § 51. — 2. Plut., De gen. Socr., t. II, p. 576 et 579. Nep. in Epam., cap. I. — 3. Id., ibid., cap. II. Plut., ibid., p. 585. Ælian., Var. hist., lib. III, cap. XVII. — 4. Nep., ibid. — 5. L'an 404 avant J. C. — 6. Plut., in Ages., t. I, p. 603. Nep., in Ages., cap. IV.

CHAPITRE I. 197

Artaxerxès détourna l'orage. Des sommes d'argent distribuées dans plusieurs villes de la Grèce les détachèrent des Lacédémoniens[1]. Thèbes, Corinthe, Argos, et d'autres peuples, formèrent une ligue puissante, et rassemblèrent leurs troupes dans les champs de Coronée en Béotie[2]: elles en vinrent bientôt aux mains avec celles d'Agésilas, qu'un ordre de Lacédémone avait obligé d'interrompre le cours de ses exploits. Xénophon, qui combattit auprès de ce prince, disait qu'il n'avait jamais vu une bataille si meurtrière[3]. Les Lacédémoniens eurent l'honneur de la victoire, les Thébains celui de s'être retirés sans prendre la fuite[4].

Cette victoire, en affermissant la puissance de Sparte, fit éclore de nouveaux troubles, de nouvelles ligues. Parmi les vainqueurs mêmes, les uns étaient fatigués de leurs succès, les autres de la gloire d'Agésilas. Ces derniers, ayant à leur tête le Spartiate Antalcidas, proposèrent au roi Artaxerxès de donner la paix aux nations de la Grèce. Leurs députés s'assemblèrent; et Téribaze, satrape d'Ionie, leur déclara les volontés de son maître, conçues en ces termes[5]:

« Le roi Artaxerxès croit qu'il est de la justice, 1° que les villes grecques d'Asie, ainsi que les îles de Clazomène et de Chypre, demeurent réunies à son empire; 2° que les autres villes grecques soient libres, à l'exception des îles de Lemnos, d'Imbros, et de Scyros, qui appartiendront aux Athéniens. Il joindra ses forces à celles des peuples qui accepteront ces conditions, et les emploiera contre ceux qui refuseront d'y souscrire[6]. »

L'exécution d'un traité destiné à changer le système politique de la Grèce fut confiée aux Lacédémoniens, qui en avaient conçu l'idée et réglé les articles. Par le premier, ils ramenaient sous le joug des Perses les Grecs de l'Asie, dont la liberté avait fait répandre tant de sang depuis près d'un siècle: par le second, en obligeant les Thébains à reconnaître l'indépendance des villes de la Béotie, ils affaiblissaient la seule puissance qui fût peut-être en état de s'opposer à leurs projets[7]: aussi les Thébains, ainsi que les Argiens, n'accédèrent-ils au traité que lorsqu'ils y furent contraints par la force. Les autres républiques le reçurent sans opposition, et quelques-unes même avec empressement.

Peu d'années après[8], le Spartiate Phébidas, passant dans la Béotie avec un corps de troupes, les fit camper auprès de Thèbes[9]. La ville était divisée en deux fractions, ayant chacune un des principaux magistrats à sa tête. Léontiadès, chef du parti dévoué aux Lacédémoniens, engagea Phébidas à s'emparer de la citadelle, et lui en facilita les moyens. C'était en pleine paix, et dans un moment où, sans crainte,

---

1. Xenoph., Hist. græc., lib. IV, p. 513. Plut., in Ages., t. I, p. 604. Id., Apophth. lacon., t. II, p. 211. — 2. L'an 393 avant J. C. — 3. Plut., ibid., p. 605. Xenoph., in Ages., p. 659. — 4. Xenoph., ibid., p. 519. Plut., ibid., Diod., lib. XIV, p. 302. — 5. L'an 387 avant J. C. — 6. Xenoph., ibid., lib. V, p. 550; lib. VI, p. 602. Isocr., De pac., t. I, p. 369. Plut., Apophth. lacon., t. II, p. 213. — 7. Xenoph., lib. V, p. 551. Plut., in Ages., t. I, p. 608. Nep., in Pelop., cap. I. — 8. L'an 382 avant J. C. — 9. Xenoph., ibid., p. 557. Plut., ibid. Nep., ibid.

sans soupçons, les Thébains célébraient la fête de Cérès[1]. Une si étrange perfidie devint plus odieuse par les cruautés exercées sur les citoyens fortement attachés à leur patrie : quatre cents d'entre eux cherchèrent un asile auprès des Athéniens : Isménias, chef de ce parti, avait été chargé de fers, et mis à mort sous de vains prétextes.

Un cri général s'éleva dans la Grèce. Les Lacédémoniens frémissaient d'indignation ; ils demandaient avec fureur si Phébidas avait reçu des ordres pour commettre un pareil attentat[2]. Agésilas répond qu'il est permis à un général d'outre-passer ses pouvoirs quand le bien de l'État l'exige, et qu'on ne doit juger de l'action de Phébidas que d'après ce principe. Léontiadès se trouvait alors à Lacédémone : il calma les esprits, en les aigrissant contre les Thébains. Il fut décidé qu'on garderait la citadelle de Thèbes, et que Phébidas serait condamné à une amende de cent mille drachmes[3,4].

— Ainsi, dit Timagène en interrompant Cléomède, Lacédémone profita du crime et punit le coupable[5]. Et quelle fut alors la conduite d'Agésilas ? — On l'accusa, répondit Cléomède, d'avoir été l'auteur secret de l'entreprise, et du décret qui en avait consommé l'iniquité[6]. — Vous m'aviez inspiré de l'estime pour ce prince, reprit Timagène ; mais après une pareille infamie....

— Arrêtez, lui dit Cléomède : apprenez que le vertueux Xénophon n'a cessé d'admirer, d'estimer, et d'aimer Agésilas[7]. J'ai moi-même fait plusieurs campagnes sous ce prince. Je ne vous parle pas de ses talents militaires ; vous verrez ces trophées élevés dans plusieurs provinces de la Grèce et de l'Asie[8] ; mais je puis vous protester qu'il était adoré des soldats[9], dont il partageait les travaux et les dangers ; que dans son expédition d'Asie il étonnait les barbares par la simplicité de son extérieur, et par l'élévation de ses sentiments ; que dans tous les temps il nous étonnait par de nouveaux traits de désintéressement, de frugalité, de modération, et de bonté ; qu'oubliant sa grandeur, sans craindre que les autres l'oubliassent, il était d'un accès facile, d'une familiarité touchante, sans fiel, sans jalousie[10], toujours prêt à écouter nos plaintes : enfin le Spartiate le plus rigide n'avait pas des mœurs plus austères ; l'Athénien le plus aimable n'eut jamais plus d'agrément dans l'esprit[11]. Je n'ajoute qu'un trait à cet éloge : dans ces conquêtes brillantes qu'il fit en Asie, son premier soin fut toujours d'adoucir le sort des prisonniers, et de rendre la liberté aux esclaves[12].

— Eh ! qu'importent toutes ces qualités, répliqua Timagène, s'il les a ternies en souscrivant à l'injustice exercée contre les Thébains ? — Cependant, répondit Cléomède, il regardait la justice comme la première des vertus[13]. J'avoue qu'il la violait quelquefois ; et sans prétendre l'ex-

---

1. Xenoph., Hist. græc., lib. V, p. 557. Plut., in Pelop., t. I, p. 280. — 2. Xenoph., ibid., p. 557 et 558. Plut., in Ages., t. I, p. 608. — 3. Plut., in Pelop., t. I, p. 280. Nep., in Pelop., cap. I. — 4. Quatre vingt-dix mille livres. — 5. Polyb., Hist., lib. IV, p. 296. — 6. Plut., in Ages., t. I, p. 609. — 7. Xenoph., Hist. græc., lib. V, id., in Ages. — 8. Isocr., Archid., t. II, p. 38. — 9. Xenoph., in Ages., p. 667. — 10. Plut., in Ages, t. I, p. 599. — 11. Xenoph., Hist. græc., lib. V, p. 619. Plut., ibid., p. 596. — 12. Id., ibid., p. 654. — 13. Plut., Apophth. lacon., t. II, p. 213.

cuser, j'observe que ce n'était qu'en faveur de ses amis, jamais contre ses ennemis [1]. Il changea de conduite à l'égard des Thébains, soit que toutes les voies lui parussent légitimes pour abattre une puissance rivale de Sparte, soit qu'il crût devoir saisir l'occasion de venger ses injures personnelles. Il s'était rendu maître de toutes les passions, à l'exception d'une seule qui le maîtrisait, et qui, enrichie de la dépouille des autres, était devenue tyrannique, injuste, incapable de pardonner une offense. C'était un amour excessif de la gloire; et ce sentiment, les Thébains l'avaient blessé plus d'une fois [2], surtout lorsqu'ils déconcertèrent le projet qu'il avait conçu de détrôner le roi de Perse.

Le décret des Lacédémoniens fut l'époque de leur décadence: la plupart de leurs alliés les abandonnèrent; et trois ou quatre ans après [3], les Thébains brisèrent un joug odieux [4]. Quelques citoyens intrépides détruisirent dans une nuit, dans un instant, les partisans de la tyrannie; et le peuple ayant secondé leurs premiers efforts, les Spartiates évacuèrent la citadelle. L'un des bannis, le jeune Pélopidas, fut un des premiers auteurs de cette conjuration [5]. Il était distingué par sa naissance et par ses richesses; il le fut bientôt par des actions dont l'éclat rejaillit sur sa patrie.

Toute voie de conciliation se trouvait désormais interdite aux deux nations: la haine des Thébains s'était prodigieusement accrue, parce qu'ils avaient essuyé un outrage sanglant; celle des Lacédémoniens, parce qu'ils l'avaient commis. Quoique ces derniers eussent plusieurs guerres à soutenir, ils firent quelques irruptions en Béotie. Agésilas y conduisit deux fois [6] ses soldats, accoutumés à vaincre sous ses ordres: il fut blessé dans une action peu décisive; et le Spartiate Antalcidas lui dit, en lui montrant le sang qui coulait de la plaie: « Voilà le fruit des leçons que vous avez données aux Thébains [7]. » En effet, ceux-ci, après avoir d'abord laissé ravager leurs campagnes, essayèrent leurs forces dans de petits combats, qui bientôt se multiplièrent. Pélopidas les menait chaque jour à l'ennemi; et, malgré l'impétuosité de son caractère, il les arrêtait dans leurs succès, les encourageait dans leurs défaites, et leur apprenait lentement à braver ces Spartiates dont ils redoutaient la valeur, et encore plus la réputation. Lui-même, instruit par ses fautes et par les exemples d'Agésilas, s'appropriait l'expérience du plus habile général de la Grèce: il recueillit, dans une des campagnes suivantes, le fruit de ses travaux et de ses réflexions.

Il était dans la Béotie [8]; il s'avançait vers Thèbes [9]: un corps de Lacédémoniens, beaucoup plus nombreux que le sien, retournait par le même chemin. Un cavalier thébain qui s'était avancé, et qui les aperçut sortant d'un défilé, court à Pélopidas. « Nous sommes tombés,

---

1. Plut., in Ages., t. I, p. 598; id., Apophth. lacon., t. II, p. 209. — 2. Xenoph., ibid., lib. VII, p. 621. Plut., in Ages., t. I, p. 599. — 3. L'an 379 ou 378 avant J. C. — 4. Xenoph., Hist. græc., lib. V, p. 566. — 5. Plut., in Pelop., p. 281. Nep., in Pelop., cap. II. — 6. Xenoph., ibid., p. 572 et 575. Dodwell., Annal. Xenoph., ad ann. 378. — 7. Plut., in Pelop., p. 285. — 8. Id., ibid. — 9. L'an 375 avant J. C.

s'écria-t-il, entre les mains de l'ennemi. — Et pourquoi ne serait-il pas tombé entre les nôtres ? » répondit le général. Jusqu'alors aucune nation n'avait osé attaquer les Lacédémoniens avec des forces égales, encore moins avec des forces inférieures. La mêlée fut sanglante, la victoire longtemps indécise. Les Lacédémoniens ayant perdu leurs deux généraux et l'élite de leurs guerriers, s'ouvrent, sans perdre leurs rangs, pour laisser passer l'ennemi; mais Pélopidas, qui veut rester maître du champ de bataille, fond de nouveau sur eux, et goûte enfin le plaisir de les disperser dans la plaine.

Ce succès inattendu étonna Lacédémone, Athènes, et toutes les républiques de la Grèce. Fatiguées des malheurs de la guerre, elles résolurent de terminer leurs différends à l'amiable. La diète fut convoquée à Lacédémone[1]. Épaminondas y parut avec les autres députés de Thèbes.

Il était alors dans sa quarantième année. Jusqu'à ce moment il avait, suivant le conseil des sages, caché sa vie[2]: il avait mieux fait encore; il s'était mis en état de la rendre utile aux autres. Au sortir de l'enfance, il se chargea d'achever lui-même son éducation. Malgré la médiocrité de sa fortune, il retira chez lui le philosophe Lysis[3]; et dans leurs fréquents entretiens, il se pénétra des idées sublimes que les Pythagoriciens ont conçues de la vertu; et cette vertu qui brillait dans ses moindres actions le rendit inaccessible à toutes les craintes. En même temps qu'il fortifiait sa santé par la course, la lutte[4], encore plus que par la tempérance, il étudiait les hommes; il consultait les plus éclairés[5], et méditait sur les devoirs du général et du magistrat. Dans les discours prononcés en public, il ne dédaignait pas les ornements de l'art[6]; mais on y démêlait toujours l'éloquence des grandes âmes. Ses talents, qui l'ont placé au rang des orateurs célèbres, éclatèrent pour la première fois à la diète de Lacédémone, dont Agésilas dirigea les opérations.

Les députés des différentes républiques y discutèrent leurs droits et leurs intérêts. J'ai vu par hasard les harangues des trois ambassadeurs d'Athènes. Le premier était un prêtre de Cérès, entêté de sa naissance, fier des éloges qu'il recevait ou qu'il se donnait lui-même[7]: il rappela les commissions importantes que les Athéniens avaient confiées à ceux de sa maison, parla des bienfaits que les peuples du Péloponèse avaient reçus des divinités dont il était le ministre, et conclut en observant que la guerre ne pouvait commencer trop tard, ni finir trop tôt. Callistrate, orateur renommé, au lieu de défendre l'intérêt général de la Grèce, eut l'indiscrétion d'insinuer, en présence de tous les alliés, que l'union particulière d'Athènes et de Lacédémone assurerait à ces deux puissances l'empire de la terre et de la mer. Enfin, Autoclès, troisième député, s'étendit avec courage sur les injustices des Lacédé-

---

1. Xenoph., Hist. græc., lib. VI, p. 590. — 2. Plut., De occult. vivend., t. II, p. 1129. — 3. Plut., De gen. Socr., t. II, p. 585. Ælian., Var. hist., lib III, cap. XVII. Diod., lib. XV, p. 356. Id., in Excerpt. Vales., p. 246. Cicer., De offic., lib. I, cap. XLIV, t. III, p. 223. — 4. Nep., in Epam., cap. II. — 5. Id., cap. III. — 6. Id., cap. V. — 7. Xenoph., ibid.

moniens, qui appelaient sans cesse les peuples à la liberté, et les tenaient réellement dans l'esclavage, sous le vain prétexte de leur garantie accordée au traité d'Antalcidas.

Je vous ai dit que, suivant ce traité, toutes les villes de la Grèce devaient être libres : or, les Lacédémoniens, en tenant dans leur dépendance les villes de Laconie, exigeaient avec hauteur que celles de la Béotie ne fussent plus asservies aux Thébains [1]. Comme ils se répandaient en plaintes amères contre ces derniers, et ne s'exprimaient plus avec la même précision qu'auparavant, Épaminondas, ennuyé de leurs prolixes invectives, leur dit un jour : « Vous conviendrez du moins que nous vous avons forcés d'allonger vos monosyllabes [2]. » Le discours qu'il prononça ensuite fit une si forte impression sur les députés, qu'Agésilas en fut alarmé. Le Thébain insistant avec force sur la nécessité d'un traité uniquement fondé sur la justice et sur la raison : « Et vous paraît-il juste et raisonnable, dit Agésilas, d'accorder l'indépendance aux villes de la Béotie ? — Et vous, répondit Épaminondas, croyez-vous raisonnable et juste de reconnaître celle de la Laconie ? — Expliquez-vous nettement, reprit Agésilas enflammé de colère : je vous demande si les villes de la Béotie seront libres. — Et moi, répondit fièrement Épaminondas, je vous demande si celles de Laconie le seront. » A ces mots, Agésilas effaça du traité le nom des Thébains, et l'assemblée se sépara [3].

Telle fut, à ce qu'on prétend, l'issue de cette fameuse conférence. Quelques-uns la racontent diversement, et plus à l'avantage d'Agésilas [4]. Quoi qu'il en soit, les principaux articles du décret de la diète portaient qu'on licencierait les troupes, que tous les peuples jouiraient de la liberté, et qu'il serait permis à chacune des puissances confédérées de secourir les villes opprimées [5].

On aurait encore pu recourir à la négociation ; mais les Lacédémoniens, entraînés vers leur ruine par un esprit de vertige [6], donnèrent ordre au roi Cléombrote, qui commandait en Phocide l'armée des alliés, de la conduire en Béotie. Elle était forte de dix mille hommes de pied et de mille chevaux [7]. Les Thébains ne pouvaient leur opposer que six mille hommes d'infanterie [8] et un petit nombre de chevaux ; mais Épaminondas était à leur tête, et il avait Pélopidas sous lui.

On citait des augures sinistres : il répondit que le meilleur des présages était de défendre sa patrie [9]. On rapportait des oracles favorables : il les accrédita tellement, qu'on le soupçonnait d'en être l'auteur [10]. Ses troupes étaient aguerries et pleines de son esprit. La cavalerie de l'ennemi, ramassée presque au hasard, n'avait ni expérience ni émulation [11]. Les villes alliées n'avaient consenti à cette expédition qu'avec une extrême répugnance et leurs soldats n'y marchaient qu'à

---

1. Diod., lib. XV, p. p. 366. — 2. Plut., De sui laude, t. II, p. 545. Id. Apophth., t. II, p. 193. — 3. Id., in Ages., t. I, p. 611. — 4. Xenoph., Hist. græc., lib. VI, p. 593. — 5. Id., ibid. Diod., ibid., p. 355. — 6. Xenoph., ibid., p. 594. — 7. Plut., in Pelop., t. I, p. 288. — 8. Diod., ibid., p. 367. — 9. Id., ibid. — 10. Xenoph., ibid., p. 595. Diod., ibid., p. 367. Polien., Strateg., lib. II, cap. III, § 8. — 11. Xenoph., ibid., p. 596.

regret. Le roi de Lacédémone s'aperçut de ce découragement; mais il avait des ennemis, et risqua tout, plutôt que de fournir de nouveaux prétextes à leur haine [1].

Les deux armées étaient dans un endroit de la Béotie nommé Leuctres. La veille de la bataille, pendant qu'Epaminondas faisait ses dispositions, inquiet d'un événement qui allait décider du sort de sa patrie, il apprit qu'un officier de distinction venait d'expirer tranquillement dans sa tente : « Eh bons dieux ! s'écria-t-il, comment a-t-on le temps de mourir dans une pareille circonstance [2] ? »

Le lendemain [3] se donna cette bataille que les talents du général thébain rendront à jamais mémorable. Cléombrote s'était placé à la droite de son armée, avec la phalange lacédémonienne [4], protégée par la cavalerie qui formait une première ligne. Epaminondas, assuré de la victoire s'il peut enfoncer cette aile si redoutable, prend le parti de refuser sa droite à l'ennemi, et d'attaquer par sa gauche. Il y fait passer ses meilleures troupes, les range sur cinquante de hauteur, et met aussi sa cavalerie en première ligne. A cet aspect, Cléombrote change sa première disposition; mais au lieu de donner plus de profondeur à son aile, il la prolonge pour déborder Epaminondas. Pendant ce mouvement, la cavalerie des Thébains fondit sur celle des Lacédémoniens, et la renversa sur leur phalange, qui n'était plus qu'à douze de hauteur. Pélopidas, qui commandait le bataillon sacré [5], la prit en flanc : Epaminondas tomba sur elle avec tout le poids de sa colonne. Elle en soutint le choc avec un courage digne d'une meilleure cause et d'un plus heureux succès. Des prodiges de valeur ne purent sauver Cléombrote. Les guerriers qui l'entouraient sacrifièrent leurs jours, ou pour sauver les siens, ou pour retirer son corps que les Thébains n'eurent pas la gloire d'enlever.

Après sa mort, l'armée du Péloponèse se retira dans son camp placé sur une hauteur voisine. Quelques Lacédémoniens proposaient de retourner au combat [6], mais leurs généraux, effrayés de la perte que Sparte venait d'essuyer, et ne pouvant compter sur des alliés plus satisfaits qu'affligés de son humiliation, laissèrent les Thébains élever paisiblement un trophée sur le champ de bataille. La perte de ces derniers fut très-légère; celle de l'ennemi se montait à quatre mille hommes, parmi lesquels on comptait mille Lacédémoniens. De sept cents Spartiates, quatre cents perdirent la vie [7].

Le premier bruit de cette victoire n'excita dans Athènes qu'une jalousie indécente contre les Thébains [8]. A Sparte il réveilla ces sentiments extraordinaires que les lois de Lycurgue impriment dans tous les cœurs. Le peuple assistait à des jeux solennels, où les hommes de

1. Cicer., De offic., lib. I, cap. XXIV, t. III, p. 201. — 2. Plut., De sanit. tuend., t. II, p. 136. — 3. Le 8 juillet de l'année julienne proleptique 371 avant J. C. — 4. Xenoph., Hist. græc., lib. VI, p. 596. Diod., lib. XV, p. 370. Plut., in Pelop., p. 289. Arrian., Tactic., p. 32. Folard, Trait. de la colon., ch. x, dans le Ier vol. de la trad. de Polybe, p. 57. — 5. C'était un corps de trois cents jeunes Thébains renommés pour leur valeur. — 6. Xenoph., ibid., p. 597. — 7. Id., ibid. Diod., ibid., p. 371. — 8. Xenoph., ibid., p. 598.

tout âge disputaient le prix de la lutte et des autres exercices du gymnase. A l'arrivée du courrier, les magistrats prévinrent que c'en était fait de Lacédémone; et sans interrompre le spectacle, ils firent instruire chaque famille de la perte qu'elle venait d'essuyer, en exhortant les mères et les épouses à contenir leur douleur dans le silence. Le lendemain on vit ces familles, la joie peinte sur le visage, courir aux temples, à la place publique, remercier les dieux, et se féliciter mutuellement d'avoir donné à l'État des citoyens si courageux. Les autres n'osaient s'exposer aux regards du public, ou ne se montraient qu'avec l'appareil de la tristesse et du deuil. La douleur de la honte et l'amour de la patrie prévalurent tellement dans la plupart d'entre elles, que les époux ne pouvaient soutenir les regards de leurs épouses, et que les mères craignaient le retour de leurs fils [1].

Les Thébains furent si enorgueillis de ce succès, que le philosophe Antisthène disait : « Je crois voir des écoliers tout fiers d'avoir battu leur maître [2]. » D'un autre côté, les Lacédémoniens, ne voulant pas avouer leur défaite, demandèrent que les deux nations s'en rapportassent au jugement des Achéens [3].

Deux ans après [4], Épaminondas et Pélopidas furent nommés béotarques, ou chefs de la ligue béotienne [5]. Le concours des circonstances, l'estime, l'amitié, l'uniformité des vues et des sentiments, formaient entre eux une union indissoluble. L'un avait sans doute plus de vertus et de talents; mais l'autre, en reconnaissant cette supériorité, la faisait presque disparaître. Ce fut avec ce fidèle compagnon de ses travaux et de sa gloire qu'Épaminondas entra dans le Péloponèse, portant la terreur et la désolation chez les peuples attachés à Lacédémone [6], hâtant la défection des autres, brisant le joug sous lequel les Messéniens gémissaient depuis plusieurs siècles. Soixante et dix mille hommes de différentes nations marchaient sous ses ordres avec une égale confiance [7]. Il les conduisit à Lacédémone, résolu d'attaquer ses habitants jusque dans leurs foyers, et d'élever un trophée au milieu de la ville.

Sparte n'a point de mur, point de citadelle [8]. On y trouve plusieurs éminences qu'Agésilas eut soin de garnir de troupes. Il plaça son armée sur le penchant de la plus haute de ces éminences. C'est de là qu'il vit Épaminondas s'approcher à la tête de son armée, et faire ses dispositions pour passer l'Eurotas, grossi par la fonte des neiges. Après l'avoir longtemps suivi des yeux, il ne laissa échapper que ces mots : « Quel homme ! quel prodige [9] ! »

Cependant ce prince était agité de mortelles inquiétudes. Au dehors une armée formidable; au dedans un petit nombre de soldats qui ne

---

1. Xenoph., Hist. græc., lib. VI, p. 597. Plut., in Ages., t. I, p. 612. — 2. Plut., in Lyc., t. I, p. 59. — 3. Polyb., Hist., lib. II, p. 127. — 4. Dodwell., Annal. Xenoph., p. 279. — 5. L'an 369 avant J. C. — 6. Xenoph., ibid., p. 607. Ælian., Var. hist., lib. IV, cap. VIII. — 7. Plut., in Pelop., p. 290; in Ages., p. 613. Diod., lib. XV, p. 375 et 390. — 8. Xenoph., ibid., p. 608. Plut., in Ages., p. 662. T. Liv., lib. XXXIV, cap. XXXVIII; lib. XXXIX, cap. XXXVII. Nep., in Ages. cap. VI. Justin., lib. XIV, cap. V. — 9. Plut., in Ages., t. I, p. 613.

se croyaient plus invincibles, et un grand nombre de factieux qui se croyaient tout permis ; les murmures et les plaintes des habitants, qui voyaient leurs possessions dévastées et leurs jours en danger ; le cri général qui l'accusait d'être l'auteur de tous les maux de la Grèce ; le cruel souvenir d'un règne autrefois si brillant, et déshonoré sur sa fin par un spectacle aussi nouveau qu'effrayant : car, depuis plus de cinq à six siècles, les ennemis avaient à peine osé tenter quelques incursions passagères sur les frontières de la Laconie[1] ; jamais les femmes de Sparte n'avaient vu la fumée de leur camp[2].

Malgré de si justes sujets d'alarmes, Agésilas montrait un front serein, et méprisait les injures de l'ennemi, qui, pour le forcer à quitter son poste, tantôt lui reprochait sa lâcheté, tantôt ravageait sous ses yeux les campagnes voisines. Sur ces entrefaites, environ deux cents conjurés s'étant emparés d'un poste avantageux et difficile à forcer, on proposait de faire marcher un corps de troupes. Agésilas rejeta ce conseil. Il se présenta lui-même aux rebelles, suivi d'un seul domestique. « Vous avez mal compris mes ordres, leur dit-il : ce n'est pas ici que vous deviez vous rendre ; c'est dans tel et tel endroit. » Il leur montrait en même temps les lieux où il avait dessein de les disperser. Ils y allèrent aussitôt[3].

Cependant Épaminondas désespérait d'attirer les Lacédémoniens dans la plaine. L'hiver était fort avancé. Déjà ceux d'Arcadie, d'Argos, et d'Élée, avaient abandonné le siége. Les Thébains perdaient journellement du monde, et commençaient à manquer de vivres. Les Athéniens et d'autres peuples faisaient des levées en faveur de Lacédémone. Ces raisons engagèrent Épaminondas à se retirer. Il fit le dégât dans le reste de la Laconie ; et après avoir évité l'armée des Athéniens, commandée par Iphicrate, il ramena paisiblement la sienne en Béotie[4].

Les chefs de la ligue béotienne ne sont en exercice que pendant une année, au bout de laquelle ils doivent remettre le commandement à leurs successeurs. Épaminondas et Pélopidas l'avaient conservé quatre mois entiers au delà du terme prescrit par la loi[5]. Ils furent accusés et traduits en justice. Le dernier se défendit sans dignité : il eut recours aux prières. Épaminondas parut devant ses juges avec la même tranquillité qu'à la tête de son armée. « La loi me condamne, leur dit-il ; je mérite la mort[6]. Je demande seulement qu'on grave cette inscription sur mon tombeau : Les Thébains ont fait mourir Épaminondas, parce qu'à Leuctres il les força d'attaquer et de vaincre ces Lacédémoniens qu'ils n'osaient pas auparavant regarder en face ; parce que sa victoire sauva sa patrie, et rendit la liberté à la Grèce ; parce que, sous sa conduite, les Thébains assiégèrent Lacédémone, qui s'estima trop heureuse d'échapper à sa ruine ; parce qu'il rétablit Mes-

---

1. Thucyd., lib. II, cap. xxv ; lib. IV, cap. xli ; lib. V, cap. xiv. Plut., in Per., p. 170. — 2. Isocr., in Archid., t. II, p. 30. Dinarch. adv. Demosth., ap. orat. græc., p. 99. Diod., lib. XV, p. 377. Ælian., Var. hist., lib. XIII, cap. xlii. Plut., in Ages, t. I, p. 613. — 3. Plut., ibid., p. 614. — 4. Xenoph., Hist. græc., lib. VI, p. 612. — 5. Plut., in Pelop., t. I, p. 290. Nep., in Epam., cap. vii. — 6. Plut., De sui laude, t. II, p. 540.

sène, et l'entoura de fortes murailles[1]. » Les assistants applaudirent au discours d'Épaminondas, et les juges n'osèrent pas le condamner.

L'envie, qui s'accroît par ses défaites, crut avoir trouvé l'occasion de l'humilier. Dans la distribution des emplois, le vainqueur de Leuctres ut chargé de veiller à la propreté des rues, et à l'entretien des égouts e la ville. Il releva cette commission, et montra, comme il l'avait dit ui-même, qu'il ne faut pas juger des hommes par les places, mais des places par ceux qui les remplissent[2].

Pendant les six années qui se sont écoulées depuis, nous avons vu plus d'une fois Épaminondas faire respecter les armes thébaines dans le Péloponèse, et Pélopidas les faire triompher en Thessalie[3]. Nous avons vu ce dernier, choisi pour arbitre entre deux frères qui se disputaient le trône de Macédoine, terminer leurs différends et rétablir la paix dans ce royaume[4]; passer ensuite à la cour de Suze[5], où sa réputation, qui l'avait devancé, lui attira des distinctions brillantes[6]; déconcerter les mesures des députés d'Athènes et de Lacédémone, qui demandaient la protection du roi de Perse; obtenir pour sa patrie un traité qui l'unissait étroitement avec ce prince.

Il marcha l'année dernière[7] contre un tyran de Thessalie, nommé Alexandre, et périt dans le combat, en poursuivant l'ennemi qu'il avait réduit à une fuite honteuse[8]. Thèbes et les puissances alliées pleurèrent sa mort : Thèbes a perdu l'un de ses soutiens, mais Épaminondas lui reste. Il se propose de porter les derniers coups à Lacédémone. Toutes les républiques de la Grèce se partagent, forment des ligues, font des préparatifs immenses. On prétend que les Athéniens se joindront aux Lacédémoniens, et que cette union n'arrêtera point Épaminondas. Le printemps prochain décidera cette grande querelle. Tel fut le récit de Cléomède.

Après plusieurs jours de navigation heureuse, nous arrivâmes au Bosphore de Thrace : C'est le nom qu'on donne au canal dont Cléomède nous avait parlé. L'abord en est dangereux; les vents contraires y précipitent souvent les vaisseaux sur les côtes voisines[9], et les navigateurs n'y trouvent que la mort ou l'esclavage : car les habitants de cette contrée sont de vrais barbares, puisqu'ils sont cruels[10].

En entrant dans le canal, l'équipage adressa mille actions de grâces à Jupiter, surnommé Urius, dont nous avions le temple à gauche, sur la côte d'Asie, et qui nous avait préservés des dangers d'une mer si orageuse[11]. Cependant je disais à Timagène : Le Pont-Euxin reçoit, à ce qu'on prétend, près de quarante fleuves, dont quelques-uns sont très-considérables, et ne pourraient s'échapper par une si faible issue[12].

1. Nep., in Epam., cap. VIII. Ælian., Var. hist., lib. XIII, cap. XLII. — 2. Plut., De præcept. reip., t. II, p. 811. — 3. Xenoph., Hist., græc., lib. VII, p. 616 et 624. Plut., in Pelop., p. 291. Dodwell., Annal. Xenoph., p. 280 et 283. — 4. Plut., De præcept. reip., t. II, p. 811. — 5. Xenoph., ibid., p. 620. Plut., ibid., p. 294. — 6. L'an 367 avant J. C. (Dodwell., Annal.) — 7. L'an 364 avant J. C. — 8. Plut. in Pelop., p. 296. Nep., in Pelop., cap. V. Dodwell., Annal. Xenoph., p. 286. — 9. Voy. de Chard., t. I, p. 100. — 10. Xenoph., ibid., p. 380 et 412. — 11. Chishull. Antiq. asiat., p. 61. — 12. Voy. de Tournef., t. II, p. 123.

Que devient donc le prodigieux volume d'eau qui tombe jour et nuit dans ce vaste réservoir? Vous en voyez couler ici une partie, répondit Timagène. Le reste, réduit en vapeurs, doit être attiré par les rayons du soleil : car les eaux de cette mer étant plus douces, et par conséquent plus légères que celles des autres, s'évaporent plus facilement[1]. Que savons-nous? peut-être que ces abîmes dont nous parlait tantôt Cléomède absorbent une partie des eaux du Pont, et les conduisent à des mers éloignées par des souterrains prolongés sous le continent.

Le Bosphore de Thrace sépare l'Europe de l'Asie. Sa longueur, depuis le temple de Jupiter jusqu'à la ville de Byzance où il finit, est de cent vingt stades[2,3]. Sa largeur varie : à l'entrée, elle est de quatre stades[4,5]; à l'extrémité opposée, de quatorze[6]. En certains endroits, les eaux forment de grands bassins et des baies profondes[7].

De chaque côté, le terrain s'élève en amphithéâtre, et présente les aspects les plus agréables et les plus diversifiés; des collines couvertes de bois, et des vallons fertiles, y font par intervalles un contraste frappant avec les rochers qui tout à coup changent la direction du canal[8]. On voit sur les hauteurs des monuments de la piété des peuples; sur le rivage, des maisons riantes, des ports tranquilles, des villes et des bourgs enrichis par le commerce; des ruisseaux qui apportent le tribut de leurs eaux. En certaines saisons, ces tableaux sont animés par quantité de bateaux destinés à la pêche, et des vaisseaux qui vont au Pont-Euxin, ou qui en rapportent les dépouilles.

Vers le milieu du canal, on nous montra l'endroit où Darius, roi de Perse, fit passer sur un pont de bateaux sept cent mille hommes qu'il conduisait contre les Scythes. Le détroit, qui n'a plus que cinq stades de large[9], s'y trouve resserré par un promontoire sur lequel est un temple de Mercure[10]. Là, deux hommes placés, l'un en Asie, l'autre en Europe, peuvent s'entendre facilement[11]. Bientôt après, nous aperçûmes la citadelle et les murs de Byzance, et nous entrâmes dans son port, après avoir laissé à gauche la petite ville de Chrysopolis, et reconnu du même côté celle de Chalcédoine.

CHAP. II. — *Description de Byzance. Colonies grecques. Le détroit de l'Hellespont. Voyage de Byzance à Lesbos.*

Byzance, fondée autrefois par les Mégariens[12], successivement rétablie par les Milésiens[13] et par d'autres peuples de la Grèce[14], est si-

1. Aristot., Meteor., lib. II, cap. II, t. I, p. 552. — 2. Herodot., lib. IV, cap. LXXXV. Polyb., lib. IV, p. 307 et 311. Arrian., Peripl., p. 12, ap. Geogr. min., t. I. — 3. Quatre lieues treize cent quarante toises. — 4. Hérodot., ibid. Strab., lib. II, p. 125. — 5. Trois cent soixante-dix-huit toises. — 6. Treize cent vingt-trois toises. Les anciens diffèrent entre eux, et encore plus des modernes, sur ces mesures; ainsi que sur celles du Pont-Euxin, de la Propontide, et de l'Hellespont. J'ai dû m'en tenir en général à celles d'Hérodote, qui étaient les plus connues à l'époque de ce voyage. — 7. Voy. de Tournef., t. II, p. 156. — 8. Id., ibid., p. 125. — 9. Quatre cent soixante-douze toises et demie. — 10. Polyb., lib. IV, p. 311. Plin., lib. IV, cap. XXIV. — 11. Mém. de l'Acad. des bell. lettr., t. XXXII, p. 635. — 12. Steph., in Byzav. Eustath., in Dionys., v. 804. — 13. Vell. Paterc., lib. II, cap. XV. — 14. Amm. Marcell., lib. XXII, cap. VIII, p. 308. Justin., lib. IX, cap. I.

tuée sur un promontoire dont la forme est à peu près triangulaire [1]. Jamais situation plus heureuse et plus imposante. La vue, en parcourant l'horizon, se repose à droite sur cette mer qu'on appelle Propontide; en face, au delà d'un canal étroit, sur les villes de Chalcédoine et de Chrysopolis; ensuite, sur le détroit du Bosphore; enfin, sur des coteaux fertiles, et sur un golfe qui sert de port, et qui s'enfonce dans les terres jusqu'à la profondeur de soixante stades [2].

La citadelle occupe la pointe du promontoire : les murs de la ville sont faits de grosses pierres carrées, tellement jointes qu'ils semblent ne former qu'un seul bloc [3] : ils sont très-élevés du côté de la terre, beaucoup moins des autres côtés, parce qu'ils sont naturellement défendus par la violence des flots, et en certains endroits par les rochers sur lesquels ils sont construits, et qui avancent dans la mer [4].

Outre un gymnase [5] et plusieurs espèces d'édifices publics, on trouve dans cette ville toutes les commodités qu'un peuple riche et nombreux [6] peut se procurer. Il s'assemble dans une place assez vaste pour y mettre une petite armée en bataille [7]. Il y confirme ou rejette les décrets d'un sénat plus éclairé que lui [8]. Cette inconséquence m'a frappé dans plusieurs villes de la Grèce; et je me suis souvent rappelé le mot d'Anacharsis à Solon : « Parmi vous ce sont les sages qui discutent, et les fous qui décident [9]. »

Le territoire de Byzance produit une grande abondance de grains et de fruits [10], trop souvent exposés aux incursions des Thraces qui habitent les villages voisins [11]. On pêche, jusque dans le port même [12], une quantité surprenante de poissons; en automne, lorsqu'ils descendent du Pont-Euxin dans les mers inférieures; au printemps, lorsqu'ils reviennent au Pont [13]. Cette pêche et les salaisons grossissent les revenus de la ville [14], d'ailleurs remplie de négociants, et florissante par un commerce actif et soutenu. Son port, inaccessible aux tempêtes, attire les vaisseaux de tous les peuples de la Grèce : sa position à la tête du détroit la met à portée d'arrêter ou de soumettre à de gros droits ceux qui trafiquent au Pont-Euxin [15], et d'affamer les nations qui en tirent leur subsistance. De là, les efforts qu'ont faits les Athéniens et les Lacédémoniens pour l'engager dans leurs intérêts. Elle était alors alliée des premiers [16].

Cléomède avait pris de la saline à Panticapée [17]; mais comme celle de Byzance est plus estimée [18], il acheva de s'en approvisionner; et après qu'il eut terminé ses affaires, nous sortîmes du port, et nous

---

1. Strab. lib. VII, p. 320. — 2. Deux lieues un quart. — 3. Dio, Hist. rom., lib. LXXIV, p. 1251. Herodian., lib. III, in init. — 4. Dio, ibid. Xenoph., Exped. Cyr., lib. VII, p. 395. — 5. Arist., De cur. rei famil., t. II, p. 502. — 6. Diod., lib. XIII, p. 190. — 7. Xenoph., ibid. Zozim., lib. II, p. 687. — 8 Demosth., De cor., p. 487. — 9. Plut., in Solon., t. I, p. 81. — 10. Polyb., lib. IV, p. 313. Herodian., ibid. Tacit., Annal., lib. XII, cap. LXIII. — 11. Xenoph., ibid., p. 398. Polyb., ibid. — 12. Strab., lib. VII, p. 320. Athen., lib. III, cap. xxv, p. 116. Pet. Gill., Præf. ad Urb. descript. — 13. Aristot., Hist. anim., lib. VI, cap. XVII, t. I, p. 874; lib. VIII, cap. XIX, t. I, p. 913. Plin., lib. IX, cap. xv, t. I, p. 507. Tacit., ibid. — 14. Aristot., ibid. — 15. Demosth., in Leptin., p. 549. Id., in Polycl., p. 1084. Xenoph., Hist. græc., lib. IV, p. 542. — 16. Diod., lib. XVI p. 412. — 17. Demosth., in Lacr., p. 923. — 18. Athen., ibid., p. 117 et 120.

entrâmes dans la Propontide. La largeur de cette mer[1] est, à ce qu'on prétend, de cinq cents stades[2]; sa longueur de quatorze cents[3]. Sur ses bords s'élèvent plusieurs villes célèbres fondées ou conquises par les Grecs: d'un côté, Selymbrie, Périnthe, Bisanthe; de l'autre, Astachus en Bithynie, Cysique en Mysie.

Les mers que nous avions parcourues offraient sur leurs rivages plusieurs établissements formés par les peuples de la Grèce[4]. J'en devais trouver d'autres dans l'Hellespont, et sans doute dans les mers plus éloignées. Quels furent les motifs de ces émigrations? De quel côté furent-elles dirigées? Les colonies ont-elles conservé des relations avec leurs métropoles? Cléomède étendit quelques cartes sous mes yeux, et Timagène s'empressa de répondre à mes questions.

La Grèce, me dit-il, est une presqu'île, bornée à l'occident par la mer Ionienne, à l'orient par la mer Égée. Elle comprend aujourd'hui le Péloponèse, l'Attique, la Phocide, la Béotie, la Thessalie, l'Étolie, l'Acarnanie, une partie de l'Épire, et quelques autres petites provinces. C'est là que, parmi plusieurs villes florissantes, on distingue Lacédémone, Corinthe, Athènes, et Thèbes.

Ce pays est d'une très-médiocre étendue[5], en général stérile, et presque partout hérissé de montagnes. Les sauvages qui l'habitaient autrefois se réunirent par le besoin, et dans la suite des temps se répandirent en différentes contrées. Jetons un coup d'œil rapide sur l'état actuel de nos possessions.

A l'occident nous occupons les îles voisines, telles que Zacynthe, Céphalénie, Corcyre; nous avons même quelques établissements sur les côtes de l'Illyrie. Plus loin, nous avons formé des sociétés nombreuses et puissantes dans la partie méridionale de l'Italie, et dans presque toute la Sicile. Plus loin encore, au pays des Celtes, vous trouverez Marseille fondée par les Phocéens, mère de plusieurs colonies établies sur les côtes voisines; Marseille, qui doit s'enorgueillir de s'être donné des lois sages, d'avoir vaincu les Carthaginois[6], et de faire fleurir dans une région barbare les sciences et les arts de la Grèce.

En Afrique, l'opulente ville de Cyrène, capitale d'un royaume de même nom, et celle de Naucratis, située à l'une des embouchures du Nil, sont sous notre domination.

En revenant vers le nord, vous nous trouverez en possession de presque toute l'île de Chypre, de celles de Rhodes et de Crète, de celles de la mer Égée, d'une grande partie des bords de l'Asie opposés à ces îles, de ceux de l'Hellespont, de plusieurs côtes de la Propontide et du Pont-Euxin.

Par une suite de leur position, les Athéniens portèrent leurs colonies à l'orient, et les peuples du Péloponèse à l'occident de la Grèce[7]. Les habitants de l'Ionie et de plusieurs îles de la mer Égée sont Athé-

---

[1] Herodot., lib. IV, cap. LXXXVI. — [2] Près de dix-neuf lieues. — [3] Près de cinquante-trois lieues. — [4] Voy. la Table des Colonies grecques, dans le IIIe volume de cet ouvrage. — [5] Environ dix-neuf cents lieues carrées. — [6] Thucyd., lib. I, cap. XIII. — [7] Id., ibid., cap. XII.

niens d'origine. Plusieurs villes ont été fondées par les Corinthiens en Sicile, et par les Lacédémoniens dans la Grande-Grèce.

L'excès de population dans un canton, l'ambition dans les chefs [1], l'amour de la liberté dans les particuliers, des maladies contagieuses et fréquentes, des oracles imposteurs, des vœux indiscrets, donnèrent lieu à plusieurs émigrations; des vues de commerce et de politique occasionnèrent les plus récentes. Les unes et les autres ont ajouté de nouveaux pays à la Grèce, et introduit dans le droit public les lois de la nature et du sentiment [2].

Les liens qui unissent des enfants à ceux dont ils tiennent le jour subsistent entre les colonies et les villes qui les ont fondées [3]. Elles prennent, sous leurs différents rapports, les noms tendres et respectables de fille, de sœur, de mère, d'aïeule; et de ces divers titres naissent leurs engagements réciproques [4].

La métropole doit naturellement protéger ses colonies, qui, de leur côté, se font un devoir de voler à son secours quand elle est attaquée. C'est de sa main que souvent elles reçoivent leurs prêtres, leurs magistrats [5], leurs généraux; elles adoptent ou conservent ses lois, ses usages, et le culte de ses dieux; elles envoient tous les ans dans ses temples les prémices de leurs moissons. Ses citoyens ont chez elles la première part dans la distribution des victimes, et les places les plus distinguées dans les jeux et dans les assemblées du peuple [6].

Tant de prérogatives accordées à la métropole ne rendent point son autorité odieuse. Les colonies sont libres dans leur dépendance, comme les enfants le sont dans les hommages qu'ils rendent à des parents dignes de leur tendresse. Tel est du moins l'esprit qui devrait animer la plupart des villes de la Grèce, et faire regarder Athènes, Lacédémone, et Corinthe, comme les mères ou les tiges de trois nombreuses familles dispersées dans les trois parties du monde. Mais les mêmes causes qui, parmi les particuliers, éteignent les sentiments de la nature, jettent tous les jours le trouble dans ces familles de villes; et la violation apparente ou réelle de leurs devoirs mutuels n'est que trop souvent devenue le prétexte ou le motif des guerres qui ont déchiré la Grèce [7].

Les lois dont je viens de parler n'obligent que les colonies qui se sont expatriées par ordre ou de l'aveu de leur métropole : les autres, et surtout celles qui sont éloignées, se bornent à conserver un tendre souvenir pour les lieux de leur origine. Les premières ne sont, pour la plupart, que des entrepôts utiles ou nécessaires au commerce de la mère patrie; trop heureuses, lorsque les peuples qu'elles ont repoussés dans les terres les laissent tranquilles, ou consentent à l'échange de leurs marchandises! Ici, par exemple, les Grecs se sont établis sur les rivages de la mer; par delà, nous avons à droite les campagnes

---

1. Herodot., lib. V, cap. XLII. — 2. Bougainv., Dissert. sur les métr. et les col., p. 18. Spanh., De præst. num., p. 580. Sainte-Croix, De l'état des colonies des anciens peuples, p. 65. — 3. Plat., De leg., lib. VI, t. II, p. 754. — 4. Spanh., ibid., p. 575. — 5. Thucyd., lib. I, cap. LVI. — 6. Spanh., ib., p. 575. De præst. num., p. 580. Bougainv., ibid., p. 36 — 7. Plat., ibid.

fertiles de la Thrace; à gauche, les limites du grand empire des Perses, occupées par les Bithyniens et par les Mysiens: ces derniers s'étendent le long de l'Hellespont, où nous allons entrer.

Ce détroit était le troisième que je trouvais sur ma route, depuis que j'avais quitté la Scythie. Sa longueur est de quatre cents stades[1]. Nous le parcourûmes en peu de temps. Le vent était favorable, le courant rapide: les bords de la rivière, car c'est le nom qu'on peut donner à ce bras de mer, sont entrecoupés de collines et couverts de villes et de hameaux. Nous aperçûmes, d'un côté, la ville de Lampsaque, dont le territoire est renommé pour ses vignobles[2]; de l'autre, l'embouchure d'une petite rivière, nommée Ægos-Potamos, où Lysander remporta cette célèbre victoire qui termina la guerre du Péloponèse. Plus loin sont les villes de Sestos et d'Abydos, presque en face l'une de l'autre. Près de la première est la tour de Héro[3]. C'est là, me dit-on, qu'une jeune prêtresse de Vénus se précipita dans les flots: ils venaient d'engloutir Léandre son amant, qui, pour se rendre auprès d'elle, était obligé de traverser le canal à la nage[4].

Ici, disait-on encore, le détroit n'a plus que sept stades de largeur[5]. Xerxès, à la tête de la plus formidable des armées, y traversa la mer sur un double pont qu'il avait fait construire. Il y repassa, peu de temps après, dans un bateau de pêcheur. De ce côté-ci est le tombeau d'Hécube; de l'autre, celui d'Ajax. Voici le port d'où la flotte d'Agamemnon se rendit en Asie; et voilà les côtes du royaume de Priam.

Nous étions alors à l'extrémité du détroit: j'étais tout plein d'Homère et de ses passions; je demandai avec instance que l'on me mît à terre. Je m'élançai sur le rivage. Je vis Vulcain verser des torrents de flammes sur les vagues écumantes du Scamandre soulevé contre Achille. Je m'approchai des portes de la ville, et mon cœur fut déchiré des tendres adieux d'Andromaque et d'Hector. Je vis sur le mont Ida Pâris adjuger le prix de la beauté à la mère des Amours. J'y vis arriver Junon: la terre souriait en sa présence; les fleurs naissaient sous ses pas: elle avait la ceinture de Vénus; jamais elle ne mérita mieux d'être appelée la reine des dieux.

Mais une si douce illusion ne tarda pas à se dissiper, et je ne pus reconnaître les lieux immortalisés par les poëmes d'Homère. Il ne reste aucun vestige de la ville de Troie; ses ruines même ont disparu[6]. Des atterrissements et des tremblements de terre ont changé toute la face de cette contrée[7].

Je remontai sur le vaisseau, et je tressaillis de joie en apprenant que notre voyage allait finir, que nous étions sur la mer Egée, et que le lendemain nous serions à Mytilène, une des principales villes de Lesbos.

1. Herodot., lib. IV, cap. LXXXV. Quinze lieues trois cents toises. — 2. Strab., lib. XIII, p. 589. — 3. Strab., lib. XIII, p. 591. — 4. Mela, lib. I, cap. XIX; lib. II, cap. II. Virg., Georg., lib. III, v. 258. Ovid., Amor., lib. II, eleg. XVI, v. 31. — 5. Herodot., ibid. — 6. Lucan., Pharsal., lib. IX, v. 969. — 7. Herodot., lib. IV, cap. LXXXV. Strab., lib. I, p. 58. Wood, an Ess. on the Orig., etc., p. 308.

Nous laissâmes à droite les îles d'Imbros, de Samothrace, de Thasos : la dernière, célèbre par ses mines d'or [1] ; la seconde, par la sainteté de ses mystères. Sur le soir nous aperçûmes, du côté de Lemnos que nous venions de reconnaître à l'ouest, des flammes qui s'élevaient par intervalles dans les airs. On me dit qu'elles s'échappaient du sommet d'une montagne [2], que l'île était pleine de feux souterrains, qu'on y trouvait des sources d'eaux chaudes [3], et que les anciens Grecs n'avaient pas rapporté ces effets à des causes naturelles. Vulcain, disaient-ils, a établi un de ses ateliers à Lemnos ; les Cyclopes y forgent les foudres de Jupiter. Au bruit sourd qui accompagne quelquefois l'éruption des flammes, le peuple croit entendre les coups de marteau.

Vers le milieu de la nuit, nous côtoyâmes l'île de Ténédos. Au point du jour nous entrâmes dans le canal qui sépare Lesbos du continent voisin [4]. Bientôt après nous nous trouvâmes en face de Mytilène, et nous vîmes dans la campagne une procession qui s'avançait lentement vers un temple que nous distinguions dans le lointain : c'était celui d'Apollon, dont on célébrait la fête [5]. Des voix éclatantes faisaient retentir les airs de leurs chants. Le jour était serein ; un doux zéphyr se jouait dans nos voiles. Ravi de ce spectacle, je ne m'aperçus pas que nous étions dans le port. Cléomède trouva sur le rivage ses parents et ses amis, qui le reçurent avec des transports de joie. Avec eux s'était assemblé un peuple de matelots et d'ouvriers dont j'attirai les regards. On demandait avec une curiosité turbulente qui j'étais, d'où je venais, où j'allais. Nous logeâmes chez Cléomède, qui s'était chargé du soin de nous faire passer dans le continent de la Grèce.

CHAP. III. — *Description de Lesbos. Pittacus, Arion, Terpandre, Alcée, Sapho.*

Quelque impatience qu'eût Timagène de revoir sa patrie, nous attendîmes pendant plus d'un mois le départ d'un vaisseau qui devait nous transporter à Chalcis, capitale de l'Eubée : je profitai de ce temps pour m'instruire de tout ce qui concerne le pays que j'habitais.

On donne à Lesbos onze cents stades de tour [6]. L'intérieur de l'île, surtout dans les parties de l'est et de l'ouest, est coupé par des chaînes de montagnes et de collines ; les unes couvertes de vignes ; les autres, de hêtres, de cyprès, et de pins [7] ; d'autres, qui fournissent un marbre commun et peu estimé [8]. Les plaines qu'elles laissent dans leurs intervalles produisent du blé en abondance [9]. On trouve, en plusieurs endroits, des sources d'eaux chaudes [10], des agates, et différentes pierres précieuses [11] ; presque partout des myrtes, des oliviers, des

---

1. Herodot., lib. VI, cap. XLVI. — 2. Boch., Geogr. sacr., lib. I, cap. XII, p. 399. — 3. Eustath., in Iliad., lib. I, p. 157. — 4. Voy. de Tournef., t. I, p. 392. — 5. Thucyd., lib. III, cap. III. — 6. Strab., lib. XIII, p. 617. Quarante-une lieues quatorze cent cinquante toises. — 7. Bened. Bordone, Isolario, lib. II, p. 58. Porcacchi, Isole più famos., lib. II, p. 128. Rich. Pococ., Descript. of the East, t. II, part. II, p. 16. — 8. Plin., lib. XXXVI, cap. VI, t. II, p. 731. — 9. Pococ., ibid., p. 20. — 10 Id., — 11. Plin., lib. XXXVII, cap. X, t. II, p. 787 et 792.

figuiers; mais la principale richesse des habitants consiste dans leurs vins, qu'en différents pays on préfère à tous ceux de la Grèce [1].

Le long des côtes, la nature a creusé des baies, autour desquelles se sont élevées des villes que l'art a fortifiées, et que le commerce a rendues florissantes; telles sont Mytilène, Pyrrha, Méthymne, Arisba, Éressus, Antissa [2]. Leur histoire n'offre qu'une suite de révolutions. Après avoir pendant longtemps joui de la liberté, ou gémi dans la servitude, elles secouèrent le joug des Perses, du temps de Xerxès; et pendant la guerre du Péloponèse, elles se détachèrent plus d'une fois de l'alliance des Athéniens [3]; mais elles furent toujours forcées d'y rentrer, et elles y sont encore aujourd'hui. Une de ces défections eut des suites aussi funestes que la cause en avait été légère.

Un des principaux citoyens de Mytilène, n'ayant pu obtenir pour ses fils deux riches héritières, sema la division parmi les habitants de cette ville, les accusa de vouloir se joindre aux Lacédémoniens, et fit si bien par ses intrigues, qu'Athènes envoya une flotte à Lesbos pour prévenir ou punir cet outrage [4]. Les villes voisines, à l'exception de Méthymne, s'armèrent vainement en faveur de leur alliée. Les Athéniens les soumirent en peu de temps; prirent Mytilène, rasèrent ses murailles, s'emparèrent de ses vaisseaux, et mirent à mort les principaux habitants, au nombre de mille [5]. On ne respecta que le territoire de Méthymne : le reste de l'île fut divisé en trois mille portions : on en consacra trois cents au culte des dieux; les autres furent tirées au sort, et distribuées à des Athéniens qui, ne pouvant les cultiver eux-mêmes, les affermèrent aux anciens propriétaires, à deux mines par portion; ce qui produisit tous les ans, pour les nouveaux possesseurs, une somme de quatre-vingt-dix talents [6].

Depuis cette époque fatale, Mytilène, après avoir réparé ses pertes et relevé ses murailles [7], est parvenue au même degré de splendeur dont elle avait joui pendant plusieurs siècles [8]. La grandeur de son enceinte, la beauté de ses édifices, le nombre et l'opulence de ses habitants [9] la font regarder comme la capitale de Lesbos. L'ancienne ville, construite dans une petite île, est séparée de la nouvelle par un bras de mer [10]. Cette dernière se prolonge le long du rivage, dans une plaine bornée par des collines couvertes de vignes et d'oliviers [11], au delà desquelles s'étend un territoire très-fertile et très-peuplé. Mais, quelque heureuse que paraisse la position de Mytilène, il y règne des vents qui en rendent le séjour quelquefois insupportable. Ceux du midi et du nord-ouest y produisent différentes maladies; et le vent du nord qui

---

1. Clearch., ap. Athen., lib. I, cap. XXII, p. 28. Archestr., ap. eumd., lib. I, cap. XXIII, p. 29; lib. III, p. 92. Plin., lib. XIV, cap. VII, t. II, p. 717. Ælian., Var. hist., lib. XII, cap. XXXI. — 2. Herodot., lib. I, cap. CLI. Strab., lib. XIII, p. 618. — 3. Thucyd., lib. III, cap. II. — 4. Aristot., De rep., lib. V, cap. IV t. II, p. 390. — 5. Thucyd., lib. III, cap. L. Diod., lib. XII, t. II, p. 108. — 6. Quatre cent quatre-vingt-six mille livres. — 7. Diod., lib. XVII, t. II, p. 569. — 8. Plin., lib. V, t. I, p. 288. — 9. Xenoph., Hist. græc., lib. I, p. 445. Strab., lib. XIII, p. 616 et 617. Cicer., De leg. agr., orat. II, cap. XVI, t. V, p. 119. — 10. Diod., lib. XIII, t. II, p. 201. — 11. Long., Pastor., lib. I, in init. Pococ., t. II, part. II, p. 15.

les guérit est si froid, qu'on a de la peine, quand il souffle, à se tenir dans les places et dans les rues¹. Son commerce attire beaucoup de vaisseaux étrangers dans ses ports, situés l'un au nord, l'autre au midi de la ville. Le premier, plus grand et plus profond que le second, est garanti de la fureur des vents et des flots par un môle ou une jetée de gros rochers².

Lesbos est le séjour des plaisirs, ou plutôt de la licence la plus effrénée³. Les habitants ont sur la morale des principes qui se courbent à volonté, et se prêtent aux circonstances avec la même facilité que certaines règles de plomb dont se servent leurs architectes⁴. Rien peut-être ne m'a autant surpris, dans le cours de mes voyages, qu'une pareille dissolution, et les changements passagers qu'elle opéra dans mon âme. J'avais reçu sans examen les impressions de l'enfance; et ma raison, formée sur la foi et sur l'exemple de celle des autres, se trouva tout à coup étrangère chez un peuple plus éclairé. Il régnait dans ce nouveau monde une liberté d'idées et de sentiments qui m'affligea d'abord; mais insensiblement les hommes m'apprirent à rougir de ma sobriété, et les femmes de ma retenue. Mes progrès furent moins rapides dans la politesse des manières et du langage: j'étais comme un arbre qu'on transporterait d'une forêt dans un jardin, et dont les branches ne pourraient qu'à la longue se plier au gré du jardinier.

Pendant le cours de cette éducation, je m'occupais des personnages célèbres que Lesbos a produits. Je placerai à la tête des noms les plus distingués celui de Pittacus, que la Grèce a mis au nombre de ses sages⁵.

Plus de deux siècles écoulés depuis sa mort n'ont fait qu'ajouter un nouvel éclat à sa gloire. Par sa valeur et par sa prudence, il délivra Mytilène, sa patrie, des tyrans qui l'opprimaient, de la guerre qu'elle soutenait contre les Athéniens, et des divisions intestines dont elle était déchirée⁶. Quand le pouvoir qu'elle exerçait sur elle-même et sur toute l'île fut déposé entre ses mains, il ne l'accepta que pour rétablir la paix dans son sein, et lui donner les lois dont elle avait besoin⁷. Il en est une qui a mérité l'attention des philosophes⁸; c'est celle qui inflige une double peine aux fautes commises dans l'ivresse. Elle ne paraissait pas proportionnée au délit; mais il était nécessaire d'ôter le prétexte de l'ignorance aux excès où l'amour du vin précipitait les Lesbiens. L'ouvrage de sa législation étant achevé, il résolut de consacrer le reste de ses jours à l'étude de la sagesse⁹, et abdiqua sans faste

---

1. Vitruv., lib. I, cap. VI. — 2. Diod., ibid., p. 200. Strab., lib. XIII, p. 617. Pococ., ibid. — 3. Athen., lib. X, p. 438. Lucian., Dial. V, t. III, p. 289. — 4. Aristot., De mor., lib. V, cap. XIV, t. II, p. 72. Ces règles servaient à mesurer toutes les espèces de surfaces planes et courbes. — 5. Plat., in Protag., t. I, p. 343; et alii. — 6. Diod., Excerpt., p. 234, in excerpt. Vales. Strab., lib. XIII, p. 600. Plut., De malign. Herodot., t. II, p. 858. Polyæn., Strateg., lib. I, cap. XXV. — 7. Aristot., De rep., lib. III, cap. XIV, t. II, p. 357. Diog., Laert., lib. I, § 75. — 8. Aristot., ibid., lib. II, cap. XII, t. II, p. 337; id., De mor., lib. III, cap. VII, t. II, p. 34; id., Rhetor., lib. II, cap. XXV, t. II, p. 582. Diog., Laert., ibid., § 76. — 9. Plat., Hipp. maj., t. II, p. 281. Diog., Laert., ibid., § 75.

le pouvoir souverain. On lui en demanda la raison. Il répondit : « J'ai été effrayé de voir Périandre de Corinthe devenir le tyran de ses sujets, après en avoir été le père[1] ; il est trop difficile d'être toujours vertueux[2]. »

La musique et la poésie ont fait de si grands progrès à Lesbos, que, bien qu'on y parle une langue moins pure qu'à Athènes[3], les Grecs disent encore tous les jours qu'aux funérailles des Lesbiens les Muses en deuil font retentir les airs de leurs gémissements[4]. Cette île possède une école de musique qui remonterait aux siècles les plus reculés, s'il en fallait croire une tradition dont je fus instruit à Méthymne. J'ai quelque honte de la rapporter. Cependant, pour connaître parfaitement les Grecs, il est bon d'envisager quelquefois les fictions dont leurs annales sont embellies ou défigurées. On retrouve en effet dans l'histoire de ce peuple le caractère de ses passions, et dans ses fables celui de son esprit.

Orphée, dont les chants opéraient tant de prodiges, ayant été mis en pièces par les Bacchantes, sa tête et sa lyre furent jetées dans l'Hèbre, fleuve de Thrace, et transportées par les flots de la mer jusqu'aux rivages de Méthymne[5]. Pendant le trajet, la voix d'Orphée faisait entendre des sons touchants, et soutenus par ceux de la lyre, dont le vent agitait doucement les cordes[6]. Les habitants de Méthymne ensevelirent cette tête dans un endroit qu'on me montra, et suspendirent la lyre au temple d'Apollon. Le dieu, pour les récompenser, leur inspira le goût de la musique, et fit éclore parmi eux une foule de talents[7]. Pendant que le prêtre d'Apollon nous faisait ce récit, un citoyen de Méthymne observa que les Muses avaient enterré le corps d'Orphée dans un canton de la Thrace[8], et qu'aux environs de son tombeau les rossignols avaient une voix plus mélodieuse que partout ailleurs[9].

Lesbos a produit une succession d'hommes à talents, qui se sont transmis l'honneur de surpasser les autres musiciens de la Grèce dans l'art de jouer de la cithare[10]. Les noms d'Arion de Méthymne, et de Terpandre d'Antissa, décorent cette liste nombreuse.

Le premier, qui vivait il y a environ trois cents ans[11], a laissé un recueil de poésies[12] qu'il chantait au son de sa lyre, comme faisaient alors tous les poëtes. Après avoir inventé ou du moins perfectionné les dithyrambes[13], espèce de poésie dont je parlerai dans la suite, il les accompagna de danses en rond[14], usage qui s'est conservé jusqu'à nos jours. Périandre, tyran de Corinthe, l'arrêta longtemps dans cette ville. Il en partit pour se rendre en Sicile, où il remporta le prix dans un combat de musique[15].

1. Zenob., Cent. VI, prov. 38. — 2. Plat., in Protag., t. I, p. 339. — 3. Id., ibid., p. 341. — 4. Mém. de l'Acad. des bell. lettr., t. VII, p. 338. — 5. Ovid., Metam., lib. XI, v. 55. Phylarg. in Georg. Virg., lib. IV, v. 523. Eustath., in Dionys., v. 536. — 6. Lucian., Adv. indoct., t. III, p. 109. — 7. Hygin., Astron. poët., lib. II, cap. VII. — 8. Id., ibid. — 9. Pausan., lib. IX, p. 769. — 10. Plut., De mus., t. II, p. 1133. — 11. Solin., cap. VII. — 12. Suid., in Ἀρίων. — 13. Herodot., lib. I, cap. XXIII. Schol. Pind. in Olymp. XIII, v. 25. — 14. Hellan. et Dicæar. ap. schol. Aristoph. in Av. v. 1403. — 15. Solin., cap. VII.

S'étant ensuite embarqué à Tarente sur un vaisseau corinthien, les matelots résolurent de le jeter à la mer, pour profiter de ses dépouilles. Il s'y précipita lui-même, après avoir vainement tenté de les fléchir par la beauté de sa voix [1]. Un dauphin, plus sensible, le transporta, dit-on, au promontoire de Ténare : espèce de prodige dont on a voulu me prouver la possibilité par des raisons et par des exemples. Le fait, attesté par Arion dans une de ses hymnes [2], conservée dans la tradition des Lesbiens, me fut confirmé à Corinthe, où l'on dit que Périandre avait fait mettre à mort les matelots [3]. J'ai vu moi-même à Ténare [4], sur l'Hélicon [5], et en d'autres endroits, la statue de ce poëte, toujours représenté sur un dauphin. Ajoutons que non-seulement les dauphins paraissent être sensibles à la musique [6], capables de reconnaissance, amis de l'homme [7], mais qu'ils ont encore renouvelé plus d'une fois la scène touchante dont je viens de parler [8]. Ils garantirent du naufrage Taras, fondateur de Tarente; et Aristote [9] me fit remarquer un jour que les habitants de cette ville avaient consigné ce fait sur leur monnaie [10].

Terpandre [11] vivait à peu près dans le même temps qu'Arion. Il remporta plus d'une fois le prix dans les jeux publics de la Grèce [12]; mais ses véritables victoires furent ses découvertes. Il ajouta trois cordes à la lyre, qui auparavant n'en avait que quatre [13]; composa pour divers instruments des airs qui servirent de modèles [14]; introduisit de nouveaux rhythmes dans la poésie [15], et mit une action, et par conséquent un intérêt, dans les hymnes qui concouraient aux combats de musique [16]. On lui doit savoir gré d'avoir fixé par des notes le chant qui convenait aux poésies d'Homère [17]. Les Lacédémoniens l'appellent par excellence le chantre de Lesbos [18], et les autres Grecs conservent pour lui l'estime profonde dont ils honorent les talents qui contribuent à leurs plaisirs.

Environ cinquante ans après Terpandre, florissaient à Mytilène Alcée et Sapho, tous deux placés au premier rang des poëtes lyriques. Alcée [19] était né avec un esprit inquiet et turbulent. Il parut d'abord se destiner à la profession des armes, qu'il préférait à toutes les autres. Sa maison était remplie d'épées, de casques, de boucliers, de cuirasses [20]; mais, à la première occasion, il prit honteusement la fuite; et les

---

1. Herodot., lib. I, cap. XXIV. Oppian, Halieut., lib. V, v. 450. Plin., lib. IX, cap. VIII, t. I, p. 502. Solin., cap. XII. — 2. Ælian., Hist. anim., lib. XII, cap. XLV. — 3. Herodot., ibid. — 4. Id., ibid. Dion. Chrys., orat. XXXVII, p. 455. Gell., lib. XVI, cap. XIX. — 5. Pausan., lib. IX, cap. XXX, p. 767. — 6. Arion. ap. Ælian., ibid. Plin., lib. IX, cap. VIII, t. I, p. 502. — 7. Aristot., Hist. anim., lib. IX, ap. XLVIII, t. I, p. 954. Ælian., ibid., lib. VI, cap. XV. — 8. Plin., lib. IX, cap. VIII, t. I, p. 502. Pausan., lib. X, cap. XIII, p. 831. — 9. Aristot., ap. Poll., lib. IX, ap. VI, § 80. — 10. Les médailles de Tarente représentent en effet un homme sur un dauphin. Voy. la planche des médailles, n° 1. — 11. Fabric., Bibl. græc., t. I, p. 234. Mém. de l'Acad. des bell. lett., t. X, p. 213. — 12. Plut., De mus., l. II, p. 1132. Athen., lib. XIV, cap. IV, p. 635. — 13. Terp. ap. Eucl., Introd. harm., p. 19; in Autor. antiq. mus., t. I. Strab., lib. XIII, p. 618. — 14. Plut., ibid. Marm., Oxon., epoch. 35. — 15. Plut., ibid., p. 1135. — 16. Poll., lib. IV, cap. IX, § 66. — 17. Plut., ibid., p. 1132. — 18. Id., De ser. num. vind., t. II, p. 558. — 19. Fabric., Bibl. græc., t. I, p. 563. — 20. Alcm. ap. Athen., lib. XIV, p. 627.

Athéniens, après leur victoire, le couvrirent d'opprobre, en suspendant ses armes au temple de Minerve à Sigée[1]. Il professait hautement l'amour de la liberté, et fut soupçonné de nourrir en secret le désir de la détruire[2]. Il se joignit, avec ses frères, à Pittacus, pour chasser Mélanchrus, tyran de Mytilène[3], et aux mécontents pour s'élever contre l'administration de Pittacus. L'excès et la grossièreté des injures qu'il vomit contre ce prince[4] n'attestèrent que sa jalousie. Il fut banni de Mytilène; il revint quelque temps après à la tête des exilés[5], et tomba entre les mains de son rival, qui se vengea d'une manière éclatante, en lui pardonnant[6].

La poésie, l'amour et le vin le consolèrent de ses disgrâces. Il avait dans ses premiers écrits exhalé sa haine contre la tyrannie; il chanta, depuis, les dieux[7], et surtout ceux qui président aux plaisirs[8]; il chanta ses amours, ses travaux guerriers, ses voyages, et les malheurs de l'exil[9]. Son génie avait besoin d'être excité par l'intempérance[10]; et c'était dans une sorte d'ivresse qu'il composait ces ouvrages qui ont fait l'admiration de la postérité[11]. Son style, toujours assorti aux matières qu'il traite, n'a d'autres défauts que ceux de la langue qu'on parle à Lesbos. Il réunit la douceur à la force; la richesse à la précision et à la clarté; il s'élève presque à la hauteur d'Homère, lorsqu'il s'agit de décrire des combats et d'épouvanter un tyran[12].

Alcée avait conçu de l'amour pour Sapho. Il lui écrivit un jour : « Je voudrais m'expliquer, mais la honte me retient. — Votre front n'aurait pas à rougir, lui répondit-elle, si votre cœur n'était pas coupable[13]. »

Sapho disait : « J'ai reçu en partage l'amour des plaisirs et de la vertu[14]; sans elle, rien de si dangereux que la richesse, et le bonheur consiste dans la réunion de l'une et de l'autre[15]. » Elle disait encore : « Cette personne est distinguée par sa figure; celle-ci par ses vertus. L'une paraît belle au premier coup d'œil; l'autre ne le paraît pas moins au second[16]. »

Je rapportais un jour ces expressions, et beaucoup d'autres semblables, à un citoyen de Mytilène, et j'ajoutais : « L'image de Sapho est empreinte sur vos monnaies[17]; vous êtes remplis de vénération pour sa mémoire[18]. Comment concilier les sentiments qu'elle a déposés dans ses écrits, et les honneurs que vous lui décernez en public, avec les mœurs infâmes qu'on lui attribue sourdement? » Il me répondit : « Nous ne connaissons pas assez les détails de sa vie pour en juger[19]. A parler

1. Hérodot., lib. V, cap. xcv. — 2. Strab., lib. XIII, p. 617. — 3. Diog. Laert., lib. I, § 74. — 4. Id. ibid., § 81. Ménag., not. in Diog. Laert. — 5. Aristot. De repr., lib. III, cap. xiv. — 6. Diog. Laert., lib. I, § 76. — 7. Fabric., Bibl. græc., t. I, p. 563. — 8. Horat., lib. I, od. 32. — 9. Alcæi carm. Horat., lib. II, od. XIII. — 10. Athen., lib. X, cap. vii, p. 429. — 11. Dion. Halic., De Struct. orat., t. IV, p. 187. — 12. Id., De cens. vet. script., t. V, p. 421. Quintil., lib. X, cap. I, p. 631. — 13. Aristot., Rhetor., lib. I, cap. ix, t. II, p. 531. — 14. Saph., ap. Athen., lib. XV, p. 687. — 15. Ead. ap. schol. Pindar., olymp. II, v. 96; et pyth. V, v. 1. — 16. Ead. in fragm. Christ. Wolf., p. 72. — 17. Poll., Onom., lib. IX, cap. vi, § 84. — 18. Aristot., Rhetor., lib. II, cap. xxiii, t. II, p. 576. — 19. Il faut observer que tout ce qu'on raconte des mœurs dissolues de Sapho ne se trouve que dans des écrivains fort postérieurs au temps où elle vivait.

exactement, on ne pourrait rien conclure en sa faveur, de la justice qu'elle rend à la vertu, et de celle que nous rendons à ses talents. Quand je lis quelques-uns de ses ouvrages, je n'ose pas l'absoudre; mais elle eut du mérite et des ennemis, et je n'ose pas la condamner.

« Après la mort de son époux, elle consacra son loisir aux lettres, dont elle entreprit d'inspirer le goût aux femmes de Lesbos[1]. Plusieurs d'entre elles se mirent sous sa conduite; des étrangères grossirent le nombre de ses disciples. Elle les aima avec excès, parce qu'elle ne pouvait rien aimer autrement; elle leur exprimait sa tendresse avec la violence de la passion. Vous n'en serez pas surpris, quand vous connaîtrez l'extrême sensibilité des Grecs; quand vous saurez que, parmi eux, les liaisons les plus innocentes empruntent souvent le langage de l'amour. Lisez les dialogues de Platon; voyez en quels termes Socrate y parle de la beauté de ses élèves[2]. Cependant Platon sait mieux que personne combien les intentions de son maître étaient pures. Celles de Sapho ne l'étaient pas moins peut-être; mais une certaine facilité de mœurs, et la chaleur de ses expressions, n'étaient que trop propres à servir la haine de quelques femmes puissantes qui étaient humiliées de sa supériorité, et de quelques-unes de ses disciples qui n'étaient pas l'objet de ses préférences. Cette haine éclata. Elle y répondit par des vérités et des ironies[3] qui achevèrent de les irriter. Elle se plaignit ensuite de leurs persécutions[4], et ce fut un nouveau crime. Contrainte de prendre la fuite[5], elle alla chercher un asile en Sicile[6], où l'on projette[7], à ce que j'entends dire, de lui élever une statue[8]. Si les fruits dont vous me parlez ne sont pas fondés, comme je le pense, son exemple a prouvé que de grandes indiscrétions suffisent pour flétrir la réputation d'une personne exposée aux regards du public et de la postérité.

« Sapho était extrêmement sensible. — Elle était donc extrêmement malheureuse, lui dis-je. — Elle le fut sans doute, reprit-il. Elle aima Phaon, dont elle fut abandonnée[9]: elle fit de vains efforts pour le ramener; et désespérant d'être désormais heureuse avec lui et sans lui, elle tenta le saut de Leucade, et périt dans les flots[10]. La mort n'a pas encore effacé la tache imprimée sur sa conduite; et peut-être, ajouta-t-il en finissant, ne sera-t-elle jamais effacée; car l'envie, qui s'attache aux noms illustres, meurt, à la vérité, mais laisse après elle la calomnie qui ne meurt jamais. »

Sapho a fait des hymnes, des odes, des élégies, et quantité d'autres pièces, la plupart sur des rhythmes qu'elle avait introduits elle-

---

1. Suid., in Σάφω. — 2. Plat., in Phædr., Max. Tyr., Dissert. XXIV, § 9, p. 297. — 3. Athen., lib. I, p. 21. Saph., ap. Plut. conjug. præcept., t. II, p. 146; ap. Stob., De imprud., serm. IV, p. 52. — 4. Horat., lib. II, od. XIII. — 5. Voyez la note X à la fin du volume. — 6. Marm., oxon., epoch. 37. — 7. Cicer., in Verr., lib. IV, cap. LVII, t. IV, p. 402. — 8. Cette statue fut élevée quelques années après; elle fut faite par Silanion, un des plus célèbres sculpteurs de son temps. (Cicer., ibid., Tatian., ad Græc., cap. LII, p. 143.) — 9. Athen., lib. XIII, p. 596. Plin., lib. XXII, cap. VIII, t. II, p. 269. Ovid., Heroid., ep. XV, t. I, p. 195 — 10. Men., ap. Strab., lib. X, p. 452.

même¹, toutes brillantes d'heureuses expressions dont elle enrichit la langue².

Plusieurs femmes de la Grèce ont cultivé la poésie avec succès, aucune n'a pu jusqu'à présent égaler Sapho³; et parmi les autres poëtes, il en est très-peu qui méritent de lui être préférés. Quelle attention dans le choix des sujets et des mots! Elle a peint tout ce que la nature offre de plus riant⁴ : elle l'a peint avec les couleurs les mieux assorties; et ces couleurs, elle sait au besoin tellement les nuancer, qu'il en résulte toujours un heureux mélange d'ombres et de lumières⁵. Son goût brille jusque dans le mécanisme de son style. Là, par un artifice qui ne sent jamais le travail, point de heurtements pénibles, point de chocs violents entre les éléments du langage; et l'oreille la plus délicate trouverait à peine dans une pièce entière quelques sons qu'elle voulût supprimer⁶. Cette harmonie ravissante fait que, dans la plupart de ses ouvrages, ses vers coulent avec plus de grâce et de mollesse que ceux d'Anacréon et de Simonide.

Mais avec quelle force de génie nous entraîne-t-elle lorsqu'elle décrit les charmes, les transports et l'ivresse de l'amour! quels tableaux! quelle chaleur! Dominée, comme la Pythie, par le dieu qui l'agite, elle jette sur le papier des expressions enflammées⁷. Ses sentiments y tombent comme une grêle de traits, comme une pluie de feu qui va tout consumer. Tous les symptômes de cette passion s'animent et se personnifient pour exciter les plus fortes émotions dans nos âmes⁸.

C'était à Mytilène que, d'après le jugement de plusieurs personnes éclairées, je traçais cette faible esquisse des talents de Sapho; c'était dans le silence de la réflexion, dans une de ces brillantes nuits si communes dans la Grèce, lorsque j'entendis sous mes fenêtres une voix touchante qui s'accompagnait de la lyre, et chantait une ode où cette illustre Lesbienne s'abandonne sans réserve à l'impression que faisait la beauté sur son cœur trop sensible. Je la voyais faible, tremblante, frappée comme d'un coup de tonnerre qui la privait de l'usage de son esprit et de ses sens, rougir, pâlir, respirer à peine, et céder tour à tour aux mouvements divers et tumultueux de sa passion, ou plutôt de toutes les passions qui s'entre-choquaient dans son âme.

Telle est l'éloquence du sentiment. Jamais elle ne produit des tableaux si sublimes et d'un si grand effet que lorsqu'elle choisit et lie ensemble les principales circonstances d'une situation intéressante⁹; et voilà ce qu'elle opère dans ce petit poëme, dont je me contente de rapporter les premières strophes.

    Heureux celui qui près de toi soupire,
    Qui sur lui seul attire ces beaux yeux,

---

1. Fabric., Bibl. græc., t. I, p. 590. Christ. Wolf., vit. Saph., p. 16 et 18. — 2. Demetr. Phal., De elocut., cap. CLXVII. — 3. Strab., lib. XIII, p. 617. — 4. Demetr., ibid., cap. CXXXII. — 5. Dion. Halic., De compos. verb., sect. XXIII, p. 171. — 6. Id., ibid., p. 180. Demetr., Phal., cap. CXXXI. Plut., de Pyth. orac., t. II, p. 197. — 7. Id., Amat., t. II, p. 763. Horat., lib. IV, od. IX, v. 11. — 8. Longin., De subl., § 10. — 9. Id., ibid.

> Ce doux accent et ce tendre sourire !
> Il est égal aux dieux.
>
> De veine en veine une subtile flamme
> Court dans mon sein sitôt que je te vois,
> Et dans le trouble où s'égare mon âme,
> Je demeure sans voix.
>
> Je n'entends plus ; un voile est sur ma vue ;
> Je rêve, et tombe en de douces langueurs ;
> Et sans haleine, interdite, éperdue,
> Je tremble, je me meurs[1]

CHAP. IV. — *Départ de Mytilène. Description de l'Eubée. Chalcis Arrivée à Thèbes.*

Le lendemain, on nous pressa de nous embarquer. On venait d'attacher la chaloupe au vaisseau[2], et les deux gouvernails aux deux côtés de la poupe[3]. On avait enlevé le mât, hissé la vergue, disposé la voile : tout était prêt. Vingt rameurs, dix de chaque côté[4], tenaient déjà leurs bras appliqués sur les rames. Nous quittâmes Mytilène avec regret. En sortant du port, l'équipage chantait des hymnes en l'honneur des dieux, et leur adressait à grands cris des vœux pour en obtenir un vent favorable[5].

Quand nous eûmes doublé le cap Malée, situé à l'extrémité méridionale de l'île, on déploya la voile. Les rameurs firent de nouveaux efforts ; nous volions sur la surface des eaux. Notre navire, presque tout construit en bois de sapin[6], était de l'espèce de ceux qui font soixante-dix mille orgyes[7] dans un jour d'été, et soixante mille[8] dans une nuit[9]. On en a vu qui, dans l'espace de vingt-quatre jours, ont passé rapidement des régions les plus froides aux climats les plus chauds, en se rendant du Palus-Méotide en Éthiopie[10].

Notre trajet fut heureux et sans événements. Nos tentes étaient dressées auprès de celle du capitaine[11], qui s'appelait Phanès. Tantôt j'avais la complaisance d'écouter le récit de ses voyages ; tantôt je reprenais Homère, et j'y trouvais de nouvelles beautés : car c'est dans les lieux où il a écrit qu'on peut juger de l'exactitude de ses descriptions et de la vérité de ses couleurs[12]. Je me faisais un plaisir de rapprocher ses tableaux de ceux de la nature, sans que l'original fît tort à la copie.

Cependant nous commencions à découvrir le sommet d'une montagne

---

1. Voyez la note III à la fin du volume. — 2. Demosth., in Zenoth., p. 890. Achill. Tat., De Clitoph., et Leucipp., Amor., lib. III, cap. II, p. 240. — 3. Scheff, De milit. nav., lib. II. cap. v, p. 146. — 4. Demosth., in Lacrit., p. 949. — 5. Achill. Tat., ibid., lib. II, cap. XXXII, p. 200. — 6. Theophr., Hist. plant., lib. V, cap. VIII, p. 533. — 7. Environ vingt-six lieues et demie. — 8. Environ vingt-deux lieues trois quarts. — 9. Herodot., lib. IV, cap. LXXXVI. — 10. Diod., lib. III, p. 167. — 11. Scheff., De milit. nav., lib. II, cap. v, p. 137. — 12. Wood, an essay on the orig. gen. of Hom.

qui se nomme Ocha, et qui domine sur toutes celles de l'Eubée [1]. Plus nous avancions, plus l'île me paraissait se prolonger du midi au nord. « Elle s'étend, me dit Phanès, le long de l'Attique, de la Béotie, du pays des Locriens, et d'une partie de la Thessalie [2]; mais sa largeur n'est pas proportionnée à sa longueur. Le pays est fertile, et produit beaucoup de blé, de vin, d'huile et de fruits [3]. Il produit aussi du cuivre et du fer [4]. Nos ouvriers sont très-habiles à mettre ces métaux en œuvre [5], et nous nous glorifions d'avoir découvert l'usage du premier [6]. Nous avons en plusieurs endroits des eaux chaudes propres à diverses maladies [7]. Ces avantages sont balancés par des tremblements de terre qui ont englouti quelquefois des villes entières, et fait refluer la mer sur des côtes auparavant couvertes d'habitants [8].

« Des ports excellents, des villes opulentes, des places fortes [9], de riches moissons, qui servent souvent à l'approvisionnement d'Athènes : tout cela, joint à la position de l'île, donne lieu de présumer que, si elle tombait entre les mains d'un souverain, elle tiendrait aisément dans ses entraves les nations voisines [10]. Nos divisions, en les garantissant de ce danger, leur ont souvent inspiré le désir et procuré les moyens de nous soumettre [11]; mais leur jalousie nous a rendu la liberté [12]. Moins sujets qu'alliés des Athéniens, nous pouvons, à la faveur d'un tribut que nous leur payons [13], jouir en paix de nos lois et des avantages de la démocratie. Nous pouvons convoquer des assemblées générales à Chalcis ; et c'est là que se discutent les intérêts et les prétentions de nos villes [14]. »

Sur le vaisseau étaient quelques habitants de l'Eubée, que des vues de commerce avaient conduits à Mytilène, et ramenaient dans leur patrie. L'un était d'Orée, l'autre de Caryste, le troisième d'Érétrie. « Si le vent, me disait le premier, nous permet d'entrer du côté du nord, dans le canal qui est entre l'île et le continent, nous pourrons nous arrêter à la première ville que nous trouverons à gauche [15]. C'est celle d'Orée, presque toute peuplée d'Athéniens. Vous verrez une place très-forte par sa position et par les ouvrages qui la défendent [16]. Vous verrez un territoire dont les vignobles étaient déjà renommés du temps d'Homère [17]. — Si vous pénétrez dans le canal par le côté opposé, me disait le second, je vous inviterai à descendre au port de Caryste, que nous trouverons à droite. Votre vue s'étendra sur des campagnes couvertes de pâturages et de troupeaux [18]. Je vous mènerai aux carrières du mont Ocha. Le marbre qu'on en tire est d'un vert grisâtre,

---

1. Strab., lib. X, p. 445. Eustath., in Iliad., lib. II, p. 280. — 2. Strab., ibid. p. 444. — 3. Herodot., lib. V, cap. XXXI. — 4. Strab., lib. X, p. 447. — 5. Steph., in Αἰδηψ. — 6. Id., in Χαλχ. Eustath., in Iliad., lib. II, p. 280. — 7. Steph., ibid. Strab., ibid. Aristot., Meteor., lib. II, cap. VIII, t. I, p. 567. Plin., lib. IV, cap. XII, t. I, p. 211. — 8. Aristot., ibid. Thucyd., lib. III, cap. XLIX. Strab., ibid. — 9. Plut., in Phoc., t. I, p. 747. — 10. Demosth., de Cor., p. 488. Ulpian., in Orat. ad Aristocr., p. 769. Polyb., lib. XVII, p. 751. — 11. Demosth., ibid. Thucyd., lib. I, cap. CXIV. Diod., lib. XVI, cap. VII, p. 411. — 12. Demosth., ibid., p. 489. Id., in Androt., p. 710. Æschin., in Ctes., p. 441. — 13. Id., ibid., p. 442 et 443. — 14. Id., ibid. — 15. Tit. Liv., lib. XXVIII, cap. V. — 16. Diod., lib. XV, p. 349. Tit. Liv., lib. XXXI, cap. 46. — 17. Iliad., lib. II, v. 537. — 18. Eustath., in Iliad., lib II, p. 280.

et entremêlé de teintes de différentes couleurs. Il est très-propre à faire des colonnes¹. Vous verrez aussi une espèce de pierre que l'on file, et dont on fait une toile qui, loin d'être consumée par le feu, s'y dépouille de ses taches².

— Venez à Érétrie, disait le troisième ; je vous montrerai des tableaux et des statues sans nombre³ : vous verrez un monument plus respectable, les fondements de nos anciennes murailles détruites par les Perses, à qui nous avions osé résister⁴. Une colonne placée dans un de nos temples vous prouvera que dans une fête célébrée tous les ans en l'honneur de Diane⁵, nous fîmes paraître autrefois trois mille fantassins, six cents cavaliers et soixante chariots⁶. » Il releva ensuite avec tant de chaleur l'ancienne puissance de cette ville, et le rang qu'elle occupe encore dans la Grèce, que Phanès se hâta d'entamer l'éloge de Chalcis. La dispute s'échauffa bientôt sur la prééminence des deux villes.

Surpris de leur acharnement, je dis à Timagène : « Ces gens-ci confondent leurs possessions avec leurs qualités personnelles. Avez-vous ailleurs beaucoup d'exemples d'une pareille rivalité ? — Elle subsiste, me répondit-il, entre les nations les plus puissantes, entre les plus petits hameaux. Elle est fondée sur la nature, qui, pour mettre tout en mouvement sur la terre, s'est contentée d'imprimer dans nos cœurs deux attraits, qui sont la source de tous nos biens et de tous nos maux : l'un est l'amour des plaisirs qui tendent à la conservation de notre espèce ; l'autre est l'amour de la supériorité, qui produit l'ambition et l'injustice, l'émulation et l'industrie, sans lequel on n'aurait ni taillé les colonnes de Caryste, ni peint les tableaux d'Érétrie, ni peut-être planté les vignes d'Orée. »

Dans ce moment le Chalcidéen disait à son adversaire : « Souvenez-vous que vous êtes joués sur le théâtre d'Athènes, et qu'on s'y moque de cette prononciation barbare que vous avez apportée de l'Élide⁷. — Et rappelez-vous, disait l'Érétrien, que sur le même théâtre on se permet des plaisanteries un peu plus sanglantes sur l'avarice des Chalcidéens, et sur la dépravation de leurs mœurs⁸. — Mais enfin, disait l premier, Chalcis est une des plus anciennes villes de la Grèce Homère en a parlé. — Il parle d'Érétrie⁹ dans le même endroit, répliquait le second. — Nous nous enorgueillissons des colonies que nous avons autrefois envoyées en Thrace, en Italie et en Sicile. — Et nous, de celles que nous établîmes près du mont Athos¹⁰. — Nos pères gémirent pendant quelque temps sous la tyrannie des riches, et ensuite sous celle d'un tyran nommé Phoxus ; mais ils eurent le courage de la secouer, et d'établir la démocratie¹¹. — Nos pères ont de même substitué le gouvernement populaire à l'aristocratique¹². — Vous ne devriez pas vous

1. Strab., lib. IX, p. 437 ; lib. X, p. 446. Dion., Chrysost., orat. LXXX, p. 664. — 2. Strab., lib. X, p. 446. — 3. Tit. Liv., lib. XXXII, cap. XVI. — 4. Herodot., lib. VI, cap. CI. Strab., ibid., p. 448. — 5. Tit. Liv., lib. XXXV, cap. XXXVIII. — 6. Strab., ibid. — 7. Id., ibid. Hesych., in Ἐρέτρ. Eustath., in Iliad., lib. II, p. 279. — 8. Hesych. et Suid., in Χαλκ. Eustath., ibid. — 9. Iliad., lib. II, v. 537. — 10. Strab., ibid., p. 447. Eustath., ibid. — 11. Aristot., De rep., lib. V, cap. IV, t. II, p. 391. — 12. Id., ibid., cap. VI, p. 395.

vanter de ce changement, dit le Carystien : jamais vos villes ne furent si florissantes que sous l'administration d'un petit nombre de citoyens : ce fut alors en effet que vous fîtes partir ces nombreuses colonies dont vous venez de parler. — Ils ont d'autant plus de tort, reprit l'habitant d'Orée, qu'aujourd'hui même les Chalcidéens ont la lâcheté de supporter la tyrannie de Mnésarque, et les Érétriens celle de Thémison[1]. — Ce n'est pas le courage qui leur manque, dit Timagène : les deux peuples sont braves : ils l'ont toujours été. Une fois, avant que d'en venir aux mains, ils réglèrent les conditions du combat, et convinrent de se battre corps à corps, et sans se servir de ces armes qui portent la mort au loin. Cette convention extraordinaire est gravée sur une colonne que j'ai vue autrefois dans le temple de Diane à Érétrie[2]. Elle dut faire couler bien du sang ; mais elle dut terminer la guerre.

— Parmi les avantages dont vous vous parez, dis-je alors, il en est un que vous avez passé sous silence. L'Eubée n'aurait-elle produit aucun philosophe, aucun poète célèbre? Par quel hasard vos relations avec les Athéniens ne vous ont-elles pas inspiré le goût des lettres[3]? » Ils restèrent immobiles. Le capitaine donna des ordres à l'équipage. Nous doublâmes le cap méridional de l'île, et nous entrâmes dans un détroit dont les rivages nous offraient de chaque côté des villes de différentes grandeurs : nous passâmes auprès des murs de Caryste et d'Érétrie, et nous arrivâmes à Chalcis.

Elle est située dans un endroit où, à la faveur de deux promontoires qui s'avancent de part et d'autre, les côtes de l'île touchent presque à celles de la Béotie[4]. Ce léger intervalle, qu'on appelle Euripe, est en partie comblé par une digue que Timagène se souvenait d'avoir vu construire dans sa jeunesse. À chacune de ses extrémités est une tour pour la défendre, et un pont-levis pour laisser passer un vaisseau[5]. C'est là qu'on voit d'une manière plus sensible un phénomène dont on n'a pas encore pénétré la cause. Plusieurs fois, pendant le jour et pendant la nuit, les eaux de la mer se portent alternativement au nord et au midi, et emploient le même temps à monter et à descendre. Dans certains jours le flux et le reflux paraît assujetti à des lois constantes, comme celles du Grand océan. Bientôt il ne suit plus aucune règle[6], et vous voyez d'un moment à l'autre le courant changer de direction[7].

Chalcis est bâtie sur le penchant d'une montagne de même nom[8]. Quelque considérable que soit son enceinte, on se propose de l'augmenter encore[9]. De grands arbres qui s'élèvent dans les places et dans les jardins[10] garantissent les habitants des ardeurs du soleil ; et une source abondante, nommée la fontaine d'Aréthuse, suffit à leurs besoins[11]. La ville est embellie par un théâtre, par des gymnases, des portiques, des temples, des statues et des peintures[12]. Son heureuse situation, ses fabriques de cuivre[13], son territoire, arrosé par la rivière

---

1. Æschin., in Ctes., p. 441. — 2. Strab., lib. X, p. 448. — 3. Dicæarch., stat. Græc. ap. Geogr. min., t. II, p. 20. — 4. Strab., ibid., p. 445. — 5. Diod., lib. XIII, p. 173. — 6. Plat., in Phæd., t. I, p. 90. — 7. Voyage de Spon., t. II, p. 162. — 8. Dicæarch., ibid., p. 19. Eustath., in Iliad., lib. II, p. 279. Steph., in Χαλκ. — 9. Strab., ibid., p. 447. — 10. Dicæarch., ibid. — 11. Eustath., ibid. — 12. Dicæarch., ibid. — 13. Steph., ibid.

de Lélantus, et couvert d'oliviers, attirent dans son port les vaisseaux des nations commerçantes [1]. Les habitants sont ignorants et curieux à l'excès : ils exercent l'hospitalité envers les étrangers ; et, quoique jaloux de la liberté, ils se plient aisément à la servitude [2].

Nous couchâmes à Chalcis, et le lendemain, à la pointe du jour, nous arrivâmes sur la côte opposée, à Aulis, petit bourg auprès duquel est une grande baie, où la flotte d'Agamemnon fut si longtemps retenue par les vents contraires [3].

D'Aulis nous passâmes par Salganée, et nous nous rendîmes à Anthédon, par un chemin assez doux, dirigé en partie sur le rivage de la mer, et en partie sur une colline couverte de bois, de laquelle jaillissent quantité de sources [4]. Anthédon est une petite ville, avec une place ombragée par de beaux arbres, et entourée de portiques. La plupart des habitants s'occupent uniquement de la pêche. Quelques-uns cultivent des terres légères qui produisent beaucoup de vin et très-peu de blé [5].

Nous avions fait soixante-dix stades [6]. Il n'en fallait plus que cent soixante [7] pour nous rendre à Thèbes [8].

Comme nous étions sur un chariot, nous prîmes le chemin de la plaine, quoiqu'il soit long et tortueux [9]. Nous approchâmes bientôt de cette grande ville. A l'aspect de la citadelle, que nous aperçûmes de loin, Timagène ne pouvait plus retenir ses sanglots. L'espérance et la crainte se peignaient tour à tour sur son visage. « Voici ma patrie, disait-il ; voilà où je laissai un père, une mère, qui m'aimaient si tendrement. Je ne puis pas me flatter de les retrouver. Mais j'avais un frère et une sœur : la mort les aura-t-elle épargnés? » Ces réflexions, auxquelles nous revenions sans cesse, déchiraient son âme et la mienne. Ah ! combien il m'intéressait dans ce moment! combien il me parut à plaindre le moment d'après! Nous arrivâmes à Thèbes, et les premiers éclaircissements plongèrent le poignard dans le sein de mon ami. Les regrets de son absence avaient précipité dans le tombeau les auteurs de ses jours : son frère avait péri dans un combat : sa sœur avait été mariée à Athènes ; elle n'était plus, et n'avait laissé qu'un fils et une fille. Sa douleur fut amère ; mais les marques d'attention et de tendresse qu'il reçut des citoyens de tous les États, de quelques parents éloignés, et surtout d'Épaminondas, adoucirent ses peines, et le dédommagèrent, en quelque façon, de ses pertes.

CHAP. V. — *Séjour à Thèbes. Épaminondas. Philippe de Macédoine.*

Dans la relation d'un second voyage que je fis en Béotie, je parlerai de la ville de Thèbes et des mœurs des Thébains. Dans mon premier voyage, je ne m'occupai que d'Épaminondas.

Je lui fus présenté par Timagène. Il connaissait trop le sage Ana

1. Dicæarch., stat. Græc. ap. Geogr. min., t. II, p. 19. Plin., lib. IV, cap. XII, t. I, p. 211. — 2. Dicæarch., ibid. — 3. Strab., lib. IX, p. 403. — 4. Dicæarch., ibid. — 5. Id., ibid., p. 18. — 6. Deux lieues seize cent quinze toises. — 7. Six lieues cent vingt toises. — 8. Dicæarch., ibid., p. 17 et 19. — 9. Id., ibid., p. 17.

charsis pour ne pas être frappé de mon nom. Il fut touché du motif qui m'attirait dans la Grèce. Il me fit quelques questions sur les Scythes. J'étais si saisi de respect et d'admiration, que j'hésitais à répondre. Il s'en aperçut, et détourna la conversation sur l'expédition du jeune Cyrus, et sur la retraite des Dix mille. Il nous pria de le voir souvent. Nous le vîmes tous les jours. Nous assistions aux entretiens qu'il avait avec les Thébains les plus éclairés, avec les officiers les plus habiles. Quoiqu'il eût enrichi son esprit de toutes les connaissances, il aimait mieux écouter que de parler. Ses réflexions étaient toujours justes et profondes. Dans les occasions d'éclat, lorsqu'il s'agissait de se défendre, ses réponses étaient promptes, vigoureuses et précises. La conversation l'intéressait infiniment, lorsqu'elle roulait sur des matières de philosophie et de politique [1].

Je me souviens avec un plaisir mêlé d'orgueil d'avoir vécu familièrement avec le plus grand homme peut-être que la Grèce ait produit [2]. Et pourquoi ne pas accorder ce titre au général qui perfectionna l'art de la guerre, qui effaça la gloire des généraux les plus célèbres [3], et ne fut jamais vaincu que par la fortune [4]; à l'homme d'État qui donna aux Thébains une supériorité qu'ils n'avaient jamais eue, et qu'ils perdirent à sa mort [5]; au négociateur qui prit toujours dans les diètes l'ascendant sur les autres députés de la Grèce [6], et qui sut retenir dans l'alliance de Thèbes, sa patrie, les nations jalouses de l'accroissement de cette nouvelle puissance; à celui qui fut aussi éloquent que la plupart des orateurs d'Athènes [7], aussi dévoué à sa patrie que Léonidas [8], et plus juste peut-être qu'Aristide lui-même ?

Le portrait fidèle de son esprit et de son cœur serait le seul éloge digne de lui; mais qui pourrait développer cette philosophie sublime qui éclairait et dirigeait ses actions, ce génie si étincelant de lumières, si fécond en ressources; ces plans concertés avec tant de prudence, exécutés avec tant de promptitude? Comment représenter encore cette égalité d'âme, cette intégrité de mœurs [9], cette dignité dans le maintien et dans les manières, son attention à respecter la vérité jusque dans les moindres choses, sa douceur, sa bonté, la patience avec laquelle il supportait les injustices du peuple et celles de quelques-uns de ses amis [10] ?

Dans une vie où l'homme privé n'est pas moins admirable que l'homme public, il suffira de choisir au hasard quelques traits qui serviront à caractériser l'un et l'autre. J'ai déjà rapporté ses principaux exploits dans le premier chapitre de cet ouvrage.

Sa maison était moins l'asile que le sanctuaire de la pauvreté. Elle y régnait avec la joie pure de l'innocence, avec la paix inaltérable du

---

1. Nep., in Epam., cap. III. — 2. Cicer., De Orat., lib. III, cap. XXXIV, t. I, p. 313; id., Tuscul., lib. I, cap. II, t. II, p. 234. — 3. Diod., lib. XV, p. 356 et 396. Ælian., Var. hist., lib. VII, cap. XIV. — 4. Polyb., lib. IX, p. 548. — 5. Id., lib. VI, p. 488. Diod., ibid., p. 338 et 397. Pausan., lib. VIII, cap. XI, p. 622. Nep., ibid., cap. X. — 6. Id., ibid., cap. VI. — 7. Cicer., in Brut., cap. XIII, t. I, p. 346. — 8. Id., De fin., lib. II, cap. XIX, t. II, p. 123. — 9. Voyez la note XII à la fin du volume. — 10. Nep., ibid., cap. III. Plut., in Pelop., p. 296. Pausan., ibid., cap. XLIX, p. 699.

bonheur, au milieu des autres vertus auxquelles elle prêvait de nouvelles forces, et qui la parait de leur éclat. Elle y régnait dans un dénûment si absolu, qu'on aurait de la peine à le croire [1]. Prêt à faire une irruption dans le Péloponèse, Épaminondas fut obligé de travailler à son équipage. Il emprunta cinquante drachmes [2] ; et c'était à peu près dans le temps qu'il rejetait avec indignation cinquante pièces d'or qu'un prince de Thessalie avait osé lui offrir [3]. Quelques Thébains essayèrent vainement de partager leur fortune avec lui ; mais il leur faisait partager l'honneur de soulager les malheureux.

Nous le trouvâmes un jour avec plusieurs de ses amis qu'il avait rassemblés. Il leur disait : « Sphodrias a une fille en âge d'être mariée. Il est trop pauvre pour lui constituer une dot. Je vous ai taxés chacun en particulier suivant vos facultés. Je suis obligé de rester quelques jours chez moi ; mais à ma première sortie je vous présenterai cet honnête citoyen. Il est juste qu'il reçoive de vous ce bienfait, et qu'il en connaisse les auteurs [4]. » Tous souscrivirent à cet arrangement, et le quittèrent en le remerciant de sa confiance. Timagène, inquiet de ce projet de retraite, lui en demanda le motif. Il répondit simplement : « Je suis obligé de faire blanchir mon manteau [5]. » En effet il n'en avait qu'un.

Un moment après entra Micythus : c'était un jeune homme qu'il aimait beaucoup. « Dioméon de Cyzique est arrivé, dit Micythus ; il s'est adressé à moi pour l'introduire auprès de vous. Il a des propositions à vous faire de la part du roi de Perse, qui l'a chargé de vous remettre une somme considérable. Il m'a même forcé d'accepter cinq talents. — Faites-le venir, répondit Épaminondas. Écoutez, Dioméon, lui dit-il : si les vues d'Artaxerxès sont conformes aux intérêts de ma patrie, je n'ai pas besoin de ses présents ; si elles ne le sont pas, tout l'or de son empire ne me ferait pas trahir mon devoir. Vous avez jugé de mon cœur par le vôtre : je vous le pardonne ; mais sortez au plus tôt de cette ville, de peur que vous ne corrompiez les habitants [6]. Et vous, Micythus, si vous ne rendez à l'instant même l'argent que vous avez reçu, je vais vous livrer au magistrat. » Nous nous étions écartés pendant cette conversation, et Micythus nous en fit le récit le moment d'après.

La leçon qu'il venait de recevoir, Épaminondas l'avait donnée plus d'une fois à ceux qui l'entouraient. Pendant qu'il commandait l'armée, il apprit que son écuyer avait vendu la liberté d'un captif. « Rendez-moi mon bouclier, lui dit-il ; depuis que l'argent a souillé vos mains, vous n'êtes plus fait pour me suivre dans les dangers [7]. »

Zélé disciple de Pythagore, il en imitait la frugalité. Il s'était interdit l'usage du vin, et prenait souvent un peu de miel pour toute nourriture [8]. La musique, qu'il avait apprise sous les plus habiles maîtres, charmait quelquefois ses loisirs. Il excellait dans le jeu de la flûte ; et,

---

Front., Strateg., lib. IV, cap. III. — 2. Quarante-cinq livres. — 3. Ælian., hist., lib. II, cap. IX. Plut., in Apophth., t. II, p. 193. — 4. Nep., in Epam., I. — 5. Ælian., ibid., lib. V, cap. V. — 6. Nep., ibid., cap. IV. Ælian., ibid., ibid., lib. XI, cap. IX. Plut., ibid., p. 194. — 8. Athen. lib. X, p. 419.

dans les repas où il était prié, il chantait à son tour en s'accompagnant de la lyre¹.

Plus il était facile dans la société, plus il était sévère lorsqu'il fallait maintenir la décence de chaque état. Un homme de la lie du peuple, et perdu de débauche, était détenu en prison. « Pourquoi, dit Pélopidas à son ami, m'avez-vous refusé sa grâce pour l'accorder à une courtisane? — C'est, répondit Epaminondas, qu'il ne convenait pas à un homme tel que vous de vous intéresser à un homme tel que lui². »

Jamais il ne brigua ni ne refusa les charges publiques. Plus d'une fois il servit comme simple soldat, sous des généraux sans expérience, que l'intrigue lui avait fait préférer. Plus d'une fois les troupes assiégées dans leur camp, et réduites aux plus fâcheuses extrémités, implorèrent son secours. Alors il dirigeait les opérations, repoussait l'ennemi, et ramenait tranquillement l'armée, sans se souvenir de l'injustice de sa patrie, ni du service qu'il venait de lui rendre³.

Il ne négligeait aucune circonstance pour relever le courage de sa nation, et la rendre redoutable aux autres peuples. Avant sa première campagne du Péloponnèse, il engagea quelques Thébains à lutter contre les Lacédémoniens qui se trouvaient à Thèbes : les premiers eurent l'avantage; et dès ce moment ses soldats commencèrent à ne plus craindre les Lacédémoniens⁴. Il campait en Arcadie; c'était en hiver. Les députés d'une ville voisine vinrent lui proposer d'y entrer, et d'y prendre des logements. « Non, dit Epaminondas à ses officiers; s'ils nous voyaient assis auprès du feu, ils nous prendraient pour des hommes ordinaires. Nous resterons ici malgré la rigueur de la saison. Témoins de nos luttes et de nos exercices, ils seront frappés d'étonnement⁵. »

Daïphantus et Iollidas, deux officiers généraux qui avaient mérité son estime, disaient un jour à Timagène : « Vous l'admireriez bien plus, si vous l'aviez suivi dans ses expéditions; si vous aviez étudié ses marches, ses campements, ses dispositions avant la bataille, sa valeur brillante et sa présence d'esprit dans la mêlée; si vous l'aviez vu, toujours actif, toujours tranquille, pénétrer d'un coup d'œil les projets de l'ennemi, lui inspirer une sécurité funeste, multiplier autour de lui des piéges presque inévitables⁶, maintenir en même temps la plus exacte discipline dans son armée, réveiller par des moyens imprévus l'ardeur de ses soldats⁷, s'occuper sans cesse de leur conservation, et surtout de leur honneur.

« C'est par des attentions si touchantes qu'il s'est attiré leur amour. Excédés de fatigue, tourmentés de la faim, ils sont toujours prêts à exécuter ses ordres, à se précipiter dans le danger⁸. Ces terreurs paniques, si fréquentes dans les autres armées, sont inconnues dans la sienne. Quand elles sont près de s'y glisser, il sait d'un mot les dis-

---

1. Cicer., Tuscul., lib. I, cap. II, t. II, p. 234. Athen., lib. IV, p. 184. Nep. in Epam., cap. II. — 2. Plut., De rei ger. præc., t. II, p. 808. — 3. Nep., ib. cap. VI. — 4. Polyæn., Strateg., lib. II, cap. III, § 6. — 5. Plut., An seni, d. p. 788. — 6. Polyæn., ibid. — 7. Id., ibid. — 8. Xenoph., Hist. græc., lib. p. 645.

siper ou les tourner à son avantage [1]. Nous étions sur le point d'entrer dans le Péloponèse : l'armée ennemie vint se camper devant nous [2]. Pendant qu'Épaminondas en examine la position, un coup de tonnerre répand l'alarme parmi ses soldats. Le devin ordonne de suspendre la marche. On demande avec effroi au général ce qu'annonce un pareil présage. « Que l'ennemi a choisi un mauvais camp, » s'écrie-t-il avec assurance. Le courage des troupes se ranime, et le lendemain elles forcent le passage [3]. »

Les deux officiers thébains rapportèrent d'autres faits que je supprime. J'en omets plusieurs qui se sont passés sous mes yeux, et je n'ajoute qu'une réflexion. Épaminondas, sans ambition, sans vanité, sans intérêt, éleva en peu d'années sa nation au point de grandeur où nous avons vu les Thébains. Il opéra ce prodige, d'abord par l'influence de ses vertus et de ses talents : en même temps qu'il dominait sur les esprits par la supériorité de son génie et de ses lumières, il disposait à son gré des passions des autres, parce qu'il était maître des siennes. Mais ce qui accéléra ses succès, ce fut la force de son caractère. Son âme indépendante et altière fut indignée de bonne heure de la domination que les Lacédémoniens et les Athéniens avaient exercée sur les Grecs en général, et sur les Thébains en particulier. Il leur voua une haine qu'il aurait renfermée en lui-même ; mais dès que sa patrie lui eut confié le soin de sa vengeance, il brisa les fers des nations, et devint conquérant par devoir. Il forma le projet aussi hardi que nouveau d'attaquer les Lacédémoniens jusque dans le centre de leur empire, et de les dépouiller de cette prééminence dont ils jouissaient depuis tant de siècles ; il le suivit avec obstination, au mépris de leur puissance, de leur gloire, de leurs alliés, de leurs ennemis, qui voyaient d'un œil inquiet ces progrès rapides des Thébains.

Il ne fut point arrêté non plus par l'opposition d'un parti qui s'était formé à Thèbes, et qui voulait la paix, parce qu'Épaminondas voulait la guerre [4]. Ménéclidès était à la tête de cette faction. Son éloquence, ses dignités, et l'attrait que la plupart des hommes ont pour le repos, lui donnaient un grand crédit sur le peuple ; mais la fermeté d'Épaminondas détruisit à la fin ces obstacles, et tout était disposé pour la campagne quand nous le quittâmes. Si la mort n'avait terminé ses jours au milieu d'un triomphe qui ne laissait plus de ressources aux Lacédémoniens, il aurait demandé raison aux Athéniens des victoires qu'ils avaient remportées sur les Grecs, et enrichi, comme il le disait lui-même, la citadelle de Thèbes des monuments qui décorent celle d'Athènes [5].

Nous avions souvent occasion de voir Polymnis, père d'Épaminondas. Ce respectable vieillard était moins touché des hommages que l'on rendait à ses vertus que des honneurs que l'on décernait à son fils. Il nous rappela plus d'une fois ce sentiment si tendre qu'au milieu des ap-

1. Diod., lib. XV, p. 367 et 368. Polyæn., ibid., § 3 et 8. — 2. Diod., ibid., p. 380. — 3. Polyæn., ibid., § 3. — 4. Nep., in Epam., cap. v. — 5. Æschin., De fals. leg., p. 411.

plaudissements de l'armée Épaminondas laissa éclater après la bataille de Leuctres : « Ce qui me flatte le plus, c'est que les auteurs de mes jours vivent encore, et qu'ils jouiront de ma gloire¹. »

Les Thébains avaient chargé Polymnis de veiller sur le jeune Philippe, frère de Perdicas, roi de Macédoine². Pélopidas, ayant pacifié les troubles de ce royaume, avait reçu pour otages ce prince et trente jeunes seigneurs macédoniens³. Philippe, âgé d'environ dix-huit ans, réunissait déjà le talent au désir de plaire. En le voyant, on était frappé de sa beauté⁴; en l'écoutant, de son esprit, de sa mémoire, de son éloquence, et des grâces qui donnaient tant de charmes à ses paroles⁵. Sa gaieté laissait quelquefois échapper des saillies qui n'avaient jamais rien d'offensant. Doux, affable, généreux, prompt à discerner le mérite, personne ne connut mieux que lui l'art et la nécessité de s'insinuer dans les cœurs⁶. Le pythagoricien Nausithoüs, son instituteur, lui avait inspiré le goût des lettres qu'il conserva toute sa vie, et donné des leçons de sobriété qu'il oublia dans la suite⁷. L'amour du plaisir perçait au milieu de tant d'excellentes qualités, mais il n'en troublait pas l'exercice; et l'on présumait d'avance que si ce jeune prince montait un jour sur le trône, il ne serait gouverné ni par les affaires ni par les plaisirs.

Philippe était assidu auprès d'Épaminondas : il étudiait dans le génie d'un grand homme le secret de le devenir un jour⁸ : il recueillait avec empressement ses discours, ainsi que ses exemples; et ce fut dans cette excellente école qu'il apprit à se modérer⁹, à entendre la vérité, à revenir de ses erreurs, à connaître les Grecs, et à les asservir.

Chap. VI. *Départ de Thèbes. Arrivée à Athènes. Habitants de l'Attique.*

J'ai dit plus haut qu'il ne restait à Timagène qu'un neveu et une nièce, établis à Athènes. Le neveu s'appelait Philotas, et la nièce, Épicharis. Elle avait épousé un riche Athénien nommé Apollodore. Ils vinrent à Thèbes dès les premiers jours de notre arrivée. Timagène goûta dans leur société une douceur et une paix que son cœur ne connaissait plus depuis longtemps. Philotas était de même âge que moi. Je commençai à me lier avec lui; et bientôt il devint mon guide, mon compagnon, mon ami, le plus tendre et le plus fidèle des amis.

Ils nous avaient fait promettre, avant leur départ, que nous irions bientôt les rejoindre. Nous prîmes congé d'Épaminondas avec une douleur qu'il daigna partager, et nous nous rendîmes à Athènes le 16 du mois anthestérion, dans la deuxième année de la 104ᵉ olympiade¹⁰. Nous trouvâmes dans la maison d'Apollodore les agréments

1. Plut., in Coriol., t. I, p. 215. — 2. Diod., lib. XVI, p. 407. — 3. Plut., in Pelop., t. I, p. 291. Diod., lib. XV, p. 379. Justin., lib. VII, cap. v. Oros., lib. III, cap. XII, p. 167. — 4. Æschin., De fals. leg., p. 402 et 412. — 5. Id., ibid., p. 401. — 6. Diod., lib. XVI, p. 482. Plut., An seni, etc., t. II, p. 806. — 7. Clem. Alex., Pædagog., lib. I, p. 130. Diog., ibid., p. 407. Athen., lib. IV, p. 167; lib. VI, p. 260. — 8. Plut., ibid., p. 292. — 9. Id., Conjug. præc., t. II, p. 143; id., in Apophth., p. 177. — 10. Le 13 mars de l'an 362 avant J. C.

et les secours que nous devions attendre de ses richesses et de son crédit.

Le lendemain de mon arrivée, je courus à l'académie; j'aperçus Platon; j'allai à l'atelier du peintre Euphranor. J'étais dans cette espèce d'ivresse que causent au premier moment la présence des hommes célèbres et le plaisir de les approcher. Je fixai ensuite mes regards sur la ville; et pendant quelques jours j'en admirai les monuments, et j'en parcourus les dehors.

Athènes est comme divisée en trois parties : savoir : la citadelle, construite sur un rocher; la ville, située autour de ce rocher[1]; les ports de Phalère, de Munychie et du Pirée.

C'est sur le rocher de la citadelle[2] que s'établirent les premiers habitants d'Athènes : c'est là que se trouvait l'ancienne ville. Quoiqu'elle ne fût naturellement accessible que du côté du sud-ouest[3], elle était partout environnée de murs qui subsistent encore[4].

Le circuit de la nouvelle ville est de soixante stades[5]. Les murs flanqués de tours[6], et élevés à la hâte du temps de Thémistocle, offrent de toutes parts des fragments de colonnes et des débris d'architecture, mêlés confusément avec les matériaux informes qu'on avait employés à leur construction[7].

De la ville partent deux longues murailles, dont l'une, qui est de trente-cinq stades[8], aboutit au port de Phalère; et l'autre, qui est de quarante stades[9], à celui du Pirée. Elles sont presque entièrement fermées à leur extrémité par une troisième, qui embrasse, dans un circuit de soixante stades[10], ces deux ports et celui de Munychie situé au milieu; et comme outre ces ports, les trois murailles renferment encore une foule de maisons, de temples et de monuments de toute espèce[11], on peut dire que l'enceinte totale de la ville est de près de deux cents stades[12].

Au sud-ouest, et tout près de la citadelle, est le rocher du Muséum, séparé, par une petite vallée, d'une colline où l'Aréopage tient ses séances. D'autres éminences concourent à rendre le sol de la ville extrêmement inégal. Elles donnent naissance à quelques faibles sources qui ne suffisent pas aux habitants[13]. Ils suppléent à cette disette par des puits et des citernes, où l'eau acquiert une fraîcheur qu'ils recherchent avec soin[14].

Les rues en général n'ont point d'alignement. La plupart des maisons sont petites, et peu commodes[15]. Quelques-unes, plus magnifiques, laissent à peine entrevoir leurs ornements à travers une cour, ou plutôt

1. Aristid., Panath., t. I, p. 99. — 2. Thucyd., lib. II, cap. XV. — 3. Pausan., lib. I, cap. XXII, p. 51. Whel., Voyage du Lev., t. II, p. 415. — 4. Herodot., lib. VI, cap. CXXXVII. Pausan., ibid., cap. XXVIII, p. 67. — 5. Deux lieues six cent soixante-dix toises. Thucyd., ibid., cap. XIII. Schol., ibid. — 6. Id., ibid., cap. XVII. — 7. Thucyd., lib. I, cap. XCIII. — 8. Une lieue huit cent sept toises et demie. — 9. Une lieue douze cent quatre-vingts toises. — 10. Thucyd., lib. II, cap. XIII. — 11. Id., ibid., cap. XVII. Pausan., ibid., cap. I et II. — 12. Sept lieues quatorze cents toises. Dion. Chrysost., orat. VII, p. 87. — 13. Plat., in Lys., t. II, p. 203. Strab., lib. IX, p. 397. — 14. Theophr., Charact., cap. XX. — 15. Dicæarch., p. 8.

une avenue longue et étroite [1]. Au dehors, tout respire la simplicité, et les étrangers, au premier aspect, cherchent dans Athènes cette ville si célèbre dans l'univers [2]; mais leur admiration s'accroît insensiblement, lorsqu'ils examinent à loisir ces temples, ces portiques, ces édifices publics que tous les arts se sont disputé la gloire d'embellir.

L'Ilissus et le Céphise serpentent autour de la ville; et, près de leurs bords, on a ménagé des promenades publiques. Plus loin, et à diverses distances, des collines couvertes d'oliviers, de lauriers ou de vignes, et appuyés sur de hautes montagnes, forment comme une enceinte autour de la plaine qui s'étend vers le midi jusqu'à la mer.

L'Attique est une espèce de presqu'île de forme triangulaire. Le côté qui regarde l'Argolide peut avoir, en droite ligne, trois cent cinquante stades [3]; celui qui borne la Béotie, deux cent trente-cinq [4]; celui qui est à l'opposite de l'Eubée, quatre cent six [5]. Sa surface est de cinquante-trois mille deux cents stades carrés [6]; je n'y comprends pas celle de l'île de Salamine, qui n'est que deux mille neuf cent vingt-cinq stades carrés [7].

Ce petit pays, partout entrecoupé de montagnes et de rochers, est très-stérile de lui-même; et ce n'est qu'à force de culture qu'il rend au laboureur le fruit de ses peines: mais les lois, l'industrie, le commerce et l'extrême pureté de l'air y ont tellement favorisé la population, que l'Attique est aujourd'hui couverte de hameaux et de bourgs dont Athènes est la capitale.

On divise les habitants de l'Attique en trois classes: dans la première sont les citoyens; dans la seconde, les étrangers domiciliés; dans la troisième, les esclaves.

On distingue deux sortes d'esclaves, les uns Grecs d'origine, les autres étrangers. Les premiers en général sont ceux que le sort des armes a fait tomber entre les mains d'un vainqueur irrité d'une trop longue résistance [8]; les seconds viennent de Thrace, de Phrygie, de Carie [9], et des pays habités par les barbares [10].

Les esclaves de tout âge, de tout sexe et de toute nation, sont un objet considérable de commerce dans toute la Grèce. Des négociants avides en transportent sans cesse d'un lieu dans un autre, les entassent comme de viles marchandises dans les places publiques; et lorsqu'il se présente un acquéreur, ils les obligent de danser en rond, afin qu'on puisse juger de leurs forces et de leur agilité [11]. Le prix qu'on en donne varie suivant leurs talents. Les uns sont estimés trois cents drachmes [12], les autres six cents [13]. Mais il en est qui coûtent bien davantage. Les Grecs qui tombent entre les mains des pirates sont mis

---

1. Eustath., in Iliad., lib. VIII, v. 435. Didym., ibid. Hesych., in Ἐυκε. Vitruv. lib. VI, cap. x. — 2. Dicæarch., p. 8. — 3. Environ treize lieues et demie. — 4. Près de neuf lieues. — 5. Quinze lieues sept cent soixante-sept toises. — 6. Soixante-seize lieues carrées. — 7. Environ quatre lieues carrées. — 8. Thucyd., lib. III, cap. LXVIII. — 9. Les esclaves étrangers portaient parmi les Grecs le nom de leur nation: l'un s'appelait Carien, l'autre Thrace, etc. — 10. Eurip. in Alcest., v. 675. — 11. Menand., ap. Harpocrat. in Κυλιστ. — 12. Deux cent soixante-dix livres. — 13. Cinq cent quarante livres. Demosth., in Aphob., p. 896.

en vente dans des villes grecques, et perdent leur liberté jusqu'à ce qu'il soient en état de payer une forte rançon [1]. Platon et Diogène éprouvèrent ce malheur; les amis du premier donnèrent trois mille drachmes pour le racheter [2,3]; le second resta dans les fers, et apprit aux fils de son maître à être vertueux et libres [4].

Dans presque toute la Grèce, le nombre des esclaves surpasse infiniment celui des citoyens [5]. Presque partout on s'épuise en efforts pour les tenir dans la dépendance [6]. Lacédémone, qui croyait par la rigueur les forcer à l'obéissance, les a souvent poussés à la révolte. Athènes, qui voulait par des voies plus douces les rendre fidèles, les a rendus insolents [7].

On en compte environ quatre cent mille dans l'Attique [8]. Ce sont eux qui cultivent les terres, font valoir les manufactures, exploitent les mines, travaillent aux carrières, et sont chargés dans les maisons de tout le détail du service : car la loi défend de nourrir des esclaves oisifs; et ceux qui, nés dans une condition servile, ne peuvent se livrer à des travaux pénibles, tâchent de se rendre utiles par l'adresse, les talents, et la culture des arts [9]. On voit des fabricants en employer plus de cinquante [10], dont ils tirent un profit considérable. Dans telle manufacture, un esclave rend de produit net cent drachmes par an [11,12]; dans telle autre, cent vingt drachmes [13,14].

Il s'en est trouvé qui ont mérité leur liberté en combattant pour la république [15], et d'autres fois en donnant à leurs maîtres des preuves d'un zèle et d'un attachement qu'on cite encore pour exemple [16]. Lorsqu'ils ne peuvent l'obtenir pour leurs services, ils l'achètent par un pécule qu'il leur est permis d'acquérir [17], et dont ils se servent pour faire des présents à leurs maîtres dans des occasions d'éclat, par exemple lorsqu'il naît un enfant dans la maison, ou lorsqu'il s'y fait un mariage [18].

Quand ils manquent essentiellement à leurs devoirs, leurs maîtres peuvent les charger de fers [19], les condamner à tourner la meule du moulin [20], leur interdire le mariage, ou les séparer de leurs femmes [21]; mais on ne doit jamais attenter à leur vie: quand on les traite avec cruauté, on les force à déserter, ou du moins à chercher un asile dans le temple de Thésée [22]. Dans ce dernier cas, ils demandent à passer au service d'un maître moins rigoureux [23], et parviennent quelquefois à se soustraire au joug du tyran qui abusait de leur faiblesse [24].

C'est ainsi que les lois ont pourvu à leur sûreté; mais quand ils sont

---

1. Andoc., De myster., p. 18. Terent., in Eunuch., act. I, scen. II. — 2. Deux mille sept cents livres. — 3. Diog., Laert., in Plat., lib. III, § 20. — 4. Id., ibid. lib. VI, § 29. — 5. Athen., lib. VI, p. 272. — 6. Plat., De leg., lib. VI, t. II, p. 776. — 7. Xenoph., De rep. Athen., p. 693. — 8. Athen., ibid. — 9. Ulpian., in Mid., p. 683. — 10. Plat., De rep., lib. IX, t. II, p. 578. Demosth., in Aphob., I, p. 896. — 11. Quatre-vingt-dix livres. — 12. Demosth., ibid. — 13. Cent huit livres. — 14. Æschin., in Tim., p. 275. — 15. Aristoph., in Ran., v. 705. — 16. Plat., De leg., lib. VI, t. II, p. 776. — 17. Dion. Chrysost., orat. xv, p. 241. — 18. Terent., in Phorm., act. I, scen. I. — 19. Athen., lib. VI, p. 272. — 20. Terent., in Andr., act. I, scen. III. — 21. Xenoph., Œcon., p. 844. — 22. Poll., lib. VII, cap. XII, p. 694. — 23. Plut., De superst., t. II, p. 166. — 24. Demosth., in Mid., p. 611. Pet., Leg. attic., p. 178

intelligents, ou qu'ils ont des talents agréables, l'intérêt les sert mieux que les lois. Ils enrichissent leurs maîtres; ils s'enrichissent eux-mêmes en retenant une partie du salaire qu'ils reçoivent des uns et des autres. Ces profits multipliés les mettent en état de se procurer des protections, de vivre dans un luxe révoltant, et de joindre l'insolence des prétentions à la bassesse des sentiments[1].

Il est défendu, sous de très-grandes peines, d'infliger des coups à l'esclave d'un autre, parce que toute violence est un crime contre l'État[2]; parce que les esclaves n'ayant presque rien qui les caractérise à l'extérieur[3], l'outrage, sans cette loi, pourrait tomber sur le citoyen, dont la personne doit être sacrée[4].

Quand un esclave est affranchi, il ne passe pas dans la classe des citoyens, mais dans celle des domiciliés, qui tient à cette dernière par la liberté, et à celle des esclaves par le peu de considération dont elle jouit.

Les domiciliés, au nombre d'environ dix mille[5], sont des étrangers établis avec leurs familles dans l'Attique[6]; la plupart exerçant des métiers, ou servant dans la marine[7]; protégés par le gouvernement, sans y participer; libres, et dépendants; utiles à la république, qui les redoute, parce qu'elle redoute la liberté séparée de l'amour de la patrie; méprisés du peuple, fier et jaloux des distinctions attachées à l'état de citoyen[8].

Ils doivent se choisir parmi les citoyens un patron qui réponde de leur conduite[9], et payer au trésor public un tribut annuel de douze drachmes[10] pour les chefs de famille, et de six drachmes[11] pour leurs enfants[12]. Ils perdent leurs biens quand ils ne remplissent pas le premier de ces engagements, et leur liberté quand ils violent le second[13]; mais, s'ils rendent des services signalés à l'État, ils obtiennent l'exemption du tribut[14].

Dans les cérémonies religieuses, des fonctions particulières les distinguent des citoyens: les hommes doivent porter une partie des offrandes, et leurs femmes étendre des parasols sur les femmes libres[15]. Ils sont enfin exposés aux insultes du peuple, et aux traits ignominieux qu'on lance contre eux sur la scène[16].

On a vu quelquefois la république en faire passer un très-grand nombre dans la classe des citoyens, épuisée par de longues guerres[17]. Mais, si, par des manœuvres sourdes, ils se glissent dans cet ordre respectable, il est permis de les poursuivre en justice, et quelquefois même de les vendre comme esclaves[18].

---

1. Xenoph., De rep. Athen., p. 693. — 2. Demosth., in Mid., p. 610. Athen., lib. VI, p. 266 et 267. — 3. Les esclaves étaient obligés de raser leur tête (Aristot., in Av., v. 912. Schol. ibid.); mais ils la couvraient d'un bonnet (Id., in Vesp., v. 443). Leurs habillements devaient n'aller que jusqu'aux genoux (Id., in Lys., v. 1153. Schol. ibid.); mais bien des citoyens en portaient de semblables. — 4. Xenoph., ibid. — 5. Athen., ibid., p. 272. — 6. Harpocr., in Μέτοικ. — 7. Xenoph., ibid. — 8. Ælian., Var. hist., lib. VI, cap. I. — 9. Harpocr. et Suid., in Προστάτης. Hyper., ap. Harpocr., in Ἀπρος. — 10. Dix livres seize sous. — 11. Cinq livres huit sous. — 12. Isaeus, ap. Harpocr., in Μέτοικ. Poll., lib. III, cap. IV, §55. — 13. Pet. Leg. attic., p. 172. — 14. Id., ibid., p. 169. — 15. Ælian., ibid. Periz., ibid. Harpocr., in Μέτοικ et in Σκαφ. — 16. Aristoph., in Acharn., v. 507. — 17. Diod., lib. XIII, p. 216. — 18. Pet., ibid., p. 134.

Les affranchis, inscrits dans la même classe, sont sujets au même tribut, à la même dépendance, au même avilissement. Ceux qui sont nés dans la servitude ne sauraient devenir citoyens[1]; et tout patron qui peut, en justice réglée, convaincre d'ingratitude à son égard l'esclave qu'il avait affranchi, est autorisé à le remettre sur-le-champ dans les fers, en lui disant: « Sois esclave, puisque tu ne sais pas être libre[2]. »

La condition des domiciliés commence à s'adoucir[3]. Ils sont depuis quelque temps moins vexés, sans être plus satisfaits de leur sort, parce qu'après avoir obtenu des égards ils voudraient avoir des distinctions, et qu'il est difficile de n'être rien dans une ville où tant de gens sont quelque chose.

On est citoyen de naissance lorsqu'on est issu d'un père et d'une mère qui le sont eux-mêmes[4]; et l'enfant d'un Athénien qui épouse une étrangère ne doit avoir d'autre état que celui de sa mère. Périclès fit cette loi dans un temps où il voyait autour de lui des enfants propres à perpétuer sa maison. Il la fit exécuter avec tant de rigueur, que près de cinq mille hommes, exclus du rang de citoyens, furent vendus à l'encan. Il la viola quand il ne lui resta plus qu'un fils, dont il avait déclaré la naissance illégitime[5].

Les Athéniens par adoption jouissent presque des mêmes droits que les Athéniens d'origine. Lorsque dans les commencements il fallut peupler l'Attique, on donna le titre de citoyen à tous ceux qui venaient s'y établir[6]. Lorsqu'elle fut suffisamment peuplée, Solon ne l'accorda qu'à ceux qui s'y transportaient avec leur famille, ou qui, pour toujours exilés de leur pays, cherchaient ici un asile assuré[7]. Dans la suite, on le promit à ceux qui rendraient des services à l'État[8]; et comme rien n'est si honorable que d'exciter la reconnaissance d'une nation éclairée dès que ce titre fut devenu le prix du bienfait, il devint l'objet de l'ambition des souverains, qui lui donnèrent un nouveau lustre en l'obtenant, et un plus grand encore lorsqu'ils ne l'obtenaient pas. Refusé autrefois à Perdiccas, roi de Macédoine, qui en était digne[9]; accordé depuis avec plus de facilité[10] à Évagoras, roi de Chypre, à Denys, roi de Syracuse, et à tant d'autres princes, il fut extrêmement recherché, tant que les Athéniens suivirent à la rigueur les lois faites pour empêcher qu'on ne le prodiguât: car il ne suffit pas qu'on soit adopté par un décret du peuple; il faut que ce décret soit confirmé par une assemblée où six mille citoyens donnent secrètement leurs suffrages; et cette double élection peut être attaquée par le moindre des Athéniens, devant un tribunal qui a le droit de réformer le jugement du peuple même[11].

1. Dion. Chrysost., orat. xv, p. 239. — 2. Val. Max., lib. II, cap. VI. — 3. Xenoph., De repr. Athen., p. 693. — 4. Pet., ibid., p. 138. — 5. Plut., in Pericl., p. 172. Ælian., lib. VI, cap. x; lib. XIII, cap. XXIV. Suid., in Ἀσπασ. Schol., Aristoph. in Vesp., v. 716. — 6. Thucyd., lib. I, cap. II. Schol., ibid. — 7. Plut., in Solon, t. I, p. 91. — 8. Demosth., in Neær., p. 861. — 9. Id., De ord. rep., p. 126. Meurs., De fort. Athen., p. 1702. — 10. Epist. Phil. ad Athen. in oper. Demosth., p. 115. Isocr., in Evag., t. II, p. 97. — 11. Demosth., in Neær., p. 875.

Ces précautions, trop négligées dans ces derniers temps, ont placé dans le rang des citoyens des hommes qui en ont dégradé le titre[1], et dont l'exemple autorisera, dans la suite, des choix encore plus déshonorants.

On compte parmi les citoyens de l'Attique vingt mille hommes en état de porter les armes[2].

Tous ceux qui se distinguent par leurs richesses, par leur naissance, par leurs vertus et par leur savoir[3], forment ici, comme presque partout ailleurs, la principale classe des citoyens, qu'on peut appeler la classe des notables.

On y comprend les gens riches, parce qu'ils supportent les charges de l'État ; les hommes vertueux et éclairés, parce qu'ils contribuent le plus à son maintien et à sa gloire. À l'égard de la naissance, on la respecte, parce qu'il est à présumer qu'elle transmet de père en fils des sentiments plus nobles, et un plus grand amour de la patrie[4].

On considère donc les familles qui prétendent descendre ou des dieux, ou des rois d'Athènes, ou des premiers héros de la Grèce, et encore plus celles dont les auteurs ont donné de grands exemples de vertus, rempli les premières places de la magistrature, gagné des batailles, et remporté des couronnes aux jeux publics[5].

Quelques-unes font remonter leur origine jusqu'aux siècles les plus reculés. Depuis plus de mille ans la maison des Eumolpides conserve le sacerdoce de Cérès Éleusine[6], et celle des Étéobutades le sacerdoce de Minerve[7]. D'autres n'ont pas de moindres prétentions ; et, pour les faire valoir, elles fabriquent des généalogies[8] qu'on n'a pas grand intérêt à détruire : car les notables ne font point un corps particulier ; ils ne jouissent d'aucun privilège, d'aucune préséance. Mais leur éducation leur donne des droits aux premières places, et l'opinion publique des facilités pour y parvenir.

La ville d'Athènes contient, outre les esclaves, plus de trente mille habitants[9].

Chap. VII. — *Séance à l'Académie.*

J'étais depuis quelques jours à Athènes ; j'avais déjà parcouru rapidement les singularités qu'elle renferme. Quand je fus plus tranquille, Apollodore, mon hôte, me proposa de retourner à l'Académie.

Nous traversâmes un quartier de la ville, qu'on appelle le Céramique ou les Tuileries ; et de là, sortant par la porte Dipyle, nous nous trouvâmes dans des champs qu'on appelle aussi Céramiques[10], et nous

---

1. Demosth., De rep. ordin., p. 126. — 2. Plat., in Crit., t. III, p. 112. Demosth., in Aristog., p. 836. Plut., in Pericl., t. I, p. 172. Philochor., ap. Schol. Pind. Olymp. IX, v. 67 ; id., ap. Schol. Aristoph., in Vesp., v. 716. Ctesicl., ap. Athen., lib. VI, cap. xx, p. 272. — 3. Aristot., De rep., lib. IV, cap. iv, t. II, p. 368. Herald., animadv. in Salm. observ., lib. III, p. 252. — 4. Aristot., ibid., lib. III, cap. xiii, t. II, p. 353 ; id., Rhétor., lib. I, cap. ix, t. II, p. 532. — 5. Plat., ap. Diog. Laert., lib. III, § 88. Aristot., ibid., cap. v, t. II, p. 522. — 6. Hesych., in Εὐμολπ. — 7. Id., Harpocr. et Suid., in Ἐτεοβ. — 8. Schol. Aristoph. in Av., v. 284. — 9. Aristoph., in Eccl., v. 1124. — 10. Meurs., Ceram. gem., cap. xix.

vîmes le long du chemin quantité de tombeaux ; car il n'est permis d'enterrer personne dans la ville [3]. La plupart des citoyens ont leur sépulture dans leurs maisons de campagne [3], ou dans des quartiers qui leur sont assignés hors des murs. Le Céramique est réservé pour ceux qui ont péri dans les combats [4]. Parmi ces tombeaux on remarque ceux de Périclès et de quelques autres Athéniens qui ne sont pas morts les armes à la main, et à qui on a voulu décerner, après leur trépas, les honneurs les plus distingués [5].

L'Académie n'est éloignée de la ville que de six stades [6][7]. C'est un grand emplacement qu'un citoyen d'Athènes, nommé Académus, avait autrefois possédé [8]. On y voit maintenant un gymnase, et un jardin entouré de murs [9], orné de promenades couvertes et charmantes [10], embelli par des eaux qui coulent à l'ombre des platanes et de plusieurs autres espèces d'arbres [11]. A l'entrée est l'autel de l'Amour, et la statue de ce dieu [12]; dans l'intérieur sont les autels de plusieurs autres divinités. Non loin de là, Platon a fixé sa résidence auprès d'un petit temple qu'il a consacré aux Muses, et dans une portion de terrain qui lui appartient [13]. Il vient tous les jours à l'Académie. Nous l'y trouvâmes au milieu de ses disciples, et je me sentis pénétré du respect qu'inspire sa présence [14].

Quoique âgé d'environ soixante-huit ans, il conservait encore de la fraîcheur. Il avait reçu de la nature un corps robuste : ses longs voyages altérèrent sa santé; mais il l'avait rétabli par un régime austère [15], et il ne lui restait d'autre incommodité qu'une habitude de mélancolie; habitude qui lui fut commune avec Socrate, Empédocle et d'autres hommes illustres [16].

Il avait les traits réguliers, l'air sérieux [17], les yeux pleins de douceur [18], le front ouvert et dépouillé de cheveux [19], la poitrine large, les épaules hautes [20], beaucoup de dignité dans le maintien, de gravité dans la démarche, et de modestie dans l'extérieur [21].

Il me reçut avec autant de politesse que de simplicité, et me fit un si bel éloge du philosophe Anacharsis dont je descends, que je rougissais de porter le même nom. Il s'exprimait avec lenteur [22]; mais les grâces de la persuasion semblaient couler de ses lèvres. Comme je le connus plus particulièrement dans la suite, son nom paraîtra souvent dans ma relation : je vais seulement ajouter ici quelques détails que m'apprit alors Apollodore.

« La mère de Platon, me dit-il, était de la même famille que Solon

1. Pausan., lib. I, cap. XXIX, p. 70. — 2. Cicer., Epist. ad fam., lib. IV, epist. XII, t. VII, p. 139. — 3. Demosth., in Macart., p. 1040, et in Callicl., p. 1117. — 4. Thucyd., lib. II, cap. XXXIV. — 5. Pausan., ibid., p. 71. — 6. Un quart de lieue. — 7. Cicer., De finib., lib. V, cap. I, t. II, p. 196. — 8. Hesych. et Suid., in Ἀκαδ. — 9. Suid., in τὸ Ἱππάρχ. — 10. Plut., in Cim., t. I, p. 487. — 11. Schol. Aristoph. in Nub., v. 1001. — 12. Pausan., ibid., cap. XXX. — 13. Plut., De exil., t. II, p. 603. Diog. Laert., in Plat., lib. III, § 5 et 20; id., in Speus., lib. IV, cap. VIII, § 1. — 14. Ælian., Var. hist., lib. II, cap. X. — 15. Senec., epist. XXXVIII. — 16. Aristot., Probl., sect. XXX, t. II, p. 815. Plut., in Lys., t. I, p. 434. — 17. Diog. Laert., lib. III, § 28. — 18. Ælian., ibid. — 19. Neanth., ap. Diog. Laert., lib. III, § 4. — 20. Suid., in Πλάτ. Senec., ibid. — 21. Ælian., ibid., lib. III, cap. XIX. Schol., ibid. v. 361. — 22. Diog. Laert., ibid., § 5.

notre législateur, et son père rapportait son origine à Codrus, le dernier de nos rois¹, mort il y a environ sept cents ans. Dans sa jeunesse, la peinture, la musique, les différents exercices du gymnase, remplirent tous ses moments². Comme il était né avec une imagination forte et brillante, il fit des dithyrambes, s'exerça dans le genre épique, compara ses vers à ceux d'Homère, et les brûla³⁻⁴. Il crut que le théâtre pourrait le dédommager de ce sacrifice : il composa quelques tragédies; et pendant que les acteurs se préparaient à les représenter, il connut Socrate, supprima ses pièces, et se dévoua tout entier à la philosophie⁵.

« Il sentit alors un violent besoin d'être utile aux hommes⁶. La guerre du Péloponèse avait détruit les bons principes et corrompu les mœurs : la gloire de les rétablir excita son ambition. Tourmenté jour et nuit de cette grande idée, il attendait avec impatience le moment où, revêtu des magistratures, il serait en état de déployer son zèle et ses talents; mais les secousses qu'essuya la république dans les dernières années de la guerre, ces fréquentes révolutions qui en peu de temps présentèrent la tyrannie sous des formes toujours plus effrayantes, la mort de Socrate, son maître et son ami, les réflexions que tant d'événements produisirent dans son esprit, le convainquirent bientôt que tous les gouvernements sont attaqués par des maladies incurables; que les affaires des mortels sont, pour ainsi dire, désespérées, et qu'ils ne seront heureux que lorsque la philosophie se chargera du soin de les conduire⁷. Ainsi, renonçant à son projet, il résolut d'augmenter ses connaissances, et de les consacrer à notre instruction. Dans cette vue, il se rendit à Mégare, en Italie, à Cyrène, en Égypte, partout où l'esprit humain avait fait des progrès⁸.

« Il avait environ quarante ans⁹ quand il fit le voyage de Sicile pour voir l'Etna¹⁰. Denys, tyran de Syracuse, désira de l'entretenir. La conversation roula sur le bonheur, sur la justice, sur la véritable grandeur. Platon ayant soutenu que rien n'est si lâche et si malheureux qu'un prince injuste, Denys en colère lui dit : « Vous parlez comme un radoteur. — Et vous comme un tyran, » répondit Platon. Cette réponse pensa lui coûter la vie. Denys ne lui permit de s'embarquer sur une galère qui retournait en Grèce qu'après avoir exigé du commandant qu'il le jetterait à la mer, ou qu'il s'en déferait comme d'un vil esclave. Il fut vendu, racheté, et ramené dans sa patrie. Quelque temps après, le roi de Syracuse, incapable de remords, mais jaloux de l'estime des Grecs, lui écrivit ; et l'ayant prié de l'épargner dans ses discours, il n'en reçut que cette réponse méprisante : « Je n'ai pas assez de loisir pour me souvenir de Denys¹¹. »

---

1. Diog. Laert., lib. III, § 1. Suid., in Πλάτ. — 2. Id., ibid., § 4 et 5. — 3. En les jetant au feu, il parodia ce vers d'Homère : « A moi, Vulcain ! Thétis a besoin de ton aide. » Platon dit à son tour : « A moi, Vulcain ! Platon a besoin de ton aide. » (Homer., Iliad., lib. XVIII, v. 392. Eustath., t. II, p. 1149. Diog. Laert., ibid.) — 4. Ælian., Var. hist., lib. II, cap. XXX. — 5. Diog. Laert., ibid., § 5. — 6. Plat. epist. VII, t. III, p. 324. — 7. Id., ibid., p. 326. — 8. Id., ibid. Cicer., De finib., lib. V, cap. XXIX, t. II, p. 228. Diog. Laert., ibid., § 6. Quintil., lib. I, cap. XII, p. 81. — 9. Plat., ibid., p. 324. — 10. Plut., in Dion., t. I, p. 959. Diog. Laert., ibid., § 18 — 11. Id., ibid., § 19 et 21.

« A son retour, Platon se fit un genre de vie dont il ne s'est plus écarté. Il a continué de s'abstenir des affaires publiques, parce que, suivant lui, nous ne pouvons plus être conduits au bien, ni par la persuasion, ni par la force[1]; mais il a recueilli les lumières éparses dans les contrées qu'il avait parcourues ; et conciliant, autant qu'il est possible, les opinions des philosophes qui l'avaient précédé, il en composa un système qu'il développa dans ses écrits et dans ses conférences. Ses ouvrages sont en forme de dialogues : Socrate en est le principal interlocuteur ; et l'on prétend qu'à la faveur de ce nom, il accrédite les idées qu'il a conçues ou adoptées[2].

Son mérite lui a fait des ennemis : il s'en est attiré lui-même en versant dans ses écrits une ironie piquante contre plusieurs auteurs célèbres[3]. Il est vrai qu'il la met sur le compte de Socrate ; mais l'adresse avec laquelle il la manie, et différents traits qu'on pourrait citer de lui, prouvent qu'il avait, du moins dans sa jeunesse, assez de penchant à la satire[4]. Cependant ses ennemis ne troublent point le repos qu'entretiennent dans son cœur ses succès ou ses vertus. Il a des vertus en effet ; les unes qu'il a reçues de la nature, d'autres qu'il a eu la force d'acquérir. Il était né violent : il est à présent le plus doux et le plus patient des hommes[5]. L'amour de la gloire ou de la célébrité me paraît être sa première ou plutôt son unique passion. Je pense qu'il éprouve cette jalousie dont il est si souvent l'objet[6]. Difficile et réservé pour ceux qui courent la même carrière que lui, ouvert et facile pour ceux qu'il y conduit lui-même, il a toujours vécu avec les autres disciples de Socrate dans la contrainte ou l'inimitié[7], avec ses propres disciples dans la confiance et la familiarité, sans cesse attentif à leurs progrès ainsi qu'à leurs besoins, dirigeant sans faiblesse et sans rigidité leurs penchants vers des objets honnêtes[8], et les corrigeant par ses exemples plutôt que par ses leçons[9].

« De leur côté, ses disciples poussent le respect jusqu'à l'hommage, et l'admiration jusqu'au fanatisme. Vous en verrez même qui affectent de tenir les épaules hautes et arrondies, pour avoir quelque ressemblance avec lui[10]. C'est ainsi qu'en Éthiopie, lorsque le souverain a quelque défaut de conformation, les courtisans prennent le parti de s'estropier pour lui ressembler[11]. Voilà les principaux traits de sa vie et de son caractère. Vous serez dans la suite en état de juger de sa doctrine, de son éloquence et de ses écarts. »

Apollodore, en finissant, s'aperçut que je regardais avec surprise une assez jolie femme qui s'était glissée parmi les disciples de Platon. Il me dit : « Elle s'appelle Lasthénie ; c'est une courtisane de Mantinée en Arcadie[12]. L'amour de la philosophie l'a conduite en ces lieux ; e

---

1. Cicer., Epist. ad famil., lib. I, epist. IX, t. VII. — 2. Senec., epist. VI. Diog. Laert., lib. III, § 35. — 3. Athen., lib. XI, p. 505. — 4. Id., ibid. — 5. Senec., De ira, lib. III, p. 114. Plut., t. II, p. 10 et 551. Athen., lib. II, p. 59. — 6. Id., lib. XI, p. 506. — 7. Diog. Laert., ibid., § 34, etc. — 8. Plut., De sanit. tuend., t. II, p. 135. — 9. Id., De adulat., t. II, p. 71. — 10. Id., De aud. poet., t. II, p. 26, et De adulat., p. 53. — 11. Diod., lib. III, p. 146. — 12. Diog. Laert. in Plat., lib. III, § 46; id., in Speusip., lib. IV, § 2.

l'on soupçonne qu'elle y est retenue par l'amour de Speusippe, neveu de Platon, qui est assis auprès d'elle [1]. » Il me fit remarquer en même temps une jeune fille d'Arcadie, qui s'appelait Axiothée, et qui, après avoir lu un dialogue de Platon, avait tout quitté, jusqu'aux habillements de son sexe, pour venir entendre les leçons de ce philosophe [2]. Il me cita d'autres femmes qui, à la faveur d'un pareil déguisement, avaient donné le même exemple [3].

Je lui demandai ensuite : « Quel est ce jeune homme maigre et sec que je vois auprès de Platon, qui grasseye, et qui a les yeux petits et pleins de feu [4]? — C'est, me dit-il, Aristote de Stagire, fils de Nicomaque, le médecin et l'ami d'Amyntas, roi de Macédoine [5]. Nicomaque laissa une fortune assez considérable à son fils [6], qui vint, il y a environ cinq ans, s'établir parmi nous. Il pouvait avoir alors dix-sept à dix-huit ans [7]. Je ne connais personne qui ait autant d'esprit et d'application. Platon le distingue de ses autres disciples, et ne lui reproche que d'être trop recherché dans ses habits [8].

« Celui que vous voyez auprès d'Aristote, continua Apollodore, est Xénocrate de Chalcédoine. C'est un esprit lent et sans aménité. Platon l'exhorte souvent à sacrifier aux Grâces. Il dit de lui et d'Aristote, que l'un a besoin de frein, et l'autre d'éperon [9]. Un jour on vint dire à Platon que Xénocrate avait mal parlé de lui. « Je ne le crois pas, » répondit-il. On insista, il ne céda point. On offrit des preuves. « Non, « répliqua-t-il, il est impossible que je ne sois pas aimé de quelqu'un « que j'aime si tendrement [10]. »

— Comment nommez-vous, dis-je alors, cet autre jeune homme qui paraît être d'une santé si délicate, et qui remue les épaules par intervalles [11]? — C'est Démosthènes, me dit Apollodore. Il est né dans une condition honnête. Son père, qu'il perdit à l'âge de sept ans, occupait une assez grande quantité d'esclaves à forger des épées, et à faire des meubles de différentes sortes [12]. Il vient de gagner un procès contre ses tuteurs, qui voulaient le frustrer d'une partie de son bien : il a plaidé lui-même sa cause, quoiqu'il ait à peine dix-sept ans [13]. Ses camarades, sans doute jaloux du succès, lui donnent aujourd'hui le nom de serpent [14], et lui prodiguent d'autres épithètes déshonorantes qu'il paraît s'attirer par la dureté qui perce dans son caractère [15]. Il veut se consacrer au barreau ; et, dans ce dessein, il fréquente l'école d'Isée plutôt que celle d'Isocrate, parce que l'éloquence du premier lui paraît plus nerveuse que celle du second. La nature lui a donné une voix faible, une respiration embarrassée, une prononciation désagréable [16], mais elle l'a doué

---

1. Athen., lib. VII, p. 279; lib. XII, p. 546. — 2. Diog. Laert., in Plat., lib. III, § 46. Themist., orat. XXIII, p. 295. — 3. Menag., in Diog. Laert., p. 155. — 4. Diog. Laert., in Arist., lib. V, § 1. Plut., De aud. poet., t. II, p. 26. — 5. Suid., in Νικόμ. — 6. Ælian, Var. hist., lib. V, cap. IX. — 7. Apoll., ap. Diog. Laert., lib. V, § 9. Dionys. Halic., Epist. ad Amm., t. VI, p. 728. — 8. Diog. Laert., lib. V, § 1. Æliah., ibid., lib. III, cap. XIX. — 9. Diog. Laert., in Xenocr. lib.IV, § 6. — 10. Val. Max., lib. IV, in extern., cap. I. — 11. Plut., X orat. vit., t. II, p. 844. — 12. Demosth., in Aphob, I, p. 896. — 13. Id., ibid., p. 895, et in Onetor., p. 921. — 14. Suid., in Δημ. Æschin, in Tim., p. 280, et De fals. leg., p. 410. — 15. Plut., ibid., p. 844. — 16. Id., ibid., p. 844.

d'un de ces caractères fermes qui s'irritent par les obstacles. S'il vient dans ce lieu, c'est pour y puiser à la fois des principes de philosophie et des leçons d'éloquence.

« Le même motif attire les trois élèves que vous voyez auprès de Démosthènes. L'un s'appelle Eschine : c'est ce jeune homme si brûlant de santé [1]. Né dans une condition obscure, il exerça dans son enfance des fonctions assez viles [2]; et comme sa voix est belle et sonore, on le fit ensuite monter sur le théâtre, où cependant il ne joua que des rôles subalternes [3]. Il a des grâces dans l'esprit, et cultive la poésie avec quelque succès [4]. Le second s'appelle Hypéride [5], et le troisième Lycurgue. Ce dernier appartient à l'une des plus anciennes familles de la république [6]. »

Tous ceux qu'Apollodore venait de nommer se sont distingués dans la suite, les uns par leur éloquence, les autres par leur conduite, presque tous par une haine constante pour la servitude. J'y vis aussi plusieurs étrangers qui s'empressaient d'écouter les maximes de Platon sur la justice et sur la liberté, mais qui, de retour chez eux, après avoir montré des vertus, voulurent asservir leur patrie, ou l'asservirent en effet [7] : tyrans d'autant plus dangereux qu'on les avait élevés dans la haine de la tyrannie.

Quelquefois Platon lisait ses ouvrages à ses disciples [8]; d'autres fois il leur proposait une question, leur donnait le temps de la méditer, et les accoutumait à définir avec exactitude les idées qu'ils attachaient aux mots [9]. C'était communément dans les allées de l'Académie qu'il donnait ses leçons [10] : car il regardait la promenade comme plus utile à la santé que les exercices violents du gymnase [11]. Ses anciens disciples, ses amis, ses ennemis même venaient souvent l'entendre, et d'autres s'y rendaient attirés par la beauté du lieu.

J'y vis arriver un homme âgé d'environ quarante-cinq ans [12]. Il était sans souliers [13], sans tunique, avec une longue barbe, un bâton à la main, une besace sur l'épaule, et un manteau [14] sous lequel il tenait un coq en vie et sans plumes. Il le jeta au milieu de l'assemblée, en disant : « Voilà l'homme de Platon [15]. » Il disparut aussitôt. Platon sourit [16][17]; ses disciples murmurèrent. Apollodore me dit : « Platon avait défini l'homme un animal à deux pieds sans plumes; Diogène a voulu montrer que sa définition n'est pas exacte. — J'avais pris cet inconnu, lui dis-je, pour un de ces mendiants importuns qu'on ne trouve que parmi les nations riches et policées. — Il mendie en effet quelquefois, me répondit-il, mais ce n'est pas toujours par besoin. » Comme ma sur-

---

1. Cicer., De orat., lib. I, cap. xx, t. I, p. 149; id., in Brut., cap. xxxi, t. I, p. 363; id., Orat., cap. iv, p. 423. — 2. Plut., X orat. vit., t. II, p. 840. — 3. Demosth., De fals. leg., p. 323, etc.; id., De cor., p. 515 et 516. — 4. Vit. Æschin., p. 41. Plut., ibid. — 5. Æschin., in Timarch., p. 281. — 6. Plut., ibid., p. 848. — 7. Id., ibid., p. 841. — 8. Athen., lib. XI, cap. xv, p. 508. — 9. Diog. Laert., lib. III, § 37. — 10. Epicr., ap Athen., lib. II, cap. xviii, p. 59. — 11. Diog. Laert., ibid., § 27. Ælian., Var. hist., lib. III, cap. xviii. — 12. Plat., in Phæd., t. III, p. 227. — 13. Diog. Laert., lib. VI, § 76 et 79. — 14. Dion. Chrysost., orat. vi, p. 89. — 15. Diog. Laert., ibid., § 22 et 23. — 16. Id., ibid., § 40. — 17. Epicr., ap. Athen. ibid.

prise augmentait, il me dit : « Allons nous asseoir sous ce platane : je vous raconterai son histoire en peu de mots, et je vous ferai connaître quelques Athéniens célèbres que je vois dans les allées voisines. » Nous nous assîmes en face d'une tour qui porte le nom de Timon le misanthrope[1], et d'une colline couverte de verdure et de maisons, qui s'appelle Colone[2].

« Vers le temps où Platon ouvrait son école à l'Académie, reprit Apollodore, Antisthène, autre disciple de Socrate, établissait la sienne sur une colline placée de l'autre côté de la ville[3]. Ce philosophe cherchait, dans sa jeunesse, à se parer des dehors d'une vertu sévère; et ses intentions n'échappèrent point à Socrate, qui lui dit un jour : « Anti« sthène, j'aperçois votre vanité à travers les trous de votre manteau[4]. » Instruit par son maître que le bonheur consiste dans la vertu, il fit consister la vertu dans le mépris des richesses et de la volupté[5]; et pour accréditer ses maximes, il parut en public un bâton à la main, une besace sur les épaules, comme un de ces infortunés qui exposent leur misère aux passants[6]. La singularité de ce spectacle lui attira des disciples, que son éloquence fixa pendant quelque temps auprès de lui[7]. Mais les austérités qu'il leur prescrivait les éloignèrent insensiblement, et cette désertion lui donna tant de dégoût qu'il ferma son école[8].

« Diogène parut alors dans cette ville. Il avait été banni de Sinope sa patrie, avec son père accusé d'avoir altéré la monnaie[9]. Après beaucoup de résistance[10], Antisthène lui communiqua ses principes, et Diogène ne tarda pas à les étendre. Antisthène cherchait à corriger les passions : Diogène voulut les détruire. Le sage, pour être heureux, devait, selon lui, se rendre indépendant de la fortune, des hommes, et de luimême : de la fortune, en bravant ses faveurs et ses caprices; des hommes, en secouant les préjugés, les usages, et jusqu'aux lois, quand elles n'étaient pas conformes à ses lumières; de lui-même, en travaillant à endurcir son corps contre les rigueurs des saisons, et son âme contre l'attrait des plaisirs. Il dit quelquefois : « Je suis pauvre, errant, « sans patrie, sans asile, obligé de vivre au jour la journée; mais j'op« pose le courage à la fortune, la nature aux lois, la raison aux pas« sions[11]. »

« De ces principes, dont les différentes conséquences peuvent conduire à la plus haute perfection ou aux plus grands désordres[12], résulte le mépris des richesses, des honneurs, de la gloire, de la distinction des états, des bienséances, de la société, des arts, des sciences, de tous les agréments de la vie[13]. L'homme dont Diogène s'est formé le modèle, et qu'il cherche quelquefois une lanterne à la main[14]; cet homme étranger à tout ce qui l'environne, inaccessible à tout ce qui flatte

---

1. Pausan., lib. I, cap. xxx. — 2. Cicer., De fin., lib. V, cap. 1, t. II, p. 197. — 3. Diog. Laert., in Antisth., lib. VI, § 13. — 4. Id., ibid., § 8. — 5. Id., ibid., § 3. — 6. Id., ibid., § 13. — 7. Id., ibid., § 14. — 8. Ælian., Var. hist., lib. X, cap. xvi. — 9. Diog. Laert., ibid., § 20. — 10. Id., ibid., § 21. Ælian., ibid. — 11. Diog. Laert., ibid., § 38. Ælian., ibid., lib. III, cap. xxix. — 12. Antisthène et Diogène ont été les chefs de l'école des cyniques, et de cette école est sortie celle des stoïciens. (Cicer., de Orat., lib. III, cap. xvii, t. I, p. 295.) — 13. Diog. Laert., ibid., § 28, 71, 72 et 73. — 14. Id., ibid., § 41.

les sens, qui se dit citoyen de l'univers, et qui ne le saurait être de sa patrie ; cet homme serait aussi malheureux qu'inutile dans les sociétés policées, et n'a pas même existé avant leur naissance. Diogène a cru en apercevoir une faible esquisse parmi les Spartiates. « Je n'ai « vu, dit-il, des hommes nulle part ; mais j'ai vu des enfants à Lacé- « démone [1]. »

« Pour retracer en lui-même l'homme dont il a conçu l'idée, il s'est soumis aux plus rudes épreuves, et s'est affranchi des plus légères contraintes. Vous le verrez lutter contre la faim, l'apaiser avec les aliments les plus grossiers, la contrarier dans les repas où règne l'abondance, tendre quelquefois la main aux passants [2], pendant la nuit s'enfermer dans un tonneau, s'exposer aux injures de l'air sous le portique d'un temple [3], se rouler sur le sable brûlant, marcher en hiver pieds nus dans la neige [4], satisfaire à tous ses besoins en public et dans les lieux fréquentés par la lie du peuple [5], affronter et supporter avec courage le ridicule, l'insulte et l'injustice, choquer les usages établis jusque dans les choses les plus indifférentes, et donner tous les jours des scènes qui, en excitant le mépris des gens sensés, ne dévoilent que trop à leurs yeux les motifs secrets qui l'animent. Je le vis un jour, pendant une forte gelée, embrasser à demi nu une statue de bronze. Un Lacédémonien lui demanda s'il souffrait. « Non, dit le philosophe. — Quel mérite avez-vous donc ? » répliqua le Lacédémonien [6].

« Diogène a de la profondeur dans l'esprit, de la fermeté dans l'âme, de la gaieté dans le caractère. Il expose ses principes avec tant de clarté, et les développe avec tant de force, qu'on a vu des étrangers l'écouter, et sur-le-champ abandonner tout pour le suivre [7]. Comme il se croit appelé à réformer les hommes, il n'a pour eux aucune espèce de ménagement. Son système le porte à déclamer contre les vices et les abus ; son caractère, à poursuivre sans pitié ceux qui les perpétuent. Il lance à tous moments sur eux les traits de la satire, et ceux de l'ironie, mille fois plus redoutables. La liberté qui règne dans ses discours le rend agréable au peuple [8]. On l'admet dans la bonne compagnie, dont il modère l'ennui par des reparties promptes [9], quelquefoi heureuses, et toujours fréquentes, parce qu'il ne se refuse rien. Les jeunes gens le recherchent pour faire assaut de plaisanteries avec lui, et se vengent de sa supériorité par des outrages [10] qu'il supporte avec une tranquillité qui les humilie. Je l'ai vu souvent leur reprocher des expressions et des actions qui faisaient rougir la pudeur [11] ; et je ne crois pas que lui-même se soit livré aux excès dont ses ennemis l'accusent [12]. Son indécence est dans les manières plutôt que dans les mœurs [13]. De grands talents, de grandes vertus, de grands efforts,

---

1. Diog. Laert., lib. VI, § 27. — 2. Id., ibid., § 67. — 3. Id., ibid., § 22 et 23. — 4. Id., ibid., § 23 et 34. — 5. Id., ibid., § 22 et 66. Ælian., Var. hist., lib. IX, cap. XIX. — 6. Plut., in Apophth., t. II, p. 233. — 7. Diog. Laert., ibid., § 75. — 8. Id., ibid., § 43. — 9. Id., ibid., § 74. — 10. Id., ibid., § 33 et 41. — 11. Id., ibid., § 46, 47, 65, etc. — 12. Plut., De stoic., p. 1044. Diog. Laert., ibid., § 46 et 69. — 13. Bruck., Hist. philos., t. I, p. 881.

BARTHÉLEMY. — 1.

n'en feront qu'un homme singulier ; et je souscrirai toujours au jugement de Platon, qui a dit de lui : « C'est Socrate en délire[1]. »

Dans ce moment nous vîmes passer un homme qui se promenait lentement auprès de nous. Il paraissait âgé d'environ quarante ans. Il avait l'air triste et soucieux, la main dans son manteau[2]. Quoique son extérieur fût très-simple, Apollodore s'empressa de l'aborder avec un respect mêlé d'admiration et de sentiment ; et, revenant s'asseoir auprès de moi : « C'est Phocion, me dit-il ; et ce nom doit à jamais réveiller dans votre esprit l'idée de la probité même[3]. Sa naissance est obscure[4] ; mais son âme est infiniment élevée. Il fréquenta de bonne heure l'Académie[5] : il y puisa les principes sublimes qui depuis ont dirigé sa conduite, principes gravés dans son cœur, et aussi invariables que la justice et la vérité dont ils émanent.

« Au sortir de l'Académie, il servit sous Chabrias, dont il modérait l'impétuosité, et qui lui dut en grande partie la victoire de Naxos[6]. D'autres occasions ont manifesté ses talents pour la guerre. Pendant la paix, il cultive un petit champ[7] qui suffirait à peine aux besoins de l'homme le plus modéré dans ses désirs, et qui procure à Phocion un superflu dont il soulage les besoins des autres[8]. Il y vit avec une épouse digne de son amour, parce qu'elle l'est de son estime ; il y vit content de son sort, n'attachant à sa pauvreté ni honte ni vanité ; ne briguant point les emplois[9], les acceptant pour en remplir les devoirs.

« Vous ne le verrez jamais ni rire ni pleurer[10], quoiqu'il soit heureux et sensible ; c'est que son âme est plus forte que la joie et la douleur. Ne soyez point effrayé du nuage sombre dont ses yeux paraissent obscurcis. Phocion est facile, humain, indulgent pour nos faiblesses. Il n'est amer et sévère que pour ceux qui corrompent les mœurs par leurs exemples, ou qui perdent l'État par leurs conseils[11].

« Je suis bien aise que le hasard ait rapproché sous vos yeux Diogène et Phocion. En les comparant, vous trouverez que le premier ne fait pas un sacrifice à la philosophie sans le pousser trop loin et sans en avertir le public ; tandis que le second ne montre, ne cache et n'exagère aucune de ses vertus. J'irai plus loin, et je dirai qu'on peut juger au premier coup d'œil lequel de ces deux hommes est le vrai philosophe. Le manteau de Phocion est aussi grossier que celui de Diogène ; mais le manteau de Diogène est déchiré, et celui de Phocion ne l'est pas. »

Après Phocion venaient deux Athéniens, dont l'un se faisait remarquer par une taille majestueuse et une figure imposante[12]. Apollodore me dit : « Il est fils d'un cordonnier[13], et gendre de Cotys, roi de

---

1. Ælian., Var. hist., lib. XIV, cap. XXXIII. — 2. Plut., in Phoc., t. I, p. 743. — 3. Nep., in Phoc., cap. I. Ælian., lib. III, cap. XLVII ; lib. IV, cap. XVI. Plut. De mus., t. II, p. 1131. — 4. Ælian., ibid., lib. XII, cap. XLIII. — 5. Plut., in Phoc., ibid. — 6. Id., ibid., p. 744. — 7. Nep., ibid. — 8. Suid., in Φωκ. 9. Plut., ibid., t. I. p. 745. — 10. Id., ibid., p. 743 ; id., Apophth., t. II, p. 187. — 11. Id., in Phoc., p. 743 et 746. — 12. Nep., in Iphicr., cap. III. — 13. Plut., Apophth., t. II, p. 186.

Thrace[1] : il s'appelle Iphicrate. L'autre est fils de Conon, qui fut un des plus grands hommes de ce siècle, et s'appelle Timothée.

« Tous deux, placés à la tête de nos armées, ont maintenu pendant une longue suite d'années la gloire de la république[2]; tous deux ont su joindre les lumières aux talents, les réflexions à l'expérience, la ruse au courage[3]. Iphicrate se distingua surtout par l'exacte discipline qu'il introduisit parmi ses troupes, par la prudence qui dirigeait ses entreprises, par une défiance scrupuleuse qui le tenait toujours en garde contre l'ennemi[4]. Il dut beaucoup à sa réputation; aussi disait-il en marchant contre les barbares : « Je n'ai qu'une crainte, « c'est qu'ils n'aient pas entendu parler d'Iphicrate[5]. »

« Timothée est plus actif[6], plus patient, moins habile peut-être à former des projets, mais plus constant et plus ferme quand il s'agit de l'exécution. Ses ennemis, pour ne pas reconnaître son mérite, l'accusèrent d'être heureux. Ils le firent représenter endormi sous une tente, la Fortune planant au-dessus de sa tête, et rassemblant auprès de lui des villes prises dans un filet. Timothée vit le tableau, et dit plaisamment : « Que ne ferais-je donc pas si j'étais éveillé[7]! »

« Iphicrate a fait des changements utiles dans les armes de l'infanterie[8]; Timothée a souvent enrichi le trésor épuisé des dépouilles enlevées à l'ennemi : il est vrai qu'en même temps il s'est enrichi lui-même[9]. Le premier a rétabli des souverains sur leurs trônes[10]; le second a forcé les Lacédémoniens à nous céder l'empire de la mer[11]. Ils ont tous deux le talent de la parole. L'éloquence d'Iphicrate est pompeuse et vaine[12]; celle de Timothée plus simple et plus persuasive[13]. Nous leur avons élevé des statues[14], et nous les bannirons peut-être un jour. »

Chap. VIII. — *Lycée. Gymnases. Isocrate. Palestres. Funérailles des Athéniens.*

Un autre jour, au moment qu'Apollodore entrait chez moi pour me proposer une promenade au Lycée, je courus à lui en m'écriant : « Le connaissez-vous? — Qui? — Isocrate. Je viens de lire un de ses discours; j'en suis transporté. Vit-il encore? où est-il? que fait-il? — Il est ici, répondit Apollodore. Il professe l'éloquence. C'est un homme célèbre; je le connais. — Je veux le voir aujourd'hui, ce matin, dans l'instant même. — Nous irons chez lui en revenant du Lycée. »

Nous passâmes par le quartier des Marais; et, sortant par la porte d'Égée, nous suivîmes un sentier le long de l'Ilissus, torrent impétueux ou ruisseau paisible, qui, suivant la différence des saisons, se

---

1. Nep., in Iphicr., cap. III. — 2. Id., in Timoth., cap. IV. — 3. Polyæn., Strateg., lib. III, cap. IX et X. Xenoph., Hist. græc., p. 589. — 4. Nep., ibid., cap. I. Plut., Apophth., t. II, p. 187. — 5. Id., ibid. — 6. Nep., ibid., cap. I. — 7. Plut., in Syll., t. I, p. 454; id. Apophth., t. II, p. 187. Ælian., Var. hist., lib. XIII, cap. XLIII. — 8. Nep., ibid. Diod., lib. XV, p. 360. — 9. Nep., in Timoth., cap. I. — 10. Id., in Iphicr., cap. III. — 11. Id., in Timoth., cap. II. — 12. Plut., De rep. ger., t. II, p. 813. — 13. Ælian., ibid., lib. III, cap. XVI. — 14. Nep., ibid. Pausan., lib. I, cap. XXIV.

précipité ou se traîne au pied d'une colline par où finit le mont Hymette. Ses bords sont agréables, ses eaux communément pures et limpides[1]. Nous vîmes aux environs un autel dédié aux Muses[2]; l'endroit où l'on prétend que Borée enleva la belle Orithye, fille du roi Érechthée[3]; le temple de Cérès, où l'on célèbre les petits mystères[4], et celui de Diane, où l'on sacrifie tous les ans une grande quantité de chèvres en l'honneur de la déesse. Avant le combat de Marathon, les Athéniens lui en promirent autant qu'ils trouveraient de Perses étendus sur le champ de bataille. Ils s'aperçurent après la victoire que l'exécution d'un vœu si indiscret épuiserait bientôt les troupeaux de l'Attique : on borna le nombre des victimes à cinq cents[5], et la déesse voulut bien s'en contenter.

Pendant qu'on me faisait ces récits, nous vîmes sur la colline des paysans qui couraient en frappant sur des vases d'airain, pour attirer un essaim d'abeilles qui venait de s'échapper d'une ruche[6].

Ces insectes se plaisent infiniment sur le mont Hymette, qu'ils ont rempli de leurs colonies, et qui est presque partout couvert de serpolet[7] et d'herbes odoriférantes. Mais c'est surtout dans le thym excellent qu'il produit[8] qu'ils puisent ces sucs précieux dont ils composent un miel estimé dans toute la Grèce[9]. Il est d'un blanc tirant sur le jaune; il noircit quand on le garde longtemps, et conserve toujours sa fluidité[10]. Les Athéniens en font tous les ans une récolte abondante; et l'on peut juger du prix qu'ils y attachent, par l'usage où sont les Grecs d'employer le miel dans la pâtisserie[11], ainsi que dans les ragoûts[12]. On prétend qu'il prolonge la vie, et qu'il est principalement utile aux vieillards[13]. J'ai vu même plusieurs disciples de Pythagore conserver leur santé en prenant un peu de miel pour toute nourriture[14].

Après avoir repassé l'Ilissus, nous nous trouvâmes dans un chemin où l'on s'exerce à la course, et qui nous conduisit au Lycée[15].

Les Athéniens ont trois gymnases destinés à l'institution de la jeunesse[16]: celui du Lycée, celui du Cynosarge[17], situé sur une colline de ce nom, et celui de l'Académie. Tous trois ont été construits hors des murs de la ville, aux frais du gouvernement. On ne recevait autrefois dans le second que des enfants illégitimes[18].

Ce sont de vastes édifices entourés de jardins et d'un bois sacré. On

---

1. Plat., in Phæd., t. III, p. 229. Spon, Voyage, t. II, p. 121. — 2. Paus., lib. I, cap. xix, p. 45. Dionys., Perieg. v. 425. — 3. Plat., ibid. Pausan., ibid. — 4. Steph., in Ἄγρα. — 5. Xenoph., De exped. Cyr., lib. III, p. 501. Plut., De Herodot. malign., t. II, p. 862. — 6. Plat., De leg., lib. VIII, t. II, p. 843. — 7. Theophr., Hist. plant., lib. VI, cap. vii, p. 678. Plin., lib. XIX, cap. viii, t. II, p. 181. — 8. Antiph., ap. Athen., lib. I, cap. xxii, p. 28. Alex., ap eumd., ib. XIV, p. 652. — 9. Plin., lib. XI, cap. xiii, t. I, p. 596; id., lib. XXI, cap. x, t. II, p. 243. Varro, De re rustica, lib. III, cap. xvi, p. 374. Colum., De re rustica, cap. iv. — 10. Geopon., lib. XV, cap. vii. — 11. Athen., lib. III, cap. xxv, p. 109; lib. XIV, p. 646. — 12. Hesych., in Ῥυπ. — 13. Geopon., ibid. — 14. Athen., lib. II, cap. vii, p. 46; lib. X, etc. — 15. Xenoph., Hist. græc., lib. II, p. 476. — 16. Ulpian., in Timocr., p. 820. — 17. Demosth., in Leptin., p. 791. Tit. Liv., lib. XXXI, cap. xxiv. Diog. Laërt., lib. VI, § 13. — 18. Demosth., in Aristocr. p. 750. Plut., in Themist., t. I, p. 112.

entre d'abord dans une cour de forme carrée, et dont le pourtour est de deux stades [1]. Elle est environnée de portiques et de bâtiments. Sur trois de ses côtés sont des salles spacieuses et garnies de siéges, où les philosophes, les rhéteurs et les sophistes rassemblent leurs disciples [2]. Sur le quatrième on trouve des pièces pour les bains et les autres usages du gymnase. Le portique exposé au midi est double, afin qu'en hiver la pluie agitée par le vent ne puisse pénétrer dans sa partie intérieure.

De cette cour on passe dans une enceinte également carrée. Quelques platanes en ombragent le milieu. Sur trois des côtés règnent des portiques. Celui qui regarde le nord est à double rang de colonnes pour garantir du soleil ceux qui s'y promènent en été. Le portique opposé s'appelle xyste [3]. Dans la longueur du terrain qu'il occupe, on a ménagé au milieu une espèce de chemin creux d'environ douze pieds de largeur, sur près de deux pieds de profondeur. C'est là qu'à l'abri des injures du temps, séparés des spectateurs, qui se tiennent sur les plates-bandes latérales, les jeunes élèves s'exercent à la lutte. Au delà du xyste, est un stade pour la course à pied [4].

Un magistrat, sous le nom de gymnasiarque, préside aux différents gymnases d'Athènes. Sa charge est annuelle, et lui est conférée par l'assemblée générale de la nation [5]. Il est obligé de fournir l'huile qu'emploient les athlètes pour donner plus de souplesse à leurs membres [6]. Il a sous lui, dans chaque gymnase, plusieurs officiers, tels que le gymnaste, le pédotribe, et d'autres encore, dont les uns entretiennent le bon ordre parmi les élèves, et les autres les dressent à différents exercices. On y distingue surtout dix sophronistes nommés par les dix tribus, et chargés de veiller plus spécialement sur les mœurs [7]. Il faut que tous ces officiers soient approuvés par l'Aréopage [8].

Comme la confiance et la sûreté doivent régner dans le gymnase, ainsi que dans tous les lieux où l'on s'assemble en grand nombre, les vols qui s'y commettent sont punis de mort, lorsqu'ils excèdent la valeur de six drachmes [9].

Les gymnases devant être l'asile de l'innocence et de la pudeur, Solon en avait interdit l'entrée au public, pendant que les élèves, célébrant une fête en l'honneur de Mercure [10], étaient moins surveillés par leurs instituteurs; mais ce règlement n'est plus observé [11].

Les exercices qu'on y pratique sont ordonnés par les lois, soumis à des règles, animés par les éloges des maîtres, et plus encore par l'émulation qui subsiste entre les disciples. Toute la Grèce les regarde comme la partie la plus essentielle de l'éducation, parce qu'ils rendent un

---

1. Cent quatre-vingt-neuf toises. Vitruv., lib. V, cap. XI. — 2. Plat., in Euthyph., t. I, p. 2. Isocr., Panath., t. II, p. 191. Demetr., De interp., cap. III. Lucian., Dial. mort., t. I, p. 329. — 3. Xenoph., Œcon., lib. V, p. 850. — 4. Vitruv., ibid. — 5. Demosth., in Leptin., p. 544. — 6. Ulpian., in Leptin. orat., p. 575. — 7. Stob., serm. v, p. 77. — 8. Axioch., ap. Plat., t. III, p. 367. — 9. Neuf livres. Demosth., in Timocr., p. 791. — 10. Æschin., in Tim., p. 282. — 11. Plat., in Lys., t. II, p. 204 et 206.

homme agile, robuste, capable de supporter les travaux de la guerre et les loisirs de la paix[1]. Considérés par rapport à la santé, les médecins les ordonnent avec succès[2]. Relativement à l'art militaire, on ne peut en donner une plus haute idée qu'en citant l'exemple des Lacédémoniens. Ils leur durent autrefois les victoires qui les firent redouter des autres peuples; et, dans ces derniers temps, il a fallu, pour les vaincre, les égaler dans la gymnastique[3].

Mais si les avantages de cet art sont extrêmes, les abus ne le sont pas moins. La médecine et la philosophie condamnent de concert ces exercices, lorsqu'ils épuisent le corps, ou qu'ils donnent à l'âme plus de férocité que de courage[4].

On a successivement augmenté et décoré le gymnase du Lycée[5]. Ses murs sont enrichis de peintures[6]. Apollon est la divinité tutélaire du lieu: on voit à l'entrée sa statue[7]. Les jardins, ornés de belles allées, furent renouvelés dans les dernières années de mon séjour en Grèce[8]. Des siéges placés sous les arbres invitent à s'y reposer[9].

Après avoir assisté aux exercices des jeunes gens, et passé quelques moments dans des salles où l'on agitait des questions tour à tour importantes et frivoles, nous prîmes le chemin qui conduit du Lycée à l'Académie, le long des murs de la ville[10]. Nous avions à peine fait quelques pas que nous trouvâmes un vieillard vénérable, qu'Apollodore me parut bien aise de voir. Après les premiers compliments, il lui demanda où il allait. Le vieillard répondit d'une voix grêle: « Je vais dîner chez Platon, avec Éphore et Théopompe, qui m'attendent à la porte Dipyle. — C'est justement notre chemin, reprit Apollodore; nous aurons le plaisir de vous accompagner. Mais, dites-moi, vous aimez donc toujours Platon[11]? — Autant que je me flatte d'en être aimé. Notre liaison, formée dès notre enfance, ne s'est point altérée depuis. Il s'en est souvenu dans un de ses dialogues, où Socrate, qu'il introduit comme interlocuteur, parle de moi en termes très-honorables[12]. — Cet hommage vous était dû: on se souvient qu'à la mort de Socrate, pendant que ses disciples effrayés prenaient la fuite, vous osâtes paraître en habit de deuil dans les rues d'Athènes[13]. Vous aviez donné, quelques années auparavant, un autre exemple de fermeté. Quand Théramène, proscrit par les trente tyrans en plein sénat, se réfugia auprès de l'autel, vous vous levâtes pour prendre sa défense; et ne fallut-il pas que lui-même vous priât de lui épargner la douleur de vous voir mourir avec lui[14]? » Le vieillard me parut ravi de cet éloge. J'étais im-

---

1. Lucian., De gymn., t. II, p. 901. — 2. Hippocr., De diæt., lib. II, t. I, cap. XXXIX, etc.; lib. III, cap. XXV. — 3. Aristot., De rep., lib. VIII, cap. IV, t. II, p. 452. Plut., Sympos., lib. II, cap. V, t. II, p. 639. — 4. Hippocr., ibid., lib. III, t. I, cap. XXVIII. Plat., De rep., lib. III, t. II, p. 410. Aristot., ibid. Id., Magn. moral., lib. I, cap. V, t. II, p. 151. — 5. Theopomp. et Philoch., ap. Suid., in Λύκ. Harpocr., in Λύκ. Pausan., lib. I, cap. XXIX, p. 75. — 6. Xenoph., Exped. Cyr., lib. VII, p. 425. — 7. Lucian., ibid., t. II, p. 887. Pausan., lib. I, cap. XIX, p. 44. — 8. Plut., X orat. vit., t. II, p. 841. — 9. Lucian., ibid., p. 895. — 10. Plat., in Lys., t. II, p. 203. — 11. Diog. Laert., in Plat., lib. III, § 8. — 12. Plat., in Phæd., t. III, p. 278. — 13. Plut., ibid., p. 838. — 14. Id., ibid., p. 836.

patient de savoir son nom. Apollodore se faisait un plaisir de me le cacher.

« Fils de Théodore, lui dit-il, n'êtes-vous pas de même âge que Platon? — J'ai six à sept ans de plus que lui¹; il ne doit être que dans sa soixante-huitième année. — Vous paraissez vous bien porter. — A merveille; je suis sain de corps et d'esprit, autant qu'il est possible de l'être². — On dit que vous êtes fort riche³? — J'ai acquis par mes veilles de quoi satisfaire les désirs d'un homme sage⁴. Mon père avait une fabrique d'instruments de musique⁵. Il fut ruiné dans la guerre du Péloponèse; et, ne m'ayant laissé pour héritage qu'une excellente éducation, je fus obligé de vivre de mon talent, et de mettre à profit les leçons que j'avais reçues de Gorgias, de Prodicus, et des plus habiles orateurs de la Grèce. Je fis des plaidoyers pour ceux qui n'étaient pas en état de défendre eux-mêmes leurs causes⁶. Un discours que j'adressai à Nicoclès, roi de Chypre, m'attira de sa part une gratification de vingt talents⁷. J'ouvris des cours publics d'éloquence. Le nombre de mes disciples ayant augmenté de jour en jour, j'ai recueilli le fruit d'un travail qui a rempli tous les moments de ma vie. — Convenez pourtant que, malgré la sévérité de vos mœurs, vous en avez consacré quelques-uns aux plaisirs. Vous eûtes autrefois la belle Métanire; dans un âge plus avancé, vous retirâtes chez vous une courtisane non moins aimable⁸. On disait alors que vous saviez allier les maximes de la philosophie avec les raffinements de la volupté; et l'on parlait de ce lit somptueux que vous aviez fait dresser, et de ces oreillers qui exhalaient une odeur si délicate⁹. » Le vieillard convenait de ces faits en riant.

Apollodore continuait : « Vous avez une famille aimable, une bonne santé, une fortune aisée, des disciples sans nombre, un nom que vous avez rendu célèbre, et des vertus qui vous placent parmi les plus honnêtes citoyens de cette ville¹⁰ : avec tant d'avantages, vous devez être le plus heureux des Athéniens. — Hélas! répondit le vieillard, je suis peut-être le plus malheureux des hommes : j'avais attaché mon bonheur à la considération; mais, comme d'un côté l'on ne peut être considéré dans une démocratie qu'en se mêlant des affaires publiques, et que d'un autre côté la nature ne m'a donné qu'une voix faible et une excessive timidité¹¹, il est arrivé que, très-capable de discerner les vrais intérêts de l'État, incapable de les défendre dans l'assemblée générale, j'ai toujours été violemment tourmenté de l'ambition et de l'impossibilité d'être utile, ou, si vous voulez, d'obtenir du crédit¹². Les Athéniens reçoivent gratuitement chez moi des leçons d'éloquence, les étrangers, pour le prix de mille drachmes¹³ : j'en donnerais dix mille

---

1. Diog. Laert., in Plat., lib. III, § 4. Plut., X orat. vit., t. II, p. 838. — 2. Isocr., Panath., t. II, p. 184. — 3. Dionys. Halic., De Isocr., t. V, p. 537. — 4. Isocr., ibid. — 5. Plut., ibid., p. 838. Dionys. Halic., ibid., p. 534. — 6. Cicer., in Brut., t. I, p. 346. — 7. Cent huit mille livres. Plut., ibid. — 8. Lys. Hermip. et Strat., ap. Athen., lib. XIII, p. 592. — 9. Plut., ibid., p. 839. — 10. Isocr., ibid. — 11. Id., Epist. ad Phil., t. I, p. 270; id., Epist. ad Mytil., t. I, p. 487. Cicer., De orat., lib. II, cap. III, t. I, p. 194. — 12. Isocr., ibid., p. 185. — 13. Neuf cents livres.

à celui qui me procurerait de la hardiesse avec un organe sonore[1]. — Vous avez réparé les torts de la nature : vous instruisez par vos écrits ce public à qui vous ne pouvez adresser la parole, et qui ne saurait vous refuser son estime. — Eh! que me fait l'estime des autres, si je ne puis pas y joindre la mienne? Je pousse quelquefois jusqu'au mépris la faible idée que j'ai de mes talents[2]. Quel fruit en ai-je retiré? Ai-je obtenu les emplois, les magistratures, les distinctions que je vois tous les jours accorder à ces vils orateurs qui trahissent l'État[3]?

« Quoique mon panégyrique d'Athènes ait fait rougir ceux qui précédemment avaient traité le même sujet, et découragé ceux qui voudraient le traiter aujourd'hui[4], j'ai toujours parlé de mes succès avec modestie, ou plutôt avec humilité[5]. J'ai des intentions pures; je n'ai jamais, par des écrits ou par des accusations, fait tort à personne, et j'ai des ennemis[6]! — Eh! ne devez-vous pas racheter votre mérite par quelques chagrins? Vos ennemis sont plus à plaindre que vous : une voix importune les avertit sans cesse que vous comptez parmi vos disciples des rois, des généraux, des hommes d'État, des historiens, des écrivains dans tous les genres[7]; que de temps en temps il sort de votre école des colonies d'hommes éclairés, qui vont au loin répandre votre doctrine; que vous gouvernez la Grèce par vos élèves[8]; et, pour me servir de votre expression, que vous êtes la pierre qui aiguise l'instrument. — Oui; mais cette pierre ne coupe pas[9].

— Du moins, ajoutait Apollodore, l'envie ne saurait se dissimuler que vous avez hâté les progrès de l'art oratoire[10]. — Et c'est ce mérite qu'on veut aussi m'enlever. Tous les jours des sophistes audacieux, des instituteurs ingrats, puisant dans mes écrits les préceptes et les exemples, les distribuent à leurs écoliers, et n'en sont que plus ardents à me déchirer : ils s'exercent sur les sujets que j'ai traités; ils assemblent leurs partisans autour d'eux, et comparent leurs discours aux miens, qu'ils ont eu la précaution d'altérer, et qu'ils ont la bassesse de défigurer en les lisant. Un tel acharnement me pénètre de douleur[11]. Mais j'aperçois Éphore et Théopompe : je vais les mener chez Platon, et je prends congé de vous. »

« Dès qu'il fut parti, je me tournai bien vite vers Apollodore. Quel est donc, lui dis-je, ce vieillard si modeste avec tant d'amour-propre, et si malheureux avec tant de bonheur? — C'est, me dit-il, Isocrate, chez qui nous devions passer à notre retour. Je l'ai engagé, par mes questions, à vous tracer les principaux traits de sa vie et de son caractère. Vous avez vu qu'il montra deux fois du courage dans sa jeunesse. Cet effort épuisa sans doute la vigueur de son âme; car il a passé le reste de ses jours dans la crainte et dans le chagrin. L'aspect de la tribune, qu'il s'est sagement interdite, l'afflige si fort, qu'il n'assiste plus à l'as-

---

1. Plut., X orat. vit., t. II, p. 838. — 2. Isocr., Panath., t. II, p. 184. — 3. Id., ibid., p. 189. — 4. Id., De antid., t. II, p. 404. — 5. Id., Panath., t. II, p. 192. — 6. Id., De antid., p. 386, 390, etc. — 7. Id., ibid., p. 388. — 8. Cicer., Orat. cap. XIII, t. I, p. 429. Dionys. Halic., De Isocr., t. V, p. 536. — 9. Plut., ibid. 10. Cicer., De orat., lib. II, cap. XXII, p. 214; id., Orat., cap. XIII, p. 429, cap. LII, p. 464. Nancrat., ap. Cicer. De orat., lib. III, cap. XLIV, p. 321. — 11. Isocr., Panath., t. II, p. 190; id., Epist. ad Philip., t. I, p. 277.

semblée générale [1]. Il se croit entouré d'ennemis et d'envieux, parce que des auteurs qu'il méprise jugent de ses écrits moins favorablement que lui. Sa destinée est de courir sans cesse après la gloire, et de ne jamais trouver le repos [2].

« Malheureusement pour lui, ses ouvrages, remplis d'ailleurs de grandes beautés, fournissent des armes puissantes à la critique : son style est pur et coulant, plein de douceur et d'harmonie, quelquefois pompeux et magnifique, mais quelquefois aussi traînant, diffus, et surchargé d'ornements qui le déparent [3].

« Son éloquence n'était pas propre aux discussions de la tribune et du barreau [4]; elle s'attache plus à flatter l'oreille qu'à émouvoir le cœur. On est souvent fâché de voir un auteur estimable s'abaisser à n'être qu'un écrivain sonore, réduire son art au seul mérite de l'élégance [5], asservir péniblement ses pensées aux mots [6], éviter le concours des voyelles avec une affectation puérile [7], n'avoir d'autre objet que d'arrondir des périodes, et d'autre ressource, pour en symétriser les membres, que de les remplir d'expressions oiseuses et de figures déplacées [8]. Comme il ne diversifie pas assez les formes de son élocution, il finit par refroidir et dégoûter le lecteur. C'est un peintre qui donne à toutes les figures les mêmes traits, les mêmes vêtements et les mêmes attitudes [9].

La plupart de ses harangues roulent sur les articles les plus importants de la morale et de la politique [10]. Il ne persuade ni n'entraîne, parce qu'il n'écrit point avec chaleur, et qu'il paraît plus occupé de son art que des vérités qu'il annonce [11]. De là vient peut-être que les souverains, dont il s'est, en quelque façon, constitué le législateur [12], ont répondu à ses avis par des récompenses. Il a composé sur les devoirs des rois un petit ouvrage qu'il fait circuler de cour en cour. Denys, tyran de Syracuse, le reçut [13]. Il admira l'auteur, et lui pardonna facilement des leçons qui ne portaient pas le remords dans son âme.

« Isocrate a vieilli faisant, polissant, repolissant, refaisant un très-petit nombre d'ouvrages. Son panégyrique d'Athènes lui coûta, dit-on, dix années de travail [14]. Pendant tout le temps que dura cette laborieuse construction, il ne s'aperçut pas qu'il élevait son édifice sur des fondements qui devaient en entraîner la ruine. Il pose pour principe que le propre de l'éloquence est d'agrandir les petites choses, et d'apetisser les grandes; et il tâche de montrer ensuite que les Athéniens ont rendu plus de services à la Grèce que les Lacédémoniens [15].

1. Plut., x orat. vit., t. II, p. 838. — 2. Isocr., Panath., t. I, p. 184 et 187. — 3. Cicer., De orat., lib. III, cap. VII, t. I, p. 286. Dionys. Halic., De Isocr., t. V, p. 537. — 4. Dionys. Halic., ibid., p. 539. Cicer., Orat., cap. XII, t. I, p. 429. — 5. Aristot., ap. Cicer., De orat., lib. III, cap. XXXV, t. I, p. 313. — 6. Dionys. Halic., ibid., p. 556. — 7. Quintil., lib. IX, cap. IV, p. 593. Dionys. Halic., ibid. Demetr. Phaler., De elocut., cap. LXVIII. — 8. Cicer., Orat., cap. XII, t. I, p. 429. Plut., De glor. Athen., t. II, p. 350. Dionys. Halic., ibid., p. 540. Hermog., De form., lib. II, p. 388. — 9. Philon., ap. Dionys. Halic., ibid., p. 559. — 10. Dionys. Halic., ibid., p. 535. — 11. Hermog., ibid., lib. I, p. 294, et lib. II, p. 388. — 12. Isocr., ad Nicocl., t. I, p. 55. Aphthon., Progymn., p. 4. — 13. Isocr., Epist. ad Phil., t. I, p. 269. Socratic., Epist., p. 66. — 14. Plut., ibid. Quintil., lib. X, cap. IV. Phot., Biblioth., p. 1455. — 15. Longin., De subl., § 38.

« Malgré ces défauts, auxquels ses ennemis en ajoutent beaucoup d'autres, ses écrits présentent tant de tours heureux et de saines maximes, qu'ils serviront de modèles à ceux qui auront le talent de les étudier. C'est un rhéteur habile, destiné à former d'excellents écrivains; c'est un instituteur éclairé, toujours attentif aux progrès de ses disciples, et au caractère de leur esprit. Éphore de Cumes et Théopompe de Chio, qui viennent de nous l'enlever, en ont fait l'heureuse épreuve. Après avoir donné l'essor au premier, et réprimé l'impétuosité du second[1], il les a destinés tous deux à écrire l'histoire[2]. Leurs premiers essais font honneur à la sagacité du maître et aux talents des disciples. »

Pendant qu'Apollodore m'instruisait de ces détails, nous traversions la place publique. Il me conduisit ensuite par la rue des Hermès, et me fit entrer dans la palestre de Tauréas, située en face du portique royal[3].

Comme Athènes possède différents gymnases, elle renferme aussi plusieurs palestres. On exerce les enfants dans les premières de ces écoles, les athlètes de profession dans les secondes. Nous en vîmes un grand nombre qui avaient remporté des prix aux jeux établis en différentes villes de la Grèce, et d'autres qui aspiraient aux mêmes honneurs. Plusieurs Athéniens, et même des vieillards[4], s'y rendent assidûment pour continuer leurs exercices, ou pour être témoins des combats qu'on y livre.

Les palestres sont à peu près de la même forme que les gymnases. Nous parcourûmes les pièces destinées à toutes les espèces de bains; celles où les athlètes déposent leurs habits, où on les frotte d'huile pour donner de la souplesse à leurs membres, où ils se roulent sur le sable pour que leurs adversaires puissent les saisir[5].

La lutte, le saut, la paume, tous les exercices du Lycée, se retracèrent à nos yeux sous des formes plus variées, avec plus de force et d'adresse de la part des acteurs.

Parmi les différents groupes qu'ils composaient, on distinguait des hommes de la plus grande beauté, et dignes de servir de modèles aux artistes : les uns, avec des traits vigoureux et fièrement prononcés, comme on représente Hercule; d'autres, d'une taille plus svelte et plus élégante, comme on peint Achille. Les premiers, se destinant aux combats de la lutte et du pugilat, n'avaient d'autre objet que d'augmenter leurs forces[6]; les seconds, dressés pour des exercices moins violents, tels que la course, le saut, etc., que de se rendre légers.

Leur régime s'assortit à leur destination. Plusieurs s'abstiennent des femmes[7] et du vin. Il en est qui mènent une vie très-frugale; mais ceux qui se soumettent à de laborieuses épreuves ont besoin, pour se réparer, d'une grande quantité d'aliments substantiels, comme la

---

1. Cicer., De orat., lib. III, cap. IX, t. I, p. 288; id., De clar. orat., cap. LVI, p. 383. Quintil., lib. II, cap. VIII, p. 105. Suid., in Ἔφορ. — 2. Cicer., ibid., lib. II, cap. XIII, t. I, p. 205. — 3. Plat., in Charmid., t. II, p. 153. — 4. Plat., De rep., lib. V, t. II, p. 452. — 5. Mém. de l'Acad. des bell. lettr., t. I, hist., p. 99. — 6. Plat., ibid., lib. III, t. II, p. 410. — 7. Id., De leg., lib. VIII, t. II, p. 840.

chair rôtie de bœuf ou de porc¹. S'ils n'en exigent que deux mines par jour, avec du pain à proportion, ils donnent une haute idée de leur sobriété². Mais on en cite plusieurs qui en faisaient une consommation effrayante. On dit, par exemple, que Théagène de Thasos mangea dans un jour un bœuf tout entier³. On attribue le même exploit à Milon de Crotone, dont l'ordinaire était de vingt mines de viande, d'autant de mines de pain⁴, et de trois conges de vin⁵. On ajoute enfin qu'Astydamas de Milet, se trouvant à la table du satrape Ariobarzane, dévora tout seul le souper qu'on avait préparé pour neuf convives⁶. Ces faits, exagérés sans doute, prouvent du moins l'idée qu'on se forme de la voracité de cette classe d'athlètes. Quand ils peuvent la satisfaire sans danger, ils acquièrent une vigueur extrême : leur taille devient quelquefois gigantesque; et leurs adversaires, frappés de terreur, ou s'éloignent de la lice, ou succombent sous le poids de ces masses énormes.

L'excès de nourriture les fatigue tellement, qu'ils sont obligés de passer une partie de leur vie dans un sommeil profond⁷. Bientôt un embonpoint excessif défigure tous leurs traits⁸; il leur survient des maladies qui les rendent aussi malheureux qu'ils ont toujours été inutiles à leur patrie⁹ : car, il ne faut pas le dissimuler, la lutte, le pugilat, et tous ces combats livrés avec tant de fureur dans les solennités publiques, ne sont plus que des spectacles d'ostentation, depuis que la tactique s'est perfectionnée. L'Égypte ne les a jamais adoptés, parce qu'ils ne donnent qu'une force passagère¹⁰. Lacédémone en a corrigé les inconvénients par la sagesse de son institution. Dans le reste de la Grèce, on s'est aperçu qu'en y soumettant les enfants, on risque d'altérer leurs formes et d'arrêter leur accroissement¹¹; et que, dans un âge plus avancé, les lutteurs de profession sont de mauvais soldats, parce qu'ils sont hors d'état de supporter la soif, la faim, les veilles, le moindre besoin et le plus petit dérangement¹².

En sortant de la palestre nous apprîmes que Télaïre, femme de Pyrrhus, parent et ami d'Apollodore, venait d'être attaquée d'un accident qui menaçait sa vie. On avait vu à sa porte des branches de laurier et d'acanthe que, suivant l'usage, on suspend à la maison d'un malade¹³. Nous y courûmes aussitôt. Les parents, empressés autour du lit, adressaient des prières à Mercure, conducteur des âmes¹⁴; et le malheureux Pyrrhus recevait les derniers adieux de sa tendre épouse¹⁵. On parvint à l'arracher de ces lieux. Nous voulûmes lui rappeler les leçons qu'il avait reçues à l'Académie; leçons si belles quand on est

1. Hippocr., Epid., lib. V, t. I, p. 788. Plat., De leg., lib. VIII, t. II, p. 411. Plut., in Arat., t. I, p. 1028. Mém. de l'Acad. des bell. lettr., t. I, p. 221. — 2. Galen., De dignot. puls., lib. II, cap. II. Mém. de l'Acad. des bell. lettr., ibid. — 3. Poseidip., ap. Athen., lib. X, cap. II, p. 412. — 4. Environ dix-huit livres. — 5. Environ quinze pintes. Theodor., ap. Athen., ibid. — 6. Athen., ibid., p. 413. — 7. Plat., De rep., lib. III, p. 404. — 8. Aristot., De gener., lib. IV, cap. III, p. 1121. — 9. Eurip., ap. Athen., ibid., p. 413. — 10. Diod., lib. I, p. 73. — 11. Aristot., lib. VIII, cap. IV, t. II, p. 452. — 12. Plut., in Philop., t. I p. 357. — 13. Diog. Laert., in Bion., lib. IV, § 57. Etym. magn., in Ἀυτίψ. Bod., in Theophr., Hist. plant., lib. III, cap. XVII, p. 258. — 14. Hom., Odyss., lib. XXIV, v. 9. Etymol. magn., in Ἐπι. — 15. Eurip., in Alcest., v. 391

heureux, si importunes quand on est dans le malheur. « O philosophie! s'écria-t-il, hier tu m'ordonnais d'aimer ma femme; aujourd'hui tu me défends de la pleurer!! — Mais enfin, lui disait-on, vos larmes ne la rendront pas à la vie. — Eh! c'est ce qui les redouble encore?, » répondit-il.

Quand elle eut rendu les derniers soupirs, toute la maison retentit de cris et de sanglots. Le corps fut lavé, parfumé d'essences, et revêtu d'une robe précieuse[3]. On mit sur sa tête, couverte d'un voile, une couronne de fleurs[4]; dans ses mains, un gâteau de farine et de miel, pour apaiser Cerbère[5]; et dans sa bouche, une pièce d'argent d'une ou deux oboles qu'il faut payer à Caron[6]: en cet état elle fut exposée pendant tout un jour dans le vestibule, entourée de cierges allumés[7]. A la porte était un vase de cette eau lustrale destinée à purifier ceux qui ont touché un cadavre[8]. Cette exposition est nécessaire pour s'assurer que la personne est véritablement morte[9], et qu'elle l'est de mort naturelle[10]. Elle dure quelquefois jusqu'au troisième jour[11].

Le convoi fut indiqué. Il fallait s'y rendre avant le lever du soleil[12]. Les lois défendent de choisir une autre heure; elles n'ont pas voulu qu'une cérémonie si triste dégénérât en un spectacle d'ostentation. Les parents et les amis furent invités[13]. Nous trouvâmes auprès du corps des femmes qui poussaient de longs gémissements[14]; quelques-unes coupaient des boucles de leurs cheveux, et les déposaient à côté de Télaïre, comme un gage de leur tendresse et de leur douleur[15]. On la plaça sur un chariot, dans un cercueil de cyprès[16]. Les hommes marchaient avant, les femmes après[17]; quelques-uns la tête rasée, tous baissant les yeux, vêtus de noir[18], précédés d'un chœur de musiciens qui faisaient entendre des chants lugubres[19]. Nous nous rendîmes à une maison qu'avait Pyrrhus auprès de Phalère. C'est là qu'étaient les tombeaux de ses pères[20].

L'usage d'inhumer les corps fut autrefois commun parmi les nations[21]:

1. Stob., serm. LXVII, p. 539. — 2. Id., serm. CXXII, p. 613. — 3. Homer., Iliad., lib. XXIV, v. 587; id., in Odyss., lib. XXIV, v. 44. Eurip., in Phœniss., v. 1329 et 1626; id., in Alcest., v. 158. Sophocl., in Electr., v. 1145. Lucian., De luct., t. II, p. 926. — 4. Eurip., in Hippol., v. 1458. — 5. Aristoph., in Lysistr., v. 601. Schol., ibid.; id., in Eccl., v. 534. — 6. Aristoph., in Ran., v. 140. Schol., ibid., v. 272. Lucian., ibid. Epigr. Lucil., in Anthol., p. 268. — 7. Ces cierges étaient faits de joncs ou d'écorces de papyrus, en forme de rouleaux couverts d'une conche de cire. (Aristoph., in Eccles., v. 1027; not. Kust., in v. 1022. Brunck., in Aristoph., ibid., v. 1035.) — 8. Eurip., in Alcest., v. 100. Aristoph., ibid., v. 1025. Poll., lib. VIII, cap. vii, § 65. Hesych., in Ἀπὸ. Casaub., in Theophr., cap. xvi. — 9. Plat., De leg., lib. XII, p. 559. — 10. Poll., ibid. — 11. Jungerm., in Poll., lib. VIII, cap. xiv, § 146. — 12. Demosth., in Macart., Callim. epigr., in Anthol., lib. III, p. 377. — 13. Aristot., De morib., lib. IX, cap. ii, t. II, p. 118. — 14. Euripid., ibid., v. 103. — 15. Id., ibid., v. 102. Sophocl., in Ajac., v. 1192. Kirchm., De funerib., lib. II, cap. xiii et xv. — 16. Thucyd., lib. II, cap. xxxiv. — 17. Demosth., ibid., p. 1037. Lys., De cæde Eratosth., p. 5. Terent., in Andr., act. I, scen. i, v. 90. — 18. Xenoph., Hist. græc., l. I, p. 449. Euripid., Iph. in Aul., v. 1438 et 1449. — 19. Homer., Iliad., lib. XXIV, v. 721. Eustath., p. 1372. Plat., ibid., lib. VII, t. II, p. 800. Athen., lib. XIV, cap. iii, p. 619. — 20. Demosth., ibid., p. 1040; id., in Callicl., p. 1117. — 21. Cicer., De leg., lib. II, cap. xxii, t. III, p. 155. Kirchm., ibid., lib. I, cap. ii.

celui de les brûler prévalut dans la suite chez les Grecs[1]. Aujourd'hui il paraît indifférent de rendre à la terre ou de livrer aux flammes les restes de nous-mêmes[2]. Quand le corps de Télaïre eut été consumé, les plus proches parents en recueillirent les cendres[3]; et l'urne qui les renfermait fut ensevelie dans la terre.

Pendant la cérémonie on fit des libations de vin; on jeta au feu quelques-unes des robes de Télaïre; on l'appelait à haute voix[4]; et cet adieu éternel redoublait les larmes qui n'avaient cessé de couler de tous les yeux.

De là nous fûmes appelés au repas funèbre, où la conversation ne roula que sur les vertus de Télaïre[5]. Le neuvième et le trentième jour, ses parents, habillés de blanc et couronnés de fleurs, se réunirent encore pour rendre de nouveaux honneurs à ses mânes[6]; et il fut réglé que, rassemblés tous les ans le jour de sa naissance, ils s'occuperaient de sa perte, comme si elle était encore récente. Cet engagement si beau se perpétue souvent dans une famille, dans une société d'amis, parmi les disciples d'un philosophe[7]. Les regrets qu'ils laissaient éclater dans ces circonstances se renouvellent dans la fête générale des morts, qu'on célèbre au mois anthestérion[8]. Enfin, j'ai vu plus d'une fois des particuliers s'approcher d'un tombeau, y déposer une partie de leurs cheveux, et faire tout autour des libations d'eau, de vin, de lait et de miel[9].

Moins attentif à l'origine de ces rites qu'au sentiment qui les maintient, j'admirais la sagesse des anciens législateurs qui imprimèrent un caractère de sainteté à la sépulture et aux cérémonies qui l'accompagnent. Ils favorisèrent cette ancienne opinion, que l'âme, dépouillée du corps qui lui sert d'enveloppe, est arrêtée sur les rivages du Styx, tourmentée du désir de se rendre à sa destination, apparaissant en songe à ceux qui doivent s'intéresser à son sort, jusqu'à ce qu'ils aient soustrait ses dépouilles mortelles aux regards du soleil et aux injures de l'air[10].

De là cet empressement à lui procurer le repos qu'elle désire, l'injonction faite au voyageur de couvrir de terre un cadavre qu'il trouve sur son chemin[11], cette vénération profonde pour les tombeaux, et les lois sévères contre ceux qui les violent.

De là encore l'usage pratiqué à l'égard de ceux que les flots ont engloutis, ou qui meurent en pays étranger, sans qu'on ait pu retrouver leurs corps. Leurs compagnons, avant de partir, les appellent trois fois

---

1. Homer., passim. Thucyd., lib. II, cap. LII. Terent., in Andr., act. I, scen. I, v. 90. Lucian., De luct., cap. XXI, t. II, p. 932. — 2. Plat., in Phædon., t. I, p. 115. — 3. Homer., Iliad., lib. XXIII, v. 352; lib. XXIV, v. 793. — 4. Id., ibid., lib. XXIII, v. 221. — 5. Id., ibid., lib. XXIV, v. 802. Demosth., De cor., p. 520. Cicer., De leg., lib. II, cap. XXV, t. III, p. 158. — 6. Isæus, De Cyron. hæred., p. 73. Poll., lib. I, cap. VII, § 66; lib. III, cap. XIX, § 102; lib. VIII, cap. XIV, § 146. Jungerm., ibid. — 7. Meurs. Græc. fer., in Γενέσ. — 8. Mois qui répondait à nos mois de février et de mars. Meurs. Græc. fer., in Νέκυς. — 9. Pott., Archæol., lib. IV, cap. V et VIII. — 10. Homer., ibid., lib. XXIII, v. 83. Eustath., ibid. — 11. Sophocl., in Antig., v. 262. Schol., ibid. Ælian., Var. hist., lib. V, cap. XIV.

à haute voix; et à la faveur des sacrifices et des libations, ils se flattent de ramener leurs mânes¹, auxquels on élève quelquefois des cénotaphes, espèce de monuments funèbres presque aussi respectés que les tombeaux.

Parmi les citoyens qui ont joui pendant leur vie d'une fortune aisée, les uns, conformément à l'ancien usage, n'ont au-dessus de leurs cendres qu'une petite colonne, où leur nom est inscrit; les autres, au mépris des lois qui condamnent le faste et les prétentions d'une douleur simulée, sont pressés sous des édifices élégants et magnifiques, ornés de statues et embellis par les arts². J'ai vu un simple affranchi dépenser deux talents³ pour le tombeau de sa femme⁴.

Entre les routes dans lesquelles on s'égare par l'excès ou le défaut de sentiment, les lois ont tracé un sentier dont il n'est pas permis de s'écarter. Elles défendent d'élever aux premières magistratures le fils ingrat qui, à la mort des auteurs de ses jours, a négligé les devoirs de la nature et de la religion⁵. Elles ordonnent à ceux qui assistent au convoi de respecter la décence jusque dans leur désespoir. Qu'ils ne jettent point la terreur dans l'âme des spectateurs, par des cris perçants et des lamentations effrayantes; que les femmes surtout ne se déchirent pas le visage, comme elles faisaient autrefois⁶. Qui croirait qu'on eût jamais dû leur prescrire de veiller à la conservation de leur beauté?

Chap. IX. — *Voyage à Corinthe. Xénophon. Timoléon.*

En arrivant dans la Grèce, nous avions appris que les Éléens s'étant emparés d'un petit endroit du Péloponèse nommé Scillonte, où Xénophon faisait sa résidence, il était allé avec ses fils s'établir à Corinthe⁷. Timagène était impatient de le voir. Nous partîmes d'Athènes, amenant avec nous Philotas, dont la famille avait des liaisons d'hospitalité avec celle de Timodème, l'une des plus anciennes de Corinthe⁸. Nous traversâmes Éleusis, Mégare, l'isthme; nous étions trop pressés pour nous occuper des objets qui s'offraient à nous sur la route.

Timodème nous conduisit lui-même chez Xénophon. Il était sorti: nous le trouvâmes dans un temple voisin, où il offrait un sacrifice. Tous les yeux étaient levés sur lui, et il ne les levait sur personne; car il se présentait devant les dieux avec le même respect qu'il inspirait aux hommes. Je le considérais avec un vif intérêt. Il paraissait âgé d'environ soixante-quinze ans; et son visage conservait encore des restes de cette beauté qui l'avait distingué dans sa jeunesse⁹.

La cérémonie était à peine achevée, que Timagène se jette à son

---

1. Homer., Odyss., lib. I, v. 64. Eustath., ibid., p. 1614. Pind., Pyth. IV, v. 283. Schol., ibid. — 2. Pausan., lib. I, cap. XVIII, p. 43. — 3. Dix mille huit cents livres. — 4. Demosth., in Steph. I, p. 980. — 5. Xénoph., Memor., p. 743. — 6. Cicer., De leg., lib. II, cap. XXV, t. III, p. 158. — 7. Diog. Laert., in Xenoph., lib. II, § 53. — 8. Plut., in Timol., t. I, p. 237. — 9. Diog. Laert., ibid. § 48.

cou, et, ne pouvant s'en arracher, l'appelle, d'une voix entrecoupée, son général, son sauveur, son ami. Xénophon le regardait avec étonnement, et cherchait à démêler des traits qui ne lui étaient pas inconnus, qui ne lui étaient plus familiers. Il s'écrie à la fin : « C'est Timagène, sans doute? Eh! quel autre que lui pourrait conserver des sentiments si vifs, après une si longue absence? Vous me faites éprouver dans ce moment combien il est doux de voir renaître des amis dont on s'est cru séparé pour toujours. » De tendres embrassements suivirent de près cette reconnaissance ; et pendant tout le temps que nous passâmes à Corinthe, des éclaircissements mutuels firent le sujet de leurs fréquents entretiens.

Né dans un bourg de l'Attique, élevé dans l'école de Socrate, Xénophon porta d'abord les armes pour sa patrie, ensuite il entra comme volontaire dans l'armée qu'assemblait le jeune Cyrus pour détrôner son frère Artaxerxès, roi de Perse[1]. Après la mort de Cyrus, il fut chargé, conjointement avec quatre autres officiers, du commandement des troupes grecques[2] ; et c'est alors qu'ils firent cette belle retraite, aussi admirée dans son genre, que l'est dans le sien la relation qu'il nous en a donnée. A son retour, il passa au service d'Agésilas, roi de Lacédémone, dont il partagea la gloire et mérita l'amitié[3]. Quelque temps après, les Athéniens le condamnèrent à l'exil, jaloux sans doute de la préférence qu'il accordait aux Lacédémoniens[4]. Mais ces derniers, pour le dédommager lui donnèrent une habitation à Scillonte[5].

C'est dans cette heureuse retraite qu'il avait passé plusieurs années, et qu'il comptait retourner dès que les troubles du Péloponèse seraient calmés.

Pendant notre séjour à Corinthe, je me liai avec ses deux fils, Gryllus et Diodore. Je contractai une liaison plus intime avec Timoléon, le second des fils de Timodème, chez qui nous étions logés.

Si j'avais à tracer le portrait de Timoléon, je ne parlerais pas de cette valeur brillante qu'il montra dans les combats, parce que parmi les nations guerrières, elle n'est une distinction que lorsque, poussée trop loin, elle cesse d'être une vertu; mais pour faire connaître toutes les qualités de son âme, je me contenterais d'en citer les principales : cette prudence consommée, qui en lui avait devancé les années; son extrême douceur quand il s'agissait de ses intérêts, son extrême fermeté quand il était question de ceux de sa patrie; sa haine vigoureuse pour la tyrannie de l'ambition, et pour celle des mauvais exemples[6] : je mettrais le comble à son éloge en ajoutant que personne n'eut autant que lui des traits de ressemblance avec Épaminondas, que par un secret instinct il avait pris pour son modèle[7].

Timoléon jouissait de l'estime publique et de la sienne, lorsque

---

1. Xenoph., Exped. Cyr., lib. III, p. 294. — 2. Id., ibid., p. 299. — 3. Diog. Laert., lib. II, § 54. Nep., in Ages., cap. I. — 4. Diog. Laert., ibid. — 5. Dinarch., ap. Diog. Laert., lib. II, § 52. — 6. Plut., in Timol., t. I, p. 237. Diod lib. XVI, p. 459. — 7. Plut., ibid., p. 253.

l'excès de sa vertu lui aliéna presque tous les esprits, et le rendit le plus malheureux des hommes. Son frère Timophanès, qui n'avait ni ses lumières ni ses principes, s'était fait une cour d'hommes corrompus, qui l'exhortaient sans cesse à s'emparer de l'autorité. Il crut enfin en avoir le droit. Un courage aveuglé et présomptueux lui avait attiré la confiance des Corinthiens, dont il commanda plus d'une fois les armées, et qui l'avaient mis à la tête de quatre cents hommes qu'ils entretenaient pour la sûreté de la police. Timophanès en fit ses satellites, s'attacha la populace par ses largesses; et, secondé par un parti redoutable, il agit en maître, et fit traîner au supplice les citoyens qui lui étaient suspects [1].

Timoléon avait jusqu'alors veillé sur sa conduite et sur ses projets. Dans l'espoir de le ramener, il tâchait de jeter un voile sur ses fautes, et de relever l'éclat de quelques actions honnêtes qui lui échappaient par hasard. On l'avait même vu, dans une bataille, se précipiter sans ménagement au milieu des ennemis, et soutenir seul leurs efforts pour sauver les jours d'un frère qu'il aimait, et dont le corps, couvert de blessures, était sur le point de tomber entre leurs mains [2].

Indigné maintenant de voir la tyrannie s'établir de son vivant, et dans le sein même de sa famille, il peint vivement à Timophanès l'horreur des attentats qu'il a commis, et qu'il médite encore; le conjure d'abdiquer au plus tôt un pouvoir odieux, et de satisfaire aux mânes des victimes immolées à sa folle ambition. Quelques jours après, il remonte chez lui, accompagné de deux de leurs amis, dont l'un était le beau-frère de Timophanès. Ils réitèrent de concert les mêmes prières; ils le pressent, au nom du sang, de l'amitié, de la patrie. Timophanès leur répond d'abord par une dérision amère, ensuite par des menaces et des fureurs. On était convenu qu'un refus positif de sa part serait le signal de sa perte. Ses deux amis, fatigués de sa résistance, lui plongèrent un poignard dans le sein, pendant que Timoléon, la tête couverte d'un pan de son manteau, fondait en larmes dans un coin de l'appartement où il s'était retiré [3].

Je ne puis sans frémir penser à ce moment fatal où nous entendîmes retentir dans la maison ces cris perçants, ces effrayantes paroles : « Timophanès est mort! c'est son beau-frère qui l'a tué! c'est son frère! » Nous étions par hasard avec Démariste sa mère; son père était absent. Je jetai les yeux sur cette malheureuse femme : je vis ses cheveux se dresser sur sa tête, et l'horreur se peindre sur son visage, au milieu des ombres de la mort. Quand elle reprit l'usage de ses sens, elle vomit, sans verser une larme, les plus affreuses imprécations contre Timoléon, qui n'eut pas même la faible consolation de les entendre de sa bouche. Renfermée dans son appartement, elle protesta qu'elle ne reverrait jamais le meurtrier de son fils [4].

Parmi les Corinthiens, les uns regardaient le meurtre de Timophanès

---

1. Plut., in Timol., t. I, p. 237. — 2. Id., ibid. Nep., in Timol., cap. I. — 3. Plut., ibid., p. 238. — 4. Id., ibid.

comme un acte héroïque, les autres comme un forfait. Les premiers ne se lassaient pas d'admirer ce courage extraordinaire, qui sacrifiait au bien public la nature et l'amitié. Le plus grand nombre, en approuvant la mort du tyran [1], ajoutaient que tous les citoyens étaient en droit de lui arracher la vie, excepté son frère. Il survint une émeute qui fut bientôt apaisée. On intenta contre Timoléon une accusation qui n'eut pas de suite [2].

Il se jugeait lui-même avec encore plus de rigueur. Dès qu'il s'aperçut que son action était condamnée par une grande partie du public, il douta de son innocence, et résolut de renoncer à la vie. Ses amis, à force de prières et de soins, l'engagèrent à prendre quelque nourriture, mais ne purent jamais le déterminer à rester au milieu d'eux. Il sortit de Corinthe; et, pendant plusieurs années, il erra dans des lieux solitaires, occupé de sa douleur, et déplorant avec amertume les égarements de sa vertu, et quelquefois l'ingratitude des Corinthiens [3].

Nous le verrons un jour reparaître avec plus d'éclat, et faire le bonheur d'un grand empire qui lui devra sa liberté.

Les troubles occasionnés par le meurtre de son frère accélérèrent notre départ. Nous quittâmes Xénophon avec beaucoup de regret. Je le revis quelques années après à Scillonte; et je rendrai compte, quand il en sera temps, des entretiens que j'eus alors avec lui. Ses deux fils vinrent avec nous. Ils devaient servir dans le corps de troupes que les Athéniens envoyaient aux Lacédémoniens.

Nous trouvâmes sur la route quantité de voyageurs qui se rendaient à Athènes pour assister aux grandes Dionysiaques, l'une des plus célèbres fêtes de cette ville. Outre la magnificence des autres spectacles, je désirais avec ardeur de voir un concours établi depuis longtemps entre les poëtes qui présentent des tragédies ou des comédies nouvelles. Nous arrivâmes le 5 du mois élaphébolion [4]. Les fêtes devaient commencer huit jours après [5].

Chap. X. — *Levées, revue, exercices des troupes chez les Athéniens.*

Deux jours après notre retour à Athènes, nous nous rendîmes dans une place où se faisait la levée des troupes qu'on se proposait d'envoyer au Péloponèse. Elles devaient se joindre à celles des Lacédémoniens et de quelques autres peuples, pour s'opposer, conjointement avec elles, aux projets des Thébains et de leurs alliés [6]. Hégélochus [7], stratége ou général, était assis sur un siége élevé [8]. Auprès de lui, un taxiarque [9], officier général, tenait le registre où sont inscrits les noms des citoyens qui, étant en âge de porter les armes [10], doivent se présenter à ce tri-

---

1. Plut., in Timol., t. I, p. 237. — 2. Diod., lib. XVI, p. 459. — 3. Plut., ibid. Nep., in Timol., cap. I. — 4. Le 1er avril de l'an 362 avant J. C. — 5. Voyez la note XIII à la fin du volume. — 6. Xenoph., Hist. græc., lib. VII, p. 642. Diod., lib XV, p. 391. — 7. Diod., ibid., p. 393. — 8. Plut., in Phoc., t. I, p. 746. — 9. Aristoph., in Pac., v. 1172. — 10. Id., in Equit., v. 366. Schol., ibid. Suid. et Hesych., in Κατάλ. Argum. Orat. Demosth. adv Olymp., p. 1064.

bunal. Il les appelait à haute voix, et prenait une note de ceux que le général avait choisis[1].

Les Athéniens sont tenus de servir depuis l'âge de dix-huit ans jusqu'à celui de soixante[2]. On emploie rarement les citoyens d'un âge avancé[3], et quand on les prend au sortir de l'enfance, on a soin de les tenir éloignés des postes les plus exposés[4]. Quelquefois le gouvernement fixe l'âge des nouvelles levées[5]; quelquefois on les tire au sort[6].

Ceux qui tiennent à ferme les impositions publiques, ou qui figurent dans les chœurs aux fêtes de Bacchus, sont dispensés du service[7]. Ce n'est que dans les besoins pressants qu'on fait marcher les esclaves[8], les étrangers établis dans l'Attique, et les citoyens les plus pauvres[9]. On les enrôle très-rarement; parce qu'ils n'ont pas fait le serment de défendre la patrie, ou parce qu'ils n'ont aucun intérêt à la défendre : la loi n'en a confié le soin qu'aux citoyens qui possèdent quelque bien, et les plus riches servent comme simples soldats. Il arrive de là que la perte d'une bataille, en affaiblissant les premières classes des citoyens, suffit pour donner à la dernière une supériorité qui altère la forme du gouvernement[10].

La république était convenue de fournir à l'armée des alliés six mille hommes, tant de cavalerie que d'infanterie[11]. Le lendemain de leur enrôlement, ils se répandirent en tumulte dans les rues et dans les places publiques, revêtus de leurs armes[12]. Leurs noms furent appliqués sur les statues des dix héros qui ont donné les leurs aux tribus d'Athènes[13], de manière qu'on lisait sur chaque statue les noms des soldats de chaque tribu.

Quelques jours après on fit la revue des troupes. Je m'y rendis avec Timagène, Apollodore et Philotas. Nous y trouvâmes Iphicrate, Timothée, Phocion, Chabrias, tous les anciens généraux et tous ceux de l'année courante. Ces derniers avaient été, suivant l'usage, choisis dans l'assemblée du peuple. Ils étaient au nombre de dix, un de chaque tribu[14]. Je me souviens, à cette occasion, que Philippe de Macédoine disait un jour : « J'envie le bonheur des Athéniens ; ils trouvent tous les ans dix hommes en état de commander leurs armées, tandis que je n'ai jamais trouvé que Parménion[15] pour conduire les miennes. »

Autrefois le commandement roulait entre les dix stratèges. Chaque jour l'armée changeait de général[16]; et en cas de partage dans le conseil, le polémarque, un des principaux magistrats de la république, avait le droit de donner son suffrage[17]. Aujourd'hui toute l'autorité est pour

---

1. Lys., in Alcib., p. 275. Poll., lib. VIII, cap. IX, § 115. — 2. Aristot., ap. Suid. et Harpocr., in Στρατην. Poll., lib. II, cap. II, § 11. Taylor, in Not. ad Lys., p. 124. — 3. Plut., ibid., p. 752. — 4. Æschin., De fals. leg., p. 422. Suid. et Etymol. magn., in Τηρίφ. — 5. Demosth., Philipp. I, p. 50. — 6. Lys., pro Mantit., p. 307. — 7. Pet., Leg. attic., p. 555. Ulpian., in III Olynth., p. 43. — 8. Aristoph., in Ran., v. 33 et 705. Schol., ibid. — 9. Aristoph., ap. Harpocr., in Θητ. Pet., ibid., p. 546. — 10. Aristot., De rep., lib. V, cap. III, t. II, p. 389. — 11. Diod., lib. XV, p. 393. — 12. Aristoph., in Lysist., v. 556, etc. — 13. Id., in Pac., v. 1183. Schol., ibid. — 14. Demosth., ibid., p. 50. Aristot. et Hyper., ap. Harpocr. in Στρατην. Plut., in Cim., t. I, p. 483; et alii. — 15. Plut., Apophth., t. II, p. 177. — 16. Herodot., lib. VI, cap. CX. Plut., in Arist., t. I, p. 321. — 17. Herodot., lib. VI, cap. CIX.

l'ordinaire entre les mains d'un seul, qui est obligé à son tour de rendre compte de ses opérations, à moins qu'on ne l'ait revêtu d'un pouvoir illimité[1]. Les autres généraux restent à Athènes, et n'ont presque d'autres fonctions que de représenter dans les cérémonies publiques[2].

L'infanterie[3] était composée de trois ordres de soldats : les hoplites, ou pesamment armés ; les armés à la légère ; et les peltastes, dont les armes étaient moins pesantes que celles des premiers, moins légères que celles des seconds[4].

Les hoplites avaient pour armes défensives, le casque, la cuirasse, le bouclier, des espèces de bottines qui couvraient la partie antérieure de la jambe ; pour armes offensives, la pique et l'épée[5].

Les armés à la légère étaient destinés à lancer des javelots ou des flèches ; quelques-uns, des pierres, soit avec la fronde, soit avec la main.

Les peltastes portaient un javelot, et un petit bouclier nommé pelta.

Les boucliers, presque tous de bois de saule[6] ou même d'osier, étaient ornés de couleurs, d'emblèmes, et d'inscriptions[7]. J'en vis où l'on avait tracé en lettres d'or ces mots : A LA BONNE FORTUNE[8] ; d'autres où divers officiers avaient fait peindre des symboles relatifs à leur caractère ou à leur goût. J'entendis, en passant, un vieillard qui disait à son voisin : « J'étais de cette malheureuse expédition de Sicile, il y a cinquante-trois ans. Je servais sous Nicias, Alcibiade et Lamachus. Vous avez ouï parler de l'opulence du premier, de la valeur et de la beauté du second : le troisième était d'un courage à inspirer la terreur. L'or et la pourpre décoraient le bouclier de Nicias[9] : celui de Lamachus représentait une tête de Gorgone[10] ; et celui d'Alcibiade, un Amour lançant la foudre[11]. »

Je voulais suivre cette conversation ; mais j'en fus détourné par l'arrivée d'Iphicrate, à qui Apollodore venait de raconter l'histoire de Timagène et la mienne. Après les premiers compliments, Timagène le félicita sur les changements qu'il avait introduits dans les armes des hoplites. « Ils étaient nécessaires, répondit Iphicrate ; la phalange, accablée sous le poids de ses armes, obéissait avec peine aux mouvements qu'on lui demandait, et avait plus de moyens pour parer les coups de l'ennemi que pour lui en porter. Une cuirasse de toile a remplacé celle de métal ; un bouclier petit et léger, ces énormes boucliers qui, à force de nous protéger, nous ravissaient notre liberté. La pique est devenue plus longue d'un tiers, et l'épée de moitié. Le soldat lie et délie sa chaussure avec plus de facilité[12]. J'ai voulu rendre les hoplites

---

1. Plut., in Alcib., t. I, p. 200. Suid., in Αὐτοκρ. — 2. Demosth., Philipp. I, p. 51. — 3. Plut., Reip. ger. præcept., t. II, p. 810. — 4. Arian., Tact., p. 10. Ælian., Tact., cap. II. — 5. Suid., in Ὁπλ. — 6. Thucyd., lib. IV, cap. IX. Poll., lib. I, cap. X, § 133. Theophr., Hist. plant., lib. V, cap. IV, p. 518. — 7. Æschyl., Sept. contr. Theb., v. 393, etc. — 8. Plut., in Demosth., t. I, p. 855. — 9. Id., in Nic., t. I, p. 542. Poll., lib. I, cap. X, § 134. — 10. Aristoph., in Acharn., v. 573. Schol., ibid. — 11. Plut., in Alcib., t. I, p. 198. — 12. Diod., lib. XV, p. 360. Nep., in Iphicr., cap. I.

plus redoutables : ils sont dans une armée ce qu'est la poitrine dans le corps humain. » Comme Iphicrate étalait volontiers de l'éloquence, il suivit sa comparaison : il assimila le général à la tête, la cavalerie aux pieds, les troupes légères aux mains[1]. Timagène lui demanda pourquoi il n'avait pas adopté le casque béotien, qui couvre le cou en se prolongeant jusque sur la cuirasse[2]. Cette question en amena d'autres sur la tenue des troupes, ainsi que sur la tactique des Grecs et des Perses. De mon côté j'interrogeais Apollodore sur plusieurs objets que ses réponses feront connaître.

« Au-dessous des dix stratéges, disait-il, sont les dix taxiarques, qui, de même que les premiers, sont tous les ans nommés par le sort, et tirés de chaque tribu dans l'assemblée générale[3]. Ce sont eux qui, sous les ordres des généraux, doivent approvisionner l'armée, régler et entretenir l'ordre de ses marches, l'établir dans un camp[4], maintenir la discipline, examiner si les armes sont en bon état. Quelquefois ils commandent l'aile droite[5]; d'autres fois le général les envoie pour annoncer la nouvelle d'une victoire, et rendre compte de ce qui s'est passé dans la bataille[6]. »

Dans ce moment nous vîmes un homme revêtu d'une tunique[7] qui lui descendait jusqu'aux genoux et sur laquelle il aurait dû mettre sa cuirasse, qu'il tenait dans ses bras avec ses autres armes. Il s'approcha du taxiarque de sa tribu, auprès de qui nous étions. « Compagnon, lui dit cet officier, pourquoi n'endossez-vous pas votre cuirasse? » Il répondit : « Le temps de mon service est expiré; hier je labourais mon champ quand vous fîtes l'appel. J'ai été inscrit dans le rôle de la milice sous l'archontat de Callias : consultez la liste des archontes[8], vous verrez qu'il s'est écoulé depuis ce temps-là plus de quarante-deux ans. Cependant, si ma patrie a besoin de moi, j'ai apporté mes armes. » L'officier vérifia le fait; et, après en avoir conféré avec le général, il effaça le nom de cet honnête citoyen, et lui en substitua un autre[9].

Les places des dix taxiarques sont des charges d'État qu'on est plus jaloux de posséder que de remplir. La plupart d'entre eux se dispensent de suivre l'armée, et leurs fonctions sont partagées entre les chefs que le général met à la tête des divisions et des subdivisions[10]. Ils sont en assez grand nombre. Les uns commandent cent vingt-huit hommes; d'autres, deux cent cinquante-six, cinq cent douze, mille vingt-quatre[11], suivant une proportion qui n'a point de bornes en montant, mais qui, en descendant aboutit à un terme qu'on peut regarder comme l'élément des différentes divisions de la phalange. Cet élément est la file, quelquefois composée de huit hommes, plus souvent de seize[12].

---

1. Plut., in Pelop., t. I, p. 278. — 2. Xenoph., De re equestr., p. 952. — 3. Demosth., Philipp. I, p. 50. Poll., lib. VIII, cap. IX, § 54. — 4. Sigon., De rep Athen., lib. IV, cap. V. Pott., Archæol. græc., lib. III, cap. V. — 5. Aristoph., in Av., v. 352. — 6. Æschin., De fals. leg., p. 422. — 7. Xenoph., Exped. Cyr. lib. V, p. 347. Ælian., Var. hist., lib. XIII, cap. XXXVII. — 8. Demosth., ap. Harpocr. in Ἐπώνυμ. — 9. Aristoph., in Pac., v. 1181. Lys., pro Mil., p. 161. — 10. Polyæn., Strateg., lib. III, cap. IX, § 10. — 11. Arrian., Tact., p. 28. Ælian., Tact., cap. IV. — 12. Xenoph., Hist. græc., lib. IV, p. 515. Arrian., ibid., p. 16. Ælian., ibid., cap. VII.

J'interrompis Apollodore, pour lui montrer un homme qui avait une couronne sur sa tête, et un caducée dans sa main[1].« J'en ai déjà vu passer plusieurs, lui dis-je. — Ce sont des hérauts, me répondit-il. Leur personne est sacrée : ils exercent des fonctions importantes, ils dénoncent la guerre, proposent la trêve ou la paix[2], publient les ordres du général[3], prononcent les commandements, convoquent l'armée[4], annoncent le moment du départ, l'endroit où il faut marcher, pour combien de jours il faut prendre des vivres[5]. Si, dans le moment de l'attaque ou de la retraite, le bruit étouffe la voix du héraut, on élève des signaux[6] : si la poussière empêche de les voir, on fait sonner la trompette[7] : si aucun de ces moyens ne réussit, un aide de camp court de rang en rang signifier les intentions du général[8]. »

Dans ce moment, quelques jeunes gens qui passaient comme des éclairs auprès de nous pensèrent renverser de graves personnages qui marchaient à pas comptés. « Les premiers, me dit Apollodore, sont des coureurs[9]; les seconds des devins : deux espèces d'hommes souvent employés dans nos armées; les uns pour porter au loin les ordres du général, les autres pour examiner dans les entrailles des victimes s'ils sont conformes à la volonté des dieux[10].

— Ainsi, repris-je, les opérations d'une campagne dépendent, chez les Grecs, de l'intérêt et de l'ignorance de ces prétendus interprètes du ciel? — Trop souvent, me répondit-il. Cependant, si la superstition les a établis parmi nous, il est peut-être de la politique de les maintenir. Nos soldats sont des hommes libres, courageux, mais impatients, et incapables de supporter la prudente lenteur d'un général, qui, ne pouvant faire entendre la raison, n'a souvent d'autre ressource que de faire parler les dieux. »

Comme nous errions autour de la phalange, je m'aperçus que chaque officier général avait auprès de lui un officier subalterne qui ne le quittait point. « C'est son écuyer[11] me dit Apollodore. Il est obligé de le suivre dans le fort de la mêlée, et, en certaines occasions, de garder son bouclier[12]. Chaque hoplite, ou pesamment armé, a de même un valet[13] qui, entre autres fonctions, remplit quelquefois celles de l'écuyer[14]; mais, avant le combat, on a soin de le renvoyer au bagage[15]. Le déshonneur, parmi nous, est attaché à la perte du bouclier[16], et non à celle de l'épée et des autres armes offensives. — Pourquoi cette différence? lui dis-je. — Pour nous donner une grande leçon, me répondit-il : pour nous apprendre que nous devons moins songer à verser le sang

---

1. Thucyd., lib. I, cap. LIII. — 2. Xenoph., ibid., p. 533. Id., Exped. Cyr., b. V, p. 366. — 3. Id., ibid., lib. IV, p. 317. Id., De rep. Laced., p. 686. — 4. Id., Exp. Cyr., lib. III, p. 299. — 5. Id., ibid., lib. IV, p. 312. Schol. Aristoph., in Av., v. 450. — 6. Thucyd., ibid., cap. LXIII. Suid., in Σημ. Ælian., Tact., cap. XXXIV. — 7. Xenoph., ibid., p. 319, et alii. — 8. Suid., in Έκτακτ. Guisch., Tact. d'Arrien, t. II, p. 169. — 9. Suid., in Ἡμεροδρ. Harpocr., in Δρομοκ. — 10. Xenoph., De mag. equit., p. 972; id., Exped. Cyr., et alii. — 11. Ælian., Var. hist., lib. XI, cap. IX. Plut., Apophth., t. II, p. 194. — 12. Xenoph., Exped. Cyr., lib. IV, p. 321. — 13. Thucyd., lib. III, cap. XVII, p. 177. — 14. Polyæn., Strateg., lib. II, cap. III, § 10. — 15. Ælian., Tact., cap. LIII. Arrian., Tact., p. 73. — 16. Æschin., in Tim., p. 264. Lys., in Theomn., p. 174. Andoc., De myst., p. 10.

de l'ennemi qu'à l'empêcher de répandre le nôtre[1], et qu'ainsi la guerre doit être plutôt un état de défense que d'attaque. »

Nous passâmes ensuite au Lycée, où se faisait la revue de la cavalerie. Elle est commandée de droit par deux généraux nommés hipparques, et par dix chefs particuliers appelés phylarques, les uns et les autres tirés au sort tous les ans dans l'assemblée de la nation[2].

Quelques Athéniens sont inscrits de bonne heure dans ce corps, comme presque tous les autres le sont dans l'infanterie. Il n'est composé que de douze cents hommes[3]. Chaque tribu en fournit cent vingt, avec le chef qui doit les commander[4]. Le nombre de ceux qu'on met ur pied se règle pour l'ordinaire sur le nombre des soldats pesamment armés; et cette proportion, qui varie suivant les circonstances, est souvent d'un à dix, c'est-à-dire qu'on joint deux cents chevaux à deux mille hoplites[5].

« Ce n'est guère que depuis un siècle, me disait Apollodore, qu'on voit de la cavalerie dans nos armées. Celle de la Thessalie est nombreuse, parce que le pays abonde en pâturages. Les autres cantons de la Grèce sont si secs, si stériles, qu'il est très-difficile d'y élever des chevaux: aussi n'y a-t-il que les gens riches qui entrent dans la cavalerie[6]; de là vient la considération attachée à ce service[7]. On ne peut y être admis sans obtenir l'agrément des généraux, des chefs particuliers, et surtout du sénat, qui veille spécialement à l'entretien et à l'éclat d'un corps si distingué[8]. Il assiste à l'inspection des nouvelles levées. »

Elles parurent en sa présence avec le casque, la cuirasse, le bouclier, l'épée, la lance ou javelot, un petit manteau, etc. Pendant qu'on procédait à l'examen de leurs armes, Timagène, qui avait fait une étude particulière de tout ce qui concerne l'art militaire, nous disait: « Une cuirasse trop large ou trop étroite devient un poids ou un lien insupportable[9]. Le casque doit être fait de manière que le cavalier puisse, dans le besoin, s'en couvrir jusqu'au milieu du visage. Il faut appliquer sur le bras gauche cette armure qu'on a récemment inventée, et qui, s'étendant et se repliant avec facilité, couvre entièrement cette partie du corps depuis l'épaule jusqu'à la main; sur le bras droit, des brassards de cuir, des plaques d'airain; et dans certains endroits, de la peau de veau, pourvu que ces moyens de défense ne contraignent pas les mouvements: les jambes et les pieds seront garantis par des bottes de cuir[10], armées d'éperons[11]. On préfère, avec raison, pour les cavaliers, le sabre à l'épée. Au lieu de ces longues lances, fragiles et pesantes, que vous voyez dans les mains de la plupart d'entre eux, j'aimerais mieux deux petites piques de bois de cormier, l'une pour lancer, l'autre pour se défendre[12]. Le front et le poitrail du cheval seront protégés par des armures particulières; les flancs et le ventre,

1. Plut., in Pelop., t. I, p. 278. — 2. Demosth. Philipp. I, p. 50. — 3. Andoc., De pac., p. 24. Suid., in Ἱππ. — 4. Poll., lib. VIII, cap. IX, § 94. Harpocr., in Φυλ. — 5. Demosth., ibid. Xenoph., Hist. graec., lib. I, p. 440. — 6. Xenoph., De re equest., p. 935. — 7. Arist., De rep., lib. IV, cap. III; t. II, p. 365. — 8. Xenoph. De magist. equit., p. 955. Lycurg., ap. Harpocr., in Δοκιμ. — 9. Xenoph., De re equest. p. 953. — 10. Id., ibid., p. 953. — 11. Id., ibid., p. 944. — 12. Id., ibid., p. 953.

par les couvertures que l'on étend sur son dos, et sur lesquelles le cavalier est assis[1]. »

Quoique les cavaliers athéniens n'eussent pas pris toutes les précautions que Timagène venait d'indiquer, cependant il fut assez content de la manière dont ils étaient armés. Les sénateurs et les officiers généraux en congédièrent quelques-uns qui ne paraissaient pas assez robustes[2]; ils reprochèrent à d'autres de ne pas soigner leurs armes. On examinait ensuite si les chevaux étaient faciles au montoir[3], dociles au mors, capables de supporter la fatigue[4]; s'ils n'étaient pas ombrageux[5], trop ardents ou trop mous[6]. Plusieurs furent réformés; et pour exclure à jamais ceux qui étaient vieux ou infirmes, on leur appliquait avec un fer chaud une marque sur la mâchoire[7].

Pendant le cours de cet examen, les cavaliers d'une tribu vinrent, avec de grands cris, dénoncer au sénat un de leurs compagnons, qui, quelques années auparavant, avait, au milieu d'un combat, passé de l'infanterie à la cavalerie, sans l'approbation des chefs. La faute était publique, la loi formelle[8]. Il fut condamné à cette espèce d'infamie qui prive un citoyen de la plupart de ses droits.

La même flétrissure est attachée à celui qui refuse de servir[9], et qu'on est obligé de contraindre par la voie des tribunaux[10]. Elle l'est aussi contre le soldat qui fuit à l'aspect de l'ennemi, ou qui, pour éviter ses coups, se sauve dans un rang moins exposé[11]. Dans tous ces cas, le coupable ne doit assister ni à l'assemblée générale, ni aux sacrifices publics; et s'il y paraît, chaque citoyen a le droit de le traduire en justice. On décerne contre lui différentes peines; et s'il est condamné à une amende, il est mis aux fers jusqu'à ce qu'il ait payé.

La trahison est punie de mort[12]. La désertion l'est de même[13], parce que déserter, c'est trahir l'État[14]. Le général a le pouvoir de reléguer dans un grade inférieur, et même d'assujettir aux plus viles fonctions, l'officier qui désobéit ou se déshonore[15].

« Des lois si rigoureuses, dis-je alors, doivent entretenir l'honneur et la subordination dans vos armées. » Apollodore me répondit : « Un État qui ne protège plus ses lois n'en est plus protégé. La plus essentielle de toutes, celle qui oblige chaque citoyen à défendre sa patrie, est tous les jours indignement violée. Les plus riches se font inscrire dans la cavalerie, et se dispensent du service, soit par des contributions volontaires[16], soit en se substituant un homme à qui ils remettent leur cheval[17]. Bientôt on ne trouvera plus d'Athéniens dans nos armées. Vous en vîtes hier enrôler un petit nombre : on vient de les associer à

---

1. Xenoph., De re equest., p. 952, et De magist. equit., p. 968. — 2. Id., De magist. equit., p. 955. — 3. Id., De re equest., p. 936. — 4. Id., De magist. equit., p. 954. — 5. Id., De re equest., p. 937. — 6. Id., ibid., p. 947. — 7. Hesych. et Etymol., in Τρυσίπ, Eustath., in Odyss., lib. IV, p. 1517. — 8. Lys., in Alcib., I, p. 276 et 282; id., in Alcib., II, p. 299. Lycurg., ap. Harpocr. in Δοχιμ. Dem., pro Rhod libert., p. 148. — 9. Demosth., in Neær., p. 865; id., in Timocr., p. 789. — 10. Xenoph., De magist. equit., p. 955. — 11. Æsch., in Ctes., p. 456. Lys., in Alcib., I, p. 275 et 278. — 12. Lys., in Philon., p. 498. — 13. Pet., Leg. attic., p. 563. — 14. Suid. et Hesych., in Αὐτόμολ. — 15. Xenoph., ibid., p. 957; in Exped. Cyr., lib. III, p. 296. Pet., ibid., p. 556. — 16. Demosth., in Mid., p. 629. Xenoph., ibid., p. 972. — 17. Potter., Archæol. græc., lib. III, cap. III.

des mercenaires à qui nous ne rougissons pas de confier le salut de la république. Il s'est élevé depuis quelque temps, dans la Grèce, des chefs audacieux, qui, après avoir rassemblé des soldats de toutes les nations, courent de contrée en contrée, traînent à leur suite la désolation et la mort, prostituent leur valeur à la puissance qui les achète, prêts à combattre contre elle au moindre mécontentement[1]. Voilà quelle est aujourd'hui la ressource et l'espérance d'Athènes. Dès que la guerre est déclarée, le peuple, accoutumé aux douceurs de la paix, et redoutant les fatigues d'une campagne, s'écrie d'une commune voix: « Qu'on fasse venir dix mille, vingt mille étrangers[2]. » Nos pères auraient frémi à ces cris indécents; mais l'abus est devenu un usage, et l'usage une loi.

— Cependant, lui dis-je, si parmi ces troupes vénales il s'en trouvait qui fussent capables de discipline, en les incorporant avec les vôtres vous les obligeriez à se surveiller mutuellement, et peut-être exciteriez-vous entre elles une émulation utile[3]. — Si nos vertus ont besoin de spectateurs, me répondit-il, pourquoi en chercher ailleurs que dans le sein de la république? Par une institution admirable, ceux d'une tribu, d'un canton, sont enrôlés dans la même cohorte, dans le même escadron; ils marchent, ils combattent à côté de leurs parents, de leurs amis, de leurs voisins, de leurs rivaux. Quel soldat oserait commettre une lâcheté en présence de témoins si redoutables? Comment, à son retour, soutiendrait-il des regards toujours prêts à le confondre? »

Après qu'Apollodore m'eut entretenu du luxe révoltant que les officiers, et même les généraux, commençaient à introduire dans les armées[4]; je voulus m'instruire de la solde des fantassins et des cavaliers. «Elle a varié suivant les temps et les lieux, répondit Apollodore. J'ai ouï dire à des vieillards qui avaient servi au siège de Potidée, il y a soixante-huit ans, qu'on y donnait aux hoplites, pour maître et valet[5], deux drachmes par jour[6]; mais c'était une paye extraordinaire qui épuisa le trésor public. Environ vingt ans après, on fut obligé de renvoyer un corps de troupes légères qu'on avait fait venir de Thrace, parce qu'elles exigeaient la moitié de cette solde[7].

» Aujourd'hui la paye ordinaire pour l'hoplite est de quatre oboles par jour, de vingt drachmes par mois[8]. On donne communément le double au chef d'une cohorte, et le quadruple au général[9]. Certaines circonstances obligent quelquefois de réduire la somme à la moitié[10]: on suppose alors que cette légère rétribution suffit pour procurer des vivres au fantassin, et que le partage du butin complétera la solde.

1. Demosth., in Aristocr., p. 747; id., Philipp. i, p. 50. Isocr., De pac., t. I, p. 384; id., Orat. ad Philipp., t. I, p. 278; id., Epist. II ad Philipp., ib., p. 457; id., Epist. ad Archid. ap. Phot. Biblioth., p. 334. Polyæn., Strateg., lib. III, cap. x, § 9. — 2. Demosth., Philipp. I, p. 50. — 3. Xenoph., De magist. equit., p. 971. — 4. Demosth., in Mid., p. 625. Theop., ap. Athen., lib. XII, p. 582. — 5. Thucyd., lib. III, cap. xvii. — 6. Une livre seize sous. — 7. Thucyd., lib. VII, cap. xxvii, p. 461. — 8. Par jour, environ douze sous; par mois, dix-huit livres. Théopomp., ap. Poll., lib. IX, cap. vi, § 64. Eustath., in Iliad., p. 951; id., in Odyss., p. 1405. — 9. Xenoph., Exped. Cyr.; lib. VII, p. 402 et 413. — 10. Demosth., Philipp. I p. 51.

« Celle du cavalier, en temps de guerre, est, suivant les occasions, le double [1], le triple [2], et même le quadruple [3] de celle du fantassin. En temps de paix, où toute solde cesse, il reçoit pour l'entretien d'un cheval environ seize drachmes par mois [4]; ce qui fait une dépense annuelle de près de quarante talents [5] pour le trésor public [6]. »

Apollodore ne se lassait point de satisfaire à mes questions. « Avant que de partir, me disait-il, on ordonne aux soldats de prendre des vivres pour quelques jours [7]. C'est ensuite aux généraux à pourvoir le marché des provisions nécessaires [8]. Pour porter le bagage, on a des caissons, des bêtes de somme, et des esclaves : quelquefois des soldats sont obligés de s'en charger [9].

« Vous voulez savoir quel est l'usage des Grecs à l'égard des dépouilles de l'ennemi. Le droit d'en disposer ou d'en faire la répartition a toujours été regardé comme une des prérogatives du général. Pendant la guerre de Troie, elles étaient mises à ses pieds : il s'en réservait une partie, et distribuait l'autre, soit aux chefs, soit aux soldats [10]. Huit cents ans après, les généraux réglèrent la répartition des dépouilles enlevées aux Perses à la bataille de Platée. Elles furent partagées entre les soldats, après en avoir prélevé une partie pour décorer les temples de la Grèce, et décerner de justes récompenses à ceux qui s'étaient distingués dans le combat [11].

« Depuis cette époque jusqu'à nos jours, on a vu tour à tour les généraux de la Grèce remettre au trésor de la nation les sommes provenues de la vente du butin [12]; les destiner à des ouvrages publics [13], ou à l'ornement des temples [14]; en enrichir leurs amis ou leurs soldats [15]; s'en enrichir eux-mêmes [16], ou du moins en recevoir le tiers, qui, dans certains pays, leur est assigné par un usage constant [17].

« Parmi nous, aucune loi n'a restreint la prérogative du général : il en use plus ou moins, suivant qu'il est plus ou moins désintéressé. Tout ce que l'État exige de lui, c'est que les troupes vivent, s'il est possible, aux dépens de l'ennemi, et qu'elles trouvent dans la répartition des dépouilles un supplément à la solde, lorsque des raisons d'économie obligent de la diminuer. »

Les jours suivants furent destinés à exercer les troupes. Je me dispense de parler de toutes les manœuvres dont je fus témoin : je n'en

---

1. Thucyd., lib. V, cap. XLVII. — 2. Demosth., Philipp. I, p. 51. — 3. Xenoph., Hist. græc., lib. V, p. 556. — 4. Environ quatorze livres huit sous. — 5. Environ deux cent seize mille livres. — 6. Xenoph., De magist. equit., p. 956. Pet., Leg. attic., p. 552. — 7. Aristoph., Acharn., v. 196. Schol., ibid. Plut., in Phoc., v. 752. — 8. Xenoph., Memor., lib. III, p. 762. — 9. Id., Exped. Cyr., lib. III p. 303, etc. — 10. Homer., Iliad., lib. IX, v. 330; Odyss., lib. IX, v. 39; lib. XIV v. 232. — 11. Herodot., lib. IX, cap. LXXX. Diod., lib. XI, p. 26. Plut., in Aristid. t. I, p. 331. — 12. C'est ce que firent quelquefois CIMON, Plut., in Cim., t. I, p. 484 et 487; TIMOTHÉE, Nep., in Tim., cap. I; LYSANDER, Xenoph., Hist. græc., lib. II, p. 462. Diod., lib. XIII, p. 225. Plut., in Lys., p. 442. — 13. CIMON, Plut., in Cim., p. 487. Nep., in Cim., cap. II. — 14. Herodot., lib. IX, cap. LXXX. Thucyd., lib. III, cap. CXIV. — 15. MYRONIDÈS, Diod., lib. XI, p. 63; AGÉSILAS, Nep., in Agesil., cap. III. Plut., in Agesil., p. 601. Xenoph., in Agesil., p. 654. IPHICRATE, Polyæn., Strateg., lib. III, cap. IX, § 3. — 16. CIMON, Plut., Nep., ut supra. — 17. CLÉOMÈNE, Polyb., Hist., lib. II, p. 147

donnerais qu'une description imparfaite, et inutile à ceux pour qui j'écris : voici seulement quelques observations générales.

Nous trouvâmes, près du mont Anchesmus, un corps de seize cents hommes d'infanterie pesamment armés, rangés sur seize de hauteur et sur cent de front, chaque soldat occupant un espace de quatre coudées [2]. A ce corps était joint un certain nombre d'armés à la légère.

On avait placé les meilleurs soldats dans les premiers rangs et dans les derniers [3]. Les chefs de files surtout, ainsi que les serre-files, étaient tous gens distingués par leur bravoure et par leur expérience [4]. Un des officiers ordonnait les mouvements. « Prenez les armes! s'écriait-il [5]; valets, sortez de la phalange! haut la pique! bas la pique! serre-files, dressez les files! prenez vos distances! à droite! à gauche [6]! la pique en dedans du bouclier [7]! marche [8]! halte! doublez vos files! remettez-vous! lacédémonienne évolution! remettez-vous! etc. »

A la voix de cet officier, on voyait la phalange successivement ouvrir ses files et ses rangs, les serrer, les presser, de manière que le soldat, n'occupant que l'espace d'une coudée [9], ne pouvait tourner ni à droite ni à gauche [10]. On la voyait présenter une ligne tantôt pleine, tantôt divisée en des sections dont les intervalles étaient quelquefois remplis par des armés à la légère [11]. On la voyait enfin, à la faveur des évolutions prescrites, prendre toutes les formes dont elle est susceptible, et marcher en avant, disposée en colonne, en carré parfait, en carré long, soit à centre vide, soit à centre plein, etc. [12].

Pendant ces mouvements, on infligeait des coups aux soldats indociles ou négligents [13]. J'en fus d'autant plus surpris, que chez les Athéniens il est défendu de frapper même un esclave [14]. Je conclus de là que parmi les nations policées le déshonneur dépend quelquefois plus de certaines circonstances, que de la nature des choses.

Ces manœuvres étaient à peine achevées, que nous vîmes, au loin s'élever un nuage de poussière. Les postes avancés [15] annoncèrent l'approche de l'ennemi. C'était un second corps d'infanterie qu'on venait d'exercer au Lycée [16], et qu'on avait résolu de mettre aux mains avec le premier, pour offrir l'image d'un combat [17]. Aussitôt on crie aux armes; les soldats courent prendre leurs rangs, et les troupes légères sont placées en arrière. C'est de là qu'elles lancent sur l'ennemi [18] des flèches, des traits, des pierres, qui passent par-dessus la phalange [19].

---

1. Ælian., Tact., cap. XI. — 2. Cinq pieds huit pouces. — 3. Xenoph., Memor., lib. III, p. 762. — 4. Arrian., Tact., p. 20 et 33. Ælian., Tact., cap. V. — 5. Arrian., ibid., p. 73. Ælian., ibid., cap. 51 et 53. — 6. Theoph., Charact. τοῦ Ὁμιλ. — 7. Aristoph., in Av., v. 368. Schol., ibid. — 8. Arrian., Ælian., ut supra. — 9. Dix-sept pouces. — 10. Arrian., ibid., p. 32. Ælian., ibid., cap. XI. — 11. Xenoph., Exped. Cyr., lib. V, p. 353. — 12. Id., ibid., lib. III, p. 34. Trad. de M. le c. de La L., t. I, p. 407. Arrian., ibid., p. 69. — 13. Xenoph., ibid., p. 368. — 14. Id., De rep. Athen., p. 693. — 15. Id. Exp. Cyr., lib. II, p. 278. — 16. Aristoph., in Pace, v. 355. Schol., ibid., in v. 353. — 17. Onosand., Inst., cap. X, p. 34. — 18. Xenoph., Cyrop., lib. VI, p. 167. Arrian., ibid., p. 20. — 19. Onosander (Inst., cap. X) dit que dans ces combats simulés les hoplites avaient des bâtons et des courroies; les armés à la légère, des mottes de terre.

Cependant les ennemis venaient au pas redoublé [1], ayant la pique sur l'épaule droite. Leurs troupes légères s'approchent [2] avec de grands cris, sont repoussées, mises en fuite, et remplacées par les hoplites, qui s'arrêtent à la portée du trait. Dans ce moment un silence profond règne dans les deux lignes [3]. Bientôt la trompette donne le signal. Les soldats chantent en l'honneur de Mars l'hymne du combat [4]. Ils baisent leurs piques ; quelques-uns frappent leurs boucliers [5] ; tous courent alignés et en bon ordre. Le général, pour redoubler leur ardeur, pousse le cri du combat [6]. Ils répètent mille fois, d'après lui, *Eleleu ! Eleleleu* [7] ! L'action parut très-vive ; les ennemis furent dispersés, et nous entendîmes, dans notre petite armée, retentir de tous côtés ce mot, *Alalè* [8] ! C'est le cri de victoire [9].

Nos troupes légères poursuivirent l'ennemi [10], et amenèrent plusieurs prisonniers. Les soldats victorieux dressèrent un trophée, et s'étant rangés en bataille à la tête d'un camp voisin, ils posèrent leurs armes à terre, mais tellement en ordre, qu'en les reprenant ils se trouvaient tout formés [11]. Ils se retirèrent ensuite dans le camp, où, après avoir pris un léger repas, ils passèrent la nuit couchés sur des lits de feuillages [12].

On ne négligea aucune des précautions que l'on prend en temps de guerre. Point de feu dans le camp [13] ; mais on en plaçait en avant, pour éclairer les entreprises de l'ennemi [14]. On posa les gardes du soir [15] ; on les releva dans les différentes veilles de la nuit [16]. Un officier fit plusieurs fois la ronde, tenant une sonnette dans sa main [17]. Au son de cet instrument, la sentinelle déclarait l'ordre ou le mot dont on était convenu. Ce mot est un signe qu'on change souvent, et qui distingue ceux d'un même parti. Les officiers et les soldats le reçoivent avant le combat, pour se rallier dans la mêlée ; avant la nuit, pour se reconnaître dans l'obscurité [18]. C'est au général à le donner ; et la plus grande distinction qu'il puisse accorder à quelqu'un, c'est de lui céder son droit [19]. On emploie assez souvent ces formules : *Jupiter sauveur* et *Hercule conducteur* [20] ; *Jupiter sauveur* et *la Victoire* ; *Minerve-Pallas* ; *le Soleil* et *la Lune* ; *épée* et *poignard* [21].

Iphicrate, qui ne nous avait pas quittés, nous dit qu'il avait supprimé la sonnette dans les rondes ; et que, pour mieux dérober la

---

1. Xenoph., Exped. Cyr., lib. VI, p. 387. — 2. Ælian., Tact., cap. XVII. — 3. Homer., Iliad., lib. III, v. 8. — 4. Xenoph., Hist. græc., lib. II, p. 474 ; id., Exped. Cyr., lib. IV, p. 324, 326, etc. — 5. Id., Exped., lib. I, p. 265. Poll., lib. I, cap. X, § 163. — 6. Xenoph., ap. Demet. Phaler., cap. XCVIII. — 7. Id., Exped., ibid. Aristoph., in Av., v. 363. Schol., ibid. Hesych. et Suid., in Ἐλελῦ. — 8. Dans les anciens temps, la dernière lettre du mot Alalè se prononçait comme un i (Plat., in Cratyl., t. I, p. 418). On disait en conséquence Alali. — 9. Aristoph., ibid., v. 954 et 1764. Schol., ibid. Hesych., in Ἀλαλ. — 10. Xenoph., Exped., lib. VI, p. 387. — 11. Trad. de l'expéd. de Cyrus, par M. le c. de La L., t. I, p. 221. — 12. Polyæn., Strateg., lib. III, cap. IX, § 19. Eustath., in Odyss., p. 1678. Schol. Aristoph., in Pac., v. 347. — 13. Aristoph., in Av., v. 842. — 14. Xenoph., Hist. græc., lib. VI, p. 587. — 15. Id., Exped., lib. VII, p. 405. — 16. Id., ibid., lib. IV, p. 316. — 17. Aristoph., ibid., v. 843 et 1160. Schol., ibid. Ulpian., in Demosth., De fals. leg., p. 377. — 18. Xenoph., Exped., lib. VI, p. 386 ; lib. VII, p. 405. — 19. Id., ibid., p. 407. — 20. Id., ibid., lib. VI, p. 386. — 21. Id., ibid., lib. I, p. 264. Æneas, Comment., cap. XXIV.

connaissance de l'ordre à l'ennemi, il donnait deux mots différents pour l'officier et pour la sentinelle, de manière que l'un, par exemple, répondait, *Jupiter sauveur*; et l'autre, *Neptune*[1].

Iphicrate aurait voulu qu'on eût entouré le camp d'une enceinte qui en défendît les approches. « C'est une précaution, disait-i., dont on doit se faire une habitude, et que je n'ai jamais négligée, lors même que je me suis trouvé dans un pays ami[2].

« Vous voyez, ajoutait-il, ces lits de feuillages. Quelquefois je n'en fais établir qu'un pour deux soldats; d'autres fois chaque soldat en a deux. Je quitte ensuite mon camp, l'ennemi survient, compte les lits; et, me supposant plus ou moins de forces que je n'en ai effectivement, ou il n'ose m'attaquer, ou il m'attaque avec désavantage[3].

« J'entretiens la vigilance de mes troupes, en excitant sous main des terreurs paniques, tantôt par des alertes fréquentes, tantôt par la fausse rumeur d'une trahison, d'une embuscade, d'un renfort survenu à l'ennemi[4].

« Pour empêcher que le temps du repos ne soit pour elles un temps d'oisiveté, je leur fais creuser des fossés, couper des arbres, transporter le camp et les bagages d'un lieu dans un autre[5].

« Je tâche surtout de les mener par la voie de l'honneur. Un jour, près de combattre, je vis des soldats pâlir; je dis tout haut : « Si quelqu'un d'entre vous a oublié quelque chose dans le camp, qu'il aille et « revienne au plus vite. » Les plus lâches profitèrent de cette permission. Je m'écriai alors : « Les esclaves ont disparu; nous n'avons plus « avec nous que de braves gens. » Nous marchâmes, et l'ennemi prit la fuite[6]. »

Iphicrate nous raconta plusieurs autres stratagèmes qui lui avaient également bien réussi. Nous nous retirâmes vers le milieu de la nuit. Le lendemain, et pendant plusieurs jours de suite, nous vîmes les cavaliers s'exercer au Lycée et auprès de l'Académie[7] : on les accoutumait à sauter sans aide sur le cheval[8], à lancer des traits[9], à franchir des fossés, à grimper sur les hauteurs, à courir sur un terrain en pente[10], à s'attaquer, à se poursuivre[11], à faire toutes sortes d'évolutions, tantôt séparément de l'infanterie, tantôt conjointement avec elle.

Timagène me disait : « Quelque excellente que soit cette cavalerie, elle sera battue si elle en vient aux mains avec celle des Thébains. Elle n'admet qu'un petit nombre de frondeurs et de gens de trait dans les intervalles de sa ligne; les Thébains en ont trois fois autant, et ils n'emploient que des Thessaliens, supérieurs, pour ce genre d'armes, à tous les peuples de la Grèce. » L'événement justifia la prédiction de Timagène.[12]

L'armée se disposait à partir. Plusieurs familles étaient consternées. Les sentiments de la nature et de l'amour se réveillaient avec plus de

---

1. Æneas, Comment., cap. XXIV. — 2. Polyæn., Strateg., lib. III, cap. IX, § 17. — 3. Id., ibid., § 19. — 4. Id., ibid., § 32. — 5. Id., ibid., § 35. — 6. Id., ibid., § 1. — 7. Xenoph., De magist. equit., p. 959, etc. — 8. Id., ibid., p. 954. — 9. Id., ibid., p. 954 et 956. — 10. Id., ibid., p. 966; et De re equest., p. 936. — 11. Id., De re equest., p. 951. — 12. Diod., lib. XV, p. 394.

force dans le cœur des mères et des épouses. Pendant qu'elles se livraient à leurs craintes, des ambassadeurs, récemment arrivés de Lacédémone, nous entretenaient du courage que les femmes spartiates avaient fait paraître en cette occasion. Un jeune soldat disait à sa mère, en lui montrant son épée : « Elle est bien courte ! — Eh bien ! répondit-elle, vous ferez un pas de plus [1]. » Une autre Lacédémonienne, en donnant le bouclier à son fils [2], lui dit : « Revenez avec cela, ou sur cela [3]. »

Les troupes assistèrent aux fêtes de Bacchus, dont le dernier jour amenait une cérémonie que les circonstances rendirent très-intéressante. Elle eut pour témoins le sénat, l'armée, un nombre infini de citoyens de tous états, d'étrangers de tous pays. Après la dernière tragédie, nous vîmes paraître sur le théâtre un héraut suivi de plusieurs jeunes orphelins couverts d'armes étincelantes. Il s'avança pour les présenter à cette auguste assemblée, et d'une voix ferme et sonore il prononça lentement ces mots : « Voici des jeunes gens dont les pères sont morts à la guerre, après avoir combattu avec courage. Le peuple, qui les avait adoptés, les a fait élever jusqu'à l'âge de vingt ans. Il leur donne aujourd'hui une armure complète, il les renvoie chez eux ; il leur assigne les premières places dans nos spectacles [4]. » Tous les cœurs furent émus. Les troupes versèrent des larmes d'attendrissement, et partirent le lendemain.

Chap. XI. — *Séance au Théâtre* [5].

Je viens de voir une tragédie ; et dans le désordre de mes idées, je jette rapidement sur le papier les impressions que j'en ai reçues.

Le théâtre s'est ouvert à la pointe du jour [6]. J'y suis arrivé avec Philotas. Rien de si imposant que le premier coup d'œil : d'un côté, la scène ornée de décorations exécutées par d'habiles artistes ; de l'autre, un vaste amphithéâtre couvert de gradins qui s'élèvent les uns au-dessus des autres jusqu'à une très-grande hauteur ; des paliers et des escaliers qui se prolongent et se croisent par intervalles, facilitent la communication, et divisent les gradins en plusieurs compartiments, dont quelques-uns sont réservés pour certains corps et certains états.

Le peuple abordait en foule ; il allait, venait, montait, descendait, criait, riait, se pressait, se poussait, et bravait les officiers qui couraient de tous côtés pour maintenir le bon ordre [7]. Au milieu de ce tu-

---

1. Plut., Apophth. lacon., t. II, p. 241. — 2. Arist., ap. Stob., serm. VII, p. 88. Plut., ibid. Sext. Emp., Pyrrh. hypot., lib. III, cap. XXIV, p. 181. — 3. A Sparte, c'était un déshonneur de perdre son bouclier ; et c'était sur leurs boucliers qu'on rapportait les soldats morts. — 4. Thucyd., lib. II, cap. XLVI. Plat., in Menex., t. II, p. 248. Æschin., in Ctes., p. 452. Lesbon., in Protrept., p. 172. Diog. Laert., in Solon., lib. I, § 55. — 5. Dans la seconde année de la 104e olympiade, le premier jour des grandes Dionysiaques ou grandes fêtes de Bacchus, lequel concourant toujours, suivant Dodwell, avec le 12 d'élaphébolion, tombait cette année au 8 avril de l'an 362 avant J. C. — 6. Xenoph., Memor., lib. V, p. 825. Æschin., in Ctes., p. 440. — 7. Demosth., in Mid., p. 631. Ulpian., ibid., p. 688. Schol., Aristoph. in pac., v. 733.

multe, sont arrivés successivement les neuf archontes ou premiers magistrats de la république, les cours de justice[1], le sénat des cinq cents, les officiers généraux de l'armée[2], les ministres des autels[3]. Ces divers corps ont occupé les gradins inférieurs. Au-dessus on rassemblait tous les jeunes gens qui avaient atteint leur dix-huitième année[4]. Les femmes se plaçaient dans un endroit qui les tenait éloignées des hommes et des courtisanes[5]. L'orchestre était vide : on le destinait aux combats de poésie, de musique et de danse, qu'on donne après la représentation des pièces ; car ici tous les arts se réunissent pour satisfaire tous les goûts.

J'ai vu des Athéniens faire étendre sous leurs pieds des tapis de pourpre, et s'asseoir mollement sur des coussins apportés par leurs esclaves[6]; d'autres qui, avant et pendant la représentation, faisaient venir du vin, des fruits et des gâteaux[7]; d'autres qui se précipitaient sur des gradins pour choisir une place commode, et l'ôter à celui qui l'occupait[8]. « Ils en ont le droit, m'a dit Philotas ; c'est une distinction qu'ils ont reçue de la république pour récompense de leurs services.

Comme j'étais étonné du nombre des spectateurs : « Il peut se monter, m'a-t-il dit, à trente mille[9]. » La solennité de ces fêtes en attire de toutes les parties de la Grèce, et répand un esprit de vertige parmi les habitants de cette ville. Pendant plusieurs jours, vous les verrez abandonner leurs affaires, se refuser au sommeil, passer ici une partie de la journée, sans pouvoir se rassasier des divers spectacles qu'on y donne. C'est un plaisir d'autant plus vif pour eux, qu'ils le goûtent rarement. Le concours des pièces dramatiques n'a lieu que dans deux autres fêtes ; mais les auteurs réservent tous leurs efforts pour celle-ci. On nous a promis sept à huit pièces nouvelles[10]. N'en soyez pas surpris : tous ceux qui, dans la Grèce, travaillent pour le théâtre, s'empressent à nous offrir l'hommage de leurs talents[11]. D'ailleurs, nous reprenons quelquefois les pièces de nos anciens auteurs ; et la lice va s'ouvrir par l'Antigone de Sophocle. Vous aurez le plaisir d'entendre deux excellents acteurs, Théodore et Aristodème[12]. »

Philotas achevait à peine, qu'un héraut, après avoir imposé silence[13], s'est écrié : « Qu'on fasse avancer le chœur de Sophocle[14] ! » C'était l'annonce de la pièce. Le théâtre représentait le vestibule du palais de Créon, roi de Thèbes[15]. Antigone et Ismène, filles d'Œdipe, ont ouvert la scène, couvertes d'un masque. Leur déclamation m'a paru naturelle, mais leur voix m'a surpris. « Comment nommez-vous ces actrices ? ai-je dit. — Théodore et Aristodème, a répondu Philotas : car ici les femmes

---

1. Poll., Onom., lib. IV, cap. XIX, § 121. — 2. Theophr., Charact., cap. v. Casaub., ibid., p. 51. — 3. Hesych., in Νεμησ. — 4. Poll., ibid., § 122. Schol. Aristoph. in Av., v. 795. — 5. Aristoph., in Eccles., v. 22. Schol. ibid. 6. Æschin., in Ctes., p. 440. Theophr., ibid., cap. II. — 7. Philoch. et Pherecr. ap. Athen., lib. XI, p. 464. — 8. Aristoph., in Equit., v. 572. Schol., ibid. Suid., in Προεδρ. — 9. Plat., in Conv., t. III, p. 173 et 175. — 10. Plut., An seni, etc., t. II, p. 785. Mém. de l'Acad. des bell. lettr., t. XXXIX, p. 181. — 11. Plat., in Lach., t. II, p. 183. — 12. Demosth., De fals. leg., p. 331. — 13. Ulpian., in Demosth., p. 687. — 14. Aristoph., in Acharn., v. 11. Schol., ibid. — 15. Sophocl., in Antig., v. 18. Argum. Aristoph. gram. ibid.

ne montent pas sur le théâtre[1]. » Un moment après, un chœur de quinze vieillards thébains est entré, marchant à pas mesurés sur trois de front et cinq de hauteur. Il a célébré, dans des chants mélodieux, la victoire que les Thébains venaient de remporter sur Polynice, frère d'Antigone.

L'action s'est insensiblement développée. Tout ce que je voyais, tout ce que j'entendais, m'était si nouveau, qu'à chaque instant mon intérêt croissait avec ma surprise. Entraîné par les prestiges qui m'entouraient, je me suis trouvé au milieu de Thèbes. J'ai vu Antigone rendre les devoirs funèbres à Polynice, malgré la sévère défense de Créon. J'ai vu le tyran, sourd aux prières du vertueux Hémon, son fils, qu'elle était sur le point d'épouser, la faire traîner avec violence dans une grotte obscure qui paraissait au fond du théâtre[2], et qui devait lui servir de tombeau. Bientôt effrayé des menaces du ciel, il s'est avancé vers la caverne, d'où sortaient des hurlements effroyables. C'étaient ceux de son fils. Il serrait entre ses bras la malheureuse Antigone, dont un nœud fatal avait terminé les jours. La présence de Créon irrite sa fureur; il tire l'épée contre son père; il s'en perce lui-même, et va tomber aux pieds de son amante, qu'il tient embrassée jusqu'à ce qu'il expire.

Ils se passaient presque tous à ma vue, ces événements cruels; ou plutôt un heureux éloignement en adoucissait l'horreur. Quel est donc cet art qui me fait éprouver à la fois tant de douleur et de plaisir, qui m'attache si vivement à des malheurs dont je ne pourrais pas soutenir l'aspect? Quel merveilleux assortiment d'illusions et de réalités! Je volais au secours des deux amants; je détestais l'impitoyable auteur de leurs maux. Les passions les plus fortes déchiraient mon âme sans la tourmenter; et, pour la première fois, je trouvais des charmes à la haine.

Trente mille spectateurs fondant en larmes redoublaient mes émotions et mon ivresse. Combien la princesse est-elle devenue intéressante, lorsque, de barbares satellites l'entraînant vers la caverne, son cœur fier et indomptable, cédant à la voix impérieuse de la nature, a montré un instant de faiblesse, et fait entendre ces accents douloureux :

« Je vais donc tout en vie descendre lentement dans le séjour des morts[3]! Je ne reverrai donc plus la lumière des cieux[4]! O tombeau, ô lit funèbre, demeure éternelle[5]! Il ne me reste qu'un espoir : vous me servirez de passage pour me rejoindre à ma famille, à cette famille désastreuse dont je péris la dernière et la plus misérable[6]. Je reverrai les auteurs de mes jours; ils me reverront avec plaisir. Et toi, Polynice, ô mon frère! tu sauras que, pour te rendre des devoirs prescrits par la nature et par la religion, j'ai sacrifié ma jeunesse, ma vie, mon hymen, tout ce que j'avais de plus cher au monde. Hélas! on m'aban-

---

1. Plut., in Phoc., t. I, p. 750. Aul. Gell., lib. VII, cap. v. Lucian., De salt., cap. XXVIII, t. II, p. 285. — 2. Poll., lib. IV, cap. XIX, § 124. — 3. Sophocl., in Antig., v. 932. — 4. Id., ibid., v. 891. — 5. Id., ibid., v. 903. — 6. Id., ibid., v. 907.

donne en ce moment funeste. Les Thébains insultent à mes malheurs[1]. Je n'ai pas un ami dont je puisse obtenir une larme[2]. J'entends la mort qui m'appelle, et les dieux se taisent[3]. Où sont mes forfaits? Si ma piété fut un crime, je dois l'expier par mon trépas. Si mes ennemis sont coupables, je ne leur souhaite pas de plus affreux supplices que le mien[4]. »

Ce n'est qu'après la représentation de toutes les pièces qu'on doit adjuger le prix. Celle de Sophocle a été suivie de quelques autres que je n'ai pas eu la force d'écouter. Je n'avais plus de larmes à répandre, ni d'attention à donner.

J'ai copié dans ce chapitre les propres paroles de mon journal. Je décrirai ailleurs tout ce qui concerne l'art dramatique, et les autres spectacles qui relèvent l'éclat des fêtes Dionysiaques.

CHAP. XII. — *Description d'Athènes.*

Il n'y a point de ville dans la Grèce qui présente un si grand nombre de monuments que celle d'Athènes. De toutes parts s'élèvent des édifices respectables par leur ancienneté, ou par leur élégance. Les chefs-d'œuvre de la sculpture sont prodigués jusque dans les places publiques : ils embellissent, de concert avec ceux de la peinture, les portiques et les temples. Ici tout s'anime, tout parle aux yeux du spectateur attentif.

L'histoire des monuments de ce peuple serait l'histoire de ses exploits, de sa reconnaissance et de son culte.

Je n'ai ni le projet de les décrire en particulier, ni la prétention de faire passer dans l'âme de mes lecteurs l'impression que les beautés de l'art faisaient sur la mienne. C'est un bien pour un voyageur d'avoir acquis un fonds d'émotions douces et vives, dont le souvenir se renouvelle pendant toute sa vie ; mais il ne saurait les partager avec ceux qui, ne les ayant pas éprouvées, s'intéressent toujours plus au récit de ses peines qu'à celui de ses plaisirs. J'imiterai ces interprètes qui montrent les singularités d'Olympie et de Delphes : je conduirai mon lecteur dans les différents quartiers d'Athènes : nous nous placerons aux dernières années de mon séjour dans la Grèce, et nous commencerons par aborder au Pirée[5].

Ce port, qui en contient trois autres plus petits[6], est à l'ouest de ceux de Munychie et de Phalère, presque abandonnés aujourd'hui. On y rassemble quelquefois jusqu'à trois cents galères[7]; il pourrait en contenir quatre cents[8]. Thémistocle en fit pour ainsi dire la découverte, quand il voulut donner une marine aux Athéniens[9]. On y vit

---

1. Sophocl., in Antig., v. 850. — 2. Id., ibid., v. 894. — 3. Id., ibid., v. 945. — 4. Id., ibid., v. 940. — 5. Voyez la note XIV à la fin du volume. — 6. Thucyd., lib. I, cap. XCIII. Pausan., lib. I, cap. I, p. 3. Le Roi, Ruines de la Grèce, part. première, p. 261. — 7. Thucyd., lib. II, cap. XIII. — 8. Strab., lib. IX, p. 395. Spon et Wheler observent que quarante ou quarante-cinq de nos vaisseaux auraient de la peine à tenir dans ce port. — 9. Plut., in Themist. t. I, p. 121. Nep., in Themist., cap. VI; Diod., lib. XI, p. 32.

CHAPITRE XII.

bientôt des marchés, des magasins, et un arsenal capable de fournir à l'armement d'un grand nombre de vaisseaux.

« Avant que de mettre pied à terre, jetez les yeux sur le promontoire voisin. Une pierre carrée, sans ornements, et posée sur une simple base, est le tombeau de Thémistocle. Son corps fut apporté du lieu de son exil [1]. Voyez ces vaisseaux qui arrivent, qui vont partir, qui partent; ces femmes, ces enfants qui accourent sur le rivage, pour recevoir les premiers embrassements, ou les derniers adieux de leurs époux et de leurs pères; ces commis de la douane qui s'empressent d'ouvrir les ballots qu'on vient d'apporter, et d'y apposer leurs cachets, jusqu'à ce qu'on ait payé le droit de cinquantième [2]; ces magistrats, ces inspecteurs qui courent de tous côtés; les uns, pour fixer le prix du blé et de la farine [3]; les autres, pour en faire transporter les deux tiers à Athènes [4]; d'autres, pour empêcher la fraude et maintenir l'ordre [5].

« Entrons sous l'un de ces portiques qui entourent le port [6]. Voilà des négociants qui, prêts à faire voile pour le Pont-Euxin ou pour la Sicile, empruntent à gros intérêts les sommes dont ils ont besoin, et rédigent l'acte qui comprend les conditions du marché [7]. En voilà un qui déclare, en présence de témoins, que les effets qu'il vient d'embarquer seront, en cas de naufrage, aux risques des prêteurs [8]. Plus loin, sont exposées, sur des tables, différentes marchandises du Bosphore [9], et les montres des blés récemment apportés du Pont, de Thrace, de Syrie, d'Égypte, de Libye, et de Sicile [10]. Allons à la place d'Hippodamus, ainsi nommée d'un architecte de Milet qui l'a construite [11]. Ici, les productions de tous les pays sont accumulées : ce n'est point le marché d'Athènes, c'est celui de toute la Grèce [12].

« Le Pirée est décoré d'un théâtre, de plusieurs temples, et de quantité de statues [13]. Comme il devait assurer la subsistance d'Athènes, Thémistocle le mit à l'abri d'un coup de main, en faisant construire cette belle muraille qui embrasse et le bourg du Pirée, et le port de Munychie. Sa longueur est de soixante stades [14]; sa hauteur, de quarante coudées [15]; Thémistocle voulait la porter jusqu'à quatre-vingts [16]: sa largeur est plus grande que la voie de deux chariots. Elle fut construite de grosses pierres équarries, et liées à l'extérieur par des tenons de fer et de plomb.

« Prenons le chemin d'Athènes, et suivons cette longue muraille qui,

---

1. Pausan., lib. I, cap. I, p. 3. — 2. Demosth., in Lacrit., p. 952. Æneas Polior., cap. XXIX. — 3. Harpocr. et Suid., in Σιτοφύλ. — 4. Dinarch. et Aristot., ap. Harp. in Ἐπιμελ. Etymol. magn., ibid. — 5. Aristot., ap. Harp. in Ἀγοράν.— 6. Meurs., in Pir., cap. IV. — 7. Demosth., ibid., p. 949. Theophr., Charact., cap. XXIII. — 8. Demosth., adv. Phorm., p. 944. — 9. Harpocr., in Δείγμ. Polyæn., Strateg., lib. VI, cap. II, § 2. — 10. Theophr., Hist. plant., lib. VIII, cap. IV. — 11. Meurs., ibid., cap. V. — 12. Thucyd., lib. II, cap. XXXVIII. Isocr., Paneg., t. I, p. 139. Sopatr., De div. quæst. ap. rhet. græc., t. I, p. 305. — 13. Meurs., ibid. — 14. Thucyd., ibid., cap. XIII. — 15. La longueur était de cinq mille six cent soixante-dix toises, et par conséquent de deux de nos lieues, de deux mille cinq cents toises, avec un excédant de six cent soixante-dix toises, environ un quart de lieue. La hauteur étant de quarante coudées, ou soixante pieds grecs, équivalait à cinquante-six pieds de roi deux tiers. — 16. Thucyd., lib. I, cap. LCIII. Appian. Bell. Mithrid., cap. CXC, p. 325.

du Pirée, s'étend jusqu'à la porte de la ville, dans une longueur de quarante stades [1]. Ce fut encore Thémistocle qui forma le dessein de l'élever [2]; et son projet ne tarda pas à s'exécuter sous l'administration de Cimon et de Périclès [3]. Quelques années après, ils en firent construire une semblable, quoique un peu moins longue, depuis les murs de la ville jusqu'au port de Phalère [4]. Elle est à notre droite. Les fondements de l'une et de l'autre furent établis dans un terrain marécageux, qu'on eut soin de combler avec de gros rochers [5]. Par ces deux murs de communication, appelés aujourd'hui longues murailles, le Pirée se trouve renfermé dans l'enceinte d'Athènes, dont il est devenu le boulevard. Après la prise de cette ville, on fut obligé de démolir en tout ou en partie ces différentes fortifications [6]; mais on les a presque entièrement rétablies de nos jours [7].

« La route que nous suivons est fréquentée dans tous les temps, à toutes les heures de la journée, par un grand nombre de personnes que la proximité du Pirée, ses fêtes et son commerce attirent dans ce lieu.

« Nous voici en présence d'un cénotaphe. Les Athéniens l'ont élevé pour honorer la mémoire d'Euripide, mort en Macédoine [8]. Lisez les premiers mots de l'inscription : LA GLOIRE D'EURIPIDE A POUR MONUMENT LA GRÈCE ENTIÈRE [9]. Voyez-vous ce concours de spectateurs auprès de la ville, les litières qui s'arrêtent en cet endroit [10], et sur un échafaud cet homme entouré d'ouvriers? C'est Praxitèle; il va faire poser, sur une base qui sert de tombeau, une superbe statue équestre qu'il vient de terminer [11].

« Nous voilà dans la ville, et auprès d'un édifice qui se nomme Pompéion [12]. C'est de là que partent ces pompes ou processions de jeunes garçons et de jeunes filles qui vont par intervalles figurer dans les fêtes que célèbrent les autres nations. Dans un temple voisin, consacré à Cérès, on admire la statue de la déesse, celle de Proserpine, et celle du jeune Iacchus, toutes trois de la main de Praxitèle [13].

« Parcourons rapidement ces portiques qui se présentent le long de la rue, et qu'on a singulièrement multipliés dans la ville. Les uns sont isolés; d'autres, appliqués à des bâtiments auxquels ils servent de vestibules. Les philosophes et les gens oisifs y passent une partie de la journée. On voit dans presque tous des peintures et des statues d'un travail excellent. Dans celui où l'on vend la farine [14], vous trouverez un tableau d'Hélène, peint par Zeuxis [15].

« Prenons la rue que nous avons à gauche : elle nous conduira au

1. Thucyd., lib. II, cap. XIII. Strab., lib. IX, p. 395. Diog. Laert., in Antisth., lib. VI, § 2. — 2. Plut., in Themist., t. I, p. 121. — 3. Thucyd., lib. I, cap. CVII et CVIII. Andoc. De pac., p. 24. Plut., in Pericl., t. I, p. 160. — 4. Andoc., ibid. — 5. Plut., in Cim., t. I, p. 487. — 6. Xenoph., Hist. græc., lib. II, p. 460. Diod., lib. XIII, p. 226. Plut., in Lysand., t. I, p. 441. — 7. Xenoph., ibid. lib. IV, p. 537. Diod., lib. XIV, p. 303. Nep., in Timoth., cap. IV; id., in Conon., cap. IV. — 8. Pausan., lib. I, cap. II, p. 6. — 9. Anthol., lib. III, p. 273. Thom. Mag., in Vit. Eurip. — 10. Dinarch., Orat. adv. Demosth., in op. Demosth. p. 177. — 11. Pausan., ibid. — 12. Id., ibid. — 13. Id., ibid. — 14. Hesych., in Ἀλφ. Aristoph., in Eccles., v. 682. — 15. Eustath., in Iliad., lib. XI, p. 869, lin. 37.

quartier du Pnyx, et près de l'endroit où le peuple tient quelques-unes de ses assemblées [1]. Ce quartier, qui est très-fréquenté, confine à celui du Céramique ou des Tuileries, ainsi nommé des ouvrages en terre cuite qu'on y fabriquait autrefois [2]. Ce vaste emplacement est divisé en deux parties : l'une au delà des murs, où se trouve l'Académie ; l'autre en dedans, où est la grande place.

« Arrêtons-nous un moment au portique royal, qui, sous plusieurs rapports, mérite notre attention. Le second des archontes, nommé l'archonte-roi, y tient son tribunal [3]. Celui de l'Aréopage s'y assemble quelquefois [4]. Les statues dont le toit est couronné sont en terre cuite, et représentent Thésée qui précipite Scyron dans la mer, et l'Aurore qui enlève Céphale [5]. La figure de bronze que vous voyez à la porte est celle de Pindare couronné d'un diadème, ayant un livre sur ses genoux, et une lyre dans sa main [6]. Thèbes, sa patrie, offensée de l'éloge qu'il avait fait des Athéniens, eut la lâcheté de le condamner à une amende, et Athènes lui décerna ce monument, moins peut-être par estime pour ce grand poëte que par haine contre les Thébains. Non loin de Pindare sont les statues de Conon, de son fils Timothée, et d'Évagoras, roi de Chypre [7].

« Près du portique royal est celui de Jupiter Libérateur [8], où le peintre Euphranor vient de représenter, dans une suite de tableaux, les douze dieux, Thésée, le peuple d'Athènes, et ce combat de cavalerie où Gryllus, fils de Xénophon, attaqua les Thébains commandés par Épaminondas [9]. On les reconnaît aisément l'un et l'autre, et le peintre a rendu avec des traits de feu l'ardeur dont ils étaient animés [10]. L'Apollon du temple voisin est de la même main [11].

« Du portique royal partent deux rues qui aboutissent à la place publique. Prenons celle de la droite. Elle est décorée, comme vous voyez, par quantité d'Hermès. C'est le nom qu'on donne à ces gaines surmontées d'une tête de Mercure. Les uns ont été placés par de simples particuliers ; les autres, par ordre des magistrats [12]. Presque tous rappellent des faits glorieux ; d'autres, des leçons de sagesse. On doit ces derniers à Hipparque, fils de Pisistrate. Il avait mis en vers les plus beaux préceptes de la morale ; il les fit graver sur autant d'Hermès élevés par ses ordres dans les places, dans les carrefours, dans plusieurs rues d'Athènes, et dans les bourgs de l'Attique. Sur celui-ci, par exemple, est écrit : PRENEZ TOUJOURS LA JUSTICE POUR GUIDE ; sur celui-là, NE VIOLEZ JAMAIS LES LOIS DE L'AMITIÉ [13]. Ces maximes ont contribué sans doute à rendre sentencieux le langage des habitants de la campagne [14].

« Cette rue se termine par deux portiques qui donnent sur la place.

1. Meurs. de popul. Athen., in voce PNYX. — 2. Plin., lib. XXXV, cap. XII. p. 710. Suid., in Κεραμ. Meurs., in Ceram. — 3. Pausan., lib. I, cap. III, p. 1. — 4. Demosth., in Aristog., p. 831. — 5. Pausan., ibid. — 6. Æschin., Epist. IV. p. 207. — 7. Isocr., in Evag., t. II, p. 98. Demosth., in Leptin, p. 551. Pausan., ibid. — 8. Meurs., ibid., cap. IV. — 9. Pausan., ibid., p. 9. — 10. Plut., De glor. Athen., t. II, p. 346. — 11. Pausan., ibid. — 12. Harpocr., in Ἑρμ.— 13. Plat., in Hipp., t. II, p. 229. Hesych., in Ἱππαρχ. Suid., in Ἑρμ. — 14. Aristot., Rhet., t. II, p. 572.

L'un est celui des Hermès[1]; l'autre, qui est le plus beau de tous, se nomme le Pœcile. On voit dans le premier trois Hermès sur lesquels, après quelques avantages remportés sur les Mèdes, on inscrivit autrefois l'éloge que le peuple décernait, non aux généraux, mais aux soldats qui avaient vaincu sous leurs ordres[2]. A la porte du Pœcile est la statue de Solon[3]. Les murs de l'intérieur, chargés de boucliers enlevés aux Lacédémoniens et à d'autres peuples[4], sont enrichis des ouvrages de Polygnote, de Micon, de Panœnus, et de plusieurs autres peintres célèbres. Dans ces tableaux, dont il est plus aisé de sentir les beautés que de les décrire, vous verrez la prise de Troie, les secours que les Athéniens donnèrent aux Héraclides, la bataille qu'ils livrèrent aux Lacédémoniens à Œnoé, aux Perses à Marathon, aux Amazones dans Athènes même[5].

« Cette place, qui est très-vaste, est ornée d'édifices destinés au culte des dieux, ou au service de l'État; d'autres, qui servent d'asile quelquefois aux malheureux, trop souvent aux coupables; de statues décernées à des rois et à des particuliers qui ont bien mérité de la république[6].

« Suivez-moi, et, à l'ombre des platanes qui embellissent ces lieux[7], parcourons un des côtés de la place. Cette grande enceinte renferme un temple en l'honneur de la mère des dieux, et le palais où s'assemble le sénat[8]. Dans ces édifices et tout autour, sont placés des cippes et des colonnes où l'on a gravé plusieurs des lois de Solon et des décrets du peuple[9]. C'est dans cette rotonde entourée d'arbres[10] que les prytanes en exercice vont tous les jours prendre leurs repas, et quelquefois offrir des sacrifices pour la prospérité du peuple[11].

« Au milieu de dix statues, qui donnèrent leurs noms aux tribus d'Athènes[12], le premier des archontes tient son tribunal[13]. Ici, les ouvrages du génie arrêtent à tous moments les regards. Dans le temple de la mère des dieux, vous avez vu une statue faite par Phidias[14]; dans le temple de Mars que nous avons devant les yeux, vous trouverez celle du dieu, exécutée par Alcamène, digne élève de Phidias[15]. Tous les côtés de la place offrent de pareils monuments.

« Dans son intérieur, voilà le camp des Scythes que la république entretient pour maintenir l'ordre[16]. Voilà l'enceinte où le peuple s'assemble quelquefois, et qui est maintenant couverte de tentes, sous lesquelles on étale différentes marchandises[17]. Plus loin vous voyez cette foule qu'il est difficile de percer. C'est là qu'on trouve les provisions nécessaires à la subsistance d'un si grand peuple. C'est le marché gé-

1. Mnesim., ap. Athen., lib. IX, p. 402. — 2. Æschin., in Ctesiph., p. 458. — 3. Demosth., in Aristog., p. 847. Pausan., lib. I, cap. XVI, p. 38. Ælian., Var. hist., lib. VIII, cap. XVI. — 4. Pausan., ibid., cap. XV. — 5. Meurs., athen., att., lib. I, cap. v. — 6. Id., in Ceram., cap. XVI. — 7. Plut., in Cim., t. I, p. 487. — 8. Id., in X orat. vit., t. II, p. 842. Suid., in Μητρῷ. — 9. Lycurg., in Leocr., p. 165. Æschin., in Ctes., p. 458. Harpocr., in Θ Κάτωθεν. — 10. Suid. et Hesych., in Σκιάς. — 11. Demosth., De fals. leg., p. 332. Ulpian., ibid., p. 388. Pausan., lib. I, cap. v, p. 12. Meurs., in Ceram., cap. VII. — 12. Pausan., ibid., p. 12. — 13. Suid., in Ἄρχων. — 14. Pausan., ibid., cap. III, p. 9. — 15. Id., ibid., cap. VIII, p. 20. — 16. Meurs., in Ceram., cap. XVI. — 17. Demosth., De cor., p. 501; id., in Neær., p. 875. Taylor, Not. in Demosth. p. 620. Harpocr., in Γέῤῥα.

néral, divisé en plusieurs marchés particuliers, fréquentés à toutes les heures du jour, et surtout depuis neuf heures jusqu'à midi. Des receveurs y viennent pour retirer les droits imposés sur tout ce qui s'y vend et des magistrats pour veiller sur tout ce qui s'y fait. Je vous citerai deux lois très-sages, concernant cette populace indocile et tumultueuse. L'une défend de reprocher au moindre citoyen le gain qu'il fait au marché [1]. On n'a pas voulu qu'une profession utile pût devenir une profession méprisable. L'autre défend au même citoyen de surfaire en employant le mensonge [2]. La vanité maintient la première, et l'intérêt a fait tomber la seconde. Comme la place est l'endroit le plus fréquenté de la ville, les ouvriers cherchent à s'en rapprocher [3], et les maisons s'y louent à plus haut prix que partout ailleurs.

« Je vais maintenant vous conduire au temple de Thésée, qui fut construit par Cimon, quelques années après la bataille de Salamine. Plus petit que celui de Minerve, dont je vous parlerai bientôt et auquel il paraît avoir servi de modèle [4], il est, comme ce dernier, d'ordre dorique, et d'une forme très-élégante. Des peintres habiles l'ont enrichi de leurs ouvrages immortels [5].

« Après avoir passé devant le temple de Castor et de Pollux, devant la chapelle d'Agraule, fille de Cécrops, devant le Prytanée, où la république entretient à ses dépens quelques citoyens qui lui ont rendu des services signalés [6], nous voilà dans la rue des trépieds [7], qu'il faudrait plutôt nommer la rue des triomphes. C'est ici, en effet, que tous les ans on dépose, pour ainsi dire, la gloire des vainqueurs aux combats qui embellissent nos fêtes. Ces combats se livrent entre des musiciens ou des danseurs de différents âges. Chaque tribu nomme les siens. Celle qui a remporté la victoire consacre un trépied de bronze, tantôt dans un temple, quelquefois dans une maison qu'elle a fait construire dans cette rue [8]. Vous voyez ces offrandes multipliées sur les sommets ou dans l'intérieur des édifices élégants que nous avons de chaque côté [9]. Elles y sont accompagnées d'inscriptions qui, suivant les circonstances, contiennent le nom du premier des archontes, de la tribu qui a remporté la victoire, du citoyen qui, sous le titre de chorége, s'est chargé de l'entretien de la troupe, du poëte qui a fait les vers, du maître qui a exercé le chœur, et du musicien qui a dirigé les chants au son de sa flûte [10]. Approchons. Voilà les vainqueurs des Perses célébrés pour avoir paru à la tête des chœurs. Lisez sous ce trépied : LA TRIBU ANTIOCHIDE A REMPORTÉ LE PRIX; ARISTIDE ÉTAIT CHORÉGE; ARCHESTRADE AVAIT COMPOSÉ LA PIÈCE [11]. Sous cet autre : THÉMISTOCLE ÉTAIT CHORÉGE; PHRYNICUS AVAIT FAIT LA TRAGÉDIE; ADIMANTE ÉTAIT ARCHONTE [12].

« Les ouvrages d'architecture et de sculpture dont nous sommes en-

---

1. Demosth., in Eubul., p. 886. — 2. Id., in Lept., p. 542. Ulpian., ibid., p. 570. Hyperid., ap. Harpocr., in Κατὰ τήν, etc. — 3. Lys., Adv. delat., p. 413. — 4. Le Roi, Ruines de la Grèce, t. I, p. 18. — 5. Pausan., lib. I, cap. XVII, p. 40. — 6. Meurs., Athen. att., lib. I, cap. VII et VIII. — 7. Athen., lib. XII, p. 542 et 543. Pausan., lib. I, cap. XX, p. 46. — 8. Chandl., Inscript., partie II, p. 48. — 9. Pausan., ibid. — 10. Van Dal., Dissert. de gymnas., cap. V, p. 672, Chandl., Trav. in Greece, p. 99. — 11. Plut., in Aristid., t. I, p. 318. — 12. Id., Themist., t. I, p. 114. Voyez la note XV à la fin du volume.

tourés étonnent autant par l'excellence du travail que par les motifs qui les ont produits; mais toutes leurs beautés disparaissent à l'aspect du Satyre que vous allez voir dans cet édifice[1], que Praxitèle met parmi ses plus beaux ouvrages, et que le public place parmi les chefs-d'œuvre de l'art.

« La rue des trépieds conduit au théâtre de Bacchus. Il convenait que les trophées fussent élevés auprès du champ de bataille; car c'est au théâtre que les chœurs des tribus se disputent communément la victoire[2]. C'est là aussi que le peuple s'assemble quelquefois, soit pour délibérer sur les affaires de l'État, soit pour assister à la représentation des tragédies et des comédies. A Marathon, à Salamine, à Platée, les Athéniens ne triomphèrent que des Perses; ici ils ont triomphé de toutes les nations qui existent aujourd'hui, peut-être de celles qui existeront un jour; et les noms d'Eschyle, de Sophocle, et d'Euripide, ne seront pas moins célèbres, dans la suite des temps, que ceux de Miltiade, d'Aristide, et de Thémistocle.

« En face du théâtre est un des plus anciens temples d'Athènes[3]; celui de Bacchus, surnommé le dieu des pressoirs. Il est situé dans le quartier des Marais[4], et ne s'ouvre qu'une fois l'année[5]. C'est dans cette vaste enceinte qui l'entoure, qu'en certaines fêtes on donnait autrefois des spectacles, avant la construction du théâtre[6].

« Nous arrivons enfin au pied de l'escalier qui conduit à la citadelle[7]. Observez, en montant, comme la vue s'étend et s'embellit de tous côtés. Jetez les yeux à gauche sur l'antre creusé dans le rocher; et consacré à Pan, auprès de cette fontaine[8]. Apollon y reçut les faveurs de Créuse, fille du roi Érecthée. Il y reçoit aujourd'hui l'hommage des Athéniens, toujours attentifs à consacrer les faiblesses de leurs dieux.

« Arrêtons-nous devant ce superbe édifice d'ordre dorique qui se présente à nous. C'est ce qu'on appelle les Propylées ou vestibules de la citadelle. Périclès les fit construire en marbre, sur les dessins et sous la conduite de l'architecte Mnésiclès[9]. Commencés sous l'archontat d'Euthymènes[10], ils ne furent achevés que cinq ans après : ils coûtèrent, dit-on, deux mille douze talents[11]; somme exorbitante et qui excède le revenu annuel de la république.

« Le temple que nous avons à gauche est consacré à la Victoire. Entrons dans le bâtiment qui est à notre droite, pour admirer les peintures qui en décorent les murs, et dont la plupart sont de la main de Polygnote[12]. Revenons au corps du milieu. Considérez les six belles colonnes qui soutiennent le fronton. Parcourez le vestibule, divisé en trois pièces par deux rangs de colonnes ioniques, terminé à l'opposite par cinq portes,

---

1. Pausan., lib. I, cap. xx, p. 46. Plin., lib. XXXIV, cap. VIII, p. 653. Athen., lib. XIII, p. 591. — 2. Demosth., in Mid., p. 606 et 612. — 3. Id., in Neær., p. 873. Pausan., ibid., p. 40. — 4. Athen. lib. XI, cap. III, p. 465. Isæus, ap. Harpocr., in Ἐν Λίμν. Hesych.; in Λίμν. — 5. Thucyd., lib. II, cap. XV. — 6. Hesych., in Ἐπιλήν. — 7. Médailles d'Athènes du cabinet du roi. — 8. Eurip., in Ion., v. 17, 501, 936. Pausan., ibid., cap. XXVIII, p. 68. Lucian., in Bis accus., t. II, p. 801. — 9. Plut., in Pericl., t. I, p. 160. — 10. L'an 437 avant J. C. — 11. Dix millions huit cent soixante-quatre mille huit cents livres. Heliod., ap. Harpocr. et Suid., in Προπύλ. — 12. Pausan., lib. I, cap. XXII, p. 51.

au travers desquelles nous distinguons les colonnes du péristyle qui regarde l'intérieur de la citadelle [1]. Observez en passant ces grandes pièces de marbre qui composent le plafond, et soutiennent la couverture.

« Nous voilà dans la citadelle [2]. Voyez cette quantité de statues que la religion et la reconnaissance ont élevées en ces lieux, et que le ciseau des Myron, des Phidias, des Alcamène, et des plus célèbres artistes, semble avoir animés. Ici revivront à jamais Périclès, Phormion, Iphicrate, Timothée, et plusieurs autres généraux athéniens. Leurs nobles images sont mêlées confusément avec celles des dieux [3].

« Ces sortes d'apothéoses me frappèrent vivement à mon arrivée dans la Grèce. Je croyais voir dans chaque ville deux espèces de citoyens : ceux que la mort destinait à l'oubli, et ceux à qui les arts donnaient une existence éternelle. Je regardais les uns comme les enfants des hommes, les seconds comme les enfants de la gloire. Dans la suite, à force de voir des statues, j'ai confondu ces deux peuples.

Approchons de ces deux autels. Respectez le premier : c'est celui de la Pudeur; embrassez tendrement le second : c'est celui de l'Amitié [4]. Lisez sur cette colonne de bronze un décret qui proscrit, avec des notes infamantes, un citoyen et sa postérité, parce qu'il avait reçu l'or des Perses pour corrompre les Grecs [5]. Ainsi les mauvaises actions sont immortalisées pour en produire de bonnes, et les bonnes pour en produire de meilleures. Levez les yeux, admirez l'ouvrage de Phidias. Cette statue colossale de bronze est celle qu'après la bataille de Marathon les Athéniens consacrèrent à Minerve [6].

« Toutes les régions de l'Attique sont sous la protection de cette déesse [7]; mais on dirait qu'elle a établi sa demeure dans la citadelle. Combien de statues, d'autels et d'édifices en son honneur ! Parmi ces statues, il en est trois dont la matière et le travail attestent les progrès du luxe et des arts. La première est si ancienne qu'on la dit être descendue du ciel [8]; elle est informe, et de bois d'olivier. La seconde, que je viens de vous montrer, est d'un temps où, de tous les métaux, les Athéniens n'employaient que le fer pour obtenir des succès, et le bronze pour les éterniser. La troisième, que nous verrons bientôt, fut ordonnée par Périclès : elle est d'or et d'ivoire [9].

« Voici un temple composé de deux chapelles consacrées, l'une à Minerve Poliade, l'autre à Neptune surnommé Érechthée [10]. Observons la manière dont les traditions fabuleuses se sont quelquefois conciliées avec les faits historiques. C'est ici que l'on montre, d'un côté, l'olivier que la déesse fit sortir de la terre, et qui s'est multiplié dans l'Attique; de l'autre, le puits d'où l'on prétend que Neptune fit jaillir l'eau de la mer [11]. C'était par de pareils bienfaits que ces divinités aspiraient à

---

1. Le Roi, Ruines de la Grèce, part. II, p. 13 et 47. Pausan., lib. I, cap. XXII, p. 51. Voyez la note VIII à la fin de l'Introduction. — 2. Meurs., in Cecrop. — 3. Pausan., ibid., passim. — 4. Hesych., in Αἰδοὺς. — 5. Demosth., Philipp. IV. p. 91: id., De fals. leg., p. 336. Plut., in Themist., t. I, p. 114. — 6. Demosth., De fals. leg., p. 336. Pausan., ibid., cap. XXVIII, p. 67. — 7. Pausan., ibid., cap. XXVI, p. 63. — 8. Id., ibid. — 9. Schol. Demosth., in Androt., p. 440. — 10. Meurs., in Cecrop., cap. XX. — 11. Herodot., lib. VIII, cap. LV. Pausan., ibid., p. 62. Meurs., ibid., cap. XIX.

donner leur nom à cette ville naissante. Les dieux décidèrent en faveur de Minerve; et, pendant longtemps, les Athéniens préférèrent l'agriculture au commerce [1]. Depuis qu'ils ont réuni ces deux sources de richesses, ils partagent dans un même lieu leur hommage entre leurs bienfaiteurs; et pour achever de les concilier, ils leur ont élevé un autel commun, qu'ils appellent l'autel de l'oubli [2].

« Devant la statue de la déesse est suspendue une lampe d'or, surmontée d'une palme de même métal, qui se prolonge jusqu'au plafond. Elle brûle jour et nuit [3]; on n'y met de l'huile qu'une fois l'an. La mèche, qui est d'amiante [4], ne se consume jamais; et la fumée s'échappe par un tuyau caché sous la feuille du palmier. Cet ouvrage est de Callimaque. Le travail en est si achevé, qu'on y désire les grâces de la négligence; mais c'était le défaut de cet artiste trop soigneux. Il s'éloignait de la perfection pour y atteindre; et, à force d'être mécontent de lui-même, il mécontentait les connaisseurs [5].

« On conservait dans cette chapelle le riche cimeterre de Mardonius, qui commandait l'armée des Perses à la bataille de Platée, et la cuirasse de Masistius, qui était à la tête de la cavalerie [6]. On voyait aussi, dans le vestibule du Parthénon, le trône aux pieds d'argent sur lequel Xerxès se plaça pour être témoin du combat de Salamine [7]; et dans le trésor sacré, les restes du butin trouvé au camp des Perses [8]. Ces dépouilles, la plupart enlevées de notre temps par des mains sacriléges, étaient des trophées dont les Athéniens d'aujourd'hui s'enorgueillissaient, comme s'ils les devaient à leur valeur : semblables à ces familles qui ont autrefois produit de grands hommes, et qui tâchent de faire oublier ce qu'elles sont, par le souvenir de ce qu'elles ont été.

« Cet autre édifice, nommé Opisthodome, est le trésor public [9]. Il est entouré d'un double mur. Des trésoriers, tous les ans tirés au sort, y déposent les sommes que le sénat remet entre leurs mains [10]; et le chef des prytanes, lequel change tous les jours, en garde la clef [11].

« Vos yeux se tournent depuis longtemps vers ce fameux temple de Minerve, un des plus beaux ornements d'Athènes : il est connu sous le nom de Parthénon. Avant que d'en approcher, permettez que je vous lise une lettre que j'écrivis, à mon retour de Perse, au mage Othanès, avec qui j'avais eu d'étroites liaisons pendant mon séjour à Suse. Il connaissait l'histoire de la Grèce, et aimait à s'instruire des usages des nations. Il me demanda quelques éclaircissements sur les temples des Grecs. Voici ma réponse :

« Vous prétendez qu'on ne doit pas représenter la divinité sous une
« forme humaine; qu'on ne doit pas circonscrire sa présence dans l'en-

1. Plut., in Themist., t. I, p. 121. — 2. Id., Sympos., lib. IX, quæst. VI, t. II, p. 741. — 3. Pausan., lib. I, cap. XXVI, p. 63. Strab., lib. IX, p. 606. — 4. Salmas. in Solin., t. I, p. 178. — 5. Plin., lib. XXXIV, cap. VIII, t. II, p. 658. Pausan., ibid. — 6. Demosth., in Timocr., p. 793. Ulpian., in Olynth., III, p. 45. Schol., Thucyd., lib. II, cap. XIII. Pausan., lib. I, cap. XXVII, p. 64. — 7. Demosth., ibid. Harpocr., in Ἀργυρότ. — 8. Thucyd., ibid. — 9. Meurs., in Cecrop., cap. XXVI. — 10. Aristot., ap. Harpocr., in Ταμ. Poll. lib. VIII, cap. IX, § 97. — 1. Argum. Orat. Demosth. in Androt., p. 697. Suid., in Ἐπισάπ.

ceinte d'un édifice[1]. Mais vous n'auriez pas conseillé à Cambyse d'outrager en Égypte les objets du culte public[2], ni à Xerxès de détruire les temples et les statues des Grecs[3]. Ces princes, superstitieux jusqu'à la folie, ignoraient qu'une nation pardonne plus facilement la violence que le mépris, et qu'elle se croit avilie quand on avilit ce qu'elle respecte. La Grèce a défendu de rétablir les monuments sacrés autrefois renversés par les Perses[4]. Ces ruines attendent le moment de la vengeance; et si jamais les Grecs portent leurs armes victorieuses dans les États du grand roi, ils se souviendront de Xerxès, et mettront vos villes en cendres[5].

« Les Grecs ont emprunté des Égyptiens l'idée[6] et la forme des temples[7]; mais ils ont donné à ces édifices des proportions plus agréables, ou du moins plus assorties à leur goût.

« Je n'entreprendrai pas de vous en décrire les différentes parties; j'aime mieux vous envoyer le dessin de celui qui fut construit en l'honneur de Thésée. Quatre murs, disposés en forme de parallélogramme ou de carré long, constituent la nef ou le corps du temple. Ce qui le décore et fait son principal mérite est extérieur, et lui est aussi étranger que les vêtements qui distinguent les différentes classes des citoyens. C'est un portique qui règne tout autour, et dont les colonnes, établies sur un soubassement composé de quelques marches, soutiennent un entablement surmonté d'un fronton dans les parties antérieure et postérieure. Ce portique ajoute autant de grâces que de majesté à l'édifice; il contribue à la beauté des cérémonies, par l'affluence des spectateurs qu'il peut contenir, et qu'il met à l'abri de la pluie[8].

« Dans le vestibule sont des vases d'eau lustrale[9], et des autels sur lesquels on offre ordinairement les sacrifices[10]. De là on entre dans le temple, où se trouve la statue de la divinité, et les offrandes consacrées par la piété des peuples. Il ne tire du jour que de la porte[11].

« Le plan que vous avez sous les yeux peut se diversifier suivant les règles de l'art et le goût de l'artiste. Variété dans les dimensions du temple. Celui de Jupiter à Olympie a deux cent trente pieds de longueur, quatre-vingt-quinze de largeur, soixante-huit de hauteur[12]. Celui de Jupiter à Agrigente en Sicile[13], a trois cent quarante pieds de long, cent soixante de large, cent vingt de haut[14].

---

1. Herodot., lib. I, cap. CXXXI. Cicer., De leg., lib. II, cap. X, t. III, p. 145. — 2. Herodot., lib. III, cap. XXV, XXIX, etc. — 3. Æschin., in Pers., v. 811. Herodot., lib. VIII, cap. CIX. Diod., lib. V, p. 332. — 4. Isocr., Paneg., t. I, p. 203. Lycurg., in Leocr., part. II, p. 158. Pausan., lib. X, cap. XXXV, p. 887. Diod., lib. XI, p. 24. — 5. Diod., lib. XVII, p. 545. Strab., lib. XV, p. 730. Quint. Curt., lib. V, cap. VII.— 6. Herodot., lib. II, cap. IV.— 7. Voyage de Norden, pl. CXXXII. Pococ., t. I, pl. XLIV, XVL, etc. Mosaïq. de Palest. dans les Mém. de l'Acad. des bell. lettr., t. XXX, p. 503. — 8. Vitruv., lib. III, cap. II, p. 42. — 9. Casaub., in Theophr., cap. XVI, p. 126. Duport., ibid., p. 456. — 10. Eurip., Iphig. in Taur., v. 72. Poll., lib. I, cap. I, § 6, etc. — 11. Voy. la note XVI à la fin du volume. Voyage de Spon, t. II, p. 89. — 12. Pausan., lib. V, cap. X, p. 398. — 13. Diod., lib. XIII, p. 203. — 14. Longueur du temple d'Olympie, deux cent dix-sept de nos pieds, deux pouces, huit lignes; sa largeur, quatre-vingt-neuf pieds, huit pouces, huit lignes; sa hauteur, soixante-quatre pieds, deux pouces, huit lignes. Longueur du temple d'Agrigente, trois cent vingt et un pieds, un pouce, quatre lignes; sa largeur, cent cinquante et un pieds, un pouce, quatre lignes.

« Variété dans le nombre des colonnes. Tantôt on en voit deux, quatre, six, huit et jusqu'à dix, aux deux façades; tantôt on n'en a placé qu'à la façade antérieure. Quelquefois deux files de colonnes forment tout autour un double portique.

« Variété dans les ornements et les proportions des colonnes et de l'entablement. C'est ici que brille le génie des Grecs. Après différents essais, ayant réuni leurs idées et leurs découvertes en systèmes, ils composèrent deux genres ou deux ordres d'architecture, qui ont chacun un caractère distinctif et des beautés particulières : l'un, plus ancien, plus mâle, et plus solide, nommé dorique; l'autre, plus léger et plus élégant, nommé ionique. Je ne parle pas du corinthien, qui ne diffère pas essentiellement des deux autres[1].

« Variété enfin dans l'intérieur des temples. Quelques-uns renferment un sanctuaire interdit aux profanes[2]. D'autres sont divisés en plusieurs parties. Il en est dans lesquels, outre la porte d'entrée, on en a pratiqué une à l'extrémité opposée, ou dont le toit est soutenu par un ou deux rangs de colonnes[3].

« Pour vous mettre en état de mieux juger de la forme des temples de cette nation, je joins à ma lettre trois autres dessins, où vous trouverez le plan, la façade, et la vue du Parthénon, qui est à la citadelle d'Athènes. J'y joins aussi l'ouvrage qu'Ictinus composa sur ce beau monument[4]. Ictinus fut un des deux architectes que Périclès chargea du soin de le construire; l'autre s'appelait Callicrate[5].

« De quelque côté qu'on arrive, par mer, par terre, on le voit de loin s'élever au-dessus de la ville et de la citadelle[6]. Il est d'ordre dorique, et de ce beau marbre blanc qu'on tire des carrières du Pentélique, montagne de l'Attique. Sa largeur est de cent pieds; sa longueur, d'environ deux cent vingt-sept; sa hauteur, d'environ soixante-neuf[7]. Le portique est double aux deux façades, simple aux deux côtés. Tout le long de la face extérieure de la nef règne une frise où l'on a représenté une procession en l'honneur de Minerve[8]. Ces bas-reliefs ont accru la gloire des artistes qui les exécutèrent.

« Dans le temple est cette statue célèbre par sa grandeur, par la richesse de la matière, et la beauté du travail. A la majesté sublime qui brille dans les traits et dans toute la figure de Minerve, on reconnaît aisément la main de Phidias. Les idées de cet artiste avaient un si grand caractère, qu'il a encore mieux réussi à représenter les dieux que les hommes[9]. On eût dit qu'il voyait les seconds de trop haut, et les premiers de fort près.

sa hauteur, cent treize pieds, quatre lignes. Winckelmann (Rec. de ses lettr. t. I, p. 282) présume avec raison que la largeur de ce temple était de cent soixante pieds grecs, au lieu de soixante que porte le texte de Diodore, tel qu'il est aujourd'hui.
1. Le Roi, Ruines de la Grèce, p. 15 de l'Essai sur l'Hist. de l'architect. — 2. Valer. Max., lib. I, cap. VI, § 12 Poll., lib. I, cap. I, § 8. Cæs., De bell. civ., lib. III, cap. cv. — 3. Voy. la note XVII à la fin du volume. — 4. Vitruv., Præf., lib. VII, p. 125. — 5. Plut., in Pericl., t. I, p. 159. Strab., lib. IX, p. 395. Pausan., cap. XLI, p. 685. — 6. Le Roi, ibid., part. I, p. 8. — 7. Voy. la note XVIII à la fin du volume. — 8. Chandl., Trav. in Greece, p. 51. — 9. Quintil., lib. XII, cap. X, p. 744.

« La hauteur de la figure est de vingt-six coudées. Elle est debout, couverte de l'égide et d'une longue tunique[1]. Elle tient d'une main la lance, et de l'autre une Victoire haute de près de quatre coudées[2]. Son casque, surmonté d'un sphinx, est orné, dans les parties latérales, de deux griffons. Sur la face extérieure du bouclier posé aux pieds de la déesse, Phidias a représenté le combat des Amazones; sur l'intérieur, celui des dieux et des géants; sur la chaussure, celui des Lapithes et des Centaures; sur le piédestal, la naissance de Pandore, et quantité d'autres sujets. Les parties apparentes du corps sont en ivoire, excepté les yeux, où l'iris est figuré par une pierre particulière[3]. Cet habile artiste mit dans l'exécution une recherche infinie, et montra que son génie conservait sa supériorité jusque dans les plus petits détails[4].

« Avant que de commencer cet ouvrage, il fut obligé de s'expliquer, dans l'assemblée du peuple, sur la matière qu'on emploierait. Il préférait le marbre, parce que son éclat subsiste plus longtemps. On l'écoutait avec attention; mais quand il ajouta qu'il en coûterait moins, on lui ordonna de se taire, et il fut décidé que la statue serait en or et en ivoire[5].

« On choisit l'or le plus pur : il en fallut une masse du poids de quarante talents[6]. Phidias, suivant le conseil de Périclès, l'appliqua de telle manière qu'on pouvait aisément le détacher. Deux motifs engagèrent Périclès à donner ce conseil. Il prévoyait le moment où l'on pourrait faire servir cet or aux besoins pressants de l'État; et c'est en effet ce qu'il proposa au commencement de la guerre du Péloponèse[7]. Il prévoyait encore qu'on pourrait l'accuser, ainsi que Phidias, d'en avoir détourné une partie; et cette accusation eut lieu[8] : mais, par la précaution qu'ils avaient prise, elle ne tourna qu'à la honte de leurs ennemis[9].

« On reprochait encore à Phidias d'avoir gravé son portrait et celui de son protecteur sur le bouclier de Minerve. Il s'est représenté sous les traits d'un vieillard prêt à lancer une grosse pierre; et l'on prétend que, par un ingénieux mécanisme, cette figure tient tellement à l'ensemble, qu'on ne peut l'enlever sans décomposer et détruire toute la statue[10]. Périclès combat contre une Amazone. Son bras, étendu et armé d'un javelot, dérobe aux yeux la moitié de son visage. L'artiste ne l'a caché en partie que pour inspirer le désir de le reconnaître.

« A ce temple est attaché un trésor où les particuliers mettent en

---

1. Pausan., lib. I, cap. XXIV, p. 57 et 58. Plin., lib. XXXVI, cap. V, t. II, p. 726. Max. Tyr., Dissert. XIV, p. 156. Arrian., in Epict., lib. II, cap. VIII, p. 208. — 2. La coudée parmi les Grecs étant d'un de leurs pieds, et d'un demi-pied en sus, la hauteur de la figure était de trente-six de nos pieds, et dix pouces en sus; et celle de la Victoire, de cinq de nos pieds et huit pouces. — 3. Plat., in Hipp., t. III, p. 290. Plin., lib. XXXVII, p. 787 et 788. — 4. Plin., ibid. — 5. Valer. Max., lib. I, cap. I, § 7. — 6. La proportion de l'or à l'argent était alors de un à treize : ainsi, quarante talents d'or faisaient cinq cent vingt talents d'argent, c'est-à-dire deux millions huit cent huit mille de nos livres. Voy., à la fin du volume, la note XIX sur la quantité de l'or appliqué à la statue. Thucyd., lib. II, cap. XIII. — 7. Id., ibid. — 8. Plut., in Pericl., t. I, p. 169. — 9. Voy. la note XX à la fin du volume. — 10. De mund. ap. Aristot., t. I, p. 613. Cicer., Orat., cap. LXXI, t. I, p. 481 ; id., Tuscul. lib I cap. XV, t. II, p. 245.

dépôt les sommes d'argent qu'ils n'osent pas garder chez eux. On y conserve aussi les offrandes que l'on a faites à la déesse : ce sont des couronnes, des vases, de petites figures de divinités, en or ou en argent. Les Athéniennes y consacrent souvent leurs anneaux, leurs bracelets, leurs colliers. Ces objets sont confiés aux trésoriers de la déesse, qui en ont l'inspection pendant l'année de leur exercice. En sortant de place, ils en remettent à leurs successeurs un état, qui contient le poids de chaque article, et le nom de la personne qui en a fait présent. Cet état, gravé aussitôt sur le marbre [1], atteste la fidélité des gardes, et excite la générosité des particuliers.

« Ce temple, celui de Thésée, et quelques autres encore, sont le triomphe de l'architecture et de la sculpture. Je n'ajouterais rien à cet éloge, quand je m'étendrais sur les beautés de l'ensemble et sur l'élégance des détails. Ne soyez pas étonné de cette multitude d'édifices élevés en l'honneur des dieux. A mesure que les mœurs se sont corrompues, on a multiplié les lois pour prévenir les crimes, et les autels pour les expier. Au surplus, de pareils monuments embellissent une ville, hâtent les progrès des arts, et sont la plupart construits aux dépens de l'ennemi ; car une partie du butin est toujours destinée à la magnificence du culte public. »

« Telle fut la réponse que je fis au mage Othanès. Maintenant, sans sortir de la citadelle, nous allons prendre différentes stations, qui développeront successivement la ville à nos yeux.

« Elle s'est prolongée, dans ces derniers temps, vers le sud-est, parce que le commerce force, tous les jours, les habitants à se rapprocher du Pirée. C'est de ce côté-là, et du côté de l'ouest, qu'aux environs de la citadelle s'élèvent par intervalles des rochers et des éminences [2], la plupart couvertes de maisons. Nous avons à droite la colline de l'Aréopage ; à gauche, celle du Musée ; vers le milieu, celle du Pnyx, où j'ai dit que se tient quelquefois l'assemblée générale. Voyez jusqu'à quel point se surveillent les deux partis qui divisent les Athéniens. Comme du haut de cette colline on aperçoit distinctement le Pirée, il fut un temps où les orateurs, les yeux tournés vers ce port, n'oubliaient rien pour engager le peuple à tout sacrifier à la marine. Les partisans de l'aristocratie en étaient souverainement blessés. Ils disaient que les premiers législateurs n'avaient favorisé que l'agriculture, et que Thémistocle, en liant la ville au Pirée et la mer à la terre, avait accru le nombre des matelots et le pouvoir de la multitude. Aussi, après la prise d'Athènes, les trente tyrans établis par Lysander n'eurent rien de plus pressé que de tourner vers la campagne la tribune aux harangues, auparavant dirigée vers la mer [3].

« Je n'ai pas fait mention de plusieurs édifices situés sur les flancs et aux environs de la citadelle. Tels sont, entre autres, l'Odéon et le temple de Jupiter Olympien. Le premier est cette espèce de théâtre que

---

1. Chandl., Inscript. in notis, part. II, p. xv. Poll., lib. X, cap. XXVIII, § 126. — 2. Whel., A journ., book V, p. 338. Spon, Chandl., etc. — 3. Plut., in Themist., t. I, p. 121.

Périclès fit élever pour donner des combats de musique [1], et dans lequel les six derniers archontes tiennent quelquefois leurs séances [2]. Le comble, soutenu par des colonnes, est construit des débris de la flotte des Perses vaincus à Salamine [3]. Le second fut commencé par Pisistrate, et serait, dit-on, le plus magnifique des temples, s'il était achevé [4].

« Vos pas étaient souvent arrêtés, et vos regards surpris, dans la route que nous avons suivie depuis le port du Pirée jusqu'au lieu où nous sommes. Il est peu de rues, peu de places dans cette ville qui n'offrent de semblables objets de curiosité. Mais ne vous en rapportez pas aux apparences. Tel édifice dont l'extérieur est négligé renferme dans son sein un trésor précieux. Vers le nord, au quartier de Mélite, tâchez de démêler quelques arbres autour d'une maison qu'on aperçoit à peine; c'est la demeure de Phocion [5] : de ce côté-ci, au milieu de ces maisons, un petit temple consacré à Vénus; c'est là que se trouve un tableau de Zeuxis, représentant l'Amour couronné de roses [6] : là-bas, auprès de cette colline, un autre édifice où le rival de Zeuxis a fait un de ces essais qui décèlent le génie. Parrhasius, persuadé que, soit par l'expression du visage, soit par l'attitude et le mouvement des figures, son art pouvait rendre sensibles aux yeux les qualités de l'esprit et du cœur [7], entreprit, en faisant le portrait du peuple d'Athènes, de tracer le caractère ou plutôt les différents caractères de ce peuple violent, injuste, doux, compatissant, glorieux, rampant, fier, et timide [8]. Mais comment a-t-il exécuté cet ingénieux projet? Je ne veux pas vous ôter le plaisir de la surprise; vous en jugerez vous-même.

« Je vous ai fait courir à perte d'haleine dans l'intérieur de la ville; vous allez d'un coup d'œil en embrasser les dehors. Au levant est le mont Hymette, que les abeilles enrichissent de leur miel, que le thym remplit de ses parfums. L'Ilissus, qui coule à ses pieds, serpente autour de nos murailles. Au-dessus vous voyez les gymnases du Cynosarge et du Lycée. Au nord-ouest, vous découvrez l'Académie; et un peu plus loin, une colline nommée Colone, où Sophocle a établi la scène de l'Œdipe qui porte le même nom. Le Céphise, après avoir enrichi cette contrée du tribut de ses eaux, vient les mêler avec celles de l'Ilissus. Ces dernières tarissent quelquefois dans les grandes chaleurs. La vue est embellie par les jolies maisons de campagne qui s'offrent à nous de tous côtés.

« Je finis en vous rappelant ce que dit Lysippe dans une de ses comédies : « Qui ne désire pas de voir Athènes est stupide; qui la voit « sans s'y plaire est plus stupide encore; mais le comble de la stupidité « est de la voir, de s'y plaire, et de la quitter [9]. »

---

1. Meurs., in Ceram., cap. xi. — 2. Demosth., in Neær., p. 869. — 3. Theophr., Charact., cap. iii. Plut., in Pericl., t. I, p. 160. — 4. Dicæarch., Stat. Græc. ap. Geogr. min., t. II, p. 8. Meurs., Athen. attic., cap. x. — 5. Plut., in Phoc., t. I, p. 750. — 6. Aristoph., in Acharn., v. 991. Schol., ibid. Suid., in Ἄνθεμ. — 7. Xenoph., Memor., lib. III, p. 781. — 8. Plin., lib. XXXV, cap. x, t. II, p. 693. — 9. Dicæarch., Stat. Græc., t. II, p. 10. Henr. Steph., Lucubr. in Dicæarch., cap. iii, id Thes. antiq. græc., t. XI.

Chap. XIII. — Bataille de Mantinée. Mort d'Épaminondas.

La Grèce touchait au moment d'une révolution: Épaminondas était à la tête d'une armée; sa victoire ou sa défaite allait enfin décider si c'était aux Thébains ou aux Lacédémoniens de donner des lois aux autres peuples. Il entrevit l'instant de hâter cette décision.

Il part un soir de Tégée en Arcadie pour surprendre Lacédémone[2]. Cette ville est tout ouverte, et n'avait alors pour défenseurs que des enfants et des vieillards. Une partie des troupes se trouvait en Arcadie; l'autre s'y rendait sous la conduite d'Agésilas. Les Thébains arrivent à la pointe du jour[3], et voient bientôt Agésilas prêt à les recevoir. Instruit par un transfuge, de la marche d'Épaminondas, il était revenu sur ses pas avec une extrême diligence; et déjà ses soldats occupaient les postes les plus importants. Le général thébain, surpris sans être découragé, ordonne plusieurs attaques. Il avait pénétré jusqu'à la place publique[4], et s'était rendu maître d'une partie de la ville. Agésilas n'écoute plus alors que son désespoir[5]: quoique âgé de près de quatre-vingts ans, il se précipite au milieu des dangers; et, secondé par le brave Archidamus son fils, il repousse l'ennemi, et le force de se retirer.

Isadas donna, dans cette occasion, un exemple qui excita l'admiration et la sévérité des magistrats. Ce Spartiate, à peine sorti de l'enfance, aussi beau que l'Amour, aussi vaillant qu'Achille, n'ayant pour armes que la pique et l'épée, s'élance à travers les bataillons des Lacédémoniens, fond avec impétuosité sur les Thébains, et renverse à ses pieds tout ce qui s'oppose à sa fureur. Les éphores lui décernèrent une couronne pour honorer ses exploits, et le condamnèrent à une amende parce qu'il avait combattu sans cuirasse et sans bouclier[6].

Épaminondas ne fut point inquiété dans sa retraite. Il fallait une victoire pour faire oublier le mauvais succès de son entreprise. Il marche en Arcadie, où s'étaient réunies les principales forces de la Grèce[7]. Les deux armées furent bientôt en présence, près de la ville de Mantinée. Celle des Lacédémoniens et de leurs alliés était de plus de vingt mille hommes de pied, et de près de deux mille chevaux; celle de la ligue thébaine, de trente mille hommes d'infanterie, et d'environ trois mille de cavalerie[8].

Jamais Épaminondas n'avait déployé plus de talent que dans cette circonstance. Il suivit dans son ordre de bataille les principes qui lui avaient procuré la victoire de Leuctres[9]. Une de ses ailes, formée en colonne, tomba sur la phalange lacédémonienne, qu'elle n'aurait peut-

---

1. Dans la seconde année de la 104ᵉ olympiade, le 12 du mois de scirophorion, c'est-à-dire le 5 juillet de l'année julienne proleptique 362 avant J. C. — 2. Xenoph., Hist. græc., lib. VII, p. 643. Polyæn., Strateg., lib. II, cap. III, § 10. — 3. Diod., lib. XV, p. 392. — 4. Polyb., lib. IX, p. 547. — 5. Plut., in Ages., t. I, p. 615. — 6. Id. ibid. — 7. Xenoph., ibid., p. 647. — 8. Diod., ibid., p. 393. — 9. Folard, Traité de la colonne, ch. x, dans le premier vol. de la trad. de Polybe, p. lxj.

être jamais enfoncée, s'il n'était venu lui-même fortifier ses troupes par son exemple, et par un corps d'élite dont il était suivi. Les ennemis, effrayés à son approche [1], s'ébranlent et prennent la fuite. Il les poursuit avec un courage dont il n'est plus le maître, et se trouve enveloppé par un corps de Spartiates qui font tomber sur lui une grêle de traits. Après avoir longtemps écarté la mort, et fait mordre la poussière à une foule de guerriers, il tomba percé d'un javelot dont le fer lui resta dans la poitrine. L'honneur de l'enlever engagea une action aussi vive, aussi sanglante que la première. Ses compagnons, ayant redoublé leurs efforts, eurent la triste consolation de l'emporter dans sa tente.

On combattit à l'autre aile avec une alternative à peu près égale de succès et de revers. Par les sages dispositions d'Épaminondas, les Athéniens ne furent pas en état de seconder les Lacédémoniens [2]. Leur cavalerie attaqua celle des Thébains, fut repoussée avec perte, se forma de nouveau, et détruisit un détachement que les ennemis avaient placé sur les hauteurs voisines. Leur infanterie était sur le point de prendre la fuite, lorsque les Éléens volèrent à son secours [3].

La blessure d'Épaminondas arrêta le carnage, et suspendit la fureur des soldats. Les troupes des deux partis, également étonnées, restèrent dans l'inaction [4]. De part et d'autre on sonna la retraite, et l'on dressa un trophée sur le champ de bataille [5].

Épaminondas respirait encore. Ses amis, ses officiers fondaient en larmes autour de son lit. Le camp retentissait des cris de la douleur et du désespoir. Les médecins avaient déclaré qu'il expirerait dès qu'on ôterait le fer de la plaie [6]. Il craignit que son bouclier ne fût tombé entre les mains de l'ennemi; on le lui montra, et il le baisa comme l'instrument de sa gloire [7]. Il parut inquiet sur le sort de la bataille; on lui dit que les Thébains l'avaient gagnée. « Voilà qui est bien, répondit-il : j'ai assez vécu [8]. » Il demanda ensuite Daïphantus et Iollidas, deux généraux qu'il jugeait dignes de le remplacer : on lui dit qu'ils étaient morts. « Persuadez donc aux Thébains, reprit-il, de faire la paix [9]. » Alors il ordonna d'arracher le fer ; et l'un de ses amis s'étant écrié dans l'égarement de sa douleur : « Vous mourez, Épaminondas! si du moins vous laissiez des enfants! — Je laisse, répondit-il en expirant, deux filles immortelles : la victoire de Leuctres et celle de Mantinée [10]. »

Sa mort avait été précédée par celle de Timagène, de cet ami si tendre qui m'avait amené dans la Grèce. Huit jours avant la bataille, il disparut tout à coup. Une lettre laissée sur la table d'Épicharis, sa nièce, nous apprit qu'il allait joindre Épaminondas, avec qui il avait pris des engagements pendant son séjour à Thèbes. Il devait bientôt se

---

1. Diod., lib. XV, p. 395. — 2. Xenoph., Hist. græc., lib. VII, p. 646. — 3. Diod., ibid., p. 394. — 4. Justin., lib. VI, cap. VII. — 5. Diod., ibid., p. 396. — 6. Id., ibid. — 7. Cicer., De finib., lib. II, cap. XXX, t. II, p. 135 ; id., Epist. famil., lib. V, epist. XII, t. VII, p. 163. Justin., ibid., cap. VIII. — 8. Diod., ibid. Nep., in Epam., cap. IX. — 9. Plut., Apophth., t. II, p. 194. — 10. Diod., ibid., p. 336.

réunir à nous, pour ne plus nous quitter. « Si les dieux, ajoutait-il, en ordonnent autrement, souvenez-vous de tout ce qu'Anacharsis a fait pour moi, de tout ce que vous m'avez promis de faire pour lui. »

Mon cœur se déchirait à la lecture de cette lettre. Je voulus partir à l'instant; je l'aurais dû : mais Timagène n'avait pris que de trop justes mesures pour m'en empêcher. Apollodore, qui, à sa prière, venait d'obtenir pour moi le droit de citoyen d'Athènes, me représenta que je ne pouvais porter les armes contre ma nouvelle patrie, sans le compromettre, lui et sa famille. Cette considération me retint; et je ne suivis pas mon ami; et je ne fus pas témoin de ses exploits; et je ne mourus pas avec lui.

Son image est toujours présente à mes yeux. Il y a trente ans, il n'y a qu'un moment que je l'ai perdu. J'ai deux fois entrepris de tracer son éloge; deux fois mes larmes l'ont effacé. Si j'avais eu la force de le finir, j'aurais eu celle de le supprimer. Les vertus d'un homme obscur n'intéressent que ses amis, et n'ont pas même le droit de servir d'exemple aux autres hommes.

La bataille de Mantinée augmenta dans la suite les troubles de la Grèce [1], mais dans le premier moment elle termina la guerre [2]. Les Athéniens eurent soin, avant leur départ, de retirer les corps de ceux qu'ils avaient perdus. On les fit consumer sur le bûcher : les ossements furent transportés à Athènes; et l'on fixa le jour où se ferait la cérémonie des funérailles, à laquelle préside un des principaux magistrats [3].

On commença par exposer sous une grande tente les cercueils de cyprès, où les ossements étaient renfermés. Ceux qui avaient des pertes à pleurer, hommes et femmes, y venaient par intervalles faire des libations, et s'acquitter des devoirs imposés par la tendresse et par la religion [4]. Trois jours après, les cercueils, placés sur autant de chars qu'il y a de tribus, traversèrent lentement la ville, et parvinrent au Céramique extérieur, où l'on donna des jeux funèbres; on déposa les morts dans le sein de la terre, après que leurs parents et leurs amis les eurent, pour la dernière fois, arrosés de leurs larmes; un orateur choisi par la république, s'étant levé, prononça l'oraison funèbre de ces braves guerriers [5]. Chaque tribu distingua les tombeaux de ses soldats par des pierres sépulcrales, sur lesquelles on avait eu soin d'inscrire leurs noms et ceux de leurs pères, le lieu de leur naissance et celui de leur mort.

Le chemin qui conduit de la ville à l'Académie est entouré de pareilles inscriptions [6]. On en voit d'autres semées confusément aux environs. Ici reposent ceux qui périrent dans la guerre d'Égine; là, ceux qui périrent en Chypre; plus loin, ceux qui périrent dans l'expédition de Sicile. On ne peut faire un pas sans fouler la cendre d'un héros, ou d'une victime immolée à la patrie. Les soldats qui revenaient du Pélo-

---

1. Xenoph., Hist. græc., lib. VII, cap. DCXLVII. — 2. Plut., in Ages., t. 1, p. 616. — 3. Poll., lib. VIII, cap. IX, § 91. — 4. Thucyd., lib. II, cap. XXXIV. — 5. Lys., Orat. funebr., p. 26 et 67. — 6. Pausan., lib. I, cap. XXIX.

..onèse, et qui avaient accompagné le convoi, erraient au milieu de ces monuments funèbres : ils se montraient les uns aux autres les noms de leurs aïeux, de leurs pères, et semblaient jouir d'avance des honneurs qu'on rendrait un jour à leur mémoire.

CHAP. XIV. — *Du gouvernement actuel d'Athènes.*

Je passerai quelquefois d'un sujet à un autre sans en avertir. Je dois justifier ma marche.

Athènes était le lieu de ma résidence ordinaire; j'en partais souvent avec Philotas mon ami, et nous y revenions après avoir parcouru des pays éloignés ou voisins. A mon retour, je reprenais mes recherches; je m'occupais, par préférence, de quelque objet particulier. Ainsi l'ordre de cet ouvrage n'est, en général, que celui d'un journal dont j'ai déjà parlé, et dans lequel j'ajoutais au récit de mes voyages et à celui des événements remarquables, les éclaircissements que je prenais sur certaines matières. J'avais commencé par l'examen du gouvernement des Athéniens; dans mon introduction je me suis contenté d'en développer les principes; j'entre ici dans de plus grands détails, et je le considère avec les changements et les abus que de malheureuses circonstances ont successivement amenés.

Les villes et les bourgs de l'Attique sont divisés en cent soixante-quatorze départements ou districts [1], qui, par leurs différentes réunions, forment dix tribus. Tous les citoyens, ceux même qui résident à Athènes, appartiennent à l'un de ces districts, sont obligés de faire inscrire leurs noms dans ses registres, et se trouvent par là naturellement classés dans une des tribus.

Tous les ans, vers les derniers jours de l'année [2], les tribus s'assemblent séparément pour former un sénat composé de cinq cents députés, qui doivent être âgés au moins de trente ans [3]. Chacune d'entre elles en présente cinquante, et leur en donne pour adjoints cinquante autres, destinés à remplir les places que la mort ou l'irrégularité de conduite peut laisser vacantes [4]. Les uns et les autres sont tirés au sort [5].

Les nouveaux sénateurs doivent subir un examen rigoureux [6] : car il faut des mœurs irréprochables à des hommes destinés à gouverner les autres. Ils font ensuite un serment par lequel ils promettent, entre autres choses, de ne donner que de bons conseils à la république, de juger suivant les lois, de ne pas mettre aux fers un citoyen qui fournit des cautions, à moins qu'il ne fût accusé d'avoir conspiré contre l'État, ou retenu les deniers publics [7].

Le sénat, formé par les représentants des dix tribus, est naturellement divisé en dix classes, dont chacune à son tour a la prééminence

---

1. Strab., lib. IX, p. 396. Eustath., in Iliad., lib. II, p. 284. Corsin., Fast. att., t. I, dissert. v. — 2. Argum. Orat. Demosth. in Androt., p. 697. Pet., Leg. attic., p. 186. — 3. Xenoph., Memor., lib. I, p. 717. — 4. Harpocr., in Ἐπιλαχ. — 5. Id., ibid. Andoc., De myst., part. II, p. 13. — 6. Lys., adv. Philon., p. 487. — 7. Pet., ibid., p. 192.

sur les autres. Cette prééminence se décide par le sort [1], et le temps en est borné à l'espace de trente-six jours pour les quatre première classes, de trente-cinq pour les autres [2].

Celle qui est à la tête des autres, s'appelle la classe des prytanes [3]. Elle est entretenue aux dépens du public [4], dans un lieu nommé le Prytanée. Mais, comme elle est encore trop nombreuse pour exercer en commun les fonctions dont elle est chargée, on la subdivise en cinq décuries, composées chacune de dix proèdres ou présidents [5]. Les sept premiers d'entre eux occupent pendant sept jours la première place, chacun à son tour : les autres en sont formellement exclus.

Celui qui la remplit doit être regardé comme le chef du sénat. Ses fonctions sont si importantes, qu'on n'a cru devoir les lui confier que pour un jour. Il propose communément les sujets des délibérations, il appelle les sénateurs au scrutin, et garde, pendant le court intervalle de son exercice, le sceau de la république, les clefs de la citadelle, et celles du trésor de Minerve [6].

Ces arrangements divers, toujours dirigés par le sort, ont pour objet de maintenir la plus parfaite égalité parmi les citoyens, et la plus grande sûreté dans l'État. Il n'y a point d'Athénien qui ne puisse devenir membre et chef du premier corps de la nation; il n'y en a point qui puisse, à force de mérite ou d'intrigues, abuser d'une autorité qu'on ne lui confie que pour quelques instants.

Les neuf autres classes ou chambres du sénat ont de même à leur tête un président qui change à toutes les assemblées de cette compagnie, et qui est chaque fois tiré au sort par le chef des prytanes [7]. En certaines occasions, ces neuf présidents portent les décrets du sénat à l'assemblée de la nation, et c'est le premier d'entre eux qui appelle le peuple aux suffrages [8]; en d'autres, ce soin regarde le chef des prytanes, ou l'un de ses assistants [9].

Le sénat se renouvelle tous les ans. Il doit exclure, pendant le temps de son exercice, ceux de ses membres dont la conduite est répréhensible [10], et rendre ses comptes avant que de se séparer [11]. Si l'on est content de ses services, il obtient une couronne que lui décerne le peuple. Il est privé de cette récompense, quand il a négligé de faire construire des galères [12]. Ceux qui le composent reçoivent, pour droit de présence, une drachme par jour [13]. Il s'assemble tous les jours, excepté les jours de fête et les jours regardés comme funestes [14]. C'est aux prytanes qu'il appartient de le convoquer, et de préparer d'avance les sujets des délibérations. Comme il représente les tribus, il est représenté par les pry-

---

1. Argum. orat. Demosth. in Androt., p. 697. Suid., in Πρυτ. — 2. Suid., ibid. Pet., Leg. attic., p. 189. Corsin., Fast. att., diss. II, p. 103. — 3. Harpocr. et Suid., ibid. — 4. Demosth., De cor., p. 501. Poll., lib. VIII, cap. XV, § 155. Ammon. ap. Harpocr., in θόλ. — 5. Argum. orat. Demosth., ibid. — 6. Suid., in Επιστ. Argum. orat. Demosth., ibid. — 7. Harpocr., in Προεδ. et in Επιστ. Pet., ibid., p. 191. — 8. Corsin., ibid., t. I, p. 276 et 286. — 9. Aristoph., in Acharn., v. 60. Schol., ibid. Thucyd., lib. VI, cap. XIV. Isocr., De pace, t. I, p. 368; et alii. Voyez la note XXI à la fin du vol. — 10. Æschin., in Timarch., p. 277. — 11. Id., in Ctesiph., p. 430 et 431. — 12. Demosth., in Androt., p. 706. Argum. ejusd. orat. — 13. Hesych., in Βουλ. Dix-huit sous. — 14. Pet., ibid., p. 193.

tanes, qui, toujours réunis en un même endroit, sont à portée de veiller sans cesse sur les dangers qui menacent la république, et d'en instruire le sénat.

Pendant les trente-cinq ou trente-six jours que la classe des prytanes est en exercice, le peuple s'assemble quatre fois[1]; et ces quatre assemblées, qui tombent le 11, le 20, le 30 et le 33 de la prytanie, se nomment assemblées ordinaires.

Dans la première, on confirme ou on destitue les magistrats qui viennent d'entrer en place[2]; on s'occupe des garnisons et des places qui font la sûreté de l'État[3], ainsi que de certaines dénonciations publiques; et l'on finit par publier les confiscations des biens ordonnées par les tribunaux[4]. Dans la deuxième, tout citoyen qui a déposé sur l'autel un rameau d'olivier entouré de bandelettes sacrées peut s'expliquer avec liberté sur les objets relatifs à l'administration et au gouvernement. La troisième est destinée à recevoir les hérauts et les ambassadeurs, qui ont auparavant rendu compte de leur mission[5], ou présenté leurs lettres de créance au sénat[6]. La quatrième enfin roule sur les matières de religion, telles que les fêtes, les sacrifices, etc.

Comme l'objet de ces assemblées est connu, et n'offre souvent rien de bien intéressant, il fallait, il n'y a pas longtemps, y traîner le peuple avec violence, ou le forcer par des amendes à s'y trouver[7]. Mais il est plus assidu depuis qu'on a pris le parti d'accorder un droit de présence de trois oboles[8]; et comme on ne décerne aucune peine contre ceux qui se dispensent d'y venir, il arrive que les pauvres y sont en plus grand nombre que les riches; ce qui entre mieux dans l'esprit des démocraties actuelles[9].

Outre ces assemblées, il s'en tient d'extraordinaires, lorsque l'État est menacé d'un prochain danger[10]. Ce sont quelquefois les prytanes[11], et plus souvent encore les chefs des troupes[12], qui les convoquent, au nom et avec la permission du sénat. Lorsque les circonstances le permettent, on y appelle tous les habitants de l'Attique[13].

Les femmes ne peuvent pas assister à l'assemblée. Les hommes au-dessous de vingt ans n'en ont pas encore le droit. On cesse d'en jouir quand on a une tache d'infamie; et un étranger qui l'usurperait serait puni de mort, parce qu'il serait censé usurper la puissance souveraine[14], ou pouvoir trahir le secret de l'État[15].

L'assemblée commence de très-grand matin[16]. Elle se tient au théâtre de Bacchus ou dans le marché public, ou dans une grande enceinte

---

1. Aristot. ap. Harpocr., in Κυρία. Sigon., De rep. Athen., lib. II, cap. IV. Pott., Archæol. græc., lib. I, cap. XVII. Pet., Leg. att., p. 196. — 2. Poll., lib. VIII, cap. IX, § 95. — 3. Aristot. ap. Harpocr., ibid. — 4. Poll., ibid. — 5. Æschin., De fals. leg., p. 397 et 402. Demosth., De fals. leg., p. 296 et 298. — 6. Poll., ibid., § 96. — 7. Aristoph. in Acharn., v. 22. Schol., ibid. — 8. Neuf sous. Aristoph., in Plut., v. 330; id., in Eccl., v. 292 et 308. Pet., ibid., p. 205. — 9. Xenoph., Memor., p. 775. Aristot., De rep., lib. IV, cap. XIII, t. II, p. 378. — 10. Æschin., ibid., p. 406. Poll., ibid., § 116. — 11. Æschin., ibid., p. 403 et 404. — 12. Demosth., De cor., p. 478, 484 et 500. — 13. Hesych., in Καταχλ. — 14. Esprit des lois, liv. II, chap. II. — 15. Liban., Declam. XXVIII, t. I, p. 617. — 16. Aristoph., in Eccl., v. 736.

voisine de la citadelle, et nommée le Pnyx [1]. Il faut six mille suffrages pour donner force de loi à plusieurs de ses décrets [2]. Cependant on n'est pas toujours en état de les avoir, et tant qu'a duré la guerre du Péloponèse, on n'a jamais pu réunir plus de cinq mille citoyens [3] dans l'assemblée générale.

Elle est présidée par les chefs du sénat [4], qui, dans des occasions importantes, y assiste en corps. Les principaux officiers militaires y ont une place distinguée [5]. La garde de la ville, composée de Scythes, est commandée pour y maintenir l'ordre [6].

Quand tout le monde est assis [7] dans l'enceinte purifiée par le sang des victimes [8], un héraut se lève, et récite une formule de vœux, qu'on prononce aussi dans le sénat toutes les fois qu'on y fait quelques délibérations [9]. A ces vœux, adressés au ciel pour la prospérité de la nation, sont mêlées des imprécations effrayantes contre l'orateur qui aurait reçu des présents pour tromper le peuple, ou le sénat, ou le tribunal des héliastes [10]. On propose ensuite le sujet de la délibération, ordinairement contenu dans un décret préliminaire du sénat, qu'on lit à haute voix [11]; et le héraut s'écrie : « Que les citoyens qui peuvent donner un avis utile à la patrie montent à la tribune, en commençant par ceux qui ont plus de cinquante ans. » Autrefois, en effet, il fallait avoir passé cet âge pour ouvrir le premier avis; mais on s'est relâché de cette règle [12] comme de tant d'autres.

Quoique, dès ce moment, il soit libre à chacun des assistants de monter à la tribune, cependant on n'y voit pour l'ordinaire que les orateurs de l'Etat. Ce sont dix citoyens distingués par leurs talents, et spécialement chargés de défendre les intérêts de la patrie dans les assemblées du sénat et du peuple [13].

La question étant suffisamment éclaircie, les proèdres ou présidents du sénat demandent au peuple une décision sur le décret qu'on lui a proposé. Il donne quelquefois son suffrage par scrutin; mais plus souvent en tenant les mains élevées; ce qui est un signe d'approbation. Quand on s'est assuré de la pluralité des suffrages, et qu'on lui a relu une dernière fois le décret sans réclamation, les présidents congédient l'assemblée. Elle se dissout avec le même tumulte qui, dès le commencement [14], a régné dans ses délibérations.

Lorsque, en certaines occasions, ceux qui conduisent le peuple craignent l'influence des hommes puissants, ils ont recours à un moyen quelquefois employé en d'autres villes de la Grèce [15]. Ils proposent d'opi-

---

1. Sigon., De rep. Athen., lib. II, cap. IV. — 2. Demosth., in Neær., p. 875; Id., in Timocr., p. 780. — 3. Thucyd., lib. VIII, cap. LXXII. — 4. Aristoph. schol., in Acharn., v. 60. — 5. Æschin., De fals. leg., p. 408. — 6. Aristoph., ibid., v. 54. Schol., ibid. — 7. Id., in Equit., v. 751 et 782; id., in Eccles., v. 165. — 8. Æschin., in Timarch., p. 263. Aristoph. ibid., v. 43. Schol., ad. v. 44. — 9. Demosth., De fals. leg., p. 304. — 10. Id., in Aristocr., p. 741. Dinarch., in Aristog., p. 107. — 11. Demosth., De fals. leg., p. 299. — 12. Æschin., ibid., p. 264; id., in Ctesiph., p. 428. — 13. Aristot., ap. schol. Aristoph., in Vesp., v. 689. Æschin., in Ctesiph., ibid. Plut., X orat. Vit., t. II, p. 850. — 14. Aristoph., in Acharn., v. 24. Plat., De rep., lib. VI, t. II - 492. — 15. Æneæ Poliorc., Comment., ca.

ner par tribus [1]; et le vœu de chaque tribu se forme au gré des pauvres, qui sont en plus grand nombre que les riches.

C'est de ces diverses manières que l'autorité suprême manifeste ses volontés; car c'est dans le peuple qu'elle réside essentiellement. C'est lui qui décide de la guerre et de la paix [2], qui reçoit les ambassadeurs, qui ôte ou donne la force aux lois, nomme à presque toutes les charges, établit les impôts, accorde le droit de citoyen aux étrangers, décerne des récompenses à ceux qui ont servi la patrie [3], etc.

Le sénat est le conseil perpétuel du peuple. Ceux qui le composent sont communément des gens éclairés. L'examen qu'ils ont subi avant que d'entrer en place prouve du moins que leur conduite paraît irréprochable, et fait présumer la droiture de leurs intentions.

Le peuple ne doit rien statuer qui n'ait été auparavant approuvé par le sénat. C'est d'abord au sénat que les décrets [4] relatifs à l'administration ou au gouvernement doivent être présentés par le chef de la compagnie ou par quelqu'un des présidents [5], discutés par les orateurs publics, modifiés, acceptés ou rejetés à la pluralité des suffrages, par un corps de cinq cents citoyens, dont la plupart ont rempli les charges de la république, et joignent les lumières à l'expérience.

Les décrets, en sortant de leurs mains, et avant le consentement du peuple, ont par eux-mêmes assez de force pour subsister pendant que ce sénat est en exercice [6]; mais il faut qu'ils soient ratifiés par le peuple, pour avoir une autorité durable.

Tel est le règlement de Solon, dont l'intention était que le peuple ne pût rien faire sans le sénat, et que leurs démarches fussent tellement concertées, qu'on en vît naître les plus grands biens avec les moindres divisions possibles. Mais, pour produire et conserver cette heureuse harmonie, il faudrait que le sénat pût encore imposer au peuple.

Or, comme il change tous les ans, et que ses officiers changent tous les jours, il n'a ni assez de temps ni assez d'intérêt pour retenir une portion de l'autorité; et comme, après son année d'exercice, il a des honneurs et des grâces à demander au peuple [7], il est forcé de le regarder comme son bienfaiteur, et par conséquent comme son maître. Il n'y a point à la vérité de sujet de division entre ces deux corps; mais le choc qui résulterait de leur jalousie serait moins dangereux que cette union qui règne actuellement entre eux. Les décrets approuvés par le sénat sont non-seulement rejetés dans l'assemblée du peuple, mais on y voit tous les jours de simples particuliers leur en substituer d'autres dont elle n'avait aucune connaissance, et qu'elle adopte sur-le-champ. Ceux qui président opposent à cette licence le droit qu'ils

---

1. Xenoph., Hist. græc., lib. I, p. 449. — 2. Thucyd., lib. I, cap. CXXXIX. Demosth., De fals. leg., p. 296. Æschin., De fals. leg., p. 404. — 3. Thucyd., Xenoph., Demosth., etc. Sigon., De rep. Athen., lib. II, cap. IV. — 4. Voyez la note XXII à la fin du volume. — 5. Demosth., in Leptin., p. 54; De cor., p. 500; in Androt., p. 699. Liban., Argum. in Androt., p. 696. Plut., in Solon., t. 1, p. 88. Harpocr., in Προβουλ. — 6. Demosth., in Aristocr., p. 740. Ulpian., p. 766. — 7. Demosth., in Androt., p. 700.

ont d'écarter toutes les contestations. Tantôt ils ordonnent que le peuple n'opine que sur le décret du sénat : tantôt ils cherchent à faire tomber les nouveaux décrets, en refusant de l'appeler aux suffrages, et en renvoyant l'affaire à une autre assemblée. Mais la multitude se révolte presque toujours contre l'exercice d'un droit qui l'empêche de délibérer ou de proposer ses vues; elle force, par des cris tumultueux, les chefs qui contrarient ses volontés à céder leurs places à d'autres présidents, qui lui rendent de suite une liberté dont elle est si jalouse [1].

De simples particuliers ont dans les délibérations publiques l'influence que le sénat devrait avoir [2]. Les uns sont des factieux de la plus basse extraction, qui par leur audace entraînent la multitude; les autres, des citoyens riches qui la corrompent par leurs largesses; les plus accrédités, des hommes éloquents qui, renonçant à toute autre occupation, consacrent tout leur temps à l'administration de l'État.

Ils commencent pour l'ordinaire à s'essayer dans les tribunaux de justice; et quand ils s'y distinguent par le talent de la parole, alors, sous prétexte de servir leur patrie, mais le plus souvent pour servir leur ambition, ils entrent dans une plus noble carrière, et se chargent du soin pénible d'éclairer le sénat et de conduire le peuple. Leur profession, à laquelle ils se dévouent dans un âge très-peu avancé [3], exige, avec le sacrifice de leur liberté, des lumières profondes et des talents sublimes : car c'est peu de connaître en détail l'histoire, les lois, les besoins, et les forces de la république, ainsi que des puissances voisines ou éloignées [4]; c'est peu de suivre de l'œil ces efforts rapides ou lents que les États font sans cesse les uns contre les autres, et ces mouvements presque imperceptibles qui les détruisent intérieurement; de prévenir la jalousie des nations faibles et alliées, de déconcerter les mesures des nations puissantes et ennemies, de démêler enfin les vrais intérêts de la patrie à travers une foule de combinaisons et de rapports : il faut encore faire valoir en public les grandes vérités dont on s'est pénétré dans le particulier ; n'être ému ni des menaces ni des applaudissements du peuple; affronter la haine des riches en les soumettant à de fortes impositions, celle de la multitude en l'arrachant à ses plaisirs ou à son repos, celle des autres orateurs en dévoilant leurs intrigues; répondre des événements qu'on n'a pu empêcher, et de ceux qu'on n'a pu prévoir [5]; payer de sa disgrâce les projets qui n'ont pas réussi, et quelquefois même ceux que le succès a justifiés; paraître plein de confiance lorsqu'un danger imminent répand la terreur de tous côtés, et par des lumières subites relever les espérances abattues; courir chez les peuples voisins; former des ligues puissantes; allumer avec l'enthousiasme de la liberté la soif ardente des combats; et, après avoir rempli les devoirs d'homme d'État, d'orateur, et d'ambassadeur,

1. Æschin., De fals. leg.; p. 408. Xenoph., Hist. græc., lib. I, p. 449. — 2. Demosth., Olynth. III, p. 39; id., De ordin. rep., p. 126. Aristot., De rep., lib. IV, cap. IV, p. 369. — 3. Æschin., Epist. XII, p. 213. — 4. Aristot., De rhet., lib. I, cap. IV. t. II, p. 520; ibid., cap. VIII. — 5. Demosth., De cor. p. 513.

aller sur le champ de bataille, pour y sceller de son sang les avis qu'on a donnés au peuple du haut de la tribune.

Tel est le partage de ceux qui sont à la tête du gouvernement. Les lois, qui ont prévu l'empire que des hommes si utiles et si dangereux prendraient sur les esprits, ont voulu qu'on ne fit usage de leurs talents qu'après s'être assuré de leur conduite. Elles éloignent de la tribune [1] celui qui aurait frappé les auteurs de ses jours, ou qui leur refuserait les moyens de subsister; parce qu'en effet on ne connaît guère l'amour de la patrie quand on ne connaît pas les sentiments de la nature. Elles en éloignent celui qui dissipe l'héritage de ses pères, parce qu'il dissiperait avec plus de facilité les trésors de l'État; celui qui n'aurait pas d'enfants légitimes [2], ou qui ne posséderait pas de biens dans l'Attique, parce que, sans ces liens, il n'aurait pour la république qu'un intérêt général, toujours suspect quand il n'est pas joint à l'intérêt particulier; celui qui refuserait de prendre les armes à la voix du général [3], qui abandonnerait son bouclier dans la mêlée, qui se livrerait à des plaisirs honteux, parce que la lâcheté et la corruption, presque toujours inséparables, ouvriraient son âme à toutes les espèces de trahisons, et que d'ailleurs tout homme qui ne peut ni défendre sa patrie par sa valeur, ni l'édifier par ses exemples, est indigne de l'éclairer par ses lumières.

Il faut donc que l'orateur monte à la tribune avec la sécurité et l'autorité d'une vie irréprochable. Autrefois même ceux qui parlaient en public n'accompagnaient leurs discours que d'une action noble, tranquille, et sans art, comme les vérités qu'ils venaient annoncer; et l'on se souvient encore que Thémistocle, Aristide, et Périclès, presque immobiles sur la tribune et les mains dans leurs manteaux [4], imposaient autant par la gravité de leur maintien que par la force de leur éloquence.

Loin de suivre ces modèles, la plupart des orateurs ne laissent voir dans leurs traits, dans leurs cris, dans leurs gestes, et dans leurs vêtements [5], que l'assemblage effrayant de l'indécence et de la fureur.

Mais cet abus n'est qu'un léger symptôme de l'infamie de leur conduite. Les uns vendent leurs talents et leur honneur à des puissances ennemies d'Athènes; d'autres ont à leurs ordres des citoyens riches, qui, par un asservissement passager, espèrent s'élever aux premières places; tous, se faisant une guerre de réputation et d'intérêt, ambitionnent la gloire et l'avantage de conduire le peuple le plus éclairé de la Grèce et de l'univers.

De là ces intrigues et ces divisions qui fermentent sans cesse dans le sein de la république, et qui se développent avec éclat dans ses assemblées tumultueuses. Car le peuple, si rampant quand il obéit, si terrible quand il commande, y porte avec la licence de ses mœurs, celle qu'il croit attachée à sa souveraineté. Toutes ses affections y sont extrêmes, tous ses excès impunis. Les orateurs, comme autant de chefs

---

1. Æschin., in Timarch., p. 264. — 2. Dinarch. adv Demosth. in oper. Demosth., p. 182. — 3. Æschin., ibid., p. 264. — 4. Id., ibid. — 5. Plut., in Nic. t. I, p. 528

de parti, y viennent secondés, tantôt par des officiers militaires dont ils ont obtenu la protection, tantôt par des factieux subalternes dont ils gouvernent la fureur. A peine sont-ils en présence qu'ils s'attaquent par des injures[1] qui animent la multitude, ou par des traits de plaisanterie qui la transportent hors d'elle-même. Bientôt les clameurs, les applaudissements, les éclats de rire[2], étouffent la voix des sénateurs qui président à l'assemblée, des gardes dispersés de tous les côtés pour y maintenir l'ordre[3], de l'orateur enfin[4], qui voit tomber son décret par ces mêmes petits moyens qui font si souvent échouer une pièce au théâtre de Bacchus.

C'est en vain que depuis quelque temps une des dix tribus, tirée au sort à chaque assemblée, se range auprès de la tribune pour empêcher la confusion, et venir au secours des lois violées[5] : elle-même est entraînée par le torrent qu'elle voudrait arrêter; et sa vaine assistance ne sert qu'à prouver la grandeur d'un mal entretenu, non-seulement par la nature du gouvernement, mais encore par le caractère des Athéniens.

En effet, ce peuple, qui a des sensations très-vives et très-passagères, réunit, plus que tous les autres peuples, les qualités les plus opposées, et celles dont il est le plus facile d'abuser pour le séduire.

L'histoire nous le représente, tantôt comme un vieillard qu'on peut tromper sans crainte[6], tantôt comme un enfant qu'il faut amuser sans cesse; quelquefois déployant les lumières et les sentiments des grandes âmes; aimant à l'excès les plaisirs et la liberté, le repos et la gloire; s'enivrant des éloges qu'il reçoit, applaudissant aux reproches qu'il mérite[7]; assez pénétrant pour saisir aux premiers mots les projets qu'on lui communique[8], trop impatient pour en écouter les détails et en prévoir les suites; faisant trembler ses magistrats dans l'instant même qu'il pardonne à ses plus cruels ennemis; passant, avec la rapidité d'un éclair, de la fureur à la pitié, du découragement à l'insolence, de l'injustice au repentir; mobile surtout, et frivole[9], au point que dans les affaires les plus graves et quelquefois les plus désespérées, une parole dite au hasard, une saillie heureuse, le moindre objet, le moindre accident, pourvu qu'il soit inopiné, suffit pour le distraire de ses craintes ou le détourner de son intérêt.

C'est ainsi qu'on vit autrefois presque toute une assemblée se lever, et courir après un petit oiseau qu'Alcibiade, jeune encore, et parlant pour la première fois en public, avait par mégarde laissé échapper de son sein[10].

C'est ainsi que, vers le même temps, l'orateur Cléon, devenu l'idole des Athéniens, qui ne l'estimaient guère, se jouait impunément de la

---

1. Aristoph., in Eccl., p. 142. Æschin., in Ctesiph., p. 428. — 2. Plat., De rep., lib. VI, t. II, p. 492. Demosth., De fals. leg., p. 297 et 310. — 3. Aristoph., in Acharn., v. 54. Schol., ibid. — 4. Aristoph., ibid., v. 37. Demosth., ibid., p. 300 et 310. — 5. Æschin., in Timarch., p. 265; id., in Ctesiph., p. 428. — 6. Aristoph., in Equit., v. 710, 749, etc. — 7. Plut., Præc. ger. reip., t. II, p. 799. — 8. Thucyd., lib. III, cap. XXXVIII. — 9. Plin., lib. XXXV, cap. X, t. II, p. 693. Nep., in Tim., cap. III. — 10. Plut., in Alcib., t. I, p. 195; id., Præcep. ger. reip., t. II, p. 799.

faveur qu'il avait acquise. Ils étaient assemblés, et l'attendaient avec impatience; il vint enfin pour les prier de remettre la délibération à un autre jour, parce que, devant donner à dîner à quelques étrangers de ses amis, il n'avait pas le loisir de s'occuper des affaires de l'État. Le peuple se leva, battit des mains, et l'orateur n'en eut que plus de crédit [1].

Je l'ai vu moi-même un jour très-inquiet de quelques hostilités que Philippe venait d'exercer, et qui semblaient annoncer une rupture prochaine. Dans le temps que les esprits étaient le plus agités, parut sur la tribune un homme très-petit et tout contrefait. C'était Léon, ambassadeur de Byzance, qui joignait aux désagréments de la figure cette gaieté et cette présence d'esprit qui plaisent tant aux Athéniens. A cette vue, ils firent de si grands éclats de rire, que Léon ne pouvait obtenir un moment de silence. « Et que feriez-vous donc, leur dit-il enfin, si vous voyiez ma femme? Elle vient à peine à mes genoux : cependant, tout petits que nous sommes, quand la division se met entre nous, la ville de Byzance ne peut pas nous contenir. » Cette plaisanterie eut tant de succès, que les Athéniens accordèrent sur-le-champ les secours qu'il était venu demander [2].

Enfin on les a vus faire lire en leur présence des lettres de Philippe, qu'on avait interceptées, en être indignés, et néanmoins ordonner qu'on respectât celles que le prince écrivait à son épouse, et qu'on les renvoyât sans les ouvrir [3].

Comme il est très-aisé de connaître et d'enflammer les passions et les goûts d'un pareil peuple, il est très-facile aussi de gagner sa confiance, et il ne l'est pas moins de la perdre; mais pendant qu'on en jouit, on peut tout dire, tout entreprendre, le pousser au bien ou au mal avec une égale ardeur de sa part. Quand il était guidé par des hommes fermes et vertueux, il n'accordait les magistratures, les ambassades, les commandements des armées, qu'aux talents réunis aux vertus. De nos jours, il a fait des choix dont il aurait à rougir [4]; mais c'est la faute des flatteurs qui le conduisent, flatteurs aussi dangereux que ceux des tyrans [5], et qui ne savent de même rougir que de leur disgrâce.

Le sénat étant dans la dépendance du peuple, et le peuple se livrant sans réserve [6] à des chefs qui l'égarent, si quelque chose peut maintenir la démocratie, ce sont les haines particulières [7]; c'est la facilité qu'on a de poursuivre un orateur qui abuse de son crédit. On l'accuse d'avoir transgressé les lois; et comme cette accusation peut être relative à sa personne ou à la nature de son décret [8], de là deux sortes d'accusations auxquelles il est sans cesse exposé.

La première a pour objet de le flétrir aux yeux de ses concitoyens.

---

1. Plut., in Nic., t. I, p. 527; id., Præcept. ger. reip., t. Ⅱ, p. — 2. Id., ibid., p. 804. — 3. Id., ibid., p. 799. — 4. Eupol., ap. Stob., p. 239. — 5. Aristot., De rep., lib. IV, cap. IV, t. II, p. 369. — 6. Demosth., Olynth. III, p. 39; id., Doordin. rep., p. 126; id. in Leptin. p. 541. — 7. Æschin., in Timarch., p. 260. Melanth. ap. Plut., 20. — 8. Isæus ap. Harpocr., in ὑπ. γραφ.

S'il a reçu des présents pour trahir sa patrie, si sa vie se trouve souillée de quelques taches d'infamie, et surtout de ces crimes dont nous avons parlé plus haut, et dont il doit être exempt pour remplir les fonctions de son ministère, alors il est permis à tout particulier d'intenter contre lui une action publique. Cette action, qui prend différents noms suivant la nature du délit[1], se porte devant le magistrat qui connaît en première instance du crime dont il est question. Quand la faute est légère, il le condamne à une faible amende[2]; quand elle est grave, il le renvoie à un tribunal supérieur; si elle est avérée, l'accusé convaincu subit, entre autres peines, celle de ne plus monter à la tribune.

Les orateurs qu'une conduite régulière met à l'abri de cette première espèce d'accusation n'en ont pas moins à redouter la seconde, qu'on appelle accusation pour cause d'illégalité[3].

Parmi cette foule de décrets qu'on voit éclore de temps à autre avec la sanction du sénat et du peuple, il s'en trouve qui sont manifestement contraires au bien de l'État, et qu'il est important de ne pas laisser subsister. Mais, comme ils sont émanés de la puissance législative, il semble qu'aucun pouvoir, aucun tribunal n'est en droit de les annuler. Le peuple même ne doit pas l'entreprendre, parce que les orateurs qui ont déjà surpris sa religion[4] la surprendraient encore. Quelle ressource aura donc la république? Une loi étrange au premier aspect, mais admirable, et tellement essentielle, qu'on ne saurait la supprimer ou la négliger sans détruire la démocratie[5] : c'est celle qui autorise le moindre des citoyens à se pourvoir contre un jugement de la nation entière, lorsqu'il est en état de montrer que ce décret est contraire aux lois déjà établies.

Dans ces circonstances, c'est le souverain invisible, ce sont les lois qui viennent protester hautement contre le jugement national qui les a violées; c'est au nom des lois qu'on intente l'accusation; c'est devant le tribunal, principal dépositaire et vengeur des lois, qu'on le poursuit; et les juges, en cassant le décret, déclarent seulement que l'autorité du peuple s'est trouvée, malgré lui, en opposition avec celle des lois; ou plutôt ils maintiennent ses volontés anciennes et permanentes contre ses volontés actuelles et passagères.

La réclamation des lois ayant suspendu la force et l'activité que le peuple avait données au décret, et le peuple ne pouvant être cité en justice, on ne peut avoir d'action que contre l'orateur qui a proposé ce décret; et c'est contre lui, en effet, que se dirige l'accusation pour cause d'illégalité. On tient pour principe que, s'étant mêlé de l'administration sans y être contraint, il s'est exposé à l'alternative d'être honoré quand il réussit, d'être puni quand il ne réussit pas[6].

La cause s'agite d'abord devant le premier des archontes, ou devant

---

1. Harpocr. et Suid., in 'Ρητορ. γραφ. — 2. Poll., lib. VIII, cap. VI, p. 885. — 3. Hume, Discours politiq., disc. IX, t. II, p. 2. — 4. Æschin., in Ctesiph. p. 448. Demosth., in Leptin., p. 541. — 5. Demosth., in Tim., p. 797. Æschin., ibid., p. 428 et 459. — 6. Id., De fals. leg., p. 309.

les six derniers [1]. Après les informations préliminaires, elle est présentée au tribunal des héliastes, composé pour l'ordinaire de cinq cents juges, et quelquefois de mille, de quinze cents, de deux mille : ce sont ces magistrats eux-mêmes qui, suivant la nature du délit, décident du nombre, qu'ils ont en certaine occasion porté jusqu'à six mille [2].

On peut attaquer le décret, lorsqu'il n'est encore approuvé que par le sénat; on peut attendre que le peuple l'ait confirmé. Quelque parti que l'on choisisse, il faut intenter l'action dans l'année, pour que l'orateur soit puni : au delà de ce terme, il ne répond plus de son décret.

Après que l'accusateur a produit les moyens de cassation, et l'accusé ceux de défense, on recueille les suffrages [3]. Si le premier n'en obtient pas la cinquième partie, il est obligé de payer cinq cents drachmes au trésor public [4], et l'affaire est finie : si le second succombe, il peut demander qu'on modère la peine; mais il n'évite guère ou l'exil, ou l'interdiction, ou de fortes amendes. Ici, comme dans quelques autres espèces de causes, le temps des plaidoiries et du jugement est divisé en trois parties : l'une pour celui qui attaque; l'autre pour celui qui se défend; la troisième, quand elle a lieu, pour statuer sur la peine [5].

Il n'est point d'orateur qui ne frémisse à l'aspect de cette accusation, et point de ressorts qu'il ne fasse jouer pour en prévenir les suites. Les prières, les larmes, un extérieur négligé, la protection des officiers militaires [6], les détours de l'éloquence, tout est mis en usage par l'accusé, ou par ses amis.

Ces moyens ne réussissent que trop, et nous avons vu l'orateur Aristophon se vanter d'avoir subi soixante-quinze accusations de ce genre, et d'en avoir toujours triomphé [7]. Cependant, comme chaque orateur fait passer plusieurs décrets pendant son administration; comme il lui est essentiel de les multiplier pour maintenir son crédit; comme il est entouré d'ennemis que la jalousie rend très-clairvoyants; comme il est facile de trouver, par des conséquences éloignées, ou des interprétations forcées, une opposition entre ses avis, sa conduite, et les lois nombreuses qui sont en vigueur, il est presque impossible qu'il ne soit, tôt ou tard, la victime des accusations dont il est sans cesse menacé.

J'ai dit que les lois d'Athènes sont nombreuses. Outre celles de Dracon, qui subsistent en partie [8], outre celles de Solon, qui servent de base au droit civil, il s'en est glissé plusieurs autres que les circonstances ont fait naître, ou que le crédit des orateurs a fait adopter [9].

Dans tout gouvernement, il devrait être difficile de supprimer une

1. Demosth., De cor., p. 481; id., in Leptin., p. 555. — 2. Andoc., De myst., p. 3. — 3. Æschin., in Ctes., p. 460. — 4. Demosth., ibid., p. 489 et 490. Æschin., De fals. leg., p. 397. Quatre cent cinquante livres. — 5. Æschin., ibid. — 6. Id., ibid., p. 428. — 7. Id., ibid., p. 459. — 8. Demosth., in Everg., p. 1062. Andoc., De myst., part. II, p. 11. — 9. Demosth., in Leptin., p. 554.

loi ancienne, et d'en établir une nouvelle, et cette difficulté devrait être plus grande chez un peuple qui, tout à la fois sujet et souverain, est toujours tenté d'adoucir ou de secouer le joug qu'il s'est imposé lui-même. Solon avait tellement lié les mains à la puissance législative, qu'elle ne pouvait toucher aux fondements de sa législation qu'avec des précautions extrêmes.

Un particulier qui propose d'abroger une ancienne loi doit en même temps lui en substituer une autre [1]. Il les présente toutes deux au sénat [2], qui, après les avoir balancées avec soin, ou désapprouve le changement projeté, ou ordonne que ses officiers en rendront compte au peuple dans l'assemblée générale, destinée, entre autres choses, à l'examen et au recensement des lois qui sont en vigueur [3]. C'est celle qui se tient le onzième jour du premier mois de l'année [4]. Si la loi paraît en effet devoir être révoquée, les prytanes renvoient l'affaire à l'assemblée, qui se tient ordinairement dix-neuf jours après; et l'on nomme d'avance cinq orateurs qui doivent y prendre la défense de la loi qu'on veut proscrire. En attendant, on affiche tous les jours cette loi, ainsi que celle qu'on veut mettre à sa place, sur des statues exposées à tous les yeux [5]. Chaque particulier compare à loisir les avantages et les inconvénients de l'une et de l'autre; elles font l'entretien des sociétés; le vœu du public se forme par degrés, et se manifeste ouvertement à l'assemblée indiquée.

Cependant elle ne peut rien décider encore. On nomme des commissaires, quelquefois au nombre de mille un, auxquels on donne le nom de législateurs, et qui tous doivent avoir siége parmi les héliastes [6]. Ils forment un tribunal devant lequel comparaissent et celui qui attaque la loi ancienne, et ceux qui la défendent. Les commissaires ont le pouvoir de l'abroger, sans recourir de nouveau au peuple : ils examinent ensuite si la loi nouvelle est convenable aux circonstances, relative à tous les citoyens, conforme aux autres lois; et, après ces préliminaires, ils la confirment eux-mêmes, ou la présentent au peuple, qui lui imprime par ses suffrages le sceau de l'autorité. L'orateur qui a occasionné ce changement peut être poursuivi, non pour avoir fait supprimer une loi devenue inutile, mais pour en avoir introduit une qui peut être pernicieuse.

Toutes les lois nouvelles doivent être proposées et discutées de la même manière. Cependant, malgré les formalités dont je viens de parler, malgré l'obligation où sont certains magistrats de faire tous les ans une révision exacte des lois, il s'en est insensiblement glissé dans le code un si grand nombre de contradictoires et d'obscures, qu'on s'est vu forcé, dans ces derniers temps, d'établir une commission particulière pour en faire un choix. Mais son travail n'a rien produit jusqu'à présent [7].

C'est un grand bien que la nature de la démocratie ait rendu les

---

1. Demosth., in Leptin. et Timocr., p. 778. — 2. Id., in Timocr., p. 781. — 3. Id., ibid., p. 776. — 4. Ulpian., in Timocr., p. 811. — 5. Demosth., ibid. — 6. Id., ibid., p. 776 et 777. Pet., Leg. attic., p. 101. — 7. Æschin., in Ctes. p. 433. Demosth., in Leptin., p. 554.

délais et les examens nécessaires lorsqu'il s'agit de la législation ; mais c'est un grand mal qu'elle les exige souvent dans des occasions qui demandent la plus grande célérité. Il ne faut, dans une monarchie, qu'un instant pour connaître et exécuter la volonté du souverain [1] : il faut ici d'abord consulter le sénat ; il faut convoquer l'assemblée du peuple ; il faut qu'il soit instruit, qu'il délibère, qu'il décide. L'exécution entraîne encore plus de lenteurs. Toutes ces causes retardent si fort le mouvement des affaires, que le peuple est quelquefois obligé d'en renvoyer la décision au sénat [2] ; mais il ne fait ce sacrifice qu'à regret, car il craint de ranimer une faction qui l'a autrefois dépouillé de son autorité : c'est celle des partisans de l'aristocratie [3]. Ils sont abattus aujourd'hui, mais ils n'en seraient que plus ardents à détruire un pouvoir qui les écrase et les humilie. Le peuple les hait d'autant plus qu'il les confond avec les tyrans.

Nous avons considéré jusqu'ici le sénat et le peuple comme uniquement occupés du grand objet du gouvernement : on doit les regarder encore comme deux espèces de cours de justice, où se portent les dénonciations de certains délits [4] ; et ce qui peut surprendre, c'est qu'à l'exception de quelques amendes légères que décerne le sénat [5], les autres causes, après avoir subi le jugement ou du sénat, ou du peuple, ou de tous les deux l'un après l'autre, sont ou doivent être renvoyées à un tribunal qui juge définitivement [6]. J'ai vu un citoyen qu'on accusait de retenir les deniers publics, condamné d'abord par le sénat, ensuite par les suffrages du peuple balancés pendant toute une journée, enfin par deux tribunaux qui formaient ensemble le nombre de mille un juges [7].

On a cru, avec raison, que la puissance exécutrice, distinguée de la législative, n'en devait pas être le vil instrument ; mais je ne dois pas dissimuler que dans des temps de trouble et de corruption, une loi si sage a été plus d'une fois violée, et que des orateurs ont engagé le peuple qu'ils gouvernaient à retenir certaines causes, pour priver du recours aux tribunaux ordinaires des accusés qu'ils voulaient perdre [8].

CHAP. XV. — *Des magistrats d'Athènes.*

Dans ce choc violent de passions et de devoirs qui se fait sentir partout où il y a des hommes, et encore plus lorsque ces hommes sont libres et se croient indépendants, il faut que l'autorité, toujours armée pour repousser la licence, veille sans cesse pour en éclairer les démarches ; et, comme elle ne peut pas toujours agir par elle-même, il

---

1. Demosth., De fals. leg., p. 321. — 2. Id., ibid., p. 317. — 3. Isocr., De pac., t. I, p. 387 et 427. Theophr., Charact., cap. XXVI. Casaub., ibid. Nep., in Phoc., cap. III. — 4. Andoc., De myst., part. I, p. 2. — 5. Demosth., in Everg., p. 1058. — 6. Aristoph., in Vesp., v. 588. Demosth., ibid., p. 1058. Liban., Argum. in orat. Demosth. adv. Mid., p. 601. — 7. Demosth., in Timocr., p. 774. — 8. Xenoph., Hist. græc., lib. I, p. 449. Aristot., De rep., lib. IV, cap. IV, p. 369. Pour appuyer ce fait, j'ai cité Aristote, qui, par discrétion, ne nomme pas la république d'Athènes ; mais il est visible qu'il la désigne en cet endroit.

faut que plusieurs magistratures la rendent présente et redoutable en même temps dans tous les lieux.

Le peuple s'assemble dans les quatre derniers jours de l'année pour nommer aux magistratures [1]; et quoique par la loi d'Aristide [2] il puisse les conférer au moindre des Athéniens, on le voit presque toujours n'accorder qu'aux citoyens les plus distingués celles qui peuvent influer sur le salut de l'État [3]. Il déclare ses volontés par la voie des suffrages, ou par la voie du sort [4].

Les places qu'il confère alors sont en très-grand nombre. Ceux qui les obtiennent doivent subir un examen devant le tribunal des héliastes [5]; et comme si cette épreuve ne suffisait pas, on demande au peuple, à la première assemblée de chaque mois, ou Prytanie, s'il a des plaintes à porter contre ses magistrats [6]. Aux moindres accusations, les chefs de l'assemblée recueillent les suffrages; et s'ils sont contraires au magistrat accusé, il est destitué, et traîné devant un tribunal de justice, qui prononce définitivement [7].

La première et la plus importante des magistratures est celle des archontes : ce sont neuf des principaux citoyens, chargés non-seulement d'exercer la police, mais encore de recevoir en première instance les dénonciations publiques, et les plaintes des citoyens opprimés.

Deux examens, subis l'un dans le sénat, et l'autre dans le tribunal des héliastes [8], doivent précéder ou suivre immédiatement leur nomination. On exige, entre autres conditions [9], qu'ils soient fils et petits-fils de citoyens, qu'ils aient toujours respecté les auteurs de leurs jours, et qu'ils aient porté les armes pour le service de la patrie. Ils jurent ensuite de maintenir les lois, et d'être inaccessibles aux présents [10]; ils le jurent sur les originaux mêmes des lois, que l'on conserve avec un respect religieux. Un nouveau motif devrait rendre ce serment plus inviolable : en sortant de place, ils ont l'espoir d'être, après un autre examen, reçus au sénat de l'Aréopage [11]; c'est le plus haut degré de fortune pour une âme vertueuse.

Leur personne, comme celle de tous les magistrats, doit être sacrée. Quiconque les insulterait par des violences ou des injures, lorsqu'ils ont sur leur tête une couronne de myrte [12], symbole de leur dignité, serait exclu de la plupart des priviléges des citoyens, ou condamné à payer une amende; mais il faut aussi qu'ils méritent par leur conduite le respect qu'on accorde à leur place.

Les trois premiers archontes ont chacun en particulier un tribunal,

---

1. Æschin., in Ctesiph., p. 429. Suid., in Ἀρχαί. Liban., in argum. orat. Demosth. in Androt., p. 697. — 2. Thucyd., lib. II, cap. XXXVII. Plut., in Aristid., p. 332. — 3. Xenoph., De rep. Athen., p. 691. Plut., in Phoc., t. I, p. 745. — 4. Demosth., in Aristog., p. 832. Æschin., ibid., p. 432. Sigon., De rep. Athen., lib. IV, cap. I. Potter., Archæol., lib. I, cap. XI. — 5. Æschin., ibid., p. 429. Poll., lib. VIII, cap. VI, § 44. Harpocr. et Hesych., in Δοκιμ. — 6. Poll., ibid., cap. IX, § 87. — 7. Harpocr. et Suid., in Κατάχυρ. — 8. Æschin., ibid., p. 432. Demosth., in Leptin., p. 554. Poll., ibid., § 86. Pet., Leg. attic., p. 237. — 9. Poll., ibid., § 85 et 86. — 10. Id., ibid., cap. IX, § 85 et 86. Plut., in Solon., t. I, p. 92. — 11. Plut., ibid., p. 88; id., in Pericl., p. 157. Poll., ibid., cap. X, § 118. — 12. Poll., ibid., cap. IX, § 86. Hesych., in Μυρρίν. Meurs., in Lect. attic., lib. VI, cap. VI.

où ils siègent accompagnés de deux assesseurs qu'ils ont choisis eux-mêmes [1]. Les six derniers, nommés thesmothètes, ne forment qu'une seule et même juridiction. A ces divers tribunaux sont commises diverses causes [2].

Les archontes ont le droit de tirer au sort les juges des cours supérieures [3]. Ils ont des fonctions et des prérogatives qui leur sont communes; ils en ont d'autres qui ne regardent qu'un archonte en particulier. Par exemple, le premier, qui s'appelle éponyme, parce que son nom paraît à la tête des actes et des décrets qui se font pendant l'année de son exercice, doit spécialement étendre ses soins sur les veuves et sur les pupilles [4]; le second ou le roi, écarter des mystères et des cérémonies religieuses ceux qui sont coupables d'un meurtre [5]; le troisième ou le polémarque, exercer une sorte de juridiction sur les étrangers établis à Athènes [6]. Tous trois président séparément à des fêtes et à des jeux solennels. Les six derniers fixent les jours où les cours supérieures doivent s'assembler [7], font leur ronde pendant la nuit pour maintenir dans la ville l'ordre et la tranquillité [8], et président à l'élection de plusieurs magistratures subalternes [9].

Après l'élection des archontes, se fait celle des stratéges ou généraux d'armées, des hipparques ou généraux de la cavalerie [10], des officiers préposés à la perception et à la garde des deniers publics [11], de ceux qui veillent à l'approvisionnement de la ville, de ceux qui doivent entretenir les chemins, et de quantité d'autres qui ont des fonctions moins importantes.

Quelquefois les tribus, assemblées en vertu d'un décret du peuple, choisissent des inspecteurs et des trésoriers pour réparer des ouvrages publics près de tomber en ruine [12]. Les magistrats de presque tous ces départements sont au nombre de dix; et comme il est de la nature de ce gouvernement de tendre toujours à l'égalité, on en tire un de chaque tribu.

Un des plus utiles établissements en ce genre est une chambre des comptes que l'on renouvelle tous les ans dans l'assemblée générale du peuple, et qui est composée de dix officiers [13]. Les archontes, les membres du sénat, les commandants des galères, les ambassadeurs [14], les aréopagites, les ministres même des autels, tous ceux, en un mot, qui ont eu quelque commission relative à l'administration, doivent s'y présenter, les uns en sortant de place, les autres en des temps marqués; ceux-ci pour rendre compte des sommes qu'ils ont reçues, ceux-là pour justifier leurs opérations, d'autres enfin pour montrer seulement qu'ils n'ont rien à redouter de la censure.

1. Æschin., in Tim., p. 284. Demosth., in Neær., p. 872 et 874. Poll., lib. VIII, cap. IX, § 92. — 2. Demosth., in Lacrit., p. 956; id., in Pantæn., p. 992. — 3. Poll., ibid., § 87. — 4. Demosth., in Macart., p. 1040; id., in Lacrit. et in Pantæn., ibid. — 5. Poll., ibid., § 90. — 6. Demosth. in Zenoth., p. 932. Poll., ibid. — 7. Poll., ibid., § 87. — 8. Ulpian., in orat. Demosth. adv. Mid., p. 650. — 9. Æschin., in Ctesiph., p. 429. — 10. Id., ibid. — 11. Aristot., De rep. lib. VI, cap. VIII, t. II, p. 422. Poll., ibid., § 97. Plut., in Lyc., t. II, p. 841. — 12. Æschin., ibid., p. 432. — 13. Id., ibid., p. 430. Harpocr. et Etymol., in Λογιστ. — 14. Poll., ibid., cap. VI, § 45.

Ceux qui refusent de comparaître ne peuvent ni tester, ni s'expatrier¹, ni remplir une seconde magistrature², ni recevoir de la part du public la couronne qu'il décerne à ceux qui le servent avec zèle³; ils peuvent même être déférés au sénat ou à d'autres tribunaux, qui leur impriment des taches d'infamie encore plus redoutables⁴.

Dès qu'ils sont sortis de place, il est permis à tous les citoyens de les poursuivre⁵. Si l'accusation roule sur le péculat, la chambre des comptes en prend connaissance; si elle a pour objet d'autres crimes, la cause est renvoyée aux tribunaux ordinaires⁶.

Chap. XVI. — *Des tribunaux de justice à Athènes.*

Le droit de protéger l'innocence ne s'acquiert point ici par la naissance ou par les richesses; c'est le privilége de chaque citoyen⁷. Comme ils peuvent tous assister à l'assemblée de la nation et décider des intérêts de l'État, ils peuvent tous donner leurs suffrages dans les cours de justice, et régler les intérêts des particuliers. La qualité de juge n'est donc ni une charge ni une magistrature; c'est une commission passagère, respectable par son objet, mais avilie par les motifs qui déterminent la plupart des Athéniens à s'en acquitter. L'appât du gain les rend assidus aux tribunaux, ainsi qu'à l'assemblée générale. On leur donne à chacun trois oboles⁸ par séance⁹; et cette légère rétribution forme pour l'État une charge annuelle d'environ cent cinquante talents¹⁰ : car le nombre des juges est immense, et se monte à six mille environ¹¹.

Un Athénien qui a plus de trente ans, qui a mené une vie sans reproche, qui ne doit rien au trésor public, a les qualités requises pour exercer les fonctions de la justice¹². Le sort décide tous les ans du tribunal où il doit se placer¹³.

C'est par cette voie que les tribunaux sont remplis. On en compte dix principaux¹⁴ : quatre pour les meurtres, six pour les autres causes tant criminelles que civiles. Parmi les premiers, l'un connaît du meurtre involontaire; le second, du meurtre commis dans le cas d'une juste défense; le troisième, du meurtre dont l'auteur, auparavant banni de sa patrie pour ce délit, n'aurait pas encore purgé le décret qui l'en éloignait; le quatrième enfin, du meurtre occasionné par la chute

---

1. Æschin., in Ctesiph., p. 430. — 2. Demosth., in Timocr., p. 796. — 3. Æschin., ibid., p. 429, etc. — 4. Demosth., in Mid., p. 617. — 5. Æschin., ibid., p. 431. Ulpian., in orat. Demosth. adv. Mid., p. 663. — 6. Poll., lib. VIII, cap. VI, § 45. — 7. Plut., in Solon., p. 88. — 8. Neuf sous. — 9. Aristoph., in Plut., v. 329; id., in Ran., v. 140; id., in Equit., v. 51 et 255. Schol., ibid. Poll., ibid., cap. v, § 20. — 10. Huit cent dix mille livres. Voici le calcul du scoliaste d'Aristophane (in Vesp., v. 661) : Deux mois étaient consacrés aux fêtes. Les tribunaux n'étaient donc ouverts que pendant dix mois, ou trois cents jours. Il en coûtait chaque jour dix-huit mille oboles, c'est-à-dire trois mille drachmes ou un demi-talent, et par conséquent, quinze talents par mois, cent cinquante par an. Samuel Petit a attaqué ce calcul. (Leg. attic., p. 325.) — 11. Aristoph., in Vesp., v. 660. Pet., Leg. attic., p. 324. — 12. Poll., ibid., cap. X, § 122. Pet., ibid., p. 306. — 13. Demosth., in Aristog., p. 832. Schol. Aristoph., in Plut., v. 277. — 14. Voyez la table des tribunaux et magistrats d'Athènes, t. III.

d'une pierre, d'un arbre, et par d'autres accidents de même nature [1]. On verra, dans le chapitre suivant, que l'Aréopage connaît de l'homicide prémédité.

Tant de juridictions pour un même crime ne prouvent pas qu'il soit à présent plus commun ici qu'ailleurs, mais seulement qu'elles furent instituées dans des siècles où l'on ne connaissait d'autre droit que celui de la force, et en effet elles sont toutes des temps héroïques. On ignore l'origine des autres tribunaux; mais ils ont dû s'établir à mesure que, les sociétés se perfectionnant, la ruse a pris la place de la violence.

Ces dix cours souveraines, composées la plupart de cinq cents juges [2], et quelques-unes d'un plus grand nombre encore, n'ont aucune activité par elles-mêmes, et sont mises en mouvement par les neuf archontes. Chacun de ces magistrats y porte les causes dont il a pris connaissance, et y préside pendant qu'elles y sont agitées [3].

Leurs assemblées ne pouvant concourir avec celles du peuple, puisque les unes et les autres sont composées à peu près des mêmes personnes [4], c'est aux archontes à fixer le temps des premières; c'est à eux aussi de tirer au sort les juges qui doivent remplir ces différents tribunaux.

Le plus célèbre de tous est celui des héliastes [5], où se portent toutes les grandes causes qui intéressent l'État ou les particuliers. Nous avons dit plus haut qu'il est composé pour l'ordinaire de cinq cents juges, et qu'en certaines occasions les magistrats ordonnent à d'autres tribunaux de se réunir à celui des héliastes, de manière que le nombre des juges va quelquefois jusqu'à six mille [6].

Ils promettent, sous la foi du serment, de juger suivant les lois, et suivant les décrets du sénat et du peuple; de ne recevoir aucun présent, d'entendre également les deux parties; de s'opposer de toutes leurs forces à ceux qui feraient la moindre tentative contre la forme actuelle du gouvernement. Des imprécations terribles contre eux-mêmes et contre leurs familles terminent ce serment, qui contient plusieurs autres articles moins essentiels [7].

Si, dans ce chapitre et dans les suivants, je voulais suivre les détails de la jurisprudence athénienne, je m'égarerais dans des routes obscures et pénibles; mais je dois parler d'un établissement qui m'a paru favorable aux plaideurs de bonne foi. Tous les ans quarante officiers subalternes parcourent les bourgs de l'Attique [8], y tiennent leurs assises, statuent sur certains actes de violence [9], terminent les procès où il ne s'agit que d'une très-légère somme, de dix drachmes tout au plus [10], et renvoient aux arbitres les causes plus considérables [11].

---

1. Demosth., in Aristog., p. 736. Poll., lib. VIII, cap. x, § 122. — 2. Poll., ibid., § 123. — 3. Ulpian., in orat. Demosth. adv. Mid., p. 641. Harpocr., in Ἡγεμ. δικαστ. — 4. Demosth., in Timocr., p. 786. — 5. Pausan., lib. I, cap. XXVIII, p. 69. Harpocr. et Steph., in Ἡλ. — 6. Poll., ibid. Dinarch., in Demosth., p. 187. Lys., in Agorat., p. 244. Andoc., De myst., part. II, p. 3. — 7. Demosth., ibid., p. 790. — 8. Poll., ibid., cap. IX, § 100. — 9. Demosth., in Pantæn., p. 992. — 10. Neuf livres. — 11. Poll., ibid.

Ces arbitres sont tous gens bien famés, et âgés d'environ soixante ans : à la fin de chaque année on les tire, au sort, au nombre de quarante-quatre [1].

Les parties qui ne veulent point s'exposer à essuyer les lenteurs de la justice ordinaire, ni à déposer une somme d'argent avant le jugement, ni à payer l'amende décernée contre l'accusateur qui succombe, peuvent remettre leurs intérêts entre les mains d'un ou de plusieurs arbitres, qu'elles nomment elles-mêmes, ou que l'archonte tire au sort en leur présence [2]. Quand ils sont de leur choix, elles font serment de s'en rapporter à leur décision, et ne peuvent point en appeler : si elles les ont reçus par la voie du sort, il leur reste celle de l'appel [3]; et les arbitres, ayant mis les dépositions des témoins et toutes les pièces du procès dans une boîte qu'ils ont soin de sceller, les font passer à l'archonte, qui doit porter la cause à l'un des tribunaux supérieurs [4].

Si, à la sollicitation d'une seule partie, l'archonte a renvoyé l'affaire à des arbitres tirés au sort, l'autre partie a le droit, ou de réclamer contre l'incompétence du tribunal, ou d'opposer d'autres fins de non-recevoir [5].

Les arbitres, obligés de condamner des parents ou des amis, pourraient être tentés de prononcer un jugement inique : on leur a ménagé des moyens de renvoyer l'affaire à l'une des cours souveraines [6]. Ils pourraient se laisser corrompre par des présents, ou céder à des préventions particulières : la partie lésée a le droit, à la fin de l'année, de les poursuivre devant un tribunal, et de les forcer à justifier leur sentence [7]. La crainte de cet examen pourrait les engager à ne pas remplir leurs fonctions : la loi attache une flétrissure à tout arbitre qui, tiré au sort, refuse son ministère [8].

Quand je ouïs parler pour la première fois du serment, je ne le crus nécessaire qu'à des nations grossières à qui le mensonge coûterait moins que le parjure. J'ai vu cependant les Athéniens l'exiger des magistrats, des sénateurs, des juges, des orateurs, des témoins, de l'accusateur qui a tant d'intérêt à le violer, de l'accusé qu'on met dans la nécessité de manquer à sa religion, ou de manquer à lui-même. Mais j'ai vu aussi que cette cérémonie auguste n'était plus qu'une formalité outrageante pour les dieux, inutile à la société, et offensante pour ceux qu'on oblige de s'y soumettre. Un jour le philosophe Xénocrate, appelé en témoignage, fit sa déposition, et s'avança vers l'autel pour la confirmer. Les juges en rougirent ; et, s'opposant de concert à la prestation du serment, ils rendirent hommage à la probité d'un témoin si respectable [9]. Quelle idée avaient-ils donc des autres ?

---

1. Suid. et Hesych., in Διαιτ. Ulpian., in orat. Demosth. adv. Mid., p. 663. — 2. Herald., Animadv., lib. V, cap. xiv, p. 570. Pat., Leg. attic., p. 344. — 3. Demosth., in Aphob., p. 918. Poll., lib. VIII, cap. x, § 127. — 4. Herald., ibid., p. 372. — 5. Ulpian., ibid., p. 662. — 6. Demosth., in Phorm., p. 943. — 7. Id., in Mid., p. 647. Ulpian., in Orat., p. 663. — 8. Poll., ibid., § 126. — 9. Cicer. ad Attic., lib. I, epist. vi, t. VIII, p. 69 ; id., pro Balb., cap. v, t. VI, p. 127. Val. Max., lib. II, extern. cap. x. Diog. Laert., in Xenocr., § 7.

Les habitants des îles et des villes soumises à la république sont obligés de porter leurs affaires aux tribunaux d'Athènes, pour qu'elles y soient jugées en dernier ressort[1]. L'État profite des droits qu'ils payent en entrant dans le port, et de la dépense qu'ils font dans la ville. Un autre motif les prive de l'avantage de terminer leurs différends chez eux. S'ils avaient des juridictions souveraines, ils n'auraient à solliciter que la protection de leurs gouverneurs, et pourraient, dans une infinité d'occasions, opprimer les partisans de la démocratie; au lieu qu'en les attirant ici, on les force de s'abaisser devant ce peuple qui les attend aux tribunaux, et qui n'est que trop porté à mesurer la justice qu'il leur rend, sur le degré d'affection qu'ils ont pour son autorité.

Chap. XVII. — De l'Aréopage.

Le sénat de l'Aréopage est le plus ancien et néanmoins le plus intègre des tribunaux d'Athènes. Il s'assemble quelquefois dans le portique royal[2]; pour l'ordinaire sur une colline peu éloignée de la citadelle[3], et dans une espèce de salle qui n'est garantie des injures de l'air que par un toit rustique[4].

Les places de sénateurs sont à vie; le nombre en est illimité[5]. Les archontes, après une année d'exercice, y sont admis[6]; mais ils doivent montrer, dans un examen solennel, qu'ils ont rempli leurs fonctions avec autant de zèle que de fidélité[7]. Si dans cet examen il s'en est trouvé d'assez habiles ou d'assez puissants pour échapper ou se soustraire à la sévérité de leurs censeurs, ils ne peuvent, devenus aréopagistes, résister à l'autorité de l'exemple, et sont forcés de paraître vertueux[8], comme, en certains corps de milice, on est forcé de montrer du courage.

La réputation dont jouit ce tribunal depuis tant de siècles est fondée sur des titres qui la transmettront aux siècles suivants[9]. L'innocence obligée d'y comparaître s'en approche sans crainte, et les coupables convaincus et condamnés se retirent sans oser se plaindre[10].

Il veille sur la conduite de ses membres, et les juge sans partialité, quelquefois même pour des fautes légères. Un sénateur fut puni pour avoir étouffé un petit oiseau qui, saisi de frayeur, s'était réfugié dans son sein[11] : c'était l'avertir qu'un cœur fermé à la pitié ne doit pas disposer de la vie des citoyens. Aussi les décisions de cette cour sont-elles regardées comme des règles, non-seulement de sagesse, mais encore d'humanité. J'ai vu traîner en sa présence une femme accusée d'empoisonnement; elle avait voulu s'attacher un homme, qu'elle ado-

---

1. Xenoph., De rep. Athen., p. 694. Arist., in Av., v. 1422 et 1455. — 2. Demosth., in Aristog., p. 831. — 3. Herodot., lib. VIII, cap. LII. — 4. Poll., lib. VIII, cap. X, § 118. Vitruv., lib. II, cap. I. — 5. Argum. orat. Demosth. in Androt., p. 697. — 6. Plut., in Solon., p. 88. Ulpian., in orat. Demosth. adv. Lept., p. 586. — 7. Plut., in Pericl., p. 157. Poll., ibid. — 8. Isocr., Areop., t. I, p. 329 et 330. — 9. Cicer., ad Attic., lib. I, epist. XIV. — 10. Demosth., in Aristocr., p. 735. Lycurg., in Leocr., part. II, p. 149. Aristid., in Panath., t. I, p. — 11. Hellad., ap. Phot., p. 1591.

rait, par un philtre dont il mourut. On la renvoya, parce qu'elle était plus malheureuse que coupable[1].

Des compagnies, pour prix de leurs services, obtiennent du peuple une couronne et d'autres marques d'honneur. Celle dont je parle n'en demande point, et n'en doit pas solliciter[2]. Rien ne la distingue tant que de n'avoir pas besoin des distinctions. A la naissance de la comédie, il fut permis à tous les Athéniens de s'exercer dans ce genre de littérature : on n'excepta que les membres de l'Aréopage[3]. Et comment des hommes si graves dans leur maintien, si sévères dans leurs mœurs, pourraient-ils s'occuper des ridicules de la société?

On rapporte sa première origine au temps de Cécrops[4]; mais il en dut une plus brillante à Solon, qui le chargea du maintien des mœurs[5]. Il connut alors de presque tous les crimes, tous les vices, tous les abus. L'homicide volontaire, l'empoisonnement, le vol, les incendies, le libertinage, les innovations, soit dans le système religieux, soit dans l'administration publique, excitèrent tour à tour sa vigilance. Il pouvait, en pénétrant dans l'intérieur des maisons, condamner comme dangereux tout citoyen inutile, et comme criminelle toute dépense qui n'était pas proportionnée aux moyens[6]. Comme il mettait la plus grande fermeté à punir les crimes, et la plus grande circonspection à réformer les mœurs, comme il n'employait les châtiments qu'après les avis et les menaces[7], il se fit aimer en exerçant le pouvoir le plus absolu.

L'éducation de la jeunesse devint le premier objet de ses soins[8]. Il montrait aux enfants des citoyens la carrière qu'ils devaient parcourir, et leur donnait des guides pour les y conduire. On le vit souvent augmenter par ses libéralités l'émulation des troupes, et décerner des récompenses à des particuliers qui remplissaient dans l'obscurité les devoirs de leur état[9]. Pendant la guerre des Perses, il mit tant de zèle et de constance à maintenir les lois, qu'il donna plus de ressort au gouvernement[10].

Cette institution, trop belle pour subsister longtemps, ne dura qu'environ un siècle. Périclès entreprit d'affaiblir une autorité qui contraignait la sienne[11]. Il eut le malheur de réussir; et dès ce moment il n'y eut plus de censeurs dans l'État, ou plutôt tous les citoyens le devinrent eux-mêmes. Les délations se multiplièrent, et les mœurs reçurent une atteinte fatale.

L'Aréopage n'exerce à présent une juridiction, proprement dite, qu'à l'égard des blessures et des homicides prémédités, des incendies, de l'empoisonnement[12], et de quelques délits moins graves[13].

1. Aristot., in Magn. moral., lib. I, cap. XVII, t. II, p. 157. Voyez la note XXII à la fin du volume. — 2. Æschin., in Ctes., p. 430. — 3. Plut., De glor. Athen. II, p. 848. — 4. Marmor. Oxon., epoch. III. — 5. Plut., in Solon., p. 90. — Meurs., Areop., cap. IX. — 7. Isocr., Areop., t. I, p. 334. — 8. Id., ibid., 332. — 9. Meurs., ibid., cap. IX. — 10. Aristot., De rep., lib. V, cap. IV, t. II, p. 391. — 11. Id., ibid., lib. II, cap. XII. Diod., lib. XI, p. 59. Plut., in Pericl., p. 157. — 12. Lys., in Simon., p. 69. Demosth., in Bœot., II, p. 1012; id., in Lept., p. 564. Liban., in orat. adv. Androt., p. 696. Poll., lib. VIII, cap. X, § 117. — 13. Lys., orat. Areop., p. 132.

Quand il est question d'un meurtre, le second des archontes fait les informations, les porte à l'Aréopage, se mêle parmi les juges[1], et prononce avec eux les peines que prescrivent des lois gravées sur une colonne[2].

Quand il s'agit d'un crime qui intéresse l'État ou la religion, son pouvoir se borne à instruire le procès. Tantôt c'est de lui-même qu'il fait les informations, tantôt c'est le peuple assemblé qui le charge de ce soin[3]. La procédure finie, il en fait son rapport au peuple, sans rien conclure. L'accusé peut alors produire de nouveaux moyens de défense; et le peuple nomme des orateurs qui poursuivent l'accusé devant une des cours supérieures.

Les jugements de l'Aréopage sont précédés par des cérémonies effrayantes. Les deux parties, placées au milieu des débris sanglants des victimes, font un serment, et le confirment par des imprécations terribles contre elles-mêmes et contre leurs familles[4]. Elles prennent à témoin les redoutables Euménides, qui, d'un temple voisin où elles sont honorées[5], semblent entendre leurs voix, et se disposer à punir les parjures.

Après ces préliminaires, on discute la cause. Ici la vérité a seule le droit de se présenter aux juges. Ils redoutent l'éloquence autant que le mensonge. Les avocats doivent sévèrement bannir de leurs discours les exordes, les péroraisons, les écarts, les ornements du style, le ton même du sentiment, ce ton qui enflamme si fort l'imagination des hommes, et qui a tant de pouvoir sur les âmes compatissantes[6]. La passion se peindrait vainement dans les yeux et dans les gestes de l'orateur; l'Aréopage tient presque toutes ses séances pendant la nuit.

La question étant suffisamment éclaircie, les juges déposent en silence leurs suffrages dans deux urnes, dont l'une s'appelle l'urne de la mort, l'autre celle de la miséricorde[7]. En cas de partage, un officier subalterne ajoute, en faveur de l'accusé, le suffrage de Minerve[8]. On le nomme ainsi parce que, suivant une ancienne tradition, cette déesse, assistant dans le même tribunal au jugement d'Oreste, donna son suffrage pour départager les juges.

Dans des occasions importantes, où le peuple, animé par ses orateurs, est sur le point de prendre un parti contraire au bien de l'État, on voit quelquefois les aréopagites se présenter à l'assemblée, et ramener les esprits, soit par leurs lumières, soit par leurs prières[9]. Le peuple, qui n'a plus rien à craindre de leur autorité, mais qui respecte encore leur sagesse, leur laisse quelquefois la liberté de revoir ses propres jugements. Les faits que je vais rapporter se sont passés de mon temps.

Un citoyen banni d'Athènes osait y reparaître. On l'accusa devant le

1. Poll., lib. VIII, cap. IX, § 90. — 2. Lys., in Eratosth., p. 17. — 3. Dinarch., in Demosth., p. 179, 180, etc. — 4. Demosth., in Aristocr., p. 736. Dinarch., ibid., 178. — 5. Meurs., Areop., cap. II. — 6. Lys., in Simon., p. 88. Lycurg., in Leocr., part. II, p. 149. Aristot., Rhet., lib. I, t. II, p. 512. Lucian., in Anach., t. II, p. 899. Poll., ibid., cap. X, § 117. — 7. Meurs., ibid., cap. VIII. — 8. Aristid., in Min., t. II, p. 24. — 9. Plut., in Phoc., v. 748.

peuple, qui crut devoir l'absoudre, à la persuasion d'un orateur accrédité. L'Aréopage, ayant pris connaissance de cette affaire, ordonna de saisir le coupable, le traduisit de nouveau devant le peuple, et le fit condamner[1].

Il était question de nommer des députés à l'assemblée des amphictyons. Parmi ceux que le peuple avait choisis se trouvait l'orateur Eschine, dont la conduite avait laissé quelques nuages dans les esprits. L'Aréopage, sur qui les talents sans la probité ne font aucune impression, informa de la conduite d'Eschine, et prononça que l'orateur Hypéride lui paraissait plus digne d'une si honorable commission. Le peuple nomma Hypéride[2].

Il est beau que l'Aréopage, dépouillé de presque toutes ses fonctions, n'ait perdu ni sa réputation ni son intégrité, et que, dans sa disgrâce même, il force encore les hommages du public. J'en citerai un autre exemple qui s'est passé sous mes yeux.

Il s'était rendu à l'assemblée générale pour dire son avis sur le projet d'un citoyen nommé Timarque, qui bientôt après fut proscrit pour la corruption de ses mœurs. Autolycus portait la parole au nom de son corps. Ce sénateur, élevé dans la simplicité des temps anciens, ignorait l'indigne abus que l'on fait aujourd'hui des termes les plus usités dans la conversation. Il lui échappa un mot qui, détourné de son vrai sens, pouvait faire allusion à la vie licencieuse de Timarque. Les assistants applaudirent avec transport, et Autolycus prit un maintien plus sévère. Après un moment de silence, il voulut continuer; mais le peuple, donnant aux expressions les plus innocentes une interprétation maligne, ne cessa de l'interrompre par un bruit confus et des rires immodérés. Alors un citoyen distingué s'étant levé, s'écria : « N'avez-vous pas de honte, Athéniens, de vous livrer à de pareils excès en présence des aréopagites ? » Le peuple répondit qu'il connaissait les égards dus à la majesté de ce tribunal, mais qu'il était des circonstances où l'on ne pouvait pas se contenir dans les bornes du respect[3]. Que de vertus n'a-t-il pas fallu pour établir et entretenir une si haute opinion dans les esprits! et quel bien n'aurait-elle pas produit, si on avait su la ménager!

CHAP. XVIII. — *Des accusations et des procédures parmi les Athéniens.*

Les causes que l'on porte aux tribunaux de justice ont pour objet des délits qui intéressent le gouvernement ou les particuliers. S'agit-il de ceux de la première espèce, tout citoyen peut se porter pour accusateur; de ceux de la seconde, la personne lésée en a seule le droit. Dans les premières, on conclut souvent à la mort; dans les autres il n'est question que de dommages et de satisfactions pécuniaires.

Dans une démocratie, plus que dans tout autre gouvernement, le tort qu'on fait à l'État devient personnel à chaque citoyen; et la vio-

---

1. Demosth., De cor., p. 405. — 2. Id., ibid. — 3. Æschin., in Timarch., p. 272.

lence exercée contre un particulier est un crime contre l'État[1]. On ne se contente pas ici d'attaquer publiquement ceux qui trahissent leur patrie, ou qui sont coupables d'impiété, de sacrilége, et d'incendie[2]: on peut poursuivre de la même manière le général qui n'a pas fait tout ce qu'il devait ou pouvait faire; le soldat qui fuit l'enrôlement ou qui abandonne l'armée; l'ambassadeur, le magistrat, le juge, l'orateur, qui ont prévariqué dans leur ministère; le particulier qui s'est glissé dans l'ordre des citoyens sans en avoir les qualités, ou dans l'administration malgré les raisons qui devaient l'en exclure; celui qui corrompt ses juges, qui pervertit la jeunesse, qui garde le célibat, qui attente à la vie ou à l'honneur d'un citoyen; enfin toutes les actions qui tendent plus spécialement à détruire la nature du gouvernement, ou la sûreté des citoyens.

Les contestations élevées à l'occasion d'un héritage, d'un dépôt violé, d'une dette incertaine, d'un dommage qu'on a reçu dans ses biens, tant d'autres qui ne concernent pas directement l'État, font la matière des procès entre les personnes intéressées[3].

Les procédures varient en quelques points, tant pour la différence des tribunaux que pour celle des délits. Je ne m'attacherai qu'aux formalités essentielles.

Les actions publiques se portent quelquefois devant le sénat ou devant le peuple[4], qui, après un premier jugement, a soin de les renvoyer à l'une des cours supérieures[5]; mais pour l'ordinaire l'accusateur s'adresse à l'un des principaux magistrats[6], qui lui fait subir un interrogatoire, et lui demande s'il a bien réfléchi sur sa démarche, s'il est prêt, s'il ne lui serait pas avantageux d'avoir de nouvelles preuves; s'il a des témoins, s'il désire qu'on lui en fournisse. Il l'avertit en même temps qu'il doit s'engager par un serment à suivre l'accusation, et qu'à la violation du serment est attachée une sorte d'infamie. Ensuite il indique le tribunal, et fait comparaître l'accusateur une seconde fois en sa présence : il lui réitère les mêmes questions; et si ce dernier persiste, la dénonciation reste affichée jusqu'à ce que les juges appellent la cause[7].

L'accusé fournit alors ses exceptions, tirées ou d'un jugement antérieur, ou d'une longue prescription, ou de l'incompétence du tribunal[8]. Il peut obtenir des délais, intenter une action contre son adversaire, et faire suspendre pendant quelque temps le jugement qu'il redoute.

Après ces préliminaires, dont on n'a pas toujours occasion de se prévaloir, les parties font serment de dire la vérité, et commencent à discuter elles-mêmes la cause. On ne leur accorde, pour l'éclaircir, qu'un

---

1. Demosth., in Mid., p. 610. — 2. Poll., lib. VIII, cap. vi, § 40, etc. — 3. Sigon., De rep. Athen., lib. III. Herald., Animadv. in jus attic., lib. III. — 4. Demosth., ibid., p. 603; id., in Everg., p. 1058. Poll., ibid., § 51. Harpocr., in Εισαγ. — 5. Demosth., ibid., p. 637. Herald., ibid., p. 233. — 6 Pet., Leg. attic., p. 314. — 7. Demosth., in Theocr., p. 850; id., in Mid., p. 619 et 620. Ulpian., in orat. Demosth. adv. Mid. p. 641, 662 et 668. Pet., ibid., p. 318. — 8. Demosth., in Pantæn., p. 992. Ulpian., ibid., p. 662. Poll., ibid., § 57. Sigon., ibid., cap. IV.

temps limité, et mesuré par des gouttes d'eau qui tombent d'un vase[1]. La plupart ne récitent que ce que des bouches éloquentes leur ont dicté en secret. Tous peuvent, après avoir cessé de parler, implorer le secours des orateurs qui ont mérité leur confiance, ou de ceux qui s'intéressent à leur sort[2].

Pendant la plaidoirie, les témoins appelés font tout haut leurs dépositions; car dans l'ordre criminel, ainsi que dans l'ordre civil, il est de règle que l'instruction soit publique. L'accusateur peut demander qu'on applique à la question les esclaves de la partie adverse[3]. Conçoit-on qu'on exerce une pareille barbarie contre des hommes dont il ne faudrait pas tenter la fidélité s'ils sont attachés à leurs maîtres, et dont le témoignage doit être suspect s'ils ont à s'en plaindre? Quelquefois l'une des parties présente d'elle-même ses esclaves à cette cruelle épreuve[4]; et elle croit en avoir le droit, parce qu'elle en a le pouvoir. Quelquefois elle se refuse à la demande qu'on lui en fait[5], soit qu'elle craigne une déposition arrachée par la violence des tourments, soit que les cris de l'humanité se fassent entendre dans son cœur; mais alors son refus donne lieu à des soupçons très-violents, tandis que le préjugé le plus favorable pour les parties, ainsi que pour les témoins, c'est lorsqu'ils offrent, pour garantir ce qu'ils avancent, de prêter serment sur la tête de leurs enfants ou des auteurs de leurs jours[6].

Nous observerons, en passant, que la question ne peut être ordonnée contre un citoyen que dans des cas extraordinaires.

Sur le point de prononcer le jugement, le magistrat qui préside au tribunal distribue à chacun des juges une boule blanche pour absoudre, une boule noire pour condamner[7]. Un officier les avertit qu'il s'agit simplement de décider si l'accusé est coupable ou non, et ils vont déposer leurs suffrages dans une boîte. Si les boules noires dominent, le chef des juges trace une longue ligne sur une tablette enduite de cire, et exposée à tous les yeux; si ce sont les blanches, une ligne plus courte[8] : s'il y a partage, l'accusé est absous[9].

Quand la peine est spécifiée par la loi, ce premier jugement suffit quand elle n'est énoncée que dans la requête de l'accusateur, le coupable a la liberté de s'en adjuger une plus douce; et cette seconde contestation est terminée par un nouveau jugement, auquel on procède tout de suite[10].

Celui qui, ayant intenté une accusation, ne la poursuit pas, ou n'obtient pas la cinquième partie des suffrages[11], est communément

---

1. Plat., in Theæt., t. I, p. 172. Aristoph., in Acharn., v. 693. Schol., ibid. Demosth. et Æschin., passim. Lucian., Piscat., cap. XXVIII, t. I, p. 597. — 2. Demosth., in Neær., p. 863. Æschin., De fals. leg., p. 424; id., in Ctesiph., p. 461. — 3. Demosth., ibid., p. 880; id., in Onet., I, p. 924, et in Pantæn. p. 993. — 4. Id., in Aphob., III, p. 913; id., in Nicostr., p. 1107. — 5. Id., in Steph., I, p. 977. Isocr., in Trapez., t. II, p. 477. — 6. Id., in Aphob., III, p. 913 et 917. — 7. Poll., lib. VIII, cap. x, § 123. Meurs., Areop., cap. VIII. — 8. Aristoph., in Vesp., v. 106. Schol., ibid. — 9. Æschin., in Ctesiph., p. 469. Aristot., Problem., sect. XXIX, t. II, p. 812; id., De rhet., cap. XI, t. II, p. 628. — 10. Ulpian., in orat. Demosth. adv. Tim., p. 822. Pet., Leg. attic., p. 335. — 11. Plat., Apol. Socrat., t. I, p. 36. Demosth., De cor., p. 517; in Mid., p. 610; in Androt., p. 702; in Aristocr., p. 738; in Timocr., p. 774; in Theocr., p. 850.

condamné à une amende de mille drachmes [1]. Mais, comme rien n'est si facile ni si dangereux que d'abuser de la religion, la peine de mort est, en certaines occasions, décernée contre un homme qui en accuse un autre d'impiété sans pouvoir l'en convaincre [2].

Les causes particulières suivent en plusieurs points la même marche que les causes publiques, et sont, pour la plupart, portées aux tribunaux des archontes, qui tantôt prononcent une sentence dont on peut appeler [3], et tantôt se contentent de prendre des informations qu'ils présentent aux cours supérieures [4].

Il y a des causes qu'on peut poursuivre au civil, par une accusation particulière, et au criminel, par une action publique. Telle est celle de l'insulte faite à la personne d'un citoyen [5]. Les lois, qui ont voulu pourvoir à sa sûreté, autorisent tous les autres à dénoncer publiquement l'agresseur; mais elles laissent à l'offensé le choix de la vengeance, qui peut se borner à une somme d'argent, s'il entame l'affaire au civil; qui peut aller à la peine de mort, s'il la poursuit au criminel. Les orateurs abusent souvent de ces lois, en changeant, par des détours insidieux, les affaires civiles en criminelles.

Ce n'est pas le seul danger qu'aient à craindre les plaideurs. J'ai vu les juges, distraits pendant la lecture des pièces, perdre la question de vue, et donner leurs suffrages au hasard [6] : j'ai vu des hommes puissants par leurs richesses insulter publiquement des gens pauvres, qui n'osaient demander réparation de l'offense [7] : je les ai vus éterniser en quelque façon un procès, en obtenant des délais successifs, et ne permettre aux tribunaux de statuer sur leurs crimes que lorsque l'indignation publique était entièrement refroidie [8] : je les ai vus se présenter à l'audience avec un nombreux cortége de témoins achetés, et même de gens honnêtes qui, par faiblesse, se traînaient à leur suite, et les accréditaient par leur présence [9] : je les ai vus, enfin, armer les tribunaux supérieurs contre des juges subalternes qui n'avaient pas voulu se prêter à leurs injustices [10].

Malgré ces inconvénients, on a tant de moyens pour écarter un concurrent ou se venger d'un ennemi, aux contestations particulières se joignent tant d'accusations publiques, qu'on peut avancer hardiment qu'il se porte plus de causes aux tribunaux d'Athènes qu'à ceux du reste de la Grèce [11]. Cet abus est inévitable dans un État qui, pour rétablir ses finances épuisées, n'a souvent d'autre ressource que de faciliter les dénonciations publiques, et de profiter des confiscations qui en sont la suite : il est inévitable dans un État où les citoyens, obligés de se surveiller mutuellement, ayant sans cesse des honneurs à s'arracher, des emplois à se disputer, et des comptes à rendre, deviennent

---

1. Neuf cents livres. Cette somme était très-considérable quand la loi fut établie. — 2. Poll., lib. VIII, cap. vi, § 41. — 3. Demosth., in Onet., I, p. 920; id., in Olymp., p. 1068. Plut., in Solon, p. 88. — 4. Ulpian., in orat. Demosth. adv. Mid., p. 641. — 5. Herald., Animadv. in jus attic., lib. II, cap. xi, p. 128. — 6. Æschin., in Ctesiph., p. 459. — 7. Demosth., in Mid., p. 606. — 8. Id. ibid., p. 616 et 621. — 9. Id., ibid., p. 625. — 10. Id., ibid., p. 617. — 11. Xenoph. De rep. Athen., p. 699.

nécessairement les rivaux, les espions et les censeurs les uns des autres. Un essaim de délateurs toujours odieux, mais toujours redoutés, enflamme ces guerres intestines : ils sèment les soupçons et les défiances dans la société, et recueillent avec audace les débris des fortunes qu'ils renversent. Ils ont, à la vérité, contre eux la sévérité des lois et le mépris des gens vertueux; mais ils ont pour eux ce prétexte du bien public, qu'on fait si souvent servir à l'ambition et à la haine : ils ont quelque chose de plus fort, leur insolence.

Les Athéniens sont moins effrayés que les étrangers des vices de la démocratie absolue. L'extrême liberté leur paraît un si grand bien, qu'ils lui sacrifient jusqu'à leur repos. D'ailleurs, si les dénonciations publiques sont un sujet de terreur pour les uns, elles sont, pour la plupart, un spectacle d'autant plus attrayant, qu'ils ont presque tous un goût décidé pour les ruses et les détours du barreau : ils s'y livrent avec cette chaleur qu'ils mettent à tout ce qu'ils font[1]. Leur activité se nourrit des éternelles et subtiles discussions de leurs intérêts; et c'est peut-être à cette cause, plus qu'à toute autre, que l'on doit attribuer cette supériorité de pénétration et cette éloquence importune qui distinguent ce peuple de tous les autres.

Chap. XIX. — *Des délits et des peines.*

On a gravé quelques lois pénales sur des colonnes placées auprès des tribunaux[2]. Si de pareils monuments pouvaient se multiplier au point d'offrir l'échelle exacte de tous les délits, et celle des peines correspondantes, on verrait plus d'équité dans les jugements, et moins de crimes dans la société. Mais on n'a essayé nulle part d'évaluer chaque faute en particulier; et partout on se plaint que la punition des coupables ne suit pas une règle uniforme. La jurisprudence d'Athènes supplée, dans plusieurs cas, au silence des lois. Nous avons dit que, lorsqu'elles n'ont pas spécifié la peine, il faut un premier jugement pour déclarer l'accusé atteint et convaincu du crime, et un second pour statuer sur le châtiment qu'il mérite[3]. Dans l'intervalle du premier au second, les juges demandent à l'accusé à quelle peine il se condamne Il lui est permis de choisir la plus douce et la plus conforme à ses intérêts, quoique l'accusateur ait proposé la plus forte et la plus conforme à sa haine : les orateurs les discutent l'une et l'autre; et les juges, faisant en quelque manière la fonction d'arbitres, cherchent à rapprocher les parties, et mettent entre la faute et le châtiment le plus de proportion qu'il est possible[4].

Tous les Athéniens peuvent subir les mêmes peines ; tous peuvent être privés de la vie, de la liberté, de leur patrie, de leurs biens, et de leurs priviléges. Parcourons rapidement ces divers articles.

1. Aristoph., in Pac., v. 504; id., in Equit., v. 1314. Schol., ibid. — 2. Lys., in Eratosth., p. 17. Andoc., De myst., p. 12. — 3. Æschin., in Ctesiph., p. 460. Herald., Animadv. in jus attic., p. 192, § 3. Pet., Leg. attic., p. 335. — 4. Ulpian., in orat. Demosth. adv. Timocr., p. 822.

On punit de mort le sacrilége [1], la profanation des mystères [2], les entreprises contre l'État, et surtout contre la démocratie [3]; les déserteurs [4]; ceux qui livrent à l'ennemi une place, une galère, un détachement de troupes [5]; enfin, tous les attentats qui attaquent directement la religion, le gouvernement, ou la vie d'un parculier.

On soumet à la même peine le vol commis de jour, quand il s'agit de plus de cinquante drachmes [6]; le vol de nuit, quelque léger qu'il soit; celui qui se commet dans les bains, dans les gymnases, quand même la somme serait extrêmement modique [7].

C'est avec la corde, le fer, et le poison, qu'on ôte pour l'ordinaire la vie aux coupables [8]; quelquefois on les fait expirer sous le bâton [9]; d'autres fois on les jette dans la mer [10], ou dans un gouffre hérissé de pointes tranchantes pour hâter leur trépas [11]; car c'est une espèce d'impiété de laisser mourir de faim, même les criminels [12].

On détient en prison le citoyen accusé de certains crimes, jusqu'à ce qu'il soit jugé [13]; celui qui est condamné à la mort, jusqu'à ce qu'il soit exécuté [14]; celui qui doit, jusqu'à ce qu'il ait payé [15]. Certaines fautes sont expiées par plusieurs années ou par quelques jours de prison [16], d'autres doivent l'être par une prison perpétuelle [17]. En certains cas ceux qu'on y traîne peuvent s'en garantir en donnant des cautions [18]; en d'autres, ceux qu'on y renferme sont chargés de liens qui leur ôtent l'usage de tous leurs mouvements [19].

L'exil est un supplice d'autant plus rigoureux pour un Athénien, qu'il ne retrouve nulle part les agréments de sa patrie, et que les ressources de l'amitié ne peuvent adoucir son infortune. Un citoyen qui lui donnerait un asile serait sujet à la même peine [20].

Cette proscription a lieu dans deux circonstances remarquables. 1° Un homme absous d'un meurtre involontaire doit s'absenter pendant une année entière, et ne revenir à Athènes qu'après avoir donné des satisfactions aux parents du mort, qu'après s'être purifié par des cérémonies saintes [21]. 2° Celui qui, accusé devant l'Aréopage d'un meurtre prémédité, désespère de sa cause après un premier plaidoyer, peut, avant que les juges aillent au scrutin, se condamner à l'exil, et se re-

---

1. Xenoph., Hist. græc., lib. I, p. 450; id., Memor., lib. I, p. 721. Diod., lib. XVI, p. 427. Ælian., Var. hist., lib. V, cap. XVI. — 2. Andoc., De myst., part. I, p. 1. Plut., in Alcib., t. I, p. 200. Pet., Leg. attic., p. 33. — 3. Xenoph., ibid. Andoc., ibid., p. 13. Plut., in Publ., t. I, p. 110. — 4. Suid. et Hesych., in Αὐτομολ. Pet., ibid., p. 563. — 5. Lys., in Philon., p. 498. — 6. Plus de quarante-cinq livres. — 7. Xenoph., Memor., lib. I, p. 721. Demosth., in Timocr., p. 791. Isocr., in Lochit., t. II, p. 550. Aristot., Probl., sect. XXIX, t. II, p. 814. Pet., ibid., p. 528. Herald., Animadv. in jus attic., lib. IV, cap. VIII. — 8. Pet., ibid., p. 364. Pott., Archæol. græc., lib. I, cap. XXV. — 9. Lys., in Agorat., p. 253 et 257. — 10. Schol. Aristoph., in Equit., v. 1360. — 11. Aristoph., in Plut., v. 431; id., in Equit., v. 1359. Schol., ibid. Dinarch., in Demosth., p. 181. — 12. Sophocl., in Antig., v. 786. Schol., ibid. — 13. Andoc., ibid., part. II, p. 7 et 12. — 14. Plat., in Phædon., p. 58. — 15. Andoc., ibid., part. I, p. 12. Demosth., in Apat., p. 933; id., in Aristog., p. 837. — 16. Demosth., in Timocr., p. 789, 791 et 792. — 17. Plat., Apol. Socr., t. I, p. 37. — 18. Demosth., ibid., p. 795. — 19. Plat., ibid. Demosth., ibid., p. 789. Ulpian., ibid., p. 814. — 20. Demosth., in Polycl., p. 1091. — 21. Pet., ibid., p. 512.

tirer tranquillement[1]. On confisque ses biens, et sa personne est en sûreté, pourvu qu'il ne se montre ni sur les terres de la république, ni dans les solennités de la Grèce : car, dans ce cas, il est permis à tout Athénien de le traduire en justice, ou de lui donner la mort. Cela est fondé sur ce qu'un meurtrier ne doit pas jouir du même air et des mêmes avantages dont jouissait celui à qui il a ôté la vie[2].

Les confiscations tournent en grande partie au profit du trésor public : on y verse aussi les amendes, après en avoir prélevé le dixième pour le culte de Minerve, et le cinquantième pour celui de quelques autres divinités[3].

La dégradation prive un homme de tous les droits ou d'une partie des droits du citoyen. C'est une peine très-conforme à l'ordre général des choses; car il est juste qu'un homme soit forcé de renoncer aux priviléges dont il abuse. C'est la peine qu'on peut le plus aisément proportionner au délit : car elle peut se graduer suivant la nature et le nombre de ces priviléges[4]. Tantôt elle ne permet pas au coupable de monter à la tribune, d'assister à l'assemblée générale, de s'asseoir parmi les sénateurs ou parmi les juges; tantôt elle lui interdit l'entrée des temples, et toute participation aux choses saintes; quelquefois elle lui défend de paraître dans la place publique, ou de voyager en certains pays; d'autres fois, en le dépouillant de tout, et le faisant mourir civilement, elle ne lui laisse que le poids d'une vie sans attrait, et d'une liberté sans exercice[5]. C'est une peine très-grave et très-salutaire dans une démocratie, parce que les priviléges que la dégradation fait perdre étant plus importants et plus considérés que partout ailleurs, rien n'est si humiliant que de se trouver au-dessous de ses égaux. Alors un particulier est comme un citoyen détrôné, qu'on laisse dans la société pour y servir d'exemple.

Cette interdiction n'entraîne pas toujours l'opprobre à sa suite. Un Athénien qui s'est glissé dans la cavalerie sans avoir subi un examen, est puni parce qu'il a désobéi aux lois[6]; mais il n'est pas déshonoré, parce qu'il n'a pas blessé les mœurs. Par une conséquence nécessaire, cette espèce de flétrissure s'évanouit lorsque la cause n'en subsiste plus. Celui qui doit au trésor public perd les droits du citoyen, mais il y rentre dès qu'il a satisfait à sa dette[7]. Par la même conséquence, on ne rougit pas, dans les grands dangers, d'appeler au secours de la patrie tous les citoyens suspendus de leurs fonctions[8]; mais il faut auparavant révoquer le décret qui les avait condamnés; et cette révocation ne peut se faire que par un tribunal composé de

---

1. Demosth., in Aristocr., p. 736. Poll., lib. VIII, cap. IX, § 99. — 2. Demosth., ibid., p. 729 et 730. Herald., Animadv. in jus attic., p. 300. — 3. Demosth., in Timocr., p. 791; id., in Theocr., p. 852; id., in Aristog., p. 831; id., in Neær., p. 861. — 4. Andoc., De myst., part. II, p. 10.— 5. Id., ibid. Demosth., orat. II. in Aristog., p. 832, 834, 836 et 845. Æschin., in Ctesiph. Lys., in Andoc., p. 115. Ulpian., in orat. Demosth. adv. Mid., p. 662 et 665. — 6. Lys., in Alcib., p. 277. Tayl., Lect. lysiac., p. 717. — 7. Demosth., in Theocr., p. 857. Liban., in Argum. orat. Demosth. adv. Aristog., p. 843. — 8. Andoc., De myst., part. II p. 14. Demosth., in Aristog., p. 846.

six mille juges, et sous les conditions imposées par le sénat et par le peuple [1].

L'irrégularité de la conduite et la dépravation des mœurs produisent une autre sorte de flétrissure que les lois ne pourraient pas effacer. En réunissant leurs forces à celles de l'opinion publique, elles enlèvent au citoyen qui a perdu l'estime des autres les ressources qu'il trouvait dans son État. Ainsi, en éloignant des charges et des emplois celui qui a maltraité les auteurs de ses jours [2], celui qui a lâchement abandonné son poste ou son bouclier [3], elles les couvrent publiquement d'une infamie qui les force à sentir le remords.

CHAP. XX. — *Mœurs et vie civile des Athéniens.*

Au chant du coq, les habitants de la campagne entrent dans la ville avec leurs provisions, et chantant de vieilles chansons [4]. En même temps les boutiques s'ouvrent avec bruit, et tous les Athéniens sont en mouvement [5]. Les uns reprennent les travaux de leur profession; d'autres, en grand nombre, se répandent dans les différents tribunaux, pour y remplir les fonctions de juges.

Parmi le peuple, ainsi qu'à l'armée, on fait deux repas par jour [6]; mais les gens d'un certain ordre se contentent d'un seul [7], qu'ils placent les uns à midi [8], la plupart avant le coucher du soleil [9]. L'après-midi ils prennent quelques moments de sommeil [10]; ou bien ils jouent aux osselets, aux dés, et à des jeux de commerce [11].

Pour le premier de ces jeux, on se sert de quatre osselets, présentant sur chacune de leurs faces un de ces quatre nombres : un, trois, quatre, six [12]. De leurs différentes combinaisons résultent trente-cinq coups, auxquels on a donné les noms des dieux, des princes, des héros, etc. [13]. Les uns font perdre, les autres gagner. Le plus favorable de tous est celui qu'on appelle de Vénus; c'est lorsque les quatre osselets présentent les quatre nombres différents [14].

Dans le jeu des dés, on distingue aussi des coups heureux et des coups malheureux [15]; mais souvent, sans s'arrêter à cette distinction, il ne s'agit que d'amener un plus haut point que son adversaire [16]. La rafle de six est le coup le plus fortuné [17]. On n'emploie que trois dés à ce jeu : on les secoue dans un cornet; et, pour éviter toute fraude, on les verse dans un cylindre creux d'où ils s'échappent, et roulent sur

---

1. Demosth., in Timocr., p. 780. — 2. Diog. Laert., in Sol., lib. I, § 55. — 3. Andoc., De myst., part. II, p. 10. — 4. Aristoph., in Eccles., v. 278. — 5. Id., in Av., v. 490. Demetr. Phaler., De elocut., cap. CLXI. — 6. Herodot., lib. I, cap. LXIII. Xenoph., Hist. græc., lib. V, p. 573. Demosth., in Everg., p. 1060. Theophr., Charact., cap. III. — 7. Plat., epist. VII, t. III, p. 326. Anthol., lib. II, p. 185. — 8. Athen., lib. I, cap. IX, p. 11. — 9. Id., ibid. Aristoph., ibid., v. 648. Schol., ibid. — 10. Pherecr., ap. Athen., lib. III, p. 75. — 11. Herodot., ibid. Theop., ap. Athen., lib. XII, p. 532. — 12. Lucian., De amor., t. II, p. 415. Poll., lib. IX, cap. VII, § 100. — 13. Eustath., in Iliad., XXIII, p. 1289. Meurs., De lud. græc. in Ἀστραγ. — 14. Lucian., ibid. Cicer., De divin., lib. I, cap. XIII; lib. II, cap. XXI, t. III, p. 12 et 64. — 15. Meurs., ibid., in Κυβ. — 16. Poll., ibid., § 117. — 17. Æschyl., in Agam., v. 33. Schol. ibid. Hesych., in Τρίς, Ἑξ Not., ibid.

le damier¹. Quelquefois, au lieu de trois dés, on se sert de trois osselets.

Tout dépend du hasard dans les jeux précédents, et de l'intelligence du joueur dans le suivant. Sur une table où l'on a tracé des lignes ou des cases², on range, de chaque côté, des dames ou des pions de couleurs différentes³. L'habileté consiste à les soutenir l'un par l'autre, à enlever ceux de son adversaire lorsqu'ils s'écartent avec imprudence, à l'enfermer au point qu'il ne puisse plus avancer⁴. On lui permet de revenir sur ses pas, quand il fait une fausse marche⁵.

Quelquefois on réunit ce dernier jeu à celui des dés. Le joueur règle la marche des pions ou des dames sur les points qu'il amène. Il doit prévoir les coups qui lui sont avantageux ou funestes; et c'est à lui de profiter des faveurs du sort, ou d'en corriger les caprices⁶. Ce jeu, ainsi que le précédent, exige beaucoup de combinaisons : on doit les apprendre dès l'enfance⁷; et quelques-uns s'y rendent si habiles, que personne n'ose lutter contre eux, et qu'on les cite pour exemples⁸.

Dans les intervalles de la journée, surtout le matin avant midi, et le soir avant souper, on va sur les bords de l'Ilissus et tout autour de la ville, jouir de l'extrême pureté de l'air, et des aspects charmants qui s'offrent de tous côtés⁹; mais pour l'ordinaire on se rend à la place publique, qui est l'endroit le plus fréquenté de la ville¹⁰. Comme c'est là que se tient souvent l'assemblée générale, et que se trouvent le palais du sénat et le tribunal du premier des archontes, presque tous y sont entraînés par leurs affaires ou par celles de la république¹¹. Plusieurs y viennent aussi parce qu'ils ont besoin de se distraire; et d'autres, parce qu'ils ont besoin de s'occuper. A certaines heures, la place, délivrée des embarras du marché, offre un champ libre à ceux qui veulent jouir du spectacle de la foule, ou se donner eux-mêmes en spectacle.

Autour de la place sont des boutiques de parfumeurs¹², d'orfèvres, de barbiers, etc., ouvertes à tout le monde¹³, où l'on discute avec bruit les intérêts de l'État, les anecdotes des familles, les vices et les ridicules des particuliers. Du sein de ces assemblées, qu'un mouvement confus sépare et renouvelle sans cesse, partent mille traits ingénieux

---

1. Æschin., in Timarch., p. 269. Poll., lib. VII, cap. XXXIII, § 203; id., lib. X, cap. XXXI, § 150. Harpocr., in Διασεισ., et in Φιμ. Vales., ibid. Suid., in Διας. Salmas., in Vopisc., p. 469. Voy. la note XXIV à la fin du volume. — 2. Sophocl., ap. Poll., lib. IX, cap. VII, § 97. — 3. Poll., ibid., § 98. — 4. Plat., De rep., lib. VI, t. II, p. 487. — 5. Id., in Hipp., t. II, p. 229. Hesych. et Suid., in Ἀναξ. On présume que ce jeu avait du rapport avec le jeu des dames ou celui des échecs; et le suivant avec celui du trictrac. On peut voir Meurs., De lud. græc., in Hερr. Buleng., De lud. veter. Hyd.; Hist. Nerd. Salmas., in Vopisc., p. 459. — 6. Plat., ibid., lib. X, t. II, p. 604. Plut., in Pyrrh., t. I, p. 400. — 7. Plat., ibid., lib. II, p. 374. — 8. Athen., lib. I, cap. XIV, p. 16. — 9. Plat., in Phædr., t. III, p. 227 et 229. — 10. Meurs., in Ceram., cap. XVI. — 11. Demosth., in Aristog., p. 836. — 12. Au lieu de dire : Aller chez les parfumeurs, on disait : Aller au parfum, comme nous disons : Aller au café. Poll., lib. X, cap. II, § 19. Schol. Aristoph., in Equit., v. 1372; Spanh. et Kuster., ibid. Tayl., Lect. lysiac., p. 720. — 13. Aristoph., ibid. Lys., in Delat., p. 413. Demosth. in Mid., p. 606; id., in Phorm., p. 942. Theophr., Charact., cap. XI. Casaub. et Duport., ibid. Terent., in Phorm., act. I, scen. II, v. 39.

ou sanglants contre ceux qui paraissent à la promenade avec un extérieur négligé[1], ou qui ne craignent pas d'y étaler un faste révoltant[2]: car ce peuple, railleur à l'excès, emploie une espèce de plaisanterie d'autant plus redoutable qu'elle cache avec soin sa malignité[3]. On trouve quelquefois une compagnie choisie, et des conversations instructives, aux différents portiques distribués dans la ville[4]. Ces sortes de rendez-vous ont dû se multiplier parmi les Athéniens. Leur goût insatiable pour les nouvelles, suite de l'activité de leur esprit et de l'oisiveté de leur vie, les force à se rapprocher les uns des autres.

Ce goût si vif, qui leur a fait donner le nom de bayeurs ou badauds[5], se ranime avec fureur pendant la guerre. C'est alors qu'en public, en particulier, leurs conversations roulent sur des expéditions militaires; qu'ils ne s'abordent point sans se demander avec empressement s'il y a quelque chose de nouveau[6]; qu'on voit de tous côtés des essaims de nouvellistes tracer sur le terrain ou sur le mur la carte du pays où se trouve l'armée[7], annoncer des succès à haute voix, des revers en secret[8], recueillir et grossir des bruits qui plongent la ville dans la joie la plus immodérée, ou dans le plus affreux désespoir[9].

Des objets plus doux occupent les Athéniens pendant la paix. Comme la plupart font valoir leurs terres, ils partent le matin à cheval; et, après avoir dirigé les travaux de leurs esclaves, ils reviennent le soir à la ville[10].

Leurs moments sont quelquefois remplis par la chasse[11], et par les exercices du gymnase[12]. Outre les bains publics, où le peuple aborde en foule, et qui servent d'asile aux pauvres contre les rigueurs de l'hiver[13], les particuliers en ont dans leurs maisons[14]. L'usage leur en est si nécessaire, qu'ils l'ont introduit jusque sur leurs vaisseaux[15]. Ils se mettent au bain souvent après la promenade, presque toujours avant le repas[16]. Ils en sortent parfumés d'essences; et ces odeurs se mêlent avec celles dont ils ont soin de pénétrer leurs habits, qui prennent divers noms, suivant la différence de leur forme et de leurs couleurs[17].

La plupart se contentent de mettre, par-dessus une tunique qui descend jusqu'à mi-jambe[18], un manteau qui les couvre presque en entier. Il ne convient qu'aux gens de la campagne, ou sans éducation, de relever au-dessus des genoux les diverses pièces de l'habillement[19].

Beaucoup d'entre eux vont pieds nus[20]; d'autres, soit dans la ville,

1. Theophr., Charact., cap. XIX. — 2. Id., ibid., cap. XXI. — 3. Lucian., De gymn., t. II, p. 897. — 4. Theoph., ibid., cap. II. — 5. Aristoph., in Equit., v. 1260. — 6. Demosth., Philipp. I, p. 49. — 7. Plut., in Alcib., t. I, p. 199; id., in Nic., p. 531. — 8. Theophr., ibid., cap. VIII. — 9. Plut., in Nic., t. I, p. 542; id., in Garrul., t. II, p. 509. — 10. Xenoph., Memor., lib. V, p. 831. — 11. Id., ibid. Plat., De rep., lib. II, p. 373. Aristoph., in Av., v. 1082. — 12. Plat., ibid., lib. V, t. II, p. 452. — 13. Aristoph., in Plut., v. 535. Schol., ibid. 14. Plat., in Phædon., t. I, p. 116. Demosth., in Conon., p. 1110. Theoph., ibid., cap. XXVIII. — 15. Spanh., in Aristoph. Nub., v. 987.— 16. Id., ibid. — 17. Poll., lib. VII, cap. XIII. V Hist. de l'art, liv. IV, chap. v. — 18. Thucyd., lib. I, cap. LXI. — 19. Theophr., ibid., cap. IV. Casaub., ibid. Athen., lib. I, cap. XVIII, p. 21. — 20. Plat in Phædr., t. III, p. 220 lib. XIII, cap. v, p. 593.

soit en voyage, quelquefois même dans les processions[1], couvrent leur tête d'un grand chapeau à bords détroussés.

Dans la manière de disposer les parties du vêtement, les hommes doivent se proposer la décence, les femmes y joindre l'élégance et le goût. Elles portent, 1° une tunique blanche, qui s'attache avec des boutons sur les épaules, qu'on serre au-dessous du sein avec une large ceinture[2], et qui descend à plis ondoyants jusqu'aux talons[3]; 2° une robe plus courte, assujettie sur les reins par un large ruban[4], terminée dans sa partie inférieure, ainsi que la tunique, par des bandes ou raies de différentes couleurs[5], garnie quelquefois de manches qui ne couvrent qu'une partie des bras; 3° un manteau qui tantôt est ramassé en forme d'écharpe, et tantôt, se déployant sur le corps, semble, par ses heureux contours, n'être fait que pour le dessiner. On le remplace très-souvent par un léger mantelet[6]. Quand elles sortent, elles mettent un voile sur leur tête.

Le lin[7], le coton[8], et surtout la laine, sont les matières le plus souvent employées pour l'habillement des Athéniens. La tunique était autrefois de lin[9]; elle est maintenant de coton. Le peuple est vêtu d'un drap qui n'a reçu aucune teinture, et qu'on peut reblanchir[10]. Les gens riches préfèrent des draps de couleur. Ils estiment ceux que l'on teint en écarlate, par le moyen de petits grains rougeâtres qu'on recueille sur un arbrisseau[11]; mais ils font encore plus de cas des teintures en pourpre[12], surtout de celles qui présentent un rouge très-foncé et tirant sur le violet[13].

On fait pour l'été des vêtements très-légers[14]. En hiver, quelques-uns se servent de grandes robes qu'on fait venir de Sardes, et dont le drap, fabriqué à Ecbatane en Médie, est hérissé de gros flocons de laines, propres à garantir du froid[15].

On voit des étoffes que rehausse l'éclat de l'or[16], d'autres où se retracent les plus belles fleurs avec leurs couleurs naturelles[17]; mais elles ne sont destinées qu'aux vêtements dont on couvre les statues des dieux[18], ou dont les acteurs se parent sur le théâtre[19]. Pour les interdire aux femmes honnêtes, les lois ordonnent aux femmes de mauvaise vie de s'en servir[20].

Les Athéniens peignent leurs sourcils en noir, et appliquent sur leur visage une couleur de blanc de céruse avec de fortes teintes de rouge[21].

---

1. Dessins de Nointel, conservés à la Bibliothèque du roi. — 2. Achill. Tat., De Clitoph., et Leucip., Amor., lib. I, cap. I. — 3. Poll., lib. VII, cap. XVI. — 4. Id., ibid., cap. XIV, § 65. — 5. Id., ibid., cap. XIII, § 52; cap. XIV, § 6. — 6. Winck., Hist. de l'art, liv. IV, chap. V, p. 185. — 7. Poll., lib. VII, cap. XVI. — 8. Id., ibid., cap. XVII. Pausan., lib. V, p. 384, et lib. VII, p. 578. Goguet, De l'origine des lois, etc., t. I, p. 120. — 9. Thucyd., lib. I, cap. VI. — 10. Ferrat., De re vest., lib. IV, cap. XIII. — 11. Goguet, ibid., p. 105. — 12. Plut., in Alcib., t. I, p. 198. — 13. Goguet, ibid., p. 100. — 14. Schol. Aristoph., in Av., v. 716. — 15. Aristoph., in Vesp., v. 1132. — 16. Poll., lib. IV, cap. XVIII, § 116. — 17. Plat., De rep., lib. VIII, t. II, p. 557. — 18. Arist t., Œcon., t. I, p. 511. Ælian., Var. hist., lib. I, cap. XX. — 19. Poll., ibid. — 20. Pet., Leg. attic., p. 477. — 21. Xenoph., Memor., lib. V, p. 847. Lys., in Eratosth., p. 8. Eubul., ap. Athen., lib. XIII, p. 557. Alex. ap. Athen., p. 568. Etymol. magn., in Εψμ.

Elles répandent sur leurs cheveux couronnés de fleurs [1] une poudre de couleur jaune [2]; et, suivant que leur taille l'exige, elles portent des chaussures plus ou moins hautes [3].

Renfermées dans leur appartement, elles sont privées du plaisir de partager et d'augmenter l'agrément des sociétés que leurs époux rassemblent. La loi ne leur permet de sortir pendant le jour que dans certaines circonstances; et, pendant la nuit, qu'en voiture, et avec un flambeau qui les éclaire [4]. Mais cette loi, défectueuse en ce qu'elle ne peut être commune à tous les états, laisse les femmes du dernier rang dans une entière liberté [5], et n'est devenue pour les autres qu'une simple règle de bienséance, règle que des affaires pressantes ou de légers prétextes font violer tous les jours [6]. Elles ont d'ailleurs bien des motifs légitimes pour sortir de leurs retraites : des fêtes particulières, interdites aux hommes, les rassemblent souvent entre elles [7] : dans les fêtes publiques, elles assistent aux spectacles ainsi qu'aux cérémonies du temple. Mais, en général, elles ne doivent paraître qu'accompagnées d'eunuques [8] ou de femmes esclaves qui leur appartiennent, et qu'elles louent même pour avoir un cortége plus nombreux [9]. Si leur extérieur n'est pas décent, des magistrats chargés de veiller sur elles les soumettent à une forte amende, et font inscrire leur sentence sur une tablette qu'ils suspendent à l'un des platanes de la promenade publique [10].

Des témoignages d'un autre genre les dédommagent quelquefois de la contrainte où elles vivent. Je rencontrai un jour la jeune Leucippe, dont les attraits naissants, et jusqu'alors ignorés, brillaient à travers un voile que le vent soulevait par intervalles. Elle revenait du temple de Cérès avec sa mère et quelques esclaves. La jeunesse d'Athènes, qui suivait ses pas, ne l'aperçut qu'un instant; et le lendemain je lus sur la porte de sa maison, au coin des rues, sur l'écorce des arbres, dans les endroits les plus exposés, ces mots tracés par des mains différentes : « Leucippe est belle, rien n'est si beau que Leucippe [11]. »

Les Athéniens étaient autrefois si jaloux qu'ils ne permettaient pas à leurs femmes de se montrer à la fenêtre [12]. On a reconnu depuis que cette extrême sévérité ne servait qu'à hâter le mal qu'on cherchait à prévenir [13]. Cependant elles ne doivent pas recevoir des hommes chez elles en l'absence de leurs époux [14]; et si un mari surprenait son rival au moment que celui-ci le déshonore, il serait en droit de lui ôter la vie [15], ou de l'obliger, par des tourments, à la racheter [16]; mais il ne

---

1. Simon., ap. Stob., serm. LXXI, p. 436. — 2. Schol. Theocr., in Idyll. II, v. 88. Hesych., in Θάψ. Salm., in Plin., p. 1163. — 3. Lys., in Simon., p. 72. Xenoph., Memor., lib. V, p. 847. Alex., ap. Athen., p. 568. — 4. Plut., in Solon., t. I, p. 90. — 5. Aristot., De rep., lib. IV, cap. xv, t. II, p. 383. — 6. Plut., in Pericl., t. I, p. 157 et 160. — 7. Aristoph., in Lysistr., v. 1. Schol., ibid. — 8. Terent., in Eunuch., act. I, scen. II, v. 87. — 9. Theophr., Charact., cap. XXII. Casaub., ibid. — 10. Poll., lib. VIII, cap. IX, § 112. Not. Jungerm., ibid. — 11. Eurip., ap. Eustath., in lib. VI Iliad., t. II, p. 632. Cal. ap. schol. Arist., in Ach., v. 144. Kust., ibid. Suid., in Καλ. — 12. Aristoph., in Thesmoph., v. 797 et 804. — 13. Menand., ap. Stob., serm. LXXII, p. 440. — 14. Demosth., in Everg., p. 1057 et 1060. — 15. Lys., in Eratosth., p 15. — 16. Aristoph., in Plut., v. 168. Schol., ibid.

peut en exiger qu'une amende décernée par les juges, si la femme n'a cédé qu'à la force. On a pensé, avec raison, que dans ces occasions la violence est moins dangereuse que la séduction.

Le premier éclat d'une infidélité de cette espèce n'est pas l'unique punition réservée à une femme coupable et convaincue. On la répudie sur-le-champ : les lois l'excluent pour toujours des cérémonies religieuses[2] ; et si elle se montrait avec une parure recherchée, tout le monde serait en droit de lui arracher ses ornements, de déchirer ses habits, et de la couvrir d'opprobres[3].

Un mari obligé de répudier sa femme doit auparavant s'adresser à un tribunal auquel préside un des principaux magistrats[4]. Le même tribunal reçoit les plaintes des femmes qui veulent se séparer de leurs maris. C'est là qu'après de longs combats entre la jalousie et l'amour comparut autrefois l'épouse d'Alcibiade, la vertueuse et trop sensible Hipparète. Tandis que d'une main tremblante, elle présentait le placet qui contenait ses griefs, Alcibiade survint tout à coup. Il la prit sous le bras, sans qu'elle fît la moindre résistance ; et traversant avec elle la place publique, aux applaudissements de tout le peuple, il la ramena tranquillement dans sa maison[5]. Les écarts de cet Athénien étaient si publics, qu'Hipparète ne faisait aucun tort à la réputation de son mari, ni à la sienne. Mais, en général, les femmes d'un certain état n'osent pas demander le divorce ; et, soit faiblesse ou fierté, la plupart aimeraient mieux essuyer en secret de mauvais traitements que de s'en délivrer par un éclat qui publierait leur honte, ou celle de leurs époux[6]. Il est inutile d'avertir que le divorce laisse la liberté de contracter un nouvel engagement.

La sévérité des lois ne saurait éteindre dans les cœurs le désir de plaire, et les précautions de la jalousie ne servent qu'à l'enflammer. Les Athéniennes, éloignées des affaires publiques par la constitution du gouvernement, et portées à la volupté par l'influence du climat, n'ont souvent d'autre ambition que celle d'être aimées, d'autre soin que celui de leur parure, d'autre vertu que la crainte du déshonneur. Attentives, pour la plupart, à se couvrir de l'ombre du mystère, peu d'entre elles se sont rendues fameuses par leurs galanteries.

Cette célébrité est réservée aux courtisanes. Les lois les protègent pour corriger peut-être des vices plus odieux[7] ; et les mœurs ne sont pas assez alarmées des outrages qu'elles en reçoivent : l'abus va au point de blesser ouvertement la bienséance et la raison. Une épouse n'est destinée qu'à veiller sur l'intérieur de la maison, et qu'à perpétuer le nom d'une famille, en donnant des enfants à la république. Les jeunes gens qui entrent dans le monde, des hommes d'un certain âge, des magistrats, des philosophes, presque tous ceux qui jouissent d'un revenu honnête, réservent leurs complaisances et leurs attentions pour des maîtresses qu'ils entretiennent, chez qui ils passent une

---

1. Lys., in Eratosth., p. 18. — 2. Demosth., in Near., p. 875. — 3. Æschin., in Timarch., p. 289. — 4. Pet., Leg. attic., p. 457 et 459. — 5. Andoc., in Alcib., p. 30. Plut., in Alcib., t. I, p. 195. — 6. Eurip., in Med., v. 236. — 7. Athen., lib. XIII, p. 569. — 8. Demosth., ibid., p. 881.

partie de la journée, et dont quelquefois ils ont des enfants qu'ils adoptent, et qu'ils confondent avec leurs enfants légitimes [1].

Quelques-unes, élevées dans l'art de séduire par des femmes qui joignent l'exemple aux leçons [2], s'empressent à l'envi de surpasser leurs modèles. Les agréments de la figure et de la jeunesse, les grâces touchantes répandues sur toute leur personne, l'élégance de la parure, la réunion de la musique, de la danse, et de tous les talents agréables, un esprit cultivé, des saillies heureuses, l'artifice du langage et du sentiment [3], elles mettent tout en usage pour retenir leurs adorateurs. Ces moyens ont quelquefois tant de pouvoir qu'ils dissipent auprès d'elles leur fortune et leur honneur, jusqu'à ce qu'ils en soient abandonnés, pour traîner le reste de leur vie dans l'opprobre et dans les regrets.

Malgré l'empire qu'exercent les courtisanes, elles ne peuvent paraître dans les rues avec des bijoux précieux [4], et les gens en place n'osent se montrer en public avec elles [5].

Outre cet écueil, les jeunes gens ont encore à regretter le temps qu'ils passent dans ces maisons fatales, où l'on donne à jouer, où se livrent des combats de coqs [6] qui souvent occasionnent de gros paris. Enfin ils ont à craindre les suites mêmes de leur éducation dont ils méconnaissent l'esprit. A peine sortent-ils du gymnase, qu'animés du désir de se distinguer dans les courses de chars et de chevaux qui se font à Athènes et dans les autres villes de la Grèce, ils s'abandonnent sans réserve à ces exercices. Ils ont de riches équipages; ils entretiennent un grand nombre de chiens et de chevaux [7]; et ces dépenses, jointes au faste de leurs habits, détruisent bientôt entre leurs mains l'héritage de leurs pères [8].

On va communément à pied, soit dans la ville, soit aux environs. Les gens riches, tantôt se servent de chars et de litières, dont les autres citoyens ne cessent de blâmer et d'envier l'usage [9]; tantôt se font suivre par un domestique qui porte un pliant, afin qu'ils puissent s'asseoir dans la place publique [10], et toutes les fois qu'ils sont fatigués de la promenade. Les hommes paraissent presque toujours avec une canne à la main [11]; les femmes, très-souvent avec un parasol [12]. La nuit, on se fait éclairer par un esclave, qui tient un flambeau orné de différentes couleurs [13].

Dans les premiers jours de mon arrivée, je parcourais les écriteaux placés au-dessus des portes des maisons. On lit sur les uns, MAISON A VENDRE [14], MAISON A LOUER; sur d'autres, C'EST LA MAISON D'UN TEL,

---

1. Athen., lib. XIII, p. 576 et 577. Pet., Leg. attic., p. 141. — 2. Alex., ap. Athen., lib. XIII, p. 568. Demosth., in Næer., p. 863. — 3. Athen., ibid., p. 577, 583, etc. — 4. Terent., in Eunuch., act. IV, scen. I, v. 13. Meurs., Th. attic., lib. I, cap. VI. — 5. Terent., ibid., act. III, scen. II, v. 42. — 6. Isocr., Areop., t. I, p. 335. Æschin., in Tim., p. 268. — 7. Plut., in Alcib., t. I, p. 196. Terent., in Andr., act. I. scen. I, v. 28. — 8. Aristoph., in Nub., v. 13. — 9. Demosth., in Mid., p. 628; id., in Phænip., p. 1025. Dinarch., in Demosth., p. 177. — 10. Aristoph., in Equit., v. 1381. Hesych., in Ὀκλαδ. — 11. Plat., in Protag., t. I, p. 310. Aristoph., in Eccl., v. 74. — 12. Aristoph., in Equit., v. 1345. Schol. ibid. Poll., lib. VII, § 174. — 13. Aristoph., in Nub., v. 614; id., in Lysistr., v. 1219. Schol., in Vesp., v. 1364. — 14. Diog. Laert., in Diog., lib. VI, § 47.

QUE RIEN DE MAUVAIS N'ENTRE CÉANS [1]. Il m'en coûtait pour satisfaire cette petite curiosité. Dans les principales rues, on est continuellement heurté, pressé, foulé par quantité de gens à cheval, de charretiers [2], de porteurs d'eau [3], de crieurs d'édits [4], de mendiants [5], d'ouvriers, et autres gens du peuple. Un jour que j'étais avec Diogène, à regarder de petits chiens que l'on avait dressés à faire des tours [6], un de ces ouvriers, chargé d'une grosse poutre, l'en frappa rudement, et lui cria : « Prenez garde ! » Diogène lui répondit sur-le-champ : « Est-ce que tu veux me frapper une seconde fois [7] ? »

Si la nuit on n'est accompagné de quelques domestiques, on risque d'être dépouillé par les filous [8], malgré la vigilance des magistrats obligés de faire leur ronde toutes les nuits [9]. La ville entretient une garde de Scythes [10] pour prêter main-forte à ces magistrats, exécuter les jugements des tribunaux, maintenir le bon ordre dans les assemblées générales et dans les cérémonies publiques [11]. Ils prononcent le grec d'une manière si barbare, qu'on les joue quelquefois sur le théâtre [12]; et ils aiment le vin au point que pour dire, Boire à l'excès, on dit, Boire comme un Scythe [13].

Le peuple est naturellement frugal ; les salaisons et les légumes font sa principale nourriture. Tous ceux qui n'ont pas de quoi vivre, soit qu'ils aient été blessés à la guerre, soit que leurs maux les rendent incapables de travailler, reçoivent tous les jours du trésor public une ou deux oboles [14], que leur accorde l'assemblée de la nation. De temps en temps on examine dans le sénat le rôle de ceux qui reçoivent ce bienfait, et l'on en exclut ceux qui n'ont plus le même titre pour le recevoir [15]. Les pauvres obtiennent encore d'autres soulagements à leur misère : à chaque nouvelle lune, les riches exposent dans les carrefours, en l'honneur de la déesse Hécate, des repas qu'on laisse enlever au petit peuple [16].

J'avais pris une note exacte de la valeur des denrées ; je l'ai perdue : je me rappelle seulement que le prix ordinaire du blé [17] était de cinq drachmes par médimne [18]. Un bœuf de la première qualité [19] valait environ quatre-vingts drachmes [20] ; un mouton, la cinquième partie d'un

---

1. Diog. Laert., in Diog., lib. VI, § 39. Clem. Alex., Strom., lib. VII, p. 843. — 2. Plut., in Alcib., t. I, p. 192. — 3. Ælian., Var. hist., J. IX, cap. XVII. — 4. Aristoph., in Av., v. 1038. — 5. Isocr., Areop. t. I, p. 353 et 354. — 6. Xenoph., Memor., lib. V, p. 855. — 7. Diog. Laert., ibid., § 41. — 8. Aristoph., in Eccles., v. 664. — 9. Ulpian. in orat. Demosth. adv. Mid., p. 650. — 10. Aristoph., in Acharn., v. 54. Schol. ibid. Suid., in Τοξότ. Meurs., Ceram. gem., cap. XVI. Jungerm., in Poll., lib. VIII, cap. X, § 132. — 11. Aristoph., in Lysistr., v. 434. — 12. Id., in Thesmoph., v. 1016. Schol. ibid. Demetr. De elocut., cap. LCVI. — 13. Herodot. lib. VI, cap. LXXXIV. Aristot., Probl., sect. III; t. II, p. 695. Athen., lib. X, cap. VII, p. 427. — 14. Lys., in Delat., p. 414 et 416. Aristid., Panath., t. I, p. 331. Hesych. et Harpocr., in Ἀδύν. — 15. Æschin., in Timarch., p. 276. — 16. Aristoph., in Plut., v. 594. Schol. ibid. Demosth., in Conon., p. 1114. — 17. Demosth., in Phorm., p. 946. — 18. Quatre livres dix sous. En mettant la drachme à dix-huit sous, et le médimne à un peu plus de quatre boisseaux (Goguet, Origine des lois, t. III, p. 260), notre setier de blé aurait valu environ treize de nos livres. — 19. Marm. Sandwic., p. 35. — 20. Environ soixante-douze livres.

bœuf [1], c'est-à-dire environ seize drachmes [2]; un agneau, dix drachmes [3].

On conçoit aisément que ces prix haussent dans les temps de disette. On a vu quelquefois le médimne de froment monter de cinq drachmes, qui est son prix ordinaire, jusqu'à seize drachmes; et celui de l'orge, jusqu'à dix-huit [4]. Indépendamment de cette cause passagère, on avait observé, lors de mon séjour à Athènes, que depuis environ soixante-dix ans les denrées augmentaient successivement de prix, et que le froment en particulier valait alors deux cinquièmes de plus qu'il n'avait valu pendant la guerre du Péloponèse [5].

On ne trouve point ici des fortunes aussi éclatantes que dans la Perse; et quand je parle de l'opulence et du faste des Athéniens, ce n'est que relativement aux autres peuples de la Grèce. Cependant quelques familles, en petit nombre, se sont enrichies par le commerce; d'autres, par les mines d'argent qu'elles possèdent à Laurium, montagne de l'Attique. Les autres citoyens croient jouir d'une fortune honnête, lorsqu'ils ont en biens-fonds quinze ou vingt talents [6], et qu'ils peuvent donner cent mines de dot à leurs filles [7].

Quoique les Athéniens aient l'insupportable défaut d'ajouter foi à la calomnie avant que de l'éclaircir [8], ils ne sont méchants que par légèreté; et l'on dit communément que, quand ils sont bons, ils le sont plus que les autres Grecs, parce que leur bonté n'est pas une vertu d'éducation [9].

Le peuple est ici plus bruyant qu'ailleurs. Dans la première classe des citoyens, règnent cette bienséance qui fait croire qu'un homme s'estime lui-même, et cette politesse qui fait croire qu'il estime les autres. La bonne compagnie exige de la décence dans les expressions et dans l'extérieur [10]: elle sait proportionner au temps et aux personnes les égards par lesquels on se prévient mutuellement [11], et regarde une démarche affectée ou précipitée comme un signe de vanité ou de légèreté [12]; un ton brusque, sentencieux, trop élevé, comme une preuve de mauvaise éducation ou de rusticité [13]. Elle condamne aussi les caprices de l'humeur [14], l'empressement affecté, l'accueil dédaigneux, et le goût de la singularité.

Elle exige une certaine facilité de mœurs, également éloignée de cette complaisance qui approuve tout, et de cette austérité chagrine qui n'approuve rien [15]. Mais ce qui la caractérise le plus, est une

---

1. Demetr. Phaler., ap. Plut. in Solon., t. I, p. 91. — 2. Environ quatorze livres huit sous. — 3. Neuf livres. Voyez la note XXV à la fin du volume. Menandr., ap. Athen., lib. IV, p. 146, et lib. VIII, p. 364. — 4. Demosth., in Phorm., p. 946. Id., in Phænip., p. 1025. — 5. Aristoph., in Eccles., v. 380 et 543. — 6. Le talent valait cinq mille quatre cents livres. — 7. Demosth., in Steph., I, p. 978. Neuf mille livres. Voyez la note XXVI à la fin du volume. — 8. Plut., Præc. ger. reip., t. II, p. 799. — 9. Plat., De leg., lib. I, t. II, p. 642. — 10. Aristot., De rep., lib. VII, cap. XVII, t. II, p. 448. Theophr., Charact., cap. IV. — 11. Aristot., De mor., lib. IV, cap. XII, t. II, p. 54. Spanh., in Aristoph. Plut., v. 325. — 12. Demosth., in Pantæn., p. 995. — 13. Id., ibid. Aristot., Rhet., lib. II, cap. XXI, t. II, p. 572. Theophr., ibid. — 14. Theophr., ibid., cap. XIII, XV et XVII. — 15. Aristot., De mor., lib. IV, cap. XII, t. II, p. 54; id., Rhet. lib. II, cap. IV, t. II, p. 552.

plaisanterie fine et légère¹ qui réunit la décence à la liberté, qu'il faut savoir pardonner aux autres et se faire pardonner à soi-même, que peu de gens savent employer, que peu de gens même savent entendre. Elle consiste.... Non, je ne le dirai pas. Ceux qui la connaissent me comprennent assez, et les autres ne me comprendraient pas. On la nomme à présent adresse et dextérité, parce que l'esprit n'y doit briller qu'en faveur des autres, et qu'en lançant des traits il doit plaire et ne pas offenser²; on la confond souvent avec la satire, les facéties, ou la bouffonnerie³; car chaque société a son ton particulier. Celui de la bonne compagnie s'est formé presque de notre temps : il suffit, pour s'en convaincre, de comparer l'ancien théâtre avec le nouveau. Il n'y a guère plus d'un demi-siècle que les comédies étaient pleines d'injures grossières et d'obscénités révoltantes, qu'on ne souffrirait pas aujourd'hui dans la bouche des acteurs⁴.

On trouve dans cette ville plusieurs sociétés dont les membres s'engagent à s'assister mutuellement. L'un d'eux est-il traduit en justice, est-il poursuivi par des créanciers, il implore le secours de ses associés. Dans le premier cas, ils l'accompagnent au tribunal, et lui servent, quand ils sont requis, d'avocats ou de témoins⁵; dans le second, ils lui avancent les fonds nécessaires, sans en exiger le moindre intérêt, et ne lui prescrivent d'autre terme pour le remboursement que le retour de sa fortune ou de son crédit⁶. S'il manque à ses engagements, pouvant les remplir, il ne peut être traduit en justice : mais il est déshonoré⁷. Ils s'assemblent quelquefois, et cimentent leur union par des repas où règne la liberté⁸.

Ces associations, que formèrent autrefois des motifs nobles et généreux, ne se soutiennent aujourd'hui que par l'injustice et par l'intérêt. Le riche s'y mêle avec les pauvres, pour les engager à se parjurer en sa faveur⁹; le pauvre avec les riches, pour avoir quelque droit à leur protection.

Parmi ces sociétés, il s'en est établi une dont l'unique objet est de recueillir toutes les espèces de ridicules, et de s'amuser par des saillies et des bons mots. Ils sont au nombre de soixante, tous gens fort gais et de beaucoup d'esprit; ils se réunissent de temps en temps dans le temple d'Hercule, pour y prononcer des décrets en présence d'une foule de témoins attirés par la singularité du spectacle. Les malheurs de l'État n'ont jamais interrompu leurs assemblées¹⁰.

Deux sortes de ridicules, entre autres, multiplient les décrets de ce tribunal. On voit ici des gens qui outrent l'élégance attique, et d'autres la simplicité spartiate. Les premiers ont soin de se raser souvent, de changer souvent d'habits, de faire briller l'émail de leurs dents, de

---

1. Aristot., Mag. moral., lib. I, cap. XXXI, t. II, p. 164; id., Rhet., p. 552. — 2. Id., De mor., lib. IV, cap. XIV, t. I, p. 56. — 3. Isocr., Areop., t. I, p. 336. — 4. Aristot., ibid. — 5. Lys., Delat. in obtrect., p. 159. — 6. Theophr., Charact., cap. XV et XVII. Casaub., in Theophr., cap. XV. Pet., Leg. attic., p. 429. — 7. Herald., Animadv. in Salmas., lib. VI, cap. III, p. 414. — 8. Æschin., in Ctes., p. 468. Duport, in Th., cap. X, p. 351. — 9. Demosth., ap. Harpocr., in Ἔραν. — 10. Athen., lib. XIV, p. 614.

se couvrir d'essences[1]. Ils portent des fleurs aux oreilles[2], des cannes torses à la main[3], et des souliers à l'Alcibiade. C'est une espèce de chaussure dont Alcibiade a donné la première idée, et dont l'usage subsiste encore parmi les jeunes gens jaloux de leur parure[4]. Les seconds affectent les mœurs des Lacédémoniens, et sont en conséquence taxés de laconomanie[5]. Leurs cheveux tombent confusément sur leurs épaules; ils se font remarquer par un manteau grossier, une chaussure simple, une longue barbe, un gros bâton, une démarche lente[6], et, si je l'ose dire, par tout l'appareil de la modestie. Les efforts des premiers, bornés à s'attirer l'attention, révoltent encore moins que ceux des seconds qui en veulent directement à notre estime. J'ai vu des gens d'esprit traiter d'insolence cette fausse simplicité[7]. Ils avaient raison. Toute prétention est une usurpation; car nous avons pour prétentions les droits des autres.

CHAP. XXI.—*De la religion, des ministres sacrés, des principaux crimes contre la religion.*

Il ne s'agit ici que de la religion dominante : nous rapporterons ailleurs les opinions des philosophes à l'égard de la divinité.

Le culte public est fondé sur cette loi : « Honorez en public et en particulier les dieux et les héros du pays. Que chacun leur offre, tous les ans, suivant ses facultés, et suivant les rites établis, les prémices de ses moissons[8]. »

Dès les plus anciens temps, les objets du culte s'étaient multipliés parmi les Athéniens. Les douze principales divinités[9] leur furent communiquées par les Égyptiens[10]; et d'autres, par les Libyens et par différents peuples[11]. On défendit ensuite, sous peine de mort, d'admettre des cultes étrangers sans un décret de l'Aréopage, sollicité par les orateurs publics[12]. Depuis un siècle, ce tribunal étant devenu plus facile, les dieux de la Thrace, de la Phrygie, et de quelques autres nations barbares, ont fait une irruption dans l'Attique[13], et s'y sont maintenus avec éclat, malgré les plaisanteries dont le théâtre retentit contre ces étranges divinités, et contre les cérémonies nocturnes célébrées en leur honneur[14].

Ce fut anciennement une belle institution, de consacrer, par des monuments et par des fêtes, le souvenir des rois et des particuliers qui avaient rendu de grands services à l'humanité. Telle est l'origine de la profonde vénération que l'on conserve pour les héros. Les Athéniens

---

1. Theophr., Charact., cap. v. — 2. Cratin., ap. Athen., lib. XII, p. 553. — 3. Theophr., ibid. — 4. Athen., lib. XII, p. 534. — 5. Aristoph., in Av., v. 1281. Plat., in Prot., t. I, p. 342. Demosth., in Conon., p. 1113. — 6. Demosth., ibid. Plut., in Phoc., p. 746. — 7. Aristot., De mor., lib. IV, cap. xiii, t. II, p. 56. — 8. Porphyr., De abstin., lib. IV, § 22, p. 380. — 9. Pind., Olymp., X, v. 59. Aristoph., in Av., v. 95. Thucyd., lib. VI, cap. LIV. — 10. Herodot., lib. II, cap. IV. — 11. Id., ibid., cap. L; lib. IV, cap. CLXXXVIII. — 12. Joseph., in Appion., lib. II, p. 491 et 493. Harpocr., in Ἐπιθέτ. — 13. Plat., De rep., lib. I, t. I, p. 327 et 354. Demosth., De cor., p. 516. Strab., lib. X, p. 471. Hesych., in Θεοὶ ξενικ. — 14. Aristoph., in Vesp., v. 9· in Lysistr., v. 389, etc. Cicer., De leg., lib. II, cap. xv, t. III, p. 149.

mettent dans ce nombre Thésée, premier auteur de leur liberté; Érechthée, un de leurs anciens rois[1]; ceux qui méritèrent de donner leurs noms aux dix tribus[2]; d'autres encore, parmi lesquels il faut distinguer Hercule, qu'on range indifféremment dans la classe des dieux et dans celle des héros[3].

Le culte de ces derniers diffère essentiellement de celui des dieux, tant par l'objet qu'on se propose, que par les cérémonies qu'on y pratique. Les Grecs se prosternent devant la divinité, pour reconnaître leur dépendance, implorer sa protection, ou la remercier de ses bienfaits. Ils consacrent des temples, des autels, des bois, et célèbrent des fêtes et des jeux en l'honneur des héros[4], pour éterniser leur gloire et rappeler leurs exemples. On brûle de l'encens sur leurs autels en même temps qu'on répand sur leurs tombeaux des libations destinées à procurer du repos à leurs âmes. Aussi les sacrifices dont on les honore ne sont, à proprement parler, adressés qu'aux dieux des enfers.

On enseigne des dogmes secrets dans les mystères d'Éleusis, de Bacchus, et de quelques autres divinités; mais la religion dominante consiste toute dans l'extérieur. Elle ne présente aucun corps de doctrine, aucune instruction publique, point d'obligation étroite de participer, à des jours marqués, au culte établi. Il suffit, pour la croyance, de paraître persuadé que les dieux existent, et qu'ils récompensent la vertu, soit dans cette vie, soit dans l'autre; pour la pratique, de faire par intervalles quelques actes de religion, comme, par exemple, de paraître dans les temples aux fêtes solennelles, et de présenter ses hommages sur les autels publics[5].

Le peuple fait uniquement consister la piété dans la prière, dans les sacrifices, et dans les purifications.

Les particuliers adressent leurs prières aux dieux au commencement d'une entreprise[6]. Ils leur en adressent le matin, le soir, au lever et au coucher du soleil et de la lune[7]. Quelquefois ils se rendent au temple, les yeux baissés et l'air recueilli[8]; ils y paraissent en suppliants. Toutes les marques de respect, de crainte et de flatterie que les courtisans témoignent aux souverains en approchant du trône, les hommes les prodiguent aux dieux en approchant des autels. Ils baisent la terre[9]; ils prient debout[10], à genoux[11], prosternés[12], tenant des rameaux dans leurs mains[13], qu'ils élèvent vers le ciel, ou qu'ils étendent vers la statue du dieu, après les avoir portés à leur bouche[14]. Si l'hommage s'adresse aux dieux des enfers, on a soin, pour attirer leur attention, de frapper la terre avec les pieds ou avec les mains[15].

1. Meurs., De reg. Athen., lib. II, cap. XII. — 2. Pausan., lib. I, cap. V, p. 13. — 3. Herodot., lib. II, cap. XLIV. Pausan., ibid., cap. XV, p. 37; lib. II, cap. X, p. 133. — 4. Thucyd., lib. V, cap. XI. — 5. Xenoph., Apol. Socrat., p. 703. — 6. Plat., in Tim., t. III, p. 27. — 7. Id., De leg., lib. X, t. II, p. 887. — 8. Id., in Alcib., lib. II, t. II, p. 138. — 9. Potter., Archæol., lib. II, cap. V. — 10. Philostr., in Apollon. vit., lib. VI, cap. IV, p. 233. — 11. Theophr., Charact., cap. XVI. — 12. Diog. Laert., in Diog., lib. VI, § 37. — 13. Sophocl., in Œdip. tyr., v. 3. Schol., ibid. — 14. Lucian., in Encom. Demosth., § 40, t. III, p. 526. — 15. Homer., Iliad., lib. IX, v. 564. Schol., ibid. Cicer., Tuscul., lib. II, cap. XXV, t. II, p. 297.

Quelques-uns prononcent leurs prières à voix basse. Pythagore voulait qu'on les récitât tout haut, afin de ne rien demander dont on eût à rougir [1]. En effet, la meilleure de toutes les règles serait de parler aux dieux comme si on était en présence des hommes, et aux hommes comme si on était en présence des dieux.

Dans les solennités publiques, les Athéniens prononcent en commun des vœux pour la prospérité de l'État, et pour celle de leurs alliés [2]; quelquefois, pour la conservation des fruits de la terre, et pour le retour de la pluie ou du beau temps; d'autres fois, pour être délivrés de la peste, de la famine [3].

J'étais souvent frappé de la beauté des cérémonies. Le spectacle en est imposant. La place qui précède le temple, les portiques qui l'entourent, sont remplis de monde. Les prêtres s'avancent sous le vestibule près de l'autel. Après que l'officiant a dit d'une voix sonore : « Faisons les libations et prions [4], » un des ministres subalternes, pour exiger de la part des assistants l'aveu de leurs dispositions saintes, demande : « Qui sont ceux qui composent cette assemblée? — Des gens honnêtes, répondent-ils de concert. — Faites donc silence, » ajoute-t-il. Alors on récite les prières assorties à la circonstance. Bientôt des chœurs de jeunes gens chantent des hymnes sacrés. Leurs voix sont si touchantes, et tellement secondées par le talent du poëte, attentif à choisir des sujets propres à émouvoir, que la plupart des assistants fondent en larmes [5]. Mais pour l'ordinaire, les chants religieux sont brillants, et plus capables d'inspirer la joie que la tristesse. C'est l'impression que l'on reçoit aux fêtes de Bacchus, lorsqu'un des ministres ayant dit à haute voix : « Invoquez le dieu, » tout le monde entonne soudain un cantique qui commence par ces mots : « O fils de Sémélé [6]! ô Bacchus, auteur des richesses! »

Les particuliers fatiguent le ciel par des vœux indiscrets. Ils le pressent de leur accorder tout ce qui peut servir à leur ambition et à leurs plaisirs. Ces prières sont regardées comme des blasphèmes par quelques philosophes [7], qui, persuadés que les hommes ne sont pas assez éclairés sur leurs vrais intérêts, voudraient qu'ils s'en rapportassent uniquement à la bonté des dieux, ou du moins qu'ils ne leur adressassent que cette espèce de formule consignée dans les écrits d'un ancien poëte : « O vous qui êtes le roi du ciel! accordez-nous ce qui est utile, soit que nous le demandions, soit que nous ne le demandions pas; refusez-nous ce qui nous serait nuisible, quand même nous le demanderions [8]. »

Autrefois on ne présentait aux dieux que les fruits de la terre [9]; et l'on voit encore dans la Grèce plusieurs autels sur lesquels il n'est pas permis d'immoler des victimes [10]. Les sacrifices sanglants s'introdui-

---

1. Clem. Alex., Strom., lib. IV, p. 641. — 2. Theopomp., ap. schol. Aristoph. in Av., v. 881. Tit. Liv., lib. XXXI, cap. XLIV. — 3. Eurip., in Supplic., v. 28. Procl., in Tim., lib. II, p. 65. Thom. Gale, Not. in Jambl. myster., p. 283. — 4. Aristoph., in Pac., v. 434 et 965. — 5. Plat., De leg., lib. VII, t. II, p. 800. — 6. Schol. Aristoph., in Ran., v. 482. — 7. Plat., in Alcib., II, t. II, p. 149. — 8. Id., ibid., p. 143. — 9. Porphyr., De abstin., lib. II, § 6, etc. — 10. Pausan., lib. I, cap. XXVI, p. 62; lib. VIII, cap. II, p. 600, cap. XLII, p. 688.

sirent avec peine. L'homme avait horreur de porter le fer dans le sein d'un animal destiné au labourage, et devenu le compagnon de ses travaux : une loi expresse le lui défendait sous peine de mort[2]; et l'usage général l'engageait à s'abstenir de la chair des animaux[3].

Le respect qu'on avait pour les traditions anciennes est attesté par une cérémonie qui se renouvelle tous les ans. Dans une fête consacrée à Jupiter, on place des offrandes sur un autel, auprès duquel on fait passer des bœufs. Celui qui touche à ces offrandes doit être immolé. De jeunes filles portent de l'eau dans des vases; et les ministres du dieu, les instruments du sacrifice. A peine le coup est-il frappé que le victimaire, saisi d'horreur, laisse tomber la hache, et prend la fuite. Cependant ses complices goûtent de la victime, en cousent la peau, la remplissent de foin, attachent à la charrue cette figure informe, et vont se justifier devant les juges qui les ont cités à leur tribunal. Les jeunes filles qui ont fourni l'eau pour aiguiser les instruments rejettent la faute sur ceux qui les ont aiguisés en effet; ces derniers, sur ceux qui ont égorgé la victime; et ceux-ci, sur les instruments, qui sont condamnés comme auteurs du meurtre, et jetés dans la mer[4].

Cette cérémonie mystérieuse est de la plus haute antiquité, et rappelle un fait qui se passa du temps d'Érechthée. Un laboureur ayant placé son offrande sur l'autel assomma un bœuf qui en avait dévoré une partie; il prit la fuite, et la hache fut traduite en justice.

Quand les hommes se nourrissaient des fruits de la terre, ils avaient soin d'en réserver une portion pour les dieux. Ils observèrent le même usage, quand ils commencèrent à se nourrir de la chair des animaux; et c'est peut-être de là que viennent les sacrifices sanglants, qui ne sont en effet que des repas destinés aux dieux, et auxquels on fait participer les assistants.

La connaissance d'une foule de pratiques et de détails constitue le savoir des prêtres. Tantôt on répand de l'eau sur l'autel ou sur la tête de la victime, tantôt c'est du miel ou de l'huile[5]. Plus communément on les arrose avec du vin, et alors on brûle sur l'autel du bois de figuier, de myrte ou de vigne[6]. Le choix de la victime n'exige pas moins d'attention. Elle doit être sans tache, n'avoir aucun défaut, aucune maladie[6]; mais tous les animaux ne sont pas également propres aux sacrifices. On n'offrit d'abord que les animaux dont on se nourrissait, comme le bœuf, la brebis, la chèvre, le cochon[8], etc. Ensuite on sacrifia des chevaux au soleil, des cerfs à Diane, des chiens à Hécate. Chaque pays, chaque temple a ses usages. La haine et la faveur des dieux sont également nuisibles aux animaux qui leur sont consacrés.

1. Ælian., Var. hist., lib. V, cap. XIV. — 2. Varr., De re rust., lib. II, cap. V. — 3. Plat., De leg., lib. VI, t. II, p. 782. — 4. Pausan., lib. I, cap. XXIV, p. 57. Ælian, ibid., lib. VIII, cap. III. Porphyr., De abstin., lib. II, § 29, p. 154. — 5. Pausan., ibid., cap. XXVIII, p. 70. — 6. Porphyr., ibid., lib. II, § 20, p. 138. — 7. Suid., in Νηφάλ. — 8. Homer., Iliad., lib. I, v. 66. Schol., ibid. Aristot., ap. Athen., lib. XV, cap. V, p. 674. Plut., De orac. def., t. II, p. 437. — 9. Suid., in ἔνυος. Homer., Iliad. et Odyss., passim.

Pourquoi poser sur la tête de la victime un gâteau pétri avec de la farine d'orge et du sel ¹, lui arracher le poil du front, et le jeter dans le feu ² ? Pourquoi brûler ses cuisses avec du bois fendu ³ ?

Quand je pressais les ministres des temples de s'expliquer sur ces rites, ils me répondaient comme le fit un prêtre de Thèbes, à qui je demandais pourquoi les Béotiens offraient des anguilles aux dieux. « Nous observons, me dit-il, les coutumes de nos pères, sans nous croire obligés de les justifier aux yeux des étrangers ⁴. »

On partage la victime entre les dieux, les prêtres, et ceux qui l'ont présentée. La portion des dieux est dévorée par la flamme; celle des prêtres fait partie de leur revenu; la troisième sert de prétexte, à ceux qui la reçoivent, de donner un repas à leurs amis ⁵. Quelques-uns, voulant se parer de leur opulence, cherchent à se distinguer par des sacrifices pompeux. J'en ai vu qui, après avoir immolé un bœuf, ornaient de fleurs et de rubans la partie antérieure de sa tête, et l'attachaient à leur porte ⁶. Comme le sacrifice de bœuf est le plus estimé, on fait pour les pauvres de petits gâteaux auxquels on donne la figure de cet animal; et les prêtres veulent bien se contenter de cette offrande ⁷.

La superstition domine avec tant de violence sur notre esprit, qu'elle avait rendu féroce le peuple le plus doux de la terre. Les sacrifices humains étaient autrefois assez fréquents parmi les Grecs ⁸; ils l'étaient chez presque tous les peuples; et ils le sont encore aujourd'hui chez quelques-uns d'entre eux ⁹. Ils cesseront enfin, parce que les cruautés absurdes et inutiles cèdent tôt ou tard à la nature et à la raison. Ce qui subsistera plus longtemps, c'est l'aveugle confiance que l'on a dans les actes extérieurs de religion. Les hommes injustes, les scélérats même, osent se flatter de corrompre les dieux par des présents, et de les tromper par les dehors de la piété ¹⁰. En vain les philosophes s'élèvent contre une erreur si dangereuse : elle sera toujours chère à la plupart des hommes, parce qu'il sera toujours plus aisé d'avoir des victimes que des vertus.

Un jour les Athéniens se plaignirent à l'oracle d'Ammon de ce que les dieux se déclaraient en faveur des Lacédémoniens, qui ne leur présentaient que des victimes en petit nombre, maigres et mutilées. L'oracle répondit que tous les sacrifices des Grecs ne valaient pas cette prière humble et modeste par laquelle les Lacédémoniens se contentent de demander aux dieux les vrais biens ¹¹. L'oracle de Jupiter m'en rappelle un autre qui ne fait pas moins d'honneur à celui d'Apollon. Un riche Thessalien, se trouvant à Delphes, offrit, avec le plus grand appareil, cent bœufs dont les cornes étaient dorées. En même temps, un

---

1. Serv. ad Virg., Æneid., lib. II, v. 133. — 2. Homer., Odyss., lib. III, v. 446. Eurip., in Electr., v. 810. — 3. Homer., Iliad., lib. I, v. 462. — 4. Athen., lib. VII, cap. XIII, p. 297. — 5. Xenoph., Memor., lib. II, p. 745. — 6. Theophr. Charact., cap. XXI. — 7. Suid., Βοῦςῖ. Ἑξδ. — 8. Clem. Alex., Cohort. ad gent.; t. I, p. 36. Porphyr., De abstin., lib. II, § 54, p. 197, etc. — 9. Plat., De leg., lib. VI, t. II, p. 42. — 10. Id., ibid., lib. X, p. 885, 905 et 906. — 11. Plat., in Alcib. II t. II p. 148.

pauvre citoyen d'Hermione tira de sa besace une pincée de farine qu'il jeta dans la flamme qui brillait sur l'autel. La pythie déclara que l'hommage de cet homme était plus agréable aux dieux que celui du Thessalien¹.

Comme l'eau purifie le corps, on a pensé qu'elle purifiait aussi l'âme, et qu'elle opérait cet effet de deux manières, soit en la délivrant de ses taches, soit en la disposant à n'en pas contracter. De là deux sortes de lustrations; les unes expiatoires, les autres préparatoires. Par les premières, on implore la clémence des dieux; par les secondes, leur secours.

On a soin de purifier les enfants d'abord après leur naissance²; ceux qui entrent dans les temples³; ceux qui ont commis un meurtre, même involontairement⁴; ceux qui sont affligés de certains maux regardés comme des signes de la colère céleste, tels que la peste⁵, la frénésie⁶, etc., etc., tous ceux enfin qui veulent se rendre agréables aux dieux.

Cette cérémonie s'est insensiblement appliquée aux temples, aux autels, à tous les lieux que la divinité doit honorer de sa présence; aux villes, aux rues, aux maisons, aux champs, à tous les lieux que le crime a profanés, ou sur lesquels on veut attirer les faveurs du ciel⁷.

On purifie tous les ans la ville d'Athènes, le 6 du mois thargélion⁸. Toutes les fois que le courroux des dieux se déclare par la famine, par une épidémie ou d'autres fléaux, on tâche de le détourner sur un homme et sur une femme du peuple, entretenus par l'État pour être, au besoin, des victimes expiatoires, chacun au nom de son sexe. On les promène dans les rues au son des instruments; et, après leur avoir donné quelques coups de verges, on les fait sortir de la ville. Autrefois on les condamnait aux flammes, et on jetait leurs cendres au vent⁹.

Quoique l'eau de mer soit la plus convenable aux purifications¹⁰, on se sert le plus souvent de celle qu'on appelle lustrale. C'est une eau commune, dans laquelle on a plongé un tison ardent, pris sur l'autel lorsqu'on y brûlait la victime¹¹. On en remplit les vases qui sont dans les vestibules des temples, dans les lieux où se tient l'assemblée générale, autour des cercueils où l'on expose les morts à la vue des passants¹².

Comme le feu purifie les métaux, que le sel et le nitre ôtent les souillures et conservent les corps, que la fumée et les odeurs agréables peuvent garantir de l'influence du mauvais air, on a cru par degrés que ces moyens, et d'autres encore, devaient être employés dans les différentes lustrations. C'est ainsi qu'on attache une vertu secrète à

---

1. Porphyr., De abstin., lib. II, § 15, p. 126. — 2. Suid. et Harpocr., Ἀμφιδρ. — 3. Eurip., in Ion, v. 95. — 4. Demosth., in Aristocr., p. 736. — 5. Diog. Laert., in Epim., lib. I, § 110. — 6. Aristoph., in Vesp., v. 118. Schol. ibid. — 7. Lomey, De lustr. — 8. Diog. Laert., lib. II, § 44. — 9. Aristoph., in Equit., v. 1133. Schol., ibid. Id., in Ran., v. 745. Schol., ibid. Hellad., ap. Phot., p. 1590. Meurs. Græc. fer. in Thargel. — 10. Eurip., Iph. in Taur., v. 1193. Eustath., in Iliad., lib. I, p. 108. — 11. Eurip., in Herc. fur., v. 928. Athen., lib. IX, cap. XVIII, p. 409. — 12. Casaub., in Theophr. Charact., cap. XVI, p. 126.

l'encens qu'on brûle dans les temples [1], et aux fleurs dont on se couronne ; c'est ainsi qu'une maison recouvre sa pureté par la fumée du soufre, et par l'aspersion d'une eau dans laquelle on a jeté quelques grains de sel [2]. En certaines occasions, il suffit de tourner autour du feu [3], ou de voir passer autour de soi un petit chien ou quelque autre animal [4]. Dans les lustrations des villes, on promène le long des murs les victimes destinées aux sacrifices [5].

Les rites varient, suivant que l'objet est plus ou moins important, la superstition plus ou moins forte. Les uns croient qu'il est essentiel de s'enfoncer dans la rivière ; d'autres, qu'il suffit d'y plonger sept fois sa tête : la plupart se contentent de tremper leurs mains dans l'eau lustrale, ou d'en recevoir l'aspersion par les mains d'un prêtre qui se tient pour cet effet à la porte du temple [6].

Chaque particulier peut offrir des sacrifices sur un autel placé à la porte de sa maison, ou dans une chapelle domestique [7]. C'est là que j'ai vu souvent un père vertueux, entouré de ses enfants, confondre leur hommage avec le sien, et former des vœux dictés par la tendresse, et dignes d'être exaucés. Cette espèce de sacerdoce ne devant exercer ses fonctions que dans une seule famille, il a fallu établir des ministres pour le culte public.

Il n'est point de villes où l'on trouve autant de prêtres et de prêtresses qu'à Athènes, parce qu'il n'en est point où l'on ait élevé une si grande quantité de temples, où l'on célèbre un si grand nombre de fêtes [8].

Dans les différents bourgs de l'Attique et du reste de la Grèce, un seul prêtre suffit pour desservir un temple ; dans les villes considérables, les soins du ministère sont partagés entre plusieurs personnes qui forment comme une communauté. A la tête est le ministre du dieu, qualifié quelquefois du titre de grand prêtre. Au-dessous de lui sont le éocore chargé de veiller à la décoration et à la propreté des lieux saints [9], et de jeter de l'eau lustrale sur ceux qui entrent dans le temple [10] ; des sacrificateurs qui égorgent les victimes ; des aruspices qui en examinent les entrailles ; des hérauts qui règlent les cérémonies, et congédient l'assemblée [11]. En certains endroits, on donne le nom de père au premier des ministres sacrés, et celui de mère à la première des prêtresses [12].

On confie à des laïques des fonctions moins saintes, et relatives au service des temples. Les uns sont chargés du soin de la fabrique et de la garde du trésor ; d'autres assistent, comme témoins et inspecteurs, aux sacrifices solennels [13].

---

1. Plaut., Amphitr., act. II, scen. II, v. 107. — 2. Theocr., Idyll. XXIV, v. 94. — 3. Harpocr., in Ἀμφιδρ. — 4. Lomey, De lustr., cap. XXIII. — 5. Athen., lib. XIV, cap. v, p. 626. — 6. Hesych., in Ὕδραν. Lomey., ibid., p. 120. — 7. Plat., De leg., lib. X, t. II. p. 910. — 8. Xenoph., De rep. Athen., p. 700. — 9. Suid., in Νεωκ. — 10. Mém. de l'Acad. des bell. lettr., t. I, p. 61. — 11. Pott., Archæol., lib. II, cap. III. — 12. Mém. de l'Acad., t. XXIII, p. 411. — 13. Plat., ibid., lib. VI, t. II, p. 759. Aristot., De rep., lib. VI, cap. VIII, t. II, p. 423. Demosth., in Mid., p. 630. Ulpian., in Demosth., p. 686. Æschin., in Timarch., p. 276.

Les prêtres officient avec de riches vêtements, sur lesquels sont tracés, en lettres d'or, les noms des particuliers qui en ont fait présent au temple [1]. Cette magnificence est encore relevée par la beauté de la figure, la noblesse du maintien, le son de la voix, et surtout par les attributs de la divinité dont ils sont les ministres. C'est ainsi que la prêtresse de Cérès paraît couronnée de pavots et d'épis [2]; et celle de Minerve, avec l'égide, la cuirasse, et un casque surmonté d'aigrettes [3].

Plusieurs sacerdoces sont attachés à des maisons anciennes et puissantes, où ils se transmettent de père en fils [4]. D'autres sont conférés par le peuple [5].

On n'en peut remplir aucun, sans un examen qui roule sur la personne et sur les mœurs. Il faut que le nouveau ministre n'ait aucune difformité dans la figure [6], et que sa conduite ait toujours été irréprochable [7]. À l'égard des lumières, il suffit qu'il connaisse le rituel du temple auquel il est attaché, qu'il s'acquitte des cérémonies avec décence, et qu'il sache discerner les diverses espèces d'hommages et de prières que l'on doit adresser aux dieux [8].

Quelques temples sont desservis par des prêtresses; tel est celui de Bacchus aux Marais. Elles sont au nombre de quatorze, et à la nomination de l'archonte-roi [9]. On les oblige à garder une continence exacte. La femme de l'archonte, nommée la reine, les initie aux mystères qu'elles ont en dépôt, et en exige, avant de les recevoir, un serment par lequel elles attestent qu'elles ont toujours vécu dans la plus grande pureté, et sans aucun commerce avec les hommes [10].

À l'entretien des prêtres et des temples sont assignées différentes branches de revenus [11]. On prélève d'abord sur les confiscations et sur les amendes le dixième pour Minerve, et le cinquantième pour les autres divinités [12]. On consacre aux dieux le dixième des dépouilles enlevées à l'ennemi [13]. Dans chaque temple, deux officiers, connus sous le nom de parasites, ont le droit d'exiger une mesure d'orge de différents tenanciers du district qui leur est attribué [14]; enfin, il est peu de temples qui ne possèdent des maisons et des portions de terrains [15].

Ces revenus, auxquels il faut joindre les offrandes des particuliers, sont confiés à la garde des trésoriers du temple [16]. Ils servent pour les réparations et la décoration des lieux saints, pour les dépenses qu'entraînent les sacrifices, pour l'entretien des prêtres, qui ont presque

---

1. Lib. in Demosth. orat. adv. Aristog. p. 843. — 2. Callim., Hymn. in Cerer., v. 45. Spanh., ibid., t. II, p. 694. Heliod., Æthiop., lib. III, p. 134. Plut., in X orat. vit., t. II, p. 843. — 3. Polyæn., Strateg., lib. VIII, cap. LIX. — 4. Plat., De leg., lib. VI, t. II, p. 756. Plut., ibid. Hesych., Harpocr. et Suid., in Κοιλδ. — 5. Demosth., Exord. conc., p. 239. — 6. Etymol. magn., in Αφλ. — 7. Plat., ibid. Æschin., in Tim., p. 263. — 8. Plat., Politic., t. II, p. 290. — 9. Harpocr. Hesych. et Etymol. magn., in Γεραρ. Poll., lib. VIII, § 108. — 10. Demosth. in Neær., p. 873. — 11. Mém. de l'Acad. des bell. lettr., t. XVIII, p. 66. — 12. Demosth., in Tim., p. 791. Xenoph., Hist. græc. lib. I, p. 449. — 13. Demosth., ibid. Sophocl., in Trach., v. 186. Harpocr., in Δεκατ. — 14. Crates, ap. Athen., lib. VI, cap. VI, p. 235. — 15. Plat., De leg., lib. VI, p. 759. Harpocr., in Αποι. Maussac., ibid. Taylor, in Marm. Sandw., p. 64. Chandl., Inscr., part. II, p. 75. — 16. Aristot., Politic., lib. VI, cap. VIII, p. 423. Chandl., ibid., not. p. xv, etc.

tous des honoraires [1], un logement et des droits sur les victimes. Quelques-uns jouissent d'un revenu plus considérable : telle est la prêtresse de Minerve, à laquelle on doit offrir une mesure de froment, une autre d'orge, et une obole, toutes les fois qu'il naît ou qu'il meurt quelqu'un dans une famille [2].

Outre ces avantages, les prêtres sont intéressés à maintenir le droit d'asile, accordé non-seulement aux temples, mais encore aux bois sacrés qui les entourent, et aux maisons ou chapelles qui se trouvent dans leur enceinte [3]. On ne peut en arracher le coupable, ni même l'empêcher de recevoir sa subsistance. Ce privilège, aussi offensant pour les dieux qu'utile à leurs ministres, s'étend jusque sur les autels isolés [4].

En Égypte, les prêtres forment le premier corps de l'État, et ne sont pas obligés de contribuer à ses besoins, quoique la troisième partie des biens-fonds soit assignée à leur entretien. La pureté de leurs mœurs et l'austérité de leur vie leur concilient la confiance des peuples; et leurs lumières, celle du souverain dont ils composent le conseil, et qui doit être tiré de leur corps, ou s'y faire agréger dès qu'il monte sur le trône [5]. Interprètes des volontés des dieux, arbitres de celles des hommes, dépositaires des sciences, et surtout des secrets de la médecine [6], ils jouissent d'un pouvoir sans bornes, puisqu'ils gouvernent à leur gré les préjugés et les faiblesses des hommes.

Ceux de la Grèce ont obtenu des honneurs, tels que des places distinguées aux spectacles [7]. Tous pourraient se borner aux fonctions de leur ministère, et passer leurs jours dans une douce oisiveté [8] : cependant plusieurs d'entre eux, empressés à mériter par leur zèle les égards dus à leur caractère, ont rempli les charges onéreuses de la république, et l'ont servie soit dans les armées, soit dans les ambassades [9].

Ils ne forment point un corps particulier et indépendant [10]. Nulle relation d'intérêt entre les ministres des différents temples; les causes même qui les regardent personnellement sont portées aux tribunaux ordinaires.

Les neuf archontes ou magistrats suprêmes veillent au maintien du culte public, et sont toujours à la tête des cérémonies religieuses. Le second, connu sous le nom de roi, est chargé de poursuivre les délits contre la religion, de présider aux sacrifices publics, et de juger les contestations qui s'élèvent dans les familles sacerdotales, au sujet de quelque prêtrise vacante [11]. Les prêtres peuvent, à la vérité, diriger les sacrifices des particuliers; mais si, dans ces actes de piété, ils trans-

---

1. Æschin., in Ctesiph., p. 430. — 2. Aristot., Œcon., lib. II, t. II, p. 502. — 3. Thucyd., lib. I, cap. cxxviii et cxxxiv. Strab., lib. VIII, p. 374. Tacit., Annal., lib. IV, cap. xiv. — 4. Thucyd., ibid., cap. cxxvi. — 5. Plat., Politic., t. II, p. 290. Diod., lib. I, p. 66. Plut., De Isid. et Osir., t. II, p. 354. — 6. Clem. Alex., Strom., lib. VI, p. 758. Diog. Laert., lib. III, § 6. — 7. Chandl., Inscr., part. II, p. 73. Schol. Aristoph., in Ran., v. 299. — 8. Isocr., De permut., t. II, p. 410. — 9. Herodot., lib. IX, cap. lxxxv. Plut., in Aristid., p. 321. Xenoph., Hist. græc., p. 590. Demosth., in Neær., p. 880. — 10. Mém. de l'Acad. des bell. lettr., t. XVIII, p. 72. — 11. Plat., ibid. Poll., lib. VIII, cap. ix, § 90. Sigon.

gressaient les lois établies, ils ne pourraient se soustraire à la vigilance des magistrats. Nous avons vu de nos jours le grand prêtre de Cérès puni par ordre du gouvernement, pour avoir violé ces lois dans des articles qui ne paraissaient être d'aucune importance [1].

A la suite des prêtres, on doit placer ces devins, dont l'État honore la profession, et qu'il entretient dans le Prytanée [2]. Ils ont la prétention de lire l'avenir dans le vol des oiseaux et dans les entrailles des victimes; ils suivent les armées; et c'est de leurs décisions, achetées quelquefois à un prix excessif, que dépendent souvent les révolutions des gouvernements et les opérations d'une campagne. On en trouve dans toute la Grèce; mais ceux de l'Élide sont les plus renommés. Là, depuis plusieurs siècles, deux ou trois familles se transmettent de père en fils l'art de prédire les événements, et de suspendre les maux des mortels [3].

Les devins étendent leur ministère encore plus loin. Ils dirigent les consciences; on les consulte pour savoir si certaines actions sont conformes ou non à la justice divine [4]. J'en ai vu qui poussaient le fanatisme jusqu'à l'atrocité, et qui, se croyant chargés des intérêts du ciel, auraient poursuivi en justice la mort de leur père coupable d'un meurtre [5].

Il parut, il y a deux ou trois siècles, des hommes qui n'ayant aucune mission de la part du gouvernement, et s'érigeant en interprètes des dieux, nourrissaient parmi le peuple une incrédulité qu'ils avaient eux-mêmes, ou qu'ils affectaient d'avoir, errant de nation en nation, les menaçant toutes de la colère céleste, établissant de nouveaux rites pour l'apaiser, et rendant les hommes plus faibles et plus malheureux par les craintes et par les remords dont ils les remplissaient. Les uns durent leur haute réputation à des prestiges; les autres, à de grands talents; de ce nombre furent Abaris de Scythie, Empédocle d'Agrigente, Épiménide de Crète [6].

L'impression qu'ils laissèrent dans les esprits a perpétué le règne de la superstition. Le peuple découvre des signes frappants de la volonté des dieux en tous temps, en tous lieux, dans les éclipses, dans le bruit du tonnerre, dans les grands phénomènes de la nature, dans les accidents les plus fortuits. Les songes [7], l'aspect imprévu de certains animaux [8], le mouvement convulsif des paupières [9], le tintement des oreilles [10], l'éternuement [11], quelques mots prononcés au hasard, tant d'autres effets indifférents, sont devenus des présages heureux ou sinistres. Trouvez-vous un serpent dans votre maison, élevez un autel dans le lieu même [12]. Voyez-vous un milan planer dans les airs, tombez vite

---

1. Demosth., in Neær., p. 880. — 2. Aristoph., in Pac., v. 1084. Schol., ibid. — 3. Herodot., lib. IX, cap. xxxIII. Pausan., lib. III, cap. xI, p. 232; lib. IV, cap. xv, p. 317; lib. VI, cap. II, p. 454. Cicer., De divinat., lib. I, cap. xLI, t. III, p. 34. — 4. Plat., in Euthyphr., t. I, p. 4. — 5. Id., ibid., p. 5. — 6. Diog. Laert., lib. I, § 109. Bruck., Hist. philos., t. I, p. 357. — 7. Homer., Iliad., lib. I, v. 63. Sophocl., in Electr., v. 426. — 8. Theophr., Charact., cap. xvI. — 9. Theocr., Idyll. III, v. 37. — 10. Ælian., Var. hist., lib. IV, cap. xvII. — 11. Aristoph., in Av., v. 721. — 12. Theophr., ibid. Terent., in Phorm., act. IV, scen. IV.

à genoux [1]. Votre imagination est-elle troublée par le chagrin ou par la maladie, c'est Empusa qui vous apparaît, c'est un fantôme envoyé par Hécate, et qui prend toutes sortes de formes pour tourmenter les malheureux [2].

Dans toutes ces circonstances, on court aux devins, aux interprètes [3]. Les ressources qu'ils indiquent sont aussi chimériques que les maux dont on se croit menacé.

Quelques-uns de ces imposteurs se glissent dans les maisons opulentes, et flattent les préjugés des âmes faibles [4]. Ils ont, disent-ils, des secrets infaillibles pour enchaîner le pouvoir des mauvais génies. Leurs promesses annoncent trois avantages dont les gens riches sont extrêmement jaloux, et qui consistent à les rassurer contre leurs remords, à les venger de leurs ennemis, à perpétuer leur bonheur au delà du trépas. Les prières et les expiations qu'ils mettent en œuvre sont contenues dans de vieux rituels, qui portent les noms d'Orphée et de Musée [5].

Des femmes de la lie du peuple font le même trafic [6]. Elles vont dans les maisons des pauvres distribuer une espèce d'initiation ; elles répandent de l'eau sur l'initié, le frottent avec de la boue et du son, le couvrent d'une peau d'animal, et accompagnent ces cérémonies de formules qu'elles lisent dans le rituel, et de cris perçants qui en imposent à la multitude.

Les personnes instruites, quoique exemptes de la plupart de ces faiblesses, n'en sont pas moins attachées aux pratiques de la religion. Après un heureux succès, dans une maladie, au plus petit danger, au souvenir d'un songe effrayant, elles offrent des sacrifices ; souvent même elles construisent, dans l'intérieur de leurs maisons, des chapelles qui se sont tellement multipliées que de pieux philosophes désireraient qu'on les supprimât toutes, et que les vœux des particuliers ne s'acquittassent que dans les temples [7].

Mais comment concilier la confiance que l'on a pour les cérémonies saintes, avec les idées que l'on a conçues du souverain des dieux ? Il est permis de regarder Jupiter comme un usurpateur, qui a chassé son père du trône de l'univers, et qui en sera chassé un jour par son fils. Cette doctrine, soutenue par la secte des prétendus disciples d'Orphée [8], Eschyle n'a pas craint de l'adopter dans une tragédie que le gouvernement n'a jamais empêché de représenter et d'applaudir [9].

J'ai dit plus haut que, depuis un siècle environ, de nouveaux dieux s'étaient introduits parmi les Athéniens : je dois ajouter que, dans le même intervalle de temps, l'incrédulité a fait les mêmes progrès. Dès que les Grecs eurent reçu les lumières de la philosophie, quelques-uns d'entre eux, étonnés des irrégularités et des scandales de la nature, ne le furent pas moins de n'en pas trouver la solution dans le système

---

1. Aristoph., in Av., v. 501. — 2. Id., in Ran., v. 295. — 3. Theophr., Charact., cap. XVI. — 4. Plat., De rep., lib. II, p. 364.— 5. Id., ibid. — 6. Demosth., De cor., p. 516. Diog. Laert., lib. X, § 4. — 7. Plat., De leg., lib. X, p. 909. — 8. Procl., in Plat., lib. V, p. 291. Mém. de l'Acad. des bell. lettr., t. XXIII, p. 265. — 9. Æschyl., in Prom., v. 200, 755 et 9*.

BARTHÉLEMY. — I.

informe de religion qu'ils avaient suivi jusqu'alors. Les doutes succédèrent à l'ignorance, et produisirent des opinions licencieuses, que les jeunes gens embrassèrent avec avidité [1]: mais les auteurs devinrent l'objet de la haine publique. Le peuple disait qu'ils n'avaient secoué le joug de la religion que pour s'abandonner plus librement à leurs passions [2]; et le gouvernement se crut obligé de sévir contre eux. Voici comment on justifie son intolérance.

Le culte public étant prescrit par une des lois fondamentales [3], et se trouvant par là même étroitement lié avec la constitution, on ne peut l'attaquer sans ébranler cette constitution. C'est donc aux magistrats qu'il appartient de le maintenir, et de s'opposer aux innovations qui tendent visiblement à le détruire. Ils ne soumettent à la censure, ni les histoires fabuleuses sur l'origine des dieux, ni les opinions philosophiques sur leur nature, ni même les plaisanteries indécentes sur les actions qu'on leur attribue; mais ils poursuivent et font punir de mort ceux qui parlent ou qui écrivent contre leur existence, ceux qui brisent avec mépris leurs statues, ceux enfin qui violent le secret des mystères avoués par le gouvernement.

Ainsi, pendant que l'on confie aux prêtres le soin de régler les actes extérieurs de piété, et aux magistrats l'autorité nécessaire pour le soutien de la religion, on permet aux poètes de fabriquer ou d'adopter de nouvelles généalogies des dieux [4], et aux philosophes d'agiter les questions si délicates sur l'éternité de la matière et sur la formation de l'univers [5], pourvu toutefois qu'en les traitant ils évitent deux grands écueils : l'un, de se rapprocher de la doctrine enseignée dans les mystères; l'autre, d'avancer, sans modification, des principes d'où résulterait nécessairement la ruine du culte établi de temps immémorial. Dans l'un et dans l'autre cas, ils sont poursuivis comme coupables d'impiété.

Cette accusation est d'autant plus redoutable pour l'innocence qu'elle a servi plus d'une fois d'instrument à la haine, et qu'elle enflamme aisément la fureur d'un peuple, dont le zèle est plus cruel encore que celui des magistrats et des prêtres.

Tout citoyen peut se porter pour accusateur, et dénoncer le coupable devant le second des archontes [6], qui introduit la cause à la cour des héliastes, l'un des principaux tribunaux d'Athènes. Quelquefois l'accusation se fait dans l'assemblée du peuple [7]. Quand elle regarde les mystères de Cérès, le sénat en prend connaissance; à moins que l'accusé ne se pourvoie devant les eumolpides [8] : car cette famille sacerdotale, attachée de tout temps au temple de Cérès, conserve une juridiction qui ne s'exerce que sur la profanation des mystères, et qui est d'une extrême sévérité. Les eumolpides procèdent suivant des lois non écrites dont ils sont les interprètes, et qui livrent le coupable, non-

1. Plat., De leg., lib. X, p. 886. — 2. Id., ibid. — 3. Porphyr., De abstin., lib. IV, p. 380. — 4. Herodot., lib. II, cap. CLVI. Joseph., in Appion., lib. II, p. 491. — 5. Plat., Aristot., etc. — 6. Poll., lib. VIII, cap. IX, § 90. — 7. Andoc., De myst., p. 2. Plut., in Alcib., t. I, p. 200. — 8. Demosth., in Androt., p. 703. Ulpian., p. 718.

seulement à la vengeance des hommes, mais encore à celle des dieux[1]. Il est rare qu'il s'expose aux rigueurs de ce tribunal.

Il est arrivé qu'en déclarant ses complices, l'accusé a sauvé ses jours; mais on ne l'a pas moins rendu incapable de participer aux sacrifices, aux fêtes, aux spectacles, aux droits des autres citoyens[2]. A cette note d'infamie se joignent quelquefois des cérémonies effrayantes. Ce sont des imprécations que les prêtres de différents temples prononcent solennellement et par ordre des magistrats[3]. Ils se tournent vers l'occident; et, secouant leurs robes de pourpre, ils dévouent aux dieux infernaux le coupable et sa postérité[4]. On est persuadé que les furies s'emparent alors de son cœur, et que leur rage n'est assouvie que lorsque sa race est éteinte.

La famille sacerdotale des eumolpides montre plus de zèle pour le maintien des mystères de Cérès, que n'en témoignent les autres prêtres pour la religion dominante. On les a vus plus d'une fois traduire les coupables devant les tribunaux de justice[5]. Cependant il faut dire à leur louange qu'en certaines occasions, loin de seconder la fureur du peuple, prêt à massacrer sur-le-champ des particuliers accusés d'avoir profané les mystères, ils ont exigé que la condamnation se fît suivant les lois[6]. Parmi ces lois, il en est une qu'on a quelquefois exécutée, et qui serait capable d'arrêter les haines les plus fortes, si elles étaient susceptibles de frein. Elle ordonne que l'accusateur ou l'accusé périsse : le premier, s'il succombe dans son accusation; le second, si le crime est prouvé[7].

Il ne reste plus qu'à citer les principaux jugements que les tribunaux d'Athènes ont prononcés contre le crime d'impiété, depuis environ un siècle.

Le poëte Eschyle fut dénoncé pour avoir, dans une de ses tragédies, révélé la doctrine des mystères. Son frère Aminias tâcha d'émouvoir les juges, en montrant les blessures qu'il avait reçues à la bataille de Salamine. Ce moyen n'aurait peut-être pas suffi, si Eschyle n'eût prouvé clairement qu'il n'était pas initié. Le peuple l'attendait à la porte du tribunal pour le lapider[8].

Le philosophe Diagoras de Mélos, accusé d'avoir révélé les mystères et nié l'existence des dieux, prit la fuite. On promit des récompenses à ceux qui le livreraient mort ou vif, et le décret qui le couvrait d'infamie fut gravé sur une colonne de bronze[9].

Protagoras, un des plus illustres sophistes de son temps, ayant commencé un de ses ouvrages par ces mots : « Je ne sais s'il y a des dieux, ou s'il n'y en a point, » fut poursuivi criminellement, et prit la fuite. On rechercha ses écrits dans les maisons des particuliers, et on les fit brûler dans la place publique[10].

---

1. Lys., in Andoc., p. 108. — 2. Id., ibid., p. 115. — 3. Tit. Liv., lib. XXXI, cap. XLIV. — 4. Lys., ibid., p. 129. — 5. Andoc., De myst., p. 15. — 6. Lys., ibid., p. 130. — 7. Andoc., ibid., p. 4. — 8. Aristot., De mor., lib. III, cap. II, t. II, p. 29. Ælian., Var. hist., lib. V, cap. XIX. Clem. Alex., Strom., lib. II, cap. IV, t. I, p. 461. — 9. Lys., ibid., p. 111. Schol. Aristoph., in Ran., v. 323; id., in Av., v. 1073. Schol., ibid. — 10. Diog. Laert., lib. IX, § 52. Joseph., in Appion., lib. II, t. II, p. 493. Cicer., De nat. deor., lib. I, cap. XXIII, t. II, p. 416.

Prodicus de Céos fut condamné à boire la ciguë, pour avoir avancé que les hommes avaient mis au rang des dieux les êtres dont ils retiraient de l'utilité ; tels que le soleil, la lune, les fontaines[1], etc.

La faction opposée à Périclès, n'osant l'attaquer ouvertement, résolut de le perdre par une voie détournée. Il était ami d'Anaxagore, qui admettait une intelligence suprême. En vertu d'un décret porté contre ceux qui niaient l'existence des dieux, Anaxagore fut traîné en prison. Il obtint quelques suffrages de plus que son accusateur, et ne les dut qu'aux prières et aux larmes de Périclès, qui le fit sortir d'Athènes. Sans le crédit de son protecteur, le plus religieux des philosophes aurait été lapidé comme athée[2].

Lors de l'expédition de Sicile, au moment qu'Alcibiade faisait embarquer les troupes qu'il devait commander, les statues de Mercure, placées en différents quartiers d'Athènes, se trouvèrent mutilées en une nuit[3]. La terreur se répand aussitôt dans Athènes. On prête des vues plus profondes aux auteurs de cette impiété, qu'on regarde comme des factieux. Le peuple s'assemble ; des témoins chargent Alcibiade d'avoir défiguré les statues, et de plus célébré, avec les compagnons de ses débauches, les mystères de Cérès dans des maisons particulières[4]. Cependant, comme les soldats prenaient hautement le parti de leur général, on suspendit le jugement ; mais à peine fut-il arrivé en Sicile, que ses ennemis reprirent l'accusation[5] ; les délateurs se multiplièrent, et les prisons se remplirent de citoyens que l'injustice poursuivait. Plusieurs furent mis à mort ; beaucoup d'autres avaient pris la fuite.

Il arriva, dans le cours des procédures, un incident qui montre jusqu'à quel excès le peuple porte son aveuglement. Un des témoins, interrogé comment il avait pu reconnaître pendant la nuit les personnes qu'il dénonçait, répondit : « Au clair de la lune. » On prouva que la lune ne paraissait pas alors. Les gens de bien furent consternés[7] ; mais la fureur du peuple n'en devint que plus ardente.

Alcibiade, cité devant cet indigne tribunal, dans le temps qu'il allait s'emparer de Messine, et peut-être de toute la Sicile, refusa de comparaître, et fut condamné à perdre la vie. On vendit ses biens ; on grava sur une colonne le décret qui le proscrivait et le rendait infâme[8]. Les prêtres de tous les temples eurent ordre de prononcer contre lui des imprécations terribles. Tous obéirent, à l'exception de la prêtresse Théano, dont la réponse méritait mieux d'être gravée sur une colonne que le décret du peuple. « Je suis établie, dit-elle, pour attirer sur les hommes les bénédictions et non les malédictions du ciel[9]. »

Alcibiade, ayant offert ses services aux ennemis de sa patrie, la mit à

---

1. Cicer., De nat. deor., lib. I, cap. XLII, t. II, p. 432. Sext. Empir. Adv. phys., lib. IX, p. 552. Suid., in Πρόδ. — 2. Hermip. et Hieron., ap. Diog. Laert., lib. II, § 13. Plut., De profect., t. II, p. 84. Euseb., Præp. evang., lib. XIV, cap. XIV. — 3. Plut., in Alcib., t. I, p. 200. — 4. Andoc., De myst., p. 3. — 5. Plut., ibid., p. 201. — 6. Andoc., ibid. — 7. Plut., ibid. — 8. Nep., in Alcib., cap. IV. — 9. Plut., ibid., cap. IV, p. 202; id., Quæst. rom., t. II, p. 275.

deux doigts de sa perte. Quand elle se vit forcée de le rappeler, les prêtres de Cérès s'opposèrent à son retour [1]; mais ils furent contraints de l'absoudre des imprécations dont ils l'avaient chargé. On remarqua l'adresse avec laquelle s'exprima le premier des ministres sacrés : « Je n'ai pas maudi Alcibiade, s'il était innocent [2]. »

Quelque temps après arriva le jugement de Socrate, dont la religion ne fut que le prétexte, ainsi que je le montrerai dans la suite.

Les Athéniens ne sont pas plus indulgents pour le sacrilége. Les lois attachent la peine de mort à ce crime, et privent le coupable des honneurs de la sépulture [3]. Cette peine que des philosophes, d'ailleurs éclairés, ne trouvent pas trop forte [4], le faux zèle des Athéniens l'étend jusqu'aux fautes les plus légères. Croirait-on qu'on a vu des citoyens condamnés à périr, les uns pour avoir arraché un arbrisseau dans un bois sacré, les autres pour avoir tué je ne sais quel oiseau consacré à Esculape [5]? Je rapporterai un trait plus effrayant encore. Une feuille d'or était tombée de la couronne de Diane. Un enfant la ramassa. Il était si jeune qu'il fallut mettre son discernement à l'épreuve. On lui présenta de nouveau la feuille d'or, avec des dés, des hochets, et une grosse pièce d'argent. L'enfant s'étant jeté sur cette pièce, les juges déclarèrent qu'il avait assez de raison pour être coupable, et le firent mourir [6].

CHAP. XXII. — *Voyage de la Phocide. Les jeux Pythiques. Le temp. et l'oracle de Delphes.*

Je parlerai souvent des fêtes de la Grèce; je reviendrai souvent à ces solennités augustes où se rassemblent les divers peuples de cet heureux pays. Comme elles ont entre elles beaucoup de traits de conformité, on me reprochera peut-être de retracer les mêmes tableaux. Mais ceux qui décrivent les guerres des nations n'exposent-ils pas à nos yeux une suite uniforme de scènes meurtrières ? Et quel intérêt peut-il résulter des peintures qui ne présentent les hommes que dans les convulsions de la fureur ou du désespoir? N'est-il pas plus utile et plus doux de les suivre dans le sein de la paix et de la liberté, dans ces combats où se déploient les talents de l'esprit et les grâces du corps, dans ces fêtes où le goût étale toutes ses ressources, et le plaisir tous ses attraits?

Ces instants de bonheur, ménagés adroitement pour suspendre les divisions des peuples [7], et arracher les particuliers au sentiment de leurs peines; ces instants, goûtés d'avance par l'espoir de les voir renaître, goûtés, après qu'ils se sont écoulés, par le souvenir qui les perpétue, j'en ai joui plus d'une fois; et, je l'avouerai, j'ai versé des larmes d'attendrissement quand j'ai vu des milliers de mortels, réunis par le même intérêt, se livrer de concert à la joie la plus vive, et lais-

1. Thucyd., lib. VIII, cap. LIII. — 2. Plut., in Alcib., t. I, p. 210. — 3. Diod., lib. XVI, p. 427. — 4. Plat., De leg., lib. IX, t. II, p. 854. — 5. Ælian., Var. hist., lib. V, cap. XVII. — 6. Id., ibid., cap. XVI. Poll., lib. IX, cap. VI, § 75. — 7. Isocr., Paneg., t. I, p. 139.

ser rapidement échapper ces émotions touchantes qui sont le plus beau des spectacles pour une âme sensible. Tel est celui que présente la solennité des jeux pythiques, célébrés de quatre ans en quatre ans à Delphes en Phocide.

Nous partîmes d'Athènes vers la fin du mois élaphébolion, dans la troisième année de la 104ᵉ olympiade[1]. Nous allâmes à l'isthme de Corinthe; et, nous étant embarqués à Pagæ, nous entrâmes dans le golfe de Crissa, le jour même où commençait la fête[2]. Précédés et suivis d'un grand nombre de bâtiments légers, nous abordâmes à Cirrha, petite ville située au pied du mont Cirphis. Entre ce mont et le Parnasse, s'étend une vallée où se font les courses des chevaux et des chars. Le Plistus y coule à travers des prairies riantes[3], que le printemps parait de ses couleurs. Après avoir visité l'Hippodrome[4], nous prîmes un des sentiers qui conduisent à Delphes.

La ville se présentait en amphithéâtre sur le penchant de la montagne[5]. Nous distinguions déjà le temple d'Apollon, et cette prodigieuse quantité de statues qui sont semées sur différents plans, à travers les édifices qui embellissent la ville. L'or dont la plupart sont couvertes, frappé des rayons naissants du soleil, brillait d'un éclat qui se répandait au loin[6]. En même temps on voyait s'avancer lentement, dans la plaine et sur les collines, des processions composées de jeunes garçons et de jeunes filles, qui semblaient se disputer le prix de la magnificence et de la beauté. Du haut des montagnes, des rivages de la mer, un peuple immense s'empressait d'arriver à Delphes; et la sérénité du jour, jointe à la douceur de l'air qu'on respire en ce climat, prêtait de nouveaux charmes aux impressions que nos sens recevaient de toutes parts.

Le Parnasse est une chaîne de montagnes qui se prolonge vers le nord, et qui, dans sa partie méridionale, se termine en deux pointes, au-dessous desquelles on trouve la ville de Delphes qui n'a que seize stades de circuit[7]. Elle n'est point défendue par des murailles, mais par des précipices qui l'environnent de trois côtés[8]. On l'a mise sous la protection d'Apollon; et l'on associe au culte de ce dieu celui de quelques autres divinités, qu'on appelle les assistantes de son trône. Ce sont Latone, Diane et Minerve la prévoyante. Leurs temples sont à l'entrée de la ville.

Nous nous arrêtâmes un moment dans celui de Minerve : nous vîmes au dedans un bouclier d'or envoyé par Crœsus, roi de Lydie; au dehors, une grande statue de bronze, consacrée par les Marseillais des Gaules, en mémoire des avantages qu'ils avaient remportés sur les Carthaginois[9]. Après avoir passé près du Gymnase, nous

---

1. Au commencement d'avril de l'an 361 avant J. C. — 2. Ces jeux se célébraient dans la 3ᵉ année de chaque olympiade, vers les premiers jours du mois munychion, qui, dans l'année que j'ai choisie, commençait au 14 avril. (Corsin., Diss. agonist. in Pyth.; id., Fast. attic., t. III, p. 287. Dodwell, De cycl., p. 719.) — 3. Pind., Pyth., od. X, v. 23. Argum. Pyth., p. 163. Pausan. lib. X, cap. IX, p. 817. — 4. Pausan., lib. X, cap. XXXVII, p. 893. — 5. Strab., lib. IX, p. 418. — 6. Justin., lib. XXIV, cap. VII. — 7. Strab., ibid. Quinze cent douze toises. — 8. Justin., ibid., cap. VI. — 9. Pausan., ibid., cap. IX, p. 817.

nous trouvâmes sur les bords de la fontaine Castalie, dont les eaux saintes servent à purifier et les ministres des autels, et ceux qui viennent consulter l'oracle [1]. De là nous montâmes au temple d'Apollon, qui est situé dans la partie supérieure de la ville [2]. Il est entouré d'une enceinte vaste, et rempli d'offrandes précieuses faites à la divinité.

Les peuples et les rois qui reçoivent des réponses favorables, ceux qui remportent des victoires, ceux qui sont délivres des malheurs qui les menaçaient, se croient obligés d'élever dans ces lieux des monuments de reconnaissance. Les particuliers couronnés dans les jeux publics de la Grèce, ceux qui sont utiles à leur patrie par des services ou qui l'illustrent par leurs talents, obtiennent dans cette même enceinte des monuments de gloire. C'est là qu'on se trouve entouré d'un peuple de héros; c'est là que tout rappelle les événements les plus remarquables de l'histoire, et que l'art de la sculpture brille avec plus d'éclat que dans tous les autres cantons de la Grèce.

Comme nous étions sur le point de parcourir cette immense collection, un Delphien, nommé Cléon, voulut nous servir de guide. C'était un de ces interprètes du temple, qui n'ont d'autre fonction que de satisfaire l'avide curiosité des étrangers [3]. Cléon, s'étendant sur les moindres détails, épuisa plus d'une fois son savoir et notre patience. J'abrégerai son récit, et j'en écarterai souvent le merveilleux dont il cherchait à l'embellir.

Un superbe taureau de bronze fut le premier objet que nous trouvâmes à l'entrée de l'enceinte [4]. « Ce taureau, disait Cléon, fut envoyé par ceux de Corcyre; et c'est l'ouvrage de Théoprope d'Égine. Ces neuf statues que vous voyez ensuite furent présentées par les Tégéates, après qu'ils eurent vaincu les Lacédémoniens. Vous y reconnaîtrez Apollon, la Victoire, et les anciens héros de Tégée. Celles qui sont vis-à-vis ont été données par les Lacédémoniens, après que Lysander eut battu près d'Éphèse la flotte d'Athènes. Les sept premières représentent Castor et Pollux, Jupiter, Apollon, Diane, et Lysander qui reçoit une couronne de la main de Neptune : la huitième est pour Abas, qui faisait les fonctions de devin dans l'armée de Lysander; et la neuvième pour Hermon, pilote de la galère que commandait ce général. Quelque temps après, Lysander ayant remporté sur les Athéniens une seconde victoire navale auprès d'Ægos-Potamos, les Lacédémoniens envoyèrent aussitôt à Delphes les statues des principaux officiers de leur armée, et celles des chefs des troupes alliées. Elles sont au nombre de vingt-huit, et vous les voyez derrière celles dont je viens de parler [5].

« Ce cheval de bronze est un présent des Argiens. Vous lirez, dans une inscription gravée sur le piédestal, que les statues dont il est entouré proviennent de la dixième partie des dépouilles enlevées par

---

1. Euripid., in Ion., v. 94. Heliod., Æthiop., lib. II, p. 107. — 2. Pausan., lib. X, cap. IX, p. 818. — 3. Plut., De Pyth. orac., t. II, p. 395. Lucian., in Philopseud., § 4, t. III, p. 32; id., in Calumn., p. 32. — 4. Pausan., ibid. — 5. Id., ibid. Plut., in Lysand., t. I, p. 443.

les Athéniens aux Perses dans les champs de Marathon. Elles sont au nombre de treize, et toutes de la main de Phidias. Voyez sous quels traits il offre à nos yeux Apollon, Minerve, Thésée, Codrus, et plusieurs de ces anciens Athéniens qui ont mérité de donner leurs noms aux tribus d'Athènes. Miltiade, qui gagna la bataille, brille au milieu de ces dieux et de ces héros[1].

« Les nations qui font de pareilles offrandes ajoutent souvent aux images de leurs généraux celles des rois et des particuliers qui, dès les temps les plus anciens, ont éternisé leur gloire. Vous en avez un nouvel exemple dans ce groupe de vingt-cinq ou trente statues, que les Argiens ont consacrées en différents temps et pour différentes victoires. Celle-ci est de Danaüs, le plus puissant des rois d'Argos; celle-là, d'Hypermnestre sa fille; cette autre, de Lyncée son gendre. Voici les principaux chefs qui suivirent Adraste, roi d'Argos, à la première guerre de Thèbes; voici ceux qui se distinguèrent dans la seconde; voilà Diomède, Sthénélus, Amphiaraüs dans son char, avec Baton son parent, qui tient les rênes des chevaux[2].

« Vous ne pouvez faire un pas sans être arrêté par des chefs-d'œuvre de l'art. Ces chevaux de bronze, ces captives gémissantes, sont de la main d'Agéladas d'Argos : c'est un présent des Tarentins d'Italie. Cette figure représente Triopas, fondateur des Cnidiens en Carie. Ces statues de Latone, d'Apollon, et de Diane, qui lancent des flèches contre Tityus, sont une offrande du même peuple.

« Ce portique, où sont attachés tant d'éperons de navires et de boucliers d'airain, fut construit par les Athéniens[3]. Voici la roche sur laquelle une ancienne sibylle, nommée Hérophile, prononçait, dit-on, ses oracles[4]. Cette figure, couverte d'une cuirasse et d'une cotte d'armes, fut envoyée par ceux d'Andros, et représente Andreus leur fondateur. Les Phocéens ont consacré cet Apollon, ainsi que cette Minerve et cette Diane; ceux de Pharsale en Thessalie, cette statue équestre d'Achille; les Macédoniens, cet Apollon qui tient une biche; les Cyrénéens, ce char dans lequel Jupiter paraît avec la majesté qui convient au maître des dieux[5]; enfin les vainqueurs de Salamine, cette statue de douze coudées[6], qui tient un ornement de navire, et que vous voyez auprès de la statue dorée d'Alexandre, roi de Macédoine[7].

« Parmi ce grand nombre de monuments, on a construit plusieurs petits édifices, où les peuples et les particuliers ont porté des sommes considérables, soit pour les offrir au dieu, soit pour les mettre en dépôt, comme dans un lieu de sûreté. Quand ce n'est qu'un dépôt, on a soin d'y tracer le nom de ceux à qui il appartient, afin qu'ils puissent le retirer en cas de besoin[8]. »

Nous parcourûmes les trésors des Athéniens, des Thébains, des

---

1. Pausan., lib. X, cap. x, p. 821. — 2. Id., ibid., p. 822. — 3. Id., ibid., cap. XI, p. 825. — 4. Id., ibid., cap. XII, p. 825. — 5. Id., ibid., cap. XIII, p. 829. — 6. Dix-sept pieds. — 7. Hérodot., lib. VIII, cap. CXXI. C'est Alexandre Ier, un des prédécesseurs d'Alexandre le Grand. — 8. Xenoph., Exped. Cyr., lib. V, p. 349.

Cnidiens, des Syracusains [1], etc.; et nous fûmes convaincus qu'on n'avait point exagéré en nous disant que nous trouverions plus d'or et d'argent à Delphes qu'il n'y en a peut-être dans le reste de la Grèce.

Le trésor des Sicyoniens nous offrit, entre autres singularités, un livre en or, qu'avait présenté une femme, nommée Aristomaque, qui avait remporté le prix de poésie aux jeux isthmiques [2]. Nous vîmes dans celui des Siphniens une grande quantité d'or provenu des mines qu'ils exploitaient autrefois dans leur île [3]; et dans celui des habitants d'Acanthe, des obélisques de fer, présentés par la courtisane Rhodope [4]. « Est-il possible, m'écriai-je, qu'Apollon ait agréé un pareil hommage ?— Étranger, me dit un Grec que je ne connaissais pas, les mains qui ont élevé ces trophées étaient-elles plus pures ? Vous venez de lire sur la porte de l'asile où nous sommes : LES HABITANTS D'ACANTHE VAINQUEURS DES ATHÉNIENS [5]; ailleurs : LES ATHÉNIENS VAINQUEURS DES CORINTHIENS; LES PHOCÉENS, DES THESSALIENS; LES ORNÉATES, DES SICYONIENS, etc. Ces inscriptions furent tracées avec le sang de plus de cent mille Grecs; le dieu n'est entouré que de monuments de nos fureurs [6]; et vous êtes étonné que ces prêtres aient accepté l'hommage d'une courtisane ? »

Le trésor des Corinthiens est le plus riche de tous. On y conserve la principale partie des offrandes que différents princes ont faites au temple d'Apollon. Nous y trouvâmes les magnifiques présents de Gygès, roi de Lydie, parmi lesquels on distingue six grands cratères d'or [7], du poids de trente talents [8].

« La libéralité de ce prince, nous dit Cléon, fut bientôt effacée par celle de Crœsus, un de ses successeurs. Ce dernier ayant consulté l'oracle fut si content de sa réponse, qu'il fit porter à Delphes : 1° cent dix-sept plinthes [9] d'or, épaisses d'un palme, la plupart longues de six palmes, et larges de trois, pesant chacune deux talents, à l'exception de quatre qui ne pesaient chacune qu'un talent et demi. Vous les verrez dans le temple. Par la manière dont on les avait disposées, elles servaient de base à un lion de même métal, qui tomba lors de l'incendie du temple, arrivé quelques années après. Vous l'avez sous vos yeux. Il pesait alors dix talents; mais, comme le feu l'a dégradé, il n'en pèse plus que six et demi [10].

« 2° Deux grands cratères, l'un en or, pesant huit talents et quarante-deux mines; le second en argent, et contenant six cents amphores. Vous avez vu le premier dans les trésors des Clazoméniens; vous verrez le second dans le vestibule du temple [11].

---

1. Pausan., lib. X, cap. XI, p. 823. — 2. Plut., Sympos., lib. V, t. II, p. 675. — 3. Herodot., lib. III, p. 57. Pausan., ibid. — 4. Plut., De Pyth. orac., t. II, p. 400. — 5. Id., in Lysand., t. I, p. 433. — 6. Id., De Pyth. orac., t. II, p. 400. — 7. Les cratères étaient de grands vases en forme de coupes, où l'on faisait le mélange du vin et de l'eau. — 8. Herodot., lib. I, cap. XIV. Voyez, tant pour cet article que pour les suivants, la note XXVII qui se trouve à la fin du volume. — 9. On entend communément par plinthe un membre d'architecture ayant la forme d'une petite table carrée. — 10. Herodot., lib. I, cap. L. Diod., lib. XVI, p. 452. — 11. Herodot., ibid., cap. LI.

« 3° Quatre vases d'argent en forme de tonneaux, et d'un volume très-considérable[1]. Vous les voyez tous quatre dans ce lieu[2].

« 4° Deux grandes aiguières, l'une en or, et l'autre en argent[3].

« 5° Une statue en or, représentant, à ce qu'on prétend, la femme qui faisait le pain de ce prince. Cette statue a trois coudées de hauteur et pèse huit talents[4].

« 6° A ces richesses Crœsus ajouta quantité de lingots d'argent, les colliers et les ceintures de son épouse, et d'autres présents non moins précieux[5]. »

Cléon nous montra ensuite un cratère en or, que la ville de Rome en Italie avait envoyé à Delphes[6]. On nous fit voir le collier d'Hélène[7]. Nous comptâmes, soit dans le temple, soit dans les différents trésors, trois cent soixante fioles d'or, pesant chacune deux mines[8].

Tous ces trésors réunis avec ceux dont je n'ai point fait mention montent à des sommes immenses. On peut en juger par le fait suivant. Quelque temps après notre voyage à Delphes, les Phocéens s'emparèrent du temple; et les matières d'or et d'argent qu'ils firent fondre furent estimées plus de dix mille talents[9].

Après être sortis du trésor des Corinthiens, nous continuâmes à parcourir les monuments de l'enceinte sacrée. « Voici, nous dit Cléon, un groupe qui doit fixer vos regards. Voyez avec quelle fureur Apollon et Hercule se disputent un trépied; avec quel intérêt Latone et Diane tâchent de retenir le premier, et Minerve le second[10]! Ces cinq statues, sorties des mains de trois artistes de Corinthe, furent consacrées en ce lieu par les Phocéens[11]. Ce trépied garni d'or, soutenu par un dragon d'airain, fut offert par les Grecs, après la bataille de Platée[12]. Les Tarentins d'Italie, après quelques avantages remportés sur leurs ennemis, ont envoyé ces statues équestres, et ces autres statues en pied; elles représentent les principaux chefs des vainqueurs et des vaincus[13]. Les habitants de Delphes ont donné ce loup de bronze, que vous voyez près du grand autel[14]; les Athéniens, ce palmier et cette Minerve du même métal. La Minerve était autrefois dorée, ainsi que les fruits du palmier: mais, vers le temps de l'expédition des Athéniens en Sicile, des corbeaux présagèrent leur défaite en arrachant les fruits de l'arbre, et en perçant le bouclier de la déesse[15]. »

Comme nous parûmes douter de ce fait, Cléon ajouta, pour le confirmer : « Cette colonne placée auprès de la statue d'Hiéron, roi de Syracuse, ne fut-elle pas renversée le jour même de la mort de ce prince? Les yeux de la statue de ce Spartiate ne se détachèrent-ils pas quelques jours avant qu'il pérît dans le combat de Leuctres[16]? Vers le

---

1. Plut., in Syll., t. I, p. 459. — 2. Herodot., ibid. — 3. Id., ibid. — 4. Id., ibid. Plut., De Pyth. orac., t. II, p. 401. — 5. Tit. Liv., lib. V, cap. XXVIII. Plut., in Camill., t. I, p. 133. — 6. Diod., lib. XVI, p. 458. — 7. Id., ibid., p. 452. — 8. Trois marcs, trois onces, trois gros, trente-deux grains. — 9. Diod., ibid., p. 453. Plus de cinquante-quatre millions. — 10. Pausan., lib. X, cap. XIII, p. 830. — 11. Herodot., lib. VIII, cap. XXVII. — 12. Pausan., ibid. — 13. Id., ibid. — 14. Id., ibid., cap. XIV, p. 832. — 15. Plut., in Nic., t. I, p. 531. Pausan. ibid., cap. XV, p. 834. — 16. Plut., De Pyth. orac., t. II, p. 397.

même temps, ne disparurent-elles pas, ces deux étoiles d'or que Lysander avait consacrées ici en l'honneur de Castor et de Pollux[1] ? »

Ces exemples nous effrayèrent si fort, que, de peur d'en essuyer d'autres encore, nous prîmes le parti de laisser Cléon dans la paisible possession de ses fables. « Prenez garde, ajouta-t-il, aux pièces de marbre qui couvrent le terrain sur lequel vous marchez. C'est ici le point milieu de la terre[2]; le point également éloigné des lieux où l soleil se lève et de ceux où il se couche. On prétend que, pour le connaître, Jupiter fit partir de ces deux extrémités du monde deux aigles qui se rencontrèrent précisément en cet endroit[3]. »

Cléon ne nous faisait grâce d'aucune inscription : il s'attachait par préférence aux oracles que la prêtresse avait prononcés, et qu'on a soin d'exposer aux regards du public[4]; il nous faisait remarquer surtout ceux que l'événement avait justifiés.

Parmi les offrandes des rois de Lydie, j'ai oublié de parler d'un grand cratère d'argent, qu'Alyatte avait envoyé, et dont la base excite encore l'admiration des Grecs[5], peut-être parce qu'elle prouve la nouveauté des arts dans la Grèce. Elle est de fer, en forme de tour, plus large par en bas que par en haut : elle est travaillée à jour, et l'on y voit plusieurs petits animaux se jouer à travers les feuillages dont elle est ornée. Ses différentes pièces ne sont point unies par des clous; c'est un des premiers ouvrages où l'on ait employé la soudure. On l'attribue à Glaucus de Chio, qui vivait il y a près de deux siècles, et qui le premier trouva le secret de souder le fer.

Une infinité d'autres monuments avaient fixé notre attention. Nous avions vu la statue du rhéteur Gorgias[6], et les statues sans nombre des vainqueurs aux différents jeux de la Grèce. Si l'œil est frappé de la magnificence de tant d'offrandes rassemblées à Delphes, il ne l'est pas moins de l'excellence du travail[7] : car elles ont presque toutes été consacrées dans le siècle dernier, ou dans celui-ci; et la plupart sont des plus habiles sculpteurs qui ont paru dans ces deux siècles.

De l'enceinte sacrée nous entrâmes dans le temple, qui fut construit il y a environ cent cinquante ans[8]. Celui qui subsistait auparavant ayant été consumé dans les flammes, les amphictyons[9] ordonnèrent de le rebâtir; et l'architecte Spintharus de Corinthe s'engagea de le terminer pour la somme de trois cents talents[10]. Les trois quarts de

---

1. Cicer., De divin., lib. I, cap. XXXIV, t. III, p. 29. — 2. Æschyl., in Choeph., v. 1036. Eurip., in Orest., v. 330; in Phœniss., v. 244; in Ion., v. 223. Plat., De rep., lib. IV, t. II, p. 427. — 3. Pausan., lib. X, p. 835. Pindar., Pyth. IV, v. 6. Schol., ibid. Strab., lib. IX, p. 419. Plut., De orac. def., t. II, p. 409. — 4. Diod., lib. XVI, p. 428. Van Dale, De orac., p. 138 et 175. — 5. Herodot., lib. I, cap. XXV. Pausan., ibid., p. 834. Plut., ibid., t. II, p. 436. Hegesand., ap. Athen., lib. XV, p. 210. — 6. Hermip., ap. Athen., lib. XI, cap. XV, p. 505. Cicer., De orat., lib. III, cap. XXXII, t. I, p 340. Pausan., ibid., cap. XVIII, p. 842. Valer. Maxim., lib. VIII, cap. XV, in extern. — 7. Strab., lib. IX, p. 419. — 8. Mém. de l'Acad. des bell. lettr., t. III, p. 150. Vers l'an 513 avant J. C. — 9. C'étaient des députes de différentes villes, qui s'assemblaient tous les ans à Delphes, et qui avaient l'inspection du temple. J'en parlerai dans la suite. — 10. Un million six cent mille livres : mais, le talent étant alors plus fort qu'il ne le fut dans la suite, on peut ajouter quelque chose à cette évaluation.

cette somme furent prélevés sur différentes villes de la Grèce, et l'autre quart sur les habitants de Delphes, qui, pour fournir leur contingent, firent une quête jusque dans les pays les plus éloignés. Une famille d'Athènes ajouta même, à ses frais, des embellissements qui n'étaient pas dans le premier projet[1].

L'édifice est bâti d'une très-belle pierre; mais le frontispice est de marbre de Paros. Deux sculpteurs d'Athènes ont représenté, sur le fronton, Diane, Latone, Apollon, les muses, Bacchus, etc.[2] Les chapiteaux des colonnes sont chargés de plusieurs espèces d'armes dorées, et surtout de boucliers qu'offrirent les Athéniens en mémoire de la bataille de Marathon[3].

Le vestibule est orné de peintures qui représentent le combat d'Hercule contre l'Hydre, celui des géants contre les dieux, celui de Bellérophon contre la Chimère[4]. On y voit aussi des autels[5], un buste d'Homère[6], des vases d'eau lustrale[7], et d'autres grands vases où se fait le mélange du vin et de l'eau qui servent aux libations[8]. Sur le mur on lit plusieurs sentences, dont quelques-unes furent tracées, à ce qu'on prétend, par les sept sages de la Grèce. Elles renferment des principes de conduite, et sont comme des avis que donnent les dieux à ceux qui viennent les adorer[9]. Ils semblent leur dire : CONNAIS-TOI TOI-MÊME; RIEN DE TROP; L'INFORTUNE TE SUIT DE PRÈS.

Un mot de deux lettres, placé au-dessus de la porte, donne lieu à différentes explications; mais les plus habiles interprètes y découvrent un sens profond. Il signifie, en effet, vous ÊTES. C'est l'aveu de notre néant et un hommage digne de la divinité, à qui seule l'existence appartient[10].

Dans le même endroit, nous lûmes sur une tablette suspendue au mur ces mots tracés en gros caractères : QUE PERSONNE N'APPROCHE DE CES LIEUX, S'IL N'A PAS LES MAINS PURES[11].

Je ne m'arrêterai point à décrire les richesses de l'intérieur du temple; on en peut juger par celles du dehors. Je dirai seulement qu'on y voit une statue colossale d'Apollon, en bronze, consacrée par les amphictyons[12], et que, parmi plusieurs autres statues des dieux, on conserve et on expose au respect des peuples le siège sur lequel Pindare chantait des hymnes qu'il avait composés pour Apollon[13]. Je recueille de pareils traits pour montrer jusqu'à quel point les Grecs savent honorer les talents.

Dans le sanctuaire sont une statue d'Apollon en or[14], et cet ancien oracle dont les réponses ont fait si souvent le destin des empires. On en dut la découverte au hasard. Des chèvres qui erraient parmi les

1. Hérodot., lib. II, p. 180; lib. V, cap. LXII. Pausan., lib. X, p. 811. — 2. Pausan., ibid., cap. XIX, p. 842. — 3. Id., ibid. Æschin., in Ctesiph., p. 446. — 4. Euripid., in Ion, v. 190. — 5. Id., ibid., v. 1186. — 6. Pausan., ibid., p. 857. — 7. Heliod., Æthiop. — 8. Hérodot., lib. I, cap. LI. — 9. Plat., in Alcib. I, t. II, p. 124 et 129; id., in Charm., p. 164. Xenoph., Memor., lib. IV, p. 796. Pausan., ibid., cap. XIX, p. 857. Plin., lib. VII, cap. XXXII, p. 393. — 10. Plut., de EI, t. II, p. 384. — 11. Lucian., De sacrif., § 13, t. I, p. 536; id., in Herm., § 11, t. I, p. 750. — 12. Diod., lib. XVI, p. 453. — 13. Pausan., ibid., cap. XXIV, p. 858. — 14. Id., ibid.

rochers du mont Parnasse, s'étant approchées d'un soupirail d'où sortaient des exhalaisons malignes, furent, dit-on, tout à coup agitées de mouvements extraordinaires et convulsifs [1]. Le berger et les habitants les lieux voisins, accourus à ce prodige, respirent la même vapeur, éprouvent les mêmes effets, et prononcent, dans leur délire, des paroles sans liaison et sans suite. Aussitôt on prend ces paroles pour des prédictions, et la vapeur de l'antre pour un souffle divin qui dévoile l'avenir [2].

Plusieurs ministres sont employés dans le temple. Le premier qui s'offre aux yeux des étrangers est un jeune homme, souvent élevé à l'ombre des autels, toujours obligé de vivre dans la plus exacte continence, et chargé de veiller à la propreté ainsi qu'à la décoration des lieux saints [3]. Dès que le jour paraît, il va, suivi de ceux qui travaillent sous ses ordres, cueillir dans un petit bois sacré des branches de laurier, pour en former des couronnes qu'il attache aux portes, sur les murs, autour des autels, et du trépied sur lequel la pythie prononce ses oracles : il puise dans la fontaine Castalie de l'eau pour en remplir les vases qui sont dans le vestibule, et pour faire des aspersions dans l'intérieur du temple ; ensuite il prend son arc et son carquois pour écarter les oiseaux qui viennent se poser sur le toit de cet édifice, ou sur les statues qui sont dans l'enceinte sacrée.

Les prophètes exercent un ministère plus relevé : ils se tiennent auprès de la pythie [4], recueillent ses réponses, les arrangent, les interprètent, et quelquefois les confient à d'autres ministres qui les mettent en vers [5].

Ceux qu'on nomme les saints partagent les fonctions des prophètes. Ils sont au nombre de cinq. Ce sacerdoce est perpétuel dans leur famille, qui prétend tirer son origine de Deucalion [6]. Des femmes d'un certain âge sont chargées de ne laisser jamais éteindre le feu sacré [7], qu'elles sont obligées d'entretenir avec du bois de sapin [8]. Quantité de sacrificateurs, d'augures, d'aruspices, et d'officiers subalternes, augmentent la majesté du culte, et ne suffisent qu'à peine à l'empressement des étrangers qui viennent à Delphes de toutes les parties du monde.

Outre les sacrifices offerts en actions de grâces, ou pour expier des fautes, ou pour implorer la protection du dieu, il en est d'autres qui doivent précéder la réponse de l'oracle, et qui sont précédés par diverses cérémonies.

Pendant qu'on nous instruisait de ces détails, nous vîmes arriver au pied de la montagne, et dans le chemin qu'on appelle la voie sacrée, une grande quantité de chariots remplis d'hommes, de femmes e

---

1. Plut., De orac. def., t. II, p. 443. Pausan., lib. X, cap. v, p. 809. Diod., lib. XVI, p. 427. — 2. Plin., lib. II, cap. XCIII, p. 116. Voyez la note XXVIII à la fin du volume. — 3. Eurip., in Ion. v. 95, etc. — 4. Van Dale, De orac., p. 104. Mém. de l'Acad. des Bell. lettr., t. III, p. 186. — 5. Plut., De Pyth. orac., t. II, p. 407. Strab., lib. IX, p. 419. — 6. Plut., Quæst. græc., t. II, p. 292; et De orac. def., p. 438. — 7. Æschyl., in Choeph., v. 1037. Plut., in Num., t. I p. 66. — 8. Plut., De 'EI, t. II, p. 385.

d'enfants[1] qui, ayant mis pied à terre, formèrent leurs rangs, et s'avancèrent vers le temple en chantant des cantiques. Ils venaient du Péloponèse offrir au dieu les hommages des peuples qui l'habitent. La théorie ou procession des Athéniens les suivait de près, et était elle-même suivie des députations de plusieurs autres villes, parmi lesquelles on distinguait celle de l'île de Chio, composée de cent jeunes garçons[2].

Dans mon voyage de Délos, je parlerai plus au long de ces députations, de la magnificence qu'elles étalent, de l'admiration qu'elles excitent, de l'éclat qu'elles ajoutent aux fêtes qui les rassemblent. Celles qui vinrent à Delphes se rangèrent autour du temple, présentèrent leurs offrandes, et chantèrent en l'honneur d'Apollon des hymnes accompagnés de danses. Le chœur des Athéniens se distingua par la beauté des voix, et par une grande intelligence dans l'exécution[3]. Chaque instant faisait éclore des scènes intéressantes et rapides. Comment les décrire? Comment représenter ces mouvements, ces concerts, ces cris, ces cérémonies augustes, cette joie tumultueuse, cette foule de tableaux qui, rapprochés les uns des autres, se prêtaient de nouveaux charmes?

Nous fûmes entraînés au théâtre[4], où se donnaient les combats de poésie et de musique. Les amphictyons y présidaient. Ce sont eux qui, en différents temps, ont établi les jeux qu'on célèbre à Delphes[5]. Ils en ont l'intendance; ils y entretiennent l'ordre, et décernent la couronne au vainqueur[6]. Plusieurs poètes entrèrent en lice. Le sujet du prix est un hymne pour Apollon[7], que l'auteur chante lui-même en s'accompagnant de la cithare. La beauté de la voix et l'art de la soutenir par des accords harmonieux influent tellement sur les opinions des juges et des assistants, que pour n'avoir pas possédé ces deux avantages, Hésiode fut autrefois exclu du concours; et que, pour les avoir réunis dans un degré éminent, d'autres auteurs ont obtenu le prix, quoiqu'ils eussent produit des ouvrages qu'ils n'avaient pas composés[8]. Les poèmes que nous entendîmes avaient de grandes beautés. Celui qui fut couronné reçut des applaudissements si redoublés, que les hérauts furent obligés d'imposer silence. Aussitôt on vit s'avancer les joueurs de flûte.

Le sujet qu'on a coutume de leur proposer est le combat d'Apollon contre le serpent Python. Il faut qu'on puisse distinguer, dans leur composition, les cinq principales circonstances de ce combat[9]. La première partie n'est qu'un prélude; l'action s'engage dans la seconde; elle s'anime et se termine dans la troisième; dans la quatrième on entend les cris de victoire; et dans la cinquième les sifflements du monstre, avant qu'il expire[10]. Les amphictyons eurent à peine adjugé le prix, qu'ils se rendirent au stade, où les courses à pied allaient commencer. On proposa une couronne pour ceux qui parcourraient le

---

1. Plut., Quæst. græc., t. II, p. 304. — 2. Herodot., lib. VI, cap. XXVII. — 3. Xenoph., Memor., lib. III, p. 765. — 4. Plut., Sympos., lib. II, cap. IV, t. II, p. 638. Pausan., lib. X, cap. XXXI, p. 877. — 5. Pausan., ibid., cap. VII, p. 813. Strab., lib. IX, p. 421. — 6. Pind., Pyth. IV, v. 118. Schol., ibid. — 7. Strab., ibid. — 8. Pausan., ibid., cap. VII, p. 813. — 9. Strab., ibid. Argum. in pyth. Pind., p. 163. Athen., lib. XIV. — 10. Athen., ibid. Poll., lib. IV, cap. X, § 84.

plus tôt cette carrière, une autre pour ceux qui la fourniraient deux fois, une troisième pour ceux qui la parcourraient jusqu'à douze fois sans s'arrêter [1] : c'est ce qu'on appelle la course simple, la double course, la longue course. A ces différents exercices nous vîmes succéder la course des enfants [2], celle des hommes armés, la lutte, le pugilat [3], et plusieurs de ces combats que nous détaillerons en parlant des jeux olympiques.

Autrefois on présentait aux vainqueurs une somme d'argent [4]. Quand on a voulu les honorer davantage, on ne leur a donné qu'une couronne de laurier.

Nous soupâmes avec les théores ou députés des Athéniens. Quelques-uns se proposaient de consulter l'oracle. C'était le lendemain qu'il devait répondre à leurs questions : car on ne peut en approcher que dans certains jours de l'année; et la pythie ne monte sur le trépied qu'une fois par mois [5]. Nous résolûmes de l'interroger à notre tour, par un simple motif de curiosité, et sans la moindre confiance dans ses décisions.

Pendant toute la nuit, la jeunesse de Delphes, distribuée dans les rues, chantait des vers à la gloire de ceux qu'on venait de couronner [6]; tout le peuple faisait retentir les airs d'applaudissements longs et tumultueux; la nature entière semblait participer au triomphe des vainqueurs. Ces échos sans nombre qui reposent aux environs du Parnasse, éveillés tout à coup aux cris des trompettes, et remplissant de leurs cris les antres et les vallées [7], se transmettaient et portaient au loin les expressions éclatantes de la joie publique.

Le jour suivant nous allâmes au temple; nous donnâmes nos questions par écrit [8], et nous attendîmes que la voix du sort eût décidé du moment que nous pourrions approcher de la pythie [9]. A peine en fûmes-nous instruits, que nous la vîmes traverser le temple [10], accompagnée de quelques-uns des prophètes, des poëtes et des saints, qui entrèrent avec elle dans le sanctuaire. Triste, abattue, elle semblait se traîner comme une victime qu'on mène à l'autel. Elle mâchait du laurier [11] : elle en jeta, en passant, sur le feu sacré, quelques feuilles mêlées avec de la farine d'orge [12]; elle en avait couronné sa tête, et son front était ceint d'un bandeau [13].

Il n'y avait autrefois qu'une pythie à Delphes : on en établit trois, lorsque l'oracle fut plus fréquenté [14]; et il fut décidé qu'elles seraient âgées de plus de cinquante ans, après qu'un Thessalien eut enlevé une de ces prêtresses [15]. Elles servent à tour de rôle. On les choisit parmi les habitants de Delphes [16], et dans la condition la plus obscure. Ce sont

---

1. Mém. de l'Acad. des bell. lettr., t. III, p. 308; t. IX, p. 386. — 2. Pausan., lib. X, cap. VII, p. 814. — 3. Pind., Nem., od. VI, v. 60. Heliod., Æthiop lib. IV, p. 159. — 4. Pausan., ibid. — 5. Plut., Quæst. græc., t. II, p. 292. — 6. Pind., ibid., v. 66. Schol., ibid. — 7. Justin., lib. XXIV, cap. v. — 8. Aristoph. schol., in Plut., v. 39. Van Dale, De orac., p. 116. — 9. Eurip., in Ion., v. 419. Æschyl., in Eumenid., v. 32.— 10. Eurip., ibid., v. 42. — 11. Lucian., in Bis accus., § 1, t. II, p. 792. — 12. Plut., De Pyth. orac., t. II, p. 397; id., De 'El, p. 385. — 13. Lucan., Pharsal., lib. V, v. 143 et 170. — 14. Plut., De orac. def., t. II, p. 414. — 15. Diod., lib XVI, p. 428. — 16. Eur. p., ibid., v. 92.

pour l'ordinaire des filles pauvres, sans éducation, sans expérience, de mœurs très-pures et d'un esprit très-borné [1]. Elles doivent s'habiller simplement, ne jamais se parfumer d'essences [2], et passer leur vie dans l'exercice des pratiques religieuses.

Quantité d'étrangers se disposaient à consulter l'oracle. Le temple était entouré de victimes qui tombaient sous le couteau sacré, et dont les cris se mêlaient au chant des hymnes. Le désir impatient de connaître l'avenir se peignait dans tous les yeux, avec l'espérance et la crainte qui en sont inséparables.

Un des prêtres se chargea de nous préparer. Après que l'eau sainte nous eut purifiés, nous offrîmes un taureau et une chèvre. Pour que ce sacrifice fût agréable aux dieux, il fallait que le taureau mangeât, sans hésiter, la farine qu'on lui présentait; il fallait qu'après avoir jeté de l'eau froide sur la chèvre, on vît frissonner ses membres pendant quelques instants [3]. On ne nous rendit aucune raison de ces cérémonies; mais plus elles sont inexplicables, plus elles inspirent de respect. Le succès ayant justifié la pureté de nos intentions, nous rentrâmes dans le temple, la tête couronnée de laurier, et tenant dans nos mains un rameau entouré d'une bandelette de laine blanche [4]. C'est avec ce symbole que les suppliants approchent des autels.

On nous introduisit dans une chapelle, où, dans des moments qui ne sont, à ce qu'on prétend, ni prévus ni réglés par les prêtres, on respire tout à coup une odeur extrêmement douce [5]. On a soin de faire remarquer ce prodige aux étrangers.

Quelque temps après, le prêtre vint nous chercher, et nous mena dans le sanctuaire : espèce de caverne profonde [6], dont les parois sont ornées de différentes offrandes. Il venait de s'en détacher une bandelette sur laquelle on avait brodé des couronnes et des victoires [7]. Nous eûmes d'abord de la peine à discerner les objets; l'encens et les autres parfums qu'on y brûlait continuellement, le remplissaient d'une fumée épaisse [8]. Vers le milieu est un soupirail d'où sort l'exhalaison prophétique. On s'en approche par une pente insensible [9]; mais on ne peut pas le voir, parce qu'il est couvert d'un trépied tellement entouré de couronnes et de rameaux de laurier [10], que la vapeur ne saurait se répandre au dehors.

La pythie, excédée de fatigue, refusait de répondre à nos questions. Les ministres dont elle était environnée employaient tour à tour les menaces et la violence. Cédant enfin à leurs efforts, elle se plaça sur le trépied, après avoir bu d'une eau qui coule dans le sanctuaire, et qui sert, dit-on, à dévoiler l'avenir [11].

Les plus fortes couleurs suffiraient à peine pour peindre les transports dont elle fut saisie un moment après. Nous vîmes sa poitrine

---

1. Plut., De Pyth. orac., t. II, p. 405. — 2. Id., ibid., p. 397. — 3. Id., De orac. def., t. II, p. 435 et 437. — 4. Van Dale, De orac., p. 114. — 5. Plut., De orac. def., t. II, p. 437. — 6. Strab., lib. IX, p. 419. — 7. Plut., in Timol., t. I, p. 239. — 8. Lucian, in Jov. trag., t. II, p. 675. — 9. Lucian, Pharsal., lib. V, v. 159. — 10. Aristoph., in Plut., v. 39. Schol., ibid. — 11. Pausan., lib. X, p. 859. Lucian, in Bis accus., t. II, p. 792.

s'enfler, et son visage rougir et pâlir : tous ses membres s'agitaient de mouvements involontaires [1]; mais elle ne faisait entendre que des cris plaintifs et de longs gémissements. Bientôt, les yeux étincelants, la bouche écumante, les cheveux hérissés, ne pouvant ni résister à la vapeur qui l'opprimait, ni s'élancer du trépied où les prêtres la retenaient, elle déchira son bandeau; et au milieu des hurlements les plus affreux, elle prononça quelques paroles que les prêtres s'empressèrent de recueillir. Ils les mirent tout de suite en ordre, et nous les donnèrent par écrit. J'avais demandé si j'aurais le malheur de survivre à mon ami. Philotas, sans se concerter avec moi, avait fait la même question. La réponse était obscure et équivoque : nous la mîmes en pièces en sortant du temple.

Nous étions alors remplis d'indignation et de pitié; nous nous reprochions avec amertume l'état funeste où nous avions réduit cette malheureuse prêtresse. Elle exerce des fonctions odieuses, qui ont déjà coûté la vie à plusieurs de ses semblables [2]. Les ministres le savent; cependant nous les avons vus multiplier et contempler de sang-froid les tourments dont elle était accablée. Ce qui révolte encore, c'est qu'un vil intérêt endurcit leurs âmes. Sans les fureurs de la pythie, elle serait moins consultée, et les libéralités des peuples seraient moins abondantes : car il en coûte pour obtenir la réponse du dieu. Ceux qui ne lui rendent qu'un simple hommage doivent au moins déposer sur les autels des gâteaux et d'autres offrandes [3]; ceux qui veulent connaître l'avenir doivent sacrifier des animaux. Il en est même qui, dans ces occasions, ne rougissent pas d'étaler le plus grand faste. Comme il revient aux ministres du temple une portion des victimes, soit qu'ils les rejettent, soit qu'ils les admettent, la moindre irrégularité qu'ils y découvrent leur suffit pour les exclure; et l'on a vu des aruspices mercenaires fouiller dans les entrailles d'un animal, en enlever des parties intégrantes, et faire recommencer le sacrifice [4].

Cependant ce tribut, imposé pendant toute l'année à la crédulité des hommes, et sévèrement exigé par les prêtres dont il fait le principal revenu [5]; ce tribut, dis-je, est infiniment moins dangereux que l'influence de leurs réponses sur les affaires publiques de la Grèce et du reste de l'univers. On doit gémir sur les maux du genre humain, quand on pense qu'outre les prétendus prodiges dont les habitants de Delphes font un trafic continuel [6], on peut obtenir, à prix d'argent, les réponses de la pythie [7]; et qu'ainsi un mot dicté par des prêtres corrompus, et prononcé par une fille imbécile, suffit pour susciter des guerres sanglantes [8], et porter la désolation dans tout un royaume.

L'oracle exige qu'on rende aux dieux les honneurs qui leur sont dus,

---

1. Lucan., Pharsal., lib. V, v. 170. Lucian., in Jov. trag., § 30, t. II, p. 676. Van Dale, De orac., p. 154. — 2. Plut., De orac. def., t. II, p. 438. Lucian., ibid., v. 116. — 3. Eurip., in Ion., v. 226. — 4. Euphr., ap. Athen., lib. IX, cap. VI, p. 380. Van Dale, ibid., cap. v, p. 106. — 5. Lucian., in Phalar., II, § 8, t. II, p. 204. — 6. Plut., in Nic., t. I, p. 532. — 7. Herodot., lib. VI, cap. LXVI. Plut., in Demosth., t. I, p. 854. Pausan., lib. III, p. 213. Polyæn., Strateg., lib. I, cap. XVI. — 8. Herodot., lib. I, cap. LIII.

mais il ne prescrit aucune règle à cet égard; et quand on lui demande quel est le meilleur des cultes, il répond toujours « : Conformez-vous à celui qui est reçu dans votre pays [1]. » Il exige aussi qu'on respecte les temples, et il prononce des peines très-sévères contre ceux qui les violent, ou qui usurpent les biens qui en dépendent. Je vais en citer un exemple.

La plaine qui du mont Parnasse s'étend jusqu'à la mer appartenait, il y a deux siècles environ, aux habitants de Cirrha; et la manière dont ils en furent dépouillés montre assez quelle espèce de vengeance on exerce ici contre les sacrilèges. On leur reprochait de lever des impôts sur les Grecs qui débarquaient chez eux pour se rendre à Delphes; on leur reprochait d'avoir fait des incursions sur les terres qui appartenaient au temple [2]. L'oracle, consulté par les amphictyons sur le genre de supplice que méritaient les coupables, ordonna de les poursuivre jour et nuit, de ravager leur pays, et de les réduire en servitude. Aussitôt plusieurs nations coururent aux armes. La ville fut rasée, et le port comblé; les habitants furent égorgés, ou chargés de fers; et leurs riches campagnes ayant été consacrées au temple de Delphes, on jura de ne point les cultiver, de ne point y construire de maisons, et l'on prononça cette imprécation terrible : « Que les particuliers, que les peuples qui oseront enfreindre ce serment soient exécrables aux yeux d'Apollon et des autres divinités de Delphes! que leurs terres ne portent point de fruits! que leurs femmes et leurs troupeaux ne produisent que des monstres! qu'ils périssent dans les combats! qu'ils échouent dans toutes leurs entreprises! que leurs races s'éteignent avec eux! et que, pendant leur vie, Apollon et les autres divinités de Delphes rejettent avec horreur leurs vœux et leurs sacrifices [3]! »

Le lendemain nous descendîmes dans la plaine, pour voir les courses des chevaux et des chars [4]. L'Hippodrome; c'est le nom qu'on donne à l'espace qu'il faut parcourir, est si vaste, qu'on y voit quelquefois jusqu'à quarante chars se disputer la victoire [5]. Nous en vîmes partir dix à la fois de la barrière [6]; il n'en revint qu'un très-petit nombre; les autres s'étant brisés contre la borne, ou dans le milieu de la carrière.

Les courses étant achevées, nous remontâmes à Delphes pour être témoins des honneurs funèbres que la théorie des Énianes devait rendre aux mânes de Néoptolème, et de la cérémonie qui devait le précéder. Ce peuple, qui met Achille au nombre de ses anciens rois et qui honore spécialement la mémoire de ce héros et de son fils Néoptolème, habite auprès du mont Œta, dans la Thessalie. Il envoie tous les quatre ans une députation à Delphes, non-seulement pour offrir des sacrifices aux divinités de ces lieux, mais encore pour faire des libations et des prières sur le tombeau de Néoptolème, qui périt ici au pied des autels, par la main d'Oreste, fils d'Agamemnon [7]. Elle

[1]. Xenoph., Memor., lib. IV, p. 803. — 2. Pausan., lib. X, p. 894. — 3. Æschin., in Ctesiph., p. 445. — 4. Pausan., ibid., cap. XXXVII, p. 893. Sophocl., in Electr., v. 700 et 731. — 5. Pind., Pyth. V, v. 65. — 6. Sophocl., ibid., v. 703. — 7. Heliod., Æthiop., lib. II, p. 123.

s'était acquittée la veille du premier de ces devoirs; elle allait s'acquitter du second.

Polyphron, jeune et riche Thessalien, était à la tête de la théorie. Comme il prétendait tirer son origine d'Achille, il voulut paraître avec un éclat qui pût, aux yeux du peuple, justifier de si hautes prétentions. La marche s'ouvrait par une hécatombe composée effectivement de cent bœufs[1], dont les uns avaient les cornes dorées, et dont les autres étaient ornés de couronnes et de guirlandes de fleurs. Ils étaient conduits par autant de Thessaliens vêtus de blanc, et tenant des haches sur leurs épaules. D'autres victimes suivaient, et l'on avait placé par intervalles des musiciens qui jouaient de divers instruments. On voyait paraître ensuite des Thessaliennes, dont les attraits attiraient tous les regards. Elles marchaient d'un pas réglé, chantant des hymnes en l'honneur de Thétis, mère d'Achille, et portant dans leurs mains ou sur leurs têtes des corbeilles remplies de fleurs, de fruits, et d'aromates précieux : elles étaient suivies de cinquante jeunes Thessaliens montés sur des chevaux superbes, qui blanchissaient leurs mors d'écume. Polyphron se distinguait autant par la noblesse de sa figure que par la richesse de ses habits. Quand ils furent devant le temple de Diane, on en vit sortir la prêtresse, qui parut avec les traits et les attributs de la déesse, ayant un carquois sur l'épaule, et dans ses mains un arc et un flambeau allumé. Elle monta sur un char, et ferma la marche, qui continua dans le même ordre jusqu'au tombeau de Néoptolème, placé dans une enceinte, à la gauche du temple[2].

Les cavaliers thessaliens en firent trois fois le tour. Les jeunes Thessaliennes poussèrent de longs gémissements; et les autres députés, des cris de douleur. Un moment après on donna le signal, et toutes les victimes tombèrent autour de l'autel. On en coupa les extrémités que l'on plaça sur un grand bûcher. Les prêtres, après avoir récité des prières, firent des libations sur le bûcher, et Polyphron y mit le feu avec le flambeau qu'il avait reçu des mains de la prêtresse de Diane. Ensuite on donna aux ministres du temple les droits qu'ils avaient sur les victimes; et l'on réserva le reste pour un repas, où furent invités les prêtres, les principaux habitants de Delphes, et les théores ou députés des autres villes de la Grèce[3]. Nous y fûmes admis; mais, avant que de nous y rendre, nous allâmes au Lesché que nous avions sous nos yeux.

C'est un édifice ou portique, ainsi nommé parce qu'on s'y assemble pour converser, ou pour traiter d'affaires[4]. Nous y trouvâmes plusieurs tableaux qu'on venait d'exposer à un concours établi depuis environ un siècle[5]. Mais ces ouvrages nous touchèrent moins que les peintures qui décorent les murs. Elles sont de la main de Polygnote de Thasos, et furent consacrées en ce lieu par les Cnidiens[6].

Sur le mur à droite, Polygnote a représenté la prise de Troie,

---

1. Heliod., Æthiop., lib. III, p. 127. — 2. Pausan., lib. X, cap. XXIV. — 3. Eurip., in Ion., v. 1131. Heliod., ibid., lib. III, p. 133 et 134. — san., ibid., cap. XXV, p. 859. — 5. Plin., lib. XXXV, cap. IX, t. II, p. 6. Pausan., ibid. Plin., ibid. Plut., De orac. def., t. II, p. 412.

plutôt les suites de cette prise : car il a choisi le moment où presque tous les Grecs, rassasiés de carnage, se disposent à retourner dans leur patrie. Le lieu de la scène embrasse non-seulement la ville, dont l'intérieur se découvre à travers les murs que l'on achève de détruire, mais encore le rivage, où l'on voit le pavillon de Ménélas que l'on commence à détendre, et son vaisseau prêt à mettre à la voile. Quantité de groupes sont distribués dans la place publique, dans les rues, et sur le rivage de la mer. Ici, c'est Hélène accompagnée de deux de ses femmes, entourée de plusieurs Troyens blessés dont elle a causé les malheurs, et de plusieurs Grecs qui semblent contempler encore sa beauté. Plus loin, c'est Cassandre assise par terre, au milieu d'Ulysse, d'Ajax, d'Agamemnon, et de Ménélas, immobiles et debout auprès d'un autel : car, en général, il règne dans le tableau ce morne silence, ce repos effrayant, dans lequel doivent tomber les vainqueurs et les vaincus, lorsque les uns sont fatigués de leur barbarie, et les autres de leur existence. Néoptolème est le seul dont la fureur ne soit pas assouvie, et qui poursuive encore quelques faibles Troyens. Cette figure attire surtout les regards du spectateur; et c'était sans doute l'intention de l'artiste, qui travaillait pour un lieu voisin du tombeau de ce prince.

On éprouve fortement les impressions de la terreur et de la pitié, quand on considère le corps de Priam et ceux de ses principaux chefs, étendus, couverts de blessures, et abandonnés au milieu des ruines d'une ville autrefois si florissante : on les éprouve à l'aspect de cet enfant qui, entre les bras d'un vieil esclave, porte sa main devant ses yeux, pour se cacher l'horreur dont il est environné; de cet autre enfant qui, saisi d'épouvante, court embrasser un autel; de ces femmes troyennes qui, assises par terre, et presque entassées les unes sur les autres, paraissent succomber sous le poids de leur destinée. Du nombre de ces captives sont deux filles de Priam, et la malheureuse Andromaque tenant son fils sur ses genoux. Le peintre nous a laissé voir la douleur de la plus jeune des princesses. On ne peut juger de celle des deux autres; leur tête est couverte d'un voile.

En ce moment nous nous rappelâmes qu'on faisait un mérite à Timanthe d'avoir, dans son sacrifice d'Iphigénie, voilé la tête d'Agamemnon. Cette image avait déjà été employée par Euripide [1], qui l'avait sans doute empruntée de Polygnote. Quoi qu'il en soit, dans un des coins du tableau que je viens de décrire, on lit cette inscription de Simonide : POLYGNOTE DE THASOS, FILS D'AGLAOPHON, A REPRÉSENTÉ LA DESTRUCTION DE TROIE [2]. Cette inscription est en vers, comme le sont presque toutes celles qui doivent éterniser les noms ou les faits célèbres.

Sur le mur opposé, Polygnote a peint la descente d'Ulysse aux enfers, conformément aux récits d'Homère et des autres poëtes. La barque de Caron, l'évocation de l'ombre de Tirésias, l'Élysée peuplé de héros, le Tartare rempli de scélérats; tels sont les principaux objets

1. Eurip., Iphig. in Aul., v. 1550. — 2. Pausan., lib. X, cap. XXVII, p. 868.

qui frappent le spectateur. On peut y remarquer un genre de supplice terrible et nouveau, que Polygnote destine aux enfants dénaturés; il met un de ces enfants sur la scène, et il le fait étrangler par son père [1]. J'observai encore qu'aux tourments de Tantale il en ajoutait un qui tient ce malheureux prince dans un effroi continuel: c'est un rocher énorme, toujours près de tomber sur sa tête; mais cette idée, il l'avait prise du poëte Archiloque [2].

Ces deux tableaux, dont le premier contient plus de cent figures, et le second plus de quatre-vingts, produisent un grand effet, et donnent une haute idée de l'esprit et des talents de Polygnote. Autour de nous, on en relevait les défauts et les beautés [3]; mais on convenait en général que l'artiste avait traité des sujets si grands et si vastes avec tant d'intelligence, qu'il en résultait pour chaque tableau un riche et magnifique ensemble. Les principales figures sont reconnaissables à leurs noms tracés auprès d'elles : usage qui ne subsiste plus, depuis que l'art s'est perfectionné.

Pendant que nous admirions ces ouvrages, on vint nous avertir que Polyphron nous attendait dans la salle du festin. Nous le trouvâmes au milieu d'une grande tente carrée, couverte et fermée de trois côtés par des tapisseries peintes, que l'on conserve dans les trésors du temple, et que Polyphron avait empruntées. Le plafond représentait d'un côté le soleil près de se coucher; de l'autre, l'aurore qui commençait à paraître; dans le milieu, la nuit sur son char, vêtue de crêpes noirs, accompagnée de la lune et des étoiles. On voyait, sur les autres pièces de tapisseries, des centaures, des cavaliers qui poursuivaient des cerfs et des lions, des vaisseaux qui combattaient les uns contre les autres [4].

Le repas fut très-somptueux et très-long. On fit venir des joueuses de flûte. Le chœur de Thessaliennes fit entendre des concerts ravissants, et les Thessaliens nous présentèrent l'image des combats dans des danses savamment exécutées [5].

Quelques jours après, nous montâmes à la source de la fontaine Castalie, dont les eaux pures et d'une fraîcheur délicieuse forment de belles cascades sur la pente de la montagne. Elle sort à gros bouillons entre les deux cimes de rochers qui dominent sur la ville de Delphes [6].

De là, continuant notre chemin vers le nord, après avoir fait plus de soixante stades [7], nous arrivâmes à l'antre Corycius, autrement dit l'antre des nymphes, parce qu'il leur est consacré, ainsi qu'aux dieux Bacchus et Pan [8]. L'eau qui découle de toutes parts y forme de petits ruisseaux intarissables : quoique profond, la lumière du jour l'éclaire presque en entier [9]. Il est si vaste que, lors de l'expédition de Xerxès,

---

1. Pausan., lib. X, cap. XXVIII, p. 865. — 2. Id., ibid., p. 876. — 3. Quintil., lib. XII, cap. X. Lucian., in Imag., t. II, p. 465. Mém. de l'Acad. des bell.-lettr., t. XXVII, Hist., p. 49. Œuvr. de Falconn., t. V, p. 1. — 4. Eurip., in Ion., v. 1141. — 5. Heliod., Æthiop., lib. III, p. 144. — 6. Pausan., ibid., cap. VIII, p. 817. Spon, Voyag. de Grèce, t. II, p. 37. Whel., A journ. book, IV, p. 314. — 7. Environ deux lieues et demie. — 8. Æschyl., in Eumen., v. 22. Pausan., ibid., cap. XXXII, p. 878. — 9. Pausan., ibid.

la plupart des habitants de Delphes prirent le parti de s'y réfugier[1]. On nous montra aux environs quantité de grottes qui excitent la vénération des peuples; car, dans ces lieux solitaires, tout est sacré et peuplé de génies[2].

La route que nous suivions offrait successivement à nos yeux les objets les plus variés, des vallées agréables, des bouquets de pins, des terres susceptibles de culture, des rochers qui menaçaient nos têtes, des précipices qui semblaient s'ouvrir sous nos pas; quelquefois des points de vue d'où nos regards tombaient, à une très-grande profondeur, sur les campagnes voisines. Nous entrevîmes auprès de Panopée, ville située sur les confins de la Phocide et de la Béotie, des chariots remplis de femmes qui mettaient pied à terre, et dansaient en rond. Nos guides les reconnurent pour les Thyiades athéniennes. Ce sont des femmes initiées aux mystères de Bacchus : elles viennent tous les ans se joindre à celles de Delphes pour monter ensemble sur les hauteurs du Parnasse, et y célébrer avec une égale fureur les orgies de ce dieu[3].

Les excès auxquels elles se livrent ne surprendront point ceux qui savent combien il est aisé d'exalter l'imagination vive et ardente des femmes grecques. On en a vu plus d'une fois un grand nombre se répandre comme des torrents dans les villes, et dans des provinces entières, toutes échevelées et à demi nues, toutes poussant des hurlements effroyables. Il n'avait fallu qu'une étincelle pour produire ces embrasements. Quelques-unes d'entre elles, saisies tout à coup d'un esprit de vertige, se croyaient poussées par une inspiration divine, et faisaient passer ces frénétiques transports à leurs compagnes. Quand l'accès du délire était près de tomber, les remèdes et les expiations achevaient de ramener le calme dans leurs âmes[4]. Ces épidémies sont moins fréquentes depuis le progrès des lumières; mais il en reste encore des traces dans les fêtes de Bacchus.

En continuant de marcher entre des montagnes entassées les unes sur les autres, nous arrivâmes au pied du mont Lycorée, le plus haut de tous ceux du Parnasse, peut-être de tous ceux de la Grèce[5]. C'est là, dit-on, que se sauvèrent les habitants de ces contrées, pour échapper au déluge arrivé du temps de Deucalion[6]. Nous entreprîmes d'y monter; mais, après des chutes fréquentes, nous reconnûmes que, s'il est aisé de s'élever jusqu'à certaines hauteurs du Parnasse, il est très-difficile d'en atteindre le sommet; et nous descendîmes à Élatée, la principale ville de la Phocide.

De hautes montagnes environnent cette petite province; on n'y pénètre que par des défilés, à l'issue desquels les Phocéens ont construit es places fortes. Élatée les défend contre les incursions des Thessa-

---

1. Hérodot., lib. VIII, cap. XXXVI. — 2. Æschyl., in Eumen., v. 23. Strab., lib. IX, p. 417. Lucan., Pharsal., lib. V, v. 73. — 3. Pausan., lib. X, cap. IV, p. 806; cap. VI, p. 812; cap. XXXII, p. 876; — 4. Hérodot., lib. IX, cap. LIV. Ælian., Var. hist., lib. III, cap. XLII. Théopomp., ap. Suid., in B..., et ap. Schol. Aristoph. in Av., v. 963. — 5. Whel, A journ. book, IV, p. 318. Spon, t. II, p. 40. — 6. Marm. Oxon., epoch. IV. Prid., ibid. Strab., lib. IX, p. 418.

liens ¹; Parapotamies, contre celles des Thébains². Vingt autres villes, la plupart bâties sur des rochers, sont entourées de murailles et de tours ³.

Au nord et à l'est du Parnasse, on trouve de belles plaines arrosées par le Céphise, qui prend sa source au pied du mont Œta, au-dessus de la ville de Lilée. Ceux des environs disent qu'en certains jours, et surtout l'après-midi, ce fleuve sort de terre avec fureur, et faisant un bruit semblable aux mugissements d'un taureau⁴. Je n'en ai pas été témoin; je l'ai vu seulement couler en silence, et se replier souvent sur lui-même ⁵, au milieu des campagnes couvertes de diverses espèces d'arbres, de grains et de pâturages ⁶. Il semble qu'attaché à ses bienfaits, il ne peut quitter les lieux qu'il embellit.

Les autres cantons de la Phocide sont distingués par des productions particulières. On estime les huiles de Tithorée ⁷, et l'ellébore d'Anticyre, ville située sur la mer de Corinthe ⁸. Non loin de là, les pêcheurs de Bulis ramassent ces coquillages qui servent à faire la pourpre ⁹. Plus haut nous vîmes dans la vallée d'Ambryssus de riches vignobles, et quantité d'arbrisseaux sur lesquels on recueille ces petits grains qui donnent à la laine une belle couleur rouge ¹⁰.

Chaque ville de la Phocide est indépendante, et a le droit d'envoyer ses députés à la diète générale où se discutent les intérêts de la nation ¹¹.

Les habitants ont un grand nombre de fêtes, de temples et de statues; mais ils laissent à d'autres peuples l'honneur de cultiver les lettres et les arts. Les travaux de la campagne et les soins domestiques font leur principale occupation. Ils donnèrent dans tous les temps des preuves frappantes de leur valeur, dans une occasion particulière un témoignage effrayant de leur amour pour la liberté.

Près de succomber sous les armes des Thessaliens, qui, avec des forces supérieures, avaient fait une irruption dans leur pays, ils construisirent un grand bûcher, auprès duquel ils placèrent les femmes, les enfants, l'or, l'argent, et les meubles les plus précieux; ils en confièrent la garde à trente de leurs guerriers, avec ordre, en cas de défaite, d'égorger les femmes et les enfants, de jeter dans les flammes les effets confiés à leurs soins, de s'entre-tuer eux-mêmes, ou de venir sur le champ de bataille périr avec le reste de la nation. Le combat fut long, le massacre horrible : les Thessaliens prirent la fuite, et les Phocéens restèrent libres ¹².

---

1. Strab., lib. IX, p. 424. — 2. Plut., in Syll., t. I, p. 462. — 3. Demosth., De fals. leg., p. 312. — 4. Pausan., lib. X, cap. XXXIII, p. 883. — 5. Hesiod. Fragm. ap. Strab., lib. IX, p. 424. — 6. Pausan., ibid. — 7. Id., ibid., cap. XXXII, p. 881. — 8. Strab., ibid., p. 418. Plin., lib. XXV, cap. V, t. II, p. 367. Pausan., ibid., cap. XXXVI, p. 891. — 9. Pausan., ibid., cap. XXXVII, p. 893. — 10. Id., ibid., cap. XXXVI, p. 890. — 11. Id., ibid., cap. IV, p. 805; cap. XXXIII, p. 882. — 12. Id. ibid., cap. I, p. 800.

CHAP. XXIII. — *Événements remarquables arrivés dans la Grèce (depuis l'an 361 jusqu'à l'an 357 avant J. C.): Mort d'Agésilas, roi de Lacédémone. Avénement de Philippe au trône de Macédoine. Guerre sociale.*

Pendant que nous étions aux jeux pythiques, nous entendîmes plus d'une fois parler de la dernière expédition d'Agésilas : à notre retour, nous apprîmes sa mort [1].

Tachos, roi d'Égypte, prêt à faire une irruption en Perse, assembla une armée de quatre-vingt mille hommes, et voulut la soutenir par un corps de dix mille Grecs, parmi lesquels se trouvèrent mille Lacédémoniens commandés par Agésilas [2]. On fut étonné de voir ce prince, à l'âge de plus de quatre-vingts ans, se transporter au loin pour se mettre à la solde d'une puissance étrangère. Mais Lacédémone voulait se venger de la protection que le roi de Perse accordait aux Messéniens; elle prétendait avoir des obligations à Tachos; elle espérait aussi que cette guerre rendrait la liberté aux villes grecques de l'Asie [3].

A ces motifs, qui n'étaient peut-être que des prétextes pour Agésilas, se joignaient des considérations qui lui étaient personnelles. Comme son âme active ne pouvait supporter l'idée d'une vie paisible et d'une mort obscure, il vit tout à coup une nouvelle carrière s'ouvrir à ses talents; et il saisit avec d'autant plus de plaisir l'occasion de relever l'éclat de sa gloire, terni par les exploits d'Épaminondas, que Tachos s'était engagé à lui donner le commandement de toute l'armée [4].

Il partit. Les Égyptiens l'attendaient avec impatience. Au bruit de son arrivée, les principaux de la nation, mêlés avec la multitude, s'empressèrent de se rendre auprès d'un héros qui, depuis un si grand nombre d'années, remplissait la terre de son nom [5]. Ils trouvent sur le rivage un petit vieillard d'une figure ignoble, assis par terre, au milieu de quelques Spartiates dont l'extérieur, aussi négligé que le sien, ne distinguait pas les sujets du souverain. Les officiers de Tachos étalaient à ses yeux les présents de l'hospitalité : c'étaient diverses espèces de provisions. Agésilas choisit quelques aliments grossiers, et fait distribuer aux esclaves les mets les plus délicats, ainsi que les parfums. Un rire immodéré s'élève alors parmi les spectateurs. Les plus sages d'entre eux se contentent de témoigner leur mépris, et de rappeler la fable de la montagne en travail [6].

Des dégoûts plus sensibles mirent bientôt sa patience à une plus rude épreuve. Le roi d'Égypte refusa de lui confier le commandement de ses troupes. Il n'écoutait point ses conseils, et lui faisait essuyer tout ce qu'une hauteur insolente et une folle vanité ont de plus offensant. Agésilas attendait l'occasion de sortir de l'avilissement où il s'était

---

1. Diod., lib. XV, p. 401. Dans la 3e année de la 104e olympiade, laquelle répond aux années 362 et 361 avant J. C. — 2. Plut., in Ages., t. I, p. 616. — 3. Xenoph., in Ages., p. 663. — 4. Id., ibid. — 5. Plut., ibid. — 6. Id., ibid. Nep., in Ages., cap. VIII.

réduit. Elle ne tarda pas à se présenter. Les troupes de Tachos, s'étant révoltées, formèrent deux partis qui prétendaient tous deux lui donner un successeur [1]. Agésilas se déclara pour Nectanèbe, l'un des prétendants au trône. Il le dirigea dans ses opérations ; et, après avoir affermi son autorité, il sortit de l'Égypte, comblé d'honneurs, et avec une somme de deux cent trente talents [2], que Nectanèbe envoyait aux Lacédémoniens. Une tempête violente l'obligea de relâcher sur une côte déserte de Libye, où il mourut âgé de quatre-vingt-quatre ans [3].

Deux ans après [4], il se passa un événement qui ne fixa point l'attention des Athéniens, et qui devait changer la face de la Grèce et du monde connu.

Les Macédoniens n'avaient eu jusqu'alors que de faibles rapports avec la Grèce, qui ne les distinguait pas des peuples barbares dont ils sont entourés, et avec lesquels ils étaient perpétuellement en guerre. Leurs souverains n'avaient été autrefois admis au concours des jeux olympiques qu'en produisant les titres qui faisaient remonter leur origine jusqu'à Hercule [5].

Archélaüs voulut ensuite introduire dans ses États l'amour des lettres et des arts. Euripide fut appelé à sa cour, et il dépendit de Socrate d'y trouver un asile.

Le dernier de ces princes, Perdiccas, fils d'Amyntas, venait de périr, avec la plus grande partie de son armée, dans un combat qu'il avait livré aux Illyriens. A cette nouvelle, Philippe son frère, que j'avais vu en otage chez les Thébains, trompa la vigilance de ses gardes, se rendit en Macédoine, et fut nommé tuteur du fils de Perdiccas [6].

L'empire était alors menacé d'une ruine prochaine. Des divisions intestines, des défaites multipliées, l'avaient chargé du mépris des nations voisines, qui semblaient s'être concertées pour accélérer sa perte. Les Péoniens infestaient les frontières ; les Illyriens rassemblaient leurs forces, et méditaient une invasion. Deux concurrents également redoutables, tous deux de la maison royale, aspiraient à la couronne ; les Thraces soutenaient les droits de Pausanias ; les Athéniens envoyaient une armée avec une flotte pour défendre ceux d'Argée. Le peuple consterné voyait les finances épuisées, un petit nombre de soldats abattus et indisciplinés, le sceptre entre les mains d'un enfant, et à côté du trône un régent à peine âgé de vingt-deux ans.

Philippe, consultant encore plus ses forces que celles du royaume, entreprend de faire de sa nation ce qu'Épaminondas, son modèle, avait fait de la sienne. De légers avantages apprennent aux troupes à s'estimer assez pour oser se défendre ; aux Macédoniens, à ne plus dé-

1. Xenoph., in Ages., p. 663. — 2. Un million deux cent quarante-deux mille livres. — 3. Plut., in Ages., t. I, p. 618. Id., Apophth. lacon., t. II, p. 215. — 4. Sous l'archontat de Callimède, la première année de la 105e olympiade, qui répond aux années 360 et 359 avant J. C. — 5. Herodot., lib. V, cap. xxii ; lib. IX, cap. xlv. — 6. Diod., lib. XVI, p. 407. Justin., lib. VII, cap. v.

sespérer du salut de l'État. Bientôt on le voit introduire la règle dans les diverses parties de l'administration; donner à la phalange macédonienne une forme nouvelle; engager par des présents et par des promesses les Péoniens à se retirer, le roi de Thrace à lui sacrifier Pausanias. Il marche ensuite contre Argée, le défait, et renvoie sans rançon les prisonniers athéniens [1].

Quoique Athènes ne se soutînt plus que par le poids de sa réputation, il fallait la ménager : elle avait de légitimes prétentions sur la ville d'Amphipolis en Macédoine, et le plus grand intérêt à la ramener sous son obéissance. C'était une de ses colonies, une place importante pour son commerce; c'était par là qu'elle tirait de la haute Thrace des bois de construction, des laines, et d'autres marchandises. Après bien des révolutions, Amphipolis était tombée entre les mains de Perdiccas, frère de Philippe. On ne pouvait la restituer à ses anciens maîtres sans les établir en Macédoine; la garder sans y attirer leurs armes. Philippe la déclare indépendante, et signe avec les Athéniens un traité de paix, où il n'est fait aucune mention de cette ville. Ce silence conservait dans leur intégrité les droits des parties contractantes [2].

Au milieu de ces succès, des oracles semés parmi le peuple annonçaient que la Macédoine reprendrait sa splendeur sous un fils d'Amyntas. Le ciel promettait un grand homme à la Macédoine : le génie de Philippe le montrait [3]. La nation, persuadée que, de l'aveu même des dieux, celui-là seul devait la gouverner qui pouvait la défendre, lui remit l'autorité souveraine, dont elle dépouilla le fils de Perdiccas.

Encouragé par ce choix, il réunit une partie de la Péonie à la Macédoine; battit les Illyriens, et les renferma dans leurs anciennes limites. [4]

Quelque temps après, il s'empara d'Amphipolis, que les Athéniens avaient, dans l'intervalle, vainement tâché de reprendre, et de quelques villes voisines où ils avaient des garnisons [5]. Athènes, occupée d'une autre guerre, ne pouvait ni prévenir ni venger des hostilités que Philippe savait colorer de prétextes spécieux.

Mais rien n'augmenta plus sa puissance que la découverte de quelques mines d'or, qu'il fit exploiter, et dont il retira par an plus de mille talents [6]. Il s'en servit dans la suite pour corrompre ceux qui étaient à la tête des républiques.

J'ai dit que les Athéniens furent obligés de fermer les yeux sur les premières hostilités de Philippe. La ville de Byzance, et les îles de Chio, de Cos, et de Rhodes, venaient de se liguer, pour se soustraire à leur dépendance [7]. La guerre commença par le siège de

---

1. Diod., lib. XVI, p. 408. — 2. Id., ibid. Polyæn., Strateg., lib. IV, cap. x, § 17. — 3. Justin., lib. VII, cap. vi. — 4. Diod., ibid., p. 409. — 5. Id., ibid., p. 412. Polyæn., ibid. — 6. Strab., lib. VII, p. 331. Senec., Quæst. nat., lib. V, cap. xv. Diod., ibid., p. 408 et 413. Plus de cinq millions quatre cent mille livres. — 7. Diod., ibid., p. 412. Dem. pro Rhod. libert., p. 144. Dans la troisième année de la 105ᵉ olympiade, 358 et 357 avant J. C.

Chio. Chabrias commandait la flotte, et Charès les troupes de terre [1]. Le premier jouissait d'une réputation acquise par de nombreux exploits : on lui reprochait seulement d'exécuter avec trop de chaleur des projets formés avec trop de circonspection [2]. Il passa presque toute sa vie à la tête des armées, et loin d'Athènes, où l'éclat de son opulence et de son mérite excitait la jalousie [3]. Le trait suivant donnera une idée de ses talents militaires. Il était sur le point d'être vaincu par Agésilas. Les troupes qui étaient à sa solde avaient pris la fuite, et celles d'Athènes s'ébranlaient pour les suivre. Dans ce moment, il leur ordonne de mettre un genou en terre, et de se couvrir de leurs boucliers, les piques en avant. Le roi de Lacédémone, surpris d'une manœuvre inconnue jusqu'alors, et jugeant qu'il serait dangereux d'attaquer cette phalange hérissée de fer, donna le signal de la retraite. Les Athéniens décernèrent une statue à leur général, et lui permirent de se faire représenter dans l'attitude qui leur avait épargné la honte d'une défaite [4].

Charès, fier des petits succès [5] et des légères blessures [6] qu'il devait au hasard, d'ailleurs sans talents, sans pudeur, d'une vanité insupportable, étalait un luxe révoltant pendant la paix et pendant la guerre [7]; obtenait à chaque campagne le mépris des ennemis et la haine des alliés; fomentait les divisions des nations amies, et ravissait leurs trésors dont il était avide et prodigue à l'excès [8]; poussait enfin l'audace jusqu'à détourner la solde des troupes pour corrompre les orateurs [9], et donner des fêtes au peuple, qui le préférait aux autres généraux [10].

A la vue de Chio, Chabrias, incapable de modérer son ardeur, fit force de rames : il entra seul dans le port, et fut aussitôt investi par la flotte ennemie. Après une longue résistance, ses soldats se jetèrent à la nage pour gagner les autres galères qui venaient à leur secours. Il pouvait suivre leur exemple; mais il aima mieux périr que d'abandonner son vaisseau [11].

Le siége de Chio fut entrepris et levé. La guerre dura pendant quatre ans [12]. Nous verrons dans la suite comment elle fut terminée.

CHAP. XXIV. — *Des fêtes des Athéniens. Les Panathénées. Les Dionysiaques.*

Les premières fêtes des Grecs furent caractérisées par la joie et par la reconnaissance. Après avoir recueilli les fruits de la terre, les peuples s'assemblaient pour offrir des sacrifices et se livrer aux transports qu'inspire l'abondance [13]. Plusieurs fêtes des Athéniens se ressentent de

---

1. Diod., lib. XVI, p. 412. — 2. Plut., in Phoc., t. I, p. 744. — 3. Theopomp., ap. Athen., lib. XII, p. 532. Nep., in Chabr., cap. III. — 4. Nep., ibid., cap. I. — 5. Diod., lib. XV, p. 385. — 6. Plut., in Pelop., t. I, p. 278. — 7. Theopomp., ibid. — 8. Plut., in Phoc., t. I, p. 747. Diod., ibid., p. 403. — 9. Æschin., De fals. leg., p. 406. — 10. Theopomp., ibid. — 11. Diod., lib. XVI, p. 412. Plut., ibid., p. 744. Nep., in Chabr., cap. IV. — 12. Diod., ibid., p. 424. — 13. Aristot., De mor., lib. VIII, cap. XI t. II p. 110.

cette origine : ils célèbrent le retour de la verdure, des moissons, de la vendange, et des quatre saisons de l'année¹ ; et comme ces hommages s'adressent à Cérès ou à Bacchus, les fêtes de ces divinités sont en plus grand nombre que celles des autres.

Dans la suite le souvenir des événements utiles ou glorieux fut fixé à des jours marqués, pour être perpétué à jamais. Parcourez les mois de l'année des Athéniens², vous y trouverez un abrégé de leurs annales, et les principaux traits de leur gloire ; tantôt la réunion des peuples de l'Attique par Thésée, le retour de ce prince dans ses États, l'abolition qu'il procura de toutes les dettes ; tantôt la bataille de Marathon, celle de Salamine, celles de Platée, de Naxos, etc.³

C'est une fête pour les particuliers lorsqu'il leur naît des enfants⁴ ; c'en est une pour la nation lorsque ces enfants sont inscrits dans l'ordre des citoyens⁵, ou lorsque, parvenus à un certain âge, ils montrent en public les progrès qu'ils ont faits dans les exercices du gymnase⁶. Outre les fêtes qui regardent toute la nation, il en est de particulières à chaque bourg.

Les solennités publiques reviennent tous les ans, ou après un certain nombre d'années. On distingue celles qui, dès les plus anciens temps, furent établies dans le pays, et celles qu'on a récemment empruntées des autres peuples⁷. Quelques-unes se célèbrent avec un extrême magnificence : j'ai vu, en certaines occasions, jusqu'à trois cents bœufs traînés pompeusement aux autels⁸. Plus de quatre-vingts jours⁹ enlevés à l'industrie et aux travaux de la campagne sont remplis par des spectacles qui attachent le peuple à la religion, ainsi qu'au gouvernement. Ce sont des sacrifices qui inspirent le respect par l'appareil pompeux des cérémonies ; des processions où la jeunesse de l'un et l'autre sexe étale tous ses attraits ; des pièces de théâtre, fruits des plus beaux génies de la Grèce ; des danses, des chants, des combats où brillent tour à tour l'adresse et les talents.

Ces combats sont de deux espèces : les gymniques, qui se donnent au stade, et les scéniques, qui se livrent au théâtre¹⁰. Dans les premiers, on se dispute le prix de la course, de la lutte, et des autres exercices du gymnase ; dans les derniers, celui du chant et de la danse. Les uns et les autres font l'ornement des principales fêtes¹¹. Je vais donner une idée des scéniques.

Chacune des dix tribus fournit un chœur, et le chef qui doit le conduire¹². Ce chef, qu'on nomme chorége, doit être âgé au moins de quarante ans¹³. Il choisit lui-même ses acteurs, qui, pour l'ordinaire, sont pris dans la classe des enfants et dans celle des adolescents¹⁴. Son intérêt est d'avoir un excellent joueur de flûte, pour diriger leurs

---

1. Meurs. Græc. fer. Castell., etc. — 2. Plut. De glor. Athen., t. II, p. 349. — 3. Meurs., ibid. — 4. Id., ibid., in Amphidr. — 5. Id., ibid., in Apat. — 6. Id., ibid., in Oschoph. — 7. Harpocr., in Ἐπίθ. — 8. Isocr., Areop., t. I, p. 324. — 9. Id., Paneg., t. I, p. 142. Voy. la table des mois attiques. — 10. Poll., lib. III cap. xxx, § 142. — 11. Lys., Defens. mun., p. 374. — 12. Argument. orat. in Mid., p. 600. Demosth., ibid., p. 605 ; id., in Bœot., p. 1002. — 13. Æschin., in Timarch., p. 262. — 14. Plat., De leg., lib. VI, t. II, p. 764.

voix; un habile maître, pour régler leurs pas et leurs gestes[1]. Comme il est nécessaire d'établir la plus grande égalité entre les concurrents, et que ces deux instituteurs décident souvent de la victoire, un des premiers magistrats de la république les fait tirer au sort, en présence des différentes troupes et des différents chorèges[2].

Quelques mois avant les fêtes, on commence à exercer les acteurs. Souvent le chorège, pour ne les pas perdre de vue, les retire chez lui, et fournit à leur entretien[3] : il paraît ensuite à la fête, ainsi que ceux qui le suivent, avec une couronne dorée et une robe magnifique[4].

Ces fonctions, consacrées par la religion, se trouvent encore ennoblies par l'exemple d'Aristide, d'Épaminondas, et des plus grands hommes, qui se sont fait un honneur de les remplir; mais elles sont si dispendieuses, qu'on voit plusieurs citoyens refuser le dangereux honneur de sacrifier une partie de leurs biens[5] à l'espérance incertaine de s'élever par ce moyen aux premières magistratures.

Quelquefois une tribu ne trouve point de chorège; alors c'est l'État qui se charge de tous les frais[6], ou qui ordonne à deux citoyens de s'associer pour en supporter le poids[7], ou qui permet au chorège d'une tribu de conduire le chœur de l'autre[8]. J'ajoute que chaque tribu s'empresse d'avoir le meilleur poète pour composer les cantiques sacrés[9].

Les chœurs paraissent dans les pompes ou processions : ils se rangent autour des autels, et chantent des hymnes pendant les sacrifices[10]; ils se rendent au théâtre, où, chargés de soutenir l'honneur de leur tribu[11], ils s'animent de la plus vive émulation. Leurs chefs emploient les brigues et la corruption pour obtenir la victoire[12]. Des juges sont établis pour décerner le prix[13]. C'est, en certaines occasions, un trépied que la tribu victorieuse a soin de consacrer dans un temple[14] ou dans un édifice qu'elle fait élever[15].

Le peuple, presque aussi jaloux de ses plaisirs que de sa liberté, attend la décision du combat avec la même inquiétude et le même tumulte que s'il s'agissait de ses plus grands intérêts. La gloire qui en résulte se partage entre le chœur qui a triomphé, la tribu dont il est tiré, le chorège qui est à sa tête, et les maîtres qui l'ont dressé[16].

Tout ce qui concerne les spectacles est prévu et fixé par les lois. Elles déclarent inviolables, pendant le temps des fêtes, la personne du chorège et celle des acteurs[17]; elles règlent le nombre des solen-

---

1. Demosth., in Mid., p. 606 et 612. — 2. Id., ibid., p. 605. — 3. Antiphon., Orat. XVI, p. 143. Ulpian., in Lept., p. 575. — 4. Demosth., ibid., p. 606 et 613. Antiphan., ap. Athen., lib. III, p. 103. — 5. Lys., Defens. mun., p. 375. Demosth., ibid., p. 605. Argum. ejusd. orat., p. 600. — 6. Inscript. antiq. ap. Spon, Voyag., t. II, p. 326. — 7. Aristot. ap. schol. Aristoph., in Ran., v. 408. — 8. Antiphon., ibid. — 9. Aristoph., in Av., v. 1404. Schol., ibid. — 10. Plat., De leg., lib. VII, t. II, p. 800. — 11. Aristoph., in Nub., v. 311. — 12. Demosth., ibid., p. 604 et 612. — 13. Id., ibid., p. 606. — 14. Id., ibid., p. 604; id., in Phænipp., p. 1025. Plut., in Aristid., t. I, p. 318. Athen., lib. I, p. 37. Suid., in Πυθ. Taylor, in Marm. Sandwic., p. 67. — 15. Plut., X orat. vit., t. II, p. 835. Chandl., Inscript., p. 48. — 16. Lucian., in Hermot., t. I, p. 851. Inscript. antiq. ap. Spon, Voyag., t. II. p. 315 et 327; ap. Van Dale, De gymnas., cap. V ap. Taylor, ibid., p. 70. — 17. Demosth., ibid., p. 612.

nités où l'on doit donner au peuple les diverses espèces de jeux dont il est si avide[1]. Telles sont, entre autres, les Panathénées et les grandes Dionysiaques, ou Dionysiaques de la ville.

Les premières tombent au premier mois, qui commence au solstice d'été. Instituées, dans les plus anciens temps, en l'honneur de Minerve, rétablies par Thésée, en mémoire de la réunion de tous les peuples de l'Attique, elles reviennent tous les ans; mais, dans la cinquième année, elles se célèbrent avec plus de cérémonies et d'éclat[2]. Voici l'ordre qu'on y suit, tel que je le remarquai la première fois que j'en fus témoin.

Les peuples qui habitent les bourgs de l'Attique s'étaient rendus en foule à la capitale : ils avaient amené un grand nombre de victimes qu'on devait offrir à la déesse[3]. J'allai le matin sur les bords de l'Ilissus; et j'y vis les courses des chevaux, où les fils des premiers citoyens de la république se disputaient la gloire du triomphe[4]. Je remarquai la manière dont la plupart montaient à cheval : ils posaient le pied gauche sur une espèce de crampon attaché à la partie inférieure de leur pique, et s'élançaient de nouveau avec légèreté sur leurs coursiers[5]. Non loin de là, je vis d'autres jeunes gens concourir pour le prix de la lutte et les différents exercices du corps[6]. J'allai à l'Odéon, et j'y vis plusieurs musiciens se livrer des combats plus doux et moins dangereux[7]. Les uns exécutaient des pièces sur la flûte ou sur la cithare; d'autres chantaient et s'accompagnaient de l'un de ces instruments[8]. On leur avait proposé pour sujet l'éloge d'Harmodius, d'Aristogiton et de Thrasybule, qui avaient délivré la république des tyrans dont elle était opprimée[9] : car, parmi les Athéniens, les institutions publiques sont des monuments pour ceux qui ont bien servi l'État, et des leçons pour ceux qui doivent le servir. Une couronne d'olivier, un vase rempli d'huile, furent les prix décernés aux vainqueurs[10]. Ensuite on couronna des particuliers à qui le peuple, touché de leur zèle, avait accordé cette marque d'honneur[11].

J'allai aux Tuileries pour voir passer la pompe qui s'était formée hors des murs[12], et qui commençait à défiler. Elle était composée de plusieurs classes de citoyens couronnés de fleurs[13], et remarquables par leur beauté. C'étaient des vieillards dont la figure était imposante, et qui tenaient des rameaux d'oliviers[14]; des hommes faits, qui, armés de lances et de boucliers, semblaient respirer les combats[15]; des gar-

1. Demosth., in Mid., p. 604. — 2. Meurs., Panathen. Corsin., Fast. attic., t. II, p. 357. Castell. De fest. græc. in Panathen. — 3. Aristoph., in Nub., v. 385. Schol., ibid. — 4. Xenoph., Sympos., p. 872. Athen., lib. IV, p. 168. — 5. Xenoph., De re equest., p. 942. Winckelm., Descript. des pierres gravées de Stosch., p. 171. — 6. Demosth., De coron., p. 492. Xenoph., Sympos., p. 872. — 7. Plut., in Per., t. I, p. 150. — 8. Meurs., Panathen., cap. X. — 9. Philostr., Vit. Apoll., lib. VII, cap. IV, p. 283. — 10. Aristot., ap. Schol. Sophocl., in Œdip. col., v. 730. Schol. Pind., Nem., od. X, v. 65. Meurs., ibid., cap. XI. — 11. Demosth., ibid. — 12. Thucyd., lib. VI, cap. LVII. — 13. Demosth., in Mid., p. 612. — 14. Xenoph., Sympos., p. 883. Etymol. magn. et Hesych., in ϑαλλος. — 15. Thucyd., ibid., cap. LVIII.

çons qui n'étaient âgés que de dix-huit à vingt ans, et qui chantaient des hymnes en l'honneur de la déesse[1] ; de jolis enfants couverts d'une simple tunique[2], et parés de leurs grâces naturelles ; des filles, enfin, qui appartenaient aux premières familles d'Athènes, et dont les traits, la taille et la démarche attiraient tous les regards[3]. Leurs mains soutenaient sur leurs têtes des corbeilles qui, sous un voile éclatant, renfermaient des instruments sacrés, des gâteaux, et tout ce qui peut servir aux sacrifices[4]. Des suivantes, attachées à leurs pas, d'une main étendaient un parasol au-dessus d'elles, et de l'autre tenaient un pliant[5]. C'est une servitude imposée aux filles des étrangers établis à Athènes ; servitude que partagent leurs pères et leurs mères. En effet, les uns et les autres portaient sur leurs épaules des vases remplis d'eau et de miel pour faire les libations[6].

Ils étaient suivis de huit musiciens, dont quatre jouaient de la flûte, et quatre de la lyre[7]. Après eux venaient des rhapsodes qui chantaient les poëmes d'Homère[8], et des danseurs armés de toutes pièces, qui, s'attaquant par intervalles, représentaient, au son de la flûte, le combat de Minerve contre les Titans[9].

On voyait ensuite paraître un vaisseau qui semblait glisser sur la terre au gré des vents et d'une infinité de rameurs, mais qui se mouvait par des machines renfermées dans son sein[10]. Sur le vaisseau se déployait un voile d'une étoffe légère[11], où de jeunes filles avaient représenté en broderie la victoire de Minerve contre ces mêmes Titans[12]. Elles y avaient aussi tracé, par ordre du gouvernement, les portraits de quelques héros dont les exploits avaient mérité d'être confondus avec ceux des dieux[13].

Cette pompe marchait à pas lents, sous la direction de plusieurs magistrats[14]. Elle traversa le quartier le plus fréquenté de la ville, au milieu d'une foule de spectateurs, dont la plupart étaient placés sur des échafauds qu'on venait de construire[15]. Quand elle fut parvenue au temple d'Apollon Pythien[16], on détacha le voile suspendu au navire, et l'on se rendit à la citadelle, où il fut déposé dans le temple de Minerve[17].

Sur le soir, je me laissai entraîner à l'académie, pour voir la course du flambeau. La carrière n'a que six à sept stades de longueur[18] ; elle s'étend depuis l'autel de Prométhée, qui est à la porte de ce jardin, jusqu'aux murs de la ville[19]. Plusieurs jeunes gens sont placés dans

---

1. Heliod., Æthiop., lib. I, p. 18. — 2. Meurs., Panathen., cap. XXIV. — 3. Hesych. et Harpocr., in Κανη. Ovid., Metam., lib. II, v. 711. — 4. Aristoph., in Pac., v. 948. — 5. Id., in Av., v. 1550. Schol., ibid. Ælian., Var. histor., lib. VI, cap. I. — 6. Ælian., ibid. Harpocr., in Μετοικ. Harpocr. et Hesych., in Σκαφ. Poll., lib. III, cap. IV, § 55. — 7. Dessins de Nointel, conservés à la Bibliothèque du roi. — 8. Lycurg., in Leocr., part. II, p. 161. Plat., in Hipp., t. II, p. 228. — 9. Aristoph., in Nub., v. 984. Schol., ibid. Lys., in Mun. accept., p. 374. Meurs., ibid., cap. XII. — 10. Heliod., ibid., p. 17. Philostr., in Sophist., lib. II, p. 550. Meurs., ibid., cap. XIX. — 11. Harpocr., in Πεπλ. — 12. Plat., in Euthyphr., t. I, p. 6. Eurip., in Hecub., v. 466. Schol., ibid. Suid., in Δεκλ. — 13. Aristoph., in Equit., v. 562. Schol., ibid. — 14. Poll., lib. VIII, cap. IX, § 93. — 15. Athen., lib. IV, p. 167. — 16. Philostr., ibid. — 17. Plat., ibid. — 18. Cicer., De Ét. V cap. I. 496. — 19. Pausan., lib. I, cap. XXX, p. 75.

cet intervalle à des distances égales[1]. Quand les cris de la multitude ont donné le signal[2], le premier allume le flambeau sur l'autel[3], et le porte en courant au second qui le transmet de la même manière au troisième, et ainsi successivement[4]. Ceux qui le laissent s'éteindre ne peuvent plus concourir[5]. Ceux qui ralentissent leur marche sont livrés aux railleries, et même aux coups de la populace[6]. Il faut, pour emporter le prix, avoir parcouru les différentes stations. Cette espèce de combat se renouvela plusieurs fois. Il se diversifie suivant la nature des fêtes[7].

Ceux qui avaient été couronnés dans les différents exercices invitèrent leurs amis à souper[8]. Il se donna dans le Prytanée, et dans d'autres lieux publics, de grands repas qui se prolongèrent jusqu'au jour suivant[9]. Le peuple, à qui on avait distribué les victimes immolées[10], dressait partout des tables, et faisait éclater une joie vive et bruyante.

Plusieurs jours de l'année sont consacrés au culte de Bacchus[11]. Son nom retentit tour à tour dans la ville, au port du Pirée, dans la campagne et dans les bourgs. J'ai vu plus d'une fois la ville entière plongée dans l'ivresse la plus profonde[12]; j'ai vu des troupes de bacchants et de bacchantes couronnés de lierre, de fenouil, de peuplier, s'agiter, danser, hurler dans les rues, invoquer Bacchus par des acclamations barbares[13], déchirer de leurs ongles et de leurs dents les entrailles crues des victimes, serrer des serpents dans leurs mains, les entrelacer dans leurs cheveux, en ceindre leurs corps, et, par ces espèces de prestiges, effrayer et intéresser la multitude[14].

Ces tableaux se retracent en partie dans une fête qui se célèbre à la naissance du printemps. La ville se remplit alors d'étrangers[15] : ils y viennent en foule, pour apporter les tributs des îles soumises aux Athéniens[16], pour voir les nouvelles pièces qu'on donne sur le théâtre[17], pour être témoins des jeux et des spectacles, mais surtout, d'une procession qui représente le triomphe de Bacchus. On y voit le même cortège qu'avait, dit-on, ce dieu lorsqu'il fit la conquête de l'Inde; des satyres, des dieux Pans[18]; des hommes traînant des boucs pour les immoler[19]; d'autres montés sur des ânes, à l'imitation de Silène[20]; d'autres déguisés en femmes[21]; d'autres qui portent des figures obscènes suspendues à de longues perches[22], et qui chantent des hymnes dont la licence est extrême[23]; enfin, toutes sortes de personnes de l'un

1. Herodot., lib. VIII, cap. LXVIII. — 2. Aristoph., in Ran., v. 133. — 3. Plut., in Solon., t. I, p. 79. — 4. Herodot., ibid. Æschyl., in Agam., v. 320. Meurs., Græc. fer., lib. V, in lampad. — 5. Pausan., ibid. — 6. Aristoph., ibid., v. 1125. Schol., ibid. Hesych., in Κέραμ. — 7. Plat., De rep., lib. I, t. II, p. 328. — 8. Athen., lib. IV, p. 168. — 9. Heliod., Æthiop., lib. I, p. 18. — 10. Aristoph., in Nub., v. 385. Schol., ibid. — 11. Demosth., in Mid., p. 601. — 12. Plat., De leg., lib. I, t. II, p. 637. — 13. Demosth., De coron., p. 516. — 14. Plut., in Alex., t. I, p. 665. Clem. Alex., Protrept., t. I, p. 11. — 15. Demosth., in Mid., p. 637. — 16. Schol. Aristoph., in Acharn., v. 377. — 17. Plut., De exil., t. II, p. 603. Schol. Aristoph., in Nub., v. 311. — 18. Plut., in Anton., t. I, p. 926. Athen., lib. V, p. 197. — 19. Plut., De cup. divit., t. II, p. 527. — 20. Ulpian., in Mid., p. 688. — 21. Hesych., in Ἰθύφ. — 22. Herodot., lib. II, cap. XLIX. Aristoph., in Acharn., v. 242. — 23. Aristoph. ibid. v. 260.

sexe, la plupart couvertes de peaux de faons[1], cachées sous un masque[2], couronnées de lierre, ivres ou feignant de le paraître[3], mêlant sans interruption leurs cris au bruit des instruments; les unes s'agitant comme des insensées, et s'abandonnant à toutes les convulsions de la fureur; les autres exécutant des danses régulières et militaires, mais tenant des vases au lieu de boucliers, et se lançant, en forme de traits, des thyrses dont elles insultent quelquefois les spectateurs[4].

Au milieu de ces troupes d'acteurs forcenés, s'avancent dans un bel ordre les différents chœurs députés par les tribus[5] : quantité de jeunes filles des plus distinguées de la ville, marchent les yeux baissés[6], parées de tous leurs ornements, et tenant sur leurs têtes des corbeilles sacrées, qui, outre les prémices des fruits, renferment des gâteaux de différentes formes, des grains de sel, des feuilles de lierre, et d'autres symboles mystérieux[7].

Les toits, formés en terrasse, sont couverts de spectateurs, et surtout de femmes, la plupart avec des lampes et des flambeaux[8], pour éclairer la pompe, qui défile presque toujours pendant la nuit[9], et qui s'arrête dans les carrefours et les places, pour faire des libations et offrir des victimes en l'honneur de Bacchus[10].

Le jour est consacré à différents jeux. On se rend de bonne heure au théâtre[11], soit pour assister aux combats de musique et de danse que se livrent les chœurs, soit pour voir les nouvelles pièces que les auteurs donnent au public.

Le premier des neuf archontes préside à ces fêtes[12]; le second, à d'autres solennités[13] : ils ont sous eux des officiers qui les soulagent dans leurs fonctions[14], et des gardes pour expulser du spectacle ceux qui en troublent la tranquillité[15].

Tant que durent les fêtes, la moindre violence contre un citoyen est un crime, et toute poursuite contre un débiteur est interdite. Les jours suivants, les délits et les désordres qu'on y a commis sont punis avec sévérité[16].

Les femmes seules participent aux fêtes d'Adonis[17], et à celles qui, sous le nom de Thesmophories, se célèbrent en l'honneur de Cérès et de Proserpine[18] : les unes et les autres sont accompagnées de cérémonies que j'ai déjà décrites plus d'une fois. Je ne dirai qu'un mot des dernières; elles reviennent tous les ans au mois de pyanepsion[19], et durent plusieurs jours.

---

1. Aristoph., in Ran., v. 1242. Athen., lib. IV, cap. XII, p. 148. — 2. Plut., De cup. divit., t. II, p. 527. Athen., lib. XIV, p. 622. — 3. Demosth., in Mid., p. 632. — 4. Id., ibid. Athen., ibid., p. 631. — 5. Plat., De rep., lib. V, t. II, p. 475. — 6. Aristoph., in Acharn., v. 241. Schol., ibid. Id., v. 253, etc. — 7. Clem. Alex., Protrept., t. I, p. 19. Castellan., in Dionys. — 8. Aristoph., ibid., v. 261. Casaub., in Ath., lib. IV, cap. XII. — 9. Sophocl., in Antig., v. 1161. Schol., ibid. — 10. Demosth., ibid., p. 611. — 11. Id., ibid., p. 615. — 12. Poll., lib. VIII, cap. IX, § 89. Plut., in Cim., p. 483. — 13. Poll., ibid., § 90. — 14. Demosth., ibid., p. 605. — 15. Id., ibid., p. 631. — 16. Id., ibid., p. 604. — 17. Meurs., Græc. fer., lib. I. Mém. de l'Acad. des bell. lettr., t. III, p. 98. — 18. Meurs., ibid., lib. IV. Mém. de l'Acad. des bell. lettr., t. XXXIX, p. 203. — 19. Ce mois commençait tantôt dans les derniers jours d'octobre, tantôt dans les premiers de novembre.

Parmi les objets dignes de fixer l'attention, je vis les Athéniennes, femmes et filles, se rendre à Éleusis, y passer une journée entière dans le temple, assises par terre, et observant un jeûne austère[1]. « Pourquoi cette abstinence? » dis-je à l'une de celles qui avaient présidé à la fête. Elle me répondit : « Parce que Cérès ne prit point de nourriture pendant qu'elle cherchait sa fille Proserpine[2]. » Je lui demandai encore : Pourquoi, en allant à Éleusis, portiez-vous des livres sur vos têtes? — Ils contiennent les lois que nous croyons avoir reçues de Cérès[3]. — Pourquoi, dans cette procession brillante, où l'air retentissait de vos chants, conduisiez-vous une grande corbeille sur un char attelé de quatre chevaux blancs[4]? — Elle renfermait, entre autres choses, des grains dont nous devons la culture à Cérès : c'est ainsi qu'aux fêtes de Minerve nous portons des corbeilles pleines de flocons de laine[5], parce que c'est elle qui nous apprit à la filer. Le meilleur moyen de reconnaître un bienfait est de s'en souvenir sans cesse, et de le rappeler quelquefois à son auteur. »

Chap. XXV. — Des maisons et des repas des Athéniens.

La plupart des maisons sont composées de deux appartements, l'un en haut pour les femmes, l'autre en bas pour les hommes[6]; et couvertes de terrasses[7] dont les extrémités ont une grande saillie[8]. On en compte plus de dix mille à Athènes[9].

On en voit un assez grand nombre qui ont sur le derrière un jardin[10], sur le devant une petite cour; et plus souvent une espèce de portique[11], au fond duquel est la porte de la maison, confiée quelquefois aux soins d'un eunuque[12]. C'est là qu'on trouve tantôt une figure de Mercure, pour écarter les voleurs[13]; tantôt un chien, qu'ils redoutent beaucoup plus[14]; et presque toujours un autel en l'honneur d'Apollon, où le maître de la maison vient en certains jours offrir des sacrifices[15].

On montre aux étrangers les maisons de Miltiade, d'Aristide, de Thémistocle, et des grands hommes du siècle dernier. Rien ne les distinguait autrefois : elles brillent aujourd'hui par l'opposition des hôtels que des hommes sans nom et sans vertus ont eu le front d'élever auprès de ces demeures modestes[16]. Depuis que le goût des bâtiments s'est introduit, les arts font tous les jours des efforts pour le

---

1. Plut., De Is. et Osir., t. II, p. 378. Athen., lib. VII, cap. XVI, p. 307. — 2. Callim., Hymn. in Cerer., v. 12. — 3. Schol. Theocr., in idyll. IV, v. 25. — 4. Mém. de l'Acad. des bell. lettr., t. XXXIX, p. 224. — 5. Spanh., in Callim., l. 1, t. II, p. 652. — 6. Lys., De cæd. Eratosth., p. 6. — 7. Plin., lib. XXXVI, cap. XXV, p. 756. — 8. Aristot. Œconom., lib. II, t. II, p. 502. Polyæn., Strateg., lib. III, cap. IX, § 30. — 9. Xenoph., Memor., p. 774. — 10. Terent., in Adelph., act. V, scen. V, v. 10. — 11. Plat., in Protag., t. I, p. 311. Vitruv., lib. VI, cap. X, p. 119. — 12. Plat., ibid., p. 314. — 13. Aristoph., in Plut., v. 1155. Schol., ibid. — 14. Id., in Lysistr., v. 1217. Theophr., Charact., cap. IV. Apollod., ap. Athen., lib. I, p. 3. — 15. Aristoph., in Vesp., v. 870. Schol., ibid. Plat., De rep., lib. I, t. II, p. 328. — 16. Xenoph., ibid., lib. V, p. 825. Demosth., olynth. III, p. 33 et 39; id., De rep. ordin., p. 127; id., in Aristocr. p. 758.

favoriser et l'étendre. On a pris le parti d'aligner les rues[1], de séparer les nouvelles maisons en deux corps de logis, d'y placer au rez-de-chaussée les appartements du mari et de la femme, de les rendre plus commodes par de sages distributions, et plus brillantes par les ornements qu'on y multiplie.

Telle était celle qu'occupait Dinias, un des plus riches et des plus voluptueux citoyens d'Athènes. Il étalait un faste qui détruisit bientôt sa fortune. Trois ou quatre esclaves marchaient toujours à sa suite[2]. Sa femme, Lysistrate, ne se montrait que sur un char attelé de quatre chevaux blancs de Sicyone[3]. Ainsi que d'autres Athéniens, il se faisait servir par une femme de chambre qui partageait les droits de son épouse[4], et il entretenait en ville une maîtresse, qu'il avait la générosité d'affranchir ou d'établir avant de la quitter[5]. Pressé de jouir et de faire jouir ses amis, il leur donnait souvent des repas et des fêtes.

Je le priai un jour de me montrer sa maison. J'en dressai ensuite le plan, et je le joins ici[6]. On y verra qu'une allée longue et étroite conduisait directement à l'appartement des femmes : l'entrée en est interdite aux hommes, excepté aux parents et à ceux qui viennent avec le mari. Après avoir traversé un gazon entouré de trois portiques, nous arrivâmes à une assez grande pièce, où se tenait Lysistrate à qui Dinias me présenta.

Nous la trouvâmes occupée à broder une robe, plus occupée de deux colombes de Sicile et d'un petit chien de Malte[7] qui se jouaient autour d'elle. Lysistrate passait pour une des plus jolies femmes d'Athènes, et cherchait à soutenir cette réputation par l'élégance de sa parure. Ses cheveux noirs, parfumés d'essences[8], tombaient à grosses boucles sur ses épaules; des bijoux d'or se faisaient remarquer à ses oreilles[9], des perles à son cou et à ses bras[10], des pierres précieuses à ses doigts[11]. Peu contente des couleurs de la nature, elle en avait emprunté d'artificielles, pour paraître avec l'éclat des roses et des lis[12]. Elle avait une robe blanche, telle que la portent communément les femmes de distinction[13].

Dans ce moment nous entendîmes une voix qui demanda si Lysistrate était chez elle[14]. « Oui, » répondit une esclave qui vint tout de suite annoncer Eucharis. C'était une des amies de Lysistrate, qui courut au-devant d'elle, l'embrassa tendrement, s'assit à ses côtés, et ne cessa de la louer sur sa figure et sur son ajustement. « Vous êtes bien jolie; vous êtes parfaitement mise. Cette étoffe est charmante; elle vous sied à merveille; combien coûte-t-elle[15]? »

---

1. Aristot., De rep., lib. VII, cap. XI, t. II, p. 438. — 2. Demosth., pro Phorm., p. 965. — 3. Id., in Mid., p. 628. — 4. Id., in Neær., p. 881. — 5. Id., pro Phorm., p. 965. — 6. Voyez la note XXIX qui est à la fin du volume. — 7. Theophr., Charact., cap. V et XXI. — 8. Lucian., Amor., t. II, p. 441. — 9. Lys., contr. Eratosth., p. 198. Diog. Laert., lib. III, § 42. — 10. Anacr., od. XX. Xenoph., Memor., lib. V, p. 847. Theophr., De lapid., § 64. — 11. Aristoph., in Nub., v. 331. — 12. Lys., De cæd. Eratosth., p. 8. Athen., lib. XIII, cap. III, p. 568. Etymol. magn., in Εψμ. et in Εγχ. — 13. Aristoph., in Thesmoph., v. 848. Schol., ibid. — 14. Theocr., idyll. XV, v. 1. — 15. Aristoph., in Lysistr., v. 78. Theocr., ibid., v. 34.

Je soupçonnai que cette conversation ne finirait pas sitôt, et je demandai à Lysistrate la permission de parcourir le reste de l'appartement. La toilette frappa d'abord mes regards. J'y vis des bassins et des aiguières d'argent, des miroirs de différentes matières, des aiguilles pour démêler les cheveux; des fers pour les boucler[1], des bandelettes plus ou moins larges pour les assujettir, des réseaux pour les envelopper[2], de la poudre jaune pour les en couvrir[3]; diverses espèces de bracelets et de boucles d'oreilles; des boîtes contenant du rouge, du blanc de céruse, du noir pour teindre les sourcils, et tout ce qu'il faut pour tenir les dents propres, etc.[4]

J'examinais ces objets avec attention, et Dinias ne comprenait pas pourquoi ils étaient nouveaux pour un Scythe. Il me montrait ensuite son portrait et celui de sa femme[5]. Je parus frappé de l'élégance des meubles; il me dit qu'aimant à jouir de l'industrie et de la supériorité des ouvriers étrangers, il avait fait faire les siéges en Thessalie[6], les matelas du lit à Corinthe[7], les oreillers à Carthage[8]; et, comme ma surprise augmentait, il riait de ma simplicité, et ajoutait, pour se justifier, que Xénophon paraissait à l'armée avec un bouclier d'Argos, une cuirasse d'Athènes, un casque de Béotie, et un cheval d'Épidaure[9].

Nous passâmes à l'appartement des hommes, au milieu duquel nous trouvâmes une pièce de gazon[10], entourée de quatre portiques dont les murs étaient enduits de stuc, et lambrissés de menuiserie[11]. Ces portiques servaient de communication à plusieurs chambres ou salles, la plupart décorées avec soin. L'or et l'ivoire rehaussaient l'éclat des meubles[12]; les plafonds[13] et les murs étaient ornés de peintures[14]; les portières[15] et les tapis fabriqués à Babylone représentaient des Perses avec leurs robes traînantes, des vautours, d'autres oiseaux et plusieurs animaux fantastiques[16].

Le luxe que Dinias étalait dans sa maison régnait aussi à table. Je vais tirer de mon journal la description du premier souper, auquel je fus invité avec Philotas mon ami.

On devait s'assembler vers le soir, au moment où l'ombre du gnomon aurait douze pieds de longueur[17]. Nous eûmes l'attention de n'arriver ni trop tôt ni trop tard : c'est ce qu'exigeait la politesse[18]. Nous trouvâmes Dinias s'agitant et donnant des ordres. Il nous présenta Philonide, un de ces parasites qui s'établissent chez les gens riches

---

1. Lucian., Amor., t. II, § 39 et 40. Poll., lib. V, cap. XVI, § 95, Not. var., ibid. — 2. Homer., Iliad., lib. XXII, v. 468. — 3. Hesych., in Θρύψ. Schol. Theocr., in idyll. II, v. 88. — 4. Lucian., ibid. — 5. Theophr., Charact., cap. II. — 6. Crit. ap. Athen., lib. I, p. 28. Poll., lib. X, cap. XI, § 48. — 7. Antiph., ap. Athen., p. 27. — 8. Hermipp., ibid., p. 28. — 9. Ælian. Var. hist., lib. III, p. 24. Poll., lib. I, cap. X, § 149. — 10. Plin. jun., lib. VII, epist. XXVII. — 11. Vitruv., lib. VI, cap. X. — 12. Bacchyl., ap. Athen., lib. II, cap. III, p. 39. — 13. Plat., De rep., lib. VII, t. II, p. 529. — 14. Andoc., in Alcib., part. II, p. 31. Xenoph., Memor., lib. V, p. 844. — 15. Theophr., ibid., cap. V. — 16. Callixen., ap. Athen., lib. V, cap. VI, p. 197. Hipparch., ap. eumd., lib. XI, cap. VII, p. 477. Aristoph., in Ran., v. 869. Spanh., ibid., p. 312. — 17. Hesych., in Δειλη. Menand., ap. Athen., lib. VI, cap. X, p. 243. Casaub., ibid. — 18. Schol. Theocr., in idyll. VII, v. 24. Plut., Sympos., lib. VIII, quæst. VI, t. II, p. 726.

CHAPITRE XXV.

pour faire les honneurs de la maison, et amuser les convives [1]. Nous nous aperçûmes qu'il secouait de temps en temps la poussière qui s'attachait à la robe de Dinias [2]. Un moment après, arriva le médecin Nicoclès excédé de fatigue : il avait beaucoup de malades; mais ce n'étaient, disait-il, que des enrouements et des toux légères, provenant des pluies qui tombaient depuis le commencement de l'automne [3]. Il fut bientôt suivi par Léon, Zopyre, et Théotime, trois Athéniens distingués, que le goût des plaisirs attachait à Dinias. Enfin, Démocharès parut tout à coup, quoiqu'il n'eût pas été prié [4] : il avait de l'esprit, des talents agréables; il fut accueilli avec transport de toute la compagnie.

Nous passâmes dans la salle à manger : on y brûlait de l'encens et d'autres odeurs [5]. Sur le buffet, on avait étalé des vases d'argent et de vermeil, quelques-uns enrichis de pierres précieuses [6]. Des esclaves répandirent de l'eau pure sur nos mains [7], et posèrent des couronnes sur nos têtes [8]. Nous tirâmes au sort le roi du festin [9]. Il devait écarter la licence, sans nuire à la liberté; fixer l'instant où l'on boirait à longs traits, nommer les santés qu'il faudrait porter, et faire exécuter les lois établies parmi les buveurs [10]. Le sort tomba sur Démocharès.

Autour d'une table que l'éponge avait essuyée à plusieurs reprises [11], nous nous plaçâmes sur des lits [12], dont les couvertures étaient teintes en pourpre [13]. Après qu'on eut apporté à Dinias le menu du souper [14], nous en réservâmes les prémices pour l'autel de Diane [15]. Chacun de nous avait amené son domestique [16]. Dinias était servi par un nègre, par un de ces esclaves éthiopiens que les gens riches acquièrent à grands frais, pour se distinguer des autres citoyens [17].

Je ne ferai point le détail d'un repas qui nous fournissait à tous moments de nouvelles preuves de l'opulence et des prodigalités de Dinias : il suffira d'en donner une idée générale.

On nous présenta d'abord plusieurs espèces de coquillages : les uns, tels qu'ils sortent de la mer; d'autres, cuits sur la cendre, ou frits dans la poêle; la plupart assaisonnés de poivre et de cumin [18]. On servit en même temps des œufs frais, soit de poules, soit de paons : ces derniers sont plus estimés [19]; des andouilles [20], des pieds de cochon [21], un

---

1. Theophr., Charact., cap. xx. — 2. Id., ibid., cap. ii. — 3. Hippocr., Aphorism., sect. III, § 13. — 4. Plat., in Conviv., t. III, p. 174. — 5. Archestr., ap. Athen., lib. III, cap. xxi, p. 101. — 6. Plat., De rep., lib. III, t. II, p. 417. Theophr., ibid., cap. xxiii; id., De lap., § 63. Plut., in Alcib., t. I, p. 193. — 7. Athen., lib. IX, cap. I, p. 366. Duport., in Theophr., p. 454. — 8. Archestr., ibid. — 9. Aristoph., in Plut., v. 973. Diog. Laert., lib. VIII, § 64. Plut., Sympos., lib. I, cap. IV, t. II, p. 620. — 10. Par une de ces lois, il fallait ou boire, ou sortir de table. (Cicer., Tuscul. V, cap. xli, t. II, p. 395.) On se contentait quelquefois de répandre sur la tête du coupable le vin qu'il refusait de boire. (Diog. Laert., lib. VIII, § 64.) — 11. Homer., Odyss., lib. XX, v. 151. Martial., Epigr. cxlii, lib. XIV. — 12. Xenoph., Memor., lib. V, p. 842. Aristot., De rep., lib. VII, cap ultim., t. II, p. 448. — 13. Athen., lib. II, cap. IX, p. 48. — 14. Id., ibid., cap. X, p. 49. — 15. Theophr., ibid., cap. X. Duport., ibid. — 16. Theophr., ibid., cap. IX. — 17. Id., ibid., cap. XXI. Casaub., ibid. Terent., in Eunuch., act. I, scen. II, v. 85. — 18. Athen., lib. III, cap. XII, p. 90, etc. — 19. Triph., ap. Athen., lib. II, p. 58. — 20. Aristoph., in Equit., v. 161. Henric. Steph., in Ἀλλᾶς. — 21. Ecphant. et Pherecr., ap. Athen., lib. III, cap. VII, p. 96.

foie de sanglier ¹, une tête d'agneau ², de la fraise de veau ³; le ventre d'une truie, assaisonné de cumin, de vinaigre et de silphium ⁴; de petits oiseaux, sur lesquels on jeta une sauce toute chaude, composée de fromage râpé, d'huile, de vinaigre et de silphium ⁵. On donna, au second service, ce qu'on trouve de plus exquis en gibier, en volaille, et surtout en poissons. Des fruits composèrent le troisième service.

Parmi cette multitude d'objets qui s'offraient à nos yeux, chacun de nous eut la liberté de choisir ce qui pouvait le plus flatter le goût de ses amis, et de le leur envoyer [6] : c'est un devoir auquel on ne manque guère dans les repas de cérémonie.

Dès le commencement du souper, Démocharès prit une coupe, l'appliqua légèrement à ses lèvres, et la fit passer de main en main. Nous goûtâmes de la liqueur chacun à notre tour. Ce premier coup est regardé comme le symbole et le garant de l'amitié qui doit unir les convives. D'autres le suivirent de près, et se réglèrent sur les santés que Démocharès portait tantôt à l'un, tantôt à l'autre [7], et que nous lui rendions sur-le-champ.

Vive et gaie, sans interruption et sans objet, la conversation avait insensiblement amené des plaisanteries sur les soupers des gens d'esprit et des philosophes, qui perdent un temps si précieux, les uns à se surprendre par des énigmes et des logogriphes [8], les autres à traiter méthodiquement des questions de morale et de métaphysique [9]. Pour ajouter un trait au tableau du ridicule, Démocharès proposa de déployer les connaissances que nous avions sur le choix des mets les plus agréables au goût, sur l'art de les préparer, sur la facilité de se les procurer à Athènes. Comme il s'agissait de représenter les banquets des sages, il fut dit que chacun parlerait à son tour, et traiterait son sujet avec beaucoup de gravité, sans s'appesantir sur les détails, sans trop les négliger.

C'était à moi de commencer; mais, peu familiarisé avec la matière qu'on allait discuter, j'étais sur le point de m'excuser, lorsque Démocharès me pria de leur donner une idée des repas des Scythes. Je répondis en peu de mots qu'ils ne se nourrissaient que de miel, et de lait de vache ou de jument [10]; qu'ils s'y accoutumaient si bien dès leur naissance, qu'ils se passaient de nourrices [11]; qu'ils recevaient le lait dans de grands seaux; qu'ils le battaient longtemps pour en séparer la partie la plus délicate, et qu'ils destinaient à ce travail ceux de leurs ennemis que le sort des armes faisait tomber entre

---

1. Eubul., ap. Athen., lib. VII, cap. XXIV, p. 330. — 2. Id., ibid. — 3. Id, ibid. Schol. Aristoph., in Pac., v. 716. — 4. Archestr., ap. Athen., lib. III, cap. XXI, p. 101. Plante dont les anciens faisaient un grand usage dans leurs repas. — 5. Aristoph., in Av., v. 532 et 1578. — 6. Id., in Acharn., v. 1048. Theophr., Charact., cap. XVII. Casaub., ibid., p. 137. — 7. Homer., Iliad., lib. IV, v. 3. Aristoph., in Lysistr., v. 204. Athen., ibid., lib. X, p. 432 et 444. Feith., Antiq., Homer., lib. III, p. 306. — 8. Plat., De rep., lib. V, t. II, p. 404. Athen., ibid., cap. XV, p. 448. — 9. Plat., Conviv., t. III, p. 172. Xenoph., ibid., p. 872. Plut., Sept. sapient. conviv., t. II, p. 146. — 10. Justin., lib. II, cap. II. — 11. Antiphan., ap. Athen., lib. VI, cap. II, p. 226.

leurs mains [1] : mais je ne dis pas que, pour ôter à ces malheureux la liberté de s'échapper, on les privait de la vue.

Après d'autres particularités que je supprime, Léon, prenant la parole, dit : « On reproche sans cesse aux Athéniens leur frugalité [2] : il est vrai que nos repas sont, en général, moins longs et moins somptueux que ceux des Thébains et de quelques autres peuples de la Grèce [3]; mais nous avons commencé à suivre leurs exemples, bientôt ils suivront les nôtres. Nous ajoutons tous les jours des raffinements aux délices de la table, et nous voyons insensiblement disparaître notre ancienne simplicité, avec toutes ces vertus patriotiques que le besoin avait fait naître, et qui ne sauraient être de tous les temps. Que nos orateurs nous rappellent, tant qu'ils voudront, les combats de Marathon et de Salamine; que les étrangers admirent les monuments qui décorent cette ville : Athènes offre à mes yeux un avantage plus réel; c'est l'abondance dont on y jouit toute l'année; c'est ce marché où viennent chaque jour se réunir les meilleures productions des îles et du continent. Je ne crains pas de le dire, il n'est point de pays où il soit plus facile de faire bonne chère; je n'en excepte pas même la Sicile.

« Nous n'avons rien à désirer à l'égard de la viande de boucherie et de la volaille. Nos basses-cours, soit à la ville, soit à la campagne, sont abondamment fournies de chapons [4], de pigeons [5], de canards [6], de poulets et d'oies que nous avons l'art d'engraisser [7]. Les saisons nous ramènent successivement les becfigues [8], les cailles [9], les grives [10], les alouettes [11], les rouges-gorges [12], les ramiers [13], les tourterelles [14], les bécasses [15], et les francolins [16]. Le Phase nous a fait connaître les oiseaux qui font l'ornement de ses bords, qui font à plus juste titre l'ornement de nos tables : ils commencent à se multiplier parmi nous, dans les faisanderies qu'ont formées de riches particuliers [17]. Nos plaines sont couvertes de lièvres et de perdrix [18]; nos collines, de thym, de romarin, et de plantes propres à donner au lapin du goût et du parfum. Nous tirons des forêts voisines des marcassins et des sangliers [19]; et de l'île de Mélos, les meilleurs chevreuils de la Grèce [20].

---

1. Herodot., lib. IV, cap. II. — 2. Eubul., ap. Athen., lib. II, cap. VIII, p. 47. — 3. Diphil. et Polyb., ap. Athen., lib. IV, p. 17 et 18. Eubul. ap. eumd., lib. X, cap. IV, p. 417. — 4. Aristot., Hist. animal., lib. IX, cap. L, t. I, p. 956. — 5. Id., ibid., lib. I, cap. I, p. 763. Athen. lib. IX, cap. XI, p. 393. — 6. Athen., ibid., p. 395. Mnesim., ibid., cap. XV, p. 403. — 7. Athen., ibid., cap. VIII, p. 384. Varr., De re rustic., lib. III, cap. VIII, § 9. Cicer., Acad., lib. II, cap. XVIII, t. II, p. 26. Plin., lib. X, cap. L, t. I, p. 571. — 8. Aristot., ibid., lib. VIII, cap. III, t. I, p. 902. Athen., lib. II, cap. XXIV, p. 65. Epicharm., ibid., lib. IX, p. 398. — 9. Athen., ibid., cap. X, p. 392. — 10. Aristoph., in Pac., v. 1149. Athen., ibid., p. 64. — 11. Aristot., ibid., p. 935. — 12. Id., ibid., lib. VIII, cap. III, p. 902. Plin., ibid., cap. IX, p. 561. — 13. Aristot., ibid., Athen., lib. IX, p. 393. — 14. Aristot., ibid. Athen., ibid., p. 394. — 15. Aristot., ibid., cap. XXVI, p. 936. — 16. Aristoph. et Alexand., ap. Athen., lib. IX, p. 387. Phœnic., ap. eumd., lib. XIV, cap. XVIII, p. 652. Aristot., ibid., cap. XLIX, p. 955. — 17. Aristoph., in Nub., v. 109. Schol., ibid. Aristot., ibid., lib. VI, cap. II, t. I, p. 859. Philox., ap. Athen., lib. IV, cap. II, p. 147. — 18. Athen., ibid., p. 388. Whel., A journ. book, V, p. 352. — 19. Xenoph., De venat., p. 991. Mnesim., ibid., cap. XV, p. 403. Spon, Voyag., t. II, p. 56. — 20. Athen., lib. I, cap. IV, p. 4.

— La mer, dit alors Zopyre, attentive à payer le tribut qu'elle doit à ses maîtres, enrichit nos tables de poissons délicats [1]. Nous avons la murène [2], la dorade [3], la vive [4], le xiphias [5], le pagre [6], l'alose [7], et des thons en abondance [8].

« Rien n'est comparable au congre qui nous vient de Sicyone [9]; au glaucus que l'on pêche à Mégare [10], aux turbots, aux maquereaux, aux soles, aux surmulets et aux rougets qui fréquentent nos côtes [11]. Les sardines sont ailleurs l'aliment du peuple; celles que nous prenons aux environs de Phalère mériteraient d'être servies à la table des dieux, surtout quand on ne les laisse qu'un instant dans l'huile bouillante [12].

« Le vulgaire, ébloui par les réputations, croit que tout est estimable dans un objet estimé. Pour nous, qui analysons le mérite jusque dans les moindres détails, nous choisirons la partie antérieure du glaucus, la tête du bar et du congre, la poitrine du thon, le dos de la raie [13], et nous abandonnerons le reste à des goûts moins difficiles.

« Aux ressources de la mer ajoutons celles des lacs de la Béotie. Ne nous apporte-t-on pas tous les jours des anguilles du lac Copaïs, aussi distinguées par leur délicatesse que par leur grosseur [14]? Enfin, nous pouvons mettre au rang de nos véritables richesses cette étonnante quantité de poissons salés qui nous viennent de l'Hellespont, de Byzance, et des côtes du Pont-Euxin.

— Léon et Zopyre, dit Philotas, ont traité des aliments qui font la base d'un repas. Ceux du premier et du troisième service exigeraient des connaissances plus profondes que les miennes, et ne prouveraient pas moins les avantages de notre climat. Les langoustes et les écrevisses [15] sont aussi communes parmi nous que les moules, les huîtres [16], les oursins ou hérissons de mer [17]. Ces derniers se préparent quelquefois avec l'oxymel, le persil et la menthe [18]. Ils sont délicieux quand on les pêche dans la pleine lune [19], et ne méritent en aucun temps les reproches que leur faisait un Lacédémonien qui, n'ayant jamais vu ce

---

1. Spon, Voyag., t. II, p. 147. Whel., A journ. book., V, p. 352. — 2. Aristot., Hist. animal., lib. VIII, cap. XIII, p. 909. Theophr., ap. Athen., lib. VII, cap. XVIII, p. 312. — 3. Epichr. et Archestr., ap. Athen., lib. VII, cap. XXIV, p. 328. Aldrov., De pisc., lib. II, cap. XV, p. 169. Gesn., De pisc., p. 128. — 4. Mnesim., ap. Athen., lib. IX, cap. XV, p. 403. Aldrov., ibid., lib. II, p. 255. — 5. Athen., lib. VII, cap. VII, p. 282. Aldrov., ibid., lib. III, p. 330. C'est le poisson connu parmi nous sous le nom d'espadon; en Italie, sous celui de pesce spada. — 6. Athen., ibid., cap. XXII, p. 327. Aldrov., ibid., lib. II, p. 149. Gesn., ibid., p. 773. — 7. Aristot., ibid., lib. IX, cap. XXXVII, t. I, p. 941. Gesn., ibid., p. 21. Aldrov., ibid., p. 499. — 8. Athen., ibid., p. 1147. — 9. Eudox. 6. Philem., ap. Athen., lib. IV, cap. X, p. 288. Aldrov., ibid., p. 348. Gesn., ibid., p. 345. — 10. Archestr., ap. Athen., lib. VII, cap. 295. — 11. Lync. Sam., ap. Athen., p. 285 et 330. Archestr., ibid., p. 288. Cratin. et Nausicr., ibid., p. 325. — 12. Athen., ibid., cap. VIII, p. 285. Aldrov., ibid., p. 212. Gesn., ibid., p. 73; et alii. - - 13. Plat., ap. Athen., ibid., p. 279. Antiphan., ibid., p. 295. Eriph., ibid., p. 302. — 14. Aristoph., in Pac., v. 1004; id., in Lysistr., v. 36. Schol., ibid. Athen., ibid., p. 297. — 15. Aristot., ibid., lib. IV, cap. II, p. 815. Athen., lib. III, cap. XXIII, p. 104 et 105. Gesn., De loc. et De astac., etc. — 16. Athen., ibid., p. 90. Archestr., ibid., p. 92. — 17. Aristot., ibid., cap. V, p. 822. Matron., ap. Athen., lib. IV, cap. V, p. 135. — 18. Athen., ibid., p. 91. — 19. Id., ibid., p. 88

coquillage, prit le parti de le porter à sa bouche, et d'en dévorer les pointes tranchantes [1].

« Je ne parlerai point des champignons, des asperges [2], des diverses espèces de concombres [3], et de cette variété infinie de légumes qui se renouvellent tous les jours au marché; mais je ne dois pas oublier que les fruits de nos jardins ont une douceur exquise [4]. La supériorité de nos figues est généralement reconnue [5]: récemment cueillies, elles font les délices des habitants de l'Attique; séchées avec soin, on les transporte dans les pays éloignés, et jusque sur la table du roi de Perse [6]. Nos olives confites à la saumure irritent l'appétit : celles que nous nommons colymbades [7] sont, par leur grosseur et par leur goût, plus estimées que celles des autres pays [8] Les raisins connus sous le nom de Nicostrate ne jouissent pas d'une moindre réputation [9]. L'art de greffer [10] procure aux poires et à la plupart de nos fruits les qualités que la nature leur avait refusées [11]; l'Eubée nous fournit de très-bonnes pommes [12]; la Phénicie, des dattes [13]; Corinthe, des coings dont la douceur égale la beauté [14]; et Naxos, ces amandes si renommées dans la Grèce [15]. »

Le tour du parasite étant venu, nous redoublâmes d'attention. Il commença de cette manière :

« Le pain que l'on sert sur nos tables, celui même que l'on vend au marché, est d'une blancheur éblouissante, et d'un goût admirable [16]. L'art de le préparer fut, dans le siècle dernier, perfectionné en Sicile, par Théarion [18] : il s'est maintenu parmi nous dans tout son éclat, et n'a pas peu contribué aux progrès de la pâtisserie. Nous avons aujourd'hui mille moyens pour convertir toutes sortes de farines en une nourriture aussi saine qu'agréable. Joignez à la farine de froment un peu de lait, d'huile et de sel, vous aurez ces pains si délicats dont nous devons la connaissance aux Cappadociens [2]. Pétrissez-la avec du miel, réduisez votre pâte en feuilles minces, et propres à se rouler à l'aspect du brasier, vous aurez ces gâteaux qu'on vient de vous offrir, et que vous avez trempés dans le vin [19]; mais il faut les servir tout brûlants [20]. Ces globules si doux et si légers qui les ont suivis de près [21] se font dans la poêle, avec de la farine de sésame, du miel et de l'huile [22]. Prenez de l'orge mondé, brisez les grains dans un mortier, mettez-en la farine dans un vase, versez-y de l'huile, remuez cette

---

1. Demetr. Scept., ap. Athen., p. 91. — 2. Athen., lib. III, cap. XXIII, p. 60, 52, etc. — 3. Id., ibid., p. 67. — 4. Aristot., Probl., sect. XX, t. II, p. 774. — 5. Athen., lib. XIV, p. 652. — 6. Dinon., ap. Athen., lib. XIV, p. 652. — 7. Les Grecs d'Athènes les appellent encore aujourd'hui du même nom; et le Grand-Seigneur les fait toutes retenir pour sa table (Spon, Voyag., t. II, p. 147). — 8. Athen., lib. IV, cap. IV, p. 133. — 9. Id., lib. XIV, cap. XIX, p. 654. — 10. Aristot., De plant., lib. I, cap. VI, t. II, p. 1016. — 11. Athen., lib. IV, cap. XIX, p. 653. — 12. Hermipp., ap. Athen., lib. I, cap. XXI, p. 27. — 13. Id., ibid., p. 28. Antiphan., ap. Athen., lib. I, p. 47. — 14. Athen., lib. III, p. 82. — 15. Id., ibid., p. 52. — 16. Archestr. et Antiphan., ap. Athen., lib. III, p. 112. — 17. Plat., in Gorg., t. I, p. 518. — 18. Athen., ibid., cap. XXVIII, p. 113. — 19. C'étaient des espèces d'oublies (Casaub., in Ath., p. 131.) — 20. Antidot., ap. Athen., lib. III, cap. XIV, p. 109. — 21. Athen., lib. XIV, cap. XIV, p. 646. — 22. Espèce de beignets.

bouillie pendant qu'elle cuit lentement sur le feu, nourrissez-la par intervalles avec du jus de poularde, ou de chevreau, ou d'agneau; prenez garde surtout qu'elle ne se répande au dehors; et, quand elle est au juste degré de cuisson, servez [1]. Nous avons des gâteaux faits simplement avec du lait et du miel [2]; d'autres où l'on joint au miel la farine de sésame, et le fromage ou l'huile [3]. Nous en avons enfin dans lesquels on renferme des fruits de différentes espèces [4]. Les pâtés de lièvre sont dans le même genre [5], ainsi que les pâtés de becfigues, et de ces petits oiseaux qui voltigent dans les vignes [6]. »

En prononçant ces mots, Philonide s'empara d'une tourte de raisins et d'amandes [7] qu'on venait d'apporter, et ne voulut plus reprendre son discours.

Notre attention ne fut pas longtemps suspendue : Théotime prit aussitôt la parole.

« Quantité d'auteurs, dit-il, ont écrit sur l'art de la cuisine, sur le premier des arts, puisque c'est celui qui procure des plaisirs plus fréquents et plus durables. Tels sont Mithæcus, qui nous a donné le Cuisinier sicilien [8]; Numénius d'Héraclée, Hégémon de Thasos, Philoxène de Leucade [9], Actidès de Chio, Tyndaricus de Sicyone [10]. J'en pourrais citer plusieurs autres, car j'ai tous leurs ouvrages dans ma bibliothèque; et celui que je préfère à tous est la Gastronomie d'Archestrate. Cet auteur, qui fut l'ami d'un des fils de Périclès [11], avait parcouru les terres et les mers pour connaître par lui-même ce qu'elles produisent de meilleur [12]. Il s'instruisait dans ses voyages, non des mœurs des peuples, dont il est inutile de s'instruire, puisqu'il est impossible de les changer; mais il entrait dans les laboratoires où se préparent les délices de la table, et il n'eut de commerce qu'avec les hommes utiles à ses plaisirs. Son poëme est un trésor de lumières, et ne contient pas un vers qui ne soit un précepte.

« C'est dans ce code que plusieurs cuisiniers ont puisé les principes d'un art qui les a rendus immortels [13], qui depuis longtemps s'est perfectionné en Sicile et dans l'Élide [14], que parmi nous Thimbron a porté au plus haut point de sa gloire [15]. Je sais que ceux qui l'exercent ont souvent, par leurs prétentions, mérité d'être joués sur notre théâtre [16]; mais, s'ils n'avaient pas l'enthousiasme de leur profession, ils n'en auraient pas le génie.

« Le mien, que j'ai fait venir tout récemment de Syracuse, m'effrayait l'autre jour par le détail des qualités et des études qu'exige son emploi. Après m'avoir dit en passant que Cadmus, l'aïeul de Bacchus, le fondateur de Thèbes, commença par être cuisinier du roi de Si-

---

1. Athen., lib. III, cap. xxxvi, p. 126. Casaub., in Ath., p. 151. — 2. Eupol., ap. Athen., lib. XIV, cap. xiv, p. 646. — 3. Athen., ibid. — 4. Eupol., ibid., p. 648. Poll., lib. VI, cap. xi, § 78. — 5. Telecl., ap. Athen., lib. XIV, p. 647 et 648. — 6. Poll., ibid. — 7. Id., ibid. — 8. Plat., in Gorg., t. I, p. 518. — 9. Athen., lib. I, cap. v, p. 5. — 10. Id., lib. XIV, cap. xxiii, p. 662. Poll., lib. VI, cap. x, § 71. — 11. Athen., lib. V, cap. xx, p. 220. — 12. Id., lib. VII, cap. v, p. 278. — 13. Id., ibid., p. 293. — 14. Id., lib. XIV, p. 661. — 15. Id., lib. VII, p. 293. — 16. Damox., ap. Athen., lib III, cap. xxi, p. 101. Philem., ibid., lib. VII, cap. xix, p. 288. Hegesand., ibid., p. 290.

don[1]. « Savez-vous, ajouta-t-il, que pour remplir dignement mon ministère, il ne suffit pas d'avoir des sens exquis et une santé à toute épreuve[2], mais qu'il faut encore réunir les plus grands talents aux plus grandes connaissances[3] ? Je ne m'occupe point des viles fonctions de votre cuisine; je n'y parais que pour diriger l'action du feu, et pour voir l'effet de mes opérations. Assis, pour l'ordinaire, dans une chambre voisine, je donne des ordres qu'exécutent des ouvriers subalternes[4]; je médite sur les productions de la nature. Tantôt je les laisse dans leur simplicité, tantôt je les déguise ou les assortis suivant des proportions nouvelles, et propres à flatter votre goût. Faut-il, par exemple, vous donner un cochon de lait, ou une grosse pièce de bœuf ? je me contente de les faire bouillir[5]. Voulez-vous un lièvre excellent? s'il est jeune il n'a besoin que de son mérite pour paraître avec distinction; je le mets à la broche, et je vous le sers tout saignant[6]: mais c'est dans la finesse des combinaisons que ma science doit éclater.

« Le sel, le poivre, l'huile, le vinaigre, et le miel, sont les principaux agents que je dois mettre en œuvre; et l'on n'en saurait trouver de meilleurs dans d'autres climats. Votre huile est excellente[7], ainsi que votre vinaigre de Décélie[8] : votre miel du mont Hymette[9] mérite la préférence sur celui de Sicile même. Outre ces matériaux, nous employons dans les ragoûts[10] les œufs, le fromage, le raisin sec, le silphium, le persil, le sésame, le cumin, les câpres, le cresson, le fenouil, la menthe, la coriandre, les carottes, l'ail, l'oignon; et ces plantes aromatiques dont nous faisons un si grand usage, telles que l'origan[11], et l'excellent thym du mont Hymette[12]. Voilà, pour ainsi dire, les forces dont un artiste peut disposer, mais qu'il ne doit jamais prodiguer. S'il me tombe entre les mains un poisson dont la chair est ferme, j'ai soin de le saupoudrer de fromage râpé, et de l'arroser de vinaigre; s'il est délicat, je me contente de jeter dessus une pincée de sel et quelques gouttes d'huile[13] : d'autres fois, après l'avoir orné de feuilles d'origan, je l'enveloppe d'une feuille de figuier, et le fais cuire sous les cendres[14].

« Il n'est permis de multiplier les moyens que dans les sauces ou ragoûts. Nous en connaissons de plusieurs espèces, les unes piquantes et les autres douces. Celle qu'on peut servir avec tous les poissons bouillis ou rôtis[15] est composée de vinaigre, de fromage râpé, d'ail, auquel on peut joindre du porreau et de l'oignon, hachés menu[16]. Quand on la veut moins forte, on la fait avec de l'huile, des jaunes d'œufs, des porreaux, de l'ail, et du fromage[17] : si vous la désirez

---

1. Evemer., ap. Athen., lib. XIV, cap. XXII, p. 658. — 2. Poseid., ibid., p. 661. — 3. Damox., ap. Athen., lib. III, cap. XXII, p. 102. — 4. Id., ibid. — 5. Athen., lib. II, p. 63; lib. IX, p. 375. — 6. Archestr., ap. Athen., lib. IX, p. 375. — 7. Spon, Voyag., t. II, p. 146. — 8. Athen., ibid., cap. XXVI, p. 67. — 9. Antiphan., ap. Athen., lib. III, cap. II, p. 74. Spon, ibid., p. 130. — 10. Athen., ibid., p. 68. Poll., lib. VI, cap. X, § 66. — 11. Espèce de marjolaine sauvage. — 12. Antiphan., ibid., lib. I, p. 28. — 13. Archestr., ibid., lib. VII, cap. XX, p. 321. — 14. Id., ibid., cap. V, p. 278. — 15. Anan., ap. Athen., lib. VII, p. 282. — 16. Schol. Aristoph., in Vesp., v. 62. Dalech., Not. in Ath., p. 747 et 750. — 17. Schol. Aristoph., in Equit., v. 768.

encore plus douce, vous emploierez le miel, les dattes, le cumin, et d'autres ingrédients de même nature. Mais ces assortiments ne doivent point être abandonnés au caprice d'un artiste ignorant.

« Je dis la même chose des farces que l'on introduit dans le corps d'un poisson. Tous savent qu'il faut l'ouvrir, et qu'après en avoir ôté les arêtes, on peut le remplir de silphium, de fromage, de sel et d'origan[2]; tous savent aussi qu'un cochon peut être farci avec des grives, des becfigues, des jaunes d'œufs, des huîtres, et plusieurs sortes de coquillages[3] : mais soyez sûr qu'on peut diversifier ces mélanges à l'infini, et qu'il faut de longues et profondes recherches pour les rendre aussi agréables au goût qu'utiles à la santé : car mon art tient à toutes les sciences[4], et plus immédiatement encore à la médecine. Ne dois-je pas connaître les herbes qui, dans chaque saison, ont le plus de sève et de vertu? Exposerai-je en été sur votre table un poisson qui ne doit y paraître qu'en hiver? Certains aliments ne sont-ils pas plus faciles à digérer dans certains temps? et n'est-ce pas de la préférence qu'on donne aux uns sur les autres que viennent la plupart des maladies qui nous affligent[5]? »

A ces mots, le médecin Nicomède, qui dévorait en silence et sans distinction tout ce qui se présentait sous sa main, s'écrie avec chaleur : « Votre cuisinier est dans les vrais principes. Rien n'est si essentiel que le choix des aliments; rien ne demande plus d'attention. Il doit se régler d'abord sur la nature du climat, sur les variations de l'air et des saisons, sur les différences du tempérament et de l'âge[6]; ensuite sur les facultés plus ou moins nutritives qu'on a reconnues dans les diverses espèces de viandes, de poissons, de légumes et de fruits. Par exemple, la chair de bœuf est forte et difficile à digérer; celle de veau l'est beaucoup moins; de même, celle d'agneau est plus légère que celle de brebis; et celle de chevreau que celle de chèvre[7]. La chair de porc, ainsi que celle de sanglier, dessèche, mais elle fortifie et passe aisément. Le cochon de lait est pesant. La chair de lièvre est sèche et astringente[8]. En général, on trouve une chair moins succulente dans les animaux sauvages que dans les domestiques; dans ceux qui se nourrissent de fruits, que dans ceux qui se nourrissent d'herbes; dans les mâles que dans les femelles; dans les noirs que dans les blancs; dans ceux qui sont velus que dans ceux qui ne le sont pas. Cette doctrine est d'Hippocrate[9].

« Chaque boisson a de même ses propriétés. Le vin est chaud et sec; il a dans ses principes quelque chose de purgatif[10]. Les vins doux montent moins à la tête[11]; les rouges sont nourrissants; les blancs, apéritifs; les clairets, secs et favorables à la digestion[12]. Suivant Hip-

---

1. Hesych., in Ὑπότριμ. — 2. Alex., ap. Athen., lib. VII, p. 322. — 3. Athen., lib. IV, p. 129. — 4. On peut comparer les propos que les comiques grecs mettent dans la bouche des cuisiniers de leur temps, à ceux que Montaigne rapporte, en peu de mots, du maître d'hôtel du cardinal Caraffe, liv. I, chap. LI. — 5. Nicom., ap. Athen., lib. VII, cap. XI, p. 291. — 6. Hippocr., De diæt., lib. III, cap. a, tet. t. I, p. 241. — 7. Id., ibid., lib. II, p. 219, § 15. — 8. Id., ibid., p. 220. — 9. Id., ibid., p. 222, § 20. — 10. Id., ibid., p. 223, § 22. — 11. Diocl. et Praxag., ap. Athen., lib. I, p. 32. — 12. Mnesith., ap. Athen., ibid.

pocrate, les vins nouveaux sont plus laxatifs que les vieux, parce qu'ils approchent plus de la nature du moût[1]; les aromatiques sont plus nourrissants que les autres[2]; les vins rouges et moelleux.... »

Nicoclès allait continuer; mais Dinias l'interrompant tout à coup : « Je ne me règle pas sur de pareilles distinctions, lui dit-il; mais je bannis de ma table les vins de Zacynthe et de Leucade, parce que je les crois nuisibles, à cause du plâtre qu'on y mêle[3]. Je n'aime pas celui de Corinthe, parce qu'il est dur[4]; ni celui d'Icare, parce que, outre ce défaut, il a celui d'être fumeux[5] : je fais cas du vin vieux de Corcyre, qui est très-agréable[6], et du vin blanc de Mendé, qui est très-délicat[7]. Archiloque comparait celui de Naxos au nectar[8]; c'est celui de Thasos que je compare à cette liqueur divine[9]. Je le préfère à tous, excepté à celui de Chio, quand il est de la première qualité, car il y en a de trois sortes[10].

« Nous aimons en Grèce les vins doux et odoriférants[11]. En certains endroits, on les adoucit en jetant dans le tonneau de la farine pétrie avec du miel[12]; presque partout on y mêle de l'origan[13], des aromates, des fruits et des fleurs. J'aime, en ouvrant un de mes tonneaux, qu'à l'instant l'odeur des violettes et des roses s'exhale dans les airs, et remplisse mon cellier[14]; mais je ne veux pas qu'on favorise un sens au préjudice de l'autre. Le vin de Byblos, en Phénicie, surprend d'abord par la quantité de parfums dont il est pénétré. J'en ai une bonne provision; cependant je le mets fort au-dessous de celui de Lesbos, qui est moins parfumé, et qui satisfait mieux le goût[15]. Désirez-vous une boisson agréable et salutaire, associez des vins odoriférants et moelleux avec des vins d'une qualité opposée. Tel est le mélange du vin d'Érythrée avec celui d'Héraclée[16].

« L'eau de la mer, mêlée avec du vin, aide, dit-on, à la digestion, et fait que le vin ne porte point à la tête; mais il ne faut pas qu'elle domine trop. C'est le défaut des vins de Rhodes : on a su l'éviter dans ceux de Cos[17]. Je crois qu'une mesure d'eau de mer suffit pour cinquante mesures de vin, surtout si l'on choisit, pour faire ce vin, de nouveaux plants préférablement aux anciens[18].

« De savantes recherches nous ont appris la manière de mélanger la boisson. La proportion la plus ordinaire du vin à l'eau est de deux à cinq, ou de un à trois[19]; mais, avec nos amis, nous préférons la proportion contraire; et sur la fin du repas, nous oublions ces règles austères. Solon nous défendait le vin pur. C'est de toutes ses lois,

---

1. Hippocr., De diæt., lib. II, p. 224. — 2. Id., ibid., p. 223. — 3. Athen., lib. I, cap. xxv, p. 33. Eustath., in Homer. Odyss., lib. VII, t. III, p. 1573, lin. 25. — 4. Alex., ap. Athen., lib. I, p. 30. — 5. Id., ibid. — 6. Id., ibid., p. 33. — 7. Id., ibid., p. 29. — 8. Id., ibid., p. 30. — 9. Aristoph., in Plut., v. 1022. Schol., ibid. Id., in Lysistr., v. 196. Spanh., in Plut. Aristoph., v. 545. Plin., lib. XXXIV, cap. vii, p. 177. — 10. Athen., ibid., p. 32. Hermip., ibid., p. 29. — 11. Athen., ibid., p. 30. — 12. Theophr., ap. Athen., p. 32. — 13. Aristot., Problem., sect. XX, t. II, p. 776. Spanh., ibid., v. 809. — 14. Hermip. ap. Athen., ibid. — 15. Archestr., ap. Athen., lib. I, p. 29. — 16. Theophr., ibid., p. 32. — 17. Athen., ibid. — 18. Phan. Eres., ap. Athen., p. 31. — 19. Hesiod., Oper., v. 596. Athen., lib. X, p. 426 et 430. Casaub. in Athen., lib. X, cap. vii, p. 454. Spanh., ibid., v. 1123.

peut-être, la mieux observée, grâce à la perfidie de nos marchands, qui affaiblissent cette liqueur précieuse[1]. Pour moi, je fais venir mon vin en droiture; et vous pouvez être assurés que la loi de Solon ne cessera d'être violée pendant tout ce repas. »

En achevant ces mots, Dinias se fit apporter plusieurs bouteilles de vin qu'il conservait depuis dix ans, et qui fut bientôt remplacé par un vin encore plus vieux[2].

Nous bûmes alors presque sans interruption. Démocharès, après avoir porté différentes santés, prit une lyre; et pendant qu'il l'accordait, il nous entretint de l'usage où l'on a toujours été de mêler le chant aux plaisirs de la table. « Autrefois, disait-il, tous les convives chantaient ensemble et à l'unisson[3]; dans la suite, il fut établi que chacun chanterait à son tour[4], tenant à sa main une branche de myrte ou de laurier : la joie fut moins bruyante à la vérité, mais elle fut moins vive. On la contraignit encore, lorsqu'on associa la lyre à la voix[5] : alors plusieurs convives furent obligés de garder le silence. Thémistocle mérita autrefois des reproches pour avoir négligé ce talent; de nos jours, Épaminondas a obtenu des éloges pour l'avoir cultivé[6]. Mais, dès qu'on met trop de prix à de pareils agréments, ils deviennent une étude; l'art se perfectionne aux dépens du plaisir, et l'on ne fait plus que sourire au succès.

« Les chansons de table ne renfermèrent d'abord que des expressions de reconnaissance, ou des leçons de sagesse. Nous y célébrions, et nous y célébrons encore les dieux, les héros, et les citoyens utiles à leur patrie. A des sujets si graves on joignit ensuite l'éloge du vin; et la poésie, chargée de le tracer avec les couleurs les plus vives, peignit en même temps cette confusion d'idées, ces mouvements tumultueux qu'on éprouve avec ses amis, à l'aspect de la liqueur qui pétille dans les coupes. De là, tant de chansons bachiques, semées de maximes, tantôt sur le bonheur et sur la vertu, tantôt sur l'amour et sur l'amitié. C'est en effet à ces deux sentiments que l'âme se plaît à revenir, quand elle ne peut plus contenir la joie qui la pénètre.

« Plusieurs auteurs se sont exercés dans ce genre de poésie; quelques-uns s'y sont distingués; Alcée et Anacréon l'ont rendu célèbre. Il n'exige point d'effort, parce qu'il est ennemi des prétentions. On peut employer, pour louer les dieux et les héros, la magnificence des expressions et des idées; mais il n'appartient qu'au délire et aux grâces de peindre le sentiment et le plaisir.

« Livrons-nous au transport que cet heureux moment inspire, ajouta Démocharès; chantons tous ensemble, ou tour à tour, et prenons dans nos mains des branches de laurier ou de myrte[7]. »

Nous exécutâmes aussitôt ses ordres; et, après plusieurs chansons

---

1. Alex., ap. Athen., lib. X. cap. VIII, p. 431. — 2. Athen., lib. XIII, p. 584 et 585. — 3. Mém. de l'Acad. des bell. lettr., t. IX. p. 324. — 4. Athen., lib. XV, cap. XIV, p. 694. Dicæarch. ap. schol. Aristoph., in Ran., v. 1337. — 5. Plut., Sympos., lib. I, quæst. I, t. II, p. 615. — 6. Cicer., Tuscul., lib. I, cap. II, p. 234. — 7. Schol. Aristoph., in Nub., v. 1367; id., in Vesp., v. 1217.

assorties à la circonstance, tout le chœur entonna celle d'Harmodius et d'Aristogiton [1]. Démocharès nous accompagnait par intervalles; mais, saisi tout à coup d'un nouvel enthousiasme, il s'écrie : « Ma lyre rebelle se refuse à de si nobles sujets; elle réserve ses accords pour le chantre du vin et des amours. Voyez comme au souvenir d'Anacréon ses cordes frémissent, et rendent des sons plus harmonieux. O mes amis! que le vin coule à grands flots; unissez vos voix à la mienne, et prêtez-vous à la variété des modulations.

« Buvons, chantons Bacchus; il se plaît à nos danses; il se plaît à nos chants; il étouffe l'envie, la haine et les chagrins [2]; aux grâces séduisantes [3], aux amours enchanteurs, il donna la naissance. Aimons, buvons, chantons Bacchus.

« L'avenir n'est point encore; le présent n'est bientôt plus : le seul instant de la vie est l'instant où l'on jouit [4]. Aimons, buvons, chantons Bacchus.

« Sages dans nos folies [5], riches de nos plaisirs, foulons aux pieds la terre et ses vaines grandeurs [6]; et dans la douce ivresse que des moments si beaux font couler dans nos âmes, buvons, chantons Bacchus. »

Cependant nous entendîmes un grand bruit à la porte, et nous vîmes entrer Calliclès, Nicostrate, et d'autres jeunes gens qui nous amenaient des danseuses et des joueuses de flûte, avec lesquelles ils avaient soupé. [7] Aussitôt la plupart des convives sortirent de table, et se mirent à danser; car les Athéniens aiment cet exercice avec tant de passion, qu'ils regardent comme une impolitesse de ne pas s'y livrer quand l'occasion l'exige [8]. Dans le même temps, on apporta plusieurs hors-d'œuvre propres à exciter l'appétit; tels que des cercopes [9] et des cigales [10]; des raves coupées par morceaux, et confites au vinaigre et à la moutarde [11]; des pois chiches rôtis [12], des olives qu'on avait retirées de leur saumure [13].

Ce nouveau service, accompagné d'une nouvelle provision de vin, et de coupes plus grandes que celles dont on s'était servi d'abord [14], annonçait des excès qui furent heureusement réprimés par un spectacle inattendu. A l'arrivée de Calliclès, Théotime était sorti de la salle. Il revint, suivi de joueurs de gobelets, et de ces farceurs qui, dans les places publiques, amusent la populace par leurs prestiges [15].

On desservit un moment après. Nous fîmes des libations en l'honneur du Bon Génie et de Jupiter Sauveur [16]; et après que nous eûmes lavé

---

1. Athen., lib. XV, cap. xv, p. 695. On la chantait souvent dans les repas : je l'ai rapportée dans la note IV à la fin du volume. — 2. Anacr., od. XXVI, XXXIX, XLII, etc. — 3. Id., od. XLI. Mém. de l'Acad. des bell. lettr. t. III, p. 11. — 4. Anacr., od. IV, XV, XXIV, etc. — 5. Id., od. XLVIII. — 6. Id., od. XXVI. — 7. Plat., in Conv., t. III, p. 212; id., in Protag., t. I, p. 347. — 8. Alex., ap. Athen., lib. IV, cap. IV, p. 134. Theophr., Charact., cap. xv. — 9. Petit animal semblable à la cigale (Athen., p. 133). — 10. Aristoph., ap. Athen., lib. IV, p. 133. — 11. Athen., lib. IV, cap. IV, p. 134. Aristot., Hist. animal., lib. V, cap. XXX, t. I, p. 856. — 12. Schol. Aristoph., in Eccles., v. 45. — 13. Athen., ibid. p. 133. — 14. Diog. Laert., lib. I, § 104. Casaub., in Theophr. cap. IV, p. 50. — 15. Plat., De leg., lib. II, t. II, p. 658. Athen., lib. IV, cap. p. 129. — 16. Aristoph., in Av., v. 1212. Schol. ejusd., in Pac., v. 299.

nos mains dans une eau où l'on avait mêlé des odeurs [1], nos baladins commencèrent leurs tours. L'un arrangeait sous des cornets un certain nombre de coquilles ou de petites boules; et, sans découvrir son jeu, il les faisait paraître ou disparaître à son gré [2]. Un autre écrivait ou lisait, en tournant avec rapidité sur lui-même [3]. J'en vis dont la bouche vomissait des flammes, ou qui marchaient la tête en bas, appuyés sur leurs mains, et figurant avec leurs pieds les gestes des danseurs [4]. Une femme parut, tenant à la main douze cerceaux de bronze : dans leur circonférence, roulaient plusieurs petits anneaux de même métal : elle dansait, jetant en l'air et recevant successivement les douze cerceaux [5]. Une autre se précipitait au milieu de plusieurs épées nues [6]. Ces jeux, dont quelques-uns m'intéressaient sans me plaire, s'exécutaient presque tous au son de la flûte. Il fallait, pour y réussir, joindre la grâce à la précision des mouvements.

Chap. XXVI. — De l'éducation des Athéniens.

Les habitants de Mytilène, ayant soumis quelques-uns de leurs alliés qui s'étaient séparés d'eux, leur défendirent de donner la moindre instruction à leurs enfants [1]. Ils ne trouvèrent pas de meilleur moyen pour les tenir dans l'asservissement, que de les tenir dans l'ignorance.

L'objet de l'éducation est de procurer au corps la force qu'il doit avoir, à l'âme la perfection dont elle est susceptible [8]. Elle commence chez les Athéniens à la naissance de l'enfant, et ne finit qu'à sa vingtième année. Cette épreuve n'est pas trop longue pour former des citoyens; mais elle n'est pas suffisante, par la négligence des parents qui abandonnent l'espoir de l'État et de leur famille, d'abord à des esclaves, ensuite à des maîtres mercenaires.

Les législateurs n'ont pu s'expliquer sur ce sujet que par des lois générales [9] : les philosophes sont entrés dans de plus grands détails; ils ont même porté leurs vues sur les soins qu'exige l'enfance, et sur les attentions quelquefois cruelles de ceux qui l'entourent. En m'occupant de cet objet essentiel, je montrerai les rapports de certaines pratiques avec la religion ou avec le gouvernement : à côté des abus je placerai les conseils des personnes éclairées.

Epicharis, femme d'Apollodore, chez qui j'étais logé, devait bientôt accoucher. Pendant les quarante premiers jours de sa grossesse, il ne lui avait pas été permis de sortir [10]. On lui avait ensuite répété souvent que sa conduite et sa santé pouvant influer sur la constitution de son enfant [11], elle devait user d'une bonne nourriture, et entretenir ses forces par de légères promenades [12].

1. Athen., lib. IX, cap. XVIII, p. 409. — 2. Casaub., in Athen., lib. I, cap. XV; lib. IV, cap. I. — 3. Xenoph., in Conv., p. 893. — 4. Herodot., lib. VI, p. 129. — 5. Xenoph., ibid., p. 876. Caylus, Recueil d'antiq., t. I, p. 202. — 6. Xenoph., ibid., p. 893. Athen., lib. IV, p. 129. Paciaud., De athlet. Κυβιϛ, § 5; p. 18. — 7. Ælian., Var. histor., lib. VII, cap. XV. — 8. Plat., De leg., lib. VII, t. II, p. 788. — 9. Id., ibid. — 10. Censor., De die nat., cap. XL. — 11. Hippocr., De nat. puer., § 22, t. I, p. 149. — 12. Plat., ibid., p. 789. Aristot., De rep., lib. VII, cap. XVI, t. II, p. 447.

Parmi plusieurs de ces nations que les Grecs appellent barbares. le jour de la naissance d'un enfant est un jour de deuil pour sa famille[1]. Assemblée autour de lui, elle le plaint d'avoir reçu le funeste présent de la vie. Ces plaintes effrayantes ne sont que trop conformes aux maximes des sages de la Grèce. Quand on songe, disent-ils, à la destinée qui attend l'homme sur la terre, il faudrait arroser de pleurs son berceau[2].

Cependant, à la naissance du fils d'Apollodore, je vis la tendresse et la joie éclater dans les yeux de tous ses parents; je vis suspendre sur la porte de la maison une couronne d'olivier, symbole de l'agriculture à laquelle l'homme est destiné. Si c'avait été une fille, une bandelette de laine, mise à la place de la couronne, aurait désigné l'espèce de travaux dont les femmes doivent s'occuper[3]. Cet usage, qui retrace les mœurs anciennes, annonce à la république qu'elle vient d'acquérir un citoyen. Il annonçait autrefois les devoirs du père et de la mère de famille.

Le père a le droit de condamner ses enfants à la vie ou à la mort. Dès qu'ils sont nés, on les étend à ses pieds. S'il les prend entre ses bras, ils sont sauvés. Quand il n'est pas assez riche pour les élever, ou qu'il désespère de pouvoir corriger en eux certains vices de conformation, il détourne les yeux, et l'on court au loin les exposer ou leur ôter la vie[4]. A Thèbes les lois défendent cette barbarie[5]; dans presque toute la Grèce, elles l'autorisent ou la tolèrent. Des philosophes l'approuvent[6]; d'autres, contredits à la vérité par des moralistes plus rigides[7], ajoutent qu'une mère entourée déjà d'une famille trop nombreuse est en droit de détruire l'enfant qu'elle porte dans son sein.

Pourquoi des nations éclairées et sensibles outragent-elles ainsi la nature? C'est que, chez elles, le nombre des citoyens étant fixé par la constitution même, elles ne sont pas jalouses d'augmenter la population; c'est que, chez elles encore, tout citoyen étant soldat, la patrie ne prend aucun intérêt au sort d'un homme qui ne lui serait jamais utile, et à qui elle serait souvent nécessaire.

On lava l'enfant avec de l'eau tiède, conformément au conseil d'Hippocrate[8]. Parmi les peuples nommés barbares, on l'aurait plongé dans l'eau froide[9], ce qui aurait contribué à le fortifier. Ensuite on le déposa dans une de ces corbeilles d'osier dont on se sert pour séparer le grain de la paille[10]. C'est le présage d'une grande opulence ou d'une nombreuse postérité.

Autrefois le rang le plus distingué ne dispensait pas une mère de nourrir son enfant; aujourd'hui elle se repose de ce devoir sacré sur

---

1. Herodot., lib. V, cap. IV. Strab., lib. XI, p. 519. Anthol., p. 16. — 2. Eurip., Fragm. Ctes., p. 476. Axioch., ap. Plat., t. III, p. 368. Cicer., Tuscul., lib. I, cap. XLVIII, t. II, p. 273. — 3. Hesych., in Στέφαν. Ephipp., ap. Athen.. lib. IX, p. 370. — 4. Terent., in Heautontim., act. IV, scen. I. — 5. Ælian., Var. hist., lib. II, cap. VII. — 6. Plat., De rep., lib. V, t. II, p. 460. — 7. Aristot., De rep., lib. VII, cap. XVI, t. II, p. 447. Phocylid., Poem. admon., v. 172. — 8. Hippocr., De salubr. diæt., § 9, t. I, p. 630. — 9. Aristot., ibid., cap. XVII, t. II, p. 447. — 10. Callim., Hymn. in Jov., v. 48. Schol., ibid. Etymol. magn. in Λίκνον.

une esclave¹. Cependant, pour corriger le vice de sa naissance, on l'attache à la maison, et la plupart des nourrices deviennent les amies et les confidentes des filles qu'elles ont élevées².

Comme les nourrices de Lacédémone sont très-renommées dans la Grèce³, Apollodore en avait fait venir une à laquelle il confia son fils. En le recevant elle se garda bien de l'emmaillotter⁴, et d'enchaîner ses membres par des machines dont on use en certains pays⁵, et qui ne servent souvent qu'à contrarier la nature.

Pour l'accoutumer de bonne heure au froid, elle se contenta de le couvrir de quelques vêtements légers, pratique recommandée par les philosophes⁶, et que je trouve en usage chez les Celtes. C'est encore une de ces nations que les Grecs appellent barbares.

Le cinquième jour fut destiné à purifier l'enfant. Une femme le prit entre ses bras, et, suivie de tous ceux de la maison, elle courut à plusieurs reprises autour du feu qui brûlait sur l'autel⁷.

Comme beaucoup d'enfants meurent de convulsions d'abord après leur naissance, on attend le septième et quelquefois le dixième jour, pour leur donner un nom⁸. Apollodore ayant assemblé ses parents, ceux de sa femme et leurs amis⁹, dit en leur présence qu'il donnait à son fils le nom de son père Lysis; car, suivant l'usage, l'aîné d'une famille porte le nom de son aïeul¹⁰. Cette cérémonie fut accompagnée d'un sacrifice et d'un repas. Elle précéda de quelques jours une cérémonie plus sainte, celle de l'initiation aux mystères d'Éleusis. Persuadés qu'elle procure de grands avantages après la mort, les Athéniens se hâtent de la faire recevoir à leurs enfants¹¹. Le quarantième jour, Épicharis releva de couches¹². Ce fut un jour de fête dans la maison d'Apollodore.

Ces deux époux, après avoir reçu de leurs amis de nouvelles marques d'intérêt, redoublèrent de soins pour l'éducation de leur fils. Leur premier objet fut de lui former un tempérament robuste, et de choisir, parmi les pratiques en usage, les plus conformes aux vues de la nature, et aux lumières de la philosophie. Déidamie, c'était le nom de la nourrice ou gouvernante, écoutait leurs conseils, et les éclairait eux-mêmes de son expérience.

Dans les cinq premières années de l'enfance, la végétation du corps humain est si forte, que, suivant l'opinion de quelques naturalistes, il n'augmente pas du double en hauteur dans les vingt années suivantes¹³. Il a besoin alors de beaucoup de nourriture, de beaucoup

---

1. Plat., De leg., lib. VII, t. II, p. 790. Aristot., De mor., lib. VIII, cap. IX, t. II, p. 108. — 2. Eurip., in Hipp. Terent., in Heautontim., Adelph., etc. — 3. Plut., in Lycurg., t. I, p. 49. — 4. Id., ibid. — 5. Aristot., De rep., lib. VII, cap. XVII, t. II, p. 447. — 6. Id., ibid. — 7. Plat., in Theæt., t. I, p. 160. Harpocr. et Hesych., in Ἀμφιδρ. Meurs., De puerp., cap. VI. — 8. Euripid., in Electr., v. 1126. Aristoph., in Av., v. 494 et 923. Schol., ibid. Demosth., in Bœot., p. 1004. Aristot., Hist. anim., lib. VII, cap. XII, t. I, p. 896. Harpocr., in Εβδομ. — 9. Suid., in Δικάτ. — 10. Isæus, De hæredit. Pyrrh., p. 41. Plat., in Lys., t. II, p. 205. Demosth., ibid., p. 1005. — 11. Terent., in Phorm., act. I, scen. I, v. 15. Apollod., ap. Donat., ibid. Turneb., Adv., lib. III, cap. VI. Note de Mme Dacier sur la 2ᵉ scèn. du 4ᵉ act. du Plutus d'Aristoph. — 12. Censor., De die natal., cap. XI. — 13. Plat., De leg., lib. VII, t. II, p. 788.

d'exercice. La nature l'agite par une inquiétude secrète; et les nourrices sont souvent obligées de le bercer entre leurs bras, et d'ébranler doucement son cerveau par des chants agréables et mélodieux. Il semble qu'une longue habitude les a conduites à regarder la musique et la danse comme les premiers éléments de notre éducation[1]. Ces mouvements favorisent la digestion, procurent un sommeil paisible, dissipent les terreurs soudaines que les objets extérieurs produisent sur des organes trop faibles.

Dès que l'enfant put se tenir sur ses jambes, Déidamie le fit marcher, toujours prête à lui tendre une main secourable[2]. Je la vis ensuite mettre dans ses mains de petits instruments dont le bruit pouvait l'amuser ou le distraire[3] : circonstance que je ne relèverais pas, si le plus commode de ces instruments n'était de l'invention du célèbre philosophe Archytas[4], qui écrivait sur la nature de l'univers, et s'occupait de l'éducation des enfants.

Bientôt des soins plus importants occupèrent Déidamie, et des vues particulières l'écartèrent des règles les plus usitées. Elle accoutuma son élève à ne faire aucune différence entre les aliments qu'on lui présentait[5]. Jamais la force ne fut employée pour empêcher ses pleurs. Ce n'est pas qu'à l'exemple de quelques philosophes[6], elle les regardât comme une espèce d'exercice inutile pour les enfants : il lui paraissait plus avantageux de les arrêter dès qu'on en connaissait la cause; de les laisser couler, quand on ne pouvait la connaître. Aussi cessa-t-il d'en répandre, dès que par ses gestes il put expliquer ses besoins.

Elle était surtout attentive aux premières impressions qu'il recevait : impressions quelquefois si fortes et si durables, qu'il en reste pendant toute la vie des traces dans le caractère. Et en effet, il est difficile qu'une âme qui dans l'enfance est toujours agitée de vaines frayeurs ne devienne pas de plus en plus susceptible de la lâcheté dont elle a fait l'apprentissage[7]. Déidamie épargnait à son élève tous les sujets de terreur, au lieu de les multiplier par les menaces et par les coups.

Je la vis un jour s'indigner de ce qu'une mère avait dit à son fils que c'était en punition de ses mensonges qu'il avait des boutons au visage[8]. Sur ce que je lui racontai que les Scythes maniaient également bien les armes de la main droite et de la gauche, je vis, quelque temps après, son jeune élève se servir indifféremment de l'une et de l'autre[9].

Il était sain et robuste; on ne le traitait ni avec cet excès d'indulgence qui rend les enfants difficiles, prompts, impatients de la moindre contradiction, insupportables aux autres; ni avec cet excès de sévérité qui les rend craintifs, serviles, insupportables à eux-

---

1. Plat., De leg., lib. VII, t. II, p. 790. — 2. Id., ibid., p. 789. — 3. Etymol. magn. et Suid., in Μαται. Anthol., lib. VI, cap. XXIII, p. 440. — 4. Aristot., De rep., lib. VIII, cap. VI, t. II, p. 456. — 5. Plut., in Lycurg., t. I, p. 49. — 6. Aristot., ibid., lib. VII, cap. XVII, t. II, p. 448. — 7. Plat., ibid., p 791. — 8. Theocr., idyll. XII, v. 23. Schol., ibid. — 9. Plat., ibid., p. 792.

mêmes[1]. On s'opposait à ses goûts, sans lui rappeler sa dépendance; et on le punissait de ses fautes, sans ajouter l'insulte à la correction[2]. Ce qu'Apollodore défendait avec le plus de soin à son fils, c'était de fréquenter les domestiques de sa maison; à ces derniers de donner à son fils la moindre notion du vice, soit par leurs paroles, soit par leurs exemples[3].

Suivant le conseil des personnes sages, il ne faut prescrire aux enfants, pendant les cinq premières années, aucun travail qui les applique[4]: leurs jeux doivent seuls les intéresser et les animer. Ce temps accordé à l'accroissement et à l'affermissement du corps, Apollodore le prolongea d'une année en faveur de son fils; et ce ne fut qu'à la fin de la sixième[5] qu'il le mit sous la garde d'un conducteur ou pédagogue. C'était un esclave de confiance[6], chargé de le suivre en tous lieux, et surtout chez les maîtres destinés à lui donner les premiers éléments des sciences.

Avant que de le remettre entre ses mains, il voulut lui assurer l'état de citoyen. J'ai dit plus haut[7] que les Athéniens sont partagés en dix tribus. La tribu se divise en trois confraternités ou curies; la curie en trente classes[8]. Ceux d'une même curie sont censés fraterniser entre eux, parce qu'ils ont des fêtes, des temples, des sacrifices qui leur sont communs. Un Athénien doit être inscrit dans l'une des curies, soit d'abord après sa naissance, soit à l'âge de trois ou quatre ans, rarement après la septième année[9]. Cette cérémonie se fait avec solennité dans la fête des Apaturies, qui tombe au mois pyanepsion, et qui dure trois jours.

Le premier n'est distingué que par des repas qui réunissent les parents dans une même maison, et les membres d'une curie dans un même lieu[10].

Le second est consacré à des actes de religion. Les magistrats offrent des sacrifices en public; et plusieurs Athéniens revêtus de riches habits, et tenant dans leurs mains des tisons enflammés, marchent à pas précipités autour des autels, chantent des hymnes en l'honneur de Vulcain, et célèbrent le dieu qui introduisit l'usage du feu parmi les mortels[11].

C'est le troisième jour que les enfants entrent dans l'ordre des citoyens. On devait en présenter plusieurs de l'un et de l'autre sexe[12]. Je suivis Apollodore dans une chapelle qui appartenait à sa curie[13]. Là se trouvaient assemblés, avec plusieurs de ses parents, les principaux de la curie, et de la classe particulière à laquelle il était associé. Il leur présenta son fils avec une brebis qu'on devait immoler. On la pesa; et j'entendis les assistants s'écrier en riant : « Moindre! moindre! » c'est-à-dire qu'elle n'avait pas le poids fixé par la

1. Plat., De leg., lib. VII, t. II, p. 791. — 2. Id., ibid., p. 793. — 3. Aristot., De rep., lib. VII, cap. XVII, t. II, p. 448. — 4. Id., ibid. — 5. Plat., ibid., p. 794. — 6. Id., in Lys., t. II, p. 208. — 7. Voyez le chapitre XIV de cet ouvrage. — 8. Hesych., Etymol. magn. Harpocr. et Suid., in Γεννῆτ. Poll., lib. III, § 52. — 9. Pet., Leg. attic., p. 146, etc. — 10. Meurs., Græc. feriat. in Apatnr. — 11. Id., ibid. — 12. Poll., lib. VIII, cap. IX, § 107. — 13. Id., lib. III, § 52.

loi [1]. C'est une plaisanterie qu'on ne se refuse guère dans cette occasion. Pendant que la flamme dévorait une partie de la victime [2], Apollodore s'avança; et, tenant son fils d'une main, il prit les dieux à témoin que cet enfant était né de lui et d'une femme athénienne en légitime mariage [3]. On recueillit les suffrages; et l'enfant aussitôt fut inscrit, sous le nom de Lysis, fils d'Apollodore, dans le registre de la curie, nommé le registre public [4].

Cet acte, qui place un enfant dans une telle tribu, dans une telle curie, dans une telle classe de la curie, est le seul qui constate la légitimité de sa naissance, et lui donne des droits à la succession de ses parents [5]. Lorsque ceux de la curie refusent de l'agréger à leur corps, le père a la liberté de les poursuivre en justice [6].

L'éducation, pour être conforme au génie du gouvernement, doit imprimer dans les cœurs des jeunes citoyens les mêmes sentiments et les mêmes principes. Aussi les anciens législateurs les avaient-ils assujettis à une institution commune [7]. La plupart sont aujourd'hui élevés dans le sein de leur famille; ce qui choque ouvertement l'esprit de la démocratie. Dans l'éducation particulière, un enfant, lâchement abandonné aux flatteries de ses parents et de leurs esclaves, se croit distingué de la foule, parce qu'il en est séparé : dans l'éducation commune, l'émulation est plus générale, les états s'égalisent ou se rapprochent. C'est là qu'un jeune homme apprend chaque jour, à chaque instant, que le mérite et les talents peuvent seuls donner une supériorité réelle. Cette question est plus facile à décider qu'une foule d'autres qui partagent inutilement les philosophes.

On demande s'il faut employer plus de soins à cultiver l'esprit qu'à former le cœur; s'il ne faut donner aux enfants que des leçons de vertu, et aucune de relative aux besoins et aux agréments de la vie; jusqu'à quel point ils doivent être instruits des sciences et des arts [8]. Loin de s'engager dans de pareilles discussions, Apollodore résolut de ne pas s'écarter du système d'éducation établi par les anciens législateurs, et dont la sagesse attire des pays voisins et des peuples éloignés quantité de jeunes élèves [9]; mais il se réserva d'en corriger les abus. Il envoya tous les jours son fils aux écoles. La loi ordonne de les ouvrir au lever du soleil, et de les fermer à son coucher [10]. Son conducteur l'y menait le matin, et allait le prendre le soir [11].

Parmi les instituteurs auxquels on confie la jeunesse d'Athènes, il n'est pas rare de rencontrer des hommes d'un mérite distingué. Tel fut autrefois Damon, qui donna des leçons de musique à Socrate [12], et de politique à Périclès [13]. Tel était de mon temps Philotime. Il avait fréquenté l'école de Platon, et joignait à la connaissance des arts les

---

1. Harpocr., in Μεῖον. Suid., in Μεῖαγ. — 2. Demosth., in Macart., p. 1029. — 3. Isæus, De hæred. Apoll., p. 65; id., De hæred. Cyron., p. 70. — 4. Harpocr., in κοῖν γραμμ. — 5. Demosth., in Bœot., p. 1005. — 6. Id., in Neær., p. 870. — 7. Aristot., De rep., lib. VIII, cap. I, t. II, p. 449. — 8. Id., ibid., p. 450. — 9. Æschin., epist. XII, p. 214. — 10. Id., in Timarch., p. 261. — 11. Plat., in Lys., t. II, p. 223. — 12. Id., De rep., lib. III, t. II, p. 400. — 13. Id., in Alcib. I, t. II, p. 118. Plut., in Pericl., t. I, p. 154.

lumières d'une saine philosophie. Apollodore, qui l'aimait beaucoup, était parvenu à lui faire partager les soins qu'il donnait à l'éducation de son fils.

Ils étaient convenus qu'elle ne roulerait que sur un principe. « Le plaisir et la douleur, me dit un jour Philotime, sont comme deux sources abondantes que la nature fait couler sur les hommes, et dans lesquelles ils puisent au hasard le bonheur et le malheur [1]. Ce sont les deux premiers sentiments que nous recevons dans notre enfance, et qui, dans un âge plus avancé, dirigent toutes nos actions. Mais il est à craindre que de pareils guides ne nous entraînent dans leurs écarts. Il faut donc que Lysis apprenne de bonne heure à s'en défier, qu'il ne contracte dans ses premières années aucune habitude que la raison ne puisse justifier un jour; et qu'ainsi les exemples, les conversations, les sciences, les exercices du corps, tout concoure à lui faire aimer et haïr dès à présent ce qu'il devra aimer et haïr toute sa vie [2]. »

Le cours des études comprend la musique et la gymnastique [3], c'est-à-dire tout ce qui a rapport aux exercices de l'esprit et à ceux du corps. Dans cette division, le mot *musique* est pris dans une acception très-étendue.

Connaître la forme et la valeur des lettres, les tracer avec élégance et facilité [4], donner aux syllabes le mouvement et les intonations qui leur conviennent, tels furent les premiers travaux du jeune Lysis. Il allait tous les jours chez un grammatiste, dont la maison, située auprès du temple de Thésée, dans un quartier fréquenté, attirait beaucoup de disciples [5]. Tous les soirs il racontait à ses parents l'histoire de ses progrès. Je le voyais, un style ou poinçon à la main, suivre à plusieurs reprises les contours des lettres que son maître avait figurées sur des tablettes [6]. On lui recommandait d'observer exactement la ponctuation, en attendant qu'on pût lui en donner des règles [7].

Il lisait souvent les Fables d'Ésope [8]; souvent il récitait les vers qu'il savait par cœur. En effet, pour exercer la mémoire de leurs élèves, les professeurs de grammaire leur font apprendre des morceaux tirés d'Homère, d'Hésiode, et des poëtes lyriques [9]. Mais, disent les philosophes, rien n'est si contraire à l'objet de l'institution : comme les poëtes attribuent des passions aux dieux, et justifient celles des hommes, les enfants se familiarisent avec le vice avant de le connaître. Aussi a-t-on formé pour leur usage des recueils de pièces choisies, dont la morale est pure [10]; et c'est un de ces recueils que le maître de Lysis avait mis entre ses mains. Il y joignit ensuite le dénombrement des troupes qui allèrent au siège de Troie, tel qu'on le trouve dans l'Iliade [11].

1. Plat., De leg., lib. I, t. II, p. 636. — 2. Id., ibid., p. 653. Aristot., De mor., lib. I, cap. II, t. II, p. 20. — 3. Plat., in Protag., t. I, p. 325, etc.; id., De rep., lib. III, t. II, p. 412. — 4. Lucian., De Gymnas., t. II, p. 902. — 5. Plat., in Alcib. I, t. II, p. 114. Demosth., De cor., p. 494 et 515. — 6. Plat., in Charm., t. II, p. 159. Quint., lib. I, cap. I, p. 13. — 7. Aristot., De rhet., lib. III, cap. V, t. II, p. 589. — 8. Aristoph., in Pac., v. 128; id., in Av., v. 451. Aristot., ap. Schol. Aristoph. ibid. — 9. Plat., in Protag., t. I, p. 325; id., De rep., lib. II, p. 377. Lucian., ibid. — 10. Plat., De leg., lib. VII, t. II, p. 811. — 11. Homer., Iliad., lib. II.

Quelques législateurs ont ordonné que dans les écoles on accoutumât les enfants à le réciter, parce qu'il contient le nom des villes et des maisons les plus anciennes de la Grèce [1].

Dans les commencements, lorsque Lysis parlait, qu'il lisait, ou qu'il déclamait quelque ouvrage, j'étais surpris de l'extrême importance qu'on mettait à diriger sa voix, tantôt pour en varier les inflexions, tantôt pour l'arrêter sur une syllabe, ou la précipiter sur une autre. Philotime, à qui je témoignai ma surprise, la dissipa de cette manière :

«Nos premiers législateurs comprirent aisément que c'était par l'imagination qu'il fallait parler aux Grecs, et que la vertu se persuadait mieux par le sentiment que par les préceptes. Ils nous annoncèrent des vérités parées des charmes de la poésie et de la musique. Nous apprenions nos devoirs dans les amusements de notre enfance : nous chantions les bienfaits des dieux, les vertus des héros. Nos mœurs s'adoucirent à force de séductions; et nous pouvons nous glorifier aujourd'hui de ce que les Grâces elles-mêmes ont pris soin de nous former.

« La langue que nous parlons paraît être leur ouvrage. Quelle douceur ! quelle richesse ! quelle harmonie ! Fidèle interprète de l'esprit et du cœur, en même temps que par l'abondance et la hardiesse de ses expressions elle suffit à presque toutes nos idées, et sait au besoin les revêtir de couleurs brillantes, sa mélodie fait couler la persuasion dans nos âmes. Je veux moins vous expliquer cet effet que vous le laisser entrevoir.

« Nous remarquons dans cette langue trois propriétés essentielles; la résonnance, l'intonation, le mouvement [2].

« Chaque lettre, ou séparément, ou jointe avec une autre lettre, fait entendre un son; et ces sons different par la douceur et la dureté, la force et la faiblesse, l'éclat et l'obscurité. J'indique à Lysis ceux qui flattent l'oreille et ceux qui l'offensent [3] : je lui fais observer qu'un son ouvert, plein, volumineux, produit plus d'effet qu'un son qui vient expirer sur les lèvres ou se briser contre les dents; et qu'il est une lettre dont le fréquent retour opère un sifflement si désagréable, qu'on a vu des auteurs la bannir avec sévérité de leurs ouvrages [4].

« Vous êtes étonné de cette espèce de mélodie qui parmi nous anime non-seulement la déclamation, mais encore la conversation familière. Vous la retrouverez chez presque tous les peuples du Midi. Leur langue, ainsi que la nôtre, est dirigée par des accents qui sont inhérents à chaque mot, et qui donnent à la voix des inflexions d'autant plus fréquentes que les peuples sont plus sensibles, d'autant plus fortes qu'ils sont moins éclairés. Je crois même qu'anciennement les Grecs avaient non-seulement plus d'aspirations, mais encore plus d'écarts dans leur intonation que nous n'en avons aujourd'hui. Quoi qu'il en soit, parmi nous la voix s'élève et s'abaisse quelquefois jusqu'à l'intervalle d'une

---

1. Eustath., in Iliad. II, t. I, p. 263. — 2. Aristot., De poet., cap. xx, t. II, p. 667. — 3. Plat., in Theæt., t. I, p. 203; id., in Cratyl., ibid., p. 224. Dionys. Halic., De comp. verb., cap. xii, t. V, p. 65. — 4. Id., ibid., cap. xiv, t. V, p. 80. Athen., lib. X, cap. xxi, p. 455. Eustath., in Iliad. X, p. 813.

quinte, tantôt sur deux syllabes, tantôt sur la même [1]. Plus souvent elle parcourt des espaces moindres [2], les uns très-marqués, les autres à peine sensibles, ou même inappréciables. Dans l'écriture, les accents se trouvant attachés aux mots [3], Lysis distingue sans peine les syllabes sur lesquelles la voix doit monter ou descendre; mais comme les degrés précis d'élévation et d'abaissement ne peuvent être déterminés par des signes, je l'accoutume à prendre les inflexions les plus convenables au sujet et aux circonstances [4]. Vous avez dû vous apercevoir que son intonation acquiert de jour en jour de nouveaux agréments, parce qu'elle devient plus juste et plus variée.

« La durée des syllabes se mesure par un certain intervalle de temps. Les unes se traînent avec plus ou moins de lenteur, les autres s'empressent de courir avec plus ou moins de vitesse [5]. Réunissez plusieurs syllabes brèves, vous serez malgré vous entraîné par la rapidité de la diction; substituez-leur des syllabes longues, vous serez arrêté par sa pesanteur; combinez-les entre elles, suivant les rapports de leur durée, vous verrez votre style obéir à tous les mouvements de votre âme, et figurer toutes les impressions que je dois partager avec elle. Voilà ce qui constitue ce rhythme, cette cadence [6] à laquelle on ne peut donner atteinte sans révolter l'oreille : c'est ainsi que des variétés que la nature, les passions et l'art, ont mises dans l'exercice de la voix, il résulte des sons plus ou moins agréables, plus ou moins éclatants, plus ou moins rapides.

« Quand Lysis sera plus avancé, je lui montrerai que le meilleur moyen de les assortir est de les contraster, parce que le contraste, d'où naît l'équilibre, est dans toute la nature, et principalement dans les arts imitatifs, la première source de l'ordre et de la beauté. Je lui montrerai par quel heureux balancement on peut les affaiblir et les fortifier. A l'appui des règles viendront les exemples. Il distinguera dans les ouvrages de Thucydide une mélodie austère, imposante, pleine de noblesse, mais la plupart du temps dénuée d'aménité; dans ceux de Xénophon, une suite d'accords dont la douceur et la mollesse caractérisent les Grâces qui l'inspirent; dans ceux d'Homère, une ordonnance toujours savante, toujours variée [8]. Voyez, lorsque ce poëte parle de Pénélope, comme les sons les plus doux et les plus brillants se réunissent pour déployer l'harmonie et la lumière de la beauté [9]. Faut-il représenter le bruit des flots qui se brisent contre le rivage; son expression se prolonge et mugit avec éclat. Veut-il peindre les tourments de Sisyphe, éternellement occupé à pousser un rocher sur le haut d'une montagne d'où il retombe aussitôt; son style, après une marche lente, pesante, fatigante, court se précipiter comme un torrent [10]. C'est ainsi que sous la plume du plus

1. Dionys. Halic., De comp. verb., cap. XI, t. V, p. 58. — 2. Sim. Bircov., Not. in Dionys., p. 8. Mém. de l'Acad. des bell. lettr., t. XXXII, p. 439. — 3. Aristot., De soph. elench., t. I, p. 284. — 4. Id., De rhet., lib. III, cap. I, t. II, p. 583. — 5. Dionys. Halic., ibid., cap. XV, t. V, p. 85. — 6. Plat, in Cratyl., t. I, p. 424. Aristot., ibid., cap. VIII, t. II, p. 591. — 7. Dionys. Halic., ibid., cap. X, t. V, p. 52. — 8. Id., ibid., cap. XV, p. 90. — 9. Id., ibid., cap. XVI, p. 97. — 10. Id., ibid., cap. XX, t. V, p. 139, etc.

harmonieux des poëtes les sons deviennent des couleurs, et les images des vérités.

« Nous n'enseignons point à nos élèves les langues étrangères, soit par mépris pour les autres nations, soit parce qu'ils n'ont pas trop de temps pour apprendre la nôtre. Lysis connaît les propriétés des éléments qui la composent. Ses organes flexibles saisissent avec facilité les nuances qu'une oreille exercée remarque dans la nature des sons, dans leur durée, dans les différents degrés de leur élévation et de leur renflement [1].

« Ces notions, qui n'ont encore été recueillies dans aucun ouvrage, vous paraîtront peut-être frivoles. Elles le seraient en effet, si, forcés de plaire aux hommes pour les émouvoir, nous n'étions souvent obligés de préférer le style à la pensée, et l'harmonie à l'expression [2]. Mais elles sont nécessaires dans un gouvernement où le talent de la parole reçoit un prix infini des qualités accessoires qui l'accompagnent; chez un peuple, surtout, dont l'esprit est très-léger, et les sens très-délicats; qui pardonne quelquefois à l'orateur de s'opposer à ses volontés, et jamais d'insulter son oreille [3]. De là les épreuves incroyables auxquelles se sont soumis certains orateurs pour rectifier leur organe; de là leurs efforts pour distribuer dans leurs paroles la mélodie et la cadence qui préparent la persuasion; de là résultent enfin ces charmes inexprimables, cette douceur ravissante que la langue grecque reçoit dans la bouche des Athéniens [4]. La grammaire, envisagée sous ce point de vue, a tant de rapports avec la musique, que le même instituteur est communément chargé d'enseigner à ses élèves les éléments de l'une et de l'autre [5]. »

Je rendrai compte, dans une autre occasion, des entretiens que j'eus avec Philotime au sujet de la musique. J'assistais quelquefois aux leçons qu'il en donnait à son élève. Lysis apprit à chanter avec goût, en s'accompagnant de la lyre. On éloigna de lui les instruments qui agitent l'âme avec violence, ou qui ne servent qu'à l'amollir [6]. La flûte, qui excite et apaise tour à tour les passions, lui fut interdite. Il n'y a pas longtemps qu'elle faisait les délices des Athéniens les plus distingués. Alcibiade encore enfant essaya d'en jouer; mais, comme les efforts qu'il faisait pour en tirer des sons altéraient la douceur et la régularité de ses traits, il mit sa flûte en mille morceaux [7]. Dès ce moment, la jeunesse d'Athènes regarda le jeu de cet instrument comme un exercice ignoble, et l'abandonna aux musiciens de profession.

Ce fut vers ce temps-là que je partis pour l'Égypte : avant mon départ je priai Philotime de mettre par écrit les suites de cette éducation, et c'est d'après son journal que je vais en continuer l'histoire.

---

1. Aristot., De rhet., lib. III, cap. I, t. II, p. 583. — 2. Id., ibid., p. 584. Dionys. Halic., De compos. verb., cap. XX, t. V, p. 139, etc. — 3. Demosth., De coron., p. 481. Ulpian., ibid., p. 529. Cicer., Orat., cap. VIII et IX, t. I, p. 425. Suid., in Θερώ. — 4. Plat., De leg., lib. I, t. II, p. 642. Cicer., ibid., lib. III, cap. XI, t. I, p. 290. — 5. Quintil., Instit., lib. I, cap. X, p. 69. — 6. Aristot., De rep., lib. VIII, cap. VI, t. II, p. 457. — 7. Plat., in Alcib. I, t. II, p. 106. Aul. Gell., lib. XV, cap. XVII.

Lysis passa successivement sous différents maîtres. Il apprit à la fois l'arithmétique par principes et en se jouant : car, pour en faciliter l'étude aux enfants, on les accoutume tantôt à partager entre eux, selon qu'ils sont en plus grand ou en plus petit nombre, une certaine quantité de pommes ou de couronnes ; tantôt à se mêler, dans leurs exercices, suivant des combinaisons données, de manière que le même occupe chaque place à son tour [1]. Apollodore ne voulut pas que son fils connût ni ces prétendues propriétés que les Pythagoriciens attribuent aux nombres, ni l'application qu'un intérêt sordide peut faire du calcul aux opérations du commerce [2]. Il estimait l'arithmétique, parce qu'entre autres avantages elle augmente la sagacité de l'esprit, et le prépare à la connaissance de la géométrie et de l'astronomie [3].

Lysis prit une teinture de ces deux sciences. Avec le secours de la première, placé un jour à la tête des armées, il pourrait plus aisément asseoir un camp, presser un siége, ranger des troupes en bataille, les faire rapidement mouvoir dans une marche, ou dans une action [4]. La seconde devait le garantir des frayeurs que les éclipses et les phénomènes extraordinaires inspiraient il n'y a pas longtemps aux soldats [5].

Apollodore se rendit une fois chez un des professeurs de son fils. Il y trouva des instruments de mathématiques, des sphères, des globes [6], et des tables où l'on avait tracé les limites des différents empires et la position des villes les plus célèbres [7]. Comme il avait appris que son fils parlait souvent à ses amis d'un bien que sa maison possédait dans le canton de Céphissie, il saisit cette occasion pour lui donner la même leçon qu'Alcibiade avait reçue de Socrate [8]. « Montrez-moi sur cette carte de la terre, lui dit-il, où sont l'Europe, la Grèce, l'Attique. » Lysis satisfit à ces questions ; mais Apollodore ayant ensuite demandé où était le bourg de Céphissie, son fils répondit en rougissant qu'il ne l'avait pas trouvé. Ses amis sourirent, et depuis il ne parla plus des possessions de son père.

Il brûlait du désir de s'instruire ; mais Apollodore ne perdait pas de vue cette maxime d'un roi de Lacédémone, qu'il ne faut enseigner aux enfants que ce qui pourra leur être utile dans la suite [9] ; ni cette autre maxime, que l'ignorance est préférable à une multitude de connaissances confusément entassées dans l'esprit [10].

En même temps Lysis apprenait à traverser les rivières à la nage et à dompter un cheval [11]. La danse réglait ses pas, et donnait de la grâce à tous ses mouvements. Il se rendait assidûment au gymnase du Lycée. Les enfants commencent leurs exercices de très-bonne heure [12], quelquefois même à l'âge de sept ans [13] : il les continuent jus-

1. Voyez la note XXX à la fin du volume. Plat., De leg., lib. VII, t. II, p 819. — 2. Plat., De rep., lib. VII, t. II, p. 525. — 3. Plat., in Theæt., t, I, p. 145 id., De rep., lib. VII, t. II, p. 526 ; id., De leg., lib. V, t. II, p. 747. — 4. Id. De rep., lib. VII, t. II, p. 526. — 5. Thucyd., lib. VII, cap. L. — 6. Aristoph., in Nub., v. 201, etc. — 7. Herodot., lib. V, cap. XLIX. Diog. Laert. in Theoph., lib. V, § LI. — 8. Ælian, Var. hist., lib. III, cap. XXVIII. — 9. Plut., Lacon. apopht., t. II, p. 224. — 10. Plat., De leg., lib. VII, t. II, p. 819. — 11. Pet., Leg. attic., p. 162. — 12. Plat., De rep., lib. III, t. II, p. 402. Lucian., De Gymnas., t. II, p. 898. — 13. Axioch., ap. Plat., t. III, p. 366.

qu'à celui de vingt. On les accoutume d'abord à supporter le froid, le chaud, toutes les intempéries des saisons [1]; ensuite à pousser des balles de différentes grosseurs, à se les renvoyer mutuellement. Ce jeu, et d'autres semblables, ne sont que les préludes des épreuves laborieuses qu'on leur fait subir à mesure que leurs forces augmentent. Ils courent sur un sable profond, lancent des javelots, sautent au delà d'un fossé ou d'une borne, tenant dans leurs mains des masses de plomb, jetant en l'air, ou devant eux, des palets de pierre ou de bronze [2] : ils fournissent en courant une ou plusieurs fois la carrière du Stade, souvent couverts d'armes pesantes. Ce qui les occupe le plus, c'est la lutte, le pugilat, et les divers combats que je décrirai en parlant des jeux olympiques. Lysis, qui s'y livrait avec passion, était obligé d'en user sobrement, et d'en corriger les effets par les exercices de l'esprit, auquel son père le ramenait sans cesse.

Le soir, de retour à la maison, tantôt il s'accompagnait de la lyre [3], tantôt il s'occupait à dessiner : car, depuis quelques années, l'usage s'est introduit presque partout de faire apprendre le dessin aux enfants de condition libre [4]. Souvent il lisait en présence de son père et de sa mère les livres qui pouvaient l'instruire ou l'amuser. Apollodore remplissait auprès de lui les fonctions de ces grammairiens qui, sous le nom de critiques [5], enseignent à résoudre les difficultés que présente le texte d'un auteur; Épicharis, celles d'une femme de goût qui en sait apprécier les beautés. Lysis demandait un jour comment on jugeait du mérite d'un livre. Aristote, qui se trouva présent, répondit : « Si l'auteur dit tout ce qu'il faut, s'il ne dit que ce qu'il faut, s'il le dit comme il faut [6]. »

Ses parents le formaient à cette politesse noble dont ils étaient les modèles. Désir de plaire, facilité dans le commerce de la vie, égalité dans le caractère, attention à céder sa place aux personnes âgées [7], décence dans le maintien, dans l'extérieur, dans les expressions, dans les manières [8], tout était prescrit sans contrainte, exécuté sans effort.

Son père le menait souvent à la chasse des bêtes à quatre pieds, parce qu'elle est l'image de la guerre [9]; quelquefois à celle des oiseaux, mais toujours sur des terres incultes, pour ne pas détruire les espérances du laboureur [10].

On commença de bonne heure à le conduire au théâtre [11]. Dans la suite, il se distingua plus d'une fois aux fêtes solennelles, dans les chœurs de musique et de danse. Il figurait aussi dans ces jeux publics où l'on admet les courses de chevaux : il y remporta souvent la victoire; mais on ne le vit jamais, à l'exemple de quelques jeunes gens,

---

1. Lucian., De gymnas., t. II, p. 898. — 2. Id., ibid., p. 909. — 3. Plat., in Lys., t. II. p. 209. — 4. Aristot., De rep., lib. VIII, cap. III, t. II, p. 450. Plin., lib. XXXV, t. II, p. 694. — 5. Axioch., ap. Plat., t. III, p. 366. Strab., ap. Eustath., t. I, p. 285. — 6. Aristot., De mor., lib. II, cap. v, t. II, p. 22; id., De rhet., lib. III, cap. I, t. II, p. 583. — 7. Id., De mor., lib. IX, cap. II, t. II, p. 118. — 8. Isocr., ad. Demon., t. I, p. 24, 27, etc. Aristot., De rep., t. II, lib. VII, cap. XVII, p. 448. — 9. Xenoph., De venat., p. 974 et 995. — 10. Plat., De leg., lib. VII, t. II, p. 824. — 11. Theophr., Charact., cap. IX.

se tenir debout sur un cheval, lancer des traits, et se donner en spectacle par des tours d'adresse[1].

Il prit quelques leçons d'un maître d'armes[2] : il s'instruisit de la tactique[3] ; mais il ne fréquenta point ces professeurs ignorants chez qui les jeunes gens vont apprendre à commander les armées[4].

Ces différents exercices avaient presque tous rapport à l'art militaire : mais, s'il devait défendre sa patrie, il devait aussi l'éclairer. La logique, la rhétorique, la morale, l'histoire, le droit civil, la politique, l'occupèrent successivement.

Des maîtres mercenaires se chargent de les enseigner, et mettent leurs leçons à très haut prix. On raconte ce trait d'Aristippe. Un Athénien le pria d'achever l'éducation de son fils. Aristippe demanda mille drachmes[5]. « Mais, répondit le père, j'aurais un esclave pour une pareille somme. — Vous en auriez deux, reprit le philosophe : votre fils d'abord, ensuite l'esclave que vous placeriez auprès de lui[6]. »

Autrefois les sophistes se rendaient en foule dans cette ville. Ils dressaient la jeunesse athénienne à disserter superficiellement sur toutes les matières. Quoique leur nombre soit diminué, on en voit encore qui, entourés de leurs disciples, font retentir de leurs clameurs et de leurs disputes les salles du gymnase. Lysis assistait rarement à ces combats. Des instituteurs plus éclairés lui donnaient des leçons, et des esprits du premier ordre, des conseils. Ces derniers étaient Platon, Isocrate, Aristote, tous trois amis d'Apollodore.

La logique prêta de nouvelles forces et la rhétorique de nouveaux charmes à sa raison. Mais on l'avertit que l'une et l'autre, destinées au triomphe de la vérité, ne servaient souvent qu'à celui du mensonge. Comme un orateur ne doit pas trop négliger les qualités extérieures, on le mit pendant quelque temps sous les yeux d'un acteur habile, qui prit soin de diriger sa voix et ses gestes[7].

L'histoire de la Grèce l'éclaira sur les prétentions et sur les fautes des peuples qui l'habitent. Il suivit le barreau, en attendant qu'il pût, à l'exemple de Thémistocle et d'autres grands hommes, y défendre la cause de l'innocence[8].

Un des principaux objets de l'éducation est de former le cœur d'un enfant. Pendant qu'elle dure[9], les parents, le gouverneur, les domestiques, les maîtres, le fatiguent de maximes communes, dont ils affaiblissent l'impression par leurs exemples : souvent même les menaces et les coups, indiscrètement employés, lui donnent de l'éloignement pour des vérités qu'il devrait aimer. L'étude de la morale ne coûta jamais de larmes à Lysis. Son père avait mis auprès de lui des gens qui l'instruisaient par leur conduite, et non par des remontrances importunes. Pendant son enfance, il l'avertissait de ses fautes avec douceur ; quand sa raison fut plus formée, il lui faisait entrevoir qu'elles étaient contraires à ses intérêts.

1. Plat., in Men., t. II, p. 93. — 2. Id., in Lach., t. II, p. 182. — 3. Axioch., ap. Plat., t. III, p. 366. — 4. Plat., in Euthyd., t. I, p. 307. — 5. Neuf cents livres. — 6. Plut., De lib. educ., t. II, p. 4. — 7. Id., in Demosth., t. I, p. 839. — 8. Nep., in Themist., cap. I. — 9. Plat., in Protag., t. I, p. 325.

Il était très-difficile dans le choix des livres qui traitent de la morale, parce que les auteurs pour la plupart sont mal affermis dans leurs principes, ou n'ont que de fausses idées de nos devoirs. Un jour Isocrate nous lut une lettre qu'il avait autrefois adressée à Démonicus[1]. C'était un jeune homme qui vivait à la cour du roi de Chypre[2]. La lettre, pleine d'esprit, mais surchargée d'antithèses, contenait des règles de mœurs et de conduite rédigées en forme de maximes, et relatives aux différentes circonstances de la vie. J'en citerai quelques traits.

« Soyez envers vos parents comme vous voudriez que vos enfants fussent un jour à votre égard[3]. Dans vos actions les plus secrètes, figurez-vous que vous avez tout le monde pour témoin. N'espérez pas que des actions répréhensibles puissent rester dans l'oubli : vous pourrez peut-être les cacher aux autres, mais jamais à vous-même[4]. Dépensez votre loisir à écouter les discours des sages[5]. Délibérez lentement, exécutez promptement[6]. Soulagez la vertu malheureuse : les bienfaits, bien appliqués, sont le trésor de l'honnête homme[7]. Quand vous serez revêtu de quelque charge importante, n'employez jamais de malhonnêtes gens ; quand vous la quitterez, que ce soit avec plus de gloire que de richesses[8]. »

Cet ouvrage avait été écrit avec la profusion et l'élégance qu'on aperçoit dans tous ceux d'Isocrate. On en félicita l'auteur ; et quand il fut sorti, Apollodore, adressant la parole à son fils : « Je me suis aperçu, lui dit-il, du plaisir que vous a fait cette lecture. Je n'en suis pas surpris ; elle a réveillé en vous des sentiments précieux à votre cœur, et l'on aime à retrouver ses amis partout. Mais avez-vous pris garde à l'endroit que je l'ai prié de répéter, et qui prescrit à Démonicus la conduite qu'il doit tenir à la cour de Chypre ? — Je le sais par cœur, répondit Lysis : « Conformez-vous aux inclinations du prince. En pa-
« raissant les approuver, vous n'en aurez que plus de crédit auprès de
« lui, plus de considération parmi le peuple. Obéissez à ses lois, et
« regardez son exemple comme la première de toutes[9]. »

— Quelle étrange leçon dans la bouche d'un républicain ! reprit Apollodore ; et comment l'accorder avec le conseil que l'auteur avait donné à Démonicus de détester les flatteurs[10] ? C'est qu'Isocrate n'a sur la morale qu'une doctrine d'emprunt, et qu'il en parle plutôt en rhéteur qu'en philosophe. D'ailleurs est-ce par des préceptes si vagues qu'on éclaire l'esprit ? Les mots de sagesse, de justice, de tempérance, d'honnêteté, et beaucoup d'autres qui, pendant cette lecture, ont souvent frappé vos oreilles ; ces mots que tant de gens se contentent de retenir et de proférer au hasard[11], croyez-vous que Démonicus fût en état de les entendre ? Vous-même, en avez-vous une notion exacte ? Savez-vous que le plus grand danger des préjugés et des vices est de se déguiser sous le masque des vérités et des vertus, et qu'il est très-difficile de

---

1. Voyez la note XXXI à la fin du volume. — 2. Isocr., ad Demon., t. I, p. 15. — 3. Id., ibid., p. 23. — 4. Id., ibid., p. 25. — 5. Id., ibid., p. 26. — 6. Id., ibid., p. 37. — 7. Id., ibid., p. 33. — 8. Id., ibid., p. 39. — 9. Id., ibid. — 10. Id., ibid., p. 34. — 11. Plat., in Phædr., t. III, p. 363.

suivre la voix d'un guide fidèle, lorsqu'elle est étouffée par celle d'une foule d'imposteurs qui marchent à ses côtés et qui imitent ses accents?

« Je n'ai fait aucun effort jusqu'à présent pour vous affermir dans la vertu; je me suis contenté de vous en faire pratiquer les actes. Il fallait disposer votre âme, comme on prépare une terre avant que d'y jeter la semence destinée à l'enrichir[1]. Vous devez aujourd'hui me demander compte des sacrifices que j'ai quelquefois exigés de vous, et vous mettre en état de justifier ceux que vous ferez un jour. »

Quelques jours après, Aristote eut la complaisance d'apporter plusieurs ouvrages qu'il avait ébauchés ou finis, et dont la plupart traitaient de la science des mœurs[2]. Il les éclaircissait en les lisant. Je vais tâcher d'exposer ses principes.

Tous les genres de vie, toutes nos actions se proposent une fin particulière, et toutes ces fins tendent à un but général, qui est le bonheur[3]. Ce n'est pas dans la fin, mais dans le choix des moyens que nous nous trompons[4]. Combien de fois les honneurs, les richesses, le pouvoir, la beauté, nous ont été plus funestes qu'utiles[5]! Combien de fois l'expérience nous a-t-elle appris que la maladie et la pauvreté ne sont pas nuisibles par elles-mêmes[6]! Ainsi, par la fausse idée que nous avons des biens ou des maux, autant que par l'inconstance de notre volonté[7], nous agissons presque toujours sans savoir précisément ce qu'il faut désirer et ce qu'il faut craindre.

Distinguer les vrais biens des biens apparents[8], tel est l'objet de la morale, qui malheureusement ne procède pas comme les sciences bornées à la théorie. Dans ces dernières, l'esprit voit sans peine les conséquences émaner de leurs principes[10]. Mais quand il est question d'agir, il doit hésiter, délibérer, choisir, se garantir surtout des illusions qui viennent du dehors, et de celles qui s'élèvent du fond de nos cœurs. Voulez-vous éclairer ses jugements? rentrez en vous-même, et prenez une juste idée de vos passions, de vos vertus, et de vos vices.

L'âme, ce principe qui, entre autres facultés, a celles de connaître, conjecturer et délibérer, de sentir, désirer et craindre[11]; l'âme, indivisible peut-être en elle-même, est, relativement à ses diverses opérations, comme divisée en deux parties principales: l'une possède la raison et les vertus de l'esprit; l'autre, qui doit être gouvernée par la première, est le séjour des vertus morales[12].

Dans la première résident l'intelligence, la sagesse et la science, qui ne s'occupent que des choses intellectuelles et invariables; la prudence, le jugement et l'opinion, dont les objets tombent sous les sens

1. Aristot., De mor., lib. X, cap. X, t. II, p. 141. — 2. Id., ibid., p. 3; id., Magn. moral., p. 145; id., Eudem., p. 195. — 3. Id., De mor., lib. I, cap. I et II. — 4. Id., Magn. moral., ib., cap. XIX, t. II, p. 158. — 5. Id., Eudem., lib. VII, cap. XV, p. 290. — 6. Id., De mor., lib. III, cap. IX, p. 36. — 7. Id., Magn. moral., lib. I, cap. XII, p. 155. — 8. Id., Eudem., lib. I, cap. V, p. 197, etc. — 9. Id., De mor., lib. III, cap. VI, p. 33. — 10. Id., Magn. moral., lib. I, cap. XVII p. 158. — 11. Id., De anim., lib. I, cap. IX, t. I, p. 629. — 12. Id., De mor., lib. I, cap. XIII, p. 16; id., Magn. moral., ibid., cap. V, p. 151; cap. XXXV, p. 169; id., Eudem., lib. II, cap. I, p. 205.

et varient sans cesse; la sagacité, la mémoire, et d'autres qualités que je passe sous silence [1].

L'intelligence, simple perception de l'âme [2], se borne à contempler l'essence et les principes éternels des choses : la sagesse médite non-seulement sur les principes, mais encore sur les conséquences qui en dérivent; elle participe de l'intelligence qui voit, et de la science qui démontre [3]. La prudence apprécie et combine les biens et les maux, délibère lentement, et détermine notre choix de la manière la plus conforme à nos vrais intérêts [4]. Lorsque, avec assez de lumières pour prononcer, elle n'a pas assez de force pour nous faire agir, elle n'est plus qu'un jugement sain [5]. Enfin l'opinion s'enveloppe dans ses doutes [6], et nous entraîne souvent dans l'erreur.

De toutes les qualités de l'âme, la plus éminente est la sagesse, la plus utile est la prudence. Comme il n'y a rien de si grand dans l'univers que l'univers même, les sages, qui remontent à son origine et s'occupent de l'essence incorruptible des êtres, obtiennent le premier rang dans notre estime. Tels furent Anaxagore et Thalès. Ils nous ont transmis des notions admirables et sublimes, mais inutiles à notre bonheur [7]; car la sagesse n'influe qu'indirectement sur la morale. Elle est toute en théorie, la prudence toute en pratique [8].

Vous voyez, dans une maison, le maître abandonner à un intendant fidèle les minutieux détails de l'administration domestique, pour s'occuper d'affaires plus importantes : ainsi la sagesse, absorbée dans ses méditations profondes, se repose sur la prudence du soin de régler nos penchants, et de gouverner la partie de l'âme où j'ai dit que résident les vertus morales [9].

Cette partie est à tout moment agitée par l'amour, la haine, la colère, le désir, la crainte, l'envie, et cette foule d'autres passions dont nous apportons le germe en naissant, et qui par elles-mêmes ne sont dignes ni de louange ni de blâme [10]. Leurs mouvements, dirigés par l'attrait du plaisir ou par la crainte de la douleur, sont presque toujours irréguliers et funestes : or, de même que le défaut ou l'excès d'exercice détruit les forces du corps, et qu'un exercice modéré les rétablit; de même un mouvement passionné, trop violent ou trop faible, égare l'âme en deçà ou au delà du but qu'elle doit se proposer, tandis qu'un mouvement réglé l'y conduit naturellement [11]. C'est donc le terme moyen entre deux affections vicieuses qui constitue un sentiment vertueux. Citons un exemple. La lâcheté craint tout, et pèche par défaut; l'audace ne craint rien, et pèche par excès; le courage, qui tient le milieu entre l'une et l'autre, ne craint que lorsqu'il faut craindre. Ainsi les passions de même espèce produisent en nous trois

1. Aristot., Magn. moral., lib. I, cap. v, p. 151. — 2. Voyez la note XXXII à la fin du volume. — 3. Aristot., ibid., cap. xxxv, p. 170. — 4. Id., De mor., lib. VI, cap. v, p. 76; cap. viii, p. 79. — 5. Id., ibid., cap. xi, p. 81. — 6. Id., Magn. moral., ibid. — 7. Id., De mor., ibid., cap. vii, p. 78; cap. xii, p. 82. — 8. Voyez la note XXXIII à la fin du volume. — 9. Aristot., Magn. moral., lib. I, cap. xxxv, p. 171 et 172. — 10. Id., De mor., lib. II, cap. iv, p. 21. — 11. Id., ibid., cap. v, p. 19.

affections différentes, deux vicieuses, et l'autre vertueuse[1]. Ainsi les vertus morales naissent du sein des passions, ou plutôt ne sont que les passions renfermées dans de justes limites.

Alors Aristote nous fit voir un écrit à trois colonnes, où la plupart des vertus étaient placées chacune entre ses deux extrêmes. J'en ai conservé cet extrait pour l'instruction de Lysis.

Excès.	Milieu.	Défaut ou l'autre extrême
Audace.	Courage.	Crainte.
Intempérance.	Tempérance.	Insensibilité.
Prodigalité.	Libéralité.	Avarice.
Faste.	Magnificence.	Parcimonie.
....	Magnanimité.	Bassesse.
Apathie.	Douceur.	Colère.
Jactance.	Vérité.	Dissimulation
Bouffonnerie	Gaieté.	Rusticité.
Flatterie.	Amitié.	Haine.
Stupeur.	Modestie.	Impudence.
Envie.	....	....
Astuce.	Prudence.	Stupidité, etc.

Ainsi la libéralité est entre l'avarice et la prodigalité; l'amitié, entre l'aversion ou la haine, et la complaisance ou la flatterie[2]. Comme la prudence tient par sa nature à l'âme raisonnable, par ses fonctions à l'âme irraisonnable, elle est accompagnée de l'astuce, qui est un vice du cœur, et de la stupidité, qui est un défaut de l'esprit. La tempérance est opposée à l'intempérance, qui est son excès. On a choisi l'insensibilité pour l'autre extrême : c'est, nous dit Aristote, qu'en fait de plaisir on ne pèche jamais par défaut, à moins qu'on ne soit insensible. « Vous apercevez, ajouta-t-il, quelques lacunes dans ce tableau, c'est que notre langue n'a pas assez de mots pour exprimer toutes les affections de notre âme : elle n'en a point, par exemple, pour caractériser la vertu contraire à l'envie : on la reconnaît néanmoins dans l'indignation qu'excitent dans une âme honnête les succès des méchants[3]. »

Quoi qu'il en soit, les deux vices correspondants à une vertu peuvent en être plus ou moins éloignés, sans cesser d'être blâmables. On est plus ou moins lâche, plus ou moins prodigue : on ne peut être que d'une seule manière parfaitement libéral ou courageux. Aussi avons-nous dans la langue très-peu de mots pour désigner chaque vertu, et un assez grand nombre pour désigner chaque vice. Aussi les Pythagoriciens disent-ils que le mal participe de la nature de l'infini, et le bien du fini[4].

Mais qui discernera ce bien presque imperceptible au milieu des maux qui l'entourent? la prudence, que j'appellerai quelquefois droite

1. Aristot., De mor., lib. II, cap. VII, p. 25. — 2. Id., ibid., cap. VII, p. 24; Id., Eudem., lib. II, cap. III, p. 206; cap. VII, p. 225. — 3. Id., De mor., ibid. Id., Eudem., ibid. Voyez la note XXXIV à la fin du volume. — 4. Aristot., ibid., cap. V, p. 23; id., Magn. moral., lib. I, cap. XXV, p. 162.

raison, parce qu'aux lumières naturelles de la raison joignant celles de l'expérience, elle rectifie les unes par les autres[1]. Sa fonction est de nous montrer le sentier où nous devons marcher, et d'arrêter, autant qu'il est possible, celles de nos passions qui voudraient nous égarer dans des routes voisines[2] : car elle a le droit de leur signifier ses ordres. Elle est à leur égard ce qu'un architecte est par rapport aux ouvriers qui travaillent sous lui[3].

La prudence délibère, dans toutes les occasions, sur les biens que nous devons poursuivre : biens difficiles à connaître, et qui doivent être relatifs, non-seulement à nous, mais encore à nos parents, nos amis, nos concitoyens[4]. La délibération doit être suivie d'un choix volontaire; s'il ne l'était pas, il ne serait digne que d'indulgence ou de pitié[5]. Il l'est toutes les fois qu'une force extérieure ne nous contraint pas d'agir malgré nous, et que nous ne sommes pas entraînés par une ignorance excusable[6]. Ainsi, une action dont l'objet est honnête doit être précédée par la délibération et par le choix pour devenir, à proprement parler, un acte de vertu; et cet acte, à force de se réitérer, forme dans notre âme une habitude que j'appelle vertu[7].

Nous sommes à présent en état de distinguer ce que la nature fait en nous, et ce que la saine raison ajoute à son ouvrage. La nature ne nous donne et ne nous refuse aucune vertu; elle ne nous accorde que des facultés dont elle nous abandonne l'usage[8]. En mettant dans nos cœurs les germes de toutes les passions, elle y a mis les principes de toutes les vertus[9]. En conséquence, nous recevons en naissant une aptitude plus ou moins prochaine à devenir vertueux, un penchant plus ou moins fort pour les choses honnêtes[10].

De là s'établit une différence essentielle entre ce que nous appelons quelquefois vertu naturelle, et la vertu proprement dite[11]. La première est cette aptitude, ce penchant dont j'ai parlé : espèce d'instinct qui, n'étant point encore éclairé par la raison, se porte tantôt vers le bien, tantôt vers le mal. La seconde est ce même instinct constamment dirigé vers le bien par la droite raison, et toujours agissant avec connaissance, choix, et persévérance[12].

Je conclus de là que la vertu est une habitude formée d'abord, et ensuite dirigée par la prudence; ou, si l'on veut, c'est une impulsion naturelle vers les choses honnêtes, transformée en habitude par la prudence[13].

Plusieurs conséquences dérivent de ces notions. Il est en notre pouvoir d'être vertueux, puisque nous avons tous l'aptitude à le devenir[14]; mais il ne dépend d'aucun de nous d'être le plus vertueux des hom-

---

1. Aristot., De mor., lib. VI, cap. I, IX, etc. — 2. Id., Magn. moral., lib. I, cap. XVIII, p. 158. — 3. Id., ibid., cap. XXXV, p. 172. — 4. Id., De mor., lib. I, cap. V, p. 8. — 5. Id., ibid., lib. III, cap. I, p. 28. — 6. Id., ibid., cap. I et II. — 7. Id., ibid., lib. II, cap. I, p. 18 ; cap. IV, p. 21. — 8. Id., ibid. — 9. Id., Magn. moral., lib. II, cap. VII, p. 184. — 10. Id., De mor., lib. VI, cap. XIII, p. 84; id., Magn. moral., ibid. — 11. Id., ibid., lib. I, cap. XXXV, p. 171; id., De mor., p. 84. — 12. Id., De mor., lib. II, cap. III, p. 21. — 13. Id., ibid., cap. VI, p. 23; id., Magn. moral., lib. I, cap. XXXV, p. 171. — 14. Id., De mor., lib. III, cap. VII, p. 33: id., Magn. moral., lib. I, cap. IX, p. 153.

mes, à moins qu'il n'ait reçu de la nature les dispositions qu'exige une pareille perfection[1].

La prudence formant en nous l'habitude de la vertu, toutes les vertus deviennent son ouvrage; d'où il suit que, dans une âme toujours docile à ses inspirations, il n'y a point de vertu qui ne vienne se placer à son rang; et il n'y en a pas une qui soit opposée à l'autre[2]. On doit y découvrir aussi un parfait accord entre la raison et les passions, puisque l'une y commande, et que les autres obéissent[3].

Mais comment vous assurer d'un tel accord? comment vous flatter que vous possédez une telle vertu? d'abord par un sentiment intime[4], ensuite par la peine ou le plaisir que vous éprouverez. Si cette vertu est encore informe, les sacrifices qu'elle demande vous affligeront; si elle est entière, ils vous rempliront d'une joie pure : car la vertu a sa volupté[5].

Les enfants ne sauraient être vertueux; ils ne peuvent ni connaître ni choisir leur véritable bien. Cependant, comme il est essentiel de nourrir le penchant qu'ils ont à la vertu, il faut leur en faire exercer les actes[6].

La prudence se conduisant toujours par des motifs honnêtes, et chaque vertu exigeant de la persévérance, beaucoup d'actions qui paraissent dignes d'éloges perdent leur prix dès qu'on en démêle le principe[7]. Ceux-ci s'exposent au péril par l'espoir d'un grand avantage; ceux-là, de peur d'être blâmés : ils ne sont pas courageux. Otez aux premiers l'ambition, aux seconds la honte, ils seront peut-être les plus lâches des hommes[8].

Ne donnez pas ce nom à celui qui est entraîné par la vengeance; c'est un sanglier qui se jette sur le fer dont il est blessé. Ne le donnez pas à ceux qui sont agités de passions désordonnées, et dont le courage s'enflamme et s'éteint avec elles. Quel est donc l'homme courageux? Celui qui, poussé par un motif honnête, et guidé par la saine raison, connaît le danger, le craint, et s'y précipite[9].

Aristote appliqua les mêmes principes à la justice, à la tempérance, et aux autres vertus. Il les parcourut toutes en particulier, et les suivit dans leurs subdivisions, en fixant l'étendue et les bornes de leur empire; car il nous montrait de quelle manière, dans quelles circonstances, sur quels objets chacune devait agir ou s'arrêter. Il éclaircissait à mesure une foule de questions qui partagent les philosophes sur la nature de nos devoirs. Ces détails, qui ne sont souvent qu'indiqués dans ses ouvrages, et que je ne puis développer ici, le ramenèrent aux motifs qui doivent nous attacher inviolablement à la vertu.

« Considérons-la, nous dit-il un jour, dans ses rapports avec nous et

---

1. Aristot., Magn. moral., lib. I, cap. XII, p. 155. — 2. Id., De mor., lib. VI cap. XIII, p. 84; id., Magn. moral., lib. II, cap. III, p. 174. — 3. Id., Magn. moral., lib. III, cap. VII, p. 184. — 4. Id., ibid., lib. II, cap. X, p. 186. — 5. Id., De mor., lib. II, cap. II, p. 19; lib. X, cap. VII, p. 137. — 6. Id., ibid., lib. II cap. I, p. 18. — 7. Id., ibid., cap. III. — 8. Id., Magn. moral., lib. I, cap. XXI, p. 160. — 9. Id., De mor., lib. III, cap. XI, p. 39; Eudem., lib. III, cap. I, p. 220.

avec les autres. L'homme vertueux fait ses délices d'habiter et de vivre avec lui-même. Vous ne trouverez dans son âme ni les remords, ni les séditions qui agitent l'homme vicieux. Il est heureux par le souvenir des biens qu'il a faits, par l'espérance du bien qu'il peut faire[1]. Il jouit de son estime, en obtenant celle des autres : il semble n'agir que pour eux; il leur cédera même les emplois les plus brillants, s'il est persuadé qu'ils peuvent mieux s'en acquitter que lui[2]. Toute sa vie est en action[3], et toutes ses actions naissent de quelque vertu particulière. Il possède donc le bonheur, qui n'est autre chose qu'une continuité d'actions conformes à la vertu[4].

« Je viens de parler du bonheur qui convient à la vie active et consacrée aux devoirs de la société. Mais il en est un autre d'un ordre supérieur, exclusivement réservé au petit nombre des sages qui, loin du tumulte des affaires, s'abandonnent à la vie contemplative. Comme ils se sont dépouillés de tout ce que nous avons de mortel, et qu'ils n'entendent plus que de loin le murmure des passions, dans leur âme tout est paisible, tout est en silence, excepté la partie d'elle-même qui a le droit d'y commander; portion divine, soit qu'on l'appelle intelligence ou de tout autre nom[5], sans cesse occupée à méditer sur la nature divine et sur l'essence des êtres[6]. Ceux qui n'écoutent que sa voix sont spécialement chéris de la Divinité : car s'il est vrai, comme tout nous porte à le croire, qu'elle prend quelque soin des choses humaines, de quel œil doit-elle regarder ceux qui, à son exemple, ne placent leur bonheur que dans la contemplation des vérités éternelles[7] ? »

Dans les entretiens qu'on avait en présence de Lysis, Isocrate flattait ses oreilles, Aristote éclairait son esprit, Platon enflammait son âme. Ce dernier, tantôt lui expliquait la doctrine de Socrate, tantôt lui développait le plan de sa république : d'autres fois, il lui faisait sentir qu'il n'existe de véritable élévation, d'entière indépendance, que dans une âme vertueuse. Plus souvent encore il lui montrait en détail que le bonheur consiste dans la science du souverain bien, qui n'est autre chose que Dieu[8]. Ainsi, tandis que d'autres philosophes ne donnent pour récompense à la vertu que l'estime publique et la félicité passagère de cette vie, Platon lui offrait un plus noble soutien.

« La vertu, disait-il, vient de Dieu[9]. Vous ne pouvez l'acquérir qu'en vous connaissant vous-même, qu'en obtenant la sagesse, qu'en vous préférant à ce qui vous appartient. Suivez-moi, Lysis. Votre corps, votre beauté, vos richesses sont à vous, mais ne sont pas vous. L'homme est tout entier dans son âme[10]. Pour savoir ce qu'il est et ce qu'il doit faire, il faut qu'il se regarde dans son intelligence, dans cette partie de l'âme où brille un rayon de la sagesse divine[11] : lumière pure, qui

---

1. Aristot., De mor., lib. IX, cap. IV, p. 120. — 2. Id., Magn. moral., lib. II, cap. XIII, p. 192. — 3. Id., ibid., cap. X, p. 187. — 4. Id., De mor., lib. I, cap. VI, p. 9; lib. X, cap. VI et VII; id., Magn. moral., lib. I, cap. IV, p. 150. — 5. Id., De mor., lib. X, cap. VII, p. 138. — 6. Id., Eudem., lib. VII, cap. XV. p. 291; id., Magn. moral., lib. I. cap. XXXV, p. 170. — 7. Id., De mor., lib. X. cap. VIII. p. 139; cap. IX, p. 140. — 8. Plat., De rep., lib. VI, p. 505, etc. Bruck, Histor. critic. philos., t. I, p. 721. — 9. Plat., in Men., t. II, p. 99 et 100. — 10. Id., in Alcib. I, t. II, p. 130 et 131. — 11. Id., ibid., p. 133.

conduira insensiblement ses regards à la source dont elle est émanée. Quand ils y seront parvenus, et qu'il aura contemplé cet exemplaire éternel de toutes les perfections, il sentira qu'il est de son plus grand intérêt de les retracer en lui-même, et de se rendre semblable à la divinité, du moins autant qu'une si faible copie peut approcher d'un si beau modèle. Dieu est la mesure de chaque chose [1]; rien de bon ni d'estimable dans le monde, que ce qui a quelque conformité avec lui. Il est souverainement sage, saint, et juste : le seul moyen de lui ressembler et de lui plaire, est de se remplir de sagesse, de justice, et de sainteté [2].

« Appelé à cette haute destinée, placez-vous au rang de ceux qui, comme le disent les sages, unissent par leurs vertus les cieux avec la terre, les dieux avec les hommes [3]. Que votre vie présente le plus heureux des systèmes pour vous, le plus beau des spectacles pour les autres, celui d'une âme où toutes les vertus sont dans un parfait accord [4].

« Je vous ai parlé souvent des conséquences qui dérivent de ces vérités, liées ensemble, si j'ose parler ainsi, par des raisons de fer et de diamant [5]; mais je dois vous rappeler avant de finir que le vice, outre qu'il dégrade notre âme, est tôt ou tard livré au supplice qu'il a mérité.

« Dieu, comme on l'a dit avant nous, parcourt l'univers, tenant dans sa main le commencement, le milieu, et la fin de tous les êtres [6]. La justice suit ses pas, prête à punir les outrages faits à la loi divine. L'homme humble et modeste trouve son bonheur à la suivre; l'homme vain s'éloigne d'elle, et Dieu l'abandonne à ses passions. Pendant un temps il paraît être quelque chose aux yeux du vulgaire : mais bientôt la vengeance fond sur lui; et, si elle l'épargne dans ce monde, elle le poursuit avec plus de fureur dans l'autre [7]. Ce n'est donc point dans le sein des honneurs, ni dans l'opinion des hommes, que nous devons chercher à nous distinguer; c'est devant ce tribunal redoutable qui nous jugera sévèrement après notre mort [8]. »

Lysis avait dix-sept ans : son âme était pleine de passions, son imagination vive et brillante. Il s'exprimait avec autant de grâce que de facilité. Ses amis ne cessaient de relever ces avantages, et l'avertissaient, autant par leurs exemples que par leurs plaisanteries, de la contrainte dans laquelle il avait vécu jusqu'alors. Philotime lui disait un jour : « Les enfants et les jeunes gens étaient bien plus surveillés autrefois qu'ils ne le sont aujourd'hui. Ils n'opposaient à la rigueur des saisons que des vêtements légers, à la faim qui les pressait que les aliments les plus communs. Dans les rues, chez leurs maîtres et leurs parents, ils paraissaient les yeux baissés, et avec un maintien modeste. Ils n'osaient ouvrir la bouche en présence des personnes âgées; et on les asservissait tellement à la décence, qu'étant assis ils auraient rougi

---

1. Plat., De leg., lib. IV, t. II, p. 716. — 2. Id., in Theæt., t. I, p. 176; id., De leg., ibid. — 3. Id., Gorg., t. I, p. 509. — 4. Id., De rep., lib. III, t. II, p. 402. — 5. Id., in Gorg., t. I, p. 509. — 6. Voyez la note XXXV à la fin du volume. — 7. Plat., De leg., lib. IV, t. II, p. 716. — 8. Id., in Gorg., p. 526.

de croiser les jambes[1]. — Et que résultait-il de cette grossièreté de mœurs? demanda Lysis. — Ces hommes grossiers, répondit Philotime, battirent les Perses et sauvèrent la Grèce. — Nous les battrions encore. — J'en doute, lorsqu'aux fêtes de Minerve je vois notre jeunesse, pouvant à peine soutenir le bouclier, exécuter nos danses guerrières avec tant d'élégance et de mollesse [2]. »

Philotime lui demanda ensuite ce qu'il pensait d'un jeune homme qui, dans ses paroles et dans son habillement, n'observait aucun des égards dus à la société. « Tous ses camarades l'approuvent, dit Lysis. — Et tous les gens sensés le condamnent, répliqua Philotime. — Mais, reprit Lysis, par ces personnes sensées entendez-vous ces vieillards qui ne connaissent que leurs anciens usages, et qui, sans pitié pour nos faiblesses, voudraient que nous fussions nés à l'âge de quatre-vingts ans [3]? Ils pensent d'une façon, et leurs petits-enfants d'une autre. Qui les jugera? — Vous-même, dit Philotime. Sans rappeler ici nos principes sur le respect et la tendresse que nous devons aux auteurs de nos jours, je suppose que vous êtes obligé de voyager en des pays lointains : choisissez-vous un chemin sans savoir s'il est praticable, s'il ne traverse pas des déserts immenses, s'il ne conduit pas chez des nations barbares, s'il n'est pas en certains endroits infesté par des brigands? — Il serait imprudent de s'exposer à de pareils dangers. Je prendrais un guide. — Lysis, observez que les vieillards sont parvenus au terme de la carrière que vous allez parcourir, carrière si difficile et si dangereuse [4]. — Je vous entends, dit Lysis. J'ai honte de mon erreur. »

Cependant les succès des orateurs publics excitaient son ambition. Il entendit par hasard, dans le Lycée, quelques sophistes disserter longuement sur la politique; et il se crut en état d'éclairer les Athéniens. Il blâmait avec chaleur l'administration présente; il attendait, avec la même impatience que la plupart de ceux de son âge, le moment où il lui serait permis de monter à la tribune. Son père dissipa cette illusion, comme Socrate avait détruit celle du jeune frère de Platon.

« Mon fils, lui dit-il [5], j'apprends que vous brûlez du désir de parvenir à la tête du gouvernement. — J'y pense en effet, répondit Lysis en tremblant. — C'est un beau projet. S'il réussit, vous serez à portée d'être utile à vos parents, à vos amis, à votre patrie : votre gloire s'étendra non-seulement parmi nous, mais encore dans toute la Grèce, et peut-être, à l'exemple de celle de Thémistocle, parmi les nations barbares. »

A ces mots, le jeune homme tressaillit de joie. « Pour obtenir cette gloire, reprit Apollodore, ne faut-il pas rendre des services importants à la république? — Sans doute. — Quel est donc le premier bienfait qu'elle recevra de vous? » Lysis se tut pour préparer sa réponse. Après un moment de silence, Apollodore continua : « S'il s'agissait de

1. Aristoph., in Nub., v. 960, etc. — 2. Id., ibid. — 3. Menand., ap. Terent. in Heauton., act. II, scen. 1. — 4. Plat., De rep., lib. I, t. II, p. 328. — 5. Xenoph., Memor., lib. III, p. 772.

relever la maison de votre ami, vous songeriez d'abord à l'enrichir; de même, vous tâcherez d'augmenter les revenus de l'État.—Telle est mon idée. — Dites-moi donc à quoi ils se montent, d'où ils proviennent, quelles sont les branches que vous trouvez susceptibles d'augmentation, et celles qu'on a tout à fait négligées? Vous y avez sans doute réfléchi? — Non, mon père, je n'y ai jamais songé. — Vous savez du moins l'emploi qu'on fait des deniers publics; et certainement votre intention est de diminuer les dépenses inutiles? — Je vous avoue que je ne me suis pas plus occupé de cet article que de l'autre. — Eh bien! puisque nous ne sommes instruits ni de la recette ni de la dépense, renonçons pour le présent au dessein de procurer de nouveaux fonds à la république.—Mais, mon père, il serait possible de les prendre sur l'ennemi.—J'en conviens, mais cela dépend des avantages que vous aurez sur lui; et pour les obtenir, ne faut-il pas, avant de vous déterminer pour la guerre, comparer les forces que vous emploierez avec celles qu'on vous opposera? — Vous avez raison. — Apprenez-moi quel est l'état de notre armée et de notre marine, ainsi que celui des troupes et des vaisseaux de l'ennemi. — Je ne pourrais pas vous le réciter tout de suite.—Vous l'avez peut-être par écrit; je serais bien aise de le voir.—Non, je ne l'ai pas.

« Je conçois, reprit Apollodore, que vous n'avez pas encore eu le temps de vous appliquer à de pareils calculs; mais les places qui couvrent nos frontières ont sans doute fixé votre attention. Vous savez combien nous entretenons de soldats dans ces différents postes; vous savez encore que certains points ne sont pas encore assez défendus, que d'autres n'ont pas besoin de l'être; et dans l'assemblée générale, vous direz qu'il faut augmenter telle garnison, et réformer telle autre. — Moi, je dirai qu'il faut les supprimer toutes; car aussi bien remplissent-elles fort mal leur devoir. — Et comment vous êtes-vous assuré que nos défilés sont mal gardés? Avez-vous été sur les lieux? — Non, mais je le conjecture.—Il faudra donc reprendre cette matière quand, au lieu de conjectures, nous aurons des notions certaines.

« Je sais que vous n'avez jamais vu les mines d'argent qui appartiennent à la république, et vous ne pourriez pas me dire pourquoi elles rendent moins à présent qu'autrefois. — Non, je n'y suis jamais descendu. — Effectivement, l'endroit est malsain; et cette excuse vous justifiera, si jamais les Athéniens prennent cet objet en considération. En voici un du moins qui ne vous aura pas échappé. Combien l'Attique produit-elle de mesures de blé? combien en faut-il pour la subsistance de ses habitants? Vous jugez aisément que cette connaissance est nécessaire à l'administration pour prévenir une disette. — Mais, mon père, on ne finirait point s'il fallait entrer dans ces détails. — Est-ce qu'un chef de maison ne doit pas veiller sans cesse aux besoins de sa famille, et aux moyens d'y remédier? Au reste, si tous ces détails vous épouvantent, au lieu de vous charger du soin de plus de dix mille familles qui sont dans cette ville, vous devriez d'abord essayer vos forces, et mettre l'ordre dans la maison de votre oncle, dont les affaires sont en mauvais état. — Je viendrais à bout de les arranger, s'il voulait suivre mes avis. — Et croyez-vous de bonne foi que tous les Athéniens, votre oncle joint avec eux, seront plus faciles à persuader? Craignez, mon fils, qu'un vain amour de la gloire ne vous fasse recueillir que de la honte. Ne sentez-vous pas combien il serait imprudent et dangereux de se charger de si grands intérêts sans les connaître? Quantité d'exemples vous apprendront que, dans les places les plus importantes, l'admiration et l'estime sont le partage des lumières et de la sagesse, le blâme et le mépris celui de l'ignorance et de la présomption. »

Lysis fut effrayé de l'étendue des connaissances nécessaires à l'homme d'État[1], mais il ne fut pas découragé. Aristote l'instruisit de la nature des diverses espèces de gouvernements dont les législateurs avaient conçu l'idée[2]; Apollodore, de l'administration, des forces, et du commerce, tant de sa nation que des autres peuples. Il fut décidé qu'après avoir achevé son éducation, il voyagerait chez tous ceux qui avaient quelques rapports d'intérêt avec les Athéniens[3].

J'arrivai alors de Perse ; je le trouvai dans sa dix-huitième année[4]. C'est à cet âge que les enfants des Athéniens passent dans la classe des éphèbes, et sont enrôlés dans la milice : mais pendant les deux années suivantes, ils ne servent pas hors de l'Attique[5]. La patrie, qui les regarde désormais comme ses défenseurs, exige qu'ils confirment par un serment solennel leur dévouement à ses ordres. Ce fut dans la chapelle d'Agraule qu'en présence des autels il promit, entre autres choses, de ne point déshonorer les armes de la république, de ne pas quitter son poste, de sacrifier ses jours pour sa patrie, et de la laisser plus florissante qu'il ne l'avait trouvée[6].

De toute cette année il ne sortit point d'Athènes; il veillait à la conservation de la ville; il montait la garde avec assiduité, et s'accoutumait à la discipline militaire. Au commencement de l'année suivante[7], s'étant rendu au théâtre où se tenait l'assemblée générale, le peuple donna des éloges à sa conduite, et lui remit la lance avec le bouclier. Lysis partit tout de suite, et fut successivement employé dans les places qui sont sur les frontières de l'Attique.

Agé de vingt ans à son retour, il lui restait une formalité essentielle à remplir. J'ai dit plus haut que dès son enfance on l'avait inscrit, en présence de ses parents, dans le registre de la curie à laquelle son père était associé. Cet acte prouvait la légitimité de sa naissance. Il en fallait un autre qui le mît en possession de tous les droits du citoyen.

On sait que les habitants de l'Attique sont distribués en un certain nombre de cantons ou de districts qui, par leurs différentes réunions, forment les dix tribus. A la tête de chaque district est un démarque, magistrat qui est chargé d'en convoquer les membres, et de garder le

---

1. Aristot., De rhetor., lib. I, cap. IV, t. II, p. 521. — 2. Id., De rep., p. 296. — 3. Id., De rhetor., ibid., p. 522. — 4. Corsin., Fast. attic., dissert. II, t. II, p. 139. — 5. Æschin., De fals. leg., p. 422. Poll., lib VIII, cap. IX, § 105. Ulpian., ad. Olynth. III, p. 42. — 6. Lycurg., in Leocr., part. II, p. 157. Ulpian., in Dem. De fals. leg., p. 391. Plut., in Alcib., t. I, p. 198. Philostr., vit. Apoll., lib. IV, cap. XXI, p. 160. — 7. Aristot. ap. Harpocr., in Περ'πολ.

registre qui contient leurs noms [1]. La famille d'Apollodore était agrégée au canton de Céphissie, qui faisait partie de la tribu Érechthéide [2]. Nous trouvâmes dans ce bourg la plupart de ceux qui ont le droit d'opiner dans ces assemblées. Apollodore leur présenta son fils, et l'acte par lequel il avait été déjà reconnu dans sa curie [3]. Après les suffrages recueillis, on inscrivit Lysis dans le registre [4]. Mais comme c'est ici le seul monument qui puisse constater l'âge d'un citoyen, au nom de Lysis fils d'Apollodore on joignit celui du premier des archontes, non-seulement de l'année courante, mais encore de celle qui l'avait précédée [5]. Dès ce moment Lysis eut le droit d'assister aux assemblées, d'aspirer aux magistratures, et d'administrer ses biens, s'il venait à perdre son père [6].

Étant retournés à Athènes, nous allâmes une seconde fois à la chapelle d'Agraule, où Lysis, revêtu de ses armes, renouvela le serment qu'il y avait fait deux ans auparavant [7].

Je ne dirai qu'un mot sur l'éducation des filles. Suivant la différence des états, elles apprennent à lire, écrire, coudre, filer, préparer la laine dont on fait les vêtements, et veiller aux soins du ménage [8]. Celles qui appartiennent aux premières familles de la république sont élevées avec plus de recherche. Comme dès l'âge de dix ans, et quelquefois de sept [9], elles paraissent dans les cérémonies religieuses, les unes portant sur leurs têtes les corbeilles sacrées, les autres chantant des hymnes, ou exécutant des danses, divers maîtres les accoutument auparavant à diriger leur voix et leurs pas. En général, les mères exhortent leurs filles à se conduire avec sagesse [10]; mais elles insistent beaucoup plus sur la nécessité de se tenir droites, d'effacer leurs épaules, de serrer leur sein avec un large ruban, d'être extrêmement sobres, et de prévenir, par toutes sortes de moyens, un embonpoint qui nuirait à l'élégance de la taille et à la grâce des mouvements [11].

CHAP. XXVII. — *Entretien sur la musique des Grecs.*

J'allai voir un jour Philotime dans une petite maison qu'il avait hors des murs d'Athènes, sur la colline du Cynosarge, à trois stades de la porte Mélitide. La situation en était délicieuse. De toutes parts la vue se reposait sur des tableaux riches et variés. Après avoir parcouru les différentes parties de la ville et de ses environs, elle se prolongeait par delà jusqu'aux montagnes de Salamine, de Corinthe, et même de l'Arcadie [12].

Nous passâmes dans un petit jardin que Philotime cultivait lui-même, et qui lui fournissait des fruits et des légumes en abondance : un bois de platanes, au milieu duquel était un autel consacré aux

---

1. Harpocr., in Δημοτ. — 2. Isæus ap. Harpocr., in Κηπ̄ς. — 3. Demosth., in Leoch., p. 1048. — 4. Id., ibid., p. 1047. Harpocr. et Suid., in Ἐπιδ. — 5. Aristot. ap. Harpocr., in Στρατ. — 6. Suid., in Ἀτιμ̄. — 7. Poll., lib. VIII, cap. IX, §106. Stob., serm. XLI, p. 243. Pet., Leg. attic., p. 155. — 8. Xenoph., Memor., lib. V, p. 836 et 840. — 9. Aristoph., in Lysistr., v. 642. — 10. Xenoph., ibid., p. 837. — 11. Menand. ap. Terent., in Eunuch., act. II, scen. III, v. 21. — 12. Stuart, the Antiq. of Athens, p. 9.

Muses, en faisait tout l'ornement. « C'est toujours avec douleur, reprit Philotime en soupirant, que je m'arrache de cette retraite. Je veillerai à l'éducation du fils d'Apollodore, puisque je l'ai promis; mais c'est le dernier sacrifice que je ferai de ma liberté. » Comme je parus surpris de ce langage, il ajouta : « Les Athéniens n'ont plus besoin d'instruction ; ils sont si aimables ! Eh ! que dire en effet à des gens qui tous les jours établissent pour principe que l'agrément d'une sensation est préférable à toutes les vérités de la morale ? »

La maison me parut ornée avec autant de décence que de goût. Nous trouvâmes dans un cabinet des lyres, des flûtes, des instruments de diverses formes, dont quelques-uns avaient cessé d'être en usage [1]. Des livres relatifs à la musique remplissaient plusieurs tablettes. Je priai Philotime de m'indiquer ceux qui pourraient m'en apprendre les principes. « Il n'en existe point, me répondit-il; nous n'avons qu'un petit nombre d'ouvrages assez superficiels sur le genre enharmonique [2], et un plus grand nombre sur la préférence qu'il faut donner, dans l'éducation, à certaines espèces de musique [3]. Aucun auteur n'a, jusqu'à présent, entrepris d'éclaircir méthodiquement toutes les parties de cette science. »

Je lui témoignai alors un désir si vif d'en avoir au moins quelque notion, qu'il se rendit à mes instances.

PREMIER ENTRETIEN. — *Sur la partie technique de la musique*

« Vous pouvez juger, dit-il, de notre goût pour la musique par la multitude des acceptions que nous donnons à ce mot : nous l'appliquons indifféremment à la mélodie, à la mesure, à la poésie, à la danse, au geste, à la réunion de toutes les sciences, à la connaissance de presque tous les arts. Ce n'est pas assez encore; l'esprit de combinaison, qui depuis environ deux siècles s'est introduit parmi nous, et qui nous force à chercher partout des rapprochements, a voulu soumettre aux lois de l'harmonie les mouvements des corps célestes [4] et ceux de notre âme [5].

« Écartons ces objets étrangers. Il ne s'agit ici que de la musique proprement dite. Je tâcherai de vous en expliquer les éléments, si vous me promettez de supporter avec courage l'ennui des détails où je vais m'engager. » Je le promis ; et il continua de cette manière.

« On distingue dans la musique le son, les intervalles, les accords, les genres, les modes, le rhythme, les mutations, et la mélopée [6]. Je négligerai les deux articles qui ne regardent que la composition ; je traiterai succinctement des autres.

« Les sons que nous faisons entendre en parlant et en chantant, quoique formés par les mêmes organes, ne produisent pas le même

---

1. Aristot., De rep., lib. VIII, cap. VI. — 2. Aristox., Harm. elem., lib. I, p. 2 et 4 ; lib. II, p. 36. — 3. Id., ibid., cap. VII. — 4. Plin., lib. II, cap. XXII. Censorin., cap. XIII, etc. — 5. Plut., De mus., t. II, p. 1147. — 6. Plat., De rep., lib. III, t. II, p. 398. Euclid., Introd. harm., p. 1. Aristid. Quintil., De mus., lib. I, p. 9.

effet. Cette différence viendrait-elle, comme quelques-uns le prétendent[1], de ce que dans le chant la voix procède par des intervalles plus sensibles, s'arrête plus longtemps sur une syllabe, est plus souvent suspendue par des repos marqués?

« Chaque espace que la voix franchit pourrait se diviser en une infinité de parties; mais l'organe de l'oreille, quoique susceptible d'un très-grand nombre de sensations, est moins délicat que celui de la parole, et ne peut saisir qu'une certaine quantité d'intervalles[2]. Comment les déterminer? les pythagoriciens emploient le calcul; les musiciens, le jugement de l'oreille[3]. »

Alors Philotime prit un monocorde, ou une règle[4] sur laquelle était tendue une corde attachée par ses deux extrémités à deux chevalets immobiles. Nous fîmes couler un troisième chevalet sous la corde, et, l'arrêtant à des divisions tracées sur la règle, je m'aperçus aisément que les différentes parties de la corde rendaient des sons plus aigus que la corde entière; que la moitié de cette corde donnait le diapason ou l'octave; que ses trois quarts sonnaient la quarte, et ses deux tiers la quinte. « Vous voyez, ajouta Philotime, que le son de la corde totale est au son de ses parties dans la même proportion que sa longueur à celle de ces mêmes parties; et qu'ainsi l'octave est dans le rapport de 2 à 1, ou de 1 à $\frac{1}{2}$, la quarte dans celui de 4 à 3, et la quinte de 3 à 2.

« Les divisions les plus simples du monocorde nous ont donné les intervalles les plus agréables à l'oreille. En supposant que la corde totale sonne *mi*[5], je les exprimerai de cette manière, *mi la* quarte, *mi si* quinte, *mi mi* octave.

« Pour avoir la double octave, il suffira de diviser par 2 l'expression numérique de l'octave, qui est $\frac{1}{2}$, et vous aurez $\frac{1}{4}$. » Il me fit voir en effet que le quart de la corde entière sonnait la double octave.

Après qu'il m'eut montré la manière de tirer la quarte de la quarte, et la quinte de la quinte, je lui demandai comment il déterminait la valeur du ton. « C'est, me dit-il, en prenant la différence de la quinte à la quarte, du *si* au *la*[6]; or, la quarte, c'est-à-dire la fraction $\frac{3}{4}$, est à la quinte, c'est-à-dire à la fraction $\frac{2}{3}$, comme 9 est à 8.

« Enfin, ajouta Philotime, on s'est convaincu par une suite d'opérations que le demi-ton, l'intervalle, par exemple, du *mi* au *fa*, est dans la proportion de 256 à 243[7].

« Au-dessous du demi-ton, nous faisons usage des tiers et des quarts de ton[8], mais sans pouvoir fixer leur rapport, sans oser nous flatter d'une précision rigoureuse; j'avoue même que l'oreille la plus exercée a de la peine à les saisir[9]. »

---

1. Aristox., Harm. elem., lib. I, p. 8. Euclid., Introd. harm., p. 2. — 2. Aristox., ibid., lib. II, p. 53. — 3. Id., ibid., p. 32. Meibom., ibid. Plut., De mus., t. II, p. 1144. — 4. Aristid., Quintil. Boeth., De mus., lib. IV, cap. IV, p. 1443. — 5. Je suis obligé, pour me faire entendre, d'employer les syllabes dont nous nous servons pour solfier. Au lieu de *mi*, les Grecs auraient dit, suivant la différence des temps, ou l'hypate, ou la mèse, ou l'hypate des mèses. — 6. Aristox., ibid., lib. I, p. 21. — 7. Theon., Smyrn., p. 102. — 8. Aristox., ibid., lib. II, p. 47. — 9. Id., ibid., lib. I, p. 19.

CHAPITRE XXVII.

Je demandai à Philotime si, à l'exception de ces sons presque imperceptibles, il pourrait successivement tirer d'un monocorde tous ceux dont la grandeur est déterminée, et qui forment l'échelle du système musical. « Il faudrait pour cet effet, me dit-il, une corde d'une longueur démesurée; mais vous pouvez y suppléer par le calcul. Supposez-en une qui soit divisée en 8192 parties égales[1], et qui sonne le *si*[2]. Le rapport du demi-ton, celui, par exemple, de *si* à *ut*, étant supposé de 256 à 243, vous trouverez que 256 est à 8192 comme 243 est à 7776, et qu'en conséquence ce dernier nombre doit vous donner l'*ut*. Le rapport du ton étant, comme nous l'avons dit, de 9 à 8, il est visible qu'en retranchant le 9ᵉ de 7776, il restera 6912 pour le *ré*.

« En continuant d'opérer de la même manière sur les nombres restants, soit pour les tons, soit pour les demi-tons, vous conduirez facilement votre échelle fort au delà de la portée des voix et des instruments, jusqu'à la cinquième octave du *si*, d'où vous êtes parti. Elle vous sera donnée par 256, et l'*ut* suivant par 243; ce qui vous fournira le rapport du demi-ton, que je n'avais fait que supposer. »

Philotime faisait tous ses calculs à mesure; et quand il les eut terminés : « Il suit de là, me dit-il, que dans cette longue échelle, les tons et les demi-tons sont tous parfaitement égaux : vous trouverez aussi que les intervalles de même espèce sont parfaitement justes; par exemple, que le ton et demi, ou tierce mineure, est toujours dans le rapport de 32 à 27 : le diton, ou tierce majeure, dans celui de 81 à 64[3].

— Mais, lui dis-je, comment vous en assurer dans la pratique ? — Outre une longue habitude, répondit-il, nous employons quelquefois, pour plus d'exactitude, la combinaison des quartes et des quintes obtenues par un ou plusieurs monocordes[4]. La différence de la quarte à la quinte m'ayant fourni le ton, si je veux me procurer la tierce majeure au-dessous d'un ton donné, tel que *la*, je monte à la quarte *ré*; de là je descends à la quinte *sol*, je remonte à la quarte *ut*, je descends à la quinte, et j'ai le *fa*, tierce majeure au-dessous du *la*.

« Les intervalles sont consonnants ou dissonants[5]. Nous rangeons dans la première classe, la quarte, la quinte, l'octave, la onzième, la douzième, et la double octave; mais ces trois derniers ne sont que les répliques des premiers. Les autres intervalles, connus sous le nom de dissonants, se sont introduits peu à peu dans la mélodie.

« L'octave est la consonnance la plus agréable[6], parce qu'elle est la plus naturelle. C'est l'accord que fait entendre la voix des enfants, lorsqu'elle est mêlée avec celle des hommes[7]; c'est le même que produit une corde qu'on a pincée : le son, en expirant, donne lui-même son octave[8]. »

1. Euclid., p. 37. Aristid. Quintil., lib. III, p. 116. — 2. Voyez la note XXXVI à la fin du volume. — 3. Roussier, Musiq. des anc., p. 197 et 249. — 4. Aristox., Harm. elem., lib. II, p. 55. — 5. Id., ibid., p. 44. Euclid., Introd. harm., p. 8. — 6. Aristot., Probl., t. II, p. 766. — 7. Id., ibid., XXXIX, p. 768. — 8. Id., ibid. XXIV et XXXII.

Philotime, voulant prouver que les accords de quarte et de quinte[1] n'étaient pas moins conformes à la nature, me fit voir, sur son monocorde, que dans la déclamation soutenue, et même dans la conversation familière, la voix franchit plus souvent ces intervalles que les autres.

« Je ne les parcours, lui dis-je, qu'en passant d'un ton à l'autre. Est-ce que dans le chant, les sons qui composent un accord ne se font jamais entendre en même temps?

— Le chant, répondit-il, n'est qu'une succession de sons; les voix chantent toujours à l'unisson, ou à l'octave, qui n'est distinguée de l'unisson que parce qu'elle flatte plus l'oreille[2]. Quant aux autres intervalles, elle juge de leurs rapports par la comparaison du son qui vient de s'écouler, avec celui qui l'occupe dans le moment[3]. Ce n'est que dans les concerts où les instruments accompagnent la voix, qu'on peut discerner des sons différents et simultanés; car la lyre et la flûte, pour corriger la simplicité du chant, y joignent quelquefois des traits et des variations, d'où résultent des parties distinctes du sujet principal. Mais elles reviennent bientôt de ces écarts, pour ne pas affliger trop longtemps l'oreille, étonnée d'une pareille licence[4].

— Vous avez fixé, lui dis-je, la valeur des intervalles; j'entrevois l'usage qu'on en fait dans la mélodie. Je voudrais savoir quel ordre vous leur assignez sur les instruments. — Jetez les yeux, me dit-il, sur ce tétracorde; vous y verrez de quelle manière les intervalles sont distribués dans notre échelle, et vous connaîtrez le système de notre musique. Les quatre cordes de cette cithare sont disposées de façon que les deux extrêmes, toujours immobiles, sonnent la quarte en montant, *mi la*[5]. Les deux cordes moyennes, appelées mobiles parce qu'elles reçoivent différents degrés de tension, constituent trois genres d'harmonie : le diatonique, le chromatique, l'enharmonique.

« Dans le diatonique, les quatre cordes procèdent par un demi-ton et deux tons, *mi, fa, sol, la*; dans le chromatique, par deux demi-tons et une tierce mineure, *mi, fa, fa* dièse, *la*; dans l'enharmonique, par deux quarts de ton et une tierce majeure, *mi, mi*, quart de ton, *fa, la*.

« Comme les cordes mobiles sont susceptibles de plus ou moins de tension, et peuvent en conséquence produire des intervalles plus ou moins grands, il en est résulté une autre espèce de diatonique, où sont admis les trois quarts et les cinq quarts de ton; et deux autres espèces de chromatiques, dans l'un desquels le ton, à force de dissections, se résout pour ainsi dire en parcelles[6]. Quant à l'enharmonique, je l'ai vu, dans ma jeunesse, quelquefois pratiqué suivant des proportions qui variaient dans chaque espèce d'harmonie[7]; mais il me paraît aujourd'hui déterminé : ainsi, nous nous en tiendrons aux formules

---

1. Nicom., Man., lib. I, p. 16. Dionys. Halic., De compos., § 11. — 2. Aristot. Probl. XXXIX, p. 763. — 3. Aristox., lib. I, p. 39. — 4. Plat., De leg., lib. VII, p. 812. Aristot., ibid. Mém. de l'Acad. des bell. lettr., t. III, p. 119. — 5. Aristox., lib. I, p. 22. Euclid., p. 6. — 6. Aristox., ibid., p. 24. — 7. Aristid. Quintil., lib. I p. 21.

que je viens de vous indiquer, et qui, malgré les réclamations de quelques musiciens, sont les plus généralement adoptées [1].

« Pour étendre notre système de musique, on se contenta de multiplier les tétracordes; mais ces additions ne se sont faites que successivement. L'art trouvait des obstacles dans les lois qui lui prescrivaient des bornes, dans l'ignorance qui arrêtait son essor. De toutes parts on tentait des essais. En certains pays, on ajoutait des cordes à la lyre; en d'autres, on les retranchait [2]. Enfin l'heptacorde parut, et fixa pendant quelque temps l'attention. C'est cette lyre à sept cordes. Les quatre premières offrent à vos yeux l'ancien tétracorde, *mi, fa, sol, la*; il est surmonté d'un second, *la, si* bémol, *ut, ré*, qui procède par les mêmes intervalles, et dont la corde la plus basse se confond avec la plus haute du premier. Ces deux tétracordes s'appellent *conjoints*, parce qu'ils sont unis par la moyenne *la*, que l'intervalle d'une quarte éloigne également de ses deux extrêmes, *la, mi* en descendant, *la, ré* en montant [3].

« Dans la suite, le musicien Terpandre, qui vivait il y a environ trois cents ans, supprima la cinquième corde, le *si* bémol, et lui en substitua une nouvelle plus haute d'un ton; il obtint cette série de sons, *mi, fa, sol, la, ut, ré, mi*, dont les extrêmes sonnent l'octave [4]. Ce second heptacorde ne donnant pas deux tétracordes complets, Pythagore, suivant les uns [5], Lycaon de Samos, suivant d'autres [6], en corrigea l'imperfection, en insérant une huitième corde à un ton au-dessus du *la*. »

Philotime, prenant une cithare montée à huit cordes : « Voilà, me dit-il, l'octacorde, qui résulta de l'addition de la huitième corde. Il est composé de deux tétracordes, mais disjoints, c'est-à-dire séparés l'un de l'autre, *mi, fa, sol, la, si, ut, ré, mi*. Dans le premier heptacorde, *mi, fa, sol, la, si* bémol, *ut, ré*, toutes les cordes homologues sonnaient la quarte *mi la, fa si* bémol, *sol ut, la ré*. Dans l'octacorde, elles font entendre la quinte *mi si, fa ut, sol ré, la mi* [7].

« L'octave s'appelait alors *harmonie*, parce qu'elle renfermait la quarte et la quinte, c'est-à-dire toutes les consonnances [8]; et comme ces intervalles se rencontrent plus souvent dans l'octacorde que dans les autres instruments, la lyre octacorde fut regardée, et l'est encore, comme le système le plus parfait pour le genre diatonique; et de là vient que Pythagore [9], ses disciples et les autres philosophes de nos jours [10], renferment la théorie de la musique dans les bornes d'une octave ou de deux tétracordes.

Après d'autres tentatives pour augmenter le nombre des cordes [11], on ajouta un troisième tétracorde au-dessous du premier [12], et l'on obtint

---

1. Aristox., lib. I, p. 22 et 23. — 2. Plut., De mus., t. II, p. 1144. — 3. Erastocl. ap. Aristox., lib. I, p. 5. — 4. Aristot., Probl. VII et XXXII, t. IV, p. 763. — 5. Nicom., Man., lib. I, p. 9. — 6. Boeth., De mus., lib. I, cap. XX. — 7. Nicom., ibid., p. 14. — 8. Id., ibid., p. 17. — 9. Plut., ibid., p. 1145. — 10. Philol., ap. Nicom., p. 17. Aristot., Probl. XIX, t. II, p. 763; id., ap. Plut., De mus., t. II, p. 1139. — 11. Plut., in Agid., t. I, p. 799. Suid., in Τιμοθ., etc. — 12 Nicom., ibid., p. 21.

l'hendécacorde, composé de onze cordes [1], qui donnent cette suite de sons, *si*, *ut*, *ré*, *mi*, *fa*, *sol*, *la*, *si*, *ut*, *ré*, *mi*. D'autres musiciens commencent à disposer sur leur lyre quatre et même jusqu'à cinq tétracordes [2].

Philotime me montra ensuite des cithares, plus propres à exécuter certains chants qu'à fournir le modèle d'un système. Tel était le magadis, dont Anacréon se servait quelquefois [3]. Il était composé de vingt cordes, qui se réduisaient à dix, parce que chacune était accompagnée de son octave. Tel était encore l'épigonium, inventé par Épigonus d'Ambracie, le premier qui pinça les cordes, au lieu de les agiter avec l'archet [4]. Autant que je puis me le rappeler, ses quarante cordes, réduites à vingt par la même raison, n'offraient qu'un triple heptacorde, qu'on pouvait approprier aux trois genres, ou à trois modes différents.

« Avez-vous évalué, lui dis-je, le nombre des tons et des demi-tons que la voix et les instruments peuvent parcourir, soit dans le grave, soit dans l'aigu? — La voix, répondit-il, ne parcourt pour l'ordinaire que deux octaves et une quinte. Les instruments embrassent une plus grande étendue [5]. Nous avons des flûtes qui vont au delà de la troisième octave. En général, les changements qu'éprouve chaque jour le système de notre musique ne permettent pas de fixer le nombre des sons dont elle fait usage. Les deux cordes moyennes de chaque tétracorde, sujettes à différents degrés de tension, font entendre, à ce que prétendent quelques-uns, suivant la différence des trois genres et de leurs espèces, les trois quarts, le tiers, le quart, et d'autres moindres subdivisions du ton. Ainsi, dans chaque tétracorde, la deuxième corde donne quatre espèces d'*ut* ou de *fa*; et la troisième, six espèces de *ré* ou de *sol* [6]. Elles en donneraient une infinité, pour ainsi dire, si l'on avait égard aux licences des musiciens, qui, pour varier leur harmonie, haussent ou baissent à leur gré les cordes mobiles de l'instrument, et en tirent des nuances de sons que l'oreille ne peut apprécier [7].

« La diversité des modes fait éclore de nouveaux sons. Élevez ou baissez d'un ton ou d'un demi-ton les cordes d'une lyre, vous passez dans un autre mode. Les nations qui, dans les siècles reculés, cultivèrent la musique, ne s'accordent point sur le ton fondamental du tétracorde, comme aujourd'hui encore des peuples voisins partent d'une époque différente pour compter les jours de leurs mois [8]. Les Doriens exécutaient le même chant à un ton plus bas que les Phrygiens; et ces derniers, à un ton plus bas que les Lydiens : de là les dénominations des modes dorien, phrygien et lydien. Dans le premier, la corde la plus basse du tétracorde est *mi*; dans le second, *fa* dièse; dans le troisième, *sol* dièse. D'autres modes ont été dans la suite ajoutés aux premiers : tous ont plus d'une fois varié quant à la forme [9]. Nous en voyons pa-

---

1. Plut., De mus., p. 1136. Pausan., lib. III, p. 237. Mém. de l'Acad. des bell. lettr., t. XIII, p. 241. — 2. Voyez la note XXXVII à la fin du volume. — 3. Anacr., ap. Athen., lib. XIV, p. 634. — 4. Poll., lib. IV, cap. IX, § 59. Athen., lib. IV, p. 183. — 5. Aristox., lib. I, p. 20. Euclid., p. 13. — 6. Aristox., lib. II, p. 51. — 7. Id., ibid., p. 48 et 49. — 8. Id., ibid., p. 37. — 9. Id., lib. I, p. 23.

raître de nouveaux [1], à mesure que le système s'étend, ou que la musique éprouve des vicissitudes; et comme dans un temps de révolution il est difficile de conserver son rang, les musiciens cherchent à rapprocher d'un quart de ton les modes phrygien et lydien, séparés de tout temps l'un de l'autre par l'intervalle d'un ton [2].

« Des questions interminables s'élèvent sans cesse sur la position, l'ordre et le nombre des autres modes. J'écarte des détails dont je n'adoucirais pas l'ennui en le partageant avec vous. L'opinion qui commence à prévaloir admet treize modes [3], à un demi-ton de distance l'un de l'autre, rangés dans cet ordre, en commençant par l'hypodorien qui est le plus grave :

Hypodorien.	*si.*
Hypophrygien grave.	*ut.*
Hypophrygien aigu.	*ut* dièse.
Hypolydien grave.	*ré.*
Hypolydien aigu.	*ré* dièse.
Dorien.	*mi.*
Ionien.	*fa.*
Phrygien.	*fa* dièse.
Éolien ou lydien grave.	*sol.*
Lydien aigu.	*sol* dièse.
Mixolydien grave.	*la.*
Mixolydien aigu.	*la* dièse.
Hypermixolydien.	*si.*

« Tous ces modes ont un caractère particulier. Ils le reçoivent moins du ton principal que de l'espèce de poésie et de mesure, des modulations et des traits de chant qui leur sont affectés, et qui les distinguent aussi essentiellement que la différence des proportions et des ornements distingue les ordres d'architecture.

« La voix peut passer d'un mode ou d'un genre à l'autre; mais ces transitions ne pouvant se faire sur les instruments qui ne sont percés ou montés que pour certains genres ou certains modes, les musiciens emploient deux moyens. Quelquefois ils ont sous la main plusieurs flûtes ou plusieurs cithares, pour les substituer adroitement l'une à l'autre [4]. Plus souvent ils tendent sur une lyre [5] toutes les cordes qu'exige la diversité des genres et des modes [6]. Il n'y a pas même longtemps qu'un musicien plaça sur les trois faces d'un trépied mobile trois lyres montées, l'une sur le mode dorien, la seconde sur le phrygien, la troisième sur le lydien. A la plus légère impulsion, le trépied tournait sur son axe, et procurait à l'artiste la facilité de parcourir les trois modes sans interruption. Cet instrument, qu'on avait admiré, tomba dans l'oubli après la mort de l'inventeur [7].

1. Plut., De mus., t. II, p. 1136. — 2. Aristox., lib. II, p. 37. — 3. Id., ap. Euclid., p. 19. Aristid. Quintil., lib. I, p. 22. — 4. Aristid. Quintil., De mus., lib. II, p. 91. — 5. Plat., De rep., lib. III, t. II, p. 399. — 6. Platon dit qu'en bannissant la plupart des modes, la lyre aura moins de cordes. On multipliait donc les cordes suivant le nombre des modes. — 7. Athen., lib. XIV, p. 637.

« Les tétracordes sont distingués par des noms relatifs à leur position dans l'échelle musicale, et les cordes, par des noms relatifs à leur position dans chaque tétracorde. La plus grave de toutes, le *si*, s'appelle l'*hypate*, ou la principale; celle qui la suit en montant, la *parhypate*, ou la voisine de la principale. »

— Je vous interromps, lui dis-je, pour vous demander si vous n'avez pas de mots plus courts pour chanter un air dénué de paroles. — Quatre voyelles, répondit-il, l'*é* bref, l'*a*, l'*è* grave, l'*ô* long, précédées de la consonne *t*, expriment les quatre sons de chaque tétracorde, excepté que l'on retranche le premier de ces monosyllabes, lorsqu'on rencontre un son commun à deux tétracordes. Je m'explique : si je veux solfier cette série de sons donnés par les deux premiers tétracordes, *si, ut, ré, mi, fa, sol, la*, je dirai, *té, ta, tè, tô, ta, tè, tô*, et ainsi de suite.

— J'ai vu quelquefois, repris-je, de la musique écrite; je n'y démêlais que des lettres tracées horizontalement sur une même ligne, correspondantes aux syllabes des mots placés au-dessous, les unes entières, ou mutilées, les autres posées en différents sens. — Il nous fallait des notes, répliqua-t-il; nous avons choisi les lettres : il nous en fallait beaucoup, à cause de la diversité des modes; nous avons donné aux lettres des positions ou des configurations différentes. Cette manière de noter est simple, mais défectueuse. On a négligé d'approprier une lettre à chaque son de la voix, à chaque corde de la lyre. Il arrive de là que le même caractère, étant commun à des cordes qui appartiennent à divers tétracordes, ne saurait spécifier leurs différents degrés d'élévation; et que les notes du genre diatonique sont les mêmes que celles du chromatique et de l'enharmonique [2]. On les multipliera sans doute un jour; mais il en faudra une si grande quantité [3], que la mémoire des commençants en sera peut-être surchargée [4]. »

En disant ces mots, Philotime traçait sur des tablettes un air que je savais par cœur. Après l'avoir examiné, je lui fis observer que les signes mis sous mes yeux pourraient suffire en effet pour diriger ma voix, mais qu'ils n'en réglaient pas les mouvements. « Ils sont déterminés, répondit-il, par les syllabes longues et brèves dont les mots sont composés; par le rhythme, qui constitue une des plus essentielles parties de la musique et de la poésie.

« Le rhythme, en général, est un mouvement successif et soumis à certaines proportions [5]. Vous le distinguez dans le vol d'un oiseau, dans les pulsations des artères, dans les pas d'un danseur, dans les périodes d'un discours. En poésie, c'est la durée relative des instants que l'on emploie à prononcer les syllabes d'un vers; en musique, la durée relative des sons qui entrent dans la composition d'un chant.

« Dans l'origine de la musique, son rhythme se modela exactement sur celui de la poésie. Vous savez que, dans notre langue, toute syllabe

---

1. Aristid. Quintil., lib. II, p. 94. — 2. Aristox., lib. II, p. 40. — 3. Alyp., Introd., p. 3. Gaudent., p. 25. Bacch., p. 3. Aristid. Quintil., p. 26. — 4. Voyez la note XXXVIII à la fin du volume. — 5. Mém. de l'Acad. des bell. lettr., t. V, p. 152. Plat., De leg., lib. ?, t. II, p. 664 et 665.

est brève ou longue. Il faut un instant pour prononcer une brève, deux pour une longue. De la réunion de plusieurs syllabes longues ou brèves, se forme le pied; et de la réunion de plusieurs pieds, la mesure du vers. Chaque pied a un mouvement, un rhythme, divisé en deux temps, l'un pour le frappé, l'autre pour le levé.

« Homère et les poëtes ses contemporains employaient communément le vers héroïque, dont six pieds mesurent l'étendue, et contiennent chacun deux longues, ou une longue suivie de deux brèves. Ainsi quatre instants syllabiques constituent la durée du pied, et vingt-quatre de ces instants, la durée du vers.

« On s'était dès lors aperçu qu'un mouvement trop uniforme réglait la marche de cette espèce de vers, que plusieurs mots expressifs et sonores en étaient bannis, parce qu'ils ne pouvaient s'assujettir à son rhythme; que d'autres, pour y figurer, avaient besoin de s'appuyer sur un mot voisin. On essaya, en conséquence, d'introduire quelques nouveaux rhythmes dans la poésie [1]. Le nombre en est depuis considérablement augmenté par les soins d'Archiloque, d'Alcée, de Sapho, et de plusieurs autres poëtes. On les classe aujourd'hui sous trois genres principaux.

« Dans le premier, le levé est égal au frappé; c'est la mesure à deux temps égaux. Dans le second, la durée du levé est double de celle du frappé; c'est la mesure à deux temps inégaux, ou à trois temps égaux. Dans le troisième, le levé est à l'égard du frappé comme 3 est à 2, c'est-à-dire qu'en supposant les notes égales, il en faut trois pour un temps, et deux pour l'autre. On connaît un quatrième genre, où le rapport des temps est comme 3 à 4; mais on en fait rarement usage.

« Outre cette différence dans les genres, il en résulte une plus grande encore, tirée du nombre des syllabes affectées à chaque temps d'un rhythme. Ainsi, dans le premier genre, le levé et le frappé peuvent chacun être composés d'un instant syllabique, ou d'une syllabe brève; mais ils peuvent l'être aussi de deux, de quatre, de six, et même de huit instants syllabiques; ce qui donne quelquefois pour la mesure entière une combinaison de syllabes longues et brèves qui équivaut à seize instants syllabiques. Dans le second genre, cette combinaison peut être de dix-huit de ces instants. Enfin, dans le troisième, un des temps peut recevoir depuis trois brèves jusqu'à quinze, et l'autre depuis une brève jusqu'à dix ou leurs équivalents; de manière que la mesure entière, comprenant vingt-cinq instants syllabiques, excède d'un de ces instants la portée du vers épique, et peut embrasser jusqu'à dix-huit syllabes longues ou brèves.

« Si à la variété que jette dans le rhythme ce courant plus ou moins rapide d'instants syllabiques vous joignez celle qui provient du mélange et de l'entrelacement des rhythmes, et celle qui naît du goût du musicien, lorsque, selon le caractère des passions qu'il veut exprimer, il presse ou ralentit la mesure, sans néanmoins en altérer les propor-

1. Aristot., De poet., t. II, p. 654

tions, vous en conclurez que dans un concert notre oreille doit être sans cesse agitée par des mouvements subits qui la réveillent et l'étonnent.

« Des lignes placées à la tête d'une pièce de musique en indiquent le rhythme; et le coryphée, du lieu le plus élevé de l'orchestre, l'annonce aux musiciens et aux danseurs attentifs à ses gestes[1]. — J'ai observé, lui dis-je, que les maîtres des chœurs battent la mesure, tantôt avec la main, tantôt avec le pied[2]. J'en ai vu même dont la chaussure était armée de fer; et je vous avoue que ces percussions bruyantes troublaient mon attention et mon plaisir. » Philotime sourit, et continua :

« Platon compare la poésie dépouillée du chant à un visage qui perd sa beauté, en perdant la fleur de la jeunesse[3]. Je comparerais le chant dénué du rhythme à des traits réguliers, mais sans âme et sans expression. C'est surtout par ce moyen que la musique excite les émotions qu'elle nous fait éprouver. Ici le musicien n'a, pour ainsi dire, que le mérite du choix; tous les rhythmes ont des propriétés inhérentes et distinctes. Que la trompette frappe à coups redoublés un rhythme vif, impétueux, vous croirez entendre les cris des combattants et ceux des vainqueurs; vous vous rappellerez nos chants belliqueux et nos danses guerrières. Que plusieurs voix transmettent à votre oreille des sons qui se succèdent avec lenteur d'une manière agréable, vous entrerez dans le recueillement. Si leurs chants contiennent les louanges des dieux, vous vous sentirez disposé au respect qu'inspire leur présence; et c'est ce qu'opère le rhythme qui, dans nos cérémonies religieuses, dirige les hymnes et les danses.

« Le caractère des rhythmes est déterminé au point que la transposition d'une syllabe suffit pour le changer. Nous admettons souvent dans la versification deux pieds, l'*iambe* et le *trochée*, également composés d'une longue et d'une brève, avec cette différence que l'*iambe* commence par une brève, et le *trochée*, par une longue. Celui-ci convient à la pesanteur d'une danse rustique, l'autre à la chaleur d'un dialogue animé[4]. Comme à chaque pas l'*iambe* semble redoubler d'ardeur, et le *trochée* perdre la sienne, c'est avec le premier que les auteurs satiriques poursuivent leurs ennemis; avec le second, que les dramatiques font quelquefois mouvoir les chœurs des vieillards sur la scène[5].

« Il n'est point de mouvements dans la nature et dans nos passions qui ne retrouvent, dans les diverses espèces de rhythmes, des mouvements qui leur correspondent, et qui deviennent leur image[6]. Ces rapports sont tellement fixés qu'un chant perd tous ses agréments, dès que sa marche est confuse, et que notre âme ne reçoit pas, aux termes convenus, la succession périodique des sensations qu'elle attend... si les entrepreneurs de nos spectacles et de nos fêtes ne

---

1. Aristot., Problem., t. II, p. 770. — 2. Mém. de l'Acad. des bell. lettr., t. V, p. 160. — 3. Plat., De rep., lib. X, t. II, p. 600. — 4. Aristot., De poet., cap. IV; id., De rhet., lib. III, cap. VIII. — 5. Aristoph., in Acharn., v. 203. Schol., ibid. — 6. Aristot., De rep., lib. VIII, t. II, p. 445.

cessent-ils d'exercer les acteurs auxquels ils confient leur gloire. Je suis même persuadé que la musique doit une grande partie de ses succès à la beauté de l'exécution, et surtout à l'attention scrupuleuse avec laquelle les chœurs [1] s'assujettissent aux mouvements qu'on leur imprime.

« Mais, ajouta Philotime, il est temps de finir cet entretien; nous le reprendrons demain, si vous le jugez à propos : je passerai chez vous avant que de me rendre chez Apollodore. »

SECOND ENTRETIEN. — *Sur la partie morale de la musique.*

Le lendemain, je me levai au moment où les habitants de la campagne apportent des provisions au marché, et ceux de la ville se répandent tumultueusement dans les rues [2]. Le ciel était calme et serein; une fraîcheur délicieuse pénétrait mes sens interdits. L'orient étincelait de feux, et toute la terre soupirait après la présence de cet astre qui semble tous les jours la reproduire. Frappé de ce spectacle, je ne m'étais point aperçu de l'arrivée de Philotime. « Je vous ai surpris, me dit-il, dans une espèce de ravissement. — Je ne cesse de l'éprouver, lui répondis-je, depuis que je suis en Grèce : l'extrême pureté de l'air qu'on y respire, et les vives couleurs dont les objets s'y parent à mes yeux, semblent ouvrir mon âme à de nouvelles sensations. » Nous prîmes de là occasion de parler de l'influence du climat [3]. Philotime attribuait à cette cause l'étonnante sensibilité des Grecs; sensibilité, disait-il, qui est pour eux une source intarissable de plaisirs et d'erreurs, et qui semble augmenter de jour en jour. « Je croyais au contraire, repris-je, qu'elle commençait à s'affaiblir. Si je me trompe, dites-moi donc pourquoi la musique n'opère plus les mêmes prodiges qu'autrefois.

— C'est, répondit-il, qu'elle était autrefois plus grossière; c'est que les nations étaient encore dans l'enfance. Si à des hommes dont la joie n'éclaterait que par des cris tumultueux une voix accompagnée de quelque instrument faisait entendre une mélodie très-simple, mais assujettie à certaines règles, vous les verriez bientôt, transportés de joie, exprimer leur admiration par les plus fortes hyperboles : voilà ce qu'éprouvèrent les peuples de la Grèce avant la guerre de Troie. Amphion animait par ses chants les ouvriers qui construisaient la forteresse de Thèbes, comme on l'a pratiqué depuis lorsque l'on a refait les murs de Messène [4]; on publia que les murs de Thèbes s'étaient élevés au son de sa lyre. Orphée tirait de la sienne un petit nombre de sons agréables; on dit que les tigres déposaient leur fureur à ses pieds.

— Je ne remonte pas à ces siècles reculés, repris-je; mais je vous cite les Lacédémoniens divisés entre eux, et tout à coup réunis par les accords harmonieux de Terpandre [5]; les Athéniens entraînés par les

---

1. Aristot., problem. XXII, t. II, p. 765. — 2. Aristoph., in Eccles., v. 278. — 3. Hippocr., De aer., cap. LV, etc. Plat., in Tim., t. III, p. 24. — 4. Pausan., lib. IV, cap. XXVII. — 5. Plut., De mus., t. II, p. 1146. Diog., Frag., t. II, p. 639.

chants de Solon dans l'île de Salamine, au mépris d'un décret qui condamnait l'orateur assez hardi pour proposer la conquête de cette île[1]; les mœurs des Arcadiens radoucies par la musique[2], et je ne sais combien d'autres faits qui n'auront point échappé à vos recherches.

— Je les connais assez, me dit-il, pour vous assurer que le merveilleux disparaît dès qu'on les discute[3]. Terpandre et Solon durent leurs succès plutôt à la poésie qu'à la musique, et peut-être encore moins à la poésie qu'à des circonstances particulières. Il fallait bien que les Lacédémoniens eussent commencé à se lasser de leurs divisions, puisqu'ils consentirent à écouter Terpandre. Quant à la révocation du décret obtenue par Solon, elle n'étonnera jamais ceux qui connaissent la légèreté des Athéniens.

« L'exemple des Arcadiens est plus frappant. Ces peuples avaient contracté dans un climat rigoureux, et dans des travaux pénibles, une férocité qui les rendait malheureux. Leurs premiers législateurs s'aperçurent de l'impression que le chant faisait sur leurs âmes: ils les jugèrent susceptibles du bonheur, puisqu'ils étaient sensibles. Les enfants apprirent à célébrer les dieux et les héros du pays; on établit des fêtes, des sacrifices publics, des pompes solennelles, des danses de jeunes garçons et de jeunes filles. Ces institutions, qui subsistent encore, rapprochèrent insensiblement ces hommes agrestes; ils devinrent doux, humains, bienfaisants. Mais combien de causes contribuèrent à cette révolution! la poésie, le chant, la danse, des assemblées, des fêtes, des jeux; tous les moyens enfin qui, en les attirant par l'attrait du plaisir, pouvaient leur inspirer le goût des arts et l'esprit de société.

« On dut s'attendre à des effets à peu près semblables, tant que la musique, étroitement unie à la poésie, grave et décente comme elle, fut destinée à conserver l'intégrité des mœurs: mais, depuis qu'elle a fait de si grands progrès, elle a perdu l'auguste privilège d'instruire les hommes et de les rendre meilleurs. — J'ai entendu plus d'une fois ces plaintes, lui dis-je; je les ai vu plus souvent traiter de chimériques. Les uns gémissent sur la corruption de la musique, les autres se félicitent de sa perfection. Vous avez encore des partisans de l'ancienne, vous en avez un plus grand nombre de la nouvelle. Autrefois les législateurs regardaient la musique comme une partie essentielle de l'éducation[4]: les philosophes ne la regardent presque plus aujourd'hui que comme un amusement honnête[5]. Comment se fait-il qu'un art qui a tant de pouvoir sur nos âmes devienne moins utile en devenant plus agréable?

— Vous le comprendrez peut-être, répondit-il, si vous comparez l'ancienne musique avec celle qui s'est introduite presque de nos jours. Simple dans son origine, plus riche et plus variée dans la suite, elle anima successivement les vers d'Hésiode, d'Homère, d'Archiloque, de Terpandre, de Simonide, et de Pindare. Inséparable de la poésie, elle

1. Plut., in Solon, t. I, p. 82. — 2. Polyb., lib. IV, p. 289. Athen., lib. XIV, p. 626. — 3. Mém. de l'Acad. des bell. lettr., t. V, p. 133. — 4. Tim. Locr., ap. Plat., t. III, p. 104. — 5. Aristot., De rep., lib. VIII, cap III, t. II, p. 451.

CHAPITRE XXVII.

en empruntait les charmes, ou plutôt elle lui prêtait les siens; car toute son ambition était d'embellir sa compagne.

« Il n'y a qu'une expression pour rendre dans toute sa force une image ou un sentiment. Elle excite en nous des émotions d'autant plus vives, qu'elle fait seule retentir dans nos cœurs la voix de la nature. D'où vient que les malheureux trouvent avec tant de facilité le secret d'attendrir et de déchirer nos âmes ? c'est que leurs accents et leurs cris sont le mot propre de la douleur. Dans la musique vocale, l'expression unique est l'espèce d'intonation qui convient à chaque parole, à chaque vers [1]. Or, les anciens poëtes, qui étaient tout à la fois musiciens, philosophes, législateurs, obligés de distribuer eux-mêmes dans leurs vers l'espèce de chant dont ces vers étaient susceptibles, ne perdirent jamais de vue ce principe. Les paroles, la mélodie, le rhythme, ces trois puissants agents dont la musique se sert pour imiter [2], confiés à la même main, dirigeaient leurs efforts de manière que tout concourait également à l'unité de l'expression.

« Ils connurent de bonne heure les genres diatonique, chromatique, enharmonique; et, après avoir démêlé leur caractère, ils assignèrent à chaque genre l'espèce de poésie qui lui était la mieux assortie [3]. Ils employèrent nos trois principaux modes, et les appliquèrent par préférence aux trois espèces de sujets qu'ils étaient presque toujours obligés de traiter. Il fallait animer au combat une nation guerrière, ou l'entretenir de ses exploits; l'harmonie dorienne prêtait sa force et sa majesté [4]. Il fallait, pour l'instruire dans la science du malheur, mettre sous ses yeux de grands exemples d'infortune; les élégies, les complaintes empruntèrent les tons perçants et pathétiques de l'harmonie lydienne [5]. Il fallait enfin la remplir de respect et de reconnaissance envers les dieux; la phrygienne [6] fut destinée aux cantiques sacrés [7].

« La plupart de ces cantiques, appelés *nomes*, c'est-à-dire lois ou modèles [8], étaient divisés en plusieurs parties, et renfermaient une action. Comme on devait y reconnaître le caractère immuable de la divinité particulière qui en recevait l'hommage, on leur avait prescrit des règles dont on ne s'écartait presque jamais [9].

« Le chant, rigoureusement asservi aux paroles, était soutenu par l'espèce d'instrument qui leur convenait le mieux. Cet instrument faisait entendre le même son que la voix [10]; et lorsque la danse accompagnait le chant, elle peignait fidèlement aux yeux le sentiment ou l'image qu'il transmettait à l'oreille.

« La lyre n'avait qu'un petit nombre de sons, et le chant que très-peu de variétés. La simplicité des moyens employés par la musique assu-

---

1. Tart., Tratt. di mus., p. 141. — 2. Plat., De rep., lib. III, t. II, p. 398. Aristot., De poet., cap. I, t. II, p. 652. Aristid. Quintil., lib. I, p. 6. — 3. Plut. De mus., t. II, p. 1142. Mém. de l'Acad. des bell. lettr., t. XV, p. 372. — 4. Plat., ibid., p. 399. Plut., ibid., p. 1136 et 1137. — 5. Plut., ibid., p. 1136. — 6. Voyez la note XXXIX à la fin du volume. — 7. Plat., ibid., p. 399. Chron. de Paros. — 8. Poll., lib. IV, cap. IX, § 66. Mém. de l'Acad. des bell. lettr., t. X, p. 218. — 9. Plut., ibid., p. 1133. Plat., De leg., lib. III. t. II, p. 700. — 10. Plut., ibid., p. 1141.

rait le triomphe de la poésie; et la poésie, plus philosophique et plus instructive que l'histoire, parce qu'elle choisit de plus beaux modèles[1], traçait de grands caractères, et donnait de grandes leçons de courage, de prudence, et d'honneur. » Philotime s'interrompit en cet endroit pour me faire entendre quelques morceaux de cette ancienne musique, et surtout des airs d'un poëte nommé Olympe, qui vivait il y a environ neuf siècles. « Ils ne roulent que sur un petit nombre de cordes[2], ajouta-t-il, et cependant ils font en quelque façon le désespoir de nos compositeurs modernes[3].

« L'art fit des progrès; il acquit plus de modes et de rhythmes : la lyre s'enrichit de cordes. Mais pendant longtemps les poëtes ou rejetèrent ces nouveautés, ou n'en usèrent que sobrement, toujours attachés à leurs anciens principes, et surtout extrêmement attentifs à ne pas s'écarter de la décence et de la dignité[4] qui caractérisaient la musique.

« De ces deux qualités si essentielles aux beaux-arts, quand ils ne bornent pas leurs effets aux plaisirs des sens, la première tient à l'ordre, la seconde à la beauté. C'est la décence, ou convenance, qui établit une juste proportion entre le style et le sujet qu'on traite; qui fait que chaque objet, chaque idée, chaque passion, a sa couleur, son ton, son mouvement[5]; qui en conséquence rejette comme les défauts les beautés déplacées, et ne permet jamais que des ornements distribués au hasard nuisent à l'intérêt principal. Comme la dignité tient à l'élévation des idées et des sentiments, le poëte qui en porte l'empreinte dans son âme ne s'abandonne pas à des imitations serviles[6]. Ses conceptions sont hautes, et son langage est celui d'un médiateur qui doit parler aux dieux et instruire les hommes[7].

« Telle était la double fonction dont les premiers poëtes furent si jaloux de s'acquitter. Leurs hymnes inspiraient la piété; leurs poëmes, le désir de la gloire; leurs élégies, la fermeté dans les revers. Des chants faciles, nobles, expressifs, fixaient aisément dans la mémoire les exemples avec les préceptes; et la jeunesse, accoutumée de bonne heure à répéter ces chants, y puisait avec plaisir l'amour du devoir et l'idée de la vraie beauté.

— Il me semble, dis-je alors à Philotime, qu'une musique si sévère n'était guère propre à exciter les passions. — Vous pensez donc, reprit-il en souriant, que les passions des Grecs n'étaient pas assez actives ? La nation était fière et sensible; en lui donnant de très-fortes émotions, on risquait de pousser trop loin ses vices et ses vertus. Ce fut aussi une vue profonde dans ses législateurs d'avoir fait servir la musique à modérer son ardeur dans le sein des plaisirs, ou sur le chemin de la victoire. Pourquoi, dès les siècles les plus reculés, admit-on dans les repas l'usage de chanter les dieux et les héros, si ce n'est pour pré-

---

1. Aristot., De poet., cap. IX. Batteux, ibid., p. 248. — 2. Plut., De mus., t. II, p. 1137. — 3. Voyez la note XL à la fin du volume. — 4. Plut., ibid., p. 1140. Athen., lib. XIV, p. 631. — 5. Dionys. Halic., De struc. orat., § 20. — 6. Plat., De rep., lib. III, p. 395; etc. — 7. Plut., ibid., p. 1140.

venir les excès du vin [1], alors d'autant plus funestes, que les âmes étaient plus portées à la violence ? Pourquoi les généraux de Lacédémone jettent-ils parmi les soldats un certain nombre de joueurs de flûte, et les font-ils marcher à l'ennemi au son de cet instrument plutôt qu'au bruit éclatant de la trompette ? n'est-ce pas pour suspendre le courage impétueux des jeunes Spartiates, et les obliger à garder leurs rangs [2] ?

« Ne soyez donc point étonné qu'avant même l'établissement de la philosophie, les États les mieux policés aient veillé avec tant de soin à l'immutabilité de la saine musique [3], et que, depuis, les hommes les plus sages, convaincus de la nécessité de calmer plutôt que d'exciter nos passions, aient reconnu que la musique, dirigée par la philosophie, est un des plus beaux présents du ciel, une des plus belles institutions des hommes [4].

« Elle ne sert aujourd'hui qu'à nos plaisirs. Vous avez pu entrevoir que sur la fin de son règne elle était menacée d'une corruption prochaine, puisqu'elle acquérait de nouvelles richesses. Polymneste, tendant ou relâchant à son gré les cordes de la lyre, avait introduit des accords inconnus jusqu'à lui [5]. Quelques musiciens s'étaient exercés à composer pour la flûte des airs dénués de paroles [6] : bientôt après on vit, dans les jeux pythiques, des combats où l'on n'entendait que le son de ces instruments [7] : enfin les poëtes, et surtout les auteurs de cette poésie hardie et turbulente connue sous le nom de dithyrambique, tourmentaient à la fois la langue, la mélodie, et le rhythme, pour les plier à leur fol enthousiasme [8]. Cependant l'ancien goût prédominait encore. Pindare, Pratinas, Lamprus, d'autres lyriques célèbres, le soutinrent dans sa décadence [9]. Le premier florissait lors de l'expédition de Xerxès, il y a cent vingt ans environ. Il vécut assez de temps pour être le témoin de la révolution préparée par les innovations de ses prédécesseurs, favorisée par l'esprit d'indépendance que nous avaient inspiré nos victoires sur les Perses. Ce qui l'accéléra le plus, ce fut la passion effrénée que l'on prit tout à coup pour la musique instrumentale et pour la poésie dithyrambique. La première nous apprit à nous passer des paroles ; la seconde, à les étouffer sous des ornements étrangers.

« La musique, jusqu'alors soumise à la poésie [10], en secoua le joug avec l'audace d'un esclave révolté ; les musiciens ne songèrent plus qu'à se signaler par des découvertes. Plus ils multipliaient les procédés de l'art, plus ils s'écartaient de la nature [11]. La lyre et la cithare

---

1. Plut., De mus., t. II, p. 1146. Athen., lib. XIV, p. 627. — 2. Thucyd., lib. V, cap. LXX. Aul. Gell., lib. I, cap. XI. Aristot., ap. eumd., ibid. Plut., De ira, t. II, p. 458. Polyb., lib. IV, p. 289. Athen., lib. XII, p. 517 ; id., lib. XIV, p. 627. — 3. Plut., De mus., ibid. — 4. Tim. Locr., ap. Plat., t. III, p. 104. Plat., De rep., lib. III, t. II, p. 410. Diotogen., ap. Stob., p. 251. — 5. Plut., ibid., p. 1141. Mém. de l'Acad. des bell. lettr., t. XV, p. 318. — 6. Plut., ibid., p. 1134 et 1141. — 7. Pausan., lib. X, p. 813. Mém. de l'Acad. des bell. lettr., t. XXXII, p. 444. — 8. Plat., De leg., lib. III, t. II, p. 700. Schol. Aristoph., in Nub., v. 332. — 9. Plut., ibid., p. 1142 — 10. Prat., ap. Athen., lib. XIV, p. 617. — 11. Tartin. Tratt. di mus., p. 148.

firent entendre un plus grand nombre de sons. On confondit les propriétés des genres, des modes, des voix, et des instruments. Les chants, assignés auparavant aux diverses espèces de poésie, furent appliqués sans choix à chacune en particulier[1]. On vit éclore des accords inconnus, des modulations inusitées, des inflexions de voix souvent dépourvues d'harmonie[2]. La loi fondamentale et précieuse du rhythme fut ouvertement violée; et la même syllabe fut affectée de plusieurs sons[3] : bizarrerie qui devrait être aussi révoltante dans la musique qu'elle le serait dans la déclamation.

« A l'aspect de tant de changements rapides, Anaxilas disait, il n'y a pas longtemps, dans une de ses comédies, que la musique, ainsi que la Libye, produisait tous les ans quelque nouveau monstre[4].

« Les principaux auteurs de ces innovations ont vécu dans le siècle dernier, ou vivent encore parmi nous; comme s'il était de la destinée de la musique de perdre son influence sur les mœurs, dans le temps où l'on parle le plus de philosophie et de morale! Plusieurs d'entre eux avaient beaucoup d'esprit et de grands talents[5]. Je nommerai Mélanippide, Cinésias, Phrynis[6], Polyidès[7], si célèbre par sa tragédie d'Iphigénie; Timothée de Milet, qui s'est exercé dans tous les genres de poésie, et qui jouit encore de sa gloire dans un âge très-avancé. C'est celui de tous qui a le plus outragé l'ancienne musique. La crainte de passer pour novateur l'avait d'abord arrêté[8] : il mêla dans ses premières compositions de vieux airs, pour tromper la vigilance des magistrats, et ne pas trop choquer le goût qui régnait alors; mais bientôt, enhardi par le succès, il ne garda plus de mesures.

« Outre la licence dont je viens de parler, des musiciens inquiets veulent arracher de nouveaux sons au tétracorde. Les uns s'efforcent d'insérer dans le chant une suite de quarts de ton[9]; ils fatiguent les cordes, redoublent les coups d'archet[10], approchent l'oreille pour surprendre au passage une nuance de son qu'ils regardent comme le plus petit intervalle commensurable[11]. La même expérience en affermit d'autres dans une opinion diamétralement opposée. On se partage sur la nature du son[12], sur les accords dont il faut faire usage, sur les formes introduites dans le chant, sur le talent et les ouvrages de chaque chef de parti. Épigonus, Érastoclès[13], Pythagore de Zacynthe, Agénor de Mytilène, Antigénide, Dorion, Timothée[14], ont des disciples qui en viennent tous les jours aux mains, et qui ne se réunissent que dans leur souverain mépris pour la musique ancienne, qu'ils traitent de surannée[15].

« Savez-vous qui a le plus contribué à nous inspirer ce mépris? ce sont des Ioniens[16]; c'est ce peuple qui n'a pu défendre sa liberté contre

---

1. Plat., De leg., lib. III, t. II, p. 700. — 2. Pherecr., ap. Plut. de mus., t. II, p. 1141. — 3. Aristoph., in Ran., v. 1349-1390. Schol., ibid. — 4. Athen., lib. XIV, p. 623. — 5. Plat., ibid. — 6. Pherecr., ap. Plut. de mus., t. II, p. 1141. — 7. Aristot., De poet., cap. XVI, t. II, p. 664. — 8. Plut., ibid., p. 1132. — 9. Aristox., Harm. elem., lib. II, p. 53. — 10. Plat., De rep., lib. VII, t. II, p. 531. — 11. Aristox., Harm. elem., lib. I, p. 3. — 12. Id., lib. II, p. 36. — 13. Id., lib. I, p. 5. — 14. Plut., ibid., t. II, p. 1138, etc. — 15. Id., ibid., p. 1135. — 16. Aristid. Quintil., lib. I, p. 37.

les Perses, et qui, dans un pays fertile et sous le plus beau ciel du monde [1], se console de cette perte dans le sein des arts et de la volupté. Sa musique, légère, brillante, parée de grâces, se ressent en même temps de la mollesse qu'on respire dans ce climat fortuné [2]. Nous eûmes quelque peine à nous accoutumer à ses accents. Un de ces oniens, Timothée, dont je vous ai parlé, fut d'abord sifflé sur notre théâtre : mais Euripide, qui connaissait le génie de sa nation, lui prédit qu'il régnerait bientôt sur la scène; et c'est ce qui est arrivé [3]. Enorgueilli de ce succès, il se rendit chez les Lacédémoniens, avec sa cithare de onze cordes et ses chants efféminés. Ils avaient déjà réprimé deux fois l'audace des nouveaux musiciens [4] : aujourd'hui même, dans les pièces que l'on présente au concours, ils exigent que la modulation, exécutée sur un instrument à sept cordes, ne roule que sur un ou deux modes [5]. Quelle fut leur surprise aux accords de Timothée! quelle fut la sienne à la lecture d'un décret émané des rois et des éphores! On l'accusait d'avoir, par l'indécence, la variété et la mollesse de ses chants, blessé la majesté de l'ancienne musique, et entrepris de corrompre les jeunes Spartiates. On lui prescrivait de retrancher quatre cordes de sa lyre, en ajoutant qu'un tel exemple devait à jamais écarter les nouveautés qui donnent atteinte à la sévérité des mœurs [6]. Il faut observer que le décret est à peu près du temps où les Lacédémoniens remportèrent à Ægos-Potamos cette célèbre victoire qui les rendit maîtres d'Athènes.

« Parmi nous, des ouvriers, des mercenaires, décident du sort de la musique; ils remplissent le théâtre, assistent aux combats de musique, et se constituent les arbitres du goût. Comme il leur faut des secousses plutôt que des émotions, plus la musique devint hardie, enluminée, fougueuse, plus elle excita leurs transports [7]. Des philosophes eurent beau s'écrier [8] qu'adopter de pareilles innovations, c'était ébranler les fondements de l'État [9]; en vain les auteurs dramatiques percèrent de mille traits ceux qui cherchaient à les introduire [10] : comme ils n'avaient point de décrets à lancer en faveur de l'ancienne musique, les charmes de son ennemie ont fini par tout subjuguer. L'une et l'autre ont eu le même sort que la vertu et la volupté, quand elles entrent en concurrence.

— Parlez de bonne foi, dis-je alors à Philotime; n'avez-vous pas quelquefois éprouvé la séduction générale? — Très-souvent, répondit-il. Je conviens que la musique actuelle est supérieure à l'autre par ses richesses et ses agréments; mais je soutiens qu'elle n'a pas d'objet moral. J'estime dans les productions des anciens un poëte qui me fait

---

1. Herodot., lib. I, cap. CXLII. — 2. Plut., in Lyc., t. I, p. 41. Lucian., Harm., t. I, p. 851. Mém. de l'Acad. des bell. lettr., t. XIII, p. 208. — 3. Plut., An seni, etc., t. II, p. 795. — 4. Athen., p. 628. Plut., in Agid., t. I, p. 799; id., in Lacon. instit., t. II, p. 238. — 5. Plut., De mus., t. II, p. 1142. — 6. Boeth., De mus., lib. I, cap. I. Not. Bulliald., in Theon. Smyrn., p. 295. — 7. Aristot., De rep., lib. VIII, t. II, p. 458 et 459. — 8. Plat., De rep., lib. IV, t. II, p. 424. — 9. Voyez la note XLI à la fin du volume. — 10. Aristoph., in Nub., v. 965; in Ran., v. 1339. Schol. ibid. Prat., ap. Athen., lib. XIV, p. 617. Pherecr., ap. Plut., De mus., t. II, p. 1141.

aimer mes devoirs ; j'admire dans celles des modernes un musicien qui me procure du plaisir. — Et ne pensez-vous pas, repris-je avec chaleur, qu'on doit juger de la musique par le plaisir qu'on en retire[1] ?

— Non sans doute, répliqua-t-il, si ce plaisir est nuisible, ou s'il en remplace d'autres moins vifs, mais plus utiles. Vous êtes jeune, et vous avez besoin d'émotions fortes et fréquentes[2]. Cependant, comme vous rougiriez de vous y livrer si elles n'étaient pas conformes à l'ordre, il est visible que vous devez soumettre à l'examen de la raison vos plaisirs et vos peines, avant que d'en faire la règle de vos jugements et de votre conduite.

« Je crois devoir établir ce principe : un objet n'est digne de notre empressement que lorsque, au delà des agréments qui le parent à nos yeux, il renferme en lui une bonté, une utilité réelle[3]. Ainsi, la nature, qui veut nous conduire à ses fins par l'attrait du plaisir, et qui jamais ne borna la sublimité de ses vues à nous procurer des sensations agréables, a mis dans les aliments une douceur qui nous attire, et une vertu qui opère la conservation de notre espèce. Ici le plaisir est un premier effet, et devient un moyen pour lier la cause à un second effet plus noble que le premier : il peut arriver que la nourriture étant également saine, et le plaisir également vif, l'effet ultérieur soit nuisible ; enfin, si certains aliments propres à flatter le goût ne produisaient ni bien ni mal, le plaisir serait passager, et n'aurait aucune suite. Il résulte de là que c'est moins par le premier effet que par le second qu'il faut décider si nos plaisirs sont utiles, funestes ou indifférents.

« Appliquons ce principe. L'imitation que les arts ont pour objet nous affecte de diverses manières ; tel est son premier effet. Il en existe quelquefois un second plus essentiel, souvent ignoré du spectateur et de l'artiste lui-même : elle modifie l'âme, au point de la plier insensiblement à des habitudes qui l'embellissent ou la défigurent. Si vous n'avez jamais réfléchi sur l'immense pouvoir de l'imitation, considérez jusqu'à quelle profondeur deux de nos sens, l'ouïe et la vue, transmettent à notre âme les impressions qu'ils reçoivent ; avec quelle facilité un enfant entouré d'esclaves copie leurs discours et leurs gestes, s'approprie leurs inclinations et leur bassesse[5].

« Quoique la peinture n'ait pas, à beaucoup près, la même force que la réalité, il n'en est pas moins vrai que ses tableaux sont des scènes où j'assiste, ses images, des exemples qui s'offrent à mes yeux. La plupart des spectateurs n'y cherchent que la fidélité de l'imitation et l'attrait d'une sensation passagère ; mais les philosophes y découvrent souvent, à travers les prestiges de l'art, le germe d'un poison caché. Il semble, à les entendre, que nos vertus sont si pures ou si faibles, que le moindre souffle de la contagion peut les flétrir ou les détruire. Aussi, en permettant aux jeunes gens de contempler à loisir les tableaux

---

1. Plat., De leg., lib. II, t. II, p. 668. — 2. Id., ibid., p. 664. — 3. Id., ibid., p. 667. — 4. Aristot., De rep., lib. VIII, t. II, p. 445. — 5. Plat., De rep., lib. III, t. II, p. 305.

de Denys, les exhortent-ils à ne pas arrêter leurs regards sur ceux de Pauson, à les ramener fréquemment sur ceux de Polygnote[1]. Le premier a peint les hommes tels que nous les voyons : son imitation est fidèle, agréable à la vue, sans danger, sans utilité pour les mœurs. Le second, en donnant à ses personnages des caractères et des fonctions ignobles, a dégradé l'homme; il l'a peint plus petit qu'il n'est : ses images ôtent à l'héroïsme son éclat, à la vertu sa dignité. Polygnote, en représentant les hommes plus grands et plus vertueux que nature, élève nos pensées et nos sentiments vers des modèles sublimes, et laisse fortement empreinte dans nos âmes l'idée de la beauté morale, avec l'amour de la décence et de l'ordre.

« Les impressions de la musique sont plus immédiates, plus profondes, et plus durables que celles de la peinture[2]; mais ces imitations, rarement d'accord avec nos vrais besoins, ne sont presque plus instructives. Et en effet quelle leçon me donne ce joueur de flûte, lorsqu'il contrefait sur le théâtre le chant du rossignol[3], et dans nos jeux le sifflement du serpent[4]; lorsque, dans un morceau d'exécution, il vient heurter mon oreille d'une multitude de sons rapidement accumulés l'un sur l'autre[5]? J'ai vu Platon demander ce que ce bruit signifiait, et pendant que la plupart des spectateurs applaudissaient avec transport aux hardiesses du musicien[6], le taxer d'ignorance et d'ostentation : de l'une, parce qu'il n'avait aucune notion de la vraie beauté; de l'autre, parce qu'il n'ambitionnait que la vaine gloire de vaincre une difficulté[7].

« Quel effet encore peuvent opérer des paroles qui, traînées à la suite du chant, brisées dans leur tissu, contrariées dans leur marche, ne peuvent partager l'attention, que les inflexions et les agréments de la voix fixent uniquement sur la mélodie? Je parle surtout de la musique qu'on entend au théâtre[8] et dans nos jeux ; car, dans plusieurs de nos cérémonies religieuses, elle conserve encore son ancien caractère. »

En ce moment des chants mélodieux frappèrent nos oreilles. On célébrait ce jour-là une fête en l'honneur de Thésée[9]. Des chœurs, composés de la plus brillante jeunesse d'Athènes, se rendaient au temple de ce héros. Ils rappelaient sa victoire sur le Minotaure, son arrivée dans cette ville, et le retour des jeunes Athéniens dont il avait brisé les fers. Après avoir écouté avec attention, je dis à Philotime : « Je ne sais si c'est la poésie, le chant, la précision du rhythme, l'intérêt du sujet, ou la beauté ravissante des voix[10]; que j'admire le plus; mais il me semble que cette musique remplit et élève mon âme. — C'est, reprit vivement Philotime, qu'au lieu de s'amuser à remuer nos petites passions, elle va réveiller jusqu'au fond de nos cœurs les sentiments les plus honorables à l'homme, les plus utiles à la société, le cou-

---

1. Aristot., De rep., lib. VIII, cap. v, p. 455 ; id., De poet., cap. II, t. II, p. 653. — 2. Id., De rep., ibid. — 3. Aristoph., in Av., v. 223. — 4. Strab., lib. IX, p. 421. — 5. Plat., De leg., lib. II, t. II, p. 669. — 6. Aristot., De rep., lib. VIII, cap. VI, t. II, p. 457. — 7. Voyez la note XLII à la fin du volume. — 8. Plut., De mus., t. II, p. 1136. — 9. Id., in Thes., t. I, p. 17. — 10. Xenophon., Memor., lib. III, p. 765.

rage, la reconnaissance, le dévouement à la patrie; c'est que, de son heureux assortiment avec la poésie, le rhythme et tous les moyens dont vous venez de parler, elle reçoit un caractère imposant de grandeur et noblesse; qu'un tel caractère ne manque jamais son effet, et qu'il attache d'autant plus ceux qui sont faits pour le saisir qu'il leur donne une plus haute opinion d'eux-mêmes. Et voilà ce qui justifie la doctrine de Platon. Il désirait que les arts, les jeux, les spectacles, tous les objets extérieurs, s'il était possible, nous entourassent de tableaux qui fixeraient sans cesse nos regards sur la véritable beauté. L'habitude de la contempler deviendrait pour nous une sorte d'instinct, et notre âme serait contrainte de diriger ses efforts suivant l'ordre et l'harmonie qui brillent dans ce divin modèle [1].

« Ah! que nos artistes sont éloignés d'atteindre à la hauteur de ces idées! Peu satisfaits d'avoir anéanti les propriétés affectées aux différentes parties de la musique, ils violent encore les règles des convenances les plus communes. Déjà la danse, soumise à leurs caprices, devient tumultueuse, impétueuse, quand elle devrait être grave et décente; déjà on insère dans les entr'actes de nos tragédies des fragments de poésie et de musique étrangers à la pièce, et les chœurs ne se lient plus à l'action [2].

« Je ne dis pas que de pareils désordres soient la cause de notre corruption, mais ils l'entretiennent et la fortifient. Ceux qui les regardent comme indifférents ne savent pas qu'on maintient la règle autant par les rites et les manières que par les principes, que les mœurs ont leurs formes comme les lois, et que le mépris des formes détruit peu à peu tous les liens qui unissent les hommes.

« On doit reprocher encore à la musique actuelle cette douce mollesse, ces sons enchanteurs qui transportent la multitude, et dont l'expression, n'ayant pas d'objet déterminé, est toujours interprétée en faveur de la passion dominante. Leur unique effet est d'énerver de plus en plus une nation où les âmes sans vigueur, sans caractère, ne sont distinguées que par les différents degrés de leur pusillanimité.

« — Mais, dis-je à Philotime, puisque l'ancienne musique a de si grands avantages, et la moderne de si grands agréments, pourquoi n'a-t-on pas essayé de les concilier? — Je connais un musicien nommé Télésias, me répondit-il, qui en forma le projet, il y a quelques années [3]. Dans sa jeunesse, il s'était nourri des beautés sévères qui règnent dans les ouvrages de Pindare et de quelques autres poëtes lyriques. Depuis, entraîné par les productions de Philoxène, de Timothée, et des poëtes modernes, il voulut rapprocher ces différentes manières; mais, malgré ses efforts, il retombait toujours dans celle de ses premiers maîtres, et ne retira d'autre fruit de ses veilles que de mécontenter les deux partis.

« Non, la musique ne se relèvera plus de sa chute. Il faudrait changer nos idées et nous rendre nos vertus. Or, il est plus difficile de ré-

1. Plat., De rep., lib. III, t. II, p. 401. — 2. Aristot., De poet., cap. xviii, t. II, p. 666. — 3. Plut., De mus., t. II, p. 1142.

former une nation que de la policer. Nous n'avons plus de mœurs, ajouta-t-il, nous aurons des plaisirs. L'ancienne musique convenait aux Athéniens vainqueurs à Marathon; la nouvelle convient à des Athéniens vaincus à Ægos-Potamos.

— Je n'ai plus qu'une question à vous faire, lui dis-je : pourquoi apprendre à votre élève un art si funeste? à quoi sert-il en effet? — A quoi il sert! reprit-il en riant : de hochet aux enfants de tout âge pour les empêcher de briser les meubles de la maison[1]. Il occupe ceux dont l'oisiveté serait à craindre dans un gouvernement tel que le nôtre; il amuse ceux qui, n'étant redoutables que par l'ennui qu'ils traînent avec eux, ne savent à quoi dépenser leur vie.

« Lysis apprendra la musique, parce que, destiné à remplir les premières places de la république, il doit se mettre en état de donner son avis sur les pièces que l'on présente au concours, soit au théâtre, soit aux combats de musique. Il connaîtra toutes les espèces d'harmonie, et n'accordera son estime qu'à celles qui pourront influer sur ses mœurs[2]. Car, malgré sa dépravation, la musique peut nous donner encore quelques leçons utiles[3]. Ces procédés pénibles, ces chants de difficile exécution qu'on se contentait d'admirer autrefois dans nos spectacles, et dans lesquels on exerce si laborieusement aujourd'hui les enfants[4], ne fatigueront jamais mon élève. Je mettrai quelques instruments entre ses mains, à condition qu'il ne s'y rendra jamais aussi habile que les maîtres de l'art. Je veux qu'une musique choisie remplisse agréablement ses loisirs, s'il en a; le délasse de ses travaux, au lieu de les augmenter; et modère ses passions, s'il est trop sensible[5]. Je veux enfin qu'il ait toujours cette maxime devant les yeux : que la musique nous appelle au plaisir, la philosophie à la vertu; mais que c'est par le plaisir et par la vertu que la nature nous invite au bonheur[6]. »

CHAP. XXVIII. — *Suite des mœurs des Athéniens.*

J'ai dit plus haut[7] qu'en certaines heures de la journée les Athéniens s'assemblaient dans la place publique, ou dans les boutiques dont elle est entourée. Je m'y rendais souvent, soit pour apprendre quelque nouvelle, soit pour étudier le caractère de ce peuple.

J'y rencontrai un jour un des principaux de la ville, qui se promenait à grands pas. Sa vanité ne pouvait être égalée que par sa haine contre la démocratie. De tous les vers d'Homère il n'avait retenu que cette sentence : « Rien n'est si dangereux que d'avoir tant de chefs[8]. »

Il venait de recevoir une légère insulte. « Non, disait-il en fureur, il faut que cet homme ou moi abandonnions la ville; car aussi bien n'y a-t-il plus moyen d'y tenir. Si je siège à quelque tribunal, j'y suis ac-

---

1. Aristot., De rep., lib. VIII, cap. vi, t. II, p. 456. — 2. Id., ibid., cap. vii, p. 458. — 3. Id., ibid., cap. vi, p. 456. — 4. Id., ibid., p. 457. — 5. Id., ibid., cap. vii, p. 458. — 6. Id., ibid., cap. v, p. 454. — 7. Voyez le chapitre XX de cet ouvrage. — 8. Homer., Iliad., lib. II, v. 204.

cablé par la foule des plaideurs, ou par les cris des avocats. A l'assemblée générale, un homme de néant, sale et mal vêtu, a l'insolence de se placer auprès de moi ¹. Nos orateurs sont vendus à ce peuple, qui tous les jours met à la tête de ses affaires des gens que je ne voudrais pas mettre à la tête des miennes ². Dernièrement il était question d'élire un général : je me lève ; je parle des emplois que j'ai remplis à l'armée, je montre mes blessures ; et l'on choisit un homme sans expérience et sans talents ³. C'est Thésée qui, en établissant l'égalité, est l'auteur de tous ces maux. Homère avait bien plus de raison : « Rien « n'est si dangereux que d'avoir tant de chefs. » En disant cela, il repoussait fièrement ceux qu'il trouvait sur ses pas, refusait le salut presque à tout le monde ; et s'il permettait à quelqu'un de ses clients de l'aborder, c'était pour lui rappeler hautement les services qu'il lui avait rendus ⁴.

Dans ce moment, un de ses amis s'approcha de lui. « Eh bien ! s'écria-t-il, dira-t-on encore que je suis un esprit chagrin, que j'ai de l'humeur ? Je viens de gagner mon procès, tout d'une voix, à la vérité ; mais mon avocat n'avait-il pas oublié dans son plaidoyer les meilleurs moyens de ma cause ? Ma femme accoucha hier d'un fils ; et l'on m'en félicite, comme si cette augmentation de famille n'apportait pas une diminution réelle dans mon bien ⁵ ! Un de mes amis, après les plus tendres sollicitations, consent à me céder le meilleur de ses esclaves. Je m'en rapporte à son estimation : savez-vous ce qu'il fait ? Il me le donne à un prix fort au-dessous de la mienne. Sans doute cet esclave a quelque vice caché ⁶. Je ne sais quel poison secret se mêle toujours à mon bonheur. »

Je laissai cet homme déplorer ses infortunes, et je parcourus les différents cercles que je voyais autour de la place. Ils étaient composés de gens de tout âge et de tout état. Des tentes les garantissaient des ardeurs du soleil.

Je m'assis auprès d'un riche Athénien, nommé Philandre. Son parasite Criton cherchait à l'intéresser par des flatteries outrées, à l'égayer par des traits de méchanceté. Il imposait silence, il applaudissait avec transport quand Philandre parlait, et mettait un pan de sa robe sur sa bouche pour ne pas éclater, quand il échappait à Philandre quelque fade plaisanterie. « Voyez, lui disait-il, comme tout le monde a les yeux fixés sur vous : hier dans le portique on ne tarissait point sur vos louanges ; il fut question du plus honnête homme de la ville : nous étions plus de trente, tous les suffrages se réunirent en votre faveur ⁶. — Cet homme, dit alors Philandre, que je vois là-bas, vêtu d'une robe si brillante, et suivi de trois esclaves, n'est-ce pas Apollodore, fils de Pasion, ce riche banquier ? — C'est lui-même, répondit le parasite. Son faste est révoltant, et il ne se souvient plus que son père avait été esclave ⁷. — Et cet autre, reprit Philandre, qui marche après lui la tête levée ? — Son père s'appelait d'abord Sosie, répondit Criton ; et comme

1. Théophr., Charact., cap. XXVI. — 2. Isocr., De pac., t. I, p. 388. — 3. Xenoph., Memor., lib. III, p. 765. — 4. Theophr., ibid., cap. XXIV. — 5. Id., ibid., cap. XVII. — 6. Id., ibid., cap. II. — 7. Demosth., pro Phorm., p. 965.

il avait été à l'armée, il se fit nommer Sosistrate[1]. Il fut ensuite inscrit au nombre des citoyens. Sa mère est de Thrace, et sans doute d'une illustre origine; car les femmes qui viennent de ce pays éloigné ont autant de prétentions à la naissance que de facilité dans les mœurs. Le fils est un fripon, moins cependant qu'Hermogène, Corax et Thersite, qui causent ensemble à quatre pas de nous. Le premier est si avare que même en hiver sa femme ne peut se baigner qu'à l'eau froide [2]; le second si variable qu'il représente vingt hommes dans un même jour; le troisième si vain qu'il n'a jamais eu de complices dans les louanges qu'il se donne, ni de rival dans l'amour qu'il a pour lui-même. »

Pendant que je me tournais pour voir une partie de dés, un homme vint à moi d'un air empressé. « Savez-vous la nouvelle ? me dit-il. — Non, répondis-je. — Quoi! vous l'ignorez ? Je suis ravi de vous l'apprendre. Je la tiens de Nicératès, qui arrive de Macédoine. Le roi Philippe a été battu par les Illyriens; il est prisonnier; il est mort. — Comment? est-il possible ? — Rien n'est si certain. Je viens de rencontrer deux de nos archontes; j'ai vu la joie peinte sur leurs visages. Cependant n'en dites rien, et surtout ne me citez pas. » Il me quitte aussitôt pour communiquer ce secret à tout le monde [3].

« Cet homme passe sa vie à forger des nouvelles, me dit alors un gros Athénien qui était assis auprès de moi. Il ne s'occupe que de choses qui ne le touchent point. Pour moi, mon intérieur me suffit. J'ai une femme que j'aime beaucoup (et il me fit l'éloge de sa femme) [4]. Hier je ne pus pas souper avec elle, j'étais prié chez un de mes amis (et il me fit la description du repas). Je me retirai chez moi assez content, mais j'ai fait cette nuit un rêve qui m'inquiète. » Il me raconta son rêve. Ensuite il me dit pesamment que la ville fourmillait d'étrangers: que les hommes d'aujourd'hui ne valaient pas ceux d'autrefois; que les denrées étaient à bas prix; qu'on pourrait espérer une bonne récolte, s'il venait à pleuvoir. Après m'avoir demandé le quantième du mois [5], il se leva pour aller souper avec sa femme.

« Eh quoi! me dit un Athénien qui survint tout à coup, et que je cherchais depuis longtemps, vous avez la patience d'écouter cet ennuyeux personnage! Que ne faisiez-vous comme Aristote? Un grand parleur s'empara de lui, et le fatiguait par des récits étrangers. « Eh « bien! lui, disait-il n'êtes-vous pas étonné ? — Ce qui m'étonne, répondit « Aristote, c'est qu'on ait des oreilles pour vous entendre, quand on a « des pieds pour vous échapper [6]. » Je lui dis alors que j'avais une affaire à lui communiquer, et je voulus la lui expliquer. Mais lui, de m'arrêter à chaque mot. « Oui, je sais de quoi il s'agit; je pourrais vous le raconter au long; continuez, n'omettez aucune circonstance; fort bien; vous y êtes; c'est cela même. Voyez combien il était nécessaire d'en conférer ensemble! » A la fin, je l'avertis qu'il ne cessait de m'interrompre. « Je le sais, répondit-il; mais j'ai un extrême besoin

---

Theophr., Charact., cap. XXVIII. Sosie est le nom d'un esclave; Sosistrate, d'un homme libre. Stratia signifie armée. — 2. Theophr., ibid. — 3. Id., cap. VIII. — 4. Id., ibid., cap. III. — 5. Id., ibid. — 6. Plut., De garrul., p. 503.

de parler. Cependant je ne ressemble point à l'homme qui vient de vous quitter. Il parle sans réflexion, et je crois être à l'abri de ce reproche : témoin le discours que je fis dernièrement à l'assemblée : vous n'y étiez pas ; je vais vous le réciter. » A ces mots, je voulus profiter du conseil d'Aristote ; mais il me suivit, toujours parlant, toujours déclamant [1].

Je me jetai au milieu d'un groupe formé autour d'un devin qui se plaignait de l'incrédulité des Athéniens. Il s'écriait : « Lorsque dans l'assemblée générale je parle des choses divines, et que je vous dévoile l'avenir, vous vous moquez de moi comme d'un fou ; cependant l'événement a toujours justifié mes prédictions. Mais vous portez envie à ceux qui ont des lumières supérieures aux vôtres [2]. »

Il allait continuer, lorsque nous vîmes paraître Diogène. Il arrivait de Lacédémone. « D'où venez-vous ? lui demanda quelqu'un. — De l'appartement des hommes à celui des femmes, répondit-il [3]. — Y avait-il beaucoup de monde aux jeux olympiques ? lui dit un autre. — Beaucoup de spectateurs, et peu d'hommes [4]. » Ces réponses furent applaudies ; et à l'instant il se vit entouré d'une foule d'Athéniens qui cherchaient à tirer de lui quelque repartie. « Pourquoi, lui disait celui-ci, mangez-vous dans le marché ? — C'est que j'ai faim dans le marché [5]. » Un autre lui fit cette question : « Comment puis-je me venger de mon ennemi ? — En devenant plus vertueux [6]. — Diogène, lui dit un troisième, on vous donne bien des ridicules. — Mais je ne les reçois pas [7]. » Un étranger, né à Mynde, voulut savoir comment il avait trouvé cette ville. « J'ai conseillé aux habitants, répondit-il, d'en fermer les portes, de peur qu'elle ne s'enfuie [8]. » C'est qu'en effet cette ville, qui est très-petite, a de très-grandes portes. Le parasite Criton, étant monté sur une chaise, lui demanda pourquoi on l'appelait chien. « Parce que je caresse ceux qui me donnent de quoi vivre ; que j'aboie contre ceux dont j'essuie des refus, et que je mords les méchants [9]. — Et quel est, reprit le parasite, l'animal le plus dangereux ? — Parmi les animaux sauvages, le calomniateur ; parmi les domestiques, le flatteur [10]. »

A ces mots, les assistants firent des éclats de rire ; le parasite disparut, et les attaques continuèrent avec plus de chaleur. « Diogène, d'où êtes-vous ? lui dit quelqu'un. — Je suis citoyen de l'univers, répondit-il [11]. — Eh non ! reprit un autre, il est de Sinope ; les habitants l'ont condamné à sortir de leur ville. — Et moi je les ai condamnés à y rester [12]. » Un jeune homme d'une jolie figure, s'étant avancé, se servit d'une expression dont l'indécence fit rougir un de ses amis de même âge que lui. Diogène dit au second : « Courage, mon enfant ; voilà les couleurs de la vertu [13]. » Et, s'adressant au premier : « N'avez-vous pas de honte, lui dit-il, de tirer une lame de plomb d'un fourreau

---

1. Theophr., Charact., cap. VII. — 2. Plat., in Euthyphr., t. I, p. 3. — 3. Diog. Laert., lib. VI, § 59. — 4. Id., ibid., § 60. — 5. Id., ibid., § 58. — 6. Plut., De aud. poet., t. II, p. 21. — 7. Diog. Laert., ibid., § 54. — 8. Id., ibid., § 57. — 9. Id., ibid., § 60. — 10. Id., ibid., § 51. — 11. Id., ibid., § 63. — 12. Id., ibid., § 49. — 13. Id., ibid., § 54.

CHAPITRE XXVIII.

d'ivoire [1] ? « Le jeune homme en fureur lui ayant appliqué un soufflet : « Eh bien ! reprit-il sans s'émouvoir, vous m'apprenez une chose ; c'est que j'ai besoin d'un casque [2]. — Quel fruit, lui demanda-t-on de suite, avez-vous retiré de votre philosophie ? — Vous le voyez, d'être préparé à tous les événements [3]. »

Dans ce moment, Diogène, sans vouloir quitter sa place, recevait sur sa tête de l'eau qui tombait du haut d'une maison : comme quelques-uns des assistants paraissaient le plaindre, Platon, qui passait par hasard, leur dit : « Voulez-vous que votre pitié lui soit utile ? faites semblant de ne pas le voir [4]. »

Je trouvai un jour au portique de Jupiter quelques Athéniens qui agitaient des questions de philosophie. « Non, disait tristement un vieux disciple d'Héraclite, je ne puis contempler la nature sans un secret effroi. Les êtres insensibles ne sont que dans un état de guerre ou de ruine ; ceux qui vivent dans les airs, dans les eaux et sur la terre, n'ont reçu la force ou la ruse que pour se poursuivre et se détruire. J'égorge et je dévore moi-même l'animal que j'ai nourri de mes mains, en attendant que de vils insectes me dévorent à leur tour.

— Je repose ma vue sur des tableaux plus riants, dit un jeune partisan de Démocrite. Le flux et le reflux des générations ne m'afflige pas plus que la succession périodique des flots de la mer ou des feuilles des arbres [5]. Qu'importe que tels individus paraissent ou disparaissent ? La terre est une scène qui change à tous moments de décoration. Ne se couvre-t-elle pas tous les ans de nouveaux fruits ? Les atomes dont je suis composé, après s'être séparés, se réuniront un jour, et je revivrai sous une autre forme [6].

— Hélas ! dit un troisième, le degré d'amour ou de haine, de joie ou de tristesse, dont nous sommes affectés, n'influe que trop sur nos jugements [7]. Malade, je ne vois dans la nature qu'un système de destruction ; en santé, qu'un système de reproduction.

— Elle est l'un et l'autre, répondit un quatrième. Quand l'univers sortit du chaos, les êtres intelligents durent se flatter que la sagesse suprême daignerait leur dévoiler le motif de leur existence ; mais elle renferma son secret dans son sein, et adressant la parole aux causes secondes, elle ne prononça que ces deux mots : « Détruisez, repro-« duisez [8]. » Ces mots ont fixé pour jamais la destinée du monde.

— Je ne sais pas, reprit le premier, si c'est pour se jouer, ou pour un dessein sérieux, que les dieux nous ont formés [9] ; mais je sais que le plus grand des malheurs est de naître ; le plus grand des bonheurs, de mourir [10]. « La vie, disait Pindare, n'est que le rêve d'une ombre [11] : » image sublime, et qui d'un seul trait peint tout le néant de l'homme

---

1. Diog. Laert., lib. VI, § 65. — 2. Id., ibid., § 41. — 3. Id., ibid., § 63. — 4. Id., ibid., § 41. — 5. Mimner., ap. Stob., serm. LXLVI, p. 528. Simonid., ap. eumd., p. 530. — 6. Plin., Hist. natur., lib. VII, cap. LV, t. I, p. 411. Bruck, Hist. philos., t. I, p. 1195. — 7. Aristot., De rhet., lib. I, cap. II, t. II, p. 515. — 8. Æsop., ap. Stob., serm. CIII, p. 564. — 9. Plat., De leg., lib. I, t. II, p. 644. — 10. Sophocl., in Œdip. Colon., v. 1289. Bacchyl. et alii, ap. Stob., serm. XCVI, p. 530 et 531. Cicer., Tuscul., lib. I, cap. XLVIII, t. II, p. 273. — 11. Pind., Pythic., VIII, v. 136.

BARTHÉLEMY. — I

« La vie, disait Socrate, ne doit être que la méditation de la mort[1] : » paradoxe étrange, de supposer qu'on nous oblige de vivre pour nous apprendre à mourir.

« L'homme naît, vit, et meurt dans un même instant; et dans cet instant si fugitif, quelle complication de souffrances! Son entrée dans la vie s'annonce par des cris et par des pleurs : dans l'enfance et dans l'adolescence, des maîtres qui le tyrannisent, des devoirs qui l'accablent[2] : vient ensuite une succession effrayante de travaux pénibles, de soins dévorants, de chagrins amers, de combats de toute espèce; et tout cela se termine par une vieillesse qui le fait mépriser, et un tombeau qui le fait oublier.

« Vous n'avez qu'à l'étudier. Ses vertus ne sont que l'échange de ses vices; il ne se soustrait à l'un que pour obéir à l'autre[3]. S'il néglige son expérience, c'est un enfant qui commence tous les jours à naître; s'il la consulte, c'est un vieillard qui se plaint d'avoir trop vécu.

« Il avait par-dessus les animaux deux insignes avantages, la prévoyance et l'espérance. Qu'a fait la nature? elle les a cruellement empoisonnés par la crainte.

« Quel vide dans tout ce qu'il fait! que de variétés et d'inconséquences dans ses penchants et dans ses projets! Je vous le demande : qu'est-ce que l'homme?

« — Je vais vous le dire, » répondit un jeune étourdi qui entra dans ce moment. Il tira de dessous sa robe une petite figure de bois ou de carton, dont les membres obéissaient à des fils qu'il tendait et relâchait à son gré[4]. « Ces fils, dit-il, sont les passions qui nous entraînent tantôt d'un côté et tantôt de l'autre[5]; voilà tout ce que j'en sais. » Et il sortit.

« Notre vie, disait un disciple de Platon, est tout à la fois une comédie et une tragédie : sous le premier aspect, elle ne pouvait avoir d'autre nœud que notre folie; sous le second, d'autre dénoûment que la mort; et comme elle participe de la nature de ces deux drames, elle est mêlée de plaisirs et de douleurs[6]. »

La conversation variait sans cesse. L'un niait l'existence du mouvement, l'autre celle des objets qui nous entourent. « Tout, au dehors de nous, disait-on, n'est que prestige et mensonge; au dedans, qu'erreur et illusion. Nos sens, nos passions, notre raison, nous égarent; les sciences, ou plutôt de vaines opinions, nous arrachent au repos de l'ignorance pour nous livrer au tourment de l'incertitude; et les plaisirs de l'esprit ont des retours mille fois plus amers que ceux des sens. »

J'osai prendre la parole. « Les hommes, dis-je, s'éclairent de plus en plus. N'est-il pas à présumer qu'après avoir épuisé toutes les erreurs,

---

1. Plat., in Phædon., t. I, p. 64 et 67, id., ap. Clem. Alex. Stromat., lib. V p. 686. — 2. Sophocl, in Œdip. Colon., v. 1290, etc. Axioch., ap. Plat., t. III, p. 366. Teles., ap. Stob., p. 535. — 3. Plat., ibid., p. 69. — 4. Herodot., lib. II, cap. XLVIII. Lib. De mund. ap. Aristot., cap. VI, t. I, p. 611. Lucian, De dea Syr. cap. XVI, t. III, p. 463. Apul., De mund., etc. — 5. Plat., De leg. lib. I, t. II, p. 644. — 6. Id. in Phileb., t. II, p. 50.

ils découvriront enfin le secret de ces mystères qui les tourmentent ? — Et savez-vous ce qui arrive? me répondit-on. Quand ce secret est sur le point d'être enlevé, la nature est tout à coup attaquée d'une épouvantable maladie [1]. Un déluge, un incendie détruit les nations, avec les monuments de leur intelligence et de leur vanité. Ces fléaux terribles ont souvent bouleversé notre globe, le flambeau des sciences s'est plus d'une fois éteint et rallumé. A chaque révolution quelques individus, épargnés par hasard, renouent le fil des générations; et voilà une nouvelle race de malheureux, laborieusement occupée, pendant une longue suite de siècles, à se former en société, à se donner des lois, à inventer les arts, et à perfectionner ses connaissances [2], jusqu'à ce qu'une autre catastrophe l'engloutisse dans l'abîme de l'oubli. »

Il n'était pas en mon pouvoir de soutenir plus longtemps une conversation si étrange, et si nouvelle pour moi : je sortis avec précipitation du portique, et, sans savoir où porter mes pas, je me rendis sur les bords de l'Ilissus. Les pensées les plus tristes, les sentiments les plus douloureux, agitaient mon âme avec violence. C'était donc pour acquérir des lumières si odieuses que j'avais quitté mon pays et mes parents! Tous les efforts de l'esprit humain ne servent donc qu'à montrer que nous sommes les plus misérables des êtres. Mais d'où vient qu'ils existent, d'où vient qu'ils périssent, ces êtres? Que signifient ces changements périodiques qu'on amène éternellement sur le théâtre du monde? A qui destine-t-on un spectacle si terrible? est-ce aux dieux, qui n'en ont aucun besoin? est-ce aux hommes, qui en sont les victimes? Et moi-même, sur ce théâtre, pourquoi m'a-t-on forcé de prendre un rôle, pourquoi me tirer du néant sans mon aveu, et me rendre malheureux sans me demander si je consentais à l'être? J'interroge les cieux, la terre, l'univers entier. Que pourraient-ils répondre? ils exécutent en silence des ordres dont ils ignorent les motifs. J'interroge les sages. Les cruels! ils m'ont répondu; ils m'ont appris à me connaître; ils m'ont dépouillé de tous les droits que j'avais à mon estime; et déjà je suis injuste envers les dieux, et bientôt peut-être je serai barbare envers les hommes.

Jusqu'à quel point d'activité et d'exaltation se porte une imagination fortement ébranlée! D'un coup d'œil j'avais parcouru toutes les conséquences de ces fatales opinions. Les moindres apparences étaient devenues pour moi des réalités; les moindres craintes, des supplices. Mes idées, semblables à des fantômes effrayants, se poussaient et se repoussaient dans mon esprit, comme les flots d'une mer agitée par une horrible tempête.

Au milieu de cet orage, je m'étais jeté, sans m'en apercevoir, au pied d'un platane, sous lequel Socrate venait quelquefois s'entretenir avec ses disciples [3]. Le souvenir de cet homme si sage et si heureux ne servit qu'à augmenter mon délire. Je l'invoquais à haute voix, j'arro-

---

1. Plat., in Tim., t. III, p. 22. Aristot., Meteor., lib. II, cap. XIV, t. I, p. 548. Polyb., lib. VI, p. 453. Heraclit., ap. Clem. Alex., lib. V, p. 711. Not. Potter., ibid. — 2. Aristot., Metaph., lib. XIV, cap. VIII, t. II, p. 1003. — 3. Plat., in Phædr., t. III, p. 229.

sais de mes pleurs le lieu où il s'était assis, lorsque j'aperçus au loin Phocus, fils de Phocion, et Ctésippe, fils de Chabrias[1], accompagnés de quelques jeunes garçons avec lesquels j'avais des liaisons. Je n'eus que le temps de reprendre l'usage de mes sens : ils s'approchèrent, et me forcèrent de les suivre.

Nous allâmes à la place publique ; on nous montra des épigrammes et des chansons contre ceux qui étaient à la tête des affaires[2], et l'on décida que le meilleur des gouvernements était celui de Lacédémone[3]. Nous nous rendîmes au théâtre ; on y jouait des pièces nouvelles que nous sifflâmes[4], et qui réussirent. Nous montâmes à cheval. Au retour, après nous être baignés, nous soupâmes avec des chanteuses et des joueuses de flûte[5]. J'oubliai le portique, le platane, et Socrate ; je m'abandonnai sans réserve au plaisir et à la licence. Nous passâmes une partie de la nuit à boire, et l'autre moitié à courir les rues pour insulter les passants[6].

A mon réveil, la paix régnait dans mon âme, et je reconnus aisément le principe des terreurs qui m'avaient agité la veille. N'étant pas encore aguerri contre les incertitudes du savoir, ma peur avait été celle d'un enfant qui se trouve pour la première fois dans les ténèbres. Je résolus, dès ce moment, de fixer mes idées à l'égard des opinions qu'on avait traitées dans le portique, de fréquenter la bibliothèque d'un Athénien de mes amis, et de profiter de cette occasion pour connaître en détail les différentes branches de la littérature grecque.

1. Plut., in Phoc., t. I, p. 744 et 750. — 2. Id., in Pericl., t. I, p. 170. — 3. Aristot., De rep., lib. IV, cap. I, t. II, p. 363. — 4. Demosth., De fals. leg., p. 346. — 5. Plat., in Protag., t. I, p. 347. — 6. Demosth., in Conon, p. 1116.

NOTES.

I. — *Sur les dialectes dont Homère a fait usage.* (Page 78.)

Homère emploie souvent les divers dialectes de la Grèce. On lui en fait un crime. C'est, dit-on, comme si un de nos écrivains mettait à contribution le languedocien, le picard, et d'autres idiomes particuliers. Le reproche paraît bien fondé; mais comment imaginer qu'avec l'esprit le plus facile et le plus fécond, Homère, se permettant des licences que n'oserait prendre le moindre des poëtes, eût osé se former, pour construire ses vers, une langue bizarre, et capable de révolter non-seulement la postérité, mais son siècle même, quelque ignorant qu'on le suppose? Il est donc plus naturel de penser qu'il s'est servi de la langue vulgaire de son temps.

Chez les anciens peuples de la Grèce, les mêmes lettres firent d'abord entendre des sons plus ou moins âpres, plus ou moins ouverts; les mêmes mots eurent plusieurs terminaisons, et se modifièrent de plusieurs manières. C'étaient des irrégularités, sans doute, mais assez ordinaires dans l'enfance des langues, et qu'avaient pu maintenir pendant plus longtemps parmi les Grecs les fréquentes émigrations des peuples. Quand ces peuplades se furent irrévocablement fixées, certaines façons de parler devinrent particulières à certains cantons; et ce fut alors qu'on divisa la langue en des dialectes qui, eux-mêmes, étaient susceptibles de subdivisions. Les variations fréquentes que subissent les mots dans les plus anciens monuments de notre langue, nous font présumer que la même chose est arrivée dans la langue grecque.

A cette raison générale, il faut en ajouter une qui est relative aux pays où Homère écrivait. La colonie ionienne qui, deux siècles avant ce poëte, alla s'établir sur les côtes de l'Asie Mineure, sous la conduite de Nélée, fils de Codrus, était composée en grande partie des Ioniens du Péloponèse; mais il s'y joignit aussi des habitants de Thèbes, de la Phocide, et de quelques autres pays de la Grèce [1].

Je pense que de leurs idiomes mêlés entre eux, et avec ceux des Éoliens et des autres colonies grecques voisines de l'Ionie, se forma la langue dont Homère se servit. Mais dans la suite, par les mouvements progressifs qu'éprouvent toutes les langues, quelques dialectes furent circonscrits en certaines villes, prirent des caractères plus distincts, et conservèrent néanmoins des variétés qui attestaient l'ancienne confusion. En effet, Hérodote, postérieur à Homère de quatre cents ans [2], reconnaît quatre subdivisions dans le dialecte qu'on parlait en Ionie [3].

II. — *Sur Épiménide.* (Page 86.)

Tout ce qui regarde Épiménide est plein d'obscurités. Quelques auteurs anciens le font venir à Athènes vers l'an 600 avant J. C. Platon est le seul qui fixe la date de ce voyage à l'an 500 avant la même ère [4]. Cette difficulté a tourmenté les critiques modernes. On a dit que le texte de Platon était altéré; et il paraît qu'il ne l'est pas. On a dit qu'il

---

1. Pausan., lib. VII, cap. III, p. 528. — 2. Herodot., lib. II, cap. LIII. — 3. Id., lib. I, cap. CXLII. — 4. Plat., De leg., lib. I, t. II, p. 642.

allait admettre deux Épiménides; et cette supposition est sans vraisemblance. Enfin, d'après quelques anciens auteurs, qui donnent à Épiménide cent cinquante-quatre, cent cinquante-sept, et même deux cent quatre-vingt-dix-neuf années de vie, on n'a pas craint de dire qu'il avait fait deux voyages à Athènes, l'un à l'âge de quarante ans, l'autre à l'âge de cinquante¹. Il est absolument possible que ce double voyage ait eu lieu; mais il l'est encore plus que Platon se soit trompé. Au reste, on peut voir Fabricius².

III. — *Sur le pouvoir des pères à Athènes.* (Page 93.)

Quand on voit Solon ôter aux pères le pouvoir de vendre leurs enfants, comme ils faisaient auparavant, on a de la peine à se persuader qu'il leur ait attribué celui de leur donner la mort, comme l'ont avancé d'anciens écrivains postérieurs à ce législateur³. J'aime mieux m'en rapporter au témoignage de Denys d'Halicarnasse, qui, dans ses Antiquités romaines⁴, observe que, suivant les lois de Solon, de Pittacus et de Charondas, les Grecs ne permettaient aux pères que de déshériter leurs enfants, ou de les chasser de leurs maisons, sans qu'ils pussent leur infliger des peines plus graves. Si dans la suite les Grecs ont donné plus d'extension au pouvoir paternel, il est à présumer qu'ils en ont puisé l'idée dans les lois romaines.

IV. — *Sur la chanson d'Harmodius et d'Aristogiton.* (Pages 103, 383.)

Athénée⁵ a rapporté une des chansons composées en l'honneur d'Harmodius et d'Aristogiton, et M. de La Nauze⁶ l'a traduite de cette manière:

« Je porterai mon épée couverte de feuilles de myrte, comme firent Harmodius et Aristogiton quand ils tuèrent le tyran, et qu'ils établirent dans Athènes l'égalité des lois.

« Cher Harmodius, vous n'êtes point encore mort : on dit que vous êtes dans les îles des bienheureux, où sont Achille aux pieds légers, et Diomède, ce vaillant fils de Tydée.

« Je porterai mon épée couverte de feuilles de myrte, comme firent Harmodius et Aristogiton lorsqu'ils tuèrent le tyran Hipparque, dans le temps des Panathénées.

« Que votre gloire soit éternelle, cher Harmodius, cher Aristogiton, parce que vous avez tué le tyran, et établi dans Athènes l'égalité des lois. »

V. — *Sur les trésors des rois de Perse.* (Page 109.)

On voit par ce qui est dit dans le texte pourquoi Alexandre trouva de si grandes sommes accumulées dans les trésors de Persépolis, de Suse, de Pasagarda, etc.⁷. Je ne sais pourtant s'il faut s'en rapporter à Justin, lorsqu'il dit⁸ qu'après la conquête de la Perse Alexandre tirait tous les ans de ses nouveaux sujets trois cent mille talents, ce qui ferait environ seize cent vingt millions de notre monnaie.

---

1. Corsin., Fast. attic., t. III, p. 72. — 2. Fabric., Bibl. græc., t. I, p. 36 et 602. Bruck., Histor. crit. philos., t. I, p. 419. — 3. Sext. Empir. Pyrrhon. hypo., lib. III, cap. XXIV, p. 180. Heliod., Æthiop., lib. I, p. 24. Vid. Meurs., Them. attic., lib. I, cap. II. — 4. Dionys. Halic., lib. II, cap. XXVI, p. 292. — 5. Athen., lib. XV, p. 695. — 6. Mém. de l'Acad. des bell. lettr., t. IX, p. 337. — 7. Arrian., lib. III, cap. XVI, p. 128; cap. XVIII, p. 131. Quint. Curt., lib. V, cap. VI. Diod., lib. XVII, p. 544. Plut., in Alex., t. I, p. 686. — 8. Justin., lib. XIII, cap. I.

VI. — *Sur les ponts de bateaux construits sur l'Hellespont par ordre de Xerxès.* (Page 120.)

Ces deux ponts commençaient à Abydos, et se terminaient un peu au-dessous de Sestus. On a reconnu, dans ces derniers temps, que ce trajet, le plus resserré de tout le détroit, n'est que d'environ trois cent soixante-quinze toises et demie. Les ponts ayant sept stades de longueur, M. d'Anville en a conclu que ces stades n'étaient que de cinquante-une toises [1].

VII. — *Sur le nombre des troupes grecques que Léonidas commandait aux Thermopyles.* (Page 126.)

Je vais mettre sous les yeux du lecteur les calculs d'Hérodote, l. VIII, chap. CII; de Pausanias; l. X, chap. XX, p. 845; de Diodore l. XI, p. 4.

TROUPES DU PÉLOPONÈSE.

Suivant Hérodote.

Spartiates	300
Tégéates	500
Mantinéens	500
Orchoméniens	120
Arcadiens	1000
Corinthiens	400
Phliontiens	200
Mycéniens	80
Total	3100

Suivant Pausanias

Spartiates	300
Tégéates	500
Mantinéens	500
Orchoméniens	120
Arcadiens	1000
Corinthiens	400
Phliontiens	200
Mycéniens	80
Total	3100

Suivant Diodore

Spartiates	300
Lacédémoniens	700
Autres nations du Péloponèse	3000
Total	4000

[1]. Mém. de l'Acad. des bell. lettr., t. XXVIII, p. 334.

AUTRES NATIONS DE LA GRÈCE.
Suivant Hérodote.

Thespiens	700
Thébains	400
Phocéens	1000
Locriens-Opontiens	
Total	2100

Suivant Pausanias.

Thespiens	700
Thébains	400
Phocéens	1000
Locriens	6000
Total	8100

Suivant Diodore

Milésiens	1000
Thébains	400
Phocéens	1000
Locriens	1000
Total	3400

Ainsi, selon Hérodote, les villes du Péloponèse fournirent trois mille cent soldats, les Thespiens sept cents, les Thébains quatre cents, les Phocéens mille; total, cinq mille deux cents, sans compter les Locriens-Opontiens, qui marchèrent en corps.

Pausanias suit, pour les autres nations, le calcul d'Hérodote, et conjecture que les Locriens étaient au nombre de six mille; ce qui donne pour le total onze mille deux cents hommes.

Suivant Diodore, Léonidas se rendit aux Thermopyles à la tête de quatre mille hommes, parmi lesquels étaient trois cents Spartiates et sept cents Lacédémoniens. Il ajoute que ce corps fut bientôt renforcé de mille Milésiens, de quatre cents Thébains, de mille Locriens, et d'un nombre presque égal de Phocéens : total, sept mille quatre cents hommes. D'un autre côté, Justin [1] et d'autres auteurs disent que Léonidas n'avait que quatre mille hommes.

Ces incertitudes disparaîtraient peut-être si nous avions toutes les inscriptions qui furent gravées après la bataille, sur cinq colonnes placées aux Thermopyles [2]. Nous avons encore celle du devin Mégistias [3]; mais elle ne fournit aucune lumière. On avait consacré les autres aux soldats de différentes nations. Sur celle des Spartiates il est dit qu'ils étaient trois cents; sur une autre on annonce que quatre mille soldats du Péloponèse avaient combattu contre trois millions de Perses [4]. Celle des Locriens est citée par Strabon, qui ne la rapporte point [5]; le nombre de leurs soldats devait s'y trouver. Nous n'avons pas la dernière, qui sans doute était pour les Thespiens; car elle ne pouvait regarder

---

1. Justin., lib. II, cap. XI. — 2. Strab., lib. IX, p. 429. — 3. Hérodot., lib. VII, cap. CCVIII. — 4. Id., ibid. — 5. Strab., ibid.

ni les Phocéens, qui ne combattirent pas, ni les Thébains, qui s'étaient rangés du parti de Xerxès lorsqu'on dressa ces monuments.

Voici maintenant quelques réflexions pour concilier les calculs précédents.

1° Il est clair que Justin s'en est rapporté uniquement à l'inscription dressée en l'honneur des peuples du Péloponèse, lorsqu'il n'a donné que quatre mille hommes à Léonidas.

2° Hérodote ne fixe pas le nombre des Locriens. Ce n'est que par une légère conjecture que Pausanias le porte à six mille. On peut lui opposer d'abord Strabon, qui dit positivement [1] que Léonidas n'avait reçu des peuples voisins qu'une petite quantité de soldats; ensuite Diodore de Sicile, qui, dans son calcul, n'admet que mille Locriens.

3° Dans l'énumération de ces troupes, Diodore a omis les Thespiens [2], quoiqu'il en fasse mention dans le cours de sa narration [3]. Au lieu des Thespiens il a compté mille Milésiens. On ne connaît dans le continent de la Grèce aucun peuple qui ait porté ce nom. Paulmier [4] a pensé qu'il fallait substituer le nom de Maliens à Milésiens. Ces Maliens s'étaient d'abord soumis à Xerxès [5]; et comme on serait étonné de les voir réunis avec les Grecs, Paulmier suppose, d'après un passage d'Hérodote [6], qu'ils ne se déclarèrent ouvertement pour les Perses qu'après le combat des Thermopyles. Cependant est-il à présumer qu'habitant un pays ouvert, ils eussent osé prendre les armes contre une nation puissante, à laquelle ils avaient fait serment d'obéir ? Il est beaucoup plus vraisemblable que, dans l'affaire des Thermopyles, ils ne fournirent des secours ni aux Grecs ni aux Perses, et qu'après le combat ils joignirent quelques vaisseaux à la flotte de ces derniers. De quelque manière que l'erreur se soit glissée dans le texte de Diodore, je suis porté à croire qu'au lieu de mille Milésiens il faut lire sept cents Thespiens.

4° Diodore joint sept cents Lacédémoniens aux trois cents Spartiates; et son témoignage est clairement confirmé par celui d'Isocrate [7]. Hérodote n'en parle pas, peut-être parce qu'ils ne partirent qu'après Léonidas. Je crois devoir les admettre. Outre l'autorité de Diodore et d'Isocrate, les Spartiates ne sortaient guère sans être accompagnés d'un corps de Lacédémoniens. De plus, il est certain que ceux du Péloponèse fournirent quatre mille hommes; ce nombre était clairement exprimé dans l'inscription placée sur leur tombeau; et cependant Hérodote n'en compte que trois mille cent, parce qu'il n'a pas cru devoir faire mention de sept cents Lacédémoniens qui, suivant les apparences, vinrent joindre Léonidas aux Thermopyles.

D'après ces remarques, donnons un résultat. Hérodote porte le nombre des combattants à cinq mille deux cents. Ajoutons d'une part sept cents Lacédémoniens, et de l'autre les Locriens, dont il n'a pas spécifié le nombre, et que Diodore ne fait monter qu'à mille, nous aurons six mille neuf cents hommes.

Pausanias compte onze mille deux cents hommes. Ajoutons les sept cents Lacédémoniens qu'il a omis à l'exemple d'Hérodote, et nous aurons onze mille neuf cents hommes. Réduisons, avec Diodore, les six mille Locriens à mille, et nous aurons pour le total six mille neuf cents hommes.

Le calcul de Diodore nous donne sept mille quatre cents hommes. Si

---

. Strab., lib. IX, p. 429. — 2. Diod., lib. XI, p. 5. — 3. Id., ibid., p. 8. — 4. Palmer., Exercit., p. 106. — 5. Diod., ibid., p. 3. — 6. Herodot., lib. VIII, cap. LXVI. — 7. Isocr., in Paneg., t. I, p. 164; et in Archid., t. II, p. 62.

nous changeons les mille Milésiens en sept cents Thespiens, nous aurons sept mille cent hommes. Ainsi on peut dire en général que Léonidas avait avec lui environ sept mille hommes.

Il paraît, par Hérodote [1], que les Spartiates étaient, suivant l'usage, accompagnés d'Hilotes. Les anciens auteurs ne les ont pas compris dans leurs calculs; peut-être ne passaient-ils pas le nombre de trois cents.

Quand Léonidas apprit qu'il allait être tourné, il renvoya la plus grande partie de ses troupes; il ne garda que les Spartiates, les Thespiens, et les Thébains, ce qui faisait un fonds de quatorze cents hommes; mais la plupart avait péri dans les premières attaques, et, si nous en croyons Diodore [2], Léonidas n'avais plus que cinq cents soldats quand il prit le parti d'attaquer le camp des Perses.

VIII. — *Sur ce que coûtèrent les monuments construits par ordre de Périclès.* (Page 189.)

Thucydide [3] fait entendre qu'ils avaient coûté trois mille sept cents talents, et comprend dans son calcul non-seulement la dépense des Propylées et des autres édifices construits par ordre de Périclès, mais encore celle du siége de Potidée. Ce siége, dit-il ailleurs [4], coûta deux mille talents. Il n'en resterait donc que mille sept cents pour les ouvrages ordonnés par Périclès; or, un auteur ancien [5] rapporte que les Propylées seuls coûtèrent deux mille douze talents.

Pour résoudre cette difficulté, observons que Thucydide ne nous a donné l'état des finances d'Athènes que pour le moment précis où la guerre du Péloponèse fut résolue; qu'à cette époque, le siége de Potidée commençait à peine; qu'il dura deux ans, et que l'historien, dans le premier passage, n'a parlé que des premières dépenses de ce siége. En supposant qu'elles se montassent alors à sept cents talents, nous destinerons les autres trois mille aux ouvrages dont Périclès embellit la ville. Trois mille talents, à cinq mille quatre cents livres chaque talent, font, de notre monnaie, seize millions deux cent mille livres; mais comme, du temps de Périclès, le talent pouvait valoir trois cents livres de plus, nous aurons dix-sept millions cent mille livres.

IX. — *Sur les priviléges que Leucon et les Athéniens s'étaient mutuellement accordés.* (Page 194.)

Afin que ces priviléges fussent connus des commerçants, on les grava sur trois colonnes, dont la première fut placée au Pirée, la seconde au bosphore de Thrace, la troisième au bosphore Cimmérien; c'est-à-dire au commencement, au milieu, à la fin de la route que suivaient les vaisseaux marchands des deux nations [6].

X. — *Sur Sapho.* (Page 217.)

L'endroit où la chronique de Paros parle de Sapho est presque entièrement effacé sur le marbre [7]; mais on y lit distinctement qu'elle prit la fuite, et s'embarqua pour la Sicile. Ce ne fut donc pas, comme

---

1. Herodot., lib. VII, cap. CCXXIX; lib. VIII, cap. XXV. — 2. Diod., lib. XI, p. 8 et 9. — 3. Thucyd., lib. II, cap. XIII. — 4. Id., ibid., cap. LXX. — 5. Heliod., ap. Harpocr. et Suid., in Προπύλ. — 6. Demosth., in Leptin., p. 546. — 7. Marm. Oxon., epoch. XXXVII.

on l'a dit, pour suivre Phaon, qu'elle alla dans cette île. Il est à présumer qu'Alcée l'engagea dans la conspiration contre Pittacus, et qu'elle fut bannie de Mitylène en même temps que lui et ses partisans.

XI. — *Sur l'ode de Sapho.* (Page 219.)

En lisant cette traduction libre, que je dois à l'amitié de M. l'abbé Delille, on s'apercevra aisément qu'il a cru devoir profiter de celle de Boileau, et qu'il ne s'est proposé autre chose que de donner une idée de l'espèce de rhythme que Sapho avait inventé, ou du moins fréquemment employé. Dans la plupart de ses ouvrages chaque strophe était composée de trois vers hendécasyllabes, c'est-à-dire de onze syllabes, et se terminait par un vers de cinq syllabes.

XII. — *Sur Épaminondas.* (Page 224.)

Cléarque de Solos, cité par Athénée[1], rapportait un fait propre à jeter des soupçons sur la pureté des mœurs d'Épaminondas; mais ce fait, à peine indiqué, contredirait les témoignages de toute l'antiquité, et ne pourrait nullement s'allier avec les principes sévères dont ce grand homme ne s'était point départi dans les circonstances même les plus critiques.

XIII. — *Sur le temps où l'on célébrait les grandes fêtes de Bacchus.* (Page 257.)

On présume que les grandes Dionysiaques, ou Dionysiaques de la ville, commençaient le douze du mois élaphébolion[2]. Dans la deuxième année de la cent-quatrième olympiade, année dont il s'agit ici, le 12 du mois élaphébolion tomba au 8 avril de l'année julienne proleptique 362 avant J.-C.

XIV. — *Sur le plan d'Athènes.* (Page 272.)

J'ai cru devoir mettre sous les yeux du lecteur l'esquisse d'un plan d'Athènes, relatif au temps où je place le voyage du jeune Anacharsis. Il est très-imparfait, et je suis fort éloigné d'en garantir l'exactitude.

Après avoir comparé ce que les anciens auteurs ont dit sur la topographie de cette ville, et ce que les voyageurs modernes ont cru découvrir dans ses ruines, je me suis borné à fixer, le mieux que j'ai pu, la position de quelques monuments remarquables. Pour y parvenir, il fallait d'abord déterminer dans quel quartier se trouvait la place publique que les Grecs nommaient Agora, c'est-à-dire marché.

Dans toutes les villes de la Grèce, il y avait une principale place, décorée de statues, d'autels, de temples, et d'autres édifices publics, entourée de boutiques, et couverte, en certaines heures de la journée, des provisions nécessaires à la subsistance du peuple. Les habitants s'y rendaient tous les jours. « Les vingt mille citoyens d'Athènes, dit Démosthène[3], ne cessent de fréquenter la place, occupés de leurs affaires, ou de celles de l'État. »

Parmi les anciens auteurs, j'ai préféré les témoignages de Platon,

---

1. Athen., lib. XIII, cap. VI, p. 590. — 2. Dodwell., De cycl., p. 298; id., Annal. Thucyd., p. 165. Corsin Fast. attic., t. II, p. 326 et 385. — 3. Demosth., in Aristog., p. 836.

de Xénophon, de Démosthène, d'Eschine, qui vivaient à l'époque que j'ai choisie. Si Pausanias¹ paraît ne pas s'accorder entièrement avec eux, j'avertis qu'il s'agit ici de la place qui existait de leur temps, et non de celle dont il a parlé. Je ferais la même réponse à ceux qui m'opposeraient des passages relatifs à des temps trop éloignés de mon époque.

Place publique, ou Agora. — Sa position est déterminée par les passages suivants. Eschine dit² : « Transportez-vous en esprit au Pœcile (c'était un célèbre portique); car c'est dans la place publique que sont les monuments de vos grands exploits. » Lucien introduit plusieurs philosophes dans un de ses dialogues³, et fait dire à Platon : « Il n'est pas nécessaire d'aller à la maison de cette femme (la philosophie). A son retour de l'Académie, elle viendra, suivant sa coutume, au Céramique, pour se promener au Pœcile.... » — « A la prise d'Athènes par Sylla, dit Plutarque⁴, le sang versé dans la place publique inonda le Céramique, qui est au dedans de la porte Dipyle; et plusieurs assurent qu'il sortit par la porte, et se répandit dans le faubourg. »

Il suit de là, 1° que cette place était le quartier du Céramique; 2° qu'elle était près de la porte Dipyle; c'est celle par où l'on allait à l'Académie; 3° que le Pœcile était dans la place.

Eschine, dans l'endroit que je viens de citer, fait entendre clairement que le Métroon se trouvait dans la place. C'était une enceinte et un temple en l'honneur de la mère des dieux. L'enceinte renfermait aussi le palais du sénat; et cela est confirmé par plusieurs passages⁵. Après le Métroon, j'ai placé les monuments indiqués tout de suite par Pausanias⁶, comme le Tholus, les statues des éponymes, etc. J'y ai mis, avec Hérodote⁷, le temple d'Éacus; et, d'après Démosthène⁸, le Léocorion, temple construit en l'honneur de ces filles de Léos qui se sacrifièrent autrefois pour éloigner la peste.

Portique du Roi. — Je l'ai placé dans un point où se réunissaient deux rues qui conduisaient à la place publique; la première est indiquée par Pausanias⁹, qui va de ce portique au Métroon; la seconde, par un ancien auteur¹⁰ qui dit positivement que, depuis le Pœcile et le Portique du Roi, c'est-à-dire depuis l'un de ces portiques jusqu'à l'autre, on trouve plusieurs Hermès ou statues de Mercure, terminées en gaîne.

Pœcile et Portique des Hermès. — D'après ce dernier passage, j'ai mis le Pœcile au bout d'une rue qui va du Portique du Roi jusqu'à la place publique. Il occupe sur la place un des coins de la rue. Au coin opposé, devait se trouver un édifice nommé tantôt Portique des Hermès, et tantôt simplement les Hermès¹¹. Pour prouver qu'il était dans la place publique, deux témoignages suffiront. Mnésimaque disait dans une de ses comédies : « Allez-vous-en à l'Agora, aux Hermès¹² » — « En certaines fêtes, dit Xénophon¹³, il convient que les ca-

---
1. Pausan., lib. I. — 2. Æschin., in Ctesiph., p. 458. — 3. Lucien, in Piscat., t. I, p. 581. — 4. Plut., in Syll., t. I, p. 460. — 5. Æschin., ibid. Plut., X orat. vit., t. II, p. 842. Suid., in Μητρῷον. Harpocr., in ὁ κάτωθεν. — 6. Pausan., ibid., cap. V, p. 12. — 7. Herodot., lib. V, cap. LXXXIX. — 8. Demosth., in Conon., p. 1109 et 1113. — 9. Pausan., ibid., cap. III. — 10. Ap. Harpocr., in Ἑρμαῖ. — 11. Æschin., ibid. Lys., in Pancl., p. 398. Demosth., in Leptin., p. 557. Meurs., Athen. attic., lib. I, cap. III. — 12. Mnesim., ap. Athen., lib. IX, cap. XV, p. 402. — 13. Xenoph., De mag. equit., p. 959.

valiers rendent des honneurs aux temples et aux statues qui sont dans l'Agora. Ils commenceront aux Hermès, feront le tour de l'Agora, et reviendront aux Hermès. » J'ai pensé, en conséquence, que ce portique devait terminer la rue où se trouvait une suite d'Hermès.

Le Pœcile était dans la place du temps d'Eschine; il n'y était plus du temps de Pausanias, qui parle de ce portique avant que de se rendre à la place [1]. Il s'était donc fait des changements dans ce quartier. Je suppose qu'au siècle où vivait Pausanias, une partie de l'ancienne place était couverte de maisons; que vers sa partie méridionale il ne restait qu'une rue, où se trouvaient le Sénat, le Tholus, etc.; que sa partie opposée s'était étendue vers le nord, et que le Pœcile en avait été séparé par des édifices : car les changements dont je parle n'avaient pas transporté la place dans un autre quartier. Pausanias la met auprès du Pœcile; et nous avons vu que du temps de Sylla elle était encore dans le Céramique, auprès de la porte Dipyle.

A la faveur de cet arrangement, il est facile de tracer la route de Pausanias. Du Portique du Roi, il suit une rue qui se prolonge dans la partie méridionale de l'ancienne place; il revient par le même chemin; il visite quelques monuments qui sont au sud-ouest de la citadelle, tels qu'un édifice qu'il prend pour l'ancien Odéon (p. 20), l'Eleusinium (p. 35), etc. Il revient au Portique du Roi (p. 36); et, prenant par la rue des Hermès, il se rend d'abord au Pœcile, et ensuite à la place qui existait de son temps (p. 39), laquelle avait, suivant les apparences, fait partie de l'ancienne, ou du moins n'en était pas fort éloignée. J'attribuerais volontiers à l'empereur Adrien la plupart des changements qu'elle avait éprouvés.

En sortant de l'Agora, Pausanias va au Gymnase de Ptolémée (p. 39), qui n'existait pas à l'époque dont il s'agit dans mon ouvrage; et de là, au temple de Thésée, qui existe encore aujourd'hui. La distance de ce temple à l'un des points de la citadelle m'a été donnée par M. Foucherot, habile ingénieur, qui avait accompagné en Grèce M. le comte de Choiseul-Gouffier, et qui depuis, ayant visité une seconde fois les antiquités d'Athènes, a bien voulu me communiquer les lumières qu'il avait tirées de l'inspection des lieux.

J'ai suivi Pausanias jusqu'au Prytanée (p. 41). De là il m'a paru remonter vers le nord-ouest. Il y trouve plusieurs temples, ceux de Sérapis, de Lucine, de Jupiter Olympien (p. 42). Il tourne à l'est, et parcourt un quartier qui, dans mon plan, est au dehors de la ville, et qui de son temps y tenait, puisque les murailles étaient détruites. Il y visite les jardins de Vénus, le Cynosarge, le Lycée (p. 44). Il passe l'Ilissus, et va au Stade (p. 45 et 46).

Je n'ai pas suivi Pausanias dans cette route parce que plusieurs des monuments qu'on y rencontrait étaient postérieurs à mon époque, et que les autres ne pouvaient entrer dans le plan de l'intérieur de la ville; mais je le prends de nouveau pour guide, lorsque, de retour au Prytanée, il se rend à la citadelle par la rue des Trépieds.

Rue des Trépieds. — Elle était ainsi nommée, suivant Pausanias [2], parce qu'on y voyait plusieurs temples où l'on avait placé des trépieds de bronze en l'honneur des dieux. Quel fut le motif de ces consécrations? Des victoires remportées par les tribus d'Athènes aux combats de musique et de danse. Or, au pied de la citadelle, du côté de l'est, on a découvert plusieurs inscriptions qui font mention de pareilles

---

1. Pausan., lib. I, cap. XV, p. 36; cap. XVII, p. 39. — 2. Id., ibid., cap. XX, p. 46.

victoires[1]. Ce joli édifice, connu maintenant sous le nom de Lanterne de Démosthène, faisait un des ornements de la rue. Il fut construit en marbre, à l'occasion du prix décerné à la tribu Acamantide, sous l'archontat d'Evænète[2], l'an 335 avant J.-C., un an après qu'Anacharsis eut quitté Athènes. Près de ce monument, fut trouvée, dans ces derniers temps, une inscription rapportée parmi celles de M. Chandler[3]. La tribu Pandionide y prescrivait d'élever, dans la maison qu'elle possédait en cette rue, une colonne pour un Athénien nommé Nicias, qui avait été son chorége, et qui avait remporté le prix aux fêtes de Bacchus, et à celles qu'on nommait Thargélies. Il y était dit encore que désormais (depuis l'archontat d'Euclide, l'an 403 avant J.-C.) on inscrirait sur la même colonne le nom de ceux de la tribu qui, en certaines fêtes mentionnées dans le décret, remporteraient de semblables avantages.

D'après ce que je viens de dire, il est visible que la rue des Trépieds longeait le côté oriental de la citadelle.

ODÉON DE PÉRICLÈS. — Au bout de la rue dont je viens de parler, et avant que de parvenir au théâtre de Bacchus, Pausanias trouva un édifice dont il ne nous apprend pas la destination. Il observe seulement qu'il fut construit sur le modèle de la tente de Xerxès, et qu'ayant été brûlé pendant le siége d'Athènes par Sylla, il fut refait depuis[4]. Rapprochons de ce témoignage les notions que d'autres auteurs nous ont laissées sur l'ancien Odéon d'Athènes. Cette espèce de théâtre[5] fut élevé par Périclès[6], et destiné au concours de pièces de musique[7]; des colonnes de pierre ou de marbre en soutenaient le comble, qui était construit des antennes et des mâts enlevés aux vaisseaux des Perses[8], et dont la forme imitait celle de la tente de Xerxès[9]. Cette forme avait donné lieu à des plaisanteries. Le poëte Cratinus, dans une de ses comédies, voulant faire entendre que la tête de Périclès se terminait en pointe, disait que Périclès portait l'Odéon sur sa tête[10]. L'Odéon fut brûlé au siége d'Athènes par Sylla[11], et réparé bientôt après par Ariobarzane, roi de Cappadoce[12].

Par ces passages réunis de différents auteurs, on voit clairement que l'édifice dont parle Pausanias est le même que l'Odéon de Périclès; et, par le passage de Pausanias, que cet Odéon était placé entre la rue des Trépieds et le théâtre de Bacchus. Cette position est encore confirmée par l'autorité de Vitruve, qui met l'Odéon à la gauche du théâtre[13]. Mais Pausanias avait déjà donné le nom d'Odéon à un autre édifice. Je répondrai bientôt à cette difficulté.

THÉÂTRE DE BACCHUS. — A l'angle sud-ouest de la citadelle, existent encore des ruines d'un théâtre, qu'on avait pris jusqu'à présent pour celui de Bacchus, où l'on représentait des tragédies et des comédies. Cependant M. Chandler[14] a placé le théâtre de Bacchus à l'angle sud-est de la citadelle; et j'ai suivi son opinion, fondé sur plusieurs raisons.

---

1. Chandl., Travels in Greece, p. 99; Id., Inscript. in not., p. XXVII. — 2. Spont. II, p. 200. Whel., book V, p. 397. Le Roi, Ruines de la Grèce, part. I, p. 20, Stuart, Antiq. of Athens, ch. IV, p. 27. — 3. Chandl., Inscript., part. II, p. 49. Ibid., in Not., p. XXII. — 4. Pausan., lib. I, cap. XX, p. 47. — 5. Suid., in Ὠδ. Schol. Aristoph., in Vesp., v. 1104. — 6. Plut., in Per., t. I, p. 160. Vitruv., lib. V, cap. IX. Suid., ibid. — 7. Hesych., in Ὠδ. — 8. Vitruv., ibid. Théophr., Charact., cap. III. — 9. Plut. ibid. — 10. Cratin., ap. Plut., ibid. — 11. Appian, De bell. Mithrid., p. 331. — 12. Mém. de l'Acad. des bell. lettr., t. XXIII, Hist. p. 189. — 13. Vitruv., ibid. — 14. Chandl., Travels in Greece, p. 64.

1° A l'inspection du terrain, M. Chandler a jugé qu'on avait autrefois construit un théâtre en cet endroit; et M. Foucherot a depuis vérifié le fait.

2° Pausanias[1] rapporte qu'au-dessus du théâtre on voyait de son temps un trépied, dans une grotte taillée dans le roc; et justement au-dessus de la forme théâtrale, reconnue par M. Chandler, est une grotte creusée dans le roc, et convertie depuis en une église, sous le titre de *Panagia spiliotissa*, qu'on peut rendre par *Notre-Dame de la Grotte*. Observons que le mot *spiliotissa* désigne clairement le mot σπήλαιον, que Pausanias donne à la caverne. Voyez ce que les voyageurs ont dit de cette grotte[2]. Il est vrai qu'au-dessus du théâtre du sud-ouest sont deux espèces de niches; mais elles ne sauraient en aucune manière être confondues avec la grotte dont parle Pausanias.

3° Xénophon[3], en parlant de l'exercice de la cavalerie, qui se faisait au Lycée, ou plutôt auprès du Lycée, dit : « Lorsque les cavaliers auront passé l'angle du théâtre qui est à l'opposite, etc. » Donc le théâtre était du côté du Lycée.

4° J'ai dit que, dans les principales fêtes des Athéniens, des chœurs, tirés de chaque tribu, se disputaient le prix de la danse et de la musique; qu'on donnait à la tribu victorieuse un trépied qu'elle consacrait aux dieux; qu'au-dessous de cette offrande, on gravait son nom, celui du citoyen qui avait entretenu le chœur à ses dépens, quelquefois celui du poëte qui avait composé les vers, ou de l'instituteur qui avait exercé les acteurs[4]. J'ai dit aussi que, du temps de Pausanias, il existait un trépied dans la grotte qui était au-dessus du théâtre. Aujourd'hui même on voit, à l'entrée de cette grotte, une espèce d'arc de triomphe, chargé de trois inscriptions tracées en différents temps, en l'honneur de deux tribus qui avaient remporté le prix[5]. Une de ces inscriptions est de l'an 320 avant J. C., et n'est postérieure que de quelques années au voyage d'Anacharsis.

Dès qu'on trouve à l'extrémité de la citadelle, du côté du sud-est, les monuments élevés pour ceux qui avaient été couronnés dans les combats que l'on donnait communément au théâtre[6], on est fondé à penser que le théâtre de Bacchus était placé à la suite de la rue des Trépieds, et précisément à l'endroit où M. Chandler le suppose. En effet, comme je le dis dans ce douzième chapitre, les trophées des vainqueurs devaient être auprès du champ de bataille.

Les auteurs qui vivaient à l'époque que j'ai choisie ne parlent que d'un théâtre. Celui dont on voit les ruines à l'angle sud-ouest de la citadelle n'existait donc pas de leur temps. Je le prends, avec M. Chandler, pour l'Odéon qu'Hérode, fils d'Atticus, fit construire environ 500 ans après, et auquel Philostrate donne le nom de théâtre[7]. « L'Odéon de Patras, dit Pausanias[8], serait le plus beau de tous, s'il n'était effacé par celui d'Athènes, qui surpasse tous les autres en grandeur et en magnificence. C'est Hérode l'Athénien qui l'a fait, après la mort et en l'honneur de sa femme. Je n'en ai pas parlé dans ma description de l'Attique, parce qu'il n'était pas commencé quand je composai cet ouvrage. » Philostrate remarque aussi que le théâtre d'Hérode était un des plus beaux ouvrages du monde[9].

1. Pausan., lib. I, cap. XXI, p. 49. — 2. Whel., A journ., p. 368. Spon, t. II, p. 97. Chandl., ibid., p. 62. — 3. Xenoph., De mag. equit., p. 959. — 4. Plut., in Themist., t. I, p. 114. — 5. Whel., ibid. Le Roi, Ruines de la Grèce, t. II, p. 5. — 6. Demosth., in Mid., p. 606 et 612. — 7. Philostr., De vit. sophist. in Herod., lib. II, p. 551. — 8. Pausan., lib VII, cap. XX, p. 574. — 9. Philostr., ibid.

M. Chandler suppose que l'Odéon ou théâtre d'Hérode avait été construit sur les ruines de l'Odéon de Périclès. Je ne puis être de son avis. Pausanias, qui place ailleurs ce dernier édifice, ne dit pas, en parlant du premier, qu'Hérode le rebâtit, mais qu'il le fit, ἐποίησεν. Dans la supposition de M. Chandler, l'ancien Odéon aurait été à droite du théâtre de Bacchus, tandis que, suivant Vitruve, il était à gauche [1]. Enfin, j'ai fait voir plus haut que l'Odéon de Périclès était à l'angle sud-est de la citadelle.

On conçoit à présent pourquoi Pausanias, en longeant le côté méridional de la citadelle, depuis l'angle sud-est, où il a vu le théâtre de Bacchus, ne parle ni de l'Odéon, ni d'aucune espèce de théâtre : c'est qu'en effet il n'y en avait point dans l'angle sud-ouest quand il fit son premier livre, qui traite de l'Attique.

PNYX. — Sur une colline peu éloignée de la citadelle, on voit encore les restes d'un monument qu'on a pris tantôt pour l'Aréopage [2], tantôt pour le Pnyx [3], d'autres fois pour l'Odéon [4]. C'est un grand espace dont l'enceinte est en partie pratiquée dans le roc, et en partie formée de gros quartiers de pierres taillées en pointes de diamant. Je le prends, avec M. Chandler, pour la place du Pnyx, où le peuple tenait quelquefois ses assemblées. En effet, le Pnyx était entouré d'une muraille [5]; il se trouvait en face de l'Aréopage [6]. De ce lieu on pouvait voir le port du Pirée [7]. Tous ces caractères conviennent au monument dont il s'agit. Mais il en est un encore plus décisif. « Quand le peuple est assis sur ce rocher, » dit Aristophane, etc. [8]; et c'est du Pnyx qu'il parle. J'omets d'autres preuves, qui viendraient à l'appui de celles-là.

Cependant Pausanias paraît avoir pris ce monument pour l'Odéon. Qu'en doit-on conclure? que de son temps le Pnyx, dont il ne parle pas, avait changé de nom, parce que, le peuple ayant cessé de s'y assembler, on y avait établi le concours des musiciens. En rapprochant toutes les notions qu'on peut avoir sur cet article, on en conclura que ce concours se fit d'abord dans un édifice construit à l'angle sud-est de la citadelle : c'est l'Odéon de Périclès; ensuite dans le Pnyx : c'est l'Odéon dont parle Pausanias; enfin sur le théâtre, dont il reste encore une partie à l'angle sud-ouest de la citadelle : c'est l'Odéon d'Hérode, fils d'Atticus.

TEMPLE DE JUPITER OLYMPIEN. — Au nord de la citadelle subsistent encore des ruines magnifiques qui ont fixé l'attention des voyageurs. Quelques-uns [9] ont cru y reconnaître les restes de ce superbe temple de Jupiter Olympien, que Pisistrate avait commencé, qu'on tenta plus d'une fois d'achever, dont Sylla fit transporter les colonnes à Rome, et qui fut enfin rétabli par Adrien [10]. Ils s'étaient fondés sur le récit de Pausanias, qui semble, en effet, indiquer cette position [11]; mais Thucydide [12] dit formellement que ce temple était au sud de la citadelle; et son témoignage est accompagné de détails qui ne permettent pas d'adopter la correction que Valla et Paulmier proposent de faire au texte

---

1. Vitruv., lib. V, cap. IX. — 2. Spon, Voyag., t. II, p. 116. — 3. Chandl., Travels in Greece, chap. XIII, p. 68. — 4. Whel., book V, p. 382. Le Roi, Ruines de la Grèce, t. I, p. 18. — 5. Philochor., ap. schol. Aristoph. in Av., v. 998. — 6. Lucian., in Bis accus., t. II, p. 801. — 7. Plut., in Themist., t. I, p. 124. — 8. Aristoph., in Equit., v. 751. — 9. Whel., ibid., p. 392. Spon, ibid., p. 108. — 10. Meurs., Athen. attic., lib. I, cap. X. — 11. Pausan., lib. I, cap. XVII, p. 42. — 12. Thucyd., lib. II, cap. XV.

de Thucydide. M. Stuart[1] s'est prévalu de l'autorité de cet historien, pour placer le temple de Jupiter Olympien au sud-est de la citadelle, dans un endroit où il existe encore de grandes colonnes, que l'on appelle communément colonnes d'Adrien. Son opinion a été combattue par M. Le Roi[2], qui prend pour un reste du Panthéon de cet empereur les colonnes dont il s'agit. Malgré la déférence que j'ai pour les lumières de ces deux savants voyageurs, j'avais d'abord soupçonné que le temple de Jupiter Olympien, placé par Thucydide au sud de la citadelle, était un vieux temple qui, suivant une tradition rapportée par Pausanias[3], fut, dans les plus anciens temps, élevé par Deucalion, et que celui de la partie du nord avait été fondé par Pisistrate. De cette manière, on concilierait Thucydide avec Pausanias; mais, comme il en résulterait de nouvelles difficultés, j'ai pris le parti de tracer au hasard, dans mon plan, un temple de Jupiter Olympien au sud de la citadelle.

M. Stuart a pris les ruines qui sont au nord pour les restes du Pœcile[4]; mais je crois avoir prouvé que ce célèbre portique tenait à la place publique située auprès de la porte Dipyle. D'ailleurs, l'édifice dont ces ruines faisaient partie paraît avoir été construit du temps d'Adrien[5], et devient par là étranger à mon plan.

STADE. — Je ne l'ai pas figuré dans ce plan, parce que je le crois postérieur au temps dont je parle. Il paraît en effet qu'au siècle de Xénophon on s'exerçait à la course dans un espace, peut-être dans un chemin, qui commençait au Lycée, et qui se prolongeait vers le sud, sous les murs de la ville[6]. Peu de temps après, l'orateur Lycurgue fit aplanir et entourer de chaussées un terrain qu'un de ses amis avait cédé à la république[7]. Dans la suite, Hérode, fils d'Atticus, reconstruisit et revêtit presque entièrement de marbre le Stade, dont les ruines subsistent encore[8].

MURS DE LA VILLE. — Je supprime plusieurs questions qu'on pourrait élever sur les murailles qui entouraient le Pirée et Munychie; sur celles qui, du Pirée et de Phalère, aboutissaient aux murs d'Athènes. Je ne dirai qu'un mot de l'enceinte de la ville. Nous ne pouvons en déterminer la forme; mais nous avons quelques secours pour en connaître à peu près l'étendue. Thucydide[9], faisant l'énumération des troupes nécessaires pour garder les murailles, dit que la partie de l'enceinte qu'il fallait défendre était de quarante-trois stades (c'est-à-dire quatre mille soixante-trois toises et demie), et qu'il restait une partie qui n'avait pas besoin d'être défendue, c'était celle qui se trouvait entre les deux points où venaient aboutir, d'un côté, le mur de Phalère, et de l'autre, celui du Pirée. Le scoliaste de Thucydide donne à cette partie dix-sept stades de longueur, et compte, en conséquence, pour toute l'enceinte de la ville, soixante stades (c'est-à-dire cinq mille six cent soixante-dix toises; ce qui ferait de tour à peu près deux lieues et un quart, en donnant à la lieue deux mille cinq cents toises). Si l'on voulait suivre cette indication, le mur de Phalère remonterait jusqu'auprès du Lycée; ce qui n'est pas possible. Il doit s'être glissé une faute considérable dans le scoliaste.

1. Stuart, Antiq. of Athens, chap. v, p. 38. — 2. Le Roi, Ruines de la Grèce, t. II, p. 21. — 3. Pausan., lib. I, cap. XVIII, p. 43. — 4. Stuart, ibid., p. 40. — 5. Le Roi, ibid., p. 16. — 6. Xenoph., Hist. græc., lib. II, p. 476; id., De magist. equit., p. 959. — 7. Lycurg., ap. Plut., X Orat. vit., t. II, p. 841. — 8. Pausan., ibid., cap. XXIX, p. 46. Philostr., De vit. sophist., lib. II, p. 550. — 9. Thucyd., lib. II, cap. XIII.

Je m'en suis rapporté, à cet égard, ainsi que sur la disposition des longues murailles et des environs d'Athènes, aux lumières de M. Barbié, qui, après avoir étudié avec soin la topographie de cette ville, a bien voulu exécuter le faible essai que je présente au public. Comme nous différons sur quelques points principaux de l'intérieur, il ne doit pas répondre des erreurs qu'on trouvera dans cette partie du plan. Je pouvais le couvrir de maisons, mais il était impossible d'en diriger les rues.

XV. — Sur deux inscriptions rapportées dans le chapitre XII. (Page 277).

J'ai rendu le mot ἐδίδασκε, qui se trouve dans le texte grec, par ces mots, *avait composé la pièce*, *avait fait la tragédie*. Cependant, comme il signifie quelquefois *avait dressé les acteurs*, je ne réponds pas de ma traduction. On peut voir, sur ce mot, les notes de Casaubon sur Athénée (lib. VI, cap. VII, p. 260); celles de Taylor sur le marbre de Sandwich (p. 71); van Dale sur les gymnases (p. 686); et d'autres encore.

XVI. — Sur la manière d'éclairer les temples. (Page 281.)

Les temples n'avaient point de fenêtres; les uns ne recevaient de jour que par la porte; en d'autres, on suspendait des lampes devant la statue principale [1]; d'autres étaient divisés en trois nefs, par deux rangs de colonnes. Celle du milieu était entièrement découverte, et suffisait pour éclairer les bas côtés, qui étaient couverts [2]. Les grandes arcades qu'on aperçoit dans les parties latérales d'un temple qui subsiste encore parmi les ruines d'Agrigente [3], ont été ouvertes longtemps après sa construction.

XVII. — Sur les colonnes de l'intérieur des temples. (Page 282).

Il paraît que, parmi les Grecs, les temples furent d'abord très-petits. Quand on leur donna de plus grandes proportions, on imagina d'en soutenir le toit par un seul rang de colonnes placées dans l'intérieur, et surmontées d'autres colonnes qui s'élevaient jusqu'au comble. C'est ce qu'on avait pratiqué dans un de ces anciens temples dont j'ai vu les ruines à Pæstum.

Dans la suite, au lieu d'un seul rang de colonnes, on en plaça deux, et alors les temples furent divisés en trois nefs. Tels étaient celui de Jupiter à Olympie, comme le témoigne Pausanias [4]; et celui de Minerve à Athènes, comme M. Foucherot s'en est assuré. Le temple de Minerve à Tégée en Arcadie, construit par Scopas, était du même genre. Pausanias dit [5] que, dans les colonnes de l'intérieur, le premier ordre était dorique, et le second corinthien.

XVIII. — Sur les proportions du Parthénon. (Page 282).

Suivant M. Le Roi [6], la longueur de ce temple est de deux cent quatorze de nos pieds, dix pouces, quatre lignes; et sa hauteur, de

---

1. Strab., lib. IX, p. 396. Pausan., lib. I, cap. XXVI, p. 63. — 2. Strab., ibid. Vitruv., lib. III, cap. I, p. 41. — 3. D'Orville, Sicula, cap. V, p. 97. — 4. Pausan., lib. V, cap. X, p. 400. — 5. Id., lib. VIII, cap. XLV, p. 693. — 6. Le Roi, Ruines de la Grèce, Ire part., p. 36; IIe part., pl. XX.

soixante-cinq pieds. Évaluons ces mesures en pieds grecs; nous aurons pour la longueur environ deux cent vingt-sept pieds, et pour la hauteur environ soixante-huit pieds sept pouces. Quant à la largeur, elle paraît désignée par le nom d'Hécatonpédon (cent pieds), que les anciens donnaient à ce temple. M. Le Roi a trouvé en effet que la frise de la façade avait quatre-vingt-quatorze de nos pieds et dix pouces, ce qui revient aux cent pieds grecs [1].

XIX. — *Sur la quantité de l'or appliqué à la statue de Minerve.*
(Page 283.)

Thucydide dit [2] quarante talents; d'autres auteurs [3] disent quarante-quatre; d'autres enfin cinquante [4]. Je m'en rapporte au témoignage de Thucydide. En supposant que, de son temps, la proportion de l'or à l'argent était d'un à treize, comme elle l'était du temps d'Hérodote, les quarante talents d'or donneraient cinq cent vingt talents d'argent, qui, à cinq mille quatre cents livres le talent, formeraient un total de deux millions huit cent huit mille livres. Mais, comme au siècle de Périclès la drachme valait au moins dix-neuf sous, et le talent cinq mille sept cents livres (voyez la note qui accompagne la table de l'évaluation des monnaies, à la fin de cet ouvrage), les quarante talents dont il s'agit valaient au moins deux millions neuf cent soixante-quatre mille livres.

XX. — *Sur la manière dont l'or était distribué sur la statue de Minerve.*
(Page 283.)

La déesse était vêtue d'une longue tunique, qui devait être en ivoire. L'égide, ou la peau de la chèvre Amalthée, couvrait sa poitrine, et peut-être son bras gauche, comme on le voit sur quelques-unes de ses statues. Sur le bord de l'égide étaient attachés des serpents : dans le champ, couvert d'écailles de serpents, paraissait la tête de Méduse. C'est ainsi que l'égide est représentée dans les monuments et dans les auteurs anciens [5]. Or Isocrate, qui vivait encore dans le temps où je suppose le jeune Anacharsis en Grèce, observe [6] qu'on avait volé le Gorgonium; et Suidas [7], en parlant du même fait, ajoute qu'il avait été arraché de la statue de Minerve. Il paraît, par un passage de Plutarque [8], que, par ce mot, il faut entendre l'égide.

Voyons à présent de quoi était faite l'égide enlevée à la statue. Outre qu'on ne l'aurait pas volée si elle n'avait pas été d'une matière précieuse, Philochorus nous apprend [9] que le larcin dont on se plaignait concernait les écailles et les serpents. Il ne s'agit pas ici d'un serpent que l'artiste avait placé aux pieds de la déesse : ce n'était qu'un accessoire, un attribut, qui n'exigeait aucune magnificence. D'ailleurs, Philochorus parle de serpents au pluriel.

Je conclus de ce que je viens de dire que Phidias avait fait en or les écailles qui couvraient l'égide, et les serpents qui étaient suspendus tout autour. C'est ce qui est confirmé par Pausanias [10]. Il dit que Minerve avait sur sa poitrine une tête de Méduse en ivoire : remarque

---

1. Le Roi, Ruines de la Grèce, Ire part., p. 29. — 2. Thucyd., lib. II, cap. XIII. — 3. Philochor., ap. schol. Aristoph. in Pac., v. 604. — 4. Diod., lib. II, p. 96. — 5. Virgil., Æneid., lib. VIII, v. 436. — 6. Isocr. adv. Callim., t. II, p. 511. — 7. Suid., in Φιλαίας. — 8. Plut., in Themist., t. I, p. 117. — 9. Philochor., ap. schol. Aristoph. in Pac., v. 604. — 10. Pausan., lib. I, cap. XXIV, p. 58.

inutile, si l'égide était de la même matière, et si sa tête n'était pas relevée par le fond d'or sur lequel on l'avait appliquée. Les ailes de la Victoire que Minerve tenait dans ses mains étaient aussi en or. Des voleurs qui s'introduisirent dans le temple trouvèrent les moyens de les détacher; et, s'étant divisés pour en partager le prix, ils se trahirent eux-mêmes [1].

D'après différents indices, que je supprime, on peut présumer que les bas-reliefs du casque, du bouclier, de la chaussure, et peut-être du piédestal, étaient du même métal. La plupart de ces ornements subsistaient encore à l'époque que j'ai choisie. Ils furent enlevés, quelque temps après, par un nommé Lacharès [2].

XXI. — *Sur les présidents du sénat d'Athènes.* (Page 290.)

Tout ce qui regarde les officiers du sénat et leurs fonctions présente tant de difficultés, que je me contente de renvoyer aux savants qui les ont discutées, tels que Sigonius (De republ. Athen., lib. II, cap. IV), Petavius (De doctrin. temp., lib. II, cap. I), Dodwel (De cycl., dissert. III, § 43), Samuel Petitus (Leg. attic., p. 188), Corsini (Fast. attic., t. 1, dissert. VI).

XXII. — *Sur les décrets du sénat et du peuple d'Athènes.* (Page 293.)

Rien ne s'exécutait qu'en vertu des lois et des décrets [3]. Leur différence consistait en ce que les lois obligeaient tous les citoyens, et les obligeaient pour toujours; au lieu que les décrets proprement dits ne regardaient que les particuliers, et n'étaient que pour un temps. C'est par un décret qu'on envoyait des ambassadeurs, qu'on décernait une couronne à un citoyen, etc. Lorsque le décret embrassait tous les temps et tous les particuliers, il devenait une loi.

XXIII. — *Sur un jugement singulier de l'Aréopage.* (Page 308.)

Au fait que je cite dans le texte, on peut en ajouter un autre qui s'est passé longtemps après, et dans un siècle où Athènes avait perdu toute sa gloire, et l'Aréopage conservé la sienne. Une femme de Sicyone, outrée de ce qu'un second mari et le fils qu'elle en avait eu venaient de mettre à mort un fils de grande espérance qui lui restait de son premier époux, prit le parti de les empoisonner. Elle fut traduite devant plusieurs tribunaux, qui n'osèrent ni la condamner, ni l'absoudre. L'affaire fut portée à l'Aréopage, qui, après un long examen, ordonna aux parties de comparaître dans cent ans [4].

XXIV. — *Sur le jeu de dés.* (Page 318.)

M. de Peiresc avait acquis un calendrier ancien, orné de dessins. Au mois de janvier était représenté un joueur qui tenait un cornet dans sa main, et en versait des dés dans une espèce de tour placée sur le bord du damier [5].

1. Demosth., in Timocr., p. 792. Ulpian., ibid., p. 821. — 2. Pausan., lib. I, cap. XXV, p. 61. — 3. Demosth., ibid., p. 787. — 4. Valer. Max., lib. VIII, cap. I; Aul. Gell., lib. XII, cap. VII; et alii. — 5. Vales., in Harpocr., p. 79.

XXV. — *Prix de diverses marchandises.* (Page 325.)

J'ai rapporté dans le texte le prix de quelques comestibles, tel qu'il était à Athènes du temps de Démosthène. Environ soixante ans auparavant, du temps d'Aristophane, la journée d'un manœuvre valait trois oboles (neuf sous) [1]; un cheval de course, douze mines, ou mille deux cents drachmes (mille quatre-vingts livres) [2]; un manteau, vingt drachmes (dix-huit livres); une chaussure, huit drachmes (sept livres quatre sous) [3].

XXVI. — *Sur les biens que Démosthène avait eus de son père.* (Page 325.)

Le père de Démosthène passait pour être riche [4]: cependant il n'avait laissé à son fils qu'environ quatorze talents, environ soixante-quinze mille six cents livres [5]. Voici quels étaient les principaux effets de cette succession :

1° Une manufacture d'épées, où travaillaient trente esclaves [6]. Deux ou trois, qui étaient à la tête, valaient chacun cinq à six drachmes, environ cinq cents livres; les autres, au moins trois cents drachmes, deux cent soixante-dix livres; ils rendaient par an trente mines, ou deux mille sept cents livres, tous frais déduits. 2° Une manufacture de lits, qui occupait vingt esclaves, lesquels valaient quarante mines, ou trois mille six cents livres : ils rendaient par an douze mines, ou mille quatre-vingts livres. 3° De l'ivoire, du fer, du bois [7]; quatre-vingts mines, ou sept mille deux cents livres. L'ivoire servait, soit pour les pieds des lits [8], soit pour les poignées et les fourreaux des épées [9]. 4° Noix de galle et cuivre, soixante-dix mines, ou six mille trois cents livres. 5° Maison, trente mines, ou deux mille sept cents livres. 6° Meubles, vases, coupes, bijoux d'or, robes, et toilette de la mère de Démosthène, cent mines, ou neuf mille livres. 7° De l'argent prêté ou mis dans le commerce, etc. [10].

XXVII. — *Sur le poids et la valeur de quelques offrandes en or envoyées au temple de Delphes par les rois de Lydie, et décrites dans Hérodote* (lib. I, cap. XIV, 50, etc.); *et dans Diodore de Sicile* (lib. XVI, (Page 345).

Pour réduire les talents d'or en talents d'argent, je prendrai la proportion de un à treize, comme elle était du temps d'Hérodote [11]; et, pour évaluer les talents d'argent, je suivrai les tables que j'ai données à la fin de cet ouvrage. Elles ont été dressées pour le talent attique, et elles supposent que la drachme d'argent pesait soixante-dix-neuf grains. Il est possible que, du temps de cet historien, elle fût plus forte de deux ou trois grains : il suffit d'en avertir. Voici les offrandes d'or dont Hérodote nous a conservé le poids :

Six grands cratères pesant trente talents, qui valaient trois cent

---

1. Aristoph., in Eccles., v. 310. — 2. Id., in Nub., v. 1227. — 3. Id., in Plut., v. 983. — 4. Demosth., in Aphob., p. 896, 901, 904. — 5. Id., ibid., 895. — 6. Id., ibid., p. 896. — 7. Id., ibid. — 8. Plat., ap. Athen., lib. II, cap. IX, p. 48. — 9. Demosth., ibid., p. 898. Diog. Laert., lib. VI, § 65. — 10. Demosth., ibid., p. 896 — 11. Herodot., lib. III, cap. XCV.

quatre-vingt-dix talents d'argent, et de notre mon-
naie.. 2 106 000 liv.
Cent dix-sept demi-plinthes pesant deux cent trente-
deux talents, qui valaient trois mille seize talents
d'argent, de notre monnaie............................. 16 286 400
Un lion pesant dix talents, valant cent trente talents
d'argent, de notre monnaie............................. 702 000
Une statue pesant huit talents, valant cent quatre talents d'argent, de notre monnaie..................... 561 600
Un cratère pesant huit talents et quarante-deux mines,
valant cent treize talents six mines d'argent, de
notre monnaie.. 610 740
A ces offrandes Diodore de Sicile [1] ajoute trois cent
soixante fioles d'or, pesant chacune deux mines, ce
qui fait douze talents pesant d'or, qui valaient cent
cinquante-six talents en argent, et de notre monnaie. 842 400

TOTAL .... 21 109 140 liv.

Au reste, on trouve quelques différences dans les calculs d'Hérodote et de Diodore de Sicile; mais cette discussion me mènerait trop loin.

XXVIII. — *Sur la vapeur de l'antre de Delphes.* (Page 349.)

Cette vapeur était du genre des mouffettes : elle ne s'élevait qu'à une certaine hauteur. Il paraît qu'on avait exhaussé le sol autour du soupirail. Voilà pourquoi il est dit qu'on descendait à ce soupirail. Le trépied étant ainsi enfoncé, on conçoit comment la vapeur pouvait parvenir à la prêtresse sans nuire aux assistants.

XXIX. — *Sur le plan d'une maison grecque.* (Page 371.)

M. Perrault a dressé le plan d'une maison grecque, d'après la description que Vitruve en a faite [2]. M. Galiani en a donné un second, qui est sans doute préférable à celui de Perrault [3]. J'en publie un troisième, que feu M. Mariette avait bien voulu dresser à ma prière, et justifier par le mémoire suivant :

« J'ai lu le plus attentivement qu'il m'a été possible la traduction qu'a faite Perrault de l'endroit où Vitruve traite des maisons à l'usage des peuples de l'ancienne Grèce. J'ai eu le texte latin sous les yeux; et, pour en dire la vérité, j'ai trouvé que le traducteur français s'y était permis bien des libertés que n'a pas prises, à mon avis, le marquis Galiani, dans la nouvelle traduction italienne du même auteur dont il vient de faire part au public. Il m'a paru que son interprétation, et le plan géométral d'une maison grecque qu'il a figuré, et qu'il y a joint, rendaient beaucoup mieux que ne l'a fait Perrault, les idées de Vitruve. Jugez-en vous-même.

« De la façon dont s'est exprimé l'auteur latin, la maison d'un Grec était proprement celle que sa femme et son domestique habitaient. Elle n'était ni trop spacieuse ni trop ornée; mais elle renfermait toutes les commodités qu'il était possible de se procurer. Le corps de logis qui y était joint, et qui était pour le mari seul, n'était au contraire

---

1. Diod., lib. XVI, p. 452. — 2. Vitruv., De archit., lib. VI, cap. X. Perrault, ibid. — 3. Galiani, Architect. di Vitruv., ibid.

qu'une maison de représentation, et, si vous l'aimez mieux, de parade.

« Comme il n'aurait pas été décent et qu'on n'aurait pu entrer, sans blesser les mœurs, dans la première de ces maisons, il fallait, avant que d'y pénétrer, se faire ouvrir deux portes : l'une extérieure, ayant son débouché immédiatement sur la voie publique, n'étant point précédée d'un porche ou *atrium*, comme dans les maisons qui se construisaient à Rome ; et l'autre porte, intérieure : toutes deux gardées par différents portiers. Le texte ne dit pas en parlant de leur logement *ostiarii cellam*, mais *ostiariorum cellas*; pour gagner la seconde porte, après avoir franchi la première, on était obligé de suivre une allée en forme d'avenue assez étroite, *latitudinis non spatiosæ*, et à laquelle je suppose une grande longueur; sans quoi Vitruve n'aurait pas regardé comme un voyage le trajet qu'il y avait à faire d'une porte à l'autre : car c'est ainsi qu'il s'exprime en parlant de cette avenue, *itinera faciunt*. L'on n'aurait pas non plus été dans la nécessité de multiplier, comme on a vu, les portiers et leurs loges, si les portes eussent été plus voisines.

« L'habitation, par cette disposition, se trouvant éloignée de la voie publique, l'on y jouissait d'une plus grande tranquillité, et l'on avait, à droite et à gauche de l'allée qui y conduisait, des espaces suffisants pour y placer d'un côté les écuries et tout ce qui en dépend ; les remises ou hangars propres à serrer les chars ou autres voitures, et les mettre à l'abri des injures de l'air; les greniers à foin, les lieux nécessaires pour le pansement des chevaux, pour le dire en un mot, ce que nous comprenons sous le nom général de *basse-cour*, et que Vitruve appelle simplement *equilia*. Ni Perrault, ni le marquis Galiani, faute d'espace, ne l'ont exprimé sur leurs plans ; ils se sont contentés d'y marquer la place d'une écurie, encore si petite, que vous conviendrez avec moi de son insuffisance pour une maison de cette conséquence.

« Sur l'autre côté de l'allée je poserai, avec Vitruve, les loges des portiers, et j'y placerai encore les beaux vestibules qui donnaient entrée dans cette maison de parade que j'ai annoncée, laquelle couvrira, dans mon plan, l'espace de terrain correspondant à celui qu'occupent les écuries. Je suis contraint d'avouer que Vitruve se tait sur ce point ; mais ne semble-t-il pas l'insinuer ? car il ne quitte point l'allée en question sans faire remarquer qu'elle était le centre où aboutissaient les différentes portes par où l'on arrivait dans l'intérieur des édifices qu'il décrit : *Statimque januæ interiores finiuntur*.

« Ce vestibule et les pièces qu'il précédait, se trouvant ainsi sous la clef de la première porte d'entrée, n'avaient pas besoin d'un portier particulier : aussi ne voit-on pas que Vitruve leur en assigne aucun ; ce qu'il n'aurait pas manqué de faire, si le vestibule eût été sur la voie publique, et tel que l'a figuré sur son plan le marquis Galiani.

« Arrivé à la seconde porte, après se l'être fait ouvrir, on passait dans un péristyle ou cloître, n'ayant que trois corridors ou portiques, un sur le devant et deux sur les côtés. Le *prostas*, ou ce que nous nommons *vestibule*, pour mieux répondre à nos idées, quoique ce fût une autre chose chez les anciens, se présentait en face aux personnes qui entraient. C'était un lieu tout ouvert par devant, d'un tiers moins profond que la largeur de sa baie, et flanqué de chaque côté de son ouverture par deux *antes* ou pilastres, servant de supports aux poutres ou portail qui en fermaient carrément par le haut l'ouverture, comme un linteau ferme celle d'une porte ou d'une fenêtre.

« Quoique Vitruve n'en parle point, il devait y avoir trois portes de chambres dans ledit *prostas* : l'une au fond, qui donnait accès dans de grandes et spacieuses salles, *œci magni*, où les femmes grecques, même les plus qualifiées, ne rougissaient point de travailler la laine en compagnie de leurs domestiques, et de l'employer à des ouvrages utiles. Une porte sur la droite du *prostas*, et une autre à l'opposite, étaient celles de deux chambres, *cubicula*, l'une nommée *thalamus*, l'autre *amphithalamus*. Perrault a lu *antithalamus*, pour se procurer une antichambre dont je ne crois pourtant pas que les Grecs aient jamais fait usage ; et d'ailleurs, si c'en eût été une, elle aurait dû, pour remplir sa destination, précéder la pièce appelée *thalamus*, et n'en être pas séparée par le *prostas*, ainsi que Vitruve le dit positivement, et que Perrault l'a observé lui-même, obligé de se conformer en cela au récit de son auteur.

« Le marquis Galiani en a fait, comme moi, l'observation. Mais par quelle raison veut-il que l'*amphithalamus* soit un cabinet dépendant du *thalamus* ? Pourquoi, faisant aller ces deux pièces ensemble, en compose-t-il deux appartements pareils, qu'il met l'un à droite et l'autre à gauche du *prostas* et de la salle du travail ? N'a-t-il pas aperçu que Vitruve ne compte que deux chambres uniques, une de chaque côté du *prostas* ? ce qui est plus simple et plus dans les mœurs des anciens Grecs. Elles ne portent pas les mêmes noms, preuve que chacune avait un usage particulier qui obligeait de les éloigner l'une de l'autre.

« S'il m'était permis de hasarder un sentiment, j'estimerais que par *thalamus* Vitruve entend la chambre du lit où couchent le maître et la maîtresse de la maison ; et par *amphithalamus* la chambre où la maîtresse de maison reçoit ses visites, et autour de laquelle (ἀμφί, *circùm*) règnent des lits en manière d'estrades, pour y placer son monde. J'ai dans l'idée que les anciennes maisons des Grecs avaient, quant à la partie de la distribution, beaucoup de rapport avec celles qu'habitent aujourd'hui les Turcs, maîtres du même pays. Vous me verrez bientôt suivre le parallèle dans un plus grand détail.

« Je ne crains pas que vous me refusiez, dans une maison où rien ne doit manquer, une pièce aussi essentiellement nécessaire qu'est une salle destinée aux visites. Voudriez-vous que la maîtresse du logis en fût privée, tandis que la maison du maître, dont il sera question dans un instant, en surabonde ? Que si vous ne l'accordez pas en cet endroit, où la placerez-vous ? Déjà les autres pièces de la même maison, qui toutes sont disposées autour du cloître ou péristyle, et qui ont leurs entrées sous les corridors dudit cloître, sont occupées chacune à sa destination. Vitruve nous dit que dans une on prenait journellement le repas, *triclinia quotidiana*, c'est-à-dire que le maître du logis y mangeait ordinairement avec sa femme et ses enfants, lorsqu'il n'avait pas compagnie ; dans les autres, les enfants ou les domestiques y logeaient et y couchaient, *cubicula*; ou bien elles servaient de garde-meubles, de dépenses, d'offices, même de cuisine : car il faut bien qu'il y en ait au moins une dans une maison, et c'est ce que Vitruve comprend sous la dénomination générale de *cellæ familiaricæ*. Voilà pour ce qui regarde la maison appelée par les Grecs *gynæconitis*, appartement *de la femme*.

« Perrault fait traverser cet édifice pour arriver dans un autre plus considérable, que le maître de la maison habitait, et dans lequel, séparé de sa famille, il vivait avec la splendeur qu'exigeaient son état et sa condition. Cette disposition répugne, avec raison, au marquis Galiam : et en effet, il est démontré que les femmes grecques, reléguées, pour ainsi dire, dans la partie la plus reculée de la maison, n'avaient aucune communication avec les hommes de dehors ; et par conséquent, le quartier qui leur était assigné devait être absolument séparé de celui que fréquentaient les hommes. Il n'était donc pas convenable qu'il fût ouvert et qu'il servît continuellement de passage à ces derniers. Pour éviter cet inconvénient, le marquis Galiani, dont j'adopte le sentiment, a jugé à propos de rejeter sur un des côtés le bâtiment que Perrault avait placé sur le front de l'habitation des femmes.

« A prendre à la lettre les paroles de Vitruve, les bâtiments réservés pour le seul usage du maître de la maison étaient au nombre de deux. Vitruve, en les désignant, emploie les mots *domus* et *peristylia* au pluriel, et dit que ces corps de logis, beaucoup plus vastes que ne l'était la maison des femmes, dont il vient de parler, y étaient adhérents. Mais cela ne paraîtra ni nouveau ni extraordinaire à ceux qui ont étudié et qui connaissent le style peu correct de cet écrivain, qui ne se piquait pas d'être un grand grammairien. C'est assez sa coutume de se servir du pluriel dans une infinité de cas qui requièrent le singulier. Ainsi Perrault et le marquis Galiani ont très-bien fait de prendre sur cela leur parti, et de s'en tenir à un seul corps de bâtiment. J'en fais autant, et ne vois pas qu'on puisse penser autrement.

« Le second bâtiment, plus orné que le premier, n'était proprement, ainsi que je l'ai déjà fait observer, qu'une maison d'apparat, et faite pour figurer. On n'y rencontrait que des salles d'audience et de conversation, des galeries ou cabinets de tableaux, des bibliothèques, des salles de festins; aucunes chambres pour l'habitation. C'était là que le maître de la maison recevait les personnes distinguées qui le visitaient, et qu'il faisait les honneurs de chez lui; qu'il conversait avec ses amis, qu'il traitait d'affaires, qu'il donnait des festins et des fêtes; et dans toutes ces occasions, surtout dans la dernière (Vitruve y est formel), les femmes ne paraissaient point.

« Pour arriver à ces différentes pièces, il fallait, avant tout, traverser de magnifiques vestibules, *vestibula egregia*. Le marquis Galiani, qui les réduit à un seul, range le sien sur la voie publique, sans l'accompagner d'aucune loge de portier, qui, dans ce cas-là, y devenait nécessaire. Les miens n'en auront pas besoin : ils sont renfermés sous la même clef que la première porte de la maison; et, comme j'ai déjà déduit les raisons sur lesquelles je me suis fondé pour en agir ainsi, je me crois dispensé de les répéter.

« Chaque pièce avait sa porte qui lui était propre, et qui était ornée, ou, si l'on veut, meublée avec dignité : *januas proprias cum dignitate*. Je préférerais, puisqu'il faut suppléer un mot, celui de meublée, par la raison que les portes, dans l'intérieur des maisons, chez les anciens, n'étaient fermées qu'avec de simples portières ou morceaux d'étoffes qu'on levait ou baissait suivant le besoin. Celles-ci avaient leurs issues sous les portiques d'un péristyle bien autrement étendu que ne l'était celui de l'autre maison : il occupait seul presque la moitié du terrain qu'occupait l'édifice entier; et c'est ce qui fait que Vitruve, prenant la partie pour le tout, donne, en quelques endroits de sa description, le nom de *péristyle* à tout l'ensemble de l'édifice. Quelquefois ce péristyle avait cela de particulier, que le portique qui regardait le midi, et auquel était appliquée la grande salle des festins, soutenu par de hautes colonnes, était plus exhaussé que les trois autres portiques du même péristyle. Alors on lui donnait le nom de *portique rhodien*. Ces portiques, pour plus de richesse, avaient leurs murailles enduites de stuc, et leurs plafonds lambrissés de menuiserie. Les hommes s'y promenaient, et pouvaient s'y entretenir et parler d'affaires, sans crainte d'être troublés par l'approche des femmes. Cela leur avait fait donner le nom d'*andronitides*.

« Pour vous faire prendre une idée assez juste d'un semblable péristyle, je vous transporterai, pour un moment, dans un magnifique cloître de moines, tel qu'il y en a en plusieurs monastères d'Italie. Je le ferai soutenir dans tout son pourtour par un rang de colonnes; j'adosserai aux murailles de grandes pièces qui auront leurs issues sous les portiques du péristyle; j'en ouvrirai quelques-unes par devant, de toute leur étendue, comme vous avez pu voir plusieurs chapitres de moines. Je ferai de ces pièces ainsi ouvertes, de grandes salles de festins et des salles d'audience; car c'est ainsi que je les suppose chez les Grecs, et que m'aident à les concevoir celles de même genre qui nous sont demeurées dans les thermes des Romains. Je donnerai à la principale de ces salles de festins, à laquelle je ferai regarder le midi, le plus d'étendue que le terrain me le permettra. Je la disposerai de manière qu'on y puisse dresser commodément les quatre tables à manger, à trois lits chacune, qui sont demandées par Vitruve; un grand nombre de domestiques pourront y faire le service sans confusion, et il restera encore assez de place aux acteurs qu'on appellera pour y donner des spectacles. Voilà, si je ne me trompe, un tableau tracé avec assez de fidélité, du superbe péristyle dont Vi__ve fait la description.

« Mais vous n'imaginez pas plus que moi que toutes les maisons des Grecs fussent distribuées, ni qu'elles fussent toutes orientées de la même manière que l'était celle que je vous ai présentée d'après Vitruve, et qu'il propose pour exemple. Il faudrait, pour être en état d'en construire une semblable, être maître d'un terrain aussi vaste que régulier, pouvoir tailler ce qu'on appelle en plein drap. Et qui peut l'espérer, surtout si c'est dans une ville déjà bâtie, où chaque édifice prend nécessairement une tournure singulière, et où tout propriétaire est contraint de s'assujettir aux alignements que lui prescrivent ses voisins? Ce que Vitruve a donné ne doit donc s'entendre que de la maison d'un grand, d'un Grec voluptueux que la fortune a favorisé, *delicatior et ab fortuna opulentior*, ainsi que Vitruve le qualifie; qui, non content d'avoir édifié pour lui, fait encore élever séparément, et dans les dehors de sa maison, deux petits logements assez commodes pour que les étrangers qu'il y hébergera y trouvent leurs aisances, et puissent, pendant le temps qu'ils les occuperont, y vivre en pleine liberté, comme s'ils étaient dans leur propre demeure; y entrer, en sortir, sans être obligés de troubler le repos de celui qui les loge; avoir pour cela des portes à eux, et une rue entre leur domicile et celui de leur hôte.

« Encore aujourd'hui, les Turcs se font un devoir d'exercer l'hospitalité dans des *caravanserails*, ou hôtelleries construites en forme de cloîtres, qu'ils établissent sur les chemins, et où les voyageurs sont reçus gratuitement: ce que l'on peut regarder comme un reste de ce qui se pratiquait anciennement en Grèce. Quant à ce que j'ai laissé entrevoir de la persuasion où j'étais que les maisons actuelles des Turcs avaient de la ressemblance, pour la disposition générale, avec celles des anciens Grecs, leurs prédécesseurs, je persiste dans le même sentiment, et j'ajoute que cela ne peut guère être autrement dans un pays qui n'est pas comme le nôtre, sujet au caprice et aux vicissitudes de la mode. Lorsque les Turcs ont envahi la Grèce, ils se sont en même temps emparés des bâtiments qu'occupaient ceux qu'ils venaient d'asservir. Ils s'y établirent. Ils trouvèrent des logements tels qu'ils pouvaient les désirer, puisque les femmes y avaient des appartements particuliers et tout à fait séparés du commerce des hommes. Ils n'ont eu presque rien à y réformer. il faut supposer, au contraire, qu'une nation guerrière et peu exercée dans la culture des arts se sera modelée sur ces anciens édifices, lorsqu'elle en aura construit de nouveaux. C'est pour cela même que, dans leurs maisons, ainsi que dans celles des Grecs décrites par Vitruve, on trouve tant de cloîtres où, de même que dans les anciens portiques ou péristyles, la plupart des chambres ont leurs issues et y aboutissent.

« M. le marquis Galiani dit, dans une de ses notes, qu'il avait été tenté de placer la maison du maître au-devant de celle des femmes, et non sur le côté, de façon que l'on entrât de la première dans la seconde. S'il l'eût fait et il le pouvait, il se serait conformé à la disposition actuelle des maisons des Turcs; car c'est sur le devant de l'habitation que se tient le maître du logis; c'est en cet endroit qu'il met ordre à ses affaires et qu'il reçoit ses visites. Les femmes sont gardées dans un appartement plus reculé, et inaccessible à tout autre homme qu'à celui qui a le droit d'y entrer. Quelque resserrées que soient les femmes turques, elles reçoivent cependant les visites des dames de leur connaissance; elles les font asseoir sur des sophas rangés contre la muraille, autour d'une chambre uniquement destinée pour ces visites. Convenez que cela répond assez bien à l'*amphitalamus* des maisons des Grecs, dans le point de vue que je vous l'ai fait envisager. Je vous puis conduire encore, s'il est nécessaire, dans d'autres chambres, où je vous ferai voir les femmes turques travaillant avec leurs esclaves à différents ouvrages, moins utiles à la vérité que ceux dont s'occupaient les femmes grecques; mais cela ne fait rien au parallèle ; il ne s'agit que de dispositions de chambres et de bâtiments, et je crois l'avoir suffisamment suivi. »

Je ne prétends pas qu'à l'époque où je fixe le voyage du jeune Anacharsis, plusieurs Athéniens eussent des maisons si vastes et si magnifiques; mais comme Démosthène assure qu'on en élevait, de son temps, qui surpassaient en beauté[1] ces superbes édifices dont Périclès avait embelli Athènes, je suis en droit de supposer, avec M. Mariette, que ces maisons ne différaient pas essentiellement de celle qu Vitruve a décrite.

XXX. — *Sur les jeux auxquels on exerçait les enfants.* (Page 394.)

Ces jeux servaient à graver dans leur mémoire le calcul de certaines permutations : ils apprenaient, par exemple, que 3 nombres, 3 lettres pouvaient se combiner de 6 façons différentes; 4, de 24 façons; 5, de 120; 6, de 720, et ainsi de suite, en multipliant la somme des combinaisons données par le nombre suivant.

XXXI. — *Sur la lettre d'Isocrate à Démonicus.* (Page 397.)

Quelques savants critiques ont prétendu que cette lettre n'était pas d'Isocrate; mais leur opinion n'est fondée que sur de légères conjec-

---

1. Demosth., in Olynth. III, p. 38 et 39; id., De rep. ordin., p. 127; id., in Aristocr., p. 758.

tures. Voyez Fabricius[1], et les Mémoires de l'Académie des belles-lettres[2].

XXXII. — *Sur le mot* νοῦς, ENTENDEMENT, INTELLIGENCE. (Page 399.)

Il paraît que, dans l'origine, ce mot désignait la vue. Dans Homère, le νοῶ signifie quelquefois *je vois*[3]. La même signification s'est conservée dans le mot πρόνοια, que les Latins ont rendu par *provisio, providentia*. C'est ce qui fait dire à Aristote que l'intelligence, νοῦς, est dans l'âme ce que la vue est dans l'œil[4].

XXXIII. — *Sur les mots* SAGESSE *et* PRUDENCE. (Page 399.)

Xénophon, d'après Socrate[5], donne le nom de sagesse à la vertu qu'Aristote appelle ici prudence. Platon lui donne aussi quelquefois la même acception[6]. Archytas, avant eux, avait dit que la prudence est la science des biens qui conviennent à l'homme[7].

XXXIV. — *Sur la conformité de plusieurs points de doctrine entre l'école d'Athènes et celle de Pythagore.* (Page 400.)

Aristote[8] dit que Platon avait emprunté des pythagoriciens une partie de sa doctrine sur les principes. C'est d'après eux aussi qu'Aristote avait composé cette échelle ingénieuse, qui plaçait chaque vertu entre deux vices, dont l'un pèche par défaut, et l'autre par excès. Voyez ce que dit Téagès[9].

Le tableau que je présente dans ce chapitre est composé d'une partie de l'échelle d'Aristote[10], et de quelques définitions répandues dans ses trois traités de morale, l'un adressé à Nicomaque, le second appelé les grandes Morales, le troisième adressé à Eudème. Une étude réfléchie de ces traités peut donner la véritable acception des mots employés par les péripatéticiens pour désigner les vertus et les vices: mais je ne prétends pas l'avoir bien fixée en français, quand je vois ces mêmes mots pris en différents sens par les autres sectes philosophiques, et surtout par celle du Portique.

XXXV. — *Sur une expression des pythagoriciens.* (Page 404.)

Ces philosophes, ayant observé que tout ce qui tombe sous les sens suppose génération, accroissement, et destruction, ont dit que toutes choses ont un commencement, un milieu et une fin[11]; en conséquence, Archytas avait dit avant Platon que le sage, marchant par la voie droite, parvient à Dieu, qui est le principe, le milieu, et la fin de tout ce qui se fait avec justice[12].

XXXVI. — *Sur la corde nommée* PROSLAMBANOMÈNE. (Page 411.)

J'ai choisi pour premier degré de cette échelle le *si*, et non la proslambanomène *la*, comme ont fait les écrivains postérieurs à l'époque

1. Bibl. græc., t. I, p. 902. — 2. Tome XII, Hist.; p.183. — 3. Iliad., lib. III, v. 21, 30, etc. — 4. Topic., lib. I, cap. XVII, t. I, p. 192. — 5. Memor.; lib. III, p. 778. — 6. In Euthyd., t. I, p. 281. — 7. Stob., lib. I, p. 15. — 8. Metaphys., lib. I, cap. VI, t. II, p. 847. — 9. Ap. Stob., serm. I, p. 9. — 10. Eudem.; lib. II, cap. III, t. II, p. 206. — 11. Aristot., De cœl., lib. I, cap. I, t. I, p. 431. Serv., in Virg., eclog. VIII, v. 75. — 12. Lib. de Sapient., in Opusc. mythol., p. 734.

de ces entretiens. Le silence de Platon, d'Aristote, et d'Aristoxène, me persuade que, de leur temps, la proslambanomène n'était pas encore introduite dans le système musical.

XXXVII. — *Sur le nombre des tétracordes introduits dans la lyre.* (Page 414.)

Aristoxène parle des cinq tétracordes qui formaient de son temps le grand système des Grecs. Il m'a paru que, du temps de Platon et d'Aristote, ce système était moins étendu; mais, comme Aristoxène était disciple d'Aristote, j'ai cru pouvoir avancer que cette multiplicité de tétracordes commençait à s'introduire du temps de ce dernier.

XXXVIII. — *Sur le nombre des notes de l'ancienne musique.* (Page 416.)

M. Burette [1] prétend que les anciens avaient seize cent vingt notes, tant pour la tablature des voix que pour celle des instruments. Il ajoute qu'après quelques années, on pouvait à peine chanter ou solfier sur tous les tons et dans tous les genres, en s'accompagnant de la lyre. M. Rousseau [2] et M. Duclos [3] ont dit la même chose, d'après M. Burette.

Ce dernier n'a pas donné son calcul; mais on voit comment il a opéré. Il part du temps où la musique avait quinze modes. Dans chaque mode, chacune des dix-huit cordes de la lyre était affectée de deux notes, l'une pour la voix, l'autre pour l'instrument, ce qui faisait pour chaque mode, trente-six notes : or, il y avait quinze modes; il faut donc multiplier trente-six par quinze, et l'on a cinq cent quarante. Chaque mode, suivant qu'il était exécuté dans l'un des trois genres, avait des notes différentes. Il faut donc multiplier encore cinq cent quarante par trois, ce qui donne en effet seize cent vingt.

M. Burette ne s'est pas rappelé que, dans une lyre de dix-huit cordes, huit de ces cordes étaient stables, et par conséquent affectées des mêmes signes, sur quelque genre qu'on voulût monter la lyre.

Il m'a paru que toutes les notes employées dans les trois genres de chaque mode montaient au nombre de trente-trois pour les voix, et autant pour les instruments, en tout soixante-six. Multiplions à présent le nombre des notes par celui des modes, c'est-à-dire soixante-six par quinze : au lieu de seize cent vingt notes que supposait M. Burette, nous n'en aurons que neuf cent quatre-vingt-dix, dont quatre cent quatre-vingt-quinze pour les voix, et autant pour les instruments.

Malgré cette réduction, on sera d'abord effrayé de cette quantité de signes autrefois employés dans la musique, et l'on ne se souviendra pas que nous en avons un très-grand nombre nous-mêmes, puisque nos clefs, nos dièses, et nos bémols changent la valeur d'une note posée sur chaque ligne et dans chaque intervalle. Les Grecs en avaient plus que nous : leur tablature exigeait donc plus d'étude que la nôtre. Mais je suis bien éloigné de croire, avec M. Burette, qu'il fallût des années entières pour s'y familiariser.

XXXIX. — *Sur les harmonies dorienne et phrygienne.* (Page 421.)

On ne s'accorde pas tout à fait sur le caractère de l'harmonie phrygienne. Suivant Platon, plus tranquille que la dorienne, elle inspirait

---

1. Mém. de l'Acad. des bell. lettr., t. V, p. 182. — 2. Dict. de mus. à l'art. Notes. — 3. Mém. de l'Acad., t. XXI, p. 202.

la modération, et convenait à un homme qui invoque les dieux[1]. Suivant Aristote, elle était turbulente et propre à l'enthousiasme[2]. Il cite[3] les airs d'Olympe, qui remplissaient l'âme d'une fureur divine. Cependant Olympe avait composé, sur ce mode, un nome pour la sage Minerve[4]. Hyagnis, plus ancien qu'Olympe, auteur de plusieurs hymnes sacrés, y avait employé l'harmonie phrygienne[5].

XL. — *Sur le caractère de la musique dans son origine.* (Page 422.)

Plutarque dit que les musiciens de son temps feraient de vains efforts pour imiter la manière d'Olympe. Le célèbre Tartini s'exprime dans les mêmes termes, lorsqu'il parle des anciens chants d'église : *Bisogna, dit-il, confessar certamente esservene qualcheduna (Cantilena) talmente piena di gravità, maestà, e dolcezza congiunta a somma simplicità musicale, che noi moderni duraremmo fatica molta per produrne di eguali*[6].

XLI. — *Sur une expression singulière de Platon.* (Page 425.)

Pour justifier cette expression, il faut se rappeler l'extrême licence qui, du temps de Platon, régnait dans la plupart des républiques de la Grèce. Après avoir altéré les institutions dont elle ignorait l'objet, elle détruisit, par des entreprises successives, les liens les plus sacrés du corps politique. On commença par varier les chants consacrés au culte des dieux ; on finit par se jouer des serments faits en leur présence[7]. A l'aspect de la corruption générale, quelques philosophes ne craignirent pas d'avancer que, dans un Etat qui se conduit encore plus par les mœurs que par les lois, les moindres innovations sont dangereuses, parce qu'elles en entraînent bientôt de plus grandes : aussi n'est-ce pas à la musique seule qu'ils ordonnèrent de ne pas toucher : la défense devait s'étendre aux jeux, aux spectacles, aux exercices du gymnase[8], etc. Au reste, ces idées avaient été empruntées des Égyptiens. Ce peuple, ou plutôt ceux qui le gouvernaient, jaloux de maintenir leur autorité, ne conçurent pas d'autre moyen pour réprimer l'inquiétude des esprits, que de les arrêter dans leurs premiers écarts ; de là ces lois qui défendaient aux artistes de prendre le moindre essor, et les obligeaient à copier servilement ceux qui les avaient précédés[9].

XLII. — *Sur les effets de la musique.* (Page 427.)

Voici une remarque de Tartini[10] : « La musique n'est plus que l'art de combiner des sons ; il ne lui reste que sa partie matérielle, absolument dépouillée de l'esprit dont elle était autrefois animée : en secouant les règles qui dirigeaient son action sur un seul point, elle ne la porte que sur des généralités. Si elle me donne des impressions de joie ou de douleur, elles sont vagues et incertaines. Or l'effet de l'art n'est entier que lorsqu'il est particulier et individuel. »

1. De rep., lib. III, t. II, p. 399. — 2. Id., lib. VIII, t. II, p. 459. — 3. Id., ibid., p. 455. — 4. Plut., De mus., t. II, p. 1143. — 5. Mém. de l'Acad. des bell. lettr., t. X, p. 257. — 6. Tartin., Trattat. di mus., p. 144. — 7. Plat., De leg., lib. III, t. II, p. 701. — 8. Plat., De rep., lib. IV, t. II, p. 424 ; De leg., t. II, lib. VII, p. 797. — 9. Id., De leg., lib. II, t. II, p. 656. — 10. Tartin., Trattat. d. mus., p. 141 et 145.

FIN DU PREMIER VOLUME.

TABLE.

Mémoires sur la vie et sur quelques-uns des ouvrages de J. J. Barthélemy, écrits par lui-même en 1792 et 1793. — Premier mémoire... 1
Second mémoire. Cabinet des médailles.......................... 25
Troisième mémoire. Sur Anacharsis............................. 30
Liste des ouvrages de J. J. Barthélemy, dans l'ordre des temps où ils ont été publiés.. 41

VOYAGE DU JEUNE ANACHARSIS EN GRÈCE. — Avertissement de l'auteur. 43
Ordre chronologique du voyage d'Anacharsis..................... 44
Division de l'ouvrage... 45
Introduction au voyage de la Grèce.............................. 45
  Première partie.. 49
  Seconde partie. — Section I. — Siècle de Solon................ 50
  Section II. — Siècle de Thémistocle et d'Aristide.............. 84
  Section III. — Siècle de Périclès............................. 107
                                                    157

CHAP. I. — Départ de Scythie. La Chersonèse taurique. Le Pont-Euxin. État de la Grèce, depuis la prise d'Athènes, l'an 404 avant Jésus-Christ, jusqu'au moment du voyage. Le bosphore de Thrace. Arrivée à Byzance... 192
CHAP. II. — Description de Byzance. Colonies grecques. Le détroit de l'Hellespont. Voyage de Byzance à Lesbos...................... 206
CHAP. III. — Description de Lesbos. Pittacus, Arion, Terpandre, Alcée, Sapho.. 211
CHAP. IV. Départ de Mitylène. Description de l'Eubée. Chalcis. Arrivée à Thèbes... 219
CHAP. V. Séjour à Thèbes. Épaminondas. Philippe de Macédoine..... 223
CHAP. VI. — Départ de Thèbes. Arrivée à Athènes. Habitants de l'Attique... 228
CHAP. VII. — Séance à l'Académie............................... 234
CHAP. VIII. — Lycée. Gymnases. Isocrate. Palestres. Funérailles des Athéniens... 243
CHAP. IX. — Voyage à Corinthe. Xénophon. Timoléon............. 254
CHAP. X. — Levées, revue, exercice des troupes chez les Athéniens.. 257
CHAP. XI. — Séance au théâtre.................................. 269
CHAP. XII. — Description d'Athènes............................. 272
CHAP. XIII. — Bataille de Mantinée. Mort d'Épaminondas.......... 289
CHAP. XIV. — Du gouvernement actuel d'Athènes................. 289
CHAP. XV. — Des magistrats d'Athènes.......................... 301
CHAP. XVI. — Des tribunaux de justice à Athènes................. 304
CHAP. XVII. — De l'Aréopage................................... 307
CHAP. XVIII. — Des accusations et des procédures parmi les Athéniens.. 310
CHAP. XIX. — Des délits et des peines........................... 314

Chap. XX. — Mœurs et vie civile des Athéniens	317
Chap. XXI. — De la religion, des ministres sacrés, des principaux crimes contre la religion	327
Chap. XXII. — Voyage de la Phocide. Les jeux pythiques. Le temple et l'oracle de Delphes	341
Chap. XXIII. — Événements remarquables arrivés dans la Grèce (depuis l'an 361 jusqu'à l'an 357 avant J. C.). Mort d'Agésilas, roi de Lacédémone. Avénement de Philippe au trône de Macédoine. Guerre sociale	360
Chap. XXIV. — Des fêtes des Athéniens. Les Panathénées. Les Dionysiaques	363
Chap. XXV. — Des maisons et des repas des Athéniens	370
Chap. XXVI. — De l'éducation des Athéniens	384
Chap. XXVII. — Entretien sur la musique des Grecs	408
Chap. XXVIII. — Suite des mœurs des Athéniens	429
Notes	437

FIN DE LA TABLE DU PREMIER VOLUME.

COULOMMIERS. — Imprimerie PAUL BRODARD.

```
..  347
ox
..  327
le
..  341
e-
de
re
..  356
y-
..  363
..  370
..  384
..  408
..  429
..  437
```

www.ingramcontent.com/pod-product-compliance
Lightning Source LLC
Chambersburg PA
CBHW072128220426
43664CB00013B/2170